AF856763

Traité des constitutions et institutions politiques et publiques du Congo-Brazzaville

Tome 1

Le droit aujourd'hui

La collection « Le droit aujourd'hui » regroupe des études juridiques concernant des problèmes d'actualité nationale et internationale, dans divers domaines (éthique, politique, questions de société...).

Déjà parus

Carine VAYSSE, *La théorie générale du contrat administratif*, 2022.
Thomas LARDEUX, *La sécurité juridique et le contentieux international des investissements*, 2021.
Coffi Dieudonné ASSOUVI, *L'influence du droit international des changements climatiques sur le droit de l'environnement de l'Union européenne*, 2021.
Zohra Aziadé ZEMIRLI, *Le statut juridique des non-musulmans en Algérie. L'exemple des évangéliques et des ahmadis,* 2020.
Moustapha KAMARA, Jean Baptiste BERTRAND, avec la collaboration de Samba Thiam et Isabel Falconer, *Le contentieux international du transfert des joueurs, Football et autres sports collectifs, Nouvelle édition revue et augmentée,* 2020.
Béatrice Blohorn-Brenneur (dir.), *Médiation, cultures et religions*, 2020.
Marion Brosset Briand, Antonin Crinon, Élodie Delacoure et Émilie Delcher (dir.), *Le nombre et le droit*, 2020.
Mickaël Le Borloch, *L'application du droit d'auteur aux hyperliens, Analyse de droit français et de droit américain*, 2019.
Romain Feydel, *La société de libre partenariat. Régime juridique et fiscal*, 2019.
Arafat Abi, *La protection des droits des migrants, Interactions entre la protection des droits de l'homme et la protection diplomatique et consulaire*, 2019.
Georges Labrecque, *Les cours d'eau internationaux. Étude jurisprudentielle*, 2019.
Fabien Bottini, *Droits fondamentaux et crise(s) des solidarités*, 2019.
Hadi Azari, *La demande reconventionnelle devant la Cour internationale de Justice,* 2018.

Wilfrid MBILAMPINDO

Traité des constitutions et institutions politiques et publiques du Congo-Brazzaville

Tome 1

Des origines à la Ve République

Préface de Patrice Ndiaye

L'Harmattan

© L'Harmattan, 2022
5-7, rue de l'Ecole-Polytechnique, 75005 Paris

www.editions-harmattan.fr

ISBN : 978-2-343-22225-7
EAN : 9782343222257

A Liwata Alphonse.
Ce patriarche qui, sous une pluie fine d'octobre,
guida mes premiers pas sur le chemin de l'école à N'kassa !

A
Steeve Bona Barnabé,
Angela Euphrasie,
Lohiselle Sloane,
Modestine Prétronile,
Tous Mbilampindo !

Remerciements

Mes sincères remerciements à :

- *Patrice Ndiaye, qui a accepté de préfacer cet ouvrage, ainsi que pour sa gentillesse.*

- *Iwandza Arthur Alain Christian pour la disponibilité dont il a fait preuve dans la collecte des informations et la mise à disposition de quelques documents et matériaux qui ont servi à l'ébauche et à la réalisation de cet ouvrage. Je n'oublie pas Sophie Béatrice Patricia Dhédet et Yanis pour leur gentillesse.*

- *Michel Nkaya, Ebiatsa Hopiel, Ossiya Ongagna Yoka pour nos fructueux échanges et leurs encouragements.*

- *Philippe Moukoko, dont les conseils ont été une source de motivation dans la réalisation de cet ouvrage.*

- *Zambo Nnanga d'Atuisi, Efulan-Metet, Mbalmayo (Cameroun), et l'Association Panafricaine Alliance Tribale (PAT) dont les activités ont été une source précieuse d'inspiration, notamment dans sa dimension afrocentriste.*

- *A tous les miens, pour leur sollicitude!*

« L'homme en tant qu'individu, fait d'os et de chair,
De moelle et de nerfs, de peau recouverte de poils et de cheveux,
se nourrit d'aliments et de boissons.
Mais son « âme », son esprit vit de trois choses :
Voir ce qu'il a envie de voir,
Dire ce qu'il a envie de dire et
faire ce qu'il a envie de faire.
Si une seule de ces choses venait à manquer à l'âme humaine,
elle en souffrirait et s'étiolerait sûrement. »
(Charte de Manden, ou du kurukan fuga, art. 7,
1re déclaration des droits humains, au monde 1222).

Après l'obtention d'une licence en droit public à la faculté de droit de Brazzaville (1987), Wilfrid MBILAMPINDO a poursuivi son cursus universitaire à la faculté de droit et des sciences économiques de Montpellier où il obtenait successivement une maîtrise en droit public (1989), un DEA en droit public de l'entreprise (1990), un DESS en droit de la construction, urbanisme, aménagement et environnement (1991). Il soutenait brillamment une thèse de doctorat en droit public en 1995.

Wilfrid MBILAMPINDO passait le Certificat d'aptitude à la profession d'avocat (CAPA) et prêtait serment en 1996. Il est inscrit au barreau de Montpellier et ancien membre du Conseil de l'ordre. Spécialiste en droit public, son activité professionnelle est tournée vers le conseil, l'assistance juridique et la représentation en justice aussi bien des particuliers, des organismes publics que des entreprises. Il assure des missions de formation auprès du personnel des collectivités locales (au CNFPT) et des entreprises, parallèlement à ses activités de chargé d'enseignements à l'institut de management de l'Université de Montpellier (MOMA).

Wilfrid MBILAMPINDO est l'auteur de plusieurs publications en droit congolais et en droit français. Conseiller municipal, il est aussi grand électeur.

Préface

Tout comme le lecteur qu'il précède, le préfacier est saisi d'un sentiment mêlé d'attirance et de répulsion à la découverte du traité des constitutions et institutions politiques et publiques du Congo-Brazzaville rédigé par Wilfrid Mbilampindo.

Plus de 1300 pages ! Cela peut décourager les potentiels lecteurs qui impressionnés n'oseront pas s'attaquer à un tel monument de peur de s'y perdre et préféreront le reposer après l'avoir rapidement parcouru. Passée cette première réaction, le lecteur qui ouvrira la somme sur les constitutions et institutions publiques congolaises (République du Congo ou Congo-Brazzaville ou plus rarement Congo français par opposition à l'autre République congolaise située sur la rive gauche du fleuve Congo), au fil des pages, s'avèrera relativement surpris de la lecture aisée, voire agréable et, en tous cas, édifiante pour toutes celles et tous ceux qui s'intéressent au droit constitutionnel et des institutions en général et au Congo en particulier.

Le mérite en revient bien sûr à l'auteur. Wilfrid Mbilampindo maîtrise évidemment la matière. Docteur en droit public de l'Université de Montpellier avec une thèse soutenue voilà plus d'un quart de siècle sur les rapports entre marchés publics et comptabilité publique sous la direction de Michel Guibal, éminent représentant de l'école montpelliéraine des contrats administratifs fondée par le doyen Georges Péquignot dans l'immédiat après seconde guerre mondiale, il est rompu à l'exercice de la recherche universitaire où l'érudition et la précision du propos ne doivent rien enlever à sa clarté. Cette maîtrise de la théorie juridique, il la complète utilement par une expérience quotidienne du droit public en tant que praticien au barreau de Montpellier depuis là aussi un nombre respectable d'années. Enfin, Wilfrid Mbilampindo a toujours montré un intérêt pour la transmission de la science juridique, comme en attestent les interventions qu'il a assurées et continue d'assurer en droit constitutionnel de la Ve République ou en droit administratif général auprès d'étudiants de la Faculté de droit et de science politique ou de l'Institut Montpellier Management de l'Université de Montpellier.

Outre la qualité scientifique de l'auteur, l'intérêt et l'originalité de l'ouvrage tiennent à sa volonté affirmée de tendre vers l'exhaustivité. L'auteur nous prend littéralement par la main et nous conduit à visiter sur près de 5 siècles, les institutions et constitutions congolaises de la période précoloniale des chefferies et royautés au scrutin présidentiel de mars 2016 et la crise postélectorale qui s'ensuivit en passant par les différentes constitutions et les régimes politiques du Congo indépendant. Et l'histoire politique et constitutionnelle de ce pays est riche sur un peu plus d'un demi-siècle d'une dizaine de constitutions ordinaires et presque autant de constitutions provisoires et actes fondamentaux, de régimes présidentiels, de régimes militaires et même du socialisme bantou.

Mais cette succession de constitutions, régimes, idéologies fait l'objet par l'auteur d'une analyse juridique rigoureuse et méthodique qui permet d'aller à la racine des choses et d'en comprendre aisément la substance. En effet, Wilfrid Mbilampindo mobilise les différentes branches du droit public interne et leurs méthodes ; le droit constitutionnel bien sûr, mais aussi le droit administratif institutionnel et matériel. Le droit international public est également convoqué à propos des traités conclus, au nom de la France, par Pierre Savorgnan de Brazza avec le roi téké, le Makoko Iloo en 1880 ou de la conventionnalité de la détention d'un candidat à la présidentielle de mars 2016 ou encore du débat sur le « génocide » des Laris.

A priori l'ampleur de l'approche pourrait présenter le risque de conduire le lecteur à subir une description sans relief du sujet traité, à voir défiler les constitutions et les régimes *ad nauseam*. Il en va bien différemment ! L'auteur met un point d'honneur à présenter de manière synthétique les constitutions et institutions décrites et à nous livrer son analyse critique fondée sur une argumentation solidement étayée. Ainsi la criminalisation de la violation de l'immunité juridictionnelle du Président de la République par l'article 96 alinéa de la constitution de 2015 ou la commission nationale de la transparence et de responsabilité dans la gestion des finances publiques pour ne se limiter qu'à ces exemples passent au crible d'une critique juridique serrée qui emportera l'adhésion du lecteur peut-être, mais s'appuiera toujours sur un argumentaire posé, sérieux, cohérent et précis.

Celui auquel l'auteur a eu l'amabilité, ou l'inconscience, de demander d'écrire quelques mots ne voudrait pas retenir ici plus longtemps le lecteur, mais bien l'assurer qu'il prendra grand plaisir à voyager dans cet ouvrage qui s'il se pare de la rigueur de la science juridique ne verse à aucun moment dans la fausse érudition. Le lecteur retrouvera tout au long de son parcours, outre la passion pour le droit non pas pour lui-même, mais pour ce qu'il nous dit des femmes et des hommes à un moment donné de leur histoire, dans une société précise, de quoi nourrir sa réflexion sur la chose publique en général et plus particulièrement dans cette partie du sol africain, le long du fleuve Congo, de Pointe-Noire à Bétou, d'Eghui à Liranga.

Patrice Ndiaye,
Maître de conférences HDR à
L'Université de Montpellier
Ancien Doyen de la faculté d'AES,
Co-Directeur du Master Management public territorial

Avant-propos

Le lecteur est avisé que cet ouvrage n'est pas un traité de droit constitutionnel et institutions politiques, au sens strict d'une discipline fondamentale enseignée dans les facultés de droit et de science politique. Il se propose d'aborder et d'examiner, sans forcément être exhaustif, les différentes constitutions et les institutions politiques et publiques du Congo, dont la capitale est Brazzaville, depuis la République naissante et l'accession à la souveraineté internationale le 15 août 1960. Cela sans éclipser la période préindépendance.

Dès lors, par constitution, nous entendons ici la plus haute norme ou la loi fondamentale d'un Etat ; tant au sens matériel, comme un ensemble de règles *« relatives aux principaux organes de l'Etat, à leur construction, à leurs compétences, à leur fonctionnement et à leurs rapports »*[1] ; qu'au sens formel d'un acte écrit (pas forcément), *« élaboré le plus souvent et en tout cas toujours révisé selon une procédure spéciale et contenant par la suite des règles de droit ayant une valeur juridique supérieure à toutes les autres règles de droit »*[2]. La constitution définit aussi les droits et les libertés des citoyens, ainsi que leurs devoirs vis-à-vis d'autrui ou de la collectivité.

Mais, la constitution n'est pas le fruit de la providence. Elle est le produit de l'histoire, le reflet d'une société à un moment donné de son histoire. Elle est consubstantielle à l'histoire et surtout au contexte dans lequel elle intervient. Ce contexte peut être strictement national ou, dans un monde devenu un immense village planétaire, régional, voire international. Elle véhicule aussi une dimension philosophique. Elle est la matérialisation de l'idée, de la conception du système institutionnel ou du régime que son auteur veut forger et donner à la société, à l'Etat.

Dans le cas du Congo, l'étude des constitutions que le pays a connues et connait ne peut pas formellement se limiter à une approche classique du concept. Elle doit intégrer, compte-tenu des particularités de son histoire institutionnelle et politique, d'autres types de textes qui, au gré des circonstances et des péripéties de cette même histoire, en tiennent lieu. Il s'agit en l'occurrence du procédé de l'acte fondamental conçu ou confectionné en période de crise pour définir les règles et les mécanismes de fonctionnement de l'Etat et des institutions de la République à titre transitionnel ou provisoire, se substituant à l'ordre constitutionnel établi.

---

[1] Cf. J. Cadart, *« institutions politiques et droit constitutionnel »*, LGDJ, Paris, 1979, p.118 et suivantes.
[2] Idem.

Ensuite, par institutions, il s'agit d'appréhender, non pas une donnée, ni un phénomène, mais une réalité conçue et établie par la volonté de l'homme et qui a vocation à se pérenniser moyennant d'utiles adaptations ou aménagements en fonction de l'évolution des faits et de la fuite du temps.

De cette réalité, il est permis de distinguer classiquement les institutions-organes et des institutions-mécanismes. La première catégorie (qu'il ne faut pas confondre avec les organes des institutions) désigne les différents organismes établis par la volonté de l'homme dans la sphère sociale, économique, politique, familiale ou culturelle. Pour ce qui nous concerne, nous pouvons citer au titre de la sphère politique, les institutions comme le parlement, l'exécutif, le président de la République, le gouvernement, la justice, les partis et groupements politiques, etc. La seconde catégorie renferme les différents mécanismes ou les différentes normes, règles ou principes qui régissent le fonctionnement des institutions-organes ou les rapports entre les différents organes et ceux qu'ils entretiennent avec les citoyens. Toutefois, ces deux catégories peuvent s'imbriquer[3].

Certaines institutions ont un caractère éminemment politique, d'autres revêtent un caractère administratif, juridictionnel, économique ou social qu'il conviendra d'examiner à travers des textes constitutionnels ou en tenant lieu, des textes comme les actes fondamentaux ou des normes conventionnelles internationales incorporées au droit positif congolais et relevant du droit public ou du droit privé (cette dernière catégorie ne nous intéresse pas).

Par ailleurs, nous n'avons eu aucune prétention ni une ambition savante pour concevoir cet ouvrage. Il s'agit simplement d'une passion, qui nous anime, d'apporter notre modeste contribution à l'étude du droit congolais en général et du droit public en particulier. Cela, sans chercher à en épuiser tous les contours. Il s'adresse à tous ceux qui (étudiants, universitaires, praticiens du droit, femmes et hommes politiques, tout citoyen du Congo ou d'ailleurs) manifesteraient un réel intérêt pour le Congo et ses institutions.

Nous sommes aussi conscients des lacunes et des imperfections qu'une œuvre d'une telle ampleur peut comporter. Pour ce faire, nous sommes ouverts aux critiques d'où qu'elles viendraient. Pourvu qu'elles soient constructives, objectives, dépassionnées, courtoises, non stériles. Qu'elles fassent avancer et enrichir le débat intellectuel, le débat d'idées, le débat doctrinal. Nous attendons aussi et surtout des témoins et acteurs de l'histoire institutionnelle et politique du Congo, encore présents sur cette terre des hommes, de partager leur vécu et leur expérience à la postérité dans la relation du récit national. Enfin, nous ne présentons pas ici une

---

[3] Cf. J. Cadart, op. cit. p.42 et suivants.

nouvelle thèse de doctorat en droit, plus de vingt-cinq ans après avoir soutenu la nôtre à la faculté de droit de l'Université de Montpellier I. Sans être iconoclaste, notre seul crédo c'est la recherche, rien que la recherche.

Montpellier, 1er octobre 2021

Wilfrid Mbilampindo
Docteur en Droit Public
Avocat au Barreau de Montpellier
Ancien membre du Conseil de l'ordre
Chargé d'enseignements à l'Université de Montpellier
Conseiller municipal.

Abréviations

AAI : Autorité administrative indépendante.
AEF : Afrique équatoriale française.
AFDI : Annuaire français de droit international.
AJDA : Actualité juridique, droit administratif.
API : Autorité publique indépendante.
APN : Armée populaire nationale.
ANP : Assemblée nationale populaire.
AOF : Afrique occidentale française.
ARD : Alliance pour la République et la démocratie.
CADHP : Commission africaine des droits de l'homme et des peuples.
CADHP : Cour africaine des droits de l'homme et des peuples.
CE : Conseil d'Etat.
CEA : Cahiers d'études africaines.
CEDH : Cour européenne des droits de l'homme.
CEP : Cahiers d'économie politique.
CESB : Centre d'enseignement supérieur de Brazzaville.
CESE : Conseil économique, social et environnemental.
CISEPPPA : Comité interministériel de suivi et d'évaluation de la promotion et de la protection des peuples autochtones.
CCF : Conseil consultatif de la femme.
CCJ : Conseil consultatif de la jeunesse.
CCPVH : Conseil consultatif des personnes vivant avec handicap.
CCSCONG : Conseil consultatif de la société civile et des organisations non gouvernementales.
CCSNT : Conseil consultatif des sages et des notabilités traditionnelles.
CND : Conseil national du dialogue.
CNEI : Commission nationale électorale indépendante.
CNDH : Commission nationale des droits de l'homme.
CNT : Conseil national de transition.
CPI : Cour pénale internationale.
CSA : Conseil supérieur de l'audiovisuel.
CSIC : Conseil supérieur de l'information et de la communication.
CSLC : Conseil supérieur de la liberté de communication.
CSEPPP : Comité de suivi et d'évaluation des politiques et programmes publics.
CSFPT : Conseil supérieur de la fonction publique territoriale.

CSM : Conseil supérieur de la magistrature.
CTE : Commission technique électorale.
CHEAM : Centre des hautes études sur l'Afrique et l'Asie modernes.
CG : Conseil de gouvernement.
CMP : Comité militaire du parti.
CNR : Conseil national de la révolution.
CNS : Conférence nationale souveraine.
CNTR : Commission nationale de la transparence et de répression dans la gestion des finances publiques.
CPOC : Collectif des partis de l'opposition congolaise.
CSR : Conseil supérieur de la République.
CPTCEP : Comité préparatoire au troisième congrès extraordinaire du parti.
EDCE : Etudes et documents du Conseil d'Etat.
EHSS : Ecole des hautes études en sciences sociales.
EMSR : Etat-major spécial révolutionnaire.
EPA : Etablissement public administratif.
EPCI : Etablissement public de coopération intercommunale.
EPIC : Etablissement public industriel et commercial.
FOC : Fédération de l'opposition congolaise.
FROCAD : Front républicain pour le respect de l'ordre constitutionnel et l'alternance démocratique.
IDC : Initiative pour la démocratie au Congo.
JO : Journal officiel.
JOAEF : Journal officiel de l'Afrique équatoriale française.
JORF : Journal officiel de la République française.
JORC : Journal officiel de la République du Congo.
JORPC : Journal officiel de la République populaire du Congo.
JMNR : Jeunesse du mouvement national de la révolution.
LGDJ : Librairie générale de droit et de jurisprudence.
LOLF : Loi organique relative aux lois de finances.
MCDDI : Mouvement congolais pour la démocratie et de développement intégral.
MSA : Mouvement socialiste africain.
MNR : Mouvement national de la révolution.
MUST : Mouvement pour l'unité, la solidarité et le travail.
OCDE : Organisation de coopération et de développement économique.
OCDH : Observatoire congolais des droits de l'homme.
PCT : Parti congolais du travail.
PND : Plan national de développement.
PPC : Parti progressiste congolais.
PUAM : Presses universitaires d'Aix-Marseille.
PUF : Presses universitaires de France.
QPC : Question prioritaire de constitutionnalité.
RCADI : Recueil des cours de l'académie de droit international.

RDD : Rassemblement pour la démocratie et le développement.
RDP : Revue de droit public et de la science politique.
RDPS : Rassemblement pour la démocratie et le progrès social.
RCI : revue critique internationale.
RFDA : Revue française de droit administratif.
RFDC : Revue française de droit constitutionnel.
RGDIP : Revue générale de droit international public.
RIDC : Revue internationale de droit comparé.
RIPC : Revue internationale de politique comparée.
RJPIC : Revue juridique et politique, indépendance et coopération.
RPDC : Revue pénitentiaire et droit pénal. EPA : Etablissement public administratif.
EPIC : Etablissement public industriel et commercial.
RSC : Revue de science criminelle.
RSCDP : Revue de science criminelle et de droit comparé.
RSS : Revue des sciences sociales.
RTDH : Revue trimestrielle des droits de l'homme.
UA : Union africaine.
UE : Union européenne.
UDDIA : Union démocratique de défense des intérêts africains.
UDH-Yuki : Union des démocrates humanistes.
UJSC : Union de la jeunesse socialiste congolaise.
UPADS : Union panafricaine pour la démocratie sociale.
URAC : Union des Républiques d'Afrique centrale.
URFC : Union révolutionnaire des femmes du Congo.

Introduction

Une étude sur les institutions du Congo et leur encadrement juridique ne peut pas être sérieusement menée sans aller puiser dans les profondeurs de l'histoire de ce pays, à travers les phases de son évolution dans le temps et dans l'espace. Sans faire œuvre d'historien du droit, d'historien des institutions ou d'historien tout court, c'est ce à quoi nous allons nous atteler dans ce titre introductif.

Chapitre 1 : Le Congo précolonial : des chefferies et des royautés.

Les institutions du Congo d'avant la traite négrière transatlantique (du XVème au XIXème siècle) et la colonisation s'identifient à travers les vagues migratoires successives des populations venant de la vallée du Nil et du Soudan pour s'implanter dans le grand bassin du fleuve dont il tire son nom, le bassin du Congo. Ces implantations également appelées migrations de peuplement[4] avaient supplanté les premiers occupants, *« autochtones »* (parfois appelés *« pygmées »*).

§ 1 : Les chefferies « ngala » dans le septentrion.

Les *« ngala »* sont implantés dans la partie septentrionale de l'actuelle République du Congo et au-delà des rives droite et gauche du fleuve Congo et de son affluent, la rivière Oubangui. Ce sont des regroupements de types claniques ou tribaux sous la forme de chefferies. On les appelle les *« ngala »* ou les *« les gens de l'eau, voire des eaux »*[5]. D'ailleurs, le mot *« ngala »* est dérivé du *« mongala »*, ou *« mungala »,* qui signifie un petit cours d'eau ou une rivière. Ils parlent et ont en commun, outre les langues claniques ou ethniques, la langue éponyme *« lingala »*. Les structures cheffières qui les regroupaient étaient pour la plupart coiffées par un notable ou un dignitaire

---

[4] Cf. Th. Obenga, *« introduction à la connaissance du peuple de la République populaire du Congo »*, Brazzaville, Librairie populaire, 1973. Z. SAH, *« Le peuplement du bassin du Congo et son impact : le cas des téké et leurs voisins Kongo et ngala au Congo-Brazzaville »*, Paris, Editions universitaires européennes, 2018.

[5] Cf. Th. Obenga, *« Afrique centrale précoloniale : document d'histoire vivante »*, Paris, Présence africaine, 1974 ; *« La cuvette congolaise : les hommes et les structures : contribution à l'histoire traditionnelle de l'Afrique centrale*, Paris, Présence africaine, 1976 ; A. C. Ndinga-Mbo, *« Introduction à l'histoire des migrations au Congo-Brazzaville : les nagla dans la cuvette congolaise, XVIIème-XIXème siècle »*, Paris L'Harmattan, 2006.

diversement appelé *« kani », « mwene », « mokonzi », « okonzi », « nkumu »,* assisté d'un collège de sages.

Les peuples *« ngala »* ou *« ba-ngala* sont principalement de tradition patriarcale ou patrilinéaire. Ils sont réputés pour être de grands pêcheurs, navigateurs ; pratiquant aussi la chasse. Leurs activités se déploient depuis des siècles au rythme des quatre saisons : *« mpela »* ou grande saison des pluies (d'octobre à décembre), *« mwanga »* ou petite saison sèche (de janvier à mars), *« ndzobolo »* ou petite saison des pluies (d'avril à juin) et « élanga », « esebo », *« mokongo »* ou la grande saison sèche (de juillet à septembre). Le tout, dans et autour du fleuve et des rivières ; ou de l'eau tout court.

§ 2 : Les royautés dans le centre et le méridional.

Les migrations de peuplement sont, dans les parties centrale et méridionale du bassin du Congo, formées autour de trois grands royaumes : *le royaume Téké, le royaume Kongo et le royaume Loango.* Dans cette configuration, ils se partageaient l'espace territorial des deux Congo actuels (R. Congo et RD Congo), l'Angola (avec le Cabinda) et une partie du Gabon[6].

A). Le Royaume Téké, (« Anzico », « Tio » ou « Tyo »).

Le royaume téké, aussi appelé royaume *« d'Anzico »* ou de *« Tio », « Tyo »* serait le plus ancien. Son implantation se situe entre l'IIème et le IVème siècle de notre ère. Il fut en principe fondé VIIème siècle pour certains[7] et au XVIIème siècle pour d'autres, par un regroupement de plusieurs entités, s'agrégeant sous l'autorité d'un roi dénommé *« Ma-koko »*[8]. *« Ma-ONKO », « Mukoo », « Ounko » ou « Onkoo »* désigne le titre lui-même (Roi ou le Souverain), la fonction, la plus haute dignité du royaume[9].

Il peut aussi signifier le nom de règne, auquel on adjoindrait le patronyme suivi de l'ordre dans la succession au trône. Dès lors, dire *« Roi Makoko »,* serait un pléonasme. Mais, l'usage et la mémoire collective s'attachent à cette dernière appellation.

La capitale du royaume étant située à *« Mbé »*, dans l'actuel département du Pool au Congo-Brazzaville. Mais il s'avère que chaque Ma koko pouvait s'installer où il pouvait et voulait. Donc, le siège pouvait, dans l'histoire, être déplacé à chaque succession au trône. L'administration du royaume se veut

---

[6] D. Ngoï-Ngalla, *« Les limites géographiques des grandes aires ethniques du Congo précolonial : Mbosi, Eshira-ndumu, Téké, Kongo »*, Paris, éd. Bajad-Meri, 2008.
[7] J.P. MISSIE, *« Ethnicité et territorialité, deux modes du vécu identitaire chez les téké du Congo-Brazzaville »*, Cahiers d'Etudes Africaines, 192/2008, pp.835-864.
[8] Cf. Elikia Mbokolo, *« Afrique noire, histoire et civilisation »*, 2 vol, Paris, Hatiers, 1992.
[9] Hopiel Ebiatsa, *« Ounko, Roi et Pontifex Téké »*, Paris, Edilivre, 2020.

certes centralisée. Mais, chacun des 12 dignitaires de la Cour royale avait des responsabilités bien spécifiées et devait veiller sur un site du domaine royal.

Le royaume avait une *« économie prospère »* grâce aux échanges commerciaux qu'il entraînait avec d'autres contrées, avant de connaître un déclin à cause, entre autres, de la traite négrière.

B). Le Royaume kongo.

Ce puissant royaume préexistait à la découverte de l'embouchure du fleuve Kongo par l'explorateur portugais Diégo Caô en 1482 (au XVème siècle). Il fut fondé, non pas au XIVème siècle, mais bien avant entre le IIIème et le IVème siècle de notre ère. Sa capitale fut Mbanza Kongo (appelé Sao Salvador par les portugais). Il fédérait plusieurs entités provinciales à partir de l'océan atlantique jusque dans les profondeurs du continent, englobant une bonne partie actuelle du nord de l'Angola, du sud de la République démocratique du Congo, de la République du Congo et le sud-est du Gabon[10]. Il était composé de plusieurs provinces, dont les plus importantes furent Mpemba (le cœur du royaume), Mbamba, Soyo, Nsundi, Mpangu, Mbata.

A la tête du royaume se trouvait un souverain appelé *« Mani »* ou *« ntinu »* (Roi), *« mani a Kongo »* (Roi du Kongo). On parlera aussi de *« Kongo Dia Ntotila »*, (le kongo réuni autour du Roi). *« Ntotila »* étant celui qui réunit, qui rassemble le peuple autour de lui. Le Roi rassembleur ! De là, découle le mot *« Ntotele »,* le sage ou le notable. Celui qui a de la justesse dans la parole, qui apaise. Car, la qualité suprême de gouverner n'est pas la brutalité ni la violence, mais la sagesse, le courage, savoir gérer, diriger et apaiser. Parmi les Rois (Mani ou Ntinu) du royaume Kongo, le plus connu et sans doute le plus charismatique et emblématique fut *Nimi A Lukeni ou Lukeni Lwa Nimi* (fils de *Nimi à Nzima et de Lukeni lwa Nsanza*). Cette appellation est la plus rigoureuse.

Car, la pure tradition matriarcale ou matrilinéaire Kongo voudrait que l'enfant portât le nom de son père ou de sa mère précisant de qui il est né, sa génitrice ou son géniteur. On lui attribua la fondation du royaume du Kongo au XIVème. Cela est discutable si l'on considère que le royaume existât plusieurs siècles avant. *Nzinga A Nkuwu* régna jusqu'en 1506, pendant que Diégo Cao découvrit l'embouchure du fleuve Kongo en 1482.

Après des siècles splendeur, le royaume se délitait suite à la grande bataille d'ambwila du 29 octobre 1665, qui vit la victoire des portugais (le roi *Nvita Nknga*, Antonio 1er, fut tué). Si cette défaite sonna le glas, donc le délitement et l'effondrement du royaume Kongo, elle accentuant de fait un

---

[10] W. G. L. Randles, *« L'ancien royaume du Congo des origines à la fin du XIXe siècle »*, Paris éd. EHSS, 2002.

exode massif des populations vers les autres provinces dont celles de l'actuel Congo[11]. Elle fut également considérée comme un fait marquant de la résistance à la conquête européenne du continent africain et à la traite négrière qui y sévissait[12].

C). Le royaume Loango.

Le royaume de Loango serait fondé entre le XIVème et XVème siècle de l'ère chrétienne. Il fut, avec Ngoyo et Kakongo, les trois provinces ou trois royaumes vassaux, du puissant royaume Kongo, qui s'en émancipèrent pour former ensuite le royaume Loango dont la capitale fut fixée à Bwali. Le royaume de Loango est une monarchie héréditaire de tradition matrilinéaire, plus ou moins décentralisée et subdivisée en sept provinces *(Me mpili, Me tchilunge, Me-Tchi-lwandjili, Nga-kanu, Me yombi, Me-kunyi-Mbanza et Me-ngo kuangu)*, administré par un gouverneur, représentant du pouvoir royal ; généralement appelé *« Moé ou moye »*. Il s'agit d'un titre régalien, nobiliaire ou de notabilité précédant le patronyme. Le royaume étant sous l'autorité du *« Ma loango »,* dérivant du Kongo *« Mani » ;* signifie Roi ou le Roi du Loango, du royaume de Loango. Il porte aussi le titre de *« Ngangue-Mvumba »,* le protecteur, le Roi qui protège. Pour régner sur le trône appelé *« Ntaandji »*, il devrait être issu soit de la dynastie des *« Kondi li Loango »* (comprenant les Bi vumu et les Ku Sangama), soit de celle des *« Nkata »*. Il doit normalement résider au palais royal, appelé *« Tchingaga-mvumba »*. Le royaume s'étendait sur littoral atlantique entre l'embouchure du fleuve, comprenant le Cabinda, jusqu'au au sud-est du Gabon et en profondeur du continent aux confins du royaume Kongo. Le monarque était entouré d'une cour composée de conseillers et de ministres dont les fonctions étaient bien définies[13].

---

[11] Cf. Z. Sah, op. cit. p.284

[12] Cf. E. Ngodi, *« Résistance à la pénétration et à la conquête coloniale au Congo (XIX-XXème siècle) », Saint Denis*, Ed. Connaissance et Savoir, 2016.

[13] Le *Mamboma Tchiloangu*, Premier ministre ou chancelier, assure entre autres l'interrègne après la disparition ou la destitution du roi. Il joue un rôle prépondérant sur l'échiquier politique, car il est le véritable pilier des institutions.; - le *Mambouc*, ou prince héritier; le *Mafouk*, qui commandait le lieu où se pratiquait la traite; il est garant du commerce sur les produits d'importation et d'exportation, desquels il prélève un droit dont un certain montant, en fonction de l'importance des échanges effectués, doit être versé au roi ; - le *Masafi :* chargé de l'économie et des finances, il assure la trésorerie royale, reçoit, détient les biens destinés au roi et en dresse l'inventaire ; - le *Macaye*, ou capitaine-mor (le mot portugais mor signifie grand, principal); - le *Matchiyendji,* chargé des douanes, il surveille les tarifs, règle certains litiges inhérents au négoce. Il repère les produits dont l'importance nécessite l'imposition d'une taxe ; - le *Mankaka* est chargé de la défense de l'État et dirige la livita "la guerre." Le Loango ne disposant pas d'armée régulière et permanente, sur ordre du roi, il assure la logistique militaire, lève des contingents dans chaque province et les mène au combat. Les armes les plus courantes sont : *lyoonga* "la sagaie", "la lance" ou "la pique", *mbeeli* "le coutelas" , "le poignard" et *mpita mbawu* "l'arc ou l'arbalète" : - *N'bindika Lwangu* "Verrou de Loango" est une sorte de ministre de l'intérieur, chargé de veiller sur la sécurité de l'État et l'intégrité territoriale ; - le *Maquimbe*, capitaine de port ; chargé des eaux et forêts, il régule et inspecte les activités de pêche et de chasse. Il s'occupe également des questions relatives à la gestion des terres, en vue de l'exploitation agricole ; - le Manibanze, intendant du roi ; Il veille au bien-

Sur le plan économique, le royaume de Loango fut tristement prospère grâce aux échanges avec les européens pendant la traite négrière. Cependant, le royaume connut de sérieuses difficultés, en ce qu'il était confronté aux protestations qui s'élevaient contre la traite et accentuées par l'arraisonnement des navires des négriers.

Chapitre 2 : Le Congo sous la 3ème République française (1870-1940).

Le continent africain allait connaître un nouveau sort, dans la concurrence à laquelle se livraient les puissances européennes, suite à l'abolition de l'esclavage à la fin du XIXème siècle[14]. Il fallait changer de politique pour occuper les territoires et en exploiter les richesses. Les explorateurs devraient y jouer un rôle important. Cela allait se faire par la force ou par des pseudos traités de paix et de protectorat, plaçant des territoires entiers sous la protection d'une puissance, dont le but inavoué était d'éviter qu'une autre puissance ne puisse s'en emparer et y fasse asseoir sa domination et s'en approprier les richesses. Pour éviter la confrontation directe, l'idée fut de convoquer une conférence internationale dans le but d'un découpage artificiel du continent et de se partager les territoires conquis.

Dans le cas du Congo, l'occupation du territoire a commencé sous la IIIème République française par la signature des accords, souvent qualifiés de

---

être, à la sécurité matérielle du souverain ainsi que de celle des épouses de celui-ci. Il assure également l'organisation et la direction des travaux champêtres dont les produits servent à l'approvisionnement du palais royal ; - le *Manimbèle*, messager des chefs ; comme son nom l'indique, il possède une épée en cuivre, insigne de sa charge : la justice. En effet, il fait convoquer les justiciables et rend la justice ; - le *Mangofo*, ministre des affaires étrangères ; les bonnes relations avec les Etats de Tio, de Kakongo, de Ngoyo et autres relevaient de sa compétence ; le *Mamputu* est le ministre de la culture et des arts. Il est entre autres chargé des questions religieuses. Il veille à la conformité du culte rendu aux *bakisi basi* (divinités) dans des *bibila* (sanctuaires). Il veille également à la propreté et au respect de ces cathédrales tropicales, lieux sacrés par excellence, encore appelés "bois sacrés." ; le *Ngala Mbembu* ou *Konga Makanda* (rassembleur des clans), est le représentant des *fumu kanda* (chefs de clans) et des *fumu si* (gouverneurs) auprès du roi. Comme on peut le constater, son rôle est prépondérant dans le maintien de l'unité, la concorde et la cohésion au sein de la communauté. Il est aussi l'oeil et l'oreille de ce dernier, car il est investi de la mission de renseigner le souverain sur toute information sensible concernant sa personne (Cf. « La liste des Mâ Loango », https://fr.wikipedia.org/wiki/; Liévin-Bonaventure Proyart, *Histoire de Loango, Kakongo, et autres royaumes d'Afrique : rédigée d'après les mémoires des préfets apostoliques de la Mission françoise*, Lyon, C. P. Berton & N. Crapart - Bruyset-Ponthus, 1776, p. 30 ; Site officiel du Royaume Loango - Mâloango Moe Poaty III » [archive], sur *www.royaumeloango.org* (consulté le 4 septembre 2018).

[14] Rappelons qu'en France, en 1642, le roi Louis XIII autorisait la traite des noirs. En 1672, une ordonnance royale encourageait la traite privée moyennant une prime de 13 livres par tête d'esclave. En 1685 Louis XIV publiait le code noir. La traite sera remise en cause en 1766 et 1780, mais la déclaration des droits de l'homme et des citoyens du 26 août 1789 ne s'appliquait pas aux esclaves. Si le 28 septembre 1792 la constituante abolissait l'esclavage, mais pas dans les colonies ; elle le sera le 04 février 1794 par la convention. Napoléon rétablissait l'esclavage le 20 mai 1802. Alors que l'Angleterre l'a aboli le 26 juillet 1833, la France le fera le 27 avril 1848. Ce système a durée pendant quatre siècles du XVème siècle au XIXème siècle. Commencé par les portugais, il a entraîné la déportation de plus de 20 millions d'africains vers le nouveau monde (l'Amérique) dans le cadre de funeste trafic triangulaire (Afrique-Amérique-Europe).

traités de protectorat, qui n'étaient en réalité que des traités léonins de cession et de transfert des titres ou des droits fonciers conclus tantôt avec des Rois, tantôt, en l'absence de toute royauté, avec des Chefs de terres. Ces traités dont la validité juridique est souvent discutable, apparaissent comme la légitimation des conquêtes territoriales et de l'implantation coloniale. Sans examiner tous les traités conclus avec les chefs féodaux congolais, nous pouvons nous intéresser aux plus importants. Ceux des royaumes téké et Loango. Ces traités signés avec les royaumes de Loango et de Téké, marquèrent l'intégration de ces territoires dans la juridiction de la France, qui sera confirmé ensuite par la conférence de Berlin en 1885.

Section 1 : Les traités De Brazza-Makoko.

Les traités signés au nom de la France par l'explorateur Prière Savorgnan de Brazza avec le Makoko, Roi des téké marquent encore l'histoire du pays et demeurent controversés.

§ 1 : Les traités De Brazza-Makoko de 1880.

Deux accords avaient été conclus entre l'explorateur français d'origine italienne, au nom de la France, Pierre Savorgnan de Brazza et le Roi téké, le Makoko Iloo 1er en 1880. L'un, le traité de Ndwo (Nduo) connu sous le nom du traité de Mbé, le 10 septembre 1880 et l'autre, un avenant du 3 octobre 1880 à Nkuna.

A). Le traité du 10 septembre 1880.

Nous partirons de la conception de la 2ème mission exploratoire de Pierre Savorgnan de Brazza à la signature du traité de transfert de territoires avec le Makoko Iloo 1er à Ndwo (ou nduo), à la matérialisation de la prise de possession par son implantation à Nkuna, sur la rive droite du fleuve Congo, pour aborder enfin la problématique de la création-fondation ou non de la ville de Brazzaville.

Les péripéties de ce traité, qui marqua un tournant de l'histoire du bassin du Congo en général et de celle de la partie du territoire qui deviendra plus tard le Congo français, pour le distinguer du Congo-Belge, commencent avec les trois expéditions menées au nom de la France, sous la troisième République (1874-1879, 1880-1882 et 1883-1885), par Pierre Savorgnan De Brazza.

Après la conférence de Bruxelles du 12 septembre 1876 créant l'Association internationale africaine pour l'exploration et la civilisation de l'Afrique centrale (AIA) sous Léopold II, Roi des belges, le Comité français de cette association mettait en place le 13 octobre 1879 une commission en vue de la création et de l'entretien de deux stations pour y implanter le pavillon français. Le but était d'occuper des territoires. Une station devait être implantée en Afrique orientale et l'autre en Afrique occidentale (notamment en Afrique équatoriale). Un Comité exécutif fut créé le 27 novembre 1789 pour étudier les conditions d'organisation et les modalités de financement de cette mission. De Brazza se voyait confier avec le Dr. Ballay la responsabilité de la station de l'Afrique occidentale. Il en ressort que De Brazza avait un vaste plan d'occupation du Congo pour y implanter le pavillon français[15]. Cette 2ème mission partait de l'Angleterre le 27 décembre 1879 et arrivait au village de Makoko probablement le 27 août 1880, après un long périple qui le conduisit à Lambarené (au Gabon) où De Brazza recrutait 4 interprètes, 5 laptots (Malamine, Samba Dada, Emmanuel Gomes, Gille et Samba Kiam) parmi les 12 qui lui avaient été présentés. Avec son équipage, De Brazza remontait l'Ogooué pour rejoindre la lefini[16].

Les pourparlers auraient commencé le 28 juillet 1880 et auraient abouti par la signature du fameux traité le 10 septembre 1880 ; qui fut retranscrit par De Brazza dans un papier sur lequel il apposât sa signature et le souverain téké mit la sienne (un signe)[17]. Ce fameux traité signé le 10 septembre 1880 à Ndwo (ou Ndua) village du Makoko Iloo, ratifié deux années plus tard par la chambre des députés en France le 18 septembre 1882 et le gouvernement français le 22 novembre 1882, stipule que,

« Le roi Makoko qui a la souveraineté du pays situé entre les sources et le confluent de la Lefini et Nkuna (Le Pool), ayant ratifié la cession de territoire faite par Ngampey pour l'établissement d'une station française et fait, de plus, cession de son territoire à la France à laquelle il fait cession des droits héréditaires de suprématie : désirant, en signe de cette cession, arborer les couleurs de la France, je lui ai remis un pavillon français, et par le présent document, fait en double et revêtu de son signe et de ma signature, donné acte des mesures qu'il a prises à mon égard, en me considérant comme le représentant du Gouvernement français »[18].

---

[15] Sur tous ces aspects, Cf. Henri Brunschwig, *« la négociation du traité Makoko », Cahiers d'Études africaines, 1965, Vol.5, n° 17, pp. 5-56 ; « Les Cahiers de Brazza. 1880-1882 », Cahiers d'Études africaines, 1966, Vol. 6, n°22, pp. 157-227 ; Hopiel-Ebiatsa, « Le traité Brazza-Makoko: occupation du Stanley-Pool et naissance des colonies belge et française du Congo, 1880-1885 »*, Saint-Denis, Édilivre, 2014.

[16] Cf. Henri Brunschwig, *« la négociation du traité Makoko », op . cit. pp.10 et suivantes.*

[17] Idem.

[18] Cf. http://bateke.org/bateke/les_3_traites_de_makoko.htm. Le second original de ce traité fut remis à Makoko le 10 août 1884 à Mbé, après ratification par la France, lors d'une cérémonie fastueuse. Cf. Ch. De Chavannes, *« Avec De Brazza : souvenir de la mission dans l'Ouest africain (mars 1883-janvier 1886),* Paris, 1934.

B). L'avenant du 03 octobre 1880 et la prise de possession du territoire.

En fait, fort de cette cession quasi gratuite, De Brazza poursuivait sa mission pour contrer l'avancée de Stanley sur le pool. Il signait le 03 octobre 1880 un autre traité à Nkuna, au nom du Makoko, avec le Chef Ngalieme[19]. Il s'agissait en réalité d'un avenant au traité du 10 septembre 1880, qui matérialisait la souveraineté de la France sur les territoires teke, par l'implantation du pavillon français à *« Mfa »* ou *« Mfoa »*.

Pour sécuriser la station française et en exécution du traité de Ndwo et de l'avenant de Nkuna, De Brazza avait, par décision du 03 octobre 1880 prise Okila,[20] nommer le Sergent Malamine et l'y laissait pour garder le pavillon français jusqu'à la nomination d'un chef définitif. Malamine fut autorisé à fixer sa résidence soit à Okila, soit au village d'Otiulu ou ailleurs dans le territoire de Makoko à Nkuna.

De Brazza devait ensuite poursuivre sa conquête pour l'extension de son implantation dans le bassin du Congo, dans un contexte de course contre la montre qui l'opposait à Stanley, le représentant Léopold II roi des Belges.

§ 2 : Les controverses sur le traité De Brazza-Makoko.

Ces controverses portent sur la validité de ces traités, notamment celui de Ndwo et l'idée de la fondation ou la création ex nihilo d'une nouvelle localité dans le bassin de Nkuna, qui sera ensuite baptisée Brazzaville capitale du Congo français jusqu'à aujourd'hui.

---

[19] *« ... Acte de prise de possession d'un territoire cédé et adhésion donnée à son occupation par les chefs feudataires de Makoko qui l'occupent. Au nom de la France et en vertu des droits qui m'ont été conférés le 10 septembre 1880 par le roi Makoko, le 3 octobre 1880, j'ai pris possession du territoire qui s'étend entre la rivière Djoué et Impila. En signe de cette prise de possession, j'ai planté le pavillon français à Okila en présence de Ntaba-Scianho, Ngaekala-Ngaeko-Juma Nvula chefs vassaux de Makoko et de Ngaliémé le représentant officiel de son autorité en cette circonstance.J'ai remis à chacun des chefs qui occupent cette partie de territoire un pavillon français, afin qu'ils l'arborent sur leurs villages en signe de ma prise de possession au nom de la France. Ces chefs officiellement informés par Ngaliémé de la décision de Makoko s'inclinent devant son autorité et acceptent le pavillon et par leur signe fait ci-dessous donnent acte de leur adhésion à la cession de territoire faite par Makoko. Le sergent Malamine avec deux matelots, reste à la garde du pavillon et est nommé provisoirement chef de la station française de Nkuna.*
Par l'envoi à Makoko de ce document fait en triple et revêtu de ma signature et du signe des chefs de vassaux, je donne à Makoko, acte de ma prise de possession de cette partie de son territoire pour l'établissement d'une station française.
Fait à Nkuna, dans les Etats de Makoko, le 3 octobre 1880... »
(Cf. http://bateke.org/bateke/les_3_traites_de_makoko.htm).

[20]*« Le sergent Malamine est nommé provisoirement Chef de la station française de Nkuna, il gardera ce poste jusqu'au jour où il sera remplacé par le chef définitif. Comme chef de la station française de Nkuna, le sergent Malamine doit, dans la mesure de ses moyens, protection, aide et assistance aux voyageurs européens qui viendront dans la contrée, quelle que soit leur nationalité. Le sergent Malamine fixera sa résidence à Okila soit au village d'Otiulu ou à n'importe quelle autre place voisine, sans toutefois sortir des Etats de Makoko. Fait à Okila, le 3 octobre 1880... »*
(Cf. http://bateke.org/bateke/les_3_traites_de_makoko.htm.).

A). Sur la validité du traité de Ndwo (Mbé).

Le traité du 10 septembre 1880, suscite des interrogations tant du point de vue de la validité au plan juridique, que du point de vue de la coutume internationale ou des traités, en vigueur au XIXème siècle[21]. D'une part, contrairement à une idée bien répandue, le traité de cession des terres du royaume téké ne fut pas signé à Mbé, mais à Ndwo (nduo) une localité, sinon un village aux confins de Mbé.

D'autre part, la validité d'un traité de transfert de titre ou des droits territoriaux devrait s'apprécier à travers les éléments comme la capacité juridique du souverain, la liberté et l'intégrité de son consentement et la forme ou le support du traité[22].

Les conditions des négociations de ce traité nous paraissent quelque peu confuses. Bien que De Brazza fut accompagné de 4 interprètes recrutés au départ de l'Ogooué (Gabon) le 22 juin 1880, rien ne permet d'indiquer qu'ils maîtrisaient les deux langues (le français et le téké) pour traduire exactement les intentions de l'un et les attentes de l'autre, afin de bien cerner les termes d'un éventuel accord.

On peut aussi s'interroger si le Makoko Iloo 1er, bien que souverain, avait-il le pouvoir d'engager le royaume dans une telle décision, sans qu'aucune assemblée des notables n'eût pu siéger pour délibérer sur une décision aussi importante. Ne s'agissait-il pas d'une portion de terre seulement ? Puisque le Makoko aurait souhaité que De Brazza s'installât près de Mbé. Alors que le conquérant préférait Nkuna par rapport à ses ambitions. D'ailleurs, De Brazza lui-même écrit dans le rapport qu'il adressait au ministère français de la marine en 1882 que,

« ...Makoko tenait beaucoup à ce qu'on établit près de sa résidence à Mbé le nouveau village des blancs. Ce n'est pas sans regret qu'il a accepté de le fixer plus loin, à Nkuna, lors même que je lui eusse expliqué la raison de mon choix, qui était d'ouvrir sur ce point une route plus facile au Blancs Fallas (Français)... »[23].

Il s'agissait, sans doute, d'un marché de dupes, d'une forme *« d'escroquerie »* ou, à tout le moins, d'un dol viciant le consentement du Makoko. Cela, si l'on considère que Makoko Iloo 1er entendait céder à De

---

[21] Cf. C.H. Alexandrowicz , *« Le rôle des traités dans les relations entre les puissances européennes et les souverains africains (Aspects historiques) »*, Revue internationale de droit comparé, 1970, n° 22-4, pp. 703-709 ; J. A. Barberis *« Réflexions sur la coutume internationale »*, Annuaire Français de Droit International , 1990, n° 36, pp. 9-46 ; E. Rouard de Card *"Les traités de protectorat conclus par la France en Afrique"*, 1870-1895, éd. Durand et Pedone-Lauriel, 1897 (numérisé, 17 janv. 2008) ; Ch. De Visscher, *« Coutume et traité en droit international public »*, RGDIP, 1955, pp.353-369.

[22] Cf. Cf. C.H. Alexandrowicz, *« Le rôle des traités dans les relations entre les puissances européennes et les souverains africains (Aspects historiques) »*, op. cit. p.707.

[23] Cf.P. J. Lhoni, *« Brazzaville, Cœur de la nation congolaise, 1880-1970 »*, éd. Acoria, 2017, p. 47 ; C. Coquery-Vidrovitch, *« Brazza et la prise de possession du Congo. La mission de l'Ouest africain, 1883-1885 »*, Paris-Ma Haye, Mouton, 1969.

Brazza une portion du territoire pour y implanter un village des blancs et construire une route qui permettrait des échanges avec le pays des blancs.

C'est ce qui ressort, du même rapport que De Brazza adressa au ministre de la marine le 28 août 1882,

« ... J'ai l'honneur de remettre entre vos mains le traité conclu avec le ***roi noir*** *Makoko dont la suprématie s'étend sur le territoire situé sur la rive droite du Congo, en amont des grandes cataractes de ce fleuve.*

Par ce traité, Makoko se met sous la protection de la France et lui cède une portion de son territoire*... »*[24]

Il en résulte que de la cession d'une simple portion du territoire, on arrive à l'occupation de tout le royaume et au-delà. Donc, De Brazza n'avait pas été sincère sur l'étendue de ses ambitions.

Dans ce fameux traité, tout était à l'avantage de la France, puisque De Brazza écrit lui-même dans son rapport précité,

« Le terrain concédé est délimité par la rivière Impila et Djoué, il s'étend sur toute la rive droit du lac nommée par les indigènes Ncouna (Ntama), sur un espace de 10 milles[25]*, le long du Congo immédiatement en amont de la dernière cataracte ; c'est le point commercialement stratégique duquel s'agite la question du Congo.*

En effet, c'est seulement entre ces limites que peuvent déboucher les grandes voies de communication à établir, par la suite, sur la rive droite, pour relier l'Atlantique au Congo intérieur navigable.

Ce traité mérite toute votre attention parce que, ratifié dès à présent, il tranche cette question à l'avantage de la France[26] *... »*

Il ressort de la retranscription des notes de voyage de Pierre Savorgnan De Brazza que le Makoko Iloo fut affaibli. D'une part, par la fronde de certains membres de la dynastie (ses cousins et frères) qui entrèrent en rébellion pour lui disputer le trône, dont le prétendant légitime. Son autorité était contestée et qu'il serait devenu un chef féodal. D'ailleurs, De Brazza s'en est fait l'écho dans ses cahiers de voyage lors de la deuxième mission[27]. D'autre part, il était affaibli économiquement, outre les conséquences des razzias dévastatrices, par l'activité commerciale qu'entretenaient les Abomha consacrant l'expansion de Nkuna dans le pool (lac) par rapport à la contrée de Mbé.

---

[24] Cf. H. Brunschwig (avec le concours de Georgette Lagarde et Jean Vansina), *«BRAZZA, Explorateur, les Traités Makoko, 1880-1882 »*, Paris, Mouton- LAHAYE, 1972, pp.267 et suivantes.

[25] Environ 16 km.

[26] Cf. H. Brunschwig (avec le concours de Georgette Lagarde et Jean Vansina), *«BRAZZA, Explorateur, les Traités Makoko, 1880-1882 »*, Paris, Mouton- LAHAYE, 1972, pp.268.

[27] *« ... Sous le père du Makoko actuel (...) tous les villages étaient groupés autour de lui, mais un neveu de ce Makoko, voulant rivaliser avec le descendant légitime, il y eut une guerre, à la suite de laquelle le rebelle alla s'établir loin. Alors le père du Makoko actuel, pour ne pas laisser les contrées loin de lui tomber sous l'influence du rebelle de ses frères et neveux, il en fit des feudataires qui, sous sa suzeraineté, allaient commander à droite et à gauche (...) Mais ce démembrement, pour s'opposer à l'envahissement d'une branche rebelle de la famille, diminua l'influence de Makoko qui de souverain absolu devint suzerain... »*

Alors, n'y avait-il pas un abus de faiblesse, donc un vice de consentement ???

Sur ce point, Henri Brunschwig écrit,

« ... *"Le traité Makoko fut tellement négocié. Les palabres se sont prolongés du 28 juillet au 10 août. Makoko ne fut ni contraint ni trompé. Il n'hésitait pas, le dernier jour, à prier Brazza de s'écarter après l'arrivée des Chefs Mpocontaba et Mcansciumo ce parce qu'ils avaient à parler entre eux avant de me dire ce que je devais dire au chef blanc", mais, objectera-t-on, quand Makoko donne au chef des blancs sa terre, et demande à ce dernier d'envoyer "un chef pour la commander". Cela signifie-t-il que délibérément, il renonce à son autorité ?...* »[28]

Cette thèse du glissement de la royauté à la féodalité ne nous paraît pas convaincante. Car, le Makoko ne pouvait pas se départir aussi délibérément, avec une légèreté déconcertante, d'un pouvoir ancestral dont il n'était que le dépositaire.

Les vraies motivations de ce traité résidaient dans les intentions de départ de Pierre Savorgnan De Brazza, celles de son vaste plan d'occupation et d'obtenir un titre de cession ou de transfert de territoires dans le cadre d'un protectorat qu'il conviendra de faire valoir pour justifier la souveraineté de la France auprès des autres puissances européennes, notamment le Roi Léopold II à travers le Royaume de Belgique.

On verra que la détention d'un tel titre était décisive lors de la conférence de Berlin pour le morcellement artificiel du continent africain[29].

B). Sur la fondation ou création de Brazzaville par De Brazza.

C'est une idée bien répandue et officialisée, qui attribue à De Brazza la création ou la fondation de la localité qui devrait ensuite porter le nom de *« Brazzaville »,* sur décision conjointe de la Société française de géographie et du Comité français de l'Association internationale africaine (AIA) le 1er juillet 1881, en guise de reconnaissance envers De Brazza. Or, historiquement en effet, la localité dans laquelle De Brazza implanta le pavillon de la France, préexistait à son arrivée à Nkuna-Ntamo ou Mfwa (Mfoa), depuis la lefini, avant la conclusion le 10 septembre 1880 du traité avec le Makoko Iloo 1er. Les propres notes de Pierre Savorgnan De Brazza, consignées dans ses cahiers de voyage, mentionnent qu'il avait déjà entendu parler de l'attractivité commerciale de Nkuna dans le territoire du Makoko. D'ailleurs, Mgr. Prospère Augouard en a fait état dans ses

---

[28] Cof. H. Brunschwin, op. cit. pp. 11 et suiv.

[29] Cf. Cf. C.H. Alexandrowicz, *« Le rôle des traités dans les relations entre les puissances européennes et les souverains africains (Aspects historiques) »,* op. cit. p.707 et suiv.

correspondances[30]. Donc, il ne s'agissait ni d'une *« terra nullius »* (territoire ou terre sans maître), ni d'une *« terra derelictea »* (terre ou territoire volontairement abandonné), encore moins d'un *« no man's land »* (terre inoccupée ou inhabitée).

L'avenant au traité qu'il signa le 03 octobre 1880 à Okila avec le Chef Ngaliemé, représentant officiel du Makoko, en présence des Chefs Ntaba-Scianho, Ngaekala-Ngaeko-Juma Nvula, tous vassaux du Makoko, stipule qu'il a,

« ...pris possession du territoire qui s'étend entre la rivière Djoué et Impila (...) En signe de cette prise de possession, j'ai planté le pavillon français à Okila (...) « ...remis à chacun des chefs, qui occupent cette partie de territoire, un pavillon français, afin qu'ils l'arborent sur leurs villages en signe de ma prise de possession au nom de la France... »[31]

Il stipule aussi que De Brazza nomma le Sergent Malamine comme chef provisoire de la station de Nkuna qui devait y veiller. D'ailleurs, dans sa décision de nomination de Malamine le 03 octobre 1880, il concédait à ce dernier de fixer sa résidence soit à Okila, soit au village d'Otiulu ou à n'importe quel endroit dans les limites du territoire qui venait de lui être cédé.

Dès lors, le choix d'implanter le pavillon français à Mfwa (Mfoa) ou à Okila ne signifie pas la création ni la fondation d'une nouvelle localité. De Brazza lui-même reconnaissait dans ses écrits l'existence des villages téké comme Mfwa (Mfoa), Okila, Kimpila, en somme Nkuna. D'ailleurs, la case du Chef provisoire Malamine fut fixée à Okila. Il s'agissait d'une implantation dans une entité voire une unité géographique et territoriale préexistante. L'implantation du pavillon, aux couleurs de la France à Nkuna (Mfwa) ne valait pas création d'une localité, mais le signe de l'occupation d'un espace territorial. Elle marque la présence d'une puissance conquérante pour dissuader d'autres puissances, notamment la Belgique dont les visées expansionnistes étaient manifestes à travers Stanley.

Même la construction de la première case coloniale par Charles de Chavannes en 1884[32], ne participe ni de la création ni de la fondation d'une nouvelle localité, mais d'une opération d'aménagement, de réorganisation, de restructuration ou du réaménagement de l'existant ou d'un ensemble de localités, appelées villages africains déjà présents à Nkuna, afin de le

---

[30] *« ...Stanley-pool est incontestablement le grand marché d'ivoire de la côte occidentale et il n'est point étonnant qu'il soit aujourd'hui le point de mire de tous les européens. Le Village d'Omfoa, où j'étais établi, est le marché central où se vendent en moyenne 100 défenses par jour. Les indigènes de Stanley-Pool achètent l'ivoire des Ouyanzis qui l'amènent par le fleuve et ils le revendent sur place aux courtiers Bâ-kongos qui le transportent sur les marchés de Zombo et de San Salvador, où il est acheté par d'autres courtiers qui le remettent aux factoreries de Kissambo, Amstriz et sur le bord de la mer... »* (Cf. Chanoine Augouard, *« 44 années au Congo. Suite de 28 années et 36 années au Congo et fin des Lettres de Mgr Augouard. 1905-1914-1921 »*. T. 4, Brionne (Eure) : Impr. Pierre Amelot, 1936.

[31] Cf. Note n°15.

[32] Cf. Ph. Moukoko, Dictionnaire général du Congo-Brazzaville, Paris, L'Harmattan, 2ème édition, 2019, pp.79 et suiv.

transformer sous le modèle d'une agglomération de type colonial. Donc, il ne s'agissait que d'une opération d'aménagement rural, dans la perspective d'un réaménagement urbain en raison de l'inévitable extension de l'agglomération. Cela, compte-tenue de l'intensité de l'activité économique. Notamment du commerce, qui se déployait dans le bassin de Nkuna (Stanley-pool). Le fait de le débaptiser en juillet 1881, de Nkuna ou Mfwa pour lui donner le nom de Brazzaville, n'était que l'expression ou la confirmation de l'emprise coloniale sur ce territoire et de pérenniser l'œuvre de celui dont c'était le dessein.

D'ailleurs, l'attribution d'un nom à une localité ou son changement n'a pas seulement un intérêt urbanistique. Elle a aussi un aspect historique, culturel, philosophique et surtout politique, compte tenu du message qui s'en dégage et qu'il faille véhiculer. Dans le cas d'espèce, le message fut qu'en débaptisant *« Mwao », (Mfoa)* ou *« Nkuna »,* pour l'appeler désormais « Brazzaville », on a imposé à la mémoire collective l'acceptation ou l'affirmation d'une nouvelle histoire. Celle des nouveaux maîtres des lieux et des nouveaux occupants. Cela consacre par voie de conséquence l'effacement de l'histoire authentique pour l'endormir dans le tréfonds de l'oubli.

Certes, le nom « *Brazzaville* » fait partie, depuis le XIXème siècle, du patrimoine historique et immatériel du Congo. Mais, il serait de bon aloi de remettre au goût du jour la réflexion engagée pendant le centenaire de cette ville, pour rétablir son nom d'antan afin qu'elle retrouve son âme originelle. Une telle décision est évidemment plus politique que juridique. Elle est aussi bien diplomatique que culturelle, voire économique. Mais, toutes ces considérations ne peuvent s'inscrire que dans le respect de la souveraineté du Congo et du peuple congolais. Il appartiendra donc aux édiles de prendre leurs responsabilités, comme d'autres l'ont fait ailleurs.

Section 2 : Les Traités dans le royaume de Loango.

Deux importants traités d'occupation retiennent l'attention dans le royaume de Loango. Celui qui touche au royaume lui-même et le traité spécifique au pays de Punta-Négra (en portugais) ou Pointe-Noire.

§ 1 : Le traité de Loango du 12 mars 1883.

L'occupation du territoire du royaume de Loango, fut concrétisée par le traité du 12 mars 1883, signé au nom de la République française par le Lieutenant de vaisseau Robert Cordier et Sa Majesté Mâ-loango Manimakosso-tchinkosso (assisté de ses successeurs et quelques chefs de la contrée). Ce traité, ratifié par la France le 27 novembre 1883, qui mit fin à l'indépendance du royaume, le plaçant sous protectorat de la France, stipule :

En son article 1er que, *« Sa Majesté le Roi de Loango déclare placer son pays sous la suzeraineté et protectorat de la France »*, en son article 2 que *« la France reconnait Manimacosso-Chicusso comme roi de Loango et lui promet aide et protection » ;* en son article 3 que *« le roi de Loango, les chefs du pays et tous les indigènes conservent l'entière propriété de leurs terres. Ils pourront les louer ou les vendre aux étrangers et percevoir les redevances sous la forme et les conditions consacrées par l'usage du pays. Il ne sera porté atteinte aux propriétés dûment acquises et délimitées suivant le mode du pays appartenant à des européens de quelque nationalités qu'ils soient » ;* en son article 4 que, *« Le commerce se fera librement sur pied de la plus parfaite égalité entre les indigènes et les sujets français ou autres. Le roi et les chefs s'engagent à user de toute leur autorité pour prohiber dans leurs Etats, la traite des esclaves » ;* en son article 5 que, *« Le roi de Loango et les chefs du pays s'engagent à ne gêner en rien les transactions entre vendeurs et acheteurs, à ne jamais intercepter les communications avec l'intérieur du pays et à n'user de leur autorité que pour protéger le commerce, favoriser l'arrivage des produits et développer les cultures » ;* en son article 6 que, *« le roi cède en toute propriété et sans aucune redevance au gouvernement de la République française le territoire comprenant la Pointe dite Indienne ainsi que toute la lagune de sable et les ilots découvrant à mer basse formant la partie ouest de la lagune de Loango ou comprise dans cette lagune »*.

Ce traité était exécutoire immédiatement et ne deviendrait définitif qu'après sa ratification par le gouvernement française[33]. Il paraissait, ne serait-ce que sur le papier, plus souple (mis à part la cession d'une partie du territoire à la France) plus équilibré que celui de Ndwo (Mbé) du point de vue des droits fonciers des populations « indigènes », de la liberté du commerce et surtout de l'interdiction de la traite des esclaves. La validité de ce traité du point de vue du consentement des parties et de l'authenticité repose sur une preuve testimoniale dont il est assorti. Suivant les déclarations des deux négociants, Manoel G. Saboga, Chef de la Maison portugaise Saboga, et Ferdinand Pichot, agent de la Maison Daumas-Béraud, qui certifièrent que ce traité fut librement négocié par les parties en parfaites connaissance de cause. Ils certifièrent également de l'authenticité des signatures du Roi et des chefs noirs, signifiant que tout avait été fait sous leurs yeux.

[33] Cf.P. J. Lhoni, *« Brazzaville, Cœur de la nation congolaise, 1880-1970 »*, éd. Acoria, 2017, p. 53 et suivantes ; Cf. On peut utilement consulter, D. Ngoï-Ngalla, *« Au royaume de Loango, les athlètes de dieux »*, Publibook, juillet 2010.

§ 2 : Le traité de Punta-Négra du 21 juin 1883.

Le traité de Loango était suivi, trois mois après, du traité dit de *« Punta-Négra »*, nom donné par les portugais, conclu le 21 juin 1883 avec le même Robert Cordier, Lieutenant de vaisseau, commandant de la canonnière le Sagittaire, avec les Chefs du pays Punta-Négra (Pointe-Noire), en l'occurrence André Loembo, Chef des Mafucas, assisté des chefs Mboma Macosso, Mavunvo Lucieno et Machibamba.

Par ce traité, les Chefs du pays de Punta-Négra (Pointe-Noire), réunis en palabre général, avaient déclaré de placer leur pays sous la suzeraineté et le protectorat de la France. La France reconnait André Loembo comme chef des Mafucas et les chefs Mboma Macosso, Mavunvo Lucieno et Machibamba comme chef du pays. Comme dans le traité conclu avec le Maloango Manimakosso-tchinkosso, le traité du 21 juin 1883 reconnait aux Chefs de Punta-Négra et à tous les indigènes l'entièreté du droit de propriété sur leurs terres, qu'ils pussent louer ou vendre aux étrangers et percevoir des redevances sous la forme et dans les conditions consacrées par les usages du pays. Pourtant, ce traité interdit qu'il soit porté atteinte aux propriétés dûment acquises et délimitées suivant la loi du pays et appartenant aux européens de quelque nationalité qu'ils soient. Il comporte les mêmes clauses que celui de Loango, concernant la liberté du commerce, l'interdiction de la traite des esclaves.

Cependant, l'article 6 du traité stipule que, les chefs cèdent en toute propriété et sans aucune redevance à la France le terrain comprenant la Pointe dite *« Noire »* et le terrain s'étendant jusqu'à la factorerie portugaise Santos et Irmao. Il est stipulé que la délimitation de ces terrains se ferait d'un commun accord entre les parties conformément aux usages du pays.

La validité et l'authenticité de ce traité (ratifié par la France le 27 novembre 1883) sont établies selon la forme d'une preuve testimoniale par François Portello et François-Marie Tembo qui déclarent être natifs du pays, parlant et écrivant le français. Ils certifient que ce traité a été discuté librement devant tous les chefs du pays, qu'il leur a été expliqué et commenté et qu'il a été consenti par eux en parfaite connaissance de cause. Ils certifient également de l'authenticité des signes des chefs du pays, établissant que tout a été fait sous leurs yeux.

Il est significatif de souligner qu'à la différence du traité de Ndwo (Ndo) et de l'avenant du Nkuna, le traité de Punta-Négra ne vise pas celui de Loango et que les Chefs du pays n'avaient pas agi comme des feudataires du Maloango Manimakosso-tchinkosso. Cela tenait sans doute à l'organisation spécifique de ce royaume.

Ce traité s'inscrivait dans le processus de l'extension de l'occupation territoriale par la France. Il était suivi, comme partout ailleurs, d'autres traités signés par les représentants de la France avec les chefs féodaux ou terriens locaux. Ce processus d'occupation sous la foi de ces chefs plus ou moins incrédules quant aux ambitions de leurs interlocuteurs aura contribué à déterminer les contours territoriaux du Congo.

Section 3 : La conférence de Berlin du 15 novembre 1884.

Le sort du Congo, comme celui de l'Afrique, allait être scellé par la conférence de Berlin, du 15 novembre 1884 au 26 février 1885, convoquée par Bismarck, où la Russie et les Etats-Unis figuraient parmi les pays représentés, et sans la présence d'un africain.

Il fallait donc apaiser des tensions vivaces entre les puissances européens impliquées dans la conquête et l'occupation coloniale de l'Afrique, notamment la rivalité entre la France et la Belgique dans les territoires du Congo.

De l'acte final de la Conférence de Berlin, il en ressortait que les points saillants étaient la liberté du commerce et de la navigation sur le bassin du Congo, l'interdiction de l'esclavage dans les territoires du bassin du Congo, le règlement pacifiques des conflits territoriaux entre les puissances exerçant des droits de souveraineté ou de protectorat dans ce bassin, le rôle de médiation confié à la Commission internationale du Congo (CIC), et la civilisation des populations indigènes ; sans oublier la navigation dans le bassin du Niger.

En dépit des bonnes intentions affichées, la conférence de Berlin consacrait plutôt le morcellement et le partage de l'Afrique par et entre les grandes puissances européennes de l'époque, dont il en résultera des Etats aux frontières artificielles, ne reflétant aucune réalité sociologique, ethnique, culturelle, politique, ni géographique des territoires concernés.

La conférence de Berlin circonscrit le bassin du Congo, comme étant constitué de l'ensemble des territoires drainés par le fleuve Congo et ses affluents, y compris le Tanganyika et ses tributaires orientaux. Elle reconnaissait de facto les droits de souveraineté et l'influence des puissances européennes sur les territoires conquis ou qui leur auraient été cédés par les fameux traités de cession, de transferts territoriaux ou qui le deviendraient.

Ainsi donc, la souveraineté ou l'influence de la France sur les territoires conquis ou à venir, comme ceux du Congo, à travers les traités conclus avec les différents rois et chefs de terres locaux, était confirmée. Ce fut le cas pour les autres puissances européennes déployées en Afrique.

Section 4 : Régime et modèle économique spéciaux dans les colonies.

Deux institutions auront marqué négativement l'histoire des territoires conquis. L'un concerne le statut des personnes et l'autre les relations commerciales et l'activité économique dans les colonies.

§ 1 : Le régime de l'indigénat.

L'indigénat est une législation discriminatoire, inhumaine, injuste, violente et avilissante. Appelé *« code de l'indigénat »*, il fut adopté par la France le 28 juin 1881, appliqué dans un premier temps en Algérie puis généralisé dans toutes les colonies françaises. Le décret du 15 novembre 1924, modifié par celui du 26 décembre 1924, unifiait le régime juridique de l'indigénat dans les colonies de l'AOF, de l'AEF, du Madagascar et de la cote française des Somalies[34].

Il comportait une liste des personnes qui en étaient exemptées ; parmi lesquelles les anciens combattants, les personnes diplômées, les cadres de l'administration, les commerçants, leurs femmes et enfants. Les sanctions n'étaient pas identiques. Il fut diversement appliqué selon les colonies, pour être définitivement aboli en 1946, soit huit ans après l'accord de Genève du 23 avril 1938 interdisant les travaux forcés. Il s'agissait d'un dispositif spécifique, qui justifiait l'exception coloniale aux règles et valeurs de la République en vigueur dans la métropole. C'était une légitimation honteuse de la spécificité juridique des colonies. Il n'était pas sans rappeler une autre monstruosité historique que fut *« le code noir »*.

Selon la définition qu'en donne Sala-Molins, le code indigène ou le régime de l'indigénat est *« un ensemble de lois articulant une série de droits et de devoirs d'exception au concert général de la loi française ou, plus modestement, aux usages juridiquement retenus en métropole... »*[35]

Sur la forme, il ne s'agit pas d'un code au sens formel du code pénal ou du code civil, mais d'un ensemble de textes non codifiés[36]. On lui préfère la notion de régime ou de législation de l'indigénat. Il s'agissait comme nous l'avons dit plus d'un régime d'exception, dérogatoire aux principes républicains applicables en métropole.

Il reposait sur un traitement spécifique dans les colonies, opérant une distinction entre deux statuts de personnes. D'un côté, les citoyens français, possédant la nationalité française (de souche métropolitaine, pour ne pas dire les bancs) et de l'autre, les sujets français, dépourvus de la nationalité

---

[34] J.M. Breton et autres, *« Droit public congolais »*, Paris, Economica, 1987, pp. 6 et 7.

[35] Cf. Sala-Molins, *« Le code noir ou le calvaire de Canaan »*, Paris, PUF, 1987, p.73.

[36] I. Merle, *« De la ''légalisation'' de la violence en contexte colonial. Le régime de l'indigénat en question »*, Politix, Revue des sciences sociales du politique , 2004, n° 66 pp. 137-162.

française, les indigènes (noirs africains, antillais, malgaches, algériens, mélanésiens, y compris les immigrés). Parmi les indigènes, on pouvait distinguer les indigènes évolués ou un peu civilisés qui participaient à l'administration coloniale et les autres[37].

Ce système ségrégationniste se caractérisait surtout par un régime répressif bien stratifié. Il comprenait une série de sanctions susceptibles d'être infligées aux indigènes, sans considération des règles de procédure applicables en métropole. Il pouvait s'agir des peines individuelles ou collectives, des amendes, la répression de la résistance à l'indigénat, des taxes en tout genre, des travaux forcés, etc.

Concernant les travaux forcés, la construction du chemin de fer Congo-Océan fut l'exemple emblématique du régime pervers de l'indigénat qui causa la mort à des milliers d'africains (plus de 17.OOO), contraints de travailler dans des conditions très épouvantables[38] avant la suppression des travaux forcés par la loi du 11 avril 1946[39].

§ 2 : Le pacte ou l'exclusif colonial, un modèle économique aux antipodes du libéralisme.

Le pacte colonial est une institution purement mercantiliste, qui prônait l'exclusivité des échanges et du commerce dans les colonies au profit et avec la puissance coloniale. Ces règles imposées par la métropole à la colonie interdisaient totalement ou partiellement le marché colonial aux produits étrangers, avec l'obligation d'exporter les marchandises produites dans la colonie quasi exclusivement en France métropolitaine[40]. Ce modèle économique fut d'ailleurs soutenu par d'illustres penseurs, comme Montesquieu qui, déjà déclarait à propos de certaines races, comme *« ...les plus aptes à posséder inutilement un vaste empire »*[41], ce qu'il disait dans la

[37] Cf. Henry Solus, « *Traité de la condition des indigènes en droit privé : Colonies et pays de protectorat (non compris l'Afrique du Nord) et pays sous mandat* », préf. d'Arthur Girault, Paris, Librairie du Recueil Sirey, 1927. L'auteur distingue 4 catégories d'indigènes : Les indigènes citoyens français (ils avaient le statut civil français) ; Les indigènes sujets français (ce sont les indigènes des colonies proprement dites et des protectorats de droit interne. ils possédaient nationalité française, sans en être citoyens) ; les indigènes protégés français (ils n'avaient ni la nationalité, ni la citoyenneté française) ; les indigènes administrés français (c'étaient les indigènes des territoires administrés par la France sous mandat de la Société des Nations ex. le Cameroun oriental, le Togo oriental). Patrice Ndiaye, *« Des indigènes citoyens français. Les ressortissants des quatre commun*es de plein exercice du Sénégal : une citoyenneté singulière dans l'empire colonial français », in Le droit figure du politique. Études offertes au professeur Michel Miaille, (Sous Dir. J.-L. Autin, L. Weil), Presses de la faculté de droit de Montpellier 2008, coll. Mélanges, vol. II, pp. 379-395.

[38] A. Gide, *« Un voyage au Congo »,* Paris, Gallimard, 1927 ;A. Londres, « Terre d'Ebène, La terre des noirs », Paris Albin Michel, 1929 ; I. Van Der Poel, *« Congo-Océan, un chemin de fer controversé »,* Paris, L'Harmattan, T1, 2006 ; Doumbi-Fakoly, « La colonisation, l'autre crime contre l'humanité », Bonneuil (94), Menaibuc, 2006.

[39] Loi n°46-645 du 11 avril 1947, tendant à la suppression du travail forcé dans les territoires d'outre-mer.

[40] Cf. Encyclopédie Larousse en ligne-pacte colonial ; https:/www.larousse.fr/encyclopédie/divers/pacte_colonial/35271.

[41] Cf. E. E. Grosclaude, « Le nouveau pacte colonial », Revue des deux mondes, 1902, T8, p. 49.

justification des colonies dont l'objet était, selon lui, *« de faire commerce à de meilleures conditions qu'on ne le fait avec les peuples voisins, avec lesquels tous les avantages sont réciproques. On a établi que la métropole seule pourrait négocier dans la colonie ; et cela avec grande raison parce que le but de l'établissement a été l'extension du commerce, non la fondation d'une ville ou d'un nouvel empire.*

Ainsi, c'est encore une loi fondamentale de l'Europe, que tout commerce avec une colonie étrangère est regardé comme un pur monopole punissable par les lois du pays.

Il est encore reçu que le commerce établi entre les métropoles n'entraîne point une permission pour les colonies, qui restent toujours en état de prohibition... »[42].

Ce régime de monopole et de protectionnisme économique et commercial était contraire au libéralisme qui prône la concurrence du marché[43]. Certes, les monopoles avaient été abolis en 1791. Mais, celui de l'exclusif colonial fut rétabli au début du XIXème siècle (en 1801)[44]. Il sera supprimé sous le Second Empire, d'abord dans les colonies de la Guadeloupe, de la Martinique et de la Réunion par la loi du 3 juillet 1861 et, dans toutes les colonies par le décret du 9 juillet 1869 ; pour être rétabli en 1889, sous la IIIème République, nonobstant le traité du libre-échange (dit Gobden-Chevalier) conclu le 23 janvier 1860 entre la France et le Royaume uni, supprimant les droits de douane[45].

Dans son rapport sur le budget du ministère des colonies, Gaston Doumergue soulignait que, *« Ce qui n'est pas douteux, c'est que le mouvement commercial des colonies françaises va d'une façon générale en augmentant. Certaines d'entre elles, comme les colonies de la Côte d'Afrique, à l'exception du Congo, sont même arrivées à réaliser des recettes suffisantes pour payer toutes leurs dépenses civiles...Il résulte de ce qui précède que notre situation coloniale s'est beaucoup améliorée. Il est établi que notre commerce et notre industrie commencent à tirer un profit, léger encore, mais qui va toujours croissant, de notre immense empire... »*[46].

L'exception du Congo pouvait s'expliquer par le fait que ce territoire venait juste d'intégrer l'empire colonial et les infrastructures n'étaient pas encore au point. Pourtant, le Congo n'allait pas y échapper comme les autres possessions européennes. Or, le protectionnisme économique allait, dans une

---

[42] Cf. Montesquieu, *« De l'esprit des lois »*, Ch.XXI, 1848.

[43] Cf. H. Brunschwig, *« La colonisation française, du pacte colonial à l'Union française »*, Paris, Calmann-Lévy, 1949 ; E. Grosclaude, *« Le nouveau pacte colonial »*, Revue des deux mondes, 1902, T8, p. 49.

[44] Cf. F.Demier, *« Adam Smith et la reconstruction de l'empire colonial français au lendemain de l'épisode révolutionnaire »*, Cahiers d'économie politique », n°27-28, 1996, pp. 241.

[45] G. Cadier *« Les conséquences du traité de 1860 sur le commerce franco-britannique »*, Histoire, économie & société Année 1988 7-3 pp. 355-380.

[46] Rapport sur le projet de loi portant fixation du Budget général de l'Exercice 1899 [Budget du Ministère des colonies] (I., n° 629 ; S. O. de 1899, t. 1, p. 255).

certaine mesure, se heurter au libéralisme que promouvait la conférence de Berlin sur le bassin du Congo, dont l'article 5 de l'acte général stipulait[47], *« Toute puissance qui exerce ou exercera des droits de souveraineté dans les territoires susvisés ne pourra y concéder ni monopole ni privilège d'aucune espèce en matière commerciale ».*

Section 5 : Les mutations du statut administratif du territoire du Congo.

Le statut administratif du territoire du Congo a connu plusieurs mutations qu'il convient de retracer jusqu'en 1910.

§1 : Du Gabon-Congo à la colonie du Congo français (1886-1888).

L'administration et la structure territoriales du Congo sont passées du commissariat général de l'ouest-africain à la colonie du Congo français. Il y eut des phases de fusion avec le Gabon et de détachement de l'Oubangui-Chari.

A). Le Commissariat de l'Ouest-africain (1883-1886).

Après la ratification, par la France le 22 novembre 1882, des accords entre le Makoko et De Brazza, des 10 septembre et 3 octobre 1880, fut créé un Commissariat général, dans le cadre de la mission ouest-africaine. De Brazza fut alors nommé Commissaire général du gouvernement dans l'Ouest-Africain depuis le 15 février 1883, qui était rattaché au Gabon et dont le siège était fixé à Libreville, jusqu'à la fin de la mission et rappelé par le gouvernement français le 19 novembre 1885.

B). Le rattachement provisoire du Gabon au Congo français (1886-1888).

Il s'agissait d'une situation provisoire, motivée principalement par des considérations d'ordre budgétaire. Le décret du 27 avril 1886, justifie cette situation, dans son exposé des motifs, par le fait que l'exploration du vaste territoire du Congo français n'était pas encore achevée.

---

[47] Henri Wesseling, *Le Partage de l'Afrique. 1880-1914*, Gallimard, coll. « Folio Histoire », 2002 ; Henri Brunschwig, *Le Partage de l'Afrique noire*, Flammarion, coll. « Champs histoire », 2009 ; J. Dresch *« Méthodes coloniales au Congo belge et en Afrique équatoriale française »,* Politique étrangère Année 1947 12-1 pp. 77-89

Pour développer l'influence pacifique de la France et établir des relations commerciales suivies entre les possessions, il fallait confier leur administration à celui dont le nom était désormais associé au Congo français et qui devrait exercer les fonctions de Gouverneur général. Dans cette nouvelle configuration, le Gabon devait être rattaché au Congo et dirigé par un Lieutenant-gouverneur qui devrait rendre compte au Gouverneur général.

Par ailleurs, le rattachement du Gabon au Congo-français, s'expliquait également par des considérations d'ordre budgétaire. Car, il *« ...permettait, comme le précise le ministre des colonies dans son rapport du 27 avril 1886, de réduire au minimum strictement indispensable les crédits à solliciter aux chambres... »*[48]

Par décret du 27 avril 1886, le Président Jules Grevy nommait De Brazza en qualité de Commissaire général du gouvernement dans la possession du Congo-français.

Mais il ne prenait effectivement ses fonctions qu'en février 1887. A ce titre, il avait autorité sur le Lieutenant-gouverneur du Gabon[49]. Le Dr. Ballay fut nommé Lieutenant-gouverneur de la colonie du Gabon par décret du 29 juin 1886.

Car, d'après le rapport du ministre des colonies du 29 juin 1886, cela permettrait de décharger De Brazza pour régler lui-même les mille détails de l'administration du Gabon. De Brazza devait se consacrer, comme précise le rapport, à l'œuvre d'expansion du Congo dont il a été le « glorieux » initiateur[50].

§ 2 : La fusion du Congo français et du Gabon (1888-1904).

Les territoires du Congo français et du Gabon fusionnaient par un décret du 11 décembre 1888[51], pour constituer une seule colonie, qui sera dénommée Congo-français le 30 avril 1891[52].

Dans son rapport au Président de la République française (Carnot) du 11 décembre 1888, le ministre des colonies, Krantz, rappelait le caractère provisoire de l'organisation des deux territoires définie par les décrets de 1886, en raison des difficultés (désormais résolues) qui résultaient de l'impossibilité de soumettre le Congo français, vaste territoire nouvellement conquis, dont l'exploration était encore inachevée, aux mêmes règles qu'une colonie déjà organisée de longue date comme le Gabon.

---

[48] Cf. AUBE, Rapport du Président de la République du 27 avril 1886, JORF n°115 du 26, 27 et 28 avril 1886, p.1926.

[49] JORF n°115 du 26, 27 et 28 avril 1886, p.1926.

[50] JORF n°176 du 1er juillet 1886, p.2990.

[51] Décret du 11 décembre 1888, fixant l'attribution du Commissaire général du gouvernement dans le Congo français et du Lieutenant-gouverneur du Gabon, JORF, n°339, du 13 décembre 1888, pp.5277-5278.

[52] Décret du 30 avril 1891, portant que la colonie formée par la réunion du Gabon et le Congo français portera désormais le nom Congo-français, JORF n°120, du 3 mai 1891, pp.1981-1982.

Au plan budgétaire la colonie du Congo ne se distinguait des autres colonies françaises que par l'importance de sa subvention versée au budget local du Gabon. Il était donc paru judicieux d'opérer la fusion administrative et budgétaire des deux colonies et de redéfinir son organisation.

A). L'organisation administrative de la colonie du Congo français.

Aux termes des dispositions des articles 1er et 2 du décret du 11 décembre 1888, la colonie (désormais unifiée) du Congo français était dirigée par un Commissaire général, avec un lieutenant-gouverneur sous son autorité. Le siège étant fixé à Libreville.

Il était institué, en parallèle de cet exécutif de la colonie, un Conseil d'administration (organe délibérant) du Gabon et du Congo composé du Commissaire général (président), du Lieutenant-gouverneur (Vice-président), du commandant de la marine, du directeur de l'intérieur, du chef de service administratif, du chef de service judiciaire et de deux habitants notables nommés par le Commissaire général.

Sur plan judiciaire, le Conseil d'administration pouvait, le cas échéance, se constituer en Conseil du contentieux administratif. Les fonctions du ministère public étaient exercées par un officier du commissariat désigné au début de chaque année par le Commissaire général. Le Secrétaire-archiviste du Commissariat exerçait les fonctions de greffier.

B). La colonie du « Congo français » (1891).

En sa qualité de Commissaire général du gouvernement, De Brazza appelait l'attention du ministre des colonies sur l'inconvénient que représentait la dénomination du territoire Gabon-Congo. Il avait souhaité que la colonie unique issue de la fusion des territoires du Gabon et du Congo français, soit désormais appelée *« CONGO-FRANÇAIS »*. Cela n'était pas sans arrière-pensée sur la place qu'occupait le Congo français dans son esprit et par rapport aux ambitions qui avaient conduit à conquérir ce territoire. Même s'il eut pu justifier ce changement de nom en raison du fait que celui-ci figurait déjà sur toutes les cartes de l'Afrique et, pour donner une idée exacte de la situation des possessions française en Afrique centrale.

Dès lors, le Président de la République, Carnot, édictait, sous le sénatus-consulte du 3 mai 1854, le décret du 30 avril 1891 disposant que les possessions françaises du Gabon et du Congo portaient désormais le nom de : Congo français[53].

Cependant, la capitale était toujours fixée à Libreville.

---

[53] Décret du 30 avril 1891, précité.

§ 3 : Le détachement et réintégration de l'Oubangui au Congo français (1894-1897).

Les territoires de l'Oubangui et de Bangui seront provisoirement séparés de la colonie du Congo français le 13 juillet 1894, pour y être ensuite réintégrés trois années plus tard, le 23 septembre 1897.

A). Le détachement des territoires de l'Oubangui et de Bangui (1894).

La situation de l'Oubangui, qui dépendait administrativement et politiquement jusque-là du Congo français, incitait à ce que ce territoire en soit détaché, en raison des difficultés qui s'y étaient produites. Le gouvernement devait prendre des mesures nécessaires pour faire respecter les droits de la France en Afrique. Par ailleurs, compte tenu de la distance qui séparait Libreville, chef-lieu de la colonie, et le poste des Abiras où devrait résider l'officier supérieur commandant l'Oubangui (donc en l'absence de toute communication régulière et prompte), il était nécessaire de détacher provisoirement l'Oubangui de la colonie du Congo français sur le plan politique et administratif. Vu le rapport du ministre des colonies (Delcassé), le Président de la République française (Casimir Perrier) prononçait, par décret du 13 juillet 1894[54], le détachement des territoires français de l'Oubangui (y compris Bangui) de la colonie du Congo français jusqu'à nouvel ordre. Cette zone était placée sous l'autorité d'un Commandant-supérieur, qui correspondait directement avec le ministre des colonies. Le Commandant-supérieur devait toutefois lui adresser une copie de ses rapports politiques et le tenir régulièrement informé de tous les faits liés à la situation générale des territoires de l'Oubangui.

Le décret dispose dans son article 3 que le Commandant-supérieur de l'Oubangui exerçait dans ces territoires les pouvoirs politiques, administratifs et financiers dévolus au Commissaire général du gouvernement par les décrets et règlements en vigueur. Le personnel civil et militaire en service dans les territoires de l'Oubangui relevait de l'autorité du Commandant-supérieur. Sur le plan financier, les crédits votés au titre de subvention au service local faisaient l'objet d'une délégation spéciale de crédit au budget du directeur de l'intérieur du Congo, qui les déléguerait ensuite au chef de service administratif de l'Oubangui pour les utiliser conformément aux instructions du Commandant-supérieur.

[54] Décret du 13 juillet 1894, JORF, n°190, P3423.

B). La réintégration des territoires de l'Oubangui au Congo français (1897).

Les territoires de l'Oubangui devaient ensuite réintégrer la colonie du Congo français, dont ils s'étaient séparés, suivant un décret du 28 septembre 1897[55] et placé sous l'autorité du Commissaire général du gouvernement dans le territoire du Congo français. Ce dernier était désormais assisté par deux Lieutenant-gouverneurs : Un lieutenant-gouverneur pour le Congo français et un Lieutenant-gouverneur pour l'Oubangui.

Le Commissaire général du gouvernement était habilité à nommer tous les fonctionnaires et les agents payés sur le budget local, à l'exception de ceux dont la nomination était réservée soit au Président de la République, soit au ministre des colonies. Il exerçait ses pouvoirs dans toute la colonie conformément à la réglementation en vigueur et avait qualité d'ordonnateur du budget local. Compte tenu de l'étendue de la colonie, le Commissaire général du gouvernement pouvait déléguer ses pouvoirs aux Lieutenant-gouverneurs du Congo français et de l'Oubangui.

Outre l'exécutif, la nouvelle organisation de la colonie comprenait un Conseil d'administration (organe délibérant) composé d'un président (le Commissaire général du gouvernement, assisté le cas échéant d'un Lieutenant-gouverneur, et de six membres (le secrétaire général, le chef du service de santé, l'administrateur-chef des affaires indigènes, deux habitants notables de la colonie désignés par arrêté du Commissaire général du gouvernement, un secrétaire).

§ 4 : La fin du Congo français et la création d'une fédération coloniale.

La colonie unique du Congo français donnait naissance à deux colonies autonomes par décret du 29 décembre 1903[56] . Il s'agissait de la colonie du Congo français, désormais désignée le Moyen-Congo, et de la Colonie du Gabon. Cette séparation évoluera vers la création des structures de regroupement fédéral des colonies en l'Afrique équatoriale française.

A). La colonie du Moyen-Congo.

Créée, ainsi qu'il vient d'être dit par le décret précité du 29 décembre 1903, la colonie du Moyen-Congo comprenait les territoires limités par le Gabon et la frontière du Cameroun (colonie allemande) jusqu'au 7e degré de

[55] Décret du 28 septembre 1897, portant réorganisation du Congo français, JORF n°265, du 30 septembre 1897, p.5502.

[56] Décret du 29 décembre 1903, portant organisation du Congo français et dépendance, JOFR, du 24 janvier 1904, pp.32 et suivantes.

latitude Nord et, par ce parallèle, jusqu'à la ligne de partage des eaux entre le bassin du Chari et du Congo (...) jusqu'à la frontière de l'Etat indépendant du Congo et celle de la colonie portugaise du Cabinda[57].

Il convient de souligner que, quelques années plus tard, notamment en 1936, le Moyen-Congo, de huit régions lors de sa création, devait compter neuf départements : *la Haute Sangha, le Pool, le Niari, la Likouala-Mossaka, l'Alima, la Likouala, la Sangha, le Kouilou et le Haut-Ogooué.* Ce dernier fut détaché du Gabon de 1925 à 1946.

Doté d'une autonomie administrative et financière, le Moyen-Congo était directement administré par le Commissaire général du gouvernement qui résidait à Brazzaville, assisté d'un secrétaire général et d'un Conseil d'administration[58].

B). Le Congo-français et dépendances.

Le décret du 29 décembre 1903, bien qu'ayant dissout la colonie du Congo français, en séparant le Congo et le Gabon en deux entités autonomes, créait un regroupement de quatre entités sous une forme fédérale appelée tantôt *« les possessions du Congo français et dépendances »,* tantôt *« le Congo-français et dépendances.*

Cette fédération du Congo français et dépendances regroupait, les colonies du Gabon, le Moyen-Congo, le territoire de l'Oubangui-Chari et le territoire du Tchad. Ce regroupement était placé sous l'autorité du Commissaire général du gouvernement dont la résidence était fixée à Brazzaville (plus Libreville). Ce dernier était assisté ou représenté au niveau des entités composant ce regroupement, outre le Moyen-Congo placé directement sous son autorité avec un secrétaire général, par un Lieutenant-gouverneur pour l'administration de la colonie du Gabon, par un délégué permanent à Bangui chargé de l'administration du territoire de l'Oubangui-Chari, et d'un Officier-Commandant les troupes stationnées dans le territoire du Tchad.

Le décret du 11 février 1906 portant réorganisation des possessions du Congo français et dépendances créait une troisième colonie, l'Oubangui-Chari-Tchad (avec le rattachement du territoire Tchad, jusque-là sous administration militaire), qui sera placée sous l'autorité d'un Lieutenant-gouverneur, qui avait son siège à Bangui. Les trois colonies disposaient d'une autonomie administrative et financière.

Au niveau des organes délibérants, il y avait le Conseil de gouvernement et les Conseils d'administration pour les colonies du Moyen-Congo, du Gabon et de L'Oubangui-Chari-Tchad. Par décret du 26 juin 1908, les possessions du Congo français et dépendances étaient désormais placées

[57] Cf. article 1er du décret du 29 décembre 1903, précité.
[58] Cf. article 2§3, décret du 29 décembre 1903, précité.

sous l'autorité d'un Gouverneur qui, nonobstant ce changement de titre et de rang, conservait les attributions dévolues au Commissaire général du gouvernement au Congo français[59]. Ce changement, par l'institution d'un gouvernement général, s'inscrivait dans une évolution vers la décentralisation.

C). Le Moyen-Congo, membre de l'Afrique équatoriale française (AEF).

La configuration des possessions du Moyen-Congo et dépendances évoluait vers la constitution d'un ensemble fédéral et plus cohérent des colonies françaises. La création d'un gouvernement général par le décret précité du 26 juin 19O6, en lieu et place d'un commissariat général, s'inscrivait, selon le ministre des colonies (G. Trouillot), dans un processus de décentralisation qui devait, selon lui, se traduire par l'union des différentes entités composant les possessions du Congo français et dépendances. Pour le rendre cohérent, ce changement de l'administration des colonies et territoires devrait commencer par le changement d'appellation. Car, celles du Congo français et dépendances n'étaient plus représentatives de la réalité géographique. Donc, il fallait substituer à la dénomination de gouvernement général du Congo français et dépendances, celle de *« Gouvernement général de l'Afrique Equatoriale française ».* Car, toutes ces possessions se situaient dans la zone équatoriale.

Cette structure fédérale fut instituée par le décret du 15 janvier 1910, portant création du Gouvernement général de l'Afrique Equatoriale Française (AEF), comprenant les colonies du Gabon, du Moyen-Congo, de l'Oubangui-Chari y compris le territoire militaire du Tchad, dont le siège demeurait à Brazzaville[60]. Cette construction « fédérale » était achevée avec la création de la colonie du Tchad 17 mars 1920.

Le Gouverneur général était le dépositaire des pouvoirs de la République dans la fédération des colonies et territoires composant l'EAF. Il correspondait directement avec le ministre des colonies et pouvait, le cas échéant, déléguer des pouvoirs aux responsables des entités des colonies. Il était assisté ou représenté au niveau des colonies, par un Lieutenant-gouverneur, placé sous son autorité. Par ailleurs, deux autres décrets du 15 janvier 1910 instituaient un Conseil du gouvernement de l'AEF et des Conseils d'administration des colonies qui la composaient.

Le Conseil du gouvernement de l'AEF, qui siégeait à Brazzaville, était présidé par le gouverneur général, assisté du secrétaire général du gouvernement général ; des Lieutenant-gouverneurs du Gabon, du Moyen-

---

[59] Décret du 26 juin 1908, JORF n°173, du 27 juin 1908, p.4333.

[60] Décret du 15 janvier 1910, portant création du Gouvernement général de l'Afrique Equatoriale française (AEF), JOAEF, n°5, du 1er mars, p.115.

Congo, de l'Oubangui-Chari-Tchad (et du Tchad depuis 1920), le Commandant-supérieur des troupes, le Chef du service judiciaire, le délégué de l'EAF au conseil supérieur des colonies, un des membres notables des conseils d'administration des colonies et le chef du cabinet du gouverneur général qui assurait les fonctions de secrétaire [61].

Un conseil d'administration était constitué dans chaque colonie membre de l'AEF. Il était présidé par le Lieutenant-gouverneur, assisté du secrétaire général, de l'inspecteur des affaires administratives, du chef du bataillon commandant les troupes stationnées dans la colonie, du procureur de la République, deux membres choisis parmi les citoyens notables, de deux membres suppléants de la même catégorie et du chef du cabinet du Lieutenant-gouverneur qui tenait le secrétariat.

Chapitre 3 : Le Congo de la France libre au gouvernement provisoire (1940-1946).

Le Congo, ou tout au moins, la colonie du Moyen-Congo joua à travers sa capitale Brazzaville un rôle de premier plan, pendant la deuxième guerre mondiale, dans la libération de la France et le processus d'émancipation des territoires et des peuples colonisés d'Afrique.

§ 1 : Brazzaville, capitale de la France libre (1940-1943).

Après l'appel de Londres du 18 juin 1940, suite à l'occupation de la France par l'Allemagne, le général De Gaulle, ayant atterri dans la capitale du Moyen-Congo et de l'AEF, proclamait Brazzaville comme capitale de la France-libre dans sa déclaration du 27 octobre 1940[62] (le Manifeste, dit de Brazzaville, relatif à la direction de l'effort français dans la guerre et dont on a commémoré le 80ème anniversaire du 27 au 28 octobre 2020).

Il s'opposait ainsi au gouvernement de Vichy qui acceptait la capitulation et la collaboration avec l'ennemi du 10 juillet 1940 au 20 août 1944. L'un des artisans de cette phase décisive de l'histoire de la France libre, de l'empire colonial et surtout du Congo, fut Félix Eboué dont le ralliement au général de Gaulle, dès l'appel du 18 juin 1940, fut concrétisé par sa déclaration à Fort-Lamy (actuel Ndjamena, capitale du Tchad) le 26 août 1940. Il fut ensuite nommé Gouverneur général de l'AEF du 11 août 1941 au 15 février 1944[63].

---

[61] Cf. Décret du 15 janvier 1910, portant organisation du Conseil de gouvernement de l'Afrique équatoriale française, p.116-117.

[62] J. Ollandet, *« Brazzaville, capitale de la France libre, Histoire de la résistance française en Afrique 1940-1944 »*, Paris, l'Harmattan, 2013.

[63] F. Éboué, *« Les peuples de l'Oubangui-Chari: essai d'ethnographie, de linguistique et d'économie sociale »*, Paris, Comité de l'Afrique française, 1933.

C'est de Brazzaville que furent prises les premières décisions pour la reconquête et la libération de la France : la création du Conseil de défense de l'empire (27 octobre 1940), l'ordonnance n° 1 portant organisation des pouvoirs publics et instituant le Conseil de défense de l'empire (27 octobre 1940), l'ordonnance n° 2 portant nomination des membres du Conseil de défense de l'empire (27 octobre 1940) ; la déclaration organique du 16 novembre 1940, complétant le manifeste de Brazzaville du 27 octobre 1940, etc.

L'effort de Brazzaville (Moyen-Congo), comme celui des autres colonies, fut considérable, tant sur le plan humain que sur le plan économique, pour défendre l'empire et vaincre l'ennemi.

§ 2 : La Conférence de Brazzaville.

Alors que la seconde guerre mondiale n'était pas encore terminée, la France et ses alliés étant sûrs de leur victoire, les prises de conscience s'élevaient sur l'émancipation des peuples qui étaient encore sous occupation coloniale. La France ne devait pas rester indifférente à ces revendications, tant l'effort de guerre de l'empire colonial, notamment des colonies de l'Afrique noire était considérable. Le général de Gaulle, tenant compte de la position anglo-américaine à travers la charte de l'atlantique du 14 août 1941, a dû se résoudre à convoquer à Brazzaville, d'où était parti l'élan de libération de la France, la conférence qui devrait examiner et apporter des réponses concrètes aux préoccupations de plus en plus grandissantes sur la décolonisation de l'Afrique[64].

A). La charte de l'atlantique et l'émancipation des peuples colonisés.

La charte de l'Atlantique conclue le 14 août 1941 par le président américain, Roosevelt et le Premier ministre du Royaume-Uni, Churchill, concrétisait la prise de conscience en faveur de l'autodétermination des territoires sous occupation coloniale ; en prônant le *« self-government »*, l'autodétermination ou le droit des peuples à disposer d'eux-mêmes.

Les auteurs de cette charte ne désiraient voir aucune modification territoriale qui ne soit pas en accord avec les vœux librement exprimés des

[64] J. Dresch, *« Des recommandations de Brazzaville à la constitution de l'Union française »*, Politique étrangère, n°2, 1946, pp. 167-178 ; *« Brazzaville (janvier-février 1944) aux sources de la décolonisation »*, Colloque, Institut Charles de Gaulle et Institut d'histoire du temps présent, 22 et 23 mai 1987, Paris, Plon, 1988 ; J. F. Muracciole, *« La conférence de Brazzaville et la décolonisation : le mythe et la réalité », Espoir* n°152, juin 2017 ; B. Nzelomona, *« Il y a 70 ans, la Conférence française africaine de Brazzaville en 1944 »*, La Semaine Africaine, 10 janvier 2014 ; R.M. LEMESLE, *« La Conférence de Brazzaville de 1944 : contexte et repères. Cinquantenaire des prémices de la décolonisation »*, CHEAM, 1994.

peuples intéressés. Cependant, ils entendaient respecter *« ...le droit qu'a chaque peuple de choisir la forme de gouvernement sous laquelle il doit vivre... »*[65]. Ils désiraient que *« ...soient rendus les droits souverains et le libre exercice du gouvernement à ceux qui en ont été privés par la force... »*[66].

L'émancipation des peuples colonisés prônée dans la charte de l'atlantique induisait aussi l'ouverture des marchés de leurs territoires. Aussi prônait-elle que soit ouvert à tous les Etats, grands ou petits, vainqueurs ou vaincus, l'accès aux matières premières du monde et aux transactions commerciales qui étaient nécessaires à leur prospérité économique[67]. Ce fut donc la fin du pacte colonial!

B). La convocation et les recommandations de la conférence de Brazzaville.

Le Moyen-Congo fut une fois de plus, à travers sa capitale, au rendez-vous de l'histoire dans le cadre de la France libre. De Gaulle convoquait la conférence de Brazzaville du 30 janvier au 8 février 1944. Après son discours inaugural du 30 janvier 1944, les assises allaient formuler des recommandations au gouvernement provisoire pour l'évolution institutionnelle des colonies.

I). Le discours d'ouverture de la Conférence de Brazzaville du 30 janvier 1944.

Bien qu'étant lui-même réticent, si ce n'est hostile, voire opposé au principe du *« self-government »*, de l'autodétermination, de la décolonisation rapide de l'Afrique, le général De Gaulle déclarait dans son discours d'ouverture que, *« ... en Afrique française, comme dans tous les autres territoires où les hommes vivent sous notre drapeau, il n'y aurait aucun progrès qui soit un progrès, si les hommes, sur leur terre natale, n'en profitaient pas moralement et matériellement, s'ils ne pouvaient s'élever peu à peu jusqu'au niveau où ils seront capables de participer chez eux à la gestion de leurs propres affaires. C'est le devoir de la France de faire en sorte qu'il en soit ainsi... »*[68].

Ce discours aux relents très paternalistes fut sur ce point une réponse du général De Gaulle à la Charte de l'Atlantique. Il révèle qu'à ses yeux la décolonisation de l'Afrique francophone était un processus de longue haleine ; qui ne pourrait aboutir que si les peuples africains avaient acquis la

---

[65] Cf. article 2 de la Charte de l'Atlantique du 14 août 1941.
[66] Idem.
[67] Cf. article 4 de la charte de l'atlantique du 14 août 1941.
[68] Ch. De GAULLE, *« Discours et messages 1940-1946 »,* Paris, Berger-Levrault, 1946.

maturité nécessaire pour gérer leurs propres affaires. Ces peuples africains n'étaient pas, selon lui, encore aptes à prendre immédiatement leur destin en main. Il leur fallait du temps pour y parvenir et, devaient s'y préparer sous la tutelle de la France.

Ainsi donc, pour se démarquer de Roosevelt et Churchill, De Gaulle considérait, que *« ... il appartient à la nation française et il n'appartient qu'à elle, de procéder, le moment venu, aux réformes impériales de structure qu'elle décidera dans sa souveraineté. Mais, en attendant, il faut vivre, et vivre chaque jour c'est entamer l'avenir... »*[69].

C'était une façon très gaullienne de dire que la France n'entendait pas se laisser dicter ses choix en matière de décolonisation et qu'elle déciderait, en toute souveraineté, de l'opportunité d'engager ce processus. Dès lors, ses colonies devraient encore demeurer sous la souveraineté française.

Aussi, suggérait-il aux participants à la conférence d'étudier les conditions morales, politiques, économiques qu'il conviendrait de soumettre au gouvernement en vue d'une application progressive dans chacune des colonies françaises. Cela afin que, par leur développement même et le progrès de leurs populations, ces territoires s'intègrent dans la communauté française avec leur personnalité, leurs intérêts, leurs aspirations, leur avenir[70].

En fixant ainsi la limite à ne pas franchir, le maintien des colonies dans l'empire n'était pas nécessairement dicté par l'impératif de les préparer à leur éventuelle émancipation. On peut comprendre qu'il y avait aussi un réel intérêt pour la France qui, à la fin de la guerre, se projetait déjà dans une autre phase. Celle de la reconstruction. Dans cette optique, elle savait ou pouvait bien compter sur l'atout que les colonies représentaient pour elle ; comme elles l'avaient été pour vaincre l'occupation allemande. Cette dimension est souvent ignorée dans la grille de lecture de la posture française.

II). Les recommandations de la conférence de Brazzaville.

Les préconisations de la Conférence de Brazzaville sont synthétisées dans le discours de clôture de M. Pleven, Commissaires aux colonies, du 8 février 1944. Suivant en cela la limite fixée par le général De Gaulle sur l'autodétermination des territoires sous occupations coloniales, le ton était donné dès l'entame sur le fait que, *« Les fins de l'œuvre de civilisation accomplie par la France dans ces colonies écartent toute idée d'autonomie, toute possibilité d'évolution hors du bloc français de l'Empire ; la constitution éventuelle, même lointaine, de self-government dans les colonies est à écarter... ».*

---

[69] Idem.
[70] Idem.

Cependant, sur le plan politique et administratif, l'évolution institutionnelle de ces territoires devrait porter dès le départ sur leur représentation à l'assemblée constituante[71], dont la charge consistait à élaborer la future constitution de la France. Cela conduirait ensuite à une forte décentralisation administrative et politique, se traduisant par la mise en place des institutions représentatives associant effectivement les administrés à la gestion de la chose publique.

Fut préconisée, en parallèle, une forte centralisation par la métropole sur des questions économiques et techniques. Furent également préconisés, le maintien des institutions locales, la reconnaissance des droits et des obligations des élites indigènes avec un élargissement de la notion de notables évolués pour y inclure entre autres les artisans et les ouvriers qualifiés, l'accès des indigènes à tous les emplois, le développement, quoique limité de l'enseignement pouvant favoriser l'émergence d'une élite locale, la suppression du statut de l'indigénat et du régime des travaux forcés[72]. La conférence préconisait une politique d'assimilation et ouvrait la voie à une intégration dans le cadre d'une vaste union avec la métropole : la création de l'Union française[73].

III). L'élection à l'assemblée constituante du 21 octobre 1945.

Suivant en cela les recommandations de la conférence de Brazzaville, le gouvernement provisoire de la République française, mis en place à la fin de la 2ème guerre mondiale et dirigé par le général De Gaulle, convoquait l'élection d'une assemblée constituante le 21 octobre 1945 pour 1er tour du référendum[74] et, le 4 novembre 1945, à laquelle les populations des colonies devaient désigner leurs représentants[75]. Deux régimes juridiques coexistaient pour ce processus.

---

[71] Au titre des recommandations de la Conférence de Brazzaville, une Commission spéciale fut créée le 20 février 1945 par le Gouvernement provisoire pour étudier la représentation des territoires d'outre-mer à l'assemblée constituante. Elle était présidée par G. Monnerville. L. S. Senghor fut l'un des membres.

[72] Cf. Décret n°45-137 du 22 décembre 1945, portant suppression en Afrique occidentale française, en Afrique équatoriale française, au Cameroun, au Togo, à Madagascar (...) des sanctions ordinaires de l'indigénat ; Décret n°46-277 du 20 février 1946.

[73] Cf. J. Dresch, op. cit. pp.171 et suiv.

[74] A la première question, les électeurs devaient répondre, si *« oui »* ou *« Non »* voulaient-ils que l'Assemblée élue ce jour soit constituante ?

A la deuxième question, les électeurs devaient répondre , si le corps électoral a répondu *« Oui »* à la première question, approuvaient-ils (oui ou non) que les pouvoirs publics soient, jusqu'à la mise en vigueur de la nouvelle constitution, organisés conformément aux dispositions du projet de loi qui leur était soumis.

[75] Cf. Ordonnance n°45-1836 DU 17 AOÛT 1945, instituant une consultation du peuple français par voie de référendum et fixant le terme des pouvoirs de l'Assemblée consultative provisoire, (JORF du 19 août 1945.). J.W. Binoche-Gueda, « La représentation parlementaire coloniale (1871-1940), Outre-mer. Revue Historique, Octobre-Décembre 1988, pp.521-535 ; J.E. Goma-Thethet, *« Les élections à l'Assemblée*

a). Le régime juridique applicable à la métropole et à l'Algérie.

La France métropolitaine et l'Algérie étaient régies par l'ordonnance n° 45-4837 du 17 août 1945, relative au régime électoral applicable aux élections générales de 1945 dans la métropole et en Algérie[76].

b). Le régime juridique applicable aux autres territoires.

Les autres territoires étaient régis par l'ordonnance n° 45-1874 du 22 août 1945, fixant le mode de représentation à l'Assemblée nationale constituante des territoires d'outre-mer relevant du ministère des colonies[77].

Cette ordonnance faisait apparaître plusieurs particularités, outre la reconnaissance d'un suffrage universel direct pour les uns et indirect pour les autres, il y avait la distinction entre électeurs citoyens français et électeurs non citoyens français y compris au sein de cette dernière catégorie.

D'une part, l'élection avait lieu au suffrage universel direct pour les électeurs et électrices citoyens français inscrits sur les listes électorales à la Martinique, à la Guadeloupe, à la Réunion, à la Guyane française, à Saint-Pierre-et-Miquelon, dans les établissements français de l'Océanie, et les électeurs et électrices inscrits sur les listes électorales dans les établissements français de l'Inde.

D'autre part, un seul collège électoral fut institué pour la Nouvelle-Calédonie et dépendances ; la Côte française des Somalies et l'archipel des Comores.

Cependant, l'article 4 de l'ordonnance n° 45-1874 du 22 août 1945, précitée, concernant les autres territoires, dont ceux de l'Afrique équatoriale française (AEF), distinguait deux collèges, l'un pour les électeurs et électrices citoyens, l'autre pour les électeurs et électrices non citoyens (les indigènes), qui devaient désigner chacun un délégué.

En dépit des recommandations de la Conférence de Brazzaville, le droit de vote n'était pas reconnu à tous les indigènes. Ainsi donc, devraient être inscrits sur les listes électorales au titre de non-citoyens, les sujets et administrés français des deux sexes âgés de 21 ans entrant dans l'une des catégories suivantes : les notables évolués tels que le statut en était défini pour chaque territoire par les textes réglementaires ; les membres et anciens membres des assemblées locales (conseils de gouvernement, conseils d'administration, des municipalités, des chambres de commerce, des chambres d'agriculture et d'industrie) ; les membres et anciens membres des bureaux des associations coopératives ou syndicales ; les membres et anciens

---

nationale constituante de 1945 dans la circonscription du Gabon-Moyen-Congo », Outre-mer. Revue d'histoire, 2008, n° 358-359, pp. 229-247.

[76] JORF du 19 août 1945.

[77] JORF du 23 août 1945 ; rectification, JORF du 27 août 1945.)

membres des conseils d'administration des sociétés indigènes de prévoyance ; les membres de l'ordre national de la Légion d'honneur, les Compagnons de la Libération, les titulaires de la Médaille militaire, de la médaille de la Résistance française, de la croix de guerre, de la médaille coloniale, du mérite agricole, du mérite maritime, d'un ordre colonial français ou de distinctions honorifiques locales dont la liste serait fixée pour chaque territoire par arrêté du gouverneur général ou gouverneur approuvé par le ministre des colonies ; les fonctionnaires et agents de l'administration à la retraite ou en activité de services ayant occupé ou occupant un emploi permanent dans un cadre régulièrement organisé ; les titulaires de certains diplômes délivrés par l'Etat ou par l'administration locale ou un établissement d'enseignement reconnu et correspondant au niveau minimum du certificat d'études primaires élémentaires local. La liste de ces diplômes était déterminée par arrêté du gouverneur général ou gouverneur et approuvée par le ministre des colonies ; les présidents et assesseurs, titulaires ou suppléants des juridictions indigènes, anciens présidents ou assesseurs titulaires ou suppléants n'ayant pas été révoqués ou démis ; les ministres des cultes ; les anciens officiers et sous-officiers ; les anciens militaires ayant servi hors du territoire d'origine pendant la guerre de 1914-1918 ou la guerre de 1939-1945 et engagés volontaires ou titulaires d'une pension de retraite ou de réforme ; les commerçants patentés aptes à élire les membres des chambres de commerce ; les chefs ou représentants des collectivités indigènes[78].

En raison de leur faible démographie, le Moyen-Congo et le Gabon constituaient une seule circonscription, dite la circonscription du *« Gabon-Moyen-Congo »,* parmi les autres circonscriptions de l'AEF (Oubangui-Chari-Tchad et le Cameroun). Seul de représentant du collège citoyen français, G. d'Arboussier fut élu dès le premier tout du scrutin le 21 octobre 1945, tandis que Jean Félix-Tchikaya fut quant à lui élu au 2ème du scrutin le 18 nombre 1945.

Chapitre 4 : Le Congo dans l'Union française sous la IVème République (1946-1958).

Nous venons de rappeler que, pour répondre aux revendications d'émancipation et d'autodétermination des colonies, la Conférence de Brazzaville préconisait une évolution institutionnelle des territoires de l'empire colonial vers l'intégration au sein d'une union avec la métropole. Il fallait donc redéfinir le statut des populations concernées ainsi que le cadre juridique et institutionnel. Elles devaient non seulement faire valoir leurs

[78] Article 5 de l'ordonnance n°45-1874 du 22 Août 1945, fixant le mode de représentation à l'Assemblée nationale constituante des territoires d'outre-mer relevant du Ministère des Colonies.

droits et assumer leurs responsabilités, mais aussi participer à l'administration et à la gestion de leurs affaires.

§ 1 : L'évolution du statut des « indigènes ».

Les populations du Moyen-Congo bénéficiaient, au même titre que les ressortissants des autres territoires d'outre-mer, de la loi Lamine Gueye du 7 mai 1946 qui mettait fin à une incongruité sur la distinction entre la nationalité française, n'emportant pas automatiquement le droit de vote, et la citoyenneté française conférant ce droit pour les populations indigènes[79]. Cette loi octroyait pleinement la citoyenneté française à tous les ressortissants de l'empire coloniale.

Son unique article stipule, *« ... à partir du 1er juin 1946, tous les ressortissants des territoires d'outre-mer (Algérie comprise) ont la qualité de citoyen, au même titre que les nationaux français de la métropole et des territoires d'outre-mer. Des lois particulières établiront les conditions dans lesquelles ils exerceront leurs droits de citoyens »*.

On peut cependant regretter qu'elle renvoie à des lois particulières les conditions d'exercice des droits attachés à la qualité ou au statut de citoyen français, comme si cette reconnaissance de plein droit ne suffisait pas. Cette question de la singularité du statut des citoyens indigènes est traitée avec pertinence par notre collègue et ami Patrice Ndiaye, à travers les 4 communes du Sénégal[80].

§ 2 : L'intégration du Moyen-Congo dans l'Union française.

Après l'échec de la première constituante dont le projet de constitution fut rejeté au référendum du 05 mai 1946 par plus de 53 %, une nouvelle assemblée constituante fut élue le 2 juin 1946, à laquelle le Moyen-Congo (la circonscription du Gabon-Moyen-Congo) fut représenté par Jean Félix-Tchicaya et, rédigeait un nouveau projet de constitution qui fut adoptée par référendum le 13 octobre 1946. Elle était promulguée par Georges Bidault, Chef du Gouvernement provisoire de la République française (GPRF), le 27 octobre 1946.

Cette évolution institutionnelle, qui se situe dans le droit fil des recommandations de la Conférence de Brazzaville du 30 janvier au 08 février 1944, est d'abord énoncée dans le préambule de la constitution de 1946 et dans son titre VIII, dédié à l'Union française.

---

[79] Loi n° 46-940 du 7 mai 1946, tendant à proclamer citoyens tous les ressortissants des territoires d'outre-mer (dite Loi Lamine Gueye du nom du député sénégalais, auteur de cette loi).

[80] Ndiaye Patrice, *« Des indigènes citoyens français. Les ressortissants des quatre communes de plein exercice du Sénégal : une citoyenneté singulière dans l'empire colonial français »*, in *« Le droit figure du politique »*. Études offertes au professeur Michel Miaille, (Sous Dir. J.-L. Autin, L. Weil), Presses de la faculté de droit de Montpellier 2008, coll. Mélanges, vol. II, pp. 379-395.

A). Le préambule de la constitution française de 1946.

Le préambule de la constitution française de 1946 proclame dans ses trois derniers paragraphes que,

« La France forme avec les peuples d'outre-mer une Union fondée sur l'égalité des droits et des devoirs, sans distinction de race ni de religion.

L'Union française est composée de nations et de peuples qui mettent en commun ou coordonnent leurs ressources et leurs efforts pour développer leurs civilisations respectives, accroître leur bien-être et assurer leur sécurité.

Fidèle à sa mission traditionnelle, la France entend conduire les peuples dont elle a pris la charge à la liberté de s'administrer eux-mêmes et de gérer démocratiquement leurs propres affaires ; écartant tout système de colonisation fondé sur l'arbitraire, elle garantit à tous l'égal accès aux fonctions publiques et l'exercice individuel ou collectif des droits et libertés proclamés ou confirmés ci-dessus ».

B). Le titre VIII de la constitution française de 1946.

Le titre VIII de la constitution française du 27 octobre 1946 définit la qualité de membres, les principes et l'organisation institutionnelle de l'Union française et le statut des départements et territoires d'outre-mer, tout en réaffirmant la généralisation de la citoyenneté française.

I). Sur l'adhésion et les principes de l'Union française.

Le territoire du Moyen-Congo était, de plein droit, membre de l'Union française dont les principes étaient définis par les articles 60 à 62 de la constitution de 1946 ; en tant que cette Union était formée par la République française (comprenant la France métropolitaine, les départements et territoires d'outre-mer) et les territoires et Etats associés. La situation des États associés dans cette Union résultait pour chacun d'eux de l'acte qui définit ses rapports avec la France. Enfin, cette Union était fondée sur le principe selon lequel ses membres mettaient en commun la totalité de leurs moyens pour garantir la défense de l'ensemble de l'Union. C'est le Gouvernement de la République qui devait assumer la coordination de ces moyens et la direction de la politique propre à préparer et à assurer cette défense.

II). Sur le plan institutionnel.

La présidence, le haut conseil et l'assemblée sont les organes centraux de l'Union française. La présidence de l'Union est assurée par le Président de la

République française, qui en est le représentant permanent. Le haut conseil de l'Union française est composé, sous la présidence du président de l'Union, d'un délégué du Gouvernement français et d'un représentant de chaque Etat membre. Il assiste le Gouvernement dans la conduite générale de l'Union.

L'Assemblée de l'Union française est composée, pour moitié, de membres représentant la France métropolitaine et, par moitié, de membres représentant les départements et territoires d'outre-mer et les Etats associés. Comme les autres territoires d'outre-mer, l'assemblée territoriale du Moyen-Congo élit un représentant à l'Assemblée de l'Union. Les territoires d'outre-mer sont dotés d'un statut particulier tenant compte de leurs intérêts propres dans l'ensemble des intérêts de la République.

Le représentant du Gouvernement dans chaque territoire ou groupe de territoires est le dépositaire des pouvoirs de la République. Il est le chef de l'administration du territoire. Il est responsable de ses actes devant le Gouvernement. Dans les groupes de territoires (AEF et AOF), la gestion des intérêts communs est confiée à une assemblée composée de membres élus par les assemblées territoriales. Les territoires d'outre-mer élisent des représentants à l'Assemblée nationale et au Conseil de la République dans les conditions prévues par la loi.

III). Sur l'émancipation de l'Union française.

La possibilité de s'émanciper de l'Union était inscrite dans le préambule de la Constitution en ce qu'il proclame que, fidèle à sa mission traditionnelle, la France entend conduire les peuples dont elle a pris la charge à la liberté de s'administrer eux-mêmes et de gérer démocratiquement leurs propres affaires ; écartant tout système de colonisation fondé sur l'arbitraire. D'ailleurs, l'article 75 de la constitution dispose que l'évolution du statut des membres de la République et de l'Union française devrait se faire dans le cadre d'une loi votée par le parlement, après consultation des assemblées territoriales et de l'Assemblée de l'Union.

IV). La citoyenneté de l'Union française.

L'article 81 de la constitution de 1946 dispose que, tous les nationaux français et les ressortissants de l'Union française ont la qualité de citoyen de l'Union qui leur assure la jouissance des droits et libertés garantis par le préambule de la Constitution. Car, la France forme avec les peuples d'outre-mer une Union fondée sur l'égalité des droits et des devoirs, sans distinction de race ni de religion. Cependant, l'article 82 dispose paradoxalement que les citoyens qui n'ont pas le statut civil français conservent leur statut personnel tant qu'ils n'y ont pas renoncé. Ce statut ne peut en aucun cas constituer un motif pour refuser ou limiter les droits et libertés attachés à la qualité de citoyen français.

§ 3 : La loi-cadre du 23 juin 1956, dite « Loi Gaston Defferre », et ses incidences.

Les réformes instituées dans la suite de la Conférence de Brazzaville ne paraissaient pas être à la hauteur des espérances des peuples africains, en AEF et AOF, qui aspiraient à plus de reconnaissance et d'autonomie. La réalité des pouvoirs était détenue par le Gouverneur général directement nommé par le Président de la République française. Ce, malgré l'existence d'une Assemblée territoriale (élue) qui n'avait qu'un rôle consultatif. Bien qu'étant passés du statut de *« sujets »* à celui de *« citoyens »* par la loi Lamine Gueye, tous les congolais, comme la plupart des ressortissants de l'AEF et AOF, ne jouissaient pas du droit de vote. Il était nécessaire qu'ils en jouissent sans discrimination. Dans un élan de prise de conscience, Guy Mollet, Président du Conseil déclarait le 31 janvier 1956 qu'il était nécessaire d'amener les territoires d'outre-mer à gérer démocratiquement leurs propres affaires. Il fallait donc définir un cadre juridique qui devrait servir de fondement à la mise en œuvre des mesures appropriées dans le sens voulu de plus de déconcentration et de décentralisation. Cela induirait une implication des congolais, comme les autres peuples africains, dans l'administration et la gestion des affaires présentant un caractère d'intérêts propres ou territoriaux. L'adoption de la loi du 23 juin 1956, dite *« loi-cadre »* ou *« loi-Gaston Defferre »* (du nom de son initiateur) autorisant le gouvernement à mettre en œuvre des réformes et à prendre des mesures propres à assurer l'évolution des territoires relevant du ministère de la France d'outre-mer (non plus du ministère des colonies) s'inscrivent dans cette logique[81]. Cette loi sera complétée par plusieurs décrets d'application.

A). Sur le plan électoral.

Ainsi qu'il est spécifié par le titre III (articles 10 à 12) de la loi-cadre, les principales nouveautés, au plan politique, résident dans la généralisation du suffrage universel et l'institution d'un collège unique.

I). La généralisation du suffrage universel.

Au Moyen-Congo, comme dans tous les territoires relevant du ministère de la France d'outre-mer, les élections à l'Assemblée nationale, à

[81] Loi n°56-619 du 23 juin 1956 autorisant le gouvernement à mettre en œuvre les réformes et à prendre les mesures propres à assurer l'évolution des territoires relevant du ministère de la France d'outre-mer, JORF du 24 juin 1956 page 5782.

l'assemblée territoriale, aux conseils des circonscriptions et aux assemblées municipales devaient désormais avoir lieu au suffrage universel des hommes et des femmes, quel qu'en soit le statut ; pourvu qu'ils soient âgés d'au moins vingt et un (21) ans, régulièrement inscrits sur les listes électorales et ne soient pas frappés d'une incapacité prévue par la loi[82].

II). L'institution d'un collège électoral unique.

La loi-cadre mit fin au double collège institué par l'article 4 de l'ordonnance n° 45-1874 du 22 août 1945, en distinguant, un collège pour les électeurs et électrices citoyens (essentiellement pour l'électorat issu de la métropole), l'autre pour les électeurs et électrices non citoyens (pour l'électorat indigène disposant du droit de vote).

Désormais, un seul collège était institué pour l'élection des membres de l'Assemblée nationale, des membres du Conseil de la République, les membres de l'Assemblée territoriale, des conseils de circonscription, ainsi que les membres des assemblées municipales des communes de plein exercice et de moyen exercice et des communes mixtes[83].

B). Du point de vue de l'administration du territoire.

Les réformes d'ordre institutionnel des structures administratives et de développement économique et social sont régies par le titre 1er de la loi-cadre, ainsi que par ses décrets d'application. Elles s'articulent autour de ce qui relève des intérêts de la nation et de ce qui ressortit aux intérêts du territoire ou aux intérêts locaux.

I). Les réformes instituées au niveau du territoire.

Sans préjudice des dispositions du titre VIII de la constitution française du 27 octobre 1946, les mesures édictées par la loi-cadre du 23 juin 1956 et ses décrets d'application tendaient à associer plus étroitement les populations d'outre-mer dans la gestion de leurs propres intérêts et dans l'administration de leurs territoires, groupes de territoires et des services. Cette implication devrait se faire dans le cadre de la décentralisation et la déconcentration.

Le Moyen-Congo était, comme les autres territoires de l'AEF et l'AOF, au titre de l'article 1er du décret du 4 avril 1957, reconnu comme étant une personne morale dotée de l'autonomie financière et d'un patrimoine

---

[82] Article 10 de la loi-cadre.
[83] Article 12 de la loi-cadre.

(domaine public et domaine privé) dont l'administration et la gestion sont assurées par les institutions et les services publics territoriaux[84].

La loi-cadre préconisait de modifier le rôle et les pouvoirs d'administration et de gestion des gouvernements généraux pour les transformer en structures ou organismes de coordination. Elle préconisait aussi la composition des grands conseils. La mise en œuvre des réformes de la loi-cadre se traduisait à travers trois institutions territoriales, désormais désignées : le Chef de territoire, le Conseil de gouvernement et l'Assemblée territoriale.

a). Le Chef de territoire.

Le Chef de territoire se substitue au gouverneur général[85]. Aux termes des dispositions de l'article 1er du décret du 04 avril 1957 (n° 57-460)[86], le Chef de territoire était nommé par décret en Conseil de ministres.

C'était une autorité déconcentrée, dépositaire, au niveau territorial, des pouvoirs de la République française, sur délégation permanente du Haut Commissaire (ancien gouverneur général) de l'AEF. Il était placé sous l'autorité hiérarchique du ministre de la France d'outre-mer et du Haut Commissaire de la République en AEF.

Chef de l'exécutif du territoire du Moyen-Congo, il était responsable devant le Gouvernement de la République française (le texte ne parle pas de l'Union française, alors que ce fut l'ordre institutionnel) dont il recevait des instructions. Il est le représentant légal de la République (l'Etat français) et de l'AEF en justice et dans tous les actes de la vie civile. Chef de l'administration du territoire du Moyen-Congo, il exerce, sous l'autorité du Haut commissaire de l'AEF, le pouvoir de police en matière de maintien de l'ordre public et dispose du droit de réquisition.

Il peut entrer en relation avec les chefs de territoires voisins, ceux de l'AEF et du Haut commissaire dont il dépend. Il est assisté d'un secrétaire général, nommé par décret, qui peut le suppléer en cas de vacance et d'empêchement dans ses doubles fonctions de représentant du haut commissaire et de chef de territoire dont il peut consentir une délégation de pouvoirs.

Enfin, comme il sera vu ci-après, le Chef de l'exécutif territorial présidait le Conseil de gouvernement du Moyen-Congo.

---

[84] Cf. Décret n°57-458 du 04 avril 1957, portant réorganisation de l'Afrique occidentale française et de l'Afrique équatoriale française, JORF du 11 avril 1957, pp.3857 et suivantes.

[85] Cf. Article 2 du décret n°57-459 du 04 avril 1957, fixant les conditions de formation et de fonctionnement des conseils de gouvernement dans le territoire de l'Afrique occidentale française et de l'Afrique équatoriale française, JORF du 11 avril 1957, p. 3862.

[86] Cf. Décret n°57-460 du 4 avril 1957 fixant les attributions des chefs de territoires, des conseils de gouvernement et des assemblées territoriales dans les territoires de l'Afrique-Occidentale française et de l'Afrique équatoriales française, JORF du 11 avril 1957, p. 3063.

b). Le Conseil de gouvernement du territoire

Les règles relatives à l'organisation, aux attributions et au fonctionnement du Conseil de gouvernement sont, comme dans les autres territoires de l'AEF et de l'AOF, définies par les décrets précités du 04 avril 1957 (n° 57-459 et 57-460), ainsi que de l'ordonnance du 26 juillet 1958[87].

1). La désignation et la composition du Conseil de gouvernement.

Le Conseil de gouvernement est l'organe exécutif. Donc, le gouvernement du territoire. L'organisation et le fonctionnement du Conseil de gouvernement sont définis par le décret du 4 avril 1957 (n° 57-459)[88].

Il est dirigé par le Président du Conseil, sauf lorsque le Conseil de gouvernement délibère sur les actes que le Président accomplit au titre de l'administration des affaires du territoire (arrêtés réglementaires, projets ou rapports présentés, au nom du Conseil, à l'Assemblée territoriale) ou lorsqu'il est consulté par le Président en sa qualité de représentant de l'Etat. Il arrête l'ordre du jour et convoque les séances du Conseil.

Les membres du Conseil de gouvernement portent le titre de ministre, dont le nombre doit être compris entre six (6) et douze (12). Ils sont élus par l'Assemblée territoriale en son sein ou en dehors au scrutin sur liste à trois tours sans panachage ni vote préférentiel[89]. Ils doivent avoir la citoyenneté française, jouir de leurs droits civils et politiques, être âgés d'au moins vingt-et-cinq (25) ans. Ils sont pénalement responsables des crimes et délits commis dans l'exercice de leurs fonctions. Aucun ministre ne peut faire partie des conseils de gouvernement d'un autre territoire relevant du ministère de la France d'outre-mer (qu'il s'agisse d'un territoire de l'AEF, de l'AOF, du Madagascar ou autre).

Les fonctions des membres du Conseil de gouvernement sont liées au mandant de l'Assemblée territoriale. Ainsi donc, les ministres ne peuvent pas demeurer dans leurs fonctions à l'expiration du mandat de l'assemblée qui les a élus, si ce n'est que pour expédier les affaires courantes jusqu'à l'installation du nouveau conseil dans un délai de quinze (15) jours à compter de la première session de la nouvelle assemblée.

Les membres du Conseil de gouvernement sont astreints à un régime d'incompatibilité. Ils ne peuvent pas cumuler leurs fonctions avec celles de

---

[87] Cf. Ordonnance n°58-637 du 26 juillet 1958 relative à la présidence des conseils de gouvernement dans les territoires de l'Afrique occidentale française et de l'Afrique équatoriale française, JORF du 27 juillet 1958, p.7028. Cf. Ph. Guillemin, *« La structuration des premiers gouvernements locaux »,* Revue française de science politique, 1959, n°3, p.667.

[88] Cf. décret n°57-459 du 04 avril 1957, fixant les conditions de formation et de fonctionnement des conseils de gouvernement dans le territoire de l'Afrique occidentale française et de l'Afrique équatoriale française, JORF du 11 avril 1957, p. 3862

[89] Cf. articles 5 à 7 du décret n°57-459 du 04 avril 1957.

membres du gouvernement de la République française, de président de l'Assemblée territoriale ou de sa commission permanente.

Le Conseil de gouvernement peut démissionner collectivement s'il estime ne plus avoir la confiance de l'Assemblée territoriale. Cependant, c'est bien l'une des limites du système. Les ministres ou les membres du Conseil de gouvernement ne sont pas responsables devant l'Assemblée territoriale. Bien qu'étant élus par l'Assemblée territoriale, les ministres sont soumis à une double allégeance, vis-à-vis du Président du Conseil de gouvernement qui peut les démettre de leurs fonctions ou auquel ils doivent présenter leur démission et, vis-à-vis du gouvernement de la République française. Ce dernier pouvait dissoudre le Conseil du gouvernement du territoire, par décret en Conseil de ministre après avis de l'Assemblée territoriale.

2). Les attributions et le fonctionnement du Conseil de gouvernement.

Le Conseil de gouvernement assure l'administration du territoire, sous l'autorité de son président et du Chef de territoire. Les séances du Conseil de gouvernement sont convoquées par son Président sur un ordre du jour fixé par lui. Le secrétaire général du territoire est autorisé à assister aux séances du Conseil. Tous les membres du Conseil de gouvernement sont solidaires de toutes les mesures arrêtées par cet organe dans le cadre de ses attributions, qui sont définies par le décret du 04 avril 1957 (n° 57-460). Une distinction est faite entre les attributions collégiales du Conseil du gouvernement et les attributions individuelles de ses membres.

α). Concernant les attributions collégiales du Conseil de gouvernement.

Les matières qui ressortissent à la compétence du Conseil du gouvernement au titre de ses attributions collégiales sont énumérées par l'article 8 du décret. Certaines de ces décisions sont prises après avis de l'assemblée territoriale. Il s'agit de la création des organismes assurant la représentation des intérêts économiques ; de l'organisation des chefferies ; de la création, la suppression et la modification des circonscriptions administratives et la modification de leurs limites géographiques ; de la création, la constitution, l'organisation et le fonctionnement des collectivités rurales et des conseils de circonscription ; de la création des communes autres que de plein exercice ; du statut particulier des cadres des fonctionnaires territoriaux, des régimes de rémunérations, de congés, des avantages sociaux et de la retraite.

D'autres décisions ne requièrent pas l'avis préalable de l'assemblée territoriale. On peut citer dans cette catégorie, la réglementation économique, du commerce et des prix ; l'organisation des foires et des marchés ; les mesures d'application de la réglementation relative au soutien de la production ; la création des centres d'état civil ; le développement de l'éducation de base ; les textes réglementaires pris en application des dispositions législatives concernant le régime du travail et les conditions des travailleurs.

Par ailleurs, Le Conseil de gouvernement délibère, en vertu de l'article 10 du décret précité, sur toutes les questions relatives à l'administration des intérêts patrimoniaux, financiers et aux travaux publics territoriaux. Sauf, en ce qui concerne les matières énumérées aux articles 28 et 31 du décret pour lesquelles il n'intervient qu'en exécution des délibérations de l'assemblée territoriale.

On peut citer au titre des prérogatives du Chef du territoire, en Conseil de gouvernement, la nomination des chefs des services publics territoriaux, sur proposition des ministres dont ils relèvent. Il ne s'agissait plus, les concernant, d'une nomination directe par le pouvoir central. Il dispose des pouvoirs exceptionnels. Ainsi donc, lorsque les circonstances l'exigent, il peut prendre, par arrêté en Conseil de gouvernement, toute décision immédiatement exécutoire en vue de suspendre ou de réduire provisoirement les droits fiscaux de sortie (à l'exception de ceux qui portent sur les produits miniers et pétroliers) et des droits indirects sur les articles à la production, à la circulation et à la consommation. Les décisions prises dans ces matières doivent être ratifiées par l'assemblée territoriale dans les conditions de l'article 11, dernier alinéa, du décret précité.

Le Chef de territoire exerce, dans une certaine mesure, un contrôle sur l'assemblée territoriale. En effet, ainsi qu'en dispose l'article 12 du décret, lorsqu'une délibération de l'assemblée territoriale excède ses pouvoirs (incompétence) ou lorsqu'elle porte atteinte à la défense nationale, à l'ordre public, au maintien de la sécurité ou aux libertés publiques, le Chef de territoire en saisit le ministre de la France d'outre-mer par le truchement du Haut commissaire, en vue de son annulation dans le délai de trois mois à compter de la date de la délibération. Il s'agit en fait d'un déféré administratif.

En dehors de ce recours administratif spécifiquement limité, le régime des actes du Conseil de gouvernement est défini par les articles 13 et 14 du décret précité. D'une part, outre les conditions normales de la légalité des actes administratifs, il est spécifié que les actes du Conseil de gouvernement sont nuls si la séance qui en a donné lieu n'est pas présidée par le Président lui-même ou son suppléant.

Dès lors, le Chef de territoire peut déclarer illégale toute réunion irrégulièrement tenue et prononcer la nullité de tous les actes intervenus dans ces conditions. Il prend toute mesure nécessaire afin que le Conseil s'en sépare immédiatement. Il rend compte au ministre de la France d'outre-mer par le biais du Haut commissaire.

Ensuite, sous réserve des attributions du Conseil du contentieux administratif, les actes du Conseil de gouvernement sont susceptibles d'un recours devant le Conseil d'Etat, statuant en contentieux. Enfin, le Conseil de gouvernement devrait chaque année remettre, pour avis, un rapport général d'activités et sur la bonne marche des services publics territoriaux, à l'assemblée territoriale.

β). Les attributions individuelles des membres du C.G.

Elles sont régies par les dispositions des articles 16 à 24 du décret précité. Membres de l'exécutif territorial, les ministres ne sont pas en principe titulaires de leurs prérogatives. Ils n'agissent que par délégation du Chef de territoire, sur avis du Président du Conseil de gouvernement. Leurs attributions sont fixées par un arrêté publié au journal officiel. Chaque ministre étant responsable devant le Conseil de gouvernement du fonctionnement des services publics et de l'administration des affaires relevant du secteur administratif dont il a la charge. Il tient régulièrement le conseil informé de ses activités. Les ministres sont en quelque sorte des grands commis du territoire.

Un ministre peut être chargé de la coordination d'un secteur ou de plusieurs sous-secteurs administratifs, dont la gestion est confiée à d'autres ministres. Il prend à cet effet toutes les décisions nécessaires à son périmètre de compétences, sans empiéter sur celles du Conseil de gouvernement ou de l'assemblée territoriale. Il assure, avec l'assistance du personnel de son administration, l'exécution des décisions du Conseil de gouvernement ou de l'assemblée territoriale. Il assiste aux réunions du Conseil au cours desquelles il présente les affaires qu'il a instruites et qui peuvent donner lieu à une décision collégiale ou qui doivent être soumises à l'assemblée territoriale. Le ministre propose au Chef de territoire des nominations ou des promotions des fonctionnaires territoriaux, les affectations des fonctionnaires et des agents dans les emplois des services publics territoriaux. Il a aussi un pouvoir de proposition ou de sanction en matière disciplinaire. Le chef de territoire peut lui déléguer ses prérogatives en matière de la gestion des fonctionnaires et des agents territoriaux.

c). L'Assemblée territoriale.

Dans le droit fil de la loi-cadre du 23 juin 1956, les assemblées délibérantes des territoires d'outre-mer n'étaient plus dénommées *« Conseils représentatifs »*. Elles étaient désormais appelées, *« Assemblées territoriales »,* comme ce fut le cas de l'Assemblée territoriale du Moyen-Congo, que spécifie l'article 1er § 3 de ladite loi. Le décret n° 57-560 du 4 avril 1957 modifiait le titre III des décrets n° 46-2374 et 46-2375 du 25 octobre 1946, de telle sorte que les conditions de désignation et d'organisation des assemblées territoriales demeuraient applicables, à l'exception du double collège. Comme le prévoyait la loi-cadre du 23 juin 1956, des assemblées territoriales devraient être dotées de pouvoirs délibérants élargis et pouvaient abroger ou modifier tout texte réglementaire régissant les matières entrant dans leurs champs de compétences. Aux termes des attributions définies au titre III du décret précité du 4 avril 1957, les assemblées des territoires de l'AEF (et l'AOF), dont celle du Moyen-Congo, étaient principalement investies des fonctions délibératives et des fonctions consultatives.

1). Les fonctions délibératives de l'assemblée territoriale.

Le domaine de compétences de l'assemblée territoriale, au titre de ses fonctions délibératives, comme le précise l'article 26 du décret précité du 4 avril 1957, couvre les matières régies par les dispositions des articles 27 à 29, 31, 36, 39 et 40 du même décret.

En effet, l'assemblée territoriale délibère sur la fixation du montant et des conditions d'attribution de l'indemnité de ses membres ou de son président (article 27) ; les projets de gestion des intérêts patrimoniaux, ainsi que l'attribution et la passation des travaux publics (articles 28) ; l'octroi des permis de recherches minières (article 29) ; en matière budgétaire et financière (articles 31, 32, 33, 34).

L'assemblée territoriale est compétente pour édicter des délibérations portant règlements territoriaux dans les matières énumérées par l'article 36 du décret précité (le statut général des agents des cadres territoriaux ; le statut civil coutumier et la réglementation de l'état civil ; la constatation, la rédaction et la codification des coutumes ; l'adaptation des coutumes à l'évolution sociale ; les biens et droits immobiliers régis par la coutume ; toutes les questions ressortissant au droit local ; le domaine du territoire ; le commerce intérieur, l'artisanat et toutes les professions concernant ces activités ; l'agriculture, les forets, le régime des eaux non maritimes, la protection des sols, de la nature et des végétaux ; l'élevage, la circulation, la vente et l'abattage du bétail ; la pêche fluviale et côtière ; le tourisme et la chasse en dehors des zones de tourisme cynégétique ; les boissons locales traditionnelles, la fabrication et le commerce des boissons, la salubrité et la sécurité des débits de boissons ; le conditionnement à l'exportation ; la navigation intérieure à l'exclusion des voies de navigation interterritoriales ; la mutualité ; les syndicats de producteurs ou de consommateurs, des coopératives ; l'organisation des caisses d'épargne ; l'hygiène publique, les sources thermales, la protection de la santé publique et des aliénés ; les œuvres sanitaires, d'éducation ou d'instruction, l'enfance délinquante ou abandonnée ; l'urbanisme, les établissements dangereux, incommodes, insalubres, l'habitat, les habitations à bon marché, les loyers ; l'enseignement des premier et second degrés, l'enseignement professionnel et technique ; le régime des bourses d'enseignement allouées sur les fonds du budget du territoire ; les bibliothèques publiques et centres culturels ; les sports et d'éducation physique ; la bienfaisance, l'assistance, les secours et allocations, les loteries ; la protection des monuments et sites ; le régime pénitencier ; les conditions d'exercice par les étrangers de certaines professions libérales, commerciales ou industrielles soumises à autorisation préalable ; les formes et conditions des adjudications et marchés…).

2). Les fonctions consultatives de l'assemblée territoriale.

L'assemblée territoriale est obligatoirement consultée, pour avis, par le Conseil de gouvernement dans trois situations. D'une part, au titre de l'article 41 du décret précité (sur les projets réglementaires pris en conseil de gouvernement concernant l'organisation d'ensembles des services publics territoriaux ; l'organisation des chefferies ; les statuts particuliers des cadres d'agents des services publics territoriaux, les modalités de leur rémunération, le régime des congés, les avantages sociaux et le régime des retraites ; le régime du travail et de la sécurité sociale ; les effectifs des fonctionnaires des cadres de l'Etat mis à la disposition des services publics territoriaux ; la création, l'organisation et le fonctionnement des communes mixtes ; la création d'organismes assurant la représentation des intérêts économiques ; les mesures d'encouragement à la production, etc.). D'autre part, au titre de l'article 42 du même décret concernant l'octroi des permis de recherches minières de type A. Enfin, au titre de l'article 43 dudit décret, sur les comptes administratifs relatifs à l'exécution du budget du territoire et des budgets annexes, des régies territoriales et des établissements publics territoriaux ; de la situation annuelle du territoire.

3). Les relations avec le chef de territoire et l'exécutif national.

Le Président de l'Assemblée territoriale peut adresser au chef de territoire ainsi qu'au ministre de la France d'outre-mer toute demande de renseignements ou d'observations sur les questions qui relèvent de sa compétence. Il peut aussi demander d'entendre tout ministre sur une affaire dont l'assemblée territoriale est saisie. Vis-à-vis du Conseil de gouvernement, l'assemblée territoriale peut, à travers son président, lui demander tout renseignement sur l'application de ses délibérations ou l'exécution du budget et lui présenter ses observations à ce sujet.

4). Le fonctionnement de l'assemblée territoriale.

L'assemblée territoriale tient deux sessions ordinaires par an. La première au second trimestre de l'année et la deuxième au quatrième trimestre de la même année, au cours de laquelle le budget est examiné et voté. La durée de chaque session ne peut excéder deux mois. Elle se réunit en session extraordinaire soit à la demande des deux tiers de ses membres ; soit à la demande du chef de territoire par arrêté en conseil de gouvernement, sans que la durée de la session extraordinaire ne dépasse un mois. Il est créé, au sein de l'assemblée territoriale, une commission permanente qui a pour mission de la suppléer dans l'intervalle des sessions.

5). Le régime juridique et le contrôle des actes de l'assemblée territoriale et de la commission permanente.

Tout d'abord, les actes de l'assemblée territoriale ainsi que ceux de la commission permanente sont notifiés en trois exemplaires au chef de territoire dans un délai de trente jours à compter de la clôture de la session, qui les communique ensuite au ministre de la France d'outre-mer et au Haut commissaire.

Dans le délai de trente jours suivant leur réception, le chef de territoire peut soit les rendre exécutoires ou demander une seconde lecture à l'assemblée territoriale, soit requérir, par le truchement du Haut commissaire, leur annulation par le ministre en charge des la France d'outre-mer. Le chef de territoire est tenu d'en aviser le président de l'assemblée territoriale ou, dans l'intervalle des sessions, le président de la commission permanente. S'il estime que la délibération de l'assemblée territoriale ne satisfait pas à l'intérêt général ou à la bonne administration du territoire, le Chef de territoire peut, dans le délai de trente jours de sa notification, demander une seconde lecture sur la délibération de l'assemblée territoriale ou de la commission permanente.

Les délibérations à caractère économique et financière obéissent à un régime particulier. Elles sont transmises, par les chefs de territoires, aux présidents des assemblées des autres territoires ou de leurs commissions permanentes. Elles sont rendues exécutoires à l'expiration d'un délai de soixante jours à compte de leur transmission par le chef du territoire aux chefs des autres territoires du groupe (AEF ou AOF).

S'il s'avère que dans ce délai, une assemblée territoriale du groupe ou sa commission permanente constate que la délibération dont il s'agit porte atteinte aux intérêts du territoire, il est fait application des dispositions des articles 14 et 17 du décret du a avril 1957 (n° 57-458) portant réorganisation de l'AOF et de l'AEF. C'est-à-dire que le chef du groupe de territoires (en l'occurrence de l'AEF) convoque une conférence interterritoriale, composée des chefs de territoires ou de leurs représentants, assistés des membres compétents des conseils de gouvernement des territoires concernés, pour formuler des recommandations. Si celles-ci ne sont pas suivies d'effet par l'assemblée territoriale en cause, la délibération litigieuse est déférée au ministre de la France d'outre-mer afin qu'il soit définitivement statué, après avis de l'assemblée l'union française et du Conseil d'Etat, par décret en Conseil de ministres.

Enfin, le ministre de la France d'outre-mer peut faire annuler, par décret en la forme de règlement d'administration publique, une délibération de l'assemblée territoriale ou de la commission permanente entachée d'excès de pouvoir ou de violation de la loi. A défaut d'annulation dans le délai de quatre-vingt-dix jours à compter de sa notification au chef de territoire, celui-ci la rend exécutoire dans un délai de huit jours suivants l'expiration du délai de recours de 90 jours.

II). Les réformes instituées au niveau du groupe de territoires (AEF).

Une réorganisation des groupes de territoires de l'Afrique équatoriale française et de l'Afrique occidentale française fut définie dans la suite de la loi-cadre, dite *« Gaston Defferre »,* par le décret n° 57-458 du 04 avril 1957[90]. L'intérêt de la réforme de ces structures résidait dans la coordination de la gouvernance économique, financière, sociale et culturelle. Cela afin, comme le précise l'article 4 du décret, de développer et de gérer leurs intérêts et patrimoines communs. Ces groupes, indépendants des territoires qui les composent, sont dotés de la personnalité civile et de l'autonomie financière. Ils sont, chacun en ce qui le concerne, administrés et gérés par une autorité exécutive revêtue de la double fonction de Haut commissaire de la République (ex-gouverneur) et de Chef du groupe de territoires et d'un organe ou d'une assemblée délibérante dénommée le *« Grand conseil »*.

a). Le Haut commissaire de la République, Chef de groupe de territoires.

Le Haut Commissaire de la République est une autorité déconcentrée. C'est le représentant de l'Etat dans le groupe de territoires de l'AEF (au même titre que celui de l'AOF). Il est nommé par décret présidentiel en conseil des ministres. Il a une double casquette : celle de représentant du gouvernement, donc de l'Etat français (Haut commissaire) et celle de Chef du groupe de territoires, organe exécutif de la fédération.

b). Le Haut commissaire de la République, représentant de l'Etat.

Placé sous l'autorité hiérarchique du ministre de la France de l'outre-mer, le Haut commissaire de la République est, comme nous venons de le

[90] Cf. Décret n°57-458 du 04 avril 1957, portant réorganisation de l'Afrique équatoriale française et de l'Afrique occidentale française, JORF, du 11 avril 1957, pp.3857 et suivantes.

souligner, le représentant du gouvernement, de l'Etat français, dans le groupement de territoires de l'AEF, dont le siège est fixé à Brazzaville. Il est assisté dans ses fonctions par un secrétaire général, également nommé par décret, qui peut le suppléer en cas de vacance ou d'empêchement. Il peut aussi lui déléguer certaines de ses attributions.

Dépositaire des pouvoirs de la République sur l'ensemble des territoires du Haut commissariat, il dispose du pouvoir réglementaire ; assure et coordonne la défense des territoires de son ressort et leur participation à l'effort commun de défense ; veille au maintien de l'ordre public et la sécurité des personnes et des biens, à la bonne administration de la justice. Il déclare l'état de siège. Il communique avec les représentants de la République outre-mer, les autorités des pays étrangers en Afrique et des représentants de la République française dans ces pays. Il négocie avec ces autorités et représentants toute convention, notamment des conventions à caractère commercial applicables dans tout ou partie des territoires de son ressort ; ce, après avis des conseils de gouvernements de territoires concernés et dans les limites des instructions du gouvernement. Il conclut ces conventions sous réserves de leur approbation par le gouvernement de la République française[91].

En dehors de ces attributions régaliennes, le Haut commissaire est également investi des compétences spécifiques en exécution des lois et règlements de la République. A ce titre, il organise et dirige l'action des services de l'Etat au niveau du groupe de territoires ; il suit l'emploi des crédits provenant du budget de l'Etat ; ordonnateur secondaire du budget des dépenses civiles de l'Etat pour les territoires du ressort de son commissariat, le Haut commissaire peut en cette qualité déléguer aux chefs de territoires de son ressort tout ou partie des crédits qui lui sont délégués ; il représente l'Etat en justice et dans tous les actes de la vie civile sous réserves des délégations prévues par la loi ; il assure la coordination générale de l'activité des services de l'Etat et des services communs et territoriaux ; il fixe, après avis du Grand conseil, la réglementation générale applicable aux organismes qui assurent la représentation des intérêts économiques[92]. Il est également compétent à l'égard des fonctionnaires des services de l'Etat dans le groupe de territoires. A ce titre, il assure leur notation, exerce le pouvoir disciplinaire ; nomme à certains emplois civils des services publics de l'Etat dans sa sphère de compétences territoriales, à l'exception de chefs de territoires, de secrétaire général du gouvernement, de l'inspecteur général des affaires administratives, de magistrats, de l'inspecteur général du travail et des lois sociales, de directeur de contrôle financier, etc.[93]

[91] Cf. article 8, Décret n°57-458 du 4 avril 1957.
[92] Cf. Art. 9 du décret précité.
[93] Cf. article 10, décret précité.

c). Chef de groupe de territoires.

Le Haut Commissaire est ici, le Chef de l'exécutif du groupe de territoires, en l'occurrence de l'Afrique équatoriale française (AEF). Il le représente en justice et dans tous les actes de la vie civile. En cas de litige opposant l'Etat et le groupe de territoires, c'est le président du Grand conseil qui représente le groupe. Le Chef du groupe de territoires administre les biens du groupe conformément aux délibérations du grand conseil. Il met en exécution les impôts, taxes, contributions et redevances au profit du budget du groupe. Le chef du groupe de territoires est investi du pouvoir réglementaire pour l'application et l'exécution des délibérations du Grand conseil ainsi que le fonctionnement des services communs placés sous son autorité. Il assure, après avis du Grand conseil, l'organisation des services interterritoriaux, nomme aux emplois des services communs, exerce le pouvoir disciplinaire à l'égard des fonctionnaires des services qui en dépendent. Ordonnateur du budget du groupe de territoires et des budgets annexes, il peut déléguer en cette qualité ses pouvoirs à un ou plusieurs fonctionnaires de son choix et sous sa responsabilité. Il peut, en cas de circonstances exceptionnelles édicter des arrêtés immédiatement exécutoires pour suspendre ou réduire à titre provisoire les droits fiscaux d'entrée ainsi que de sortie concernant les produits miniers et pétroliers, tout comme des redevances minières et pétrolières. Dans ce cas, ses arrêtés doivent être ratifiés par le Grand conseil ou la commission permanente en application des dispositions de l'article 12 du décret précité du 4 avril 1957.

L'article 13 du décret précité du 4 avril 1957 prévoit un nombre de services limitativement définis, qui peuvent être créés au niveau du groupe de territoires, dont l'administration et la coordination sont assurées par le chef du groupe : une direction générale des finances, également en charge des intérêts communs du groupe et de l'administration financière des services du groupe ; un service de coordination des affaires économiques, assisté d'un service d'étude et de coordination statistiques ; un service de coordination des problèmes d'équipement de base et du plan, commun à deux ou plusieurs territoires ; un service de géologie et de prospection minière ; une académie dans son rôle de coordination des services territoriaux d'enseignement, de culture et de recherche ; un service de lutte contre les grandes endémies ; un service de lutte phytosanitaire ; un service de lutte contre les épizooties ; un service de conservation des sols.

Les assemblées de territoires peuvent charger, par délibération, le groupe de territoires de la création, de l'organisation et de la gestion des services intertribaux, etc.

Le chef du groupe de territoire peut convoquer une conférence interterritoriale réunissant les chefs de territoires ou leurs représentants et les vice-présidents des conseils de gouvernement, ainsi que les membres compétents des conseils de gouvernements intéressés pour débattre des questions d'intérêts communs. Cette réunion est de droit si la demande émane de la majorité des conseils de gouvernements des territoires du groupe[94].

Enfin, il convient de souligner que le Chef du groupe de territoires peut, au visa de l'article 21 du décret du 04 avril 1957, précité, effectuer seul des transactions concernant les droits du groupe dans le cadre d'un litige dont le montant ne peut excéder 5 millions de francs CFA ; accepter seul des dons et legs à titre conservatoire ; en cas d'urgence, ester en justice en demande comme en défense au nom du groupe de territoires après avis conforme de la commission permanente.

d). Le Grand Conseil, l'assemblée fédérale ou du groupe AEF.

Suivant en cela les recommandations de la conférence de Brazzaville, le constituant prévoyait dans l'article 78 de la constitution du 1946, la création dans les groupes de territoires d'une assemblée composée de membres élus par les assemblées territoriales pour la gestion des intérêts communs. La composition et les pouvoirs de cette assemblée devaient être fixés par le législateur.

La loi n° 47-1629 du 29 août 1947 fixait le régime électoral, la composition, le fonctionnement et les compétences de ces assemblées de groupe, dites *« Grands Conseils »*, en Afrique occidentale française et en Afrique équatoriale française[95]. Le décret du 4 avril 1957 (n° 57-458), modifie dans ses chapitres III et IV, comme le prévoyait la loi-cadre, les dispositions des titres III et IV de la loi n° 47-1629 du 29 août 1947.

1). Désignation, organisation, composition et fonctionnement.

Organe délibérant ou Assemblée du groupe de territoires, en l'occurrence la fédération de l'AEF. Comme les autres membres du groupe de territoires de l'AEF, l'assemblée territoriale ou le Conseil représentatif du Moyen-Congo élisait en son sein et en collège unique, cinq membres devant siéger au Grand Conseil. Ces membres du Grand Conseil sont élus pour un mandat de cinq ans renouvelable. Lors de la session inaugurale, le Grand Conseil élit, au scrutin secret et à la majorité des voix, un président, un ou plusieurs

---

[94] Cf. articles 14 du décret précité.

[95] L'article 1er de la loi la loi n° 47-1629 du 29 août 1947 dispose que, *« Les assemblées chargées de la gestion des intérêts communs des territoires de l'Afrique-Occidentale française et de l'Afrique équatoriale française portent la dénomination de Grand Conseil. Elles siègent respectivement à Dakar et à Brazzaville »*.Cf. H. Deschamps, *« Les Assemblées locales dans les territoires d'outre-mer »*, Politique étrangère, 1954, n°19-4, pp.427-436 ; R. Bourcart, *« Le Grand Conseil de l'Afrique occidentale français»*, Paris, Encyclopédie d'outre-mer, 1956.

vice-présidents et des secrétaires dans les conditions et pour une durée fixées par son règlement intérieur.

Aux termes des dispositions de l'article 28 de la loi précitées, le Grand Conseil tient, chaque année, deux sessions ordinaires et peut tenir des sessions extraordinaires, soit sur la convocation du gouverneur général, soit à la demande écrite des deux tiers de ses membres, adressée au président. La deuxième session ordinaire, dite session budgétaire du Grand Conseil, commence le 30 septembre au plus tard. La durée des sessions ordinaires ne peut pas excéder vingt jours, celle des sessions extraordinaires ne peut dépasser dix jours. L'assemblée est convoquée, les sessions sont ouvertes et closes par arrêté du gouverneur général (le Haut commissaire).

2). Les attributions du Grand conseil de l'AEF.

Nous distinguerons les attributions délibératives, les attributions consultatives et le régime des actes de l'assemblée fédérale (le Grand Conseil de l'AEF).

α). les attributions délibératives du Grand conseil

Au titre de ses fonctions délibératives, le Grand conseil peut prendre des délibérations dans les matières régies par les dispositions des articles 17, 19, 20, 23, 24, 28 à 31 du décret du 04 avril 1957 (n° 458). Ces matières se rapportent, en vertu de l'article 17 du décret, aux recommandations que le Grand conseil peut formuler pour assurer la coordination et éventuellement l'unification des réglementations des territoires et des régimes fiscaux territoriaux. Ces recommandations transmises par le Chef du groupe de territoires aux chefs de territoires qui, à leur tour, en saisissent les conseils de gouvernement ou les assemblées territoriales ; en application des dispositions de l'article 19, aux sessions ordinaires et extraordinaires du Grand conseil. Etant précisé que les sessions ordinaires, dont la durée ne peut excéder deux mois, ont lieu deux fois par an sur convocation du Haut commissaire au premier trimestre de l'année et l'autre au mois d'octobre au cours de laquelle le budget est examiné, les sessions extraordinaires, qui ne peuvent pas durer plus de quinze jours, ont lieu soit à la demande des deux tiers au moins des grands conseillers, soit du chef du groupe de territoires ; au titre de l'article 20 sur les projets présentés par le chef du groupe relativement aux intérêts patrimoniaux du groupe ; au montant et aux conditions d'attribution de l'indemnité des membres du grand conseil en vertu de l'article 22 du décret ; aux questions financières énumérées par l'article 23 paragraphes 1 à 10 du décret précité ; à l'examen et à l'adoption des projets du budget principal et des budgets annexes, établis par le chef du groupe de territoires, en vertu de l'article 24 du décret ; aux règlements se rapportant aux matières d'intérêt commun spécifiquement énumérées par l'article 28 paragraphes *« a »* à *« n »* et applicables dans tous les territoires du ressort du groupe, peu importe que certaines de ces matières soient régies, pas des dispositions législatives ou réglementaires, etc.

β). Les attributions consultatives du Grand conseil.

Le Grand Conseil émet des avis dans les cas prévus par les articles 32 à 34 du décret précité. Ainsi donc, le Grand conseil est consulté pour avis, au titre de l'article 32, sur tout projet d'arrêtés réglementaires du chef du groupe de territoires relatif à l'organisation d'ensemble des services communs et le statut général des agents de ces services ou au régime des infractions et des peines prévues par l'article 2 de la loi-cadre du 23 juin 1956 ; au titre de l'article 33 sur l'octroi des permis de recherches minières de types A et B portant sur plusieurs territoires du groupe (en cas de désaccord entre le grand conseil et le haut commissaire, il est statué par décret en conseil des ministres après avis de l'Assemblée de l'Union française) ; au titre de l'article 34, par le Chef du groupe, sur les comptes administratifs relatifs à l'exécution du budget du groupe de territoires et des budgets annexes, ainsi que sur la situation annuelle des fonds du groupe de territoires.

3). Le régime des actes du Grand conseil et de sa commission permanente.

Il s'agit ici de la notification, du caractère exécutoire et du contrôle de la légalité des actes du Grant conseil et de sa commission permanente, ainsi qu'il s'évince des dispositions des articles 38 et suivants du décret précité du 04 avril 1957.

α) La notification des actes du grand conseil.

Concernant la notification, ces actes doivent être établis en deux exemplaires accompagnés d'un extrait des procès-verbaux des séances et des votes auxquels ils se rapportent à l'attention du Chef de groupe de territoires, dans un délai de 30 jours francs à compter de la clôture de la session. Dès réception, le chef du groupe de territoires transmet un exemplaire de l'entier dossier au ministre de la France d'outre-mer.

β). Le caractère exécutoire des actes du grand conseil.

Les actes du grand conseil et de la commission permanente sont rendus exécutoires par le Chef du groupe de territoires dans le délai de 30 jours à compter de leur réception. Le chef du groupe des colonies (territoires) de l'AEF peut également saisir le grand conseil d'une seconde lecture. Il peut aussi saisir, s'il les estime entachés d'illégalités, le ministre de la France d'outre-mer aux fins d'annulation dans les conditions des articles 39 et 40, après en avoir avisé le président du grand conseil ou de la commission permanente.

γ). Le recours contre les actes du grand conseil

Le ministre de la France d'outre-mer peut faire annuler toute délibération du grand conseil ou de la commission permanente, qu'il estime entachée d'excès de pouvoir ou de violation de la loi, par arrêté en la forme de règlement d'administration publique. A défaut d'annulation dans délai de 90 jours à compte de la date de notification, le chef du groupe de territoires est tenu, dans le délai de 8 jours à compter de l'expiration du délai précité de 90 jours, de rendre la délibération exécutoire en l'état.

4). L'information du grand conseil et de la commission permanente.

D'une part, le chef du groupe de territoires doit s'adresser chaque mois à la commission permanente, l'informer de la situation détaillée des recettes budgétaires, des engagements de dépenses et des mandats de délégation et de paiement ; qu'il s'agisse du budget principal ou des budgets annexes et des comptes hors budget du groupe de territoires.

D'autre part, il doit lui adresser tous les trois mois la situation récapitulative de l'exécution du budget du groupe de territoires telle qu'elle ressort de la centralisation comptable et des situations périodiques fournies par les sous-ordonnateurs. Pour vérifier la véracité des informations reçues, la commission permanente peut demander la production des documents justificatifs appropriés, notamment les mandatements.

Enfin, concernant les travaux publics, la commission permanente doit être trimestriellement informée de leur état d'exécution sur le budget du groupe de territoires et sur la section du fonds d'investissement pour le développement économique et social des territoriales d'outre-mer par la loi du 30 avril 1947. Pour s'en convaincre, la commission permanente peut demander au grand conseil de déléguer un de ses membres afin de constater sur place l'état d'avancement des travaux exécutés sur les fonds du budget du groupe de territoires.

e). Les réformes instituées au niveau des collectivités locales.

La loi-cadre, dite *« Loi Gaston Defferre »,* du 23 juin 1956 (n° 56-619), préconisait également dans la suite des recommandations de la conférence de Brazzaville, dans son article 1er § 4, de déterminer les conditions de création et de fonctionnement, ainsi que les attributions des conseils de circonscriptions administratives et des collectivités rurales et les modalités d'accorder la personnalité morale à ces circonscriptions, sans toutefois que cela ne fasse obstacle à la création de nouvelles municipalités.

En application de cette loi, et entre autres, le décret du 04 avril 1957 (n° 57-461) déterminant l'institution et le fonctionnement des collectivités rurales en Afrique occidentale française et en Afrique orientale française, prévoir la création par le Chef de territoire, par arrêté en Conseil de gouvernement et après avis de l'Assemblée territoriale, des collectivités rurales. Il s'agit là, d'un élargissement des structures de l'administration décentralisée des colonies qui s'inscrivait dans la suite de la loi du 18 novembre 1955 (n° 55-1489) relative à la réorganisation municipale en AOF et en AEF[96], qui prévoyait la création des communes de plein et moyen exercice, dotées de la personnalité juridique et de l'autonomie financière ; et au titre de laquelle Brazzaville et Pointe-Noire furent, comme d'autres villes de ces deux groupements de colonies, maintenus au statut de commune de plein exercice.

S'agissant des collectivités rurales, désignées comme telles au lieu de communes rurales, elles sont dotées de la personnalité morale et de l'autonomie financière. Comme pour les communes de plein exercice et celles de moyen exercice, le critère principal de création d'une collectivité rurale demeure la possession de ressources nécessaires à l'équilibre du budget ; sans que ne soit exigé, à leur égard, un niveau de développement suffisant.

Les collectivités rurales pouvaient être constituées par des circonscriptions administratives, des fractions de circonscriptions administratives ou des groupements de circonscriptions administratives. Elles sont gérées, chacune par un Conseil de collectivité rurale, dont la composition, les modalités de fonctionnement et d'exercice des attributions sont fixées par arrêtés du Chef de territoire, pris en Conseil de gouvernement après avis de l'Assemblée territoriale. Le Chef de territoire exerce la tutelle administrative et financière sur les collectivités rurales dans les mêmes conditions qu'à l'égard des communes de plein et moyen exercice.

f). La réorganisation des services.

La loi-cadre du 23 juin 1956 prévoyait dans son article 3 une réforme des services publics dans les territoires d'outre-mer, en distinguant et définissant, d'une part les services de l'Etat chargés de la gestion des intérêts étatiques et, d'autre part, les services territoriaux chargés de la gestion des intérêts des territoires, ainsi que la répartition des attributions entre ces services.

Le but était de faciliter l'accès des fonctionnaires d'origine locale à tous les échelons de la hiérarchie administrative et d'instituer une réglementation autonome de la fonction publique en outre-mer concernant la fonction publique territoriale.

---

[96] Cf. Loi n°55-1489 du 18 novembre 1955, relative à la réorganisation municipale en Afrique occidentale française et en Afrique équatoriale française, JORF, du 19 novembre 1955, pp.11274 et suivantes.

Deux décrets n° 56-1227 et 56-1228 du 3 décembre 1956[97], pris en application de cette loi, l'un définit les services et cadre de l'Etat existant dans les territoires d'outre-mer, et l'autre, l'organisation de ces services dans ces territoires. Une distinction est faite par le décret n° 56-1227 du 3 décembre 1956, dans les territoires d'outre-mer, entre les intérêts généraux de la République gérés et administrés par les services de l'Etat, et les intérêts propres ou spécifiques gérés et administrés par les services territoriaux.

1). Les intérêts généraux de l'Etat : services déconcentrés outre-mer.

Il convient de souligner l'identification et le fonctionnement des services déconcentrés ou d'intérêts généraux de la République affectés dans les territoires d'outre-mer.

α). L'identification des services de l'Etat outre-mer.

Une catégorie d'activités bien identifiées, constituant les intérêts généraux de la République, sont gérées et administrées par les services de l'Etat dans les territoires d'outre-mer. Il s'agit, aux termes des dispositions de l'article 1er du décret n° 56-1227 du 3 décembre 1956, des relations extérieures, de la garantie des libertés publiques, du maintien de la solidarité des éléments constituant la République et son expansion dans le domaine économique, social et culturel, du régime monétaire et financier.

Dès lors, l'article 2 du décret énumère cinq (5) catégories de services publics de l'Etat, les services déconcentrés, dans les territoires d'outre-mer. La catégorie I concerne les services assurant la représentation du pouvoir central (les chefs de territoires et de circonscriptions administratives, leurs cabinets et leurs secrétaires) ; la catégorie II renferme les services de sécurité générale, militaire et économique (les forces armées et leurs services, la gendarmerie, les pelotons mobiles d'intervention à l'exclusion des garde-cercles ou unités similaires ; les douanes et les services de police d'Etat) ; la catégorie III concerne les institutions et services assurant le respect des libertés des citoyens (les tribunaux judiciaires de droit français, la police judiciaire, les juridictions administratives, l'inspection du travail et des lois sociales en ce qui concerne son rôle de contrôle et de conseil), la catégorie IV renferme les services assurant ou contrôlant les communications extérieures (les services de l'aéronautique d'intérêt général y compris les services de sécurité aérienne et météorologie d'intérêt général ; les stations du réseau général de radiocommunication et du réseau général de câbles sous-marins, les services de sécurité maritime, les services des

[97] Décret n°56-1227 du 3 décembre 1956, portant définition des services de l'Etat dans les territoires d'outre-mer et énumération des cadres d'Etat, JORF du 04 décembre 1956, pp.11572-11573 ; Décret n°56-1228 du 3 décembre 1956, relatif à l'organisation des services publics civils dans les territoires d'outre-mer, JORF du 04 décembre 1956, pp.11573-11575.

administrateurs de l'inscription maritime dans leur rôle à l'égard des navires et équipages métropolitains et étrangers et de l'établissement national des invalides de la marine, la capitainerie des ports maritimes) ; la catégorie V comprend les services et institutions assurant la solidarité des éléments constituant la République, son expansion économique, sociale et culturelle et son régime monétaire et financier (service du trésor, contrôle financier, contrôle des sociétés d'Etat et des sociétés d'économie mixte, services du commerce extérieur et office des changes, enseignement supérieur, le réseau des stations et émetteur, de radiodiffusion et de télévision, le service géographique).

β). Le fonctionnement des services de l'Etat outre-mer.

Le fonctionnement des services de l'Etat dans les territoires d'outre-mer est défini par l'article 3 du décret n° 56-1228 du 3 décembre 1956. Ces services sont assurés par 4 voire 5 catégories d'agents. A savoir, les fonctionnaires de l'Etat (cadres) servant outre-mer (en priorité les cadres généraux de la France d'outre-mer à vocation correspondante) ; les cadres des compléments pour la gendarmerie, la police et la douane ; les fonctionnaires des cadres territoriaux ; les fonctionnaires et agents de cadres métropolitains ; les agents non titulaires.

Les cadres de l'Etat concernés sont les gouverneurs généraux et les gouverneurs, les administrateurs coloniaux, le personnel de l'enseignement supérieur, les inspecteurs de travail et des services sociaux, les personnels des trésoreries des territoires d'outre-mer, les officiers des ports et rades, les personnels de la magistrature d'outre-mer.

Les dépenses de personnel et de matériel des services de l'Etat dans les territoires d'outre-mer sont prises en charge par le budget de l'Etat. Cependant, les territoires d'outre-mer contribuent aux dépenses de services de trésor et de douanes à hauteur de 5 % du montant des recettes, etc.

2). Les services d'intérêts propres ou territoriaux.

L'article 6 du décret n° 56-1228 du 03 décembre 1956 définit les services territoriaux comme étant des services publics chargés des intérêts propres aux territoires groupés ou non groupés.

α). L'identification des services territoriaux.

L'identification des services territoriaux, propres aux territoires d'outre-mer ou aux colonies est opérée par l'article 8 du décret n° 56-1227 du 03 décembre 1956, a contrario de l'énumération des services déconcentrés ou des services de l'Etat. Aussi dispose-t-il que, constituent des services territoriaux, tous les services autres que ceux énumérés à l'article 2 du décret précité (à l'exclusion des offices publics et des établissements publics de l'Etat). Leur organisation générale est fixée par arrêté du chef de territoire en conseil de gouvernement, après avis de l'assemblée territoriale. Au niveau des groupements de territoires, en l'occurrence de l'AEF ou de l'AOF, cette organisation générale est fixée par arrêté du haut commissaire après avis du grand conseil.

β). Le fonctionnement des services territoriaux.

Du point de vue du fonctionnement, celui-ci est assuré par les fonctionnaires appartenant aux cadres territoriaux ou provinciaux, pouvant accéder à tous les échelons de la hiérarchie98. Concernant le territoire du Moyen-Congo, ce personnel relevait du statut général des fonctionnaires et cadres adopté, en application des dispositions de l'article 8 du décret précité du 03 décembre 1956 (n° 56-1228), par la délibération n° 42-57 du 14 août 1957 de l'Assemblée territoriale99.

g). Du point de vue du développement économique et social.

L'article 4 de la loi-cadre avait également préconisé la mise en œuvre par le gouvernement de la République française des mesures visant à élever le niveau de vie dans les territoires d'outre-mer, à y favoriser le développement économique et social ainsi qu'à faciliter la coopération économique et financière entre la métropole et les territoires.

Ces mesures qui devraient intervenir par décrets en conseil des ministres sur rapport du ministre de la France d'outre-mer et, éventuellement, des ministres concernés et après avis du Conseil d'Etat, devraient se rapporter à la généralisation et la normalisation de l'enseignement ; l'organisation et le soutien des productions nécessaires à l'équilibre économique des territoires et aux besoins de la zone francs ; la mise en œuvre des formes modernes de développement rural et l'établissement d'un plan cadastral respectant les droits coutumiers des autochtones ; l'organisation et la mise en œuvre de l'état civil ; l'organisation des structures appropriées dans les domaines du crédit et de l'épargne ; des modifications de la législation et la réglementation financière pour favoriser l'investissement outre-mer, sans empiéter sur les prérogatives des assemblées territoriales ; des mesures d'ordre sociales, etc.

---

[98] Cf. Article 8, décret n°56-1228 du 3 décembre 1956.

[99] Délibération de l'Assemblée territoriale du Moyen-Congo n°42/57 du 14 août 1957, portant statut général des fonctionnaires des cadres du territoire du Moyen-Congo, JOAEF, du 1er janvier 1958, pp. 41 et suivantes.

Chapitre 5 : Le Congo sous la Vème République française, de l'Etat autonome à l'indépendance.

L'avènement de la Vème République française induisit une évolution statutaire décisive des territoires d'outre-mer (colonies), dont le Moyen-Congo. L'Union française instituée par la constitution du 27 octobre 1946 n'allait pas survivre aux événements qui marquèrent le retour au pouvoir du général de Gaulle, à la crise algérienne du 15 mai 1958 et aux revendications d'indépendance également manifeste dans d'autres colonies. Mais, l'idée du maintien de l'association de la métropole avec les territoires d'outre-mer, qui n'étaient en réalité que des colonies, était loin d'être abandonnée dans l'esprit de la Conférence de Brazzaville et de la loi-cadre. Il eut fallu donc l'adapter à la nouvelle donne et s'accorder sur la forme de cette institution.

Dès lors, le débat entre le modèle fédéral, prôné par Félix Houphouët Boigny, et le modèle confédéral défendu par Léopold Sédar Singhor[100], rejaillit comme pendant la conférence de Brazzaville du 30 janvier au 8 février 1944. Le compromis fut alors trouvé par le Président malgache, Philibert Tsiranana, qui suggérait l'idée d'une communauté pour formaliser la relation franco-africaine. Cela, malgré les réticences du général de Gaulle sur l'idée d'ériger les territoires d'outre-mer en Etats à égalité avec la France, qui pour lui devrait occuper une position toujours prépondérante. Cette communauté franco-africaine, que les territoires d'outre-mer devraient choisir ou rester dans le statu quo, lors du référendum du 28 septembre, n'était dans l'esprit du général de Gaulle qu'une fédération, dont il avait une conception plus politique que juridique[101].

Comme l'écrit F. Turpin, « *la mise en place de la communauté en 1958 parachève l'évolution statutaire lentement amorcée depuis la conférence de Brazzaville et accélérée avec la loi-cadre de 1956 ainsi que celle des esprits confrontés aux problèmes liés à la décolonisation...* »[102].

La communauté franco-africaine, qui affectera également l'évolution statutaire du territoire du Moyen-Congo, aura été, comme l'Union française, un nouveau paradigme perpétuant la domination de la métropole, la puissance coloniale. Toutefois, elle constituait une avancée significative et décisive dans le processus d'autodétermination ou d'autonomisation que ne le fut l'Union française.

---

[100] Cf. F. Turpin, « *1958, la communauté franco-africaine : un projet entre héritage de la IVème République et conceptions gaulliennes* », Outre-mer, T 95, n°358-359, 1er trimestre 2008, pp. 45-58.
[101] Cf. J. Foyer, « *Sur les chemins du droit avec le Général. Mémoire de ma vie politique, 1944-1988* », Paris, Fayard, 2006.
[102] Cf. F. Turpin, op. cit. p.54.

Section 1 : Le référendum constitutionnel et communautaire de 1958.

Le référendum du 28 septembre 1958 avait un double objectif. D'une part, l'adoption d'un nouveau cadre juridique qui devrait servir de fondement au nouveau régime et à la Vème République telle que conçue et souhaitée par De Gaulle. D'autre part, pour les colonies d'Afrique, déterminer leurs destins en choisissant soit l'intégration dans la communauté des Etats avec la France qui se substituait à l'Union française instituée par la constitution de 1946, soit le maintien du statu quo ouvrant la voie à l'indépendance immédiate. Mais, cette dernière option était, assortie d'une forme de menace, voire de chantage à l'aide de la part du général de Gaulle. Il déclarait devant le Comité consultatif constitutionnel le 08 août 1958 que,

« ...les peuples d'outre-mer pourront obtenir leur indépendance immédiate en votant négativement lors du référendum, ce qui signifie la fin de l'aide apportée par la France... »[103].

Les territoires d'outre-mer, notamment de l'AEF et de l'AOF, avaient massivement voté *« oui »* pour la nouvelle constitution et l'adhésion à la communauté. Cela, à l'exception de la Guinée-Conakry qui rejetait le projet proposé en votant non à 95,38 % et proclamait son indépendance le 02 octobre 1958, sous l'impulsion d'A. Sékou Touré. Le territoire du Moyen-Congo, avait dit « OUI » à 99,38 % (un score, dirait-on, stalinien).

Section 2 : Les institutions et les compétences de la Communauté.

Déjà, la constitution du 04 octobre 1958 indique au paragraphe 2 de son préambule qu'en *« vertu de ces principes et de celui de la libre détermination des peuples, la République offre aux Territoires d'outre-mer qui manifestent la volonté d'y adhérer des institutions nouvelles fondées sur l'idéal commun de liberté, d'égalité et de fraternité et conçues en vue de leur évolution démocratique »*.

L'article 1er de cette constitution dispose, *« La République et les peuples des Territoires d'outre-mer qui, par un acte de libre détermination, adoptent la présente Constitution, instituent une Communauté.*

La Communauté est fondée sur l'égalité et la solidarité des peuples qui la composent »[104].

---

[103] Cf. M. Ligot, *« Les accords de coopération entre la France et les Etats africains et malgaches d'expression française »*, La documentation française, 1964, p.9 ; J. Foyer, op. cit. p. 89 ; F. Turpin, op. cit. p.56.

[104] Modifié par l'article 1er de la loi constitutionnelle loi constitutionnelle n°2008-724 du 23 juillet 2008, cet article dispose désormais, *« La France est une République indivisible, laïque, démocratique et sociale. Elle assure l'égalité devant la loi de tous les citoyens sans distinction d'origine, de race ou de religion. Elle respecte toutes les croyances. Son organisation est décentralisée.*

Le titre XII (articles 77 à 87) était spécifiquement dédié à la Communauté et à ses institutions[105]. Aux termes des dispositions de l'article 77 de la constitution de 1958, cette Communauté est constituée par les États qui jouissent de l'autonomie, s'administrent eux-mêmes et gèrent démocratiquement et librement leurs propres affaires. Cependant, il n'existe qu'une seule citoyenneté ; celle de la Communauté.

L'article 91 alinéa 3 de la constitution de 1958 (04 octobre 1958) disposait que les autorités établies continueraient d'exercer leurs fonctions dans les États de la communauté conformément aux lois et règlements applicables au moment de l'entrée en vigueur de la Constitution jusqu'à la mise en place des autorités prévues par leur nouveau régime.

L'article 76 de la constitution du 1958 prévoyait que les territoires d'outre-mer pouvaient garder leur statut au sein de la République.

S'ils en manifestaient la volonté par délibération de leur assemblée territoriale prise dans le délai prévu au premier alinéa de l'article 91 (4 mois à compter de la promulgation de la constitution), ils devenaient soit départements d'outre-mer de la République, soit, groupés ou non entre eux, États membres de la Communauté.

L'ordonnance n° 58-913 du 06 octobre 1958, dispose que le choix prévu à l'article 76 de cette constitution de 1958 devait être fait dans le délai de quatre mois, à compter de sa promulgation, par une délibération de l'assemblée territoriale, votée à la majorité de ses membres[106]. Dès lors, à titre transitoire et provisoire, l'article 2 de l'ordonnance du 06 octobre 1958, avait prévu le maintien des dispositions législatives et réglementaires en vigueur à la date du choix prévu par l'article 76 de la constitution de 1958, en ce qu'elles n'étaient pas contraires à cette nouvelle constitution, tant qu'elles ne sont pas modifiées ou abrogées par les autorités compétentes en vertu de leur constitution et du nouveau statut des Etats membres de la Communauté.

Concernant les autorités, les juridictions et les services administratifs existants dans les anciens territoires d'outre-mer à la date de l'entrée en vigueur de la constitution de 1958, l'article 3 de l'ordonnance précitée du 6 octobre 1958, dispose qu'ils doivent continuer à exercer leurs fonctions conformément aux lois et règlements, jusqu'à la mise en place de nouvelles institutions par la Communauté ou les Etats membres concernés.

Si les Etats membres de la Communauté sont autonomes, ils n'ont qu'une souveraineté interne. La souveraineté internationale demeure exercée par la France.

La loi favorise l'égal accès des femmes et des hommes aux mandats électoraux et fonctions électives, ainsi qu'aux responsabilités professionnelles et sociales ».

[105] Abrogés par l'article 14 de la loi constitutionnelle no 95-880 du 4 août 1995.

[106] Cf. L'Ordonnance n°58-913 du 06 octobre 1958 fixant certaines conditions d'application de l'article 76 de la Constitution et le régime provisoire des pouvoirs publics dans les territoires d'outre-mer, JORF du 07 octobre 1958, pp.9182 et suivantes.

§ 1 : Sur plan institutionnel.

Les institutions de la Communauté sont, outre le Président de la République française qui en est le président et le principal représentant, le Conseil exécutif, le Sénat et la Cour arbitrale.

Le Conseil exécutif, présidé par le Président de République française, qui est de droit président de la Communauté, est composé du Premier ministre de la République française, des Chefs de gouvernements ayant qualité de Premier Ministre de chaque Etat membre de la Communauté, des ministres chargés pour la communauté des affaires communes. Le Conseil exécutif organise la coopération des membres de la Communauté sur plan gouvernemental et administratif.

Le Sénat, organe législatif de la Communauté, est composé des délégués du parlement de la République française et des assemblées législatives des autres Etats membres choisis en leur sein, proportionnellement à la population de chaque Etat membre et ses responsabilités dans la communauté. Il est saisi par le Président de la communauté et délibère sur la politique économique et financière commune avant le vote des lois prises en la matière par le Parlement de la République française et, le cas échéant, par les assemblées législatives des autres Etats membres de la Communauté. Il vise les actes et traités ou les accords internationaux qui engagent la communauté. Notamment la déclaration de guerre[107] (article 35 de la constitution), les traités de paix, les traités de commerce, les traités ou accords relatifs à l'organisation internationale, ceux qui engagent les finances de l'État, ceux qui modifient les dispositions de nature législative, ceux qui sont relatifs à l'état des personnes, ceux qui comportent cession, échange ou adjonction d'un territoire, ne peuvent être ratifiés ou approuvés qu'en vertu d'une loi[108]. Il tient deux sessions annuelles qui sont ouvertes et closes par le Président de la Communauté et ne peuvent excéder chacune un mois. Il prend des décisions exécutoires dans les domaines où il a reçu délégation des assemblées législatives des membres de la Communauté. Ces décisions sont promulguées dans la même forme que la loi sur le territoire de chacun des États intéressés. Enfin, la Cour arbitrale statue sur les litiges survenus entre les membres de la communauté[109].

---

[107] Cf. Article 35 de la constitution de 1958.

[108] Cf. article 53 de la constitution de 1958.

[109] Pour plus de précision, il convient de se reporter aux Ordonnances n° 58-1254 et 58-1255 du 19 décembre 1958, portant, respectivement, loi organique sur le Sénat de la Communauté et loi organique sur le Conseil exécutif de la communauté, JORF du 20 décembre 1958 p. 11455.

§ 2 : Le domaine des compétences réservées de la Communauté.

Il est ici illustratif de la souveraineté limitée des Etats autonomes ayant adhéré à la communauté, en acceptant la limitation de leurs compétences dans les matières qui ne sauraient excéder celles qui sont dévolues à cette institution et que l'on qualifie de matières communes.

Aux termes des dispositions de l'article 78 de la constitution de 1958, le domaine des compétences de la Communauté comprend la politique étrangère, la défense, la monnaie, la politique économique et financière commune ainsi que la politique des matières premières stratégiques. Il comprend en outre, sauf accord particulier, le contrôle de la justice, l'enseignement supérieur, l'organisation générale des transports extérieurs et communs et des télécommunications. Il est également prévu que, des accords particuliers peuvent créer d'autres compétences communes ou régler tout transfert de compétences de la Communauté à l'un de ses membres.

Section 3 : L'évolution du Moyen-Congo sous la constitution française de 1958.

Le territoire du Moyen-Congo, comme les autres colonies françaises, devait choisir l'une des options statutaires prévues par les dispositions de l'article 76 de la constitution du 04 octobre 1958 : soit le maintien du statu quo, soit, dans le délai de quatre mois à compter de la promulgation de la constitution (à compter du 04 octobre 1958), le statut de département d'outre-mer de la République française, celui de territoires groupés ou non entre eux, ou encore celui d'Etats membres de la communauté entre la France et les colonies d'Afrique francophone. Il devait adapter corrélativement ses institutions afin de les rendre compatibles avec sa nouvelle orientation.

Sous-section 1 : Le choix statutaire et la République naissante dans la violence.

En application des dispositions de l'article 76 de la constitution du 04 octobre 1958, ainsi que de l'ordonnance précitée du 06 octobre 1958, l'Assemblée territoriale du Moyen-Congo déterminait son statut institutionnel en rapport avec le choix opéré lors du référendum du 28 septembre 1958. L'événement fut heureux, mais la création de l'Etat et la proclamation de la République ainsi que la mise en place des institutions qui devraient les structurer se sont faites dans un contexte de violences sanglantes.

§ 1 : La proclamation de l'Etat autonome du Congo et de la République naissante.

Après les allocutions successives du président JAYLE, du Gouverneur et chef de territoire P. Ch. Deriaud, l'Assemblée territoriale du Moyen-Congo réunie en séance plénière à Pointe-Noire, alors chef-lieu du territoire, le 28 novembre 1958 à 11 h 30, adoptait la délibération n° 112/58 du 28 novembre 1958, d'une très grande importance.

D'une part, cette délibération, prise au visa de l'article 76 de la constitution française du 04 octobre 1958, consacrait, dans son article 1er, la *« création d'un Etat autonome »* membre de la Communauté franco-africaine. Donc, tenant compte de la volonté populaire exprimée lors du référendum du 28 septembre 1958, le territoire du Moyen-Congo fut érigé au statut d'un Etat membre de la Communauté créée par la constitution du 04 octobre 1958 ; plutôt que de maintenir le statut de territoire d'outre-mer ou le choix d'un autre statut proposé par l'article 76 de la constitution de 1958, tels que celui de département d'outre-mer ou encore celui de territoires groupés (fédération).

D'autre part, cette délibération à la fois proclamatoire et normative, donc décisoire, est significative et historique quant à la forme de cet Etat et son régime. La forme républicaine (pas monarchique) est consacrée par l'article 2 qui dispose que de l'Etat autonome du Moyen-Congo prend le nom de *« REPUBLIQUE DU CONGO »*. Par cette délibération, la *« République naissante »* du Congo, se déclarait prête à établir, en accord avec les territoires ou Etats de l'Afrique équatoriale française (AEF) et de la communauté, des liens nécessaires à une solidarité commune et à une harmonieuse coordination[110].

Comme le rappelait, le gouverneur Paul-Charle Deriaud, dans son allocution relative à l'adoption de la délibération n° 112-58 du 28 novembre 1958, le Congo jouissait désormais de *« l'autonomie interne complète »*. Ce propos était quelque peu en contradiction avec ce qu'il affirmait en début de son allocution que, par l'adoption de la délibération numéro 112-58, l'Assemblée territoriale venait *« de donner ainsi à la patrie congolaise l'indépendance véritable de ses fils... »*[111].

Or, il s'agissait beaucoup plus d'une autonomie interne ou d'une souveraineté limitée, que d'une véritable indépendance, comme nous l'avons souligné plus haut.

---

[110] Cf. Délibération n°112/58 du 28 novembre 1958, érigeant le territoire du Moyen-Congo en Etat membre de la communauté et portant création de la République du Congo, JORC du 3 décembre 1958, pp. 1 à 7. Cette délibération fut promulguée par l'arrêté du Chef du territoire du Moyen-Congo, gouverneur du Moyen-Congo, du même jour, JORC, du 3 décembre 1958, pp. 4 et 5.

[111] Cf. JORC, 3 décembre 1958, pp.3 et 4.

§ 2 : Le cadre juridique de la République naissante.

En dehors des dispositions juridiques, notamment la constitution du 04 octobre 1958 et les textes législatifs et réglementaires, régissant la Communauté à laquelle le Congo avait exprimé son adhésion, la République naissante devait se doter d'un cadre juridique spécifique pour régir ses institutions au plan interne. Ce cadre juridique était constitué par des dispositions à valeur constitutionnelle, qualifiées de constitutions provisoires de 1958 et 1959. Il s'agit dans les faits d'un ensemble de douze (12) lois constitutionnelles édictées selon une procédure idoine.

A savoir : Loi constitutionnelle n° 1 du 28 novembre 1958 portant organisation des pouvoirs de la République du Congo et déterminant les conditions de préparation et d'approbation des lois constitutionnelles de la République du Congo ; Loi constitutionnelle n° 2 du 28 novembre 1958 fixant provisoirement à Brazzaville le siège de l'Assemblée législative et du gouvernement provisoire ; Loi constitutionnelle n° 3 du 16 février 1959 suspendant provisoirement l'application de l'article 2 de la loi constitutionnelle n° 1 du 28 novembre 1958 ; Loi constitutionnelle n° 4 du 20 février 1959 relative à l'Assemblée législative ; Loi constitutionnelle n° 5 du 20 février 1959 relative au gouvernement de la République ; Loi constitutionnelle n° 6 du 20 février 1959 relative aux rapports entre les pouvoirs publics ; Loi constitutionnelle n° 7 du 20 février 1959 relative à la mise en place des institutions ; Loi constitutionnelle n° 8 du 18 août 1959, fixant le drapeau de la République du Congo ; Loi constitutionnelle n° 9 du 3 novembre 1959 relative à la devise de la République du Congo ; Loi constitutionnelle n° 10 du 21 novembre 1959 relative à l'hymne national de la République du Congo ; Loi constitutionnelle n° 11 du 21 novembre 1959 relative à la présidence de la République ; Loi constitutionnelle n° 12 du 7 décembre 1959 relative au titre de l'Assemblée législative de la République du Congo[112].

Ces textes sont au cœur de la fondation de l'Etat du Congo postcolonial et de sa forme républicaine, qui se perpétuent au cours de son histoire.

Sous-section 2 : Les institutions de la République naissante.

Les institutions de la République naissante procèdent de la transformation, ne serait-ce qu'à titre provisoire et transitionnel, des institutions existantes du territoire du Moyen-Congo à la date de la promulgation de la constitution adoptée par le référendum du 28 septembre 1958, c'est-à-dire le 04 octobre 1958. Cela se faisait dans un contexte de violences politiques et d'affrontements sanglants, sur fond de la conquête et

[112] Cf. Cour constitutionnelle, https://cour-constitutionnelle.cg/constitutions-anterieures/.

de la conservation du pouvoir entre les leaders des deux principales formations politiques de l'époque : Jacques Opangault (du Mouvement socialiste africain, MSA affiliés SFIO, section française de l'internationale ouvrière), et ses alliés, dont le Parti progressiste congolais (PPC) de Jean Félix-Tchicaya (Premier ministre et Vice-président du Conseil de gouvernant, depuis la victoire aux élections territoriales du 31 mars 1957, qui disposait de la majorité à l'assemblée territoriale avec 23 sièges) ; Fulbert Youlou (de l'Union démocratique de défense des intérêts africains, UDDIA, proche du Rassemblement démocratique Africain, RDA, de Houphouët-Boigny, qui disposait de 22 sièges à l'assemblée territoriale).

L'élément déclencheur de la crise fut la perte de la majorité à l'Assemblée territoriale par le MSA de Jacques Opangault et ses alliés, suite à la défection de l'un de ses « députés » (conseillers territoriaux), Georges Yambot. Ce dernier fut accusé d'avoir été soudoyé, quelques mois après l'élection de l'assemblée territoriale, notamment entre mai et août 1957, pour rejoindre l'UDDIA de Youlou, dont il confirmait lui-même le ralliement en novembre 1957 en dépit des pressions exercées par le MSA pour le ramener à la raison.

Ce basculement de fait de la majorité avait eu pour conséquence, la désertion de la salle par J. Opangault et ses partisans lors de la séance de l'Assemblée territoriale du Moyen-Congo du 28 novembre 1958. Cette séance plénière était cruciale. Car, il était question de choisir le nouveau statut du territoire du Moyen-Congo et de mettre en place les nouvelles institutions. Désarçonné, le MSA criait au coup d'État constitutionnel, en laissant la nouvelle majorité UDDIA à l'assemblée qui avec ses 23 voix avait, outre l'adoption des lois constitutionnelles n° 1 et 2, élu un nouveau premier ministre, en la personne de Fulbert Youlou. Cette situation plongeait le pays dans les troubles et les violences sanglantes jusqu'au 20 février 1959[113].

§ 1 : L'Assemblée législative.

La séance de l'Assemblée territoriale du Moyen-Congo se déroulait dans une ambiance houleuse, lorsqu'il s'était agi de mettre en place les institutions du nouvel Etat et de la République. Opangault et ses alliés (SFIO, UDSR, RPF et PPC) avaient quitté la salle en guise de protestation, avant de revenir lui-même quelques instants après. L'Assemblée délibérante

---

[113]Cf. Th. Obenga, *« Histoire générale du Congo, des origines à nos jours, T. 3, le Congo au 20ème siècle »*, Paris, l'Harmattan, 2010 ; J.P. Brat, *« La fabrique des barbouzes, histoire des réseaux Foccart en Afrique »*, Paris, Nouveau Monde Editions, 2015 ; F. Bernault, *« Démocraties ambigües en Afrique centrale, Congo-Brazzaville, Gabon »*, 1940-1965, Paris, Karthala, 1996 ; R. P. Mokoko, *« Mossaka Et Son Histoire: (de 1885 À 1965) »*, Trafford Publishing, 2012 ; R. Yenga, *« La constitution du 20 janvier 2002 et le régime politique de la République du Congo »*, Paris, Bublibook, 2006 ; Ph. Moukoko, « Dictionnaire général du Congo-Brazzaville », Paris, l'Harmattan, 2019, p. 493.

s'étant érigée en assemblée constituante, l'UDDIA de Fulbert Youlou, devenue majoritaire, fit adopter par ses 23 députés la loi constitutionnelle n° 1 du 28 novembre 1958 portant organisation des pouvoirs de la République du Congo et déterminant les conditions de préparation et d'approbation des lois constitutionnelles. Elle votait, dans la foulée, la loi constitutionnelle n° 2 du 28 novembre 1958 fixant provisoirement le siège de l'Assemblée législative et du gouvernement provisoire à Brazzaville, dont Youlou fut le Maire. Cela fut dans l'illusion de se mettre à l'abri des agitations de Pointe-Noire, suscitées par des manœuvres ayant conduit à l'éviction de son adversaire politique, Jacques Opangault et ses alliés très dépités et en colère.

La loi constitutionnelle n° 1 du 28 novembre 1958, tenant lieu de constitution, organisant provisoirement les pouvoirs publics, transformait l'Assemblée territoriale du Moyen-Congo, avec la nouvelle majorité, en Assemblée législative, dont les membres portaient désormais le titre de *« Députés »*. Leur mandat devait expirer à la fin du mandat de l'assemblée territoriale issue des élections du 31 mars 1957. Ils jouissaient de l'immunité parlementaire. L'Assemblée législative était investie du pouvoir de légiférer, du pouvoir constituant originaire et dérivé, pour voter ou modifier des lois constitutionnelles[114].

§ 2 : Le Gouvernement provisoire.

En l'absence des élus du MSA et ses alliés, ayant quitté l'hémicycle dans les conditions rappelées plus haut, Fulbert Youlou, étant le seul candidat, fut élu Premier ministre, par tous les 23 députés de l'UDDIA sur les 24 députés présents le 28 novembre 1958. Il prenait aussitôt sa première décision, le décret n° 1 du 28 novembre 1958 portant nomination du ministre de l'intérieur, en la personne de Stéphane Tchitchellé[115]. Le Gouvernement provisoire, dont il fut le Chef et, à ce titre, chef de l'administration de l'Etat, se substituait au Conseil de gouvernement.

Aux termes des dispositions de l'article 6 de la loi constitutionnelle n° 1 du 28 novembre 1958, Le Gouvernement détermine et conduit la politique de la République. Il dispose de l'Administration et des forces de Police intérieures dans le cadre des lois et règlements en vigueur. Il exerce, par voie de décrets et d'arrêtés, le pouvoir réglementaire et assure notamment les relations avec la Communauté et la République française, en particulier pour la préparation des modalités de la mise en œuvre de la Constitution du 4 octobre 1958.

Par ailleurs, la constitution provisoire du 28 novembre 1958 (loi constitutionnelle n° 1) transférait au gouvernement de la République du

---

[114] Cf. JORC du 3 décembre 1958, p.5.
[115] JORC du 3 décembre 1958, p.6.

Congo, les pouvoirs qu'exerçaient jusque-là le gouvernement de la République française, le ministre de la France de l'outre-mer, par la loi municipale du 18 novembre 1955 et les décrets n° 57-459 et 57-460 du 4 avril 1957. Ces transferts de compétences concernaient les questions relatives à la tutelle ou à la création des communes, la tutelle du territoire en matière d'approbation ou d'annulation de leurs actes, de suspension ou de dissolution des assemblées municipales[116].

§ 3 : Le Comité constitutionnel consultatif.

Outre la procédure d'adoption des lois constitutionnelles, la constitution provisoire du 28 novembre 1958, créait également un comité constitutionnel consultatif composé de cinq membres élus au sein de l'Assemblée législative au scrutin proportionnel, et de trois membres choisis pour leurs compétences. Le Comité devait être consulté sur tout projet de loi constitutionnelle par le gouvernement et rendre son avis dans un délai de trente jours.

Enfin, tenant l'autorité de la constitution française du 04 octobre 1958, le caractère provisoire et transitoire des institutions de la République naissante et son intégration dans la communauté franco-africaine, l'article 12 de la loi constitutionnelle n° 1 du 28 novembre 1958 dispose, d'une part, qu'en tout ce qui n'est pas contraire à la Constitution du 4 octobre 1958 et à cette loi, les dispositions législatives et réglementaires en vigueur à la date du choix du statut restent applicables jusqu'à leur modification ou leur abrogation par les autorités compétentes ; et d'autre part, qu'en tout ce qui n'est pas contraire à la Constitution du 4 octobre 1958 et à cette loi, les autorités, juridictions et services administratifs, en place à la date du choix du statut, continuent d'exercer leurs fonctions jusqu'à la mise en place des autorités, juridictions et services de la Communauté ou de ses membres appelés à leur succéder.

Sous-section 3 : La marche inexorable vers l'indépendance.

Elle commence par la consolidation du pouvoir et la pacification du pays dans un contexte de la guerre civile, de poursuivre la mise en place des institutions pérennes de la République et de la redéfinition du statut de la République naissante.

---

[116] Cf. article 6 et 7, loi constitutionnelle n°1 du 28 novembre 1958, JORF, du 3 décembre 1958, p.5.

§ 1 : La consolidation du pouvoir et la pacification du pays.

La période qui va de la fin de la guerre civile, en février 1959, au mois de décembre 1959, est marquée à la fois par la consolidation du pouvoir de l'Abbé Fulbert Youlou et de la pacification du pays dans un élan de réconciliation nationale.

A). L'adoption des lois constitutionnelles du 20 février 1959.

Comme nous l'avons souligné plus haut, l'Assemblée législative adoptait dès le lendemain de la fin de la guerre civile, cinq (5) lois constitutionnelles en date du 20 féviers 1959. La loi constitutionnelle n° 3, relative à la suspension de l'article 2 de la loi constitutionnelle n° 1 du 28 novembre 1958 ; la loi constitutionnelle n° 4, relative à l'Assemblée législative ; la loi constitutionnelle n° 5 relative au gouvernement de la République ; la loi constitutionnelle n° 6 relative aux rapports entre les pouvoirs publics ; la loi constitutionnelle n° 7 relative à la mise en place des institutions.

La loi constitutionnelle n° 3 du 20 février 1959, qui ne comporte qu'un seul article, est une loi de circonstances. En suspendant provisoirement l'article 2 de la loi constitutionnelle n° 1 du 28 novembre 1958, elle permettait en réalité de priver certains députés frondeurs (notamment ceux du MSA de Jacques Opangault, accusés d'être les instigateurs des violences ayant conduit à la guerre civile) de l'immunité parlementaire dont ils bénéficiaient au titre de cet article qui dispose,

« Aucun Député de l'Assemblée législative du Congo ne peut être poursuivi, recherché, détenu ou jugé à l'occasion des opinions ou des votes émis par lui dans l'exercice de ses fonctions.

Aucun Député à l'Assemblée législative du Congo ne peut, pendant la durée de son mandat, être arrêté qu'avec l'autorisation de l'Assemblée.

La détention ou la poursuite d'un membre de l'Assemblée est suspendue si l'Assemblée le requiert ».

Cette loi constitutionnelle s'inscrivait également dans le prolongement de la loi du 18 février 1959 accordant les pleins pouvoirs au Premier ministre, Fulbert Youlou, pour rétablir l'ordre public[117]. Elles étaient suivies de l'ordonnance du 07 mars 1959 relative à l'assignation à résidence des personnes dont l'activité était de nature à porter atteinte à l'ordre public[118]. Opangault et ses partisans en avaient fait les frais, puisqu'ils étaient arrêtés en en rapport avec les événements de janvier et février 1959.

---

[117] Loi n°17-59 du 18 février 1959, accordant les pleins pouvoirs au Premier ministre pour le rétablissement de l'ordre public.

[118] Ordonnance n°2 du 07 mars 1959, relative à l'assignation à résidence des personnes dont l'activité est de nature à porter atteinte à l'ordre public, JORC, 1er avril 1959, p.207.

B). La dissolution de l'Assemblée législative et les élections anticipées.

La loi constitutionnelle n° 7 du 20 février 1959, relative à la mise en place des institutions, s'inscrivait également dans la stratégie du Premier ministre, chef de gouvernement, de s'imposer et de consolider son pouvoir dans un contexte de violences intestines. Elle contient trois articles. En effet, l'Assemblée législative, exerçant les prérogatives du pouvoir constituant dérivé, transformait le gouvernement provisoire, en fonction depuis novembre 1958, en gouvernement de la République tel que prévu par la loi constitution n° 5 de la loi constitutionnelle précitée du 20 février 1959.

La manœuvre constitutionnelle relève d'une subtilité juridique qui dissimule mal un coup politique, voire politicien ; que d'aucuns qualifieraient de coup d'État constitutionnel. En effet, l'article 1er de la loi constitutionnelle n° 7 est ainsi rédigé,

> *« Art. 1er.- Le Gouvernement actuellement en fonctions devient de plein droit le premier gouvernement prévu par la loi constitutionnelle n° 4[119] du 20 février 1959.*
> *A titre exceptionnel, le Premier ministre pourra, sur avis conforme du bureau de l'Assemblée, dissoudre par décret l'Assemblée législative élue le 31 mars 1957, avant l'expiration de son mandat ».*

Il s'évince des dispositions de l'article 1er de la loi constitutionnelle n° 5 du 20 février 1959 que l'Assemblée législative se réunit de plein droit le premier jour ouvrable suivant le 15ème jour de son élection. Dans ce cas, l'ordre du jour comporte exclusivement la désignation de son bureau et l'investiture du Premier ministre. Les pouvoirs du précédent gouvernement prennent fin dès l'acceptation de ses fonctions par le Premier ministre après son investiture. Il nomme son gouvernement dans les conditions des articles 2 et 3 de la même loi constitutionnelle.

Il s'avère que, dans le contexte de l'adoption de la loi constitutionnelle n° 7 du 20 février 1959, le Premier ministre, Fulbert Youlou, élu le 28 novembre 1958, par la législature en cours n'avait pas démissionné de ses fonctions. Cela d'autant plus qu'il était à la manœuvre. Le maintien et la transformation de son gouvernement pour qu'il soit en phase avec le nouveau cadre juridique qu'il fit adopter par l'Assemblée législative étaient une façon de légitimer la continuité de son pouvoir, de son régime.

Par ailleurs, le Premier ministre, Fulbert Youlou, obtenait dans la même loi constitutionnelle n° 7 du 20 février 1959 et à la faveur d'une assemblée

---

[119] Il s'agit en fait de la loi constitutionnelle n°5 du 20 février 1959, relative au gouvernement de la République. Car, la loi constitutionnelle n°4 du 20 février 1959 est plutôt dédiée à l'Assemblée législative. Cf. JORC, du 15 mars 1959, pp.171 et suivantes.

acquise à sa cause, d'une part, la dissolution de cette assemblée législative élue le 31 mars 1957, avant l'expiration de son mandat de cinq ans ; et d'autre part, la prolongation de la suspension de l'immunité des parlementaires prononcée par la loi constitutionnelle n° 3 du 16 février 1959, ainsi que les pleins pouvoirs qui lui étaient accordés par la loi n° 17-59 du 18 février 1959, ce jusqu'à l'ouverture de la première session ordinaire de mai 1959.

L'édiction de l'ordonnance n° 4 du 30 avril 1959 relative à l'élection des députés à l'Assemblée législative et la dissolution de l'Assemblée législative, élue le 31 mars 1957, par le décret n° 59-88 du 30 avril 1959, à compter du 12 mai 1959 et fixant la date des électeurs pour son renouvellement et convoquant les élections législatives anticipées le 14 juin 1959, participent tout à la fois de la consolidation de la stratégie politique du Premier ministre et d'un apparent signal d'apaisement vis-à-vis de l'opposition qui réclamait la dissolution de l'assemblée depuis le mois de novembre 1958[120].

La stratégie politique du Premier ministre, l'Abbé Fulbert Youlou, s'était avérée payante. Car, à l'issue du scrutin législatif du 14 juin 1959, son parti, l'UDDIA, remportait 51 sièges, contre 10 sièges pour le MSA dont le leader Jacques Opangault était en prison. Il faut dire que ces résultats ne pouvaient guère surprendre, dès l'instant où les élections étaient organisées sous le contrôle du parti au pouvoir. Ce, quand bien même qu'elles se déroulaient sur fond de tensions, de violences, de suspicions et de méfiance envers les adeptes du messianisme d'André Grenard Matsoua, opposé à l'ordre colonial et assassiné le 13 janvier 1942[121].

C). L'amnistie, la répression fiscale et le contentieux administratif.

Maniant la carotte et le bâton, l'Abbé Fulbert Youlou faisait voter dans les jours qui suivaient les élections législatives, dont son parti l'UDDIA était sorti vainqueur, une série de textes, dont deux lois d'amnistie, réprimant la soustraction à l'acquittement de l'impôt et au recensement et une loi sur le contentieux administratif.

---

[120] Cf. A. Gabou, *« chronologie politique congolaise »,* Paris, Nouvelle perspective Editions, 1999.

[121] Cf. E. Ngodi, *« Résistances à la pénétration et la conquête coloniale au Congo (XIXe-XXe siècles),* Saint-Denis, éditions Connaissances et savoir, 2016 ; A. M'paka, *« Congo-Brazzaville, une pseudo-démocratie en perdition: Vers la fin des illusions ? », Paris, L'Harmattan, 2019* ; M. Sinda, *« Le messianisme congolais: et ses incidences politiques: Kimbanguisme, Matsouanisme, autres mouvements »,* Paris, Peyrot, 1972 ; J.P. Bat, *« La fabrique des barbouzes: Histoire des réseaux Foccart en Afrique »,* op. cit.

I). Les lois d'amnistie et de libération.

Il s'agit des lois n° 33-59 et 34-49 du 30 juin 1959 qui visaient deux catégories de personnes, selon qu'elles étaient condamnées ou susceptibles de l'être pour des infractions de droit commun ou pour des raisons politiques.

a). La loi n° 33-59 du 30 juin 1959, l'amnistie des infractions de droit commun.

La loi n° 33-59 du 30 juin 1959 concernait d'une part, la libération anticipée et conditionnelle des personnes condamnées, quelle qu'en soit la période, pour diverses infractions quelle que soit la nature de la peine ou la durée restante à purger et, d'autre part, l'amnistie des personnes condamnées pour des délits ou des contraventions commis antérieurement au 26 juin 1959, lorsque la peine prononcée ou encourue était inférieure ou égale 6 six mois de prison ferme ou avec sursis, assortie ou non d'amende ; ou lorsqu'il s'agissait d'une simple amende[122].

b). La loi n° 34-59 du 30 juin 1959 l'amnistie pour des mobiles politiques.

Plus significative, est la loi n° 34-59 du 30 juin 1959 en tant qu'elle concerne l'amnistie des personnes condamnées pour des mobiles politiques, comme le spécifie la loi portant amnistie à la suite d'événements et d'incidents à caractère politique[123]. On parlerait donc, à leur sujet, de prisonniers ou de détenus politiques.

Dans cette catégorie, il existait deux sous-catégories de personnes. Une distinction fut faite entre les personnes qui pouvaient bénéficier d'une amnistie collective et de plein droit et celles dont la mesure était soumise ou dépendait des mansuétudes, voire du pouvoir discrétionnaire, si ce n'est des desiderata du Premier ministre, l'Abbé Fulbert Youlou. Il s'agit dans ce dernier cas d'une amnistie individuelle ou par mesure individuelle.

La première sous-catégorie concernait les personnes auxquelles il était reproché d'avoir commis des faits au cours ou à l'occasion des événements (ou s'y rattachant directement) limitativement énumérés par l'article 1er de la loi n° 34-59 du 30 juin 1959.

Il s'agissait, en effet, *des incidents de janvier 1956 survenus à la suite des élections législatives du 2 janvier 1956 ; des incidents de Pointe-Noire*

[122] Cf. Loi n°33-59 du 30 juin 1959, portant mesures d'amnistie et de libération anticipée, JORC du 15 juillet 1959, p.457.

[123] Cf. Loi n°34-59 du 30 juin 1959, portant mesures d'amnistie à la suite d'événements et d'incidents à caractère politique, JORC du 15 juillet 1959, p.458.

d'avril 1957, survenus à la suite des élections territoriales du 31 décembre 1957 ; des incidents de Pointe-Noire de novembre 1958, survenus à la suite de la proclamation de la République du Congo le 28 novembre 1958 ; des incidents de Fort-Rousset (Owando) de janvier 1959 et des incidents de Brazzaville, dits des « matsouanismes » de juin 1959[124].

La deuxième sous-catégorie était celle de l'article 2 de la loi précitée n° 34-59 du 30 juin 1959. C'est-à-dire une amnistie individuelle pour laquelle le bénéfice se faisait au cas par cas. Elle était laissée, comme nous l'avons mentionnée plus haut, au pouvoir discrétionnaire du Premier ministre, Chef du gouvernement, Fulbert Youlou.

Le législateur déléguait ici sa compétence en la matière au Premier ministre pour en décider par voie de décret. Il n'est pas non plus précisé qu'il s'agit d'un décret en Conseil des ministres ni après avis de l'Assemblée législative.

Pouvaient y prétendre, les personnes condamnées ou poursuivies pour les faits commis au cours ou à l'occasion des événements de Brazzaville de février 1959 et s'y rapportant directement[125].

II). La répression de la soustraction à l'impôt, au recensement et à l'identification.

La loi n° 35-59 du 30 juin 1959, complétée par la loi n° 36-59 du même jour, tendait à réprimer les manquements au civisme dont certaines personnes faisaient preuve en refusant de payer l'impôt ou de se soumettre au recensement de la population.

L'article 1er de la loi n° 35-59 définit l'infraction comme consistant dans le cadre d'une organisation ou d'une tentative d'organisation incitant publiquement ou non au refus individuel ou au refus collectif de s'acquitter ou de retarder l'acquittement de l'impôt sur les personnes et de ses accessoires. L'autre infraction concernait le fait de se soustraire aux opérations de recensement, d'identification ou de lutte contre les grandes endémies.

Les peines encourues étaient de 2 à 6 mois de prison (le double, s'il s'agissait d'un fonctionnaire ou d'un agent public) concernant l'infraction fiscale ; de 6 mois à 3 ans, assortis d'une interdiction de séjour d'une durée maximale de 5 ans ou d'une assignation à résidence, ainsi qu'une interdiction d'occuper ou d'exercer un emploi public ou une fonction dans l'administration, lorsqu'il s'agissait du refus de recensement ou d'identification. Dans tous les cas, la sanction pouvait également comporter l'interdiction de toute activité ou profession soumise à patente ou à licence (autorisation).

---

[124] *Cf. Article 1er de la loi n°34-59 du 30 juin 1959, précitée.*
[125] *Cf. Article 2 de la loi n°34-59 du 30 juin 1959, précitée.*

Cette loi scélérate visait principalement les matsouanistes qui poursuivaient, après la mort de leur chef spirituel André Grenard Matsoua (le messie), la résistance et la rupture avec l'ordre colonial par une désobéissance civique qui prenait la forme du refus de payer l'impôt et de l'identification par l'autorité coloniale. Dieu sait qu'ils en ont payé un lourd tribut, dont la déportation (surtout dans le nord du pays)[126].

III). Création du tribunal administratif, juge du contentieux administratif.

Il convient de rappeler les termes de l'article 3 de l'ordonnance précitée du 06 octobre 1958 (n° 58-913), fixant certaines conditions d'application de l'article 76 de la constitution et le régime provisoire des pouvoirs publics dans les territoires d'outre-mer. Ainsi donc, dans les Etats membres de la Communauté, les autorités, les juridictions et services administratifs, institués par les lois et règlements applicables lors de l'entrée en vigueur de la constitution du 4 octobre 1958, demeuraient en fonctions conformément aux lois et règlements en vigueur, jusqu'à la mise en place des autorités, juridictions et services de la Communauté ou de ses membres qui les succéderont.

La création du tribunal administratif de Brazzaville par la loi n° 31-59 du 30 juin 1959, relative au contentieux administratif allait dans ce sens. Le tribunal administratif était, en premier ressort, le juge de droit commun du contentieux administratif. Ces jugements, rendus au nom du peuple congolais et revêtus de la formule exécutoire, étaient susceptibles de recours (appel) devant le Conseil d'Etat français.

Il était composé d'un président et d'au moins trois conseillers accesseurs. A défaut de conseillers disponibles, il pouvait faire appel à un magistrat de l'ordre judiciaire. Le ministère public était assuré par un agent portant le titre de commissaire de la loi. Ils étaient nommés par décret en conseil des ministres. Les secrétaires-greffiers étaient quant à eux nommés par simple arrêté du Premier ministre. Les règles de procédures devant le tribunal administratif étaient définies par les articles 4 et suivants de la loi n° 31-59 du 30 juin 1959[127]. Ce tribunal fut supprimé en 1961.

---

[126] de Goede Meike, *« Objectivation, aphasie coloniale et histoire de la déportation des matsouanistes de Brazzaville (1959) »*, *Les Temps modernes*, 2017/2 (n° 693-694), p. 195-220 ; A. Kouvouama, *« Les pratiques de terrain en situation de tensions sociales et de guerre civile au Congo-Brazzaville »*, *SociologieS*, http://journals.openedition.org/sociologies/3724; A. Tchicaya, *« La question nationale et la prise de conscience des jeunes au Congo »*, La Pensée Universelle, 1988 ; E. Ngodi, *« Résistances à la pénétration et la conquête coloniale au Congo (XIXe-XXe siècles) »*, op. ci. p. 270 et suiv.

[127] Cf. loi n°31-59 du 30 juin 1959, relative au contentieux administratif, JORC, du 15 juillet 1959, pp. 456-457.

D). Les symboles et attributs de la République.

Pour asseoir et consolider la vitalité de la République naissante du Congo, il allait de soi que ses symboles ou ses attributs fussent définis.

L'Assemblée législative adoptait :

- la loi constitutionnelle n° 08 du 18 août 1959 fixant le drapeau, dont l'article 1er dispose que,

« Le drapeau de la République du Congo, de format rectangulaire, est composé de deux triangles rectangulaires de couleur verte et rouge, séparés par une bande jaune en diagonale, le vert étant du côté de la hampe.

La hampe sera surmontée d'un fer de lance triangulaire »[128].

Les dimensions réglementaires du drapeau sont 1,20 m de largeur, 1,80 de longueur (dont 1,20 m pour chaque triangle rectangulaire et 0,60 cm pour la bande jaune en diagonal).

- La loi constitutionnelle n° 9 du 03 novembre 1959 a pour objet la devise de la République qui, aux termes des dispositions de l'article 1er, est *« Unité-Travail-Paix »*[129].

- La loi constitutionnelle n° 10 du 21 novembre 1959 dispose en son article 1er que l'hymne national de la République du Congo est, *« La Congolaise »*.

Jean ROYER, Joseph SPADILIERE, Jacques TONDRA et Georges KIBANGHI en étaient les auteurs-compositeurs[130].

E). Les changements affectant l'exécutif et le parlement.

Ces changements concernent essentiellement l'institution de la fonction présidentielle et la dénomination de l'assemblée.

I). La création de la fonction présidentielle.

En effet, l'assemblée législative et *« constituante »* adoptait la loi constitutionnelle n° 11 du 21 novembre 1959 instituant la fonction de Président de la République du Congo[131], qui n'était pas consacrée par la loi constitutionnelle n° 1 du 28 novembre 1958. Rappelons que, jusqu'au 28 novembre 1958, le territoire du Moyen-Congo était administré au plan local

---

[128] Loi constitutionnelle n°8 du 18 août 1959, fixant le drapeau de la République du Congo, J.O.R.C du 15 sept. 1959, p. 568.

[129] Loi constitutionnelle n°9 du 03 novembre 1959, relative à la devise de la République du Congo, JORF, 673.

[130] Loi constitutionnelle n°10 du 21 novembre 1959, relative à l'hymne national de la République du Congo, J.O.R.C du 1er décembre 1959, p.703.

[131] Loi constitutionnelle n°11 du 21 novembre 1959, relative au président de la République du Congo, JORC, 1er décembre 1959, p. 703.

par un Premier ministre, vice-président du Conseil de gouvernement, en l'occurrence Jacques Opangault. La fonction de vice-président du Conseil de gouvernement local, devenu Premier ministre de la République du Congo, se justifiait par rapport au président de la République française, dont le territoire dépendant. L'institution de la fonction présidentielle s'inscrivait dans le processus d'accélération de l'émancipation vers l'indépendance et la conquête d'une souveraineté jusque-là retenue, à travers une communauté quasiment en perte de vitesse en raison des revendications nationalistes et indépendantistes.

Or, la loi constitutionnelle n° 11 du 21 novembre 1959, qui créait la fonction de Président de la République, l'attribuait de facto au Premier ministre en exercice, l'Abbé Fulbert Youlou, avec une application immédiate sans qu'il ne fût besoin de procéder par une investiture démocratique, soit directement par le peuple, soit indirectement par le parlement. Sur ce dernier point, cette investiture n'aurait aucune difficulté, quel qu'en fût le nombre de candidats. Car, le parti UDDIA de l'Abbé Fulbert Youlou y était majoritaire avec plus de 51 sièges à l'issue des élections du 14 juin 1959. Cette mutation de Premier ministre en Président de la République s'accompagnait du transfert de toutes prérogatives et pouvoirs jusque-là dévolus au Premier ministre par la loi constitutionnelle n° 5 du 20 février 1959, précitée[132].

II). Le changement de la dénomination du parlement.

Le parlement congolais changeait désormais de nom. De l'Assemblée législative, elle prenait la dénomination de *« l'Assemblée nationale »*, aux termes des dispositions de l'article 1er de la loi constitutionnelle n° 12 du 7 décembre 1959. Ce changement de dénomination n'affectait ni l'organisation ni le fonctionnement du parlement[133]. Cependant, son règlement intérieur était modifié quelques jours avant par la loi du 16 novembre 1959[134].

---

[132] L'article 1er. De la loi constitutionnelle n°11 du 21 novembre 1959 dispose, *« Le Premier ministre, Chef du Gouvernement de la République du Congo, prend le titre de Président de la République du Congo »*. L'article 2 de la même loi dispose, *« Les pouvoirs du Président de la République, son mode d'élection, la durée de son mandat, sont ceux fixés pour le Premier ministre, par la loi constitutionnelle n° 5 du 20 février 1959 »*. Quant à l'article 3, *« La présente loi constitutionnelle est immédiatement applicable, sans qu'il y ait lieu de procéder à une nouvelle investiture du Premier ministre en exercice »*.

[133] Loi constitutionnelle n°12 du 07 décembre 1959, relative à l'Assemblée législative de la République du Congo, JORC, du 15 décembre 1959, p.740.

[134] Loi n°45-59 du 16 novembre 1959 modifiant le règlement intérieur de l'Assemblée nationale de la République du Congo, JORC, du 1er décembre 1959, p.704.

§ 2 : La tentative d'une indépendance groupée à travers l'URAC.

A l'instar de la fédération du Mali[135] (regroupant les Républiques sénégalaise et soudanaise, l'actuel Mali) en janvier 1959 ou de l'union Sahel-Bénin, encore appelée *« l'entente »* (regroupant la Haute-Volta, l'actuel Burkina Faso ; le Niger ; le Dahomey, l'actuel Bénin ; et la Côte-d'Ivoire), dans un premier temps, les quatre Etats de l'AEF (le Congo, le Gabon, la Centrafrique et le Tchad) exprimaient, lors des conférences de Paris les 22 et 23 février 1960[136] et de Bangui le 22 mars 1960, leur volonté de constituer une fédération à travers laquelle ils allaient accéder en bloc à l'indépendance, sous la bannière de l'Union des Républiques d'Afrique centrale (URAC), qui allait ainsi devenir un Etat indépendant. Lors de la septième session du Conseil exécutif de la Communauté du 21 mars 1960 à Paris, il fut pris acte de ce que cette structure de type confédérale pouvait, le moment venu, assumer les attributs de la souveraineté internationale[137].

Entre-temps, un *« Comité restreint des relations avec les Etats de la Communauté »* fut créé le 23 février 1960, à l'Elysée. Il était composé, outre le Présidence de la République française (de Gaulle), du Premier ministre (M. Debré), du secrétaire d'Etat aux relations avec les Etats de la Communauté (M. J. Foyer) et du secrétaire général de la Communauté (M. R. Janot, qui sera ensuite remplacé à ce poste par Jacques Foccart[138]). Ce Comité devait suivre de près les initiatives de regroupement des Etats en vue de leur indépendance[139]. Suite à la défection du Gabon, seuls trois Etats (le Congo, la Centrafrique et le Tchad) adoptaient, lors de la conférence au sommet de Fort-Lamy (au Tchad) le 17 mai 1960, la charte de l'Union des Républiques d'Afrique centrale (URAC). Le but de cette Union était, d'après l'article 3 de la charte, de garantir l'indépendance de ses peuples, de protéger leurs libertés et d'assurer leur prospérité. Aux termes des dispositions de l'article 6, les Républiques membres de l'Union étaient souveraines et conservaient leurs propres organes institutionnels. Elles étaient égales en droit et devaient exercer tous les droits qui n'étaient pas attribués à l'Union. L'Union devait garantir à ses membres leur territoire et leur souveraineté. Les nationaux des Républiques membres devaient posséder également la nationalité de l'Union. Les compétences de l'Union étaient définies par les

---

[135] Cf. F. Borella, *« les regroupements d'Etats dans l'Afrique indépendante »,* Annuaire Français de droit international, vol.7, 1961, pp.787-807 ; P.F. Gonidec, *« Constitutions des Etats de la Communauté »,* Paris, Sirey, 1959.

[136] Cf. Ph. Decraene, *« Responsables français et africains étudient les réformes que va imposer l'évolution d'une Communauté ouverte à des États indépendants »,* Le Monde, 22 février 1960 ; G. Feuer, *« Les Conférences africaines et l'organisation de la Communauté africaine et malgache d'expression française »,* Annuaire français de droit international, volume 7, 1961. pp. 762-786;

[137] Cf. F. Borelle, op. cit. p.793.

[138] Cf. Le journal Le Monde, *Le nouveau secrétaire général de la Communauté*, le 23 mars 1960.

[139] Cf. Journal Le Monde du 23 février 1960.

articles 9 à 19 de la charte. Elles comportaient entre autres la politique étrangère, la défense extérieure, la monnaie, l'économie, etc. Concernant ses organes, elle comptait un Conseil de l'Union (comprenant les chefs d'Etats et de gouvernements, les présidents des assemblées législatives et d'autres membres désignés par chaque République, le Président de l'Union (assisté d'un vice-président) et la Cour suprême de l'Union. Dans ses rapports avec la France et les Républiques de la Communauté franco-africaine, créée en 1958, la charte prévoyait qu'ils feraient l'objet d'accords entre les parties. Pourtant, cette Union dont le panafricaniste centrafricain, Barthélemy Boganda fut l'initiateur, n'aura été qu'une « *institution mort-née* ». Puisque les Etats membres devaient accéder séparément à l'indépendance à cause des ambigüités du projet qui se voulait une institution d'intégration africaine, tout en étant liée à la communauté franco-africaine. De facto, l'idée d'une indépendance collective, commune ou groupée fut purement et simplement enterrée.

Sous-section 4 : L'indépendance du Congo et les accords de coopération.

Le schéma défini par l'article 86 de la constitution du 04 octobre 1958 concernant l'accession des Etats membres de la Communauté à la souveraineté internationale était devenu obsolète au regard de l'accélération du mouvement des indépendances en Afrique et à Madagascar. Il était impérieux de revoir, eu égard aux exemples de la fédération du Mali (entre le Sénégal et le Soudan) et de la République malgache, la constitution de 1958 dans son article 86 pour la mettre en phase avec l'évolution de l'histoire et de définir un nouveau schéma afin de répondre aux revendications des peuples dans leurs rapports avec la France. L'accession à l'indépendance du Congo s'inscrivait dans cette dynamique.

§ 1 : La révision de la constitution française de 1958 en son article 86.

L'article 86 de la constitution française de 1958 offrait, parmi les différents choix statutaires, la possibilité aux Etats membres de la Communauté d'accéder à l'indépendance dans des conditions strictement définies.

Cela supposait, s'agissant de l'indépendance, un référendum local confirmant la délibération de l'Assemblée législative de l'Etat concerné. L'organisation et le contrôle du référendum devaient être assurés par les institutions de la Communauté. Les modalités d'accession à l'indépendance devaient être déterminées par un accord que le Parlement français et l'Assemblée législative de l'Etat concerné devaient respectivement approuver. Enfin, si toutes ces conditions étaient satisfaites, l'Etat ayant accédé à l'indépendance cessait d'appartenir à la Communauté.[140].

Il en résulte que le statut d'Etat membre de la Communauté, créée par la constitution du 04 octobre 1958, n'était pas figé. Mais, comme il sera vu ci-après, ce processus n'avait pas été suivi dans le cas du Congo, comme dans les autres Etats membres. Car, l'accession à l'indépendance ne procédait pas, outre les accords conclus avec la France, du processus référendaire.

A). Le contexte et les mobiles de la révision constitutionnelle.

Les exemples de la fédération du Mali et de la République malgache nécessitaient la révision de l'article 86 de la constitution de 1958 pour permettre l'approbation des accords de transfert de compétences signés et paraphés, sans que la procédure idoine ne soit suivie.

Comme l'exposait Jean Foyer, alors, Secrétaire d'Etat aux relations avec les Etats de la Communauté, devant le Sénat à l'occasion du débat sur le projet de la loi constitutionnelle relative à la révision de l'article 86 de la constitution que,

« *...l'évolution des Etats de la Communauté se développe à l'échelle du continent africain tout entier et même à celle du monde (...) Ce mouvement, qui entraîne les peuples d'Afrique noire vers l'indépendance, a gagné le Sénégal et le Soudan, groupés dans la Fédération du Mali, ainsi que la République malgache. Ces Etats ont, à la fin de l'année dernière, manifesté la volonté d'accéder à l'indépendance (...)*

Or, le Sénégal et le Soudan d'une part, la République malgache d'autre part, tout en ayant le désir d'accéder à la souveraineté nationale, ont manifesté la volonté de demeurer membres de la Communauté et ils ont demandé pour cela que leur accession à l'indépendance s'accomplisse par la voie du transfert des compétences de la Communauté énumérées à l'article 78... »[141]

Cela n'était pas parfait sur le plan juridique, puisque ces accords étaient intervenus, sous réserve de leur approbation par le parlement. Ils nécessitaient, comme il est dit plus haut, une révision constitutionnelle.

---

[140] L'article 86 de la constitution du 1958, dans sa version originale, dispose,
« *La transformation du statut d'un État membre de la Communauté peut être demandée soit par la République, soit par une résolution de l'assemblée législative de l'État intéressé confirmée par un référendum local dont l'organisation et le contrôle sont assurés par les institutions de la Communauté. Les modalités de cette transformation sont déterminées par un accord approuvé par le Parlement de la République et l'assemblée législative intéressée.*
Dans les mêmes conditions, un État membre de la Communauté peut devenir indépendant. Il cesse de ce fait d'appartenir à la Communauté ».

[141] Cf. Projet loi constitutionnelle, débats, Assemblée nationale, séance du 10 mai 1960, JORF, A.N. n°18 du 10 mai 1960, p.724.

B). Les débats sur le fondement constitutionnel de la révision.

La constitution française du 04 décembre 1958 prévoyait deux procédures de révision constitutionnelle. Une procédure générale de l'article 89[142] et une procédure spéciale du titre XII de la constitution, dédié à la Communauté, définie par l'article 85[143].

Les débats avaient achoppé sur le fait que le choix de la procédure de l'article 89 de la constitution, ardemment défendu par certains parlementaires, présentait l'inconvénient d'écarter les africains. Ces derniers redoutaient le sabordage du processus des indépendances.

Aussi, Jean Foyer soulignait-il à juste titre que,

« ...Les déclarations faites la semaine dernière par des personnalités africaines éminentes ont montré quelle importance les Etats de la Communauté attachent à une participation à cette révision constitutionnelle, participation dont le recours à la procédure de l'article 89 les priverait complètement... »[144].

Pour Jean Foyer, l'idée d'accéder à l'indépendance était irrévocable et devenait irréversible aux yeux des africains. Aussi déclarait-il que, *« ...Le mouvement qui porte les peuples d'Afrique noire à l'indépendance est un mouvement irréversible. Il serait vain de vouloir s'y opposer et il serait regrettable que, par une décision empreinte d'un juridisme, d'un littéralisme excessif, l'Assemblée nationale parût soit vouloir retarder une échéance, soit même condamner une évolution qui s'accomplira de toute façon.*

Il est heureux de constater que des peuples qui souhaitent ardemment accéder à l'indépendance et à l'exercice de la souveraineté nationale aient cependant manifesté la volonté sincère et le désir profond de demeurer associés à l'ancienne métropole, au sein de la Communauté... ».[145]

Pour Michel Debré, Premier ministre (père de la constitution de 1958), *« ...une disposition particulière prévoit que le titre sur les institutions de la*

---

[142] Cf. Article 89 de la constitution 04 octobre 1958, *« L'initiative de la révision de la Constitution appartient concurremment au Président de la République sur proposition du Premier Ministre et aux membres du Parlement.*
Le projet ou la proposition de révision doit être voté par les deux assemblées en termes identiques. La révision est définitive après avoir été approuvée par référendum.
Toutefois, le projet de révision n'est pas présenté au référendum lorsque le Président de la République décide de le soumettre au Parlement convoqué en Congrès; dans ce cas, le projet de révision n'est approuvé que s'il réunit la majorité des trois cinquièmes des suffrages exprimés. Le bureau du Congrès est celui de l'Assemblée Nationale. Aucune procédure de révision ne peut être engagée ou poursuivie lorsqu'il est porté atteinte à l'intégrité du territoire. La forme républicaine du Gouvernement ne peut faire l'objet d'une révision ».

[143] Cf. Article 85 de la constitution 04 octobre 1958, *« Par dérogation à la procédure prévue à l'article 89, les dispositions du présent titre qui concernent le fonctionnement des institutions communes sont révisées par des lois votées dans les mêmes termes par le Parlement de la République et par le Sénat de la Communauté ».*

[144] Débats Assemblée nationale, op. cit. p.726.

[145] Idem.

Communauté peut être révisé sans qu'il soit besoin de recourir à la procédure solennelle de la révision constitutionnelle, c'est-à-dire qu'une loi peut y pourvoir, à condition qu'elle ait l'accord des Assemblées législatives et du Sénat de la Communauté… » [146]

Pour lui, *« …l'application de la procédure de l'article 85 au titre de la Communauté était parfaitement justifiée et était même nécessaire pour deux raisons bien claires.*

D'une part, *en ce qui concerne la révision de l'article 89, il est prévu que c'est le Congrès à une majorité spéciale ou le peuple de la République française qui statue. Il n'était pas concevable, comme l'a dit M. le secrétaire d'Etat, qu'en ce qui concerne un titre qui déborde de la Constitution de la République et qui concerne la Constitution de la Communauté, l'autorité ultime pour statuer soit limitée à un seul des Etats en présence, la République française. Il était donc nécessaire d'avoir une procédure de révision différente pour le titre relatif à la Communauté.*

Il était d'autre part évident qu'au même titre que les assemblées législatives de la République, il fallait faire participer à cette révision l'assemblée des parlements de la Communauté, d'où l'introduction obligatoire pour l'évolution, la transformation et la révision du titre XII, du Sénat de la Communauté… »[147].

Le problème était, de son point de vue, plus politique que juridique. Donc, éminemment politique, ainsi qu'il le déclarait devant l'Assemblée nationale française[148].

C). La loi constitutionnelle du 04 juin 1960.

L'adoption de la loi constitutionnelle du 4 juin 1960 tendant à compléter les dispositions du titre XII de la Constitution, modifiant l'article 86,[149] a ouvert la voie aux anciennes colonies françaises, devenues Etats indépendants, dont la République du Congo, d'accéder à l'indépendance dans le cadre des accords signés avec la France, sans être exclus de la Communauté[150].

---

146 Débats, Assemblée nationale, JORF, du 11 mai 1960, p.726.

147 Idem.

148 *« …Nous sommes en présence d'un problème politique majeur, j'oserai dire de la manifestation, pour ce qui concerne la France, du phénomène politique peut-être le plus important dans le monde et dans l'époque où nous vivons. Ce phénomène politique, c'est à la fois la mutation des anciens empires coloniaux et l'évolution du continent d'Afrique noire, sous la pression combinée des transformations internes d'ordre intellectuel et social et aussi des forces extérieures inspirées à la fois d'idéologies, d'ambitions stratégiques et de luttes d'influence passionnées… », op. cit. p.727.*

149 Loi constitutionnelle n° 60-525 du 4 juin 1960 tendant à compléter les dispositions du titre XII de la Constitution, JORF du 8 juin 1960 page 5103.

150 Le nouvel article 86 est complété par trois alinéas qui disposent,

«Un Etat membre de la Communauté peut également, par voie d'accords, devenir indépendant sans cesser de ce fait d'appartenir à la Communauté.

Ce fut donc, la première révision de la constitution 1958. Son unique article clarifiait dans son paragraphe 1er, les conditions de l'application de l'article 85 en y ajoutant un alinéa aux termes duquel, les dispositions du titre XII pouvaient être révisées par accords conclus entre les Etats de la Communauté. Les nouvelles dispositions étaient mises en vigueur dans les conditions requises par la constitution de chaque Etat. Le paragraphe 2, complétait l'article 86 de la constitution par trois alinéas, disposant respectivement qu'un Etat membre de la Communauté pouvait également, par voie d'accords, devenir indépendant sans cesser de ce fait d'appartenir à la Communauté ; un Etat indépendant non membre de la Communauté pouvait par voie d'accord, adhérer à la Communauté sans cesser d'être indépendant. Enfin, dans tous les cas, la situation de ces Etats au sein de la Communauté devait être déterminée par des accords.

§ 2 : L'accession du Congo à la souveraineté internationale.

De la souveraineté interne, dans laquelle il se trouvait depuis la République naissante proclamée le 28 novembre 1958, le Congo accédait à l'indépendance et à la souveraineté internationale, dans le cadre des accords de transfert de compétences, en vertu des nouvelles dispositions précitées de la constitution française de 1958, avec ce qui devenait l'ancienne métropole ; tout en demeurant membre de la Communauté. On passait ainsi d'une communauté constitutionnelle à une communauté conventionnelle[151]. Ces accords, conclus avec l'ancienne métropole, se rapportent au transfert de compétences et aux dispositions transitoires signés à Paris le 12 juillet 1960, consacraient, par voie de conséquence, l'enterrement, comme nous l'avons souligné plus haut, de l'Union des Républiques d'Afrique centrale (URAC).

A). Les accords de transfert des compétences de la Communauté.

La France reconnaissait l'indépendance et la souveraineté internationale de la République du Congo, comme ce fut le cas des autres Etats d'Afrique francophone et le Madagascar[152], par l'effet de l'entrée en vigueur des

---

Un Etat indépendant non membre de la Communauté peut, par voie d'accords, adhérer à la Communauté sans cesser d'être indépendant.
La situation de ces Etats au sein de la Communauté est déterminée par les accords conclus à cet effet, notamment les accords visés aux alinéas précédents ainsi que, le cas échéant, les accords prévus au deuxième alinéa de l'article 85. »

[151] R. De Lacharrière, *« l'Evolution de la Communauté franco-africaine »,* AFDI, vol. 6, 1960, pp.9 à 40 ; F. Borella, *« L'évolution de la communauté en 1960, de la communauté constitutionnelle à la communauté conventionnelle »,* AFDI, vol. 1960, pp.925-952.

[152] Des accords ont été signés dans des termes quasiment identiques le 12 juillet 1960 avec la Centrafrique et le Tchad et, avec le Gabon le 15 juillet 1960 ; avec le Cameroun le 1er janvier 1960. Ce fut également

accords transfert des compétences de la Communauté signés le 12 juillet 1960. Ces accords, approuvés par la loi du 28 juillet 1960, étaient entrés en vigueur le 14 août 1960.

Dans l'accord particulier du 12 juillet 1960, l'article 1er stipule que la République du Congo accède en plein accord et amitié avec la République française, à la souveraineté internationale et à l'indépendance, par le transfert des compétences de la Communauté. Il s'agissait, en fait, du transfert à la République du Congo de la totalité des matières réservées à la Communauté (son domaine de compétences) par les dispositions de l'article 78 de la constitution de 1958, relativement à la politique étrangère, à la défense, à la monnaie, à la politique économique et financière commune, à la politique des matières premières stratégiques, à la justice, à l'enseignement supérieur, à l'organisation générale des transports extérieurs et communs et des télécommunications.

La France reconnaissait la République du Congo comme un Etat indépendant et souverain à compter de l'entrée en vigueur de cet accord le 14 août 1960 et da la proclamation de l'indépendance le 15 août 1960.

B). Le régime transitoire et la souveraineté limitée.

L'accession à l'indépendance et à la souveraineté internationale bien qu'étant acquises, la jouissance n'en était pas pour autant pleine ni effective. Elle était conditionnée par l'entrée en vigueur, comme ce fut le cas dans les autres Etats de l'AEF et de l'AOF, des accords devant régir les nouveaux rapports avec la France. De facto, il fallait passer par une phase de transition caractéristique d'une souveraineté suspendue ou limitée. Cette période transitionnelle était régie par des dispositions spécifiques. Il s'agissait des accords relatifs aux dispositions transitoires applicables jusqu'à l'entrée en vigueur des accords de coopération entre la République française et la République du Congo ; l'accord relatif aux dispositions transitoires en matière de justice entre la République française et la République du Congo et l'accord de participation de la République du Congo à la Communauté. Ces accords, signés le 12 juillet 1960, ont été approuvés par la loi du 28 juillet 1960[153].

---

le cas des Etats de l'AOF, outre le Mali, avec la Côte d'Ivoire, le Dahomey (Benin), le Niger et la Haute-Volta (Burkina faso) le 11 juillet 1960.

[153] Cf. Loi n°60-43 du 28 juillet 1960, portant ratification des accords de transferts des compétences entre la République française et la République du Congo, JORC, n° spécial (17) du 28 juillet 1960, pp.553 et 554 ; Loi n°60-733 du 28 juillet 1960 portant approbation des accords particuliers signés le 12 juillet 1960 entre le gouvernement de la République française, d'une part, et les gouvernements respectifs de la République centrafricaine, de la République du Congo et de la République du Tchad, d'autre part, JORF, 29 juillet 1960, pp.992 et 6993.

I). Les accords transitoires en matière diplomatique, de défense et autres.

En attendant l'entrée en vigueur des accords de coopération paraphés le Juillet le 12 juillet 1960, la France signait le même jour un accord régissant ses relations avec le Congo (comme avec les autres Etats) lui conférant, voire maintenant l'exercice de certaines prérogatives.

Ainsi donc, en matière diplomatique, la France devait continuer d'assurer la protection diplomatique des ressortissants congolais à l'étranger.

Dans le domaine militaire, les forces armées françaises devraient continuer d'assurer les missions qui leur étaient jusque-là assignées selon les règles et procédures applicables à l'entrée en vigueur dudit accord. Le Comité de défense prévu dans le projet d'accord de défense devait être constitué sans délai pour préparer la mise sur pied des forces armées congolaises.

Par ailleurs, les modalités de coopération au sein de la zone franc, le régime de changes, de l'émission monétaire, de l'organisation générale des transports maritimes et aériens et des télécommunications ainsi que le statut domanial en vigueur devraient continuer de s'appliquer. Ces dispositions transitoires entraient en vigueur en même temps que l'accord particulier de transfert des compétences de la Communauté à la République du Congo.

II). Les dispositions transitoires en matière de justice.

Il s'agit de l'accord du 12 juillet 1960, également approuvé le 28 juillet 1960, relatif aux dispositions transitoires en matière de justice entre la France et le Congo[154]. Il portait sur trois points. D'une part, la continuité des formations spéciales du Conseil d'Etat et de la Cour de cassation concernant les recours en cassation contre les décisions des juridictions congolaises, d'autre part, l'exécution des décisions de justice rendues par les juridictions françaises et congolaises ; ainsi que le régime de traitement et coopération en matière judiciaire.

a). Le maintien des formations spéciales du Conseil d'Etat et de la Cour de cassation.

L'article 1er de l'accord du 12 juillet 1960, relatif aux dispositions transitoires en matière de justice, maintenait la compétence des formations spéciales du Conseil d'Etat et de la Cour de cassation, les deux plus hautes

---

[154] Cf. Accord du 12 juillet 1960 relatif aux dispositions transitoires en matière de justice entre la République française et la République du Congo, JORC, 28 juillet 1960, n° spécial, p.554. Cet accord est également entré en vigueur le 28 juillet 1960, comme l'accord particulier de transfert de compétence de la Communauté à la république du Congo du 12 juillet 1960.

juridictions françaises de l'ordre judiciaire et de l'ordre administratif, jusqu'à l'installation par le Congo des juridictions compétentes, pour connaître des recours dirigés contre les décisions rendues par les juridictions congolaises. Ces deux plus hautes juridictions françaises devaient continuer d'exercer leurs compétences en matière de pourvoi en cassation contre les décisions des juridictions congolaises des premier et second degrés.

Il est stipulé dans l'article 1er alinéa 2 qu'en cas de cassation, l'affaire devait être renvoyée devant une juridiction congolaise. Si la juridiction de renvoi est celle qui avait rendu la décision cassée ou annulée, sa composition devrait être modifiée. L'autorité de la chose jugée par la juridiction française de cassation s'imposait, sur la question de droit, à la juridiction congolaise de renvoi. Cette dernière était tenue de se conformer à la décision de cassation.

Enfin, il est également stipulé dans l'article 3 de l'accord que, même à l'expiration de la période de transition, les formations spéciales du Conseil d'Etat et de la Cour de cassation n'étaient pas non plus dessaisies des affaires portées devant elles avant l'entrée en fonction des juridictions suprêmes congolaises compétentes. Elles devaient poursuivre leurs offices dans les conditions de l'article 1er alinéa 2 de l'accord.

On peut utilement considérer que la poursuite des compétences de ces juridictions françaises aura persisté jusqu'à la création de la Cour suprême, la plus haute juridiction du Congo, par la loi du 20 janvier 1962[155]. Le régime transitionnel se caractérise par la persistance d'une dépendance judiciaire, une limitation de la souveraineté judiciaire du fait du contrôle de l'activité juridictionnelle par l'ancienne métropole. On peut sans exagérer souligner qu'au premier et au second degré de juridiction, la justice est rendue au nom du peuple congolais. Elle l'est au final et en cause de cassation au nom du peuple français par voie de délégation conventionnelle. Car, statuant en droit, et non sur les faits, les juridictions françaises de cassation peuvent ou ne pouvaient avoir une grille de lecture autre que celle de leurs propres jurisprudences. C'était en soi une incongruité !

b). En matière d'exécution des décisions de justice.

L'article 2 de l'accord stipule que les décisions rendues par les juridictions ayant leur siège sur le territoire de la République française ou sur celui de la République du Congo devaient continuer à être exécutées, jusqu'à la fin de la période de transition prévue à l'article 1er, sur le territoire de l'autre Etat selon la procédure appliquée lors de l'entrée en vigueur de l'accord particulier de transfert à la République du Congo des compétences

[155] Cf. Loi n°04-62 du 20 janvier 1962, portant création de la Cour suprême, JORF, du 15 février 1962, pp.149-156.

de la communauté, c'est-à-dire le 28 juillet 1960. En clair, cela revenait à les dispenser de la procédure de l'exequatur.

c). Sur les autres aspects de coopération judiciaire et juridique.

La matière est régie par les dispositions de l'article 4 de l'accord. En effet, il y est stipulé que la transmission et la remise des actes judiciaires, la transmission et l'exécution des commissions rogatoires, la comparution des témoins en matière pénale, les formalités relatives à l'inscription au casier judiciaire, les inscriptions et les formalités relatives à l'état civil, les dispenses de législation devraient être réglées, jusqu'à la signature d'un accord entre les parties, selon la procédure en vigueur avant le transfert des compétences de la Communauté à la République du Congo.

III). L'accord sur la participation du Congo à la Communauté.

Cet accord, également daté du 12 juillet 1960, confirme le maintien de la République du Congo au sein de la Communauté franco-africaine, à laquelle il appartenait dans le cadre de la constitution de 1958. Cependant, en raison de son accession à l'indépendance et à la souveraineté internationale, les conditions de sa participation devraient être définies dans le cadre des accords de coopération.

§3 : Les accords de coopération postindépendance.

Ces accords furent négociés et paraphés à Paris le 12 juillet 1960, entre la France, d'une part, et les Républiques du Congo, de la Centrafrique et du Tchad, puis signés le 11 août 1960 à Fort-Lamy (pour le Tchad), le 13 août 1960 (pour la Centrafrique) et à Brazzaville le 15 août 1960, date de proclamation de l'indépendance, pour la République du Congo[156]. Approuvés par la loi du 22 novembre 1960[157], ils devaient régir les relations avec la France. Ils revêtaient deux aspects. Certains sont quadripartites, d'autres bilatéraux.

[156] Accords signés le 11 août à Fort-Lamy (pour le Tchad) et le 13 Août 1960 à Bangui (pour la Centrafrique).

[157] Loi n°60-1225 du 22 novembre 1960 portant approbation des accords particuliers conclus les 11, 13 et 15 août 1960 entre le gouvernement de la République française, d'une part, et les gouvernements respectifs de la République centrafricaine, de la République du Congo et de la République du Tchad, JORF du 23 novembre 1960, pp.10427-10428. Accords publiés par décret n°60-1230 du 23 novembre 1960 portant publication des accords particuliers conclus les 11, 13 et 15 août 1960 entre le gouvernement de la République française, d'une part, et les gouvernements respectifs de la République centrafricaine, de la République du Congo et de la République du Tchad, JORF du 23 novembre 1960, pp.10459-10490.

A). Les accords coopération quadripartite .

Ce sont des accords, qui se rapportent à la défense commune ; à la coopération monétaire, économique et financière ; à l'enseignement supérieur, signés entre le Congo, la Centrafrique, le Tchad et la France.

I). L'accord quadripartite sur la défense commune.

Le Congo, la Centrafrique et le Tchad avaient convenu d'organiser avec la France un système commun afin de préparer et d'assurer leur défense et celle de la communauté, dans le cadre duquel ils s'engageaient à se prêter aide et assistance et à se concerter en permanence sur les problèmes de défense[158].

Chacun des trois Etats membres de cet accord restait responsable de sa défense intérieure et extérieure, pouvait disposer de ses propres forces armées nationales qui devaient participer, avec les forces armées françaises, sous commandement unique, au système commun de défense. Cependant, s'il était convenu que la France s'engageait à apporter au Congo, au Tchad et à la Centrafrique l'aide nécessaire à la constitution de leurs forces armées, les modalités de mise en œuvre de cet accord sont définies dans trois (3) annexes relativement à l'aide et aux facilités mutuelles en matière de défense commune ; au conseil de défense de l'Afrique équatoriale et aux matières premières et produits stratégiques.

a). Les annexes (1 et 2) sur l'aide et les facilités mutuelles de défense commune et le Conseil de défense.

Dans le cadre de l'annexe (1) à l'accord de défense du 15 août 1960, les autorités militaires de chacune des parties contractantes reçoivent des autres parties tout concours nécessaire à l'exercice de leurs prérogatives, y compris, le cas échéant, dans le cadre des accords particuliers. Elle prévoit la possibilité, pour les forces armées de chacun des Etats contractants, de circuler sur le territoire, l'espace aérien et dans les eaux territoriales des autres parties contractantes, d'y mener des exercices et manœuvres nécessaires aux entraînements et d'utiliser les infrastructures portuaires, maritimes, fluviales, routières, ferroviaires et aériennes, etc.[159]

L'annexe prévoit également la fourniture par chaque Etat contractant des contingents nécessaires à la constitution des forces de défense de la Communauté. Les ressortissants des Etats contractants sont autorisés à servir dans chacune des forces armées des chacune des autres parties.

---

[158] Cf. Décret précité du 23 novembre 1960, Annexe I et II, pp.10460-10461.

[159] Cf. articles 1 à 3 de l'annexe (1) à l'accord de défense du 15 août 1960.

Plus spécifique est le dernier alinéa de l'article 4 qui autorise l'installation des bases militaires françaises au Congo, en Centrafrique et au Tchad, afin de permettre à la France d'assumer ses responsabilités dans la défense commune et à l'échelle du monde. Cette politique des bases militaires débordait la nécessité d'une assistance aux armées des jeunes Etats en construction. Elle visait, dans un contexte de confrontation entre les deux blocs est-ouest, à contenir la menace communiste et la pénétration de l'Union soviétique en Afrique. L'article 5 définit les forces de défense commune comme étant constituées par les forces armées du Congo, de la Centrafrique, du Tchad et de la France[160].

Enfin, l'annexe (2), à l'accord de défense précitée du 15 août 1960, instituait un Conseil de défense de l'Afrique équatoriale, composé des chefs d'Etats ou de gouvernements assistés chacun de son ministre de la défense ou de l'intérieur ; du général, Chef du commandement militaire en Afrique central ; des hauts représentants du président de la République française, président de la Communauté, dans chaque Etat et des personnalités spécialement convoqués pour leurs compétences. Cependant, les attributions du Conseil de défenses de l'Afrique équatoriale ne sont pas définies.

b). L'annexe (3) relative aux matières premières et produits stratégiques.

Le lien des matières premières et produits stratégiques avec l'accord sur la défense est d'emblée troublant. L'incorporation des matières premières et produits, dits stratégiques, apparait à la fois comme, d'une part, la contrepartie de l'aide ou de l'assistance technique, militaire et de la protection que la France garantit à ces Etats (donc, le prix à payer), et d'autre part, une façon de s'en assurer le contrôle pour des raisons économiques. Il s'agit d'une contrepartie et du contrôle des matières premières et produits stratégiques, dès l'instant où l'article 6 de l'accord de défense stipule que la France garantit à ces pays l'aide nécessaire à la constitution de leurs forces armées nationales. Cela d'autant plus que l'article 1er de l'annexe (3) à l'accord de défense du 15 août 1960, indique clairement que, dans l'intérêt de la défense commune, les parties contractantes décident de suivre une politique concertée des matières premières et d'adopter en ce domaine des mesures appropriées[161]. Cette politique passe par l'identification des matières et produits stratégiques et la définition des modalités de mise en œuvre[162].

---

[160] Cf. articles 4 à 5 de l'annexe (1) précitée.

[161] *« Dans l'intérêt de la défense commune, les parties contractantes décident de suivre une politique concertée des matières premières stratégiques et d'adopter en ce domaine les mesures prévues ci-après »*, article 1er annexe (3) à l'accord de défense du 15 août 1960.

[162] Cf. Décret précité du 23 novembre 1960, Annexe III, p. 10461.

1). L'identification des matières premières et produits stratégiques concernés.

L'article 2 de l'annexe (3) à l'accord de défense du 15 août 1960 dresse une liste extensible des matières premières et produits stratégiques. Donc, jugés indispensables à la défense commune.

Il s'agit :

- *Des hydrocarbures liquides (pétrole et produits dérivés) ou gazeux,*
- *De l'uranium, le thorium, le lithium, le béryllium,*
- *L'hélium, les minerais et leurs composés.*

Le caractère non exhaustif de cette énumération réside dans le fait que cette liste peut, d'après le dernier alinéa de l'article 2, être modifiée par un simple échange de lettres entre les parties contractantes. Il est constant que ces modifications peuvent se traduire, même s'il n'est pas spécifié dans le texte, par l'insertion d'autres matières premières ou produits sur cette liste.

Ensuite, le choix du procédé de modification ne manque pas d'interpeller tout esprit, même le moins averti. L'emploi des termes, « *simple échange de lettres* », est quelque peu singulier pour une question d'importance capitale. En effet, tenant la règle du parallélisme des formes et le principe de la souveraineté des Etats, juridiquement, l'évolution d'une telle liste devrait donner lieu à des négociations entre les parties ; lesquelles négociations devraient déboucher sur un avenant signé, ratifié et approuvé par les autorités exécutives et législatives de chaque Etat.

La question peut aussi se poser sur l'intérêt que représentent les matières premières et produits sélectionnés. Leur caractère stratégique s'apprécie-t-il au regard de l'intérêt qu'ils représentent pour les pays producteurs, donc pour leurs économies et leur développement, ou pour l'ancienne métropole ? La réponse penche beaucoup plus en faveur de cette dernière.

2). Les consultations et concertations sur les matières premières stratégiques.

L'article 3 de l'annexe (3) prévoit d'une part des consultations régulières, sous la forme des conférences des chefs d'Etats et de gouvernements signataires et au sein du Conseil de défense. Ces consultations devraient porter sur la politique à suivre dans le domaine des matières premières et produits stratégiques, compte tenu en particulier des besoins généraux de la défense commune, de l'évolution des ressources dans les Etats de la Communauté et de la situation du marché mondial.

3). Le contrôle de la disposition des matières premières et produits stratégiques.

L'alinéa 2 de l'article 3 de l'annexe (3) à l'accord de défense impose au Congo, à la Centrafrique et au Tchad, une restriction quant à la liberté de disposer de leurs matières premières et produits jugés stratégiques. Ils sont tenus préalablement d'informer la France de toutes les mesures générales ou particulières qu'ils envisageraient de prendre, concernant aussi bien la recherche, l'exploitation que la commercialisation (exportation) des matières premières et produits stratégiques en dehors de la France.

La France devrait ensuite communiquer à l'Etat concerné les éléments d'appréciation sur les projets des mesures portées à sa connaissance, concernant la recherche, l'exploitation ou l'exportation des matières premières et produits listés comme étant stratégiques. Il est constant que l'accord institue sur ce point une véritable tutelle. Donc un contrôle très étroit, dans la mesure où l'Etat concerné doit informer la République française des décisions prises suite à ses observations. L'accord ne précise pas, dans l'annexe (3), les conséquences, en termes de sanctions, auxquelles un Etat s'exposerait s'il manquait à l'obligation d'information préalable à la disposition de ses matières premières et produits listés stratégiques ou d'information postérieure à sa décision, s'il s'affranchissait, en passant outre les observations, réserves ou l'opposition de la France. Manifestement, la souveraineté des Etats africains concernés est sur ce point très limitée, si ce n'est qu'elle devient purement et simplement factice!

4). La constitution d'un monopole ou le pacte de préférence.

L'article 4 de l'annexe (3) à l'accord de défense stipule que les Républiques du Congo, de la Centrafrique et du Tchad réservent, à la satisfaction des besoins de leur consommation intérieure, des matières premières et produits stratégiques obtenus sur leurs territoires respectifs.

Cependant, il prévoit par ailleurs que, ces Etats accordent à la République française une préférence pour l'acquisition du surplus et s'approvisionnent par priorité auprès d'elle en ces matières et produits stratégiques. Ils facilitent leur stockage pour les besoins de la défense commune et, lorsque les intérêts de cette défense l'exigent, prennent les mesures nécessaires pour limiter ou interdire leur exportation à destination d'autres pays[163].

---

[163] L'article 4 de l'annexe (3) à l'accord de défense du 15 août 1960 stipule, «*La République centrafricaine, la République du Congo et la République du Tchad réservent à la satisfaction des besoins de leur consommation intérieure les matières premières et produits stratégiques obtenus sur leur territoire. Elles accordent à la République française une préférence pour l'acquisition du surplus et s'approvisionnent par priorité auprès d'elle en ces matières et produits. Elles facilitent leur stockage pour*

Cette clause institue véritablement un pacte de préférence, entendu au sens de l'article 1123 du code civil, comme un contrat par lequel une partie s'engage à proposer prioritairement à son bénéficiaire de traiter avec lui pour le cas où elle déciderait de contracter. Elle n'est pas non plus sans rappeler ce que nous avons vu plus haut, *« le système de l'exclusif »*[164], que d'aucuns qualifient de *« pacte néocolonial »*.

II). L'accord quadripartite de coopération monétaire, économique et financière.

Les trois Etats de l'Afrique équatoriale (le Congo, la Centrafrique et le Tchad), avaient convenu de maintenir leurs relations dans le cadre de l'union monétaire dont ils étaient membres au sein de la zone franc et de l'Union douanière et économique équatoriale, de poursuivre une collaboration étroite entre eux et avec les autres pays de la zone franc, ainsi qu'avec la France dans le cadre de la Communauté, tout en bénéficiant des possibilités des échanges qui s'offriraient à eux dans d'autres parties du monde[165].

a). En ce qui concerne la monnaie.

L'accord de coopération monétaire, économique et financière du 15 août 1960, stipule dans son article 1er que la République française reconnaît que l'accession à la souveraineté internationale des Etats d'Afrique équatoriale, signataires (le Congo, la Centrafrique et le Tchad) leur confère le droit de créer leur propre monnaie et leur propre institut d'émission de cette monnaie[166]. La monnaie étant un des attributs essentiels d'un Etat, elle est consubstantielle à sa souveraineté[167].

Dans le cadre de cet accord, il est stipulé à l'article 2 que les Etats d'Afrique équatoriale confirment leur adhésion à l'union monétaire dont ils sont membres (y compris le Gabon et le Cameroun), à l'intérieur de la zone franc. Ils reconnaissent que le franc CFA, émis par la banque centrale des Etats de L'Afrique équatoriale et du Cameroun, demeure leur monnaie légale. Cette monnaie a cours et valeur libératoire sur toute l'étendue de

---

les besoins de la défense commune et, lorsque les intérêts de cette défense l'exigent, elles prennent les mesures nécessaires pour limiter ou interdire leur exportation à destination d'autres pays ».

164 A. Clément, "*Du bon et du mauvais usage des colonies" : politique coloniale et pensée économique française au XVIIIe siècle, Cahiers d'économie politique,* 2009/1 (n° 56), pp. 101 à 127.

165 Cf. Décret précité du 23 novembre 1960, pp. 10461-10463.

166 L'article 1er de l'accord de coopération monétaire, économique et financière du 15 août 1960 stipule, « *La République française reconnait que l'accession à la souveraineté internationale des Etats d'Afrique équatoriale leur confère le droit de créer une monnaie et un institut d'émission qui leur soient propres* ».

167 J.Ch. Guyomart, *« De l'État-souverain à la souveraineté subsidiaire des monnaies locales complémentaires », Revue Française de Socio-Économie 2013/2 (n° 12), pp. 51 à 68.*

leurs territoires respectifs[168]. Les opérations de la banque centrale dans chacun des Etats d'Afrique équatoriale devraient faire l'objet d'écritures distinctes dans ses livres. Un comité monétaire, créé au sein du Conseil d'administration de la banque centrale (institution d'émission de la monnaie), regroupant les représentants de la France et des Etats membres, se réunit de plein droit à la demande d'un Etat. Des agences sont implantées dans chaque Etat membre et les directeurs sont agréés par l'Etat concerné. L'article 5 prévoit la possibilité pour chaque Etat, y compris la France, de mettre fin au régime financier défini aux articles 2 à 5, s'il paraît contraire aux intérêts légitimes de cet Etat, dans le cadre des négociations entre les autres parties. Cela peut conduire à la création d'une nouvelle monnaie et d'un nouvel institut d'émission, éventuellement avec l'assistance technique de la France.

Concernant la convertibilité, l'article 6 de l'accord stipule, d'une part, que la modification de la parité entre le franc des Etats d'Afrique équatoriale et le franc français peut intervenir dans le cadre des accords entre les parties intéressées, et, d'autre part, que le gouvernement de la République française devrait consulter les gouvernements des Etats d'Afrique équatoriale, dans le cadre des études pouvant être effectuées, préalablement à toute modification éventuelle du rapport entre le franc français et les monnaies étrangères et négocier avec eux les mesures propres à sauvegarder les intérêts légitimes de leurs Etats.

La modification des statuts de l'institut d'émission du franc CFA, de la Banque centrale des Etats de l'Afrique équatoriale et du Cameroun, ne pouvait avoir lieu qu'en accord entre les gouvernements des Etats concernés et les autorités compétentes. Enfin, l'accord confirme le maintien des conventions conclues entre le trésor public français et les trésors publics des Etats d'Afrique équatoriale.

b). En ce qui concerne les échanges.

Dans le cadre de la coopération au plan économique, l'accord comporte des clauses relativement à la liberté du commerce, notamment des échanges internationaux, le régime préférentiel réciproque entre les Etats signataires et la libre circulation des marchandises dans le cadre d'une zone de libre-échange.

---

[168] Rappelons que le franc CFA fut créé par le Décret n°45-0136 du 25 décembre 1945, fixant la valeur de certaines monnaies des territoires d'outre-mer libellées en francs, JO 26-12-1945 p. 8582. Cela, consécutivement à l'adhésion de la France aux institutions du bretton Wood (banque mondiale et le fonds monétaire international). Cette monnaie est née de la fusion des différentes monnaies (francs) qui avaient cours dans les colonies. Furent ainsi créés des groupes de francs pour l'Afrique et pour le Pacifique. L'acronyme CFA désignait le groupe des francs des colonies d'Afrique francophone et à Madagascar, sous le non de Francs des Colonies d'Afrique (CFA), par rapport au groupe des francs des colonies du pacifique (Franc des Colonies du Pacifique, FCP). Pour ce qui est de l'Afrique, il convient de préciser que de 1958-1960, il sera dénommé Franc de la Communauté française d'Afrique. Ils seront désormais dénommés selon les deux zones, Franc de la Communauté monétaire en Afrique (FCFA) et franc de la coopération financière en Afrique centrale (FCFA).

1). Sur la liberté d'entretenir des échanges internationaux.

L'article 9 de l'accord de coopération en matière monétaire, économique et financière stipule que le Congo et les autres Etats d'Afrique équatoriale (la Centrafrique et le Tchad) pouvaient librement négocier et signer, avec tous pays et organisations internationales, des accords ou des traités de commerce, des conventions douanières et des accords financiers. Cependant, compte tenu des relations particulières qu'ils entretiennent entre eux et, plus particulièrement, dans le cadre de l'union douanière équatoriale, ils doivent se consulter avant toute négociation avec des Etats ou organismes tiers. D'ailleurs, ainsi que le stipule l'article 10, en vue d'assurer la coordination de leurs politiques économiques à l'égard des tiers, les parties contractantes conviennent de se consulter dans le cadre de la commission mixte ou de tout organisme regroupant plusieurs ou la totalité des Etats de la zone franc, chaque fois que l'une des parties préparera la négociation d'accords, conventions, traités économiques ou financiers dont le contenu intéressera ses partenaires.

Cependant, il résulte de l'article 11 de cet accord de coopération en matière monétaire, économique et financière que les Républiques du Congo, de la Centrafrique et du Tchad pourront librement déterminer leur politique contingentaire et tarifaire sous réserve des engagements qu'ils souscrivent au sein ou en dehors de la zone franc et des limitations éventuelles arrêtées d'un commun accord en application des articles 13, 14 et 15 dudit accord.

2). Le régime préférentiel réciproque des Etats signataires.

L'article 12 de l'accord institue un régime préférentiel de réciprocité dans le cadre de la coopération économique entre les Etats signataires. Il est prévu que les modalités d'application de ce régime préférentiel pouvaient être, en tant que de besoin, précisées par des accords spéciaux. L'intérêt de ce régime préférentiel est d'assurer à chacune des parties des débouchés privilégiés. Ainsi donc, il doit comporter un ensemble équilibré d'avantages mutuels, notamment dans le domaine commercial et tarifaire, ainsi que dans celui des organisations de marchés.

3). Une zone de libre-échange et de libre circulation des marchandises.

Il s'évince de l'article 13 de l'accord de coopération en matière monétaire, économique et financière que, sous réserve des nécessités de l'hygiène, de la sécurité et de l'ordre public et du respect des monopoles fiscaux, les marchandises originaires et en provenance des territoires de la République française ou des Etats d'Afrique équatoriale circulent librement entre ces territoires. Ces mêmes marchandises bénéficient à l'entrée ou à la sortie de ces territoires de la franchise des droits de douane. Des exceptions à ces deux principes, motivées par la mise en œuvre des organisations de marchés ou par les exigences du développement, peuvent être apportées d'un commun accord en commission mixte.

Par ailleurs, en vertu de l'article 14, les Etats d'Afrique équatoriale signataires de l'accord bénéficient des organisations de marchés et des aides financières intéressant les produits de base au sein de la zone franc. Ils s'engagent, en contrepartie, à respecter les règles et directives générales formulées dans ce domaine pour l'ensemble de la zone franc, sous réserve des aménagements jugés nécessaires et acceptés d'un commun accord au sein de la commission mixte.

Enfin, aux termes de l'article 15, et en vue d'assurer l'application du régime préférentiel de réciprocité visé à l'article 12 ainsi qu'une utilisation judicieuse des ressources de la zone franc, les programmes d'importation, établis par ces Etats d'Afrique équatoriale en fonction des besoins de leur développement, sont arrêtés annuellement en commission mixte. Ces programmes fixent un plafond global en devises qui peut être assorti de plafonds partiels applicables soit à certaines catégories de biens, soit à certaines origines. Dès lors, les importations réalisées au titre des accords commerciaux passés par les Etats d'Afrique équatoriale sont reprises dans ces plafonds.

4). Le contrôle des exportations, des investissements et le régime des changes.

Les articles 16 et suivants de l'accord de coopération monétaire, économique et financière instituent un contrôle des opérations d'exportation et d'importation en ce sens qu'il dispose que, toutes les recettes et les dépenses des Etats d'Afrique équatoriale, dont le Congo, sur les pays extérieurs à la zone franc sont exécutées par cession ou achat des devises étrangères sur le marché des changes de Paris. Les opérations en devises des Etats d'Afrique équatoriale sont individualisées et reprises dans un *« compte devises »* qui permet à tout moment d'en suivre les réalisations. De facto, il est interdit aux Etats africains de la zone franc d'effectuer ou de passer ces opérations sur un autre marché des changes. Etant précisé qu'un marché des changes ou un marché de devises *(FOREX, foreign exchange market,* en anglais) est un marché où sont échangées, voire converties les monnaies étrangères (devises) à un taux qui évolue. Les investissements étrangers dans les Etats d'Afrique équatoriale y sont également assujettis.

III). L'accord quadripartite relatif à l'enseignement supérieur.

Concernant la coopération en matière de l'enseignement supérieur, l'accord du 15 août 1960, a considéré le maintien d'un enseignement de caractère français sur les territoires des trois Etats africains signataires, dont le Congo, comme un instrument de leur développement national[169]. Dès lors, ils sont convenus de la nécessité de couronner les différents cycles d'études par un enseignement supérieur de valeur internationale. Il convient de souligner que, même à cette époque, l'exclusivité d'un enseignement dit de caractère français comme facteur de développement national était déjà anachronique par rapport à l'universalisme de l'enseignement, notamment supérieur. Un développement économique, social, culturel, technique ou autre, ne peut pas forcément se concevoir dans le cadre d'un enfermement dans le système français.

a). Le maintien du centre d'enseignement supérieur de Brazzaville.

Il est stipulé dans l'accord quadripartite sur l'enseignement supérieur que les gouvernements des Républiques du Congo, de la Centrafrique et du Tchad, prenaient en compte l'effort accompli par la France pour installer à Brazzaville un Centre d'études administratives et techniques supérieures destiné à assurer la formation de leurs cadres. Pour ce faire, ils demandaient au gouvernement français de maintenir ce Centre, de le développer et de l'ériger en un Centre d'enseignement supérieur.

Quant à son statut, il a le caractère d'un établissement public, nous dirons d'un établissement public d'enseignement supérieur, de droit français. Il appartenait à la France. Cependant, les gouvernements du Congo, de la Centrafrique et du Tchad étaient représentés au Conseil d'administration. Il était géré par la République française dans des conditions propres à assurer, dans le cadre de son programme d'études, des enseignements de qualité égale aux enseignements correspondants dispensés dans les universités françaises. Il était aussi stipulé que le plan de développement du Centre d'enseignement supérieur de Brazzaville devait être arrêté d'un commun accord par les parties contractantes dans la limite des crédits et des moyens

[169] Cf. Décret précité du 23 novembre 1960, p. 10463.

pouvant être affectés à cette fin. Dans le cadre de ce plan, le Centre d'enseignement supérieur de Brazzaville devait développer les recherches et les enseignements répondant à sa vocation particulière au service de la Communauté et des Etats d'Afrique équatoriale.

Les gouvernements des Républiques du Congo, de la Centrafrique et du Tchad devraient en faciliter, selon tous les moyens en leur pouvoir, son fonctionnement. On peut considérer ici qu'il s'agit essentiellement des moyens financiers. C'est-à-dire qu'ils devraient prendre en charge, sur leurs budgets respectifs, les dépenses relatives aux fonctionnements de cet établissement. Les accords bilatéraux, signés avec chacun de ces Etats, confirment ces engagements, comme nous le verrons plus loin en ce qui concerne la République du Congo.

b). L'interdiction de créer d'autres établissements d'enseignement supérieur.

Le Centre d'enseignement supérieur de Brazzaville, établissement public français, avait l'exclusivité de l'enseignement supérieur en Afrique équatoriale française. Car, l'article 4 alinéa 2 de l'accord stipule expressément l'interdiction faite aux gouvernements des Républiques du Congo, de la Centrafrique et du Tchad d'autoriser l'ouverture d'autres établissements d'enseignement supérieur sur leurs territoires respectifs, sans consultation préalable du gouvernement français. Ce qui revient à dire que les Gouvernements des Républiques du Congo, du Tchad et de la Centrafrique ne pouvaient pas, sans l'accord de la France, créer une université ou un établissement d'enseignement supérieur sur leurs territoires malgré leur indépendance[170]. La souveraineté dont ils pouvaient se prévaloir n'était sur ce point que factice.

B). Les accords de coopération bilatérale.

Parallèlement aux accords multipartites, la France signait des accords bilatéraux avec chacune des Républiques d'Afrique équatoriale (le Congo, la Centrafrique et le Tchad), qu'elle reconnaissait comme des Etats indépendants et souverains. Concernant la République du Congo, ces accords du 15 août 1960 étaient relatifs à la participation du Congo à la Communauté franco-africaine, à la coopération en matière de politique étrangère, à l'assistance militaire technique, à l'aide bilatérale, aux questions

---

[170] Article 4 accord relatifs à l'enseignement supérieur du 15 août, « *Les Gouvernements des Etats d'Afrique équatoriale faciliteront par tous les moyens en leur pouvoir le fonctionnement du centre d'enseignement supérieur.*
Ils n'autoriseront pas d'autre part sur leurs territoires l'ouverture d'autres établissements d'enseignement supérieur sans consultation du Gouvernement de la République française ».

domaniales, à la coopération cultuelle, à la convention d'établissement et au Centre d'enseignement supérieur de Brazzaville[171].

I). Sur la participation du Congo à la Communauté.

L'accession à l'indépendance et à la souveraineté internationale ne s'était pas accompagnée de la sortie de la Communauté créée par la constitution du 04 octobre 1958. L'accord du 15 août 1960 sur les conditions de participation à la Communauté stipule dans son article 1er que la République du Congo est membre de la Communauté[172]. Dans le cadre de cet accord, la République du Congo reconnaissait expressément dans l'article 2 l'autorité du Président de la République française qui était de droit, Président de la Communauté. Il présidait, aux termes de l'article 3, la conférence périodique des Chefs d'Etats et de gouvernements. Il y avait sur ce point, une incongruité qu'une Communauté censée désormais regrouper des Etats souverains et indépendants, donc réputés égaux en droit international, puisse demeurer sous l'autorité d'un seul chef d'Etat, celui de l'ancienne puissance coloniale. L'accession des Etats d'Afrique francophones à l'indépendance et à la souveraineté internationale aurait dû s'accompagner d'une refonte des institutions et du fonctionnement de la Communauté par la mise en place d'une présidence tournante ou rotative. Cela outre le fait que les Etats participaient ou étaient représentés aux Comités des ministres ou d'experts. Enfin, la participation au Sénat interparlementaire consultatif composé de délégués des assemblées législatives des Etats de la Communauté n'était pas obligatoire. La République du Congo, comme les autres Etats africains membres de la Communauté, pouvait y envoyer une délégation.

II). La coopération en matière de politique étrangère.

Outre la coopération avec la France dans le cadre de la Communauté, l'accord de coopération en matière de politique étrangère stipule dans son préambule que la République du Congo et la République française sont désireuses d'affirmer la permanence des liens d'amitié qui unissent les deux peuples et reconnaissent que leurs politiques étrangères s'inspirent, dans l'esprit de la Charte des Nations Unies, d'un même idéal et des mêmes principes[173]. Par ailleurs, La France s'engageait à appuyer en temps utile la candidature de la République du Congo à l'Organisation des Nations Unies lors de la session de 1960, ainsi qu'aux institutions spécialisées qui en dépendent[174]. Cet accord portait sur les points suivants :

---

[171] Cf. Cf. Décret précité du 23 novembre 1960, pp.10469-10477.
[172] Cf. Décret précité du 23 novembre 1960, pp. 10469.
[173] Cf. Décret précité du 23 novembre 1960, pp. 10469.
[174] Cf. article 6 de l'accord de coopération en matière de politique étrangère du 15 août 1960.

a). L'accréditation des ambassadeurs et des envoyés spéciaux.

Aux termes des dispositions de l'article 1er de l'accord de coopération en matière de politique étrangère, le Président de la République d'un Etat accrédite auprès de son homologue de l'autre Etat un haut représentant qui a rang et prérogatives d'ambassadeur et qualité de représentant spécial. Etant précisé que s'agissant de la République française, l'accord insiste sur la qualité de président de la Communauté et que son haut représentant fut d'office désigné comme *« le doyen du corps diplomatique au Congo »*. De son côté, le haut représentant du Président de la République du Congo se voyait réserver une place privilégiée parmi les envoyés diplomatiques accrédités à Paris.

b). Concernant les postes consulaires.

Les deux Etats convenaient d'établir des postes consulaires de l'un et de l'autre sur leurs territoires respectifs et devaient définir l'étendue de leurs circonscriptions d'un commun accord. D'ores et déjà, une annexe à l'accord de coopération en matière de politique étrangère désignait les sièges des postes consulaires à compter du 15 août 1960. Il s'agissait de Brazzaville et de Pointe-Noire, pour les postes consulaires de la France au Congo ; de Bordeaux, Lille, Marseille, Paris et Strasbourg, pour les postes consulaires de la République du Congo en France. L'article 2 prévoit la possibilité d'ouvrier d'autres postes consulaires d'un commun accord.

c). La délégation de la représentation diplomatique et consulaire.

Les deux Etats convenaient de ce que le Congo pouvait déléguer à la France, dans les Etats et auprès des organisations internationales où il n'a pas de représentation propre, la mission d'assurer sa représentation ainsi que la protection de ses ressortissants et de ses intérêts.

A cet effet, l'article 3 précise que le gouvernement de la République du Congo pouvait donner, par l'intermédiaire du gouvernement de la République française, toutes directives aux agents diplomatiques et consulaires et aux délégués français. Dès lors, les fonctionnaires congolais pouvaient être accueillis dans les postes diplomatiques et consulaires français et de la Communauté, pour suivre les affaires intéressant la République du Congo. L'accord du 15 août 1960, ne précise pas la contrepartie de cette délégation de coopération en matière de politique étrangère.

d). Des informations et consultations mutuelles en matière de politique étrangère.

Les parties conviennent, aux termes l'article 4 de l'accord, de ce que les gouvernements des deux Etats s'informent et se consultent mutuellement au sujet des problèmes de politique étrangère. Cela afin de confronter leurs points de vue et de rechercher, avant toute décision importante, à harmoniser leurs positions et leurs actions. Dans cette optique, les concertations peuvent régulièrement avoir lieu, soit au niveau ou dans le cadre de la conférence des chefs d'États et de gouvernements, soit au niveau des ministres des affaires étrangères. Il est également prévu, dans le même état d'esprit, que les délégués des parties contractantes pussent se concerter avant toutes négociations ou conférences techniques internationales intéressant les deux Etats.

e). La formation des cadres diplomatiques et consulaires.

Enfin, dans le cadre de cet accord, l'article 5 stipulait que le gouvernement de la République française pouvait prêter au gouvernement de la République du Congo son concours pour l'organisation de la formation technique des cadres diplomatiques et consulaires de la République du Congo.

III). L'accord bilatéral d'assistance militaire et technique.

Cet accord est complémentaire à l'accord quadripartite de défense commune du 15 août 1960. Il concerne plusieurs aspects, se rapportant à la constitution des forces armées et de gendarmerie[175].

a). Sur le transfert du personnel et la formation des cadres.

Ainsi qu'elle s'y était engagée à travers l'article 6 de l'accord quadripartite de défense commune (entre la République française, la République centrafricaine, la République du Congo et la République du Tchad), la France entendait dans le cadre de cet accord bilatéral apporter son concours à la République du Congo pour la constitution de sa gendarmerie et de son armée nationale.

Concernant le personnel, le gouvernement de la République du Congo acceptait que ses ressortissants servant, à la date de l'accession à l'indépendance, dans les forces armées françaises et qui ne seraient pas transférés pour servir dans les forces armées congolaises, continuent leur service au sein des forces armées françaises.

---

[175] Cf. Décret précité du 23 novembre 1960, pp. 10470.

Cependant, les personnels transférés aux forces armées congolaises devraient conserver dans ces forces le bénéfice des droits acquis par leurs services dans les forces armées françaises, notamment en matière de pension. L'accord prévoyait dans le même article 2 que les ressortissants de la République du Congo pourront servir dans les forces armées françaises selon les règles en vigueur dans ces forces.

Enfin, l'accord imposait dans son article 11 au Congo de *ne faire appel qu'à la française* pour la formation de ses cadres. Ainsi donc, les ressortissants congolais étaient admis sur concours dans les écoles militaires françaises, soit dans les mêmes conditions que les ressortissants français, soit dans la limite d'un contingent particulier. Par ailleurs, pour accélérer la formation des cadres, des ressortissants congolais, désignés par l'Etat congolais en accord avec le gouvernement français, pouvaient être admis comme stagiaires dans les grandes écoles et établissements militaires français. Les frais d'instruction des élèves et stagiaires dans les grandes écoles et établissements militaires français étaient pris en charge par l'Etat français.

b). Concernant le matériel et les installations.

Il convient de souligner, d'une part, qu'aux termes des dispositions de l'article 3 de l'accord bilatéral d'assistance militaire technique, la France s'engageait à fournir gratuitement au Congo la première dotation en matériels et équipements nécessaires à la constitution de ses forces armées, dans les limites fixées d'un commun accord. D'autre part, en vertu de l'article 4, la France s'engageait à transférer au Congo les installations nécessaires à ses forces armées selon les modalités arrêtées en comité de défense.

Par ailleurs, et en contrepartie des engagements français, la République du Congo s'obligeait à faire appel exclusivement à la France pour l'entretien et les fournitures ultérieures des matériels et équipements destinés à ses forces armées. Il est cependant précisé que, lorsqu'une fourniture n'est pas effectuée à titre gratuit, les modalités financières sont fixées d'un commun accord. Enfin, les forces armées de la République du Congo pouvaient faire appel, pour leur soutien logistique, au concours des forces armées françaises[176].

c). Concernant la mission d'aide militaire.

L'accord bilatéral d'assistance technique militaire prévoit dans ses articles 7 et suivants, une mission de l'aide militaire française au profit de la

[176] Cf. sur toutes ces questions, les articles 3 à 6 de l'accord sur l'assistance technique militaire du 15 août 1960.

République du Congo. Cette mission a pour vocation de faciliter la mise sur pied, l'encadrement, l'instruction et l'administration des forces armées congolaises ; dont la liste des postes à pourvoir devait être fixée d'un commun accord. Les personnels de cette mission étaient mis à la disposition de la République du Congo pour occuper des emplois de leur qualification. Ces personnels sont soldés de tous leurs droits par la France et sont logés, ainsi que leur famille, par la République du Congo. La durée de la mise à disposition est déterminée conformément à la réglementation française sur les séjours extérieurs. Elle pouvait être renouvelée ou interrompue d'un commun accord.

Les personnels militaires mis à la disposition de la République du Congo dans le cadre de la mission d'aide militaire demeuraient sous juridiction militaire française dans les conditions prévues par l'annexe à l'accord. Ils sont soumis aux règles de la discipline générale en vigueur dans les forces armées congolaises. Ils servent dans les forces armées du Congo selon les règles traditionnelles d'emploi de leur arme ou service. Il leur est reconnu le grade de la hiérarchie des forces armées du Congo correspondant à celui dont ils sont titulaires dans les forces armées françaises ou le grade immédiatement supérieur. Toutes les décisions les concernant prises par le commandement de l'armée nationale du Congo doivent être communiquées au chef de la mission d'aide militaire. Notamment, en ce qui concerne les sanctions disciplinaires éventuellement portées à la connaissance du chef de la mission. Ces sanctions peuvent entraîner la réaffectation immédiate dans les forces armées françaises. Inversement, toutes décisions de l'autorité militaire française les concernant doivent être portées à la connaissance du commandement militaire de l'armée nationale congolaise. Enfin, cet accord est assorti d'une annexe sur le statut des membres des forces armées françaises affectées sur le territoire de la République du Congo.

IV). L'accord bilatéral sur l'aide au développement.

Comme sur d'autres aspects, la République du Congo, accédant à l'indépendance et à la souveraineté internationale, manifestait la volonté de coopérer avec la République française au sein de la Communauté avec laquelle elle participait dans les conditions prévues par les différents accords souscrits.

Ainsi donc, la France, qui se disait soucieuse de soutenir les efforts de la République du Congo pour son développement, s'engageait à lui apporter, dans toute la mesure du possible, l'aide qui lui paraissait nécessaire pour atteindre les objectifs de progrès économique et social qu'elle s'était fixés[177].

Cette aide multiforme au développement devrait, aux termes des dispositions de l'article 2 de l'accord bilatéral, se traduire par la réalisation

[177] Cf. Décret précité du 23 novembre 1960, pp. 10471.

des études, la fourniture des équipements, l'envoi des experts et des techniciens, la formation des cadres et l'octroi des concours financiers. L'article 3 de l'accord précise que les modalités et les montants des aides à consentir devraient donner lieu à des conventions spéciales.

V). L'accord en matière domaniale : sur propriété et le transfert des biens.

Sont ici concernés, le patrimoine immobilier et les contrats de concession en cours[178].

a). Concernant le patrimoine immobilier.

Cet accord prévoyait la création d'une commission mixte paritaire, qui devait élaborer, dans un délai de six mois à compter de son entrée en vigueur, une convention en matière domaniale. Cette commission mixte paritaire devait, entre autres, établir la liste des immeubles acquis ou constitués sur les crédits du budget de l'État français, dont la propriété sera reconnue à la République française ; déterminer, éventuellement, les compensations qui apparaîtraient nécessaires à la satisfaction des besoins des parties en présence ; prévoir l'affectation en jouissance à la République française de ceux des biens revenant à la République du Congo, qui resteraient nécessaires aux besoins des services de la République française sur le territoire de cet État ; d'établir la liste des organismes de droit public français jouissant de l'autonomie administrative ou financière dont les biens relèvent de la propriété privée.

b). Concernant les contrats de concession en cours.

L'article 5 de l'accord du 15 août 1960 en matière domaniale stipule que la République du Congo déclare confirmer les concessions accordées antérieurement à la date à laquelle ledit accord prenait effet. Il était donc question de la poursuite des concessions en cours. Cependant, la République du Congo se réservait le droit de prononcer, dans les conditions déterminées par sa législation interne, le retrait total ou partiel des concessions qui n'étaient pas exploitées. Les litiges relatifs aux conditions du retrait des concessions devraient être portés devant le comité restreint franco-congolais de la commission mixte prévue à l'article 25 de l'accord de coopération en matière monétaire économique et financière.

Dès l'entrée en vigueur de l'accord en matière domaniale, le droit de concession en ce qui concerne les terrains immatriculés devrait être exercé

[178] Cf. Décret précité du 23 novembre 1960, pp. 10472.

par les autorités de la République du Congo. Enfin, l'accord bilatéral en matière domaniale ne s'appliquait pas aux terrains et bâtiments affectés à la défense. Ces derniers devraient faire l'objet de conventions particulières.

VI). L'accord bilatéral de coopération culturelle.

L'accord du 15 août 1960 sur la coopération bilatérale dans le domaine culturel considère, dans son préambule que *« la langue française, langue officielle de la République du Congo et l'enseignement de caractère français sont devenus pour le peuple congolais l'instrument de son développement culturel, politique, économique et social »*. Il évoque les liens particuliers qui unissent le Congo et la France *« dans la Communauté et dans la famille morale et spirituelle des peuples d'expression française »*. Cet accord porte sur la coopération en matière d'enseignement et d'échanges culturels[179].

a). La coopération dans le domaine de l'enseignement.

Le titre 1er de l'accord (articles 1er à 5) est dédié à la coopération en matière de l'enseignement. Cette coopération comporte plusieurs volets.

1). La formation des congolais et la mise à disposition du personnel enseignant.

D'une part, il est convenu que, le gouvernement de la République française devrait faciliter, aussi bien sur le territoire de la République du Congo que sur son propre territoire, l'éducation des ressortissants congolais désireux de suivre un enseignement de type français et d'acquérir les diplômes qui le sanctionnent. Pour ce faire, la France devait prendre toutes mesures utiles pour mettre à la disposition du gouvernement de la République du Congo les personnels qualifiés qui lui seraient nécessaires en matière d'enseignement, de recherche, de culture, de jeunesse et des sports. L'accord prévoyait des conventions particulières pour déterminer les devoirs, les droits et les garanties de ces personnels, ainsi que les modalités de leur mise à la disposition du gouvernement de la République du Congo.

D'autre part, dans le même esprit et en contrepartie, le gouvernement de la République du Congo devrait s'adresser « *par priorité au gouvernement de la République française pour le recrutement de ces personnels »*. Il devrait leur accorder toutes facilités dans l'accomplissement de leur mission à ces personnels ainsi qu'aux personnels des corps d'inspection et des jurys des examens et concours ; maintenir dans les établissements d'enseignement des différents degrés, à l'intention des élèves désireux de suivre les programmes français, un enseignement conforme à ces programmes ;

[179] Cf. Décret précité du 23 novembre 1960, pp. 10472.

accorder éventuellement toutes facilités au gouvernement de la République française pour ouvrir et entretenir sur le territoire de la République du Congo, dans le respect des lois et des règlements relatifs à l'ordre public et aux bonnes mœurs, des établissements d'enseignement relevant de son autorité[180].

2). Sur l'évaluation du personnel enseignant.

L'article 3 de l'accord stipule que le contrôle pédagogique du personnel enseignant français en service sur le territoire de la République du Congo devrait être assuré par des inspecteurs généraux de l'instruction publique placés en position de mission et par l'inspecteur d'académie. A cet effet, des missions d'inspection générale devraient être organisées d'un commun accord entre les gouvernements congolais et français. Ces missions devraient porter de plein droit sur le personnel servant au titre de l'assistance technique. Elles pouvaient, à la demande du gouvernement congolais, porter sur les autres personnels.

L'organisation des examens et concours devant être sanctionnés par des diplômes français devrait se faire sous la direction et la responsabilité de l'inspecteur d'académie. Il était stipulé que cette organisation se ferait dans les conditions fixées par la réglementation française, sous réserve éventuellement d'adaptations définies d'un commun accord entre les deux gouvernements. Il les sanctionnera, sauf en ce qui concerne le diplôme du baccalauréat.

3). Sur l'équivalence des grades, diplômes et titres universitaires.

L'accord reconnait une équivalence sans équivoque des grades, diplômes et titres universitaires de part et autre. Ainsi donc, l'article 4 stipule que, les grades, diplômes et titres universitaires français seront valables de plein droit sur le territoire de la République du Congo. Réciproquement, les grades, diplômes et titres universitaires délivrés sur le territoire de la République du Congo dans les conditions fixées à l'article 3 de l'accord seront valables de plein droit sur le territoire de la République française.

Cependant, les programmes d'études et de scolarité correspondant aux grades, diplômes et titres universitaires mentionnés à l'alinéa 2 devraient faire, en tant que de besoin, l'objet d'adaptations décidées d'un commun accord entre les gouvernements des deux Etats. Il est tout de même prévu que, les diplômes, brevets et titres de qualification éventuellement délivrés par les autorités compétentes de la République du Congo dans des conditions autres que celles fixées à l'article 3 de l'accord pourront être admis en

---

[180] Cf. article 1er et 2 de l'accord culturel, en matière d'enseignement.

équivalence avec les diplômes, brevets et titres français, après avis de la commission mixte prévue à l'article 8 de l'accord. Cette commission devrait comprendre trois délégués désignés par chacun des deux gouvernements.

4). Sur l'enseignement privé.

L'accord prévoit dans son article 5 que les personnes physiques ou morales, les ressortissants de l'une des parties contractantes pourront ouvrir des établissements d'enseignement privé sur le territoire de l'autre partie dans les mêmes conditions que les ressortissants de celle-ci. Il confirme par voie de conséquence les autorisations accordées aux établissements régulièrement ouverts à la date d'entrée en vigueur de cet accord. Cet aspect, comme bien d'autres, est conçu surtout dans l'intérêt des établissements d'enseignement privé français. S'il a eu le mérite d'exister, il est tout de même illusoire de voir les ressortissants congolais créer des établissements de ce type sur le territoire français à ce stade ou après.

b). Les échanges culturels.

Enfin, l'accord de coopération du 15 août 1960 prévoit dans son aspect culturel que les deux Etats s'engageaient à encourager par tous les moyens à leur disposition les échanges culturels entre eux-mêmes et entre leurs ressortissants. Les moyens à mettre en œuvre devaient comprendre deux respects.

D'une part, les échanges de personnels concernant l'organisation des stages de formation ou de perfectionnement ; l'exécution des missions de recherche scientifique et de fouilles archéologiques ; la consultation d'archives et documents administratifs ; l'organisation de manifestations artistiques, culturelles et sportives. D'autre part, les échanges de matériels devraient concerner, l'admission en franchise et la libre circulation de tous les matériels éducatifs et culturels tels que livres, périodiques, journaux, disques éducatifs, photographies, vues fixes, films non commerciaux ainsi que toutes mesures permettant d'assurer et d'accroître la coopération entre les deux Etats en matière de cinéma et de radiodiffusion-télévision ; la création de bibliothèques, d'instituts et de centres culturels destinés à répandre la connaissance mutuelle de leurs cultures et de leurs civilisations.

VII). La convention d'établissement.

Il conviendra de distinguer plusieurs aspects en matière de convention d'établissement[181].

[181] Cf. Décret précité du 23 novembre 1960, pp. 10473.

a). La non-discrimination et l'égalité de traitement.

Cette convention garantit aux ressortissants de chaque partie contractante, établis sur le territoire de l'autre Etat, l'accès dans les mêmes conditions que ses nationaux, et sous réserve des contritions particulières déterminées par la législation ou la réglementation de cet Etat, aux emplois publics, l'exercice de toute activité industrielle, commerciale, agricole, artisanale (même en qualité de salarié) de profession libérale et indépendante. Ils ont également accès, dans les mêmes conditions, aux contrats, autorisations et marchés publics.

Ils peuvent également bénéficier des mêmes traitements et droit en matière de représentation dans les assemblées consulaires, des libertés syndicales, des conditions de travail et la protection sociale ou ne peuvent souffrir d'aucune discrimination en matière fiscale, de taxe, des droits ou toutes autres impositions ou contributions moins avantageux que ceux auxquels sont assujettis les nationaux de l'Etat d'établissement.

b). Concernant les expulsions pour menace ou trouble à l'ordre public.

La convention d'établissement du 15 août 1960 stipule en matière des expulsions dans son article 10 que, l'une des parties contractantes qui envisage de prendre une mesure d'expulsion contre un ressortissant de l'autre partie contractante dont l'activité constitue une menace pour l'ordre public, ou le crédit public, doit préalablement en tenir l'autre partie informée. L'expulsion peut être prononcée à défaut d'observations de l'autre Etat dans un délai de vingt jours à dater de la réception de la communication ou s'il est passé outre ses observations. L'expulsion est prononcée sous la forme d'une décision motivée du chef du Gouvernement. Un délai suffisant est imparti à la personne concernée pour lui permettre de se pourvoir contre cette décision. Toutefois, en cas d'urgence absolue, reconnue par décision motivée, la mesure d'expulsion peut être assortie d'effet immédiat. Cette mesure est immédiatement notifiée au Gouvernement de l'État dont la personne expulsée a la nationalité. L'État qui procède à l'expulsion doit assurer par tous les moyens appropriés, la sauvegarde des biens et des intérêts de la personne expulsée.

c). Le respect des droits acquis des personnes physiques et morales.

La convention d'établissement du 15 août 1960 stipule dans son article 11 que, chacune des parties contractantes s'engage à respecter les droits acquis sur son territoire par les personnes physiques et morales ressortissantes de l'autre partie. Ainsi donc, les Français établis sur le territoire de la République du Congo, tout comme les Congolais établis sur le territoire de la République française à la date d'entrée en vigueur de ladite convention, étaient rassurés de continuer à exercer librement leurs activités dans les mêmes conditions que les nationaux de l'État de résidence.

Les sociétés ayant leur siège social sur le territoire de la République du Congo au 1er janvier 1960 dont la majorité du capital appartenait à des Français et dont plus de la moitié des administrateurs ou gérants étaient de nationalité française, pouvaient, sur déclaration faite au registre du commerce, conserver leur statut en ce qui concerne les règles régissant leur constitution, leur fonctionnement, leur liquidation et, d'une manière générale, les rapports entre associés ou actionnaires. Enfin, certains établissements publics français furent autorisés, dans le cadre d'un échange de lettres du 15 août 1960 entre le Premier ministre de la République française (Michel Debré) et le Président de la République du Congo (Fulbert Youlou), à poursuivre leurs activités sur le territoire de la République du Congo[182].

d). Concernant les sociétés commerciales et les associations.

En dehors des sociétés de transports maritimes et aériens dont le droit d'établissement devrait faire l'objet d'accords spéciaux, l'article 12 de la convention stipule que, les sociétés civiles et commerciales constituées conformément à la législation d'une partie contractante et ayant leur siège social sur son territoire, devraient être assimilées aux nationaux de cet Etat en ce qui concerne la jouissance, sur le territoire de l'autre Etat contractant, de tous les droits énoncés dans ladite convention et dont une personne morale peut se prévaloir.

Quant aux associations à but non lucratif, légalement constituées sur le territoire de l'une des parties contractantes, l'article 13 stipule que leur personnalité morale devrait être reconnue de plein droit par l'autre partie contractante. Elles devraient bénéficier notamment sur le territoire de l'Etat où elles étaient établies, des dispositions des alinéas 1 et 2 de l'article 4 de l'accord multilatéral sur les droits fondamentaux des nationaux des Etats de la Communauté, ainsi que de celles de l'alinéa 1 de l'article 9 de la convention d'établissement.

[182] Il s'agissait de l'Institut géographique national ; de la Mission métropolitaine des tabacs en Afrique équatoriale ; du Bureau des recherches géologiques et minières ; de la Caisse centrale de coopération économique ; des Centres relevant de l'office de la recherche scientifique et technique pour l'outre-mer, du centre technique forestier tropical et de l'institut d'élevage et de médecine vétérinaire des pays tropicaux ; de la Mission d'Afrique centrale du commissariat à l'énergie atomique ; du Centre d'enseignement supérieur de Brazzaville.

e). La clause de la nation la plus favorisée.

Chacun des deux Etats s'engageait à réserver aux nationaux de l'autre Etat, le bénéfice du statut particulier défini par la convention d'établissement du 15 août 1960, en raison du caractère spécifique des relations qu'ils entretiennent. Cela, sans pour autant que le bénéfice de ces dispositions particulières ne soit automatiquement étendu aux ressortissants d'un État tiers.

Par ailleurs, l'article 14 de la convention consacre un véritable droit de revendication du traitement favorable. Ainsi donc, s'il arrivait qu'une des parties contractantes accorde aux ressortissants d'un État tiers un statut plus favorable que celui défini par ladite convention, l'autre partie sera fondée à en revendiquer le bénéfice pour ses nationaux. On peut utilement se poser la question de savoir si la stipulation d'une telle clause de la nation la plus favorisée n'était pas illusoire pour le Congo qui, au regard du déséquilibre des intérêts dans les relations bilatérales avec la France, parviendrait le cas échéant à son prévaloir et obtenir pleinement satisfaction[183].

VIII). Sur le maintien du statut d'Etat associé à la CEE.

Dans un autre échange de lettres du 15 août 1960, le Président Fulbert Youlou sollicitait l'intervention du Premier ministre Français auprès des autorités compétentes afin que la République du Congo, devenu un Etat indépendant et souverain, continue de bénéficier du statut d'Etat associé à la Communauté économique européenne ; tel qu'il résulte des dispositions de la quatrième partie du traité de Rome et de la convention annexée à ce traité[184].

En réponse, Jean Foyer, Secrétaire d'Etat aux relations avec les Etats de la Communauté franco-africaine, prenait acte, par délégation du Premier ministre Michel Debré, de la volonté ainsi exprimée par la République du Congo pour en référer à qui de droit[185]. Il convient de préciser que le traité

---

[183] Cf. G. de Lacharrière, *« Aspects récents de la clause de la nation la plus favorisée »*, AFDI, 1961, (7), pp. 107-117 ; C.Bigot, *« Faveur et clause de la nation la plus favorisée »,* (Ss. Dir. Gilles J. Guglielmi) *« La faveur et le droit ».* Paris, PUF, 2009, p. 389-400 ; OCDE (2004), *« Le traitement de la nation la plus favorisée dans le droit international des investissements »*, Éditions OCDE, http://dx.doi.org/10.1787/338113032407; *Suzy H. Nikièma, « La clause de la nation la plus favorisée dans les traités d'investissement », IISD (institut international du développement durable), février 2017, https://www.iisd.org/sites/default/files/publications/mfn-most-favoured-nation-clause-best-practices-fr.pdf.*

[184] Cf. Décret précité du 23 novembre 1960, pp. 10474-10475.

[185] La lettre du Président Youlou,

«... Monsieur le Premier ministre, J'ai l'honneur de vous faire savoir que la République du Congo devenue État indépendant et souverain désire continuer à bénéficier du statut d'État associé à la Communauté économique européenne, tel qu'il résulte des dispositions de la quatrième partie du traité de Rome et de la convention annexée à ce traité. En conséquence, le Gouvernement de la République du Congo demande au Gouvernement de la République française de notifier cette volonté aux autorités compétentes de la Communauté économique européenne... ».

de Rome du 25 mars 1957, instituant la Communauté économique européenne (CEE), comportait en annexe IV la liste des pays et territoires d'outre-mer associés à la CEE et auxquelles s'appliquaient les dispositions de la quatrième partie dudit traité, sur l'association des pays et territoires d'outre-mer. Cette association concernait, comme le stipule l'article 131 du traité de Rome, les pays et territoires non européens entretenant avec la Belgique, la France, l'Italie, et les Pays-Bas des relations particulières. Il s'agissait essentiellement des colonies et territoires sous tutelle (protectorat). Le but de cette association était la promotion du développement économique et social des pays et territoires, et l'établissement de relations économiques étroites entre eux et la Communauté dans son ensemble. L'association devait favoriser les intérêts des habitants de ces pays et territoires et leur prospérité, de manière à les conduire au développement économique, social et culturel qu'ils attendent. Il est évident que l'accession à l'indépendance et à la souveraineté internationale des anciennes colonies remettait en cause ce statut, qu'il fallait donc renégocier.

IX). L'accord relatif au Centre d'enseignement supérieur de Brazzaville.

Cet accord rappelle l'accord quadripartite du 15 août 1960, entre la République française, la République Centrafricaine, la République du Congo et la République du Tchad, qui prévoyait qu'un Centre d'études administratives et techniques supérieures devrait assurer la formation des cadres des Etats d'Afrique équatoriale et serait érigé en Centre d'enseignement supérieur. Son siège était fixé sur le territoire de la République du Congo à Brazzaville. Il n'en demeure pas moins que le Centre d'enseignement supérieur de Brazzaville était avant tout un établissement public français qui, en vertu d'un échange de lettres du 15 août 1960 entre le Président de la République du Congo et le Premier ministre français, devait poursuivre ses activités après l'indépendance.

Les gouvernements de la République française et de la République du Congo s'accordaient pour faciliter, par tous les moyens en leur pouvoir, le fonctionnement du Centre d'études administratives et techniques supérieures

---

La Réponse du Premier Français,
«.... Monsieur le Président, Par lettre en date de ce jour vous avez bien voulu me faire savoir ce qui suit : ''J'ai l'honneur de vous faire savoir que la République du Congo devenue État indépendant et souverain désire continuer à bénéficier du statut d'État associé à la Communauté économique européenne, tel qu'il résulte des dispositions de la quatrième partie du traité de Rome et de la convention annexée à ce traité. En conséquence, le Gouvernement de la République du Congo demande au Gouvernement de la République française de notifier cette volonté aux autorités compétentes de la Communauté économique européenne''. J'ai l'honneur de vous faire connaître que je prends acte de la volonté ainsi exprimée par la République du Congo ; il en sera fait part aux autorités compétentes de la Communauté économique européenne ».

de Brazzaville et sa transformation en un Centre d'enseignement supérieur[186].

La France s'engageait à maintenir, au Centre d'enseignement supérieur de Brazzaville (CESB) l'affectation des terrains, bâtiments et installations, propriété de l'État français, utilisés à la date de l'accord par le centre d'études administratives et techniques supérieures. Le CESB était ouvert, sans distinction de nationalité, aux étudiants justifiant des diplômes ou titres requis.

Quant au personnel enseignant et administratif du CESB, il devrait bénéficier des conditions d'exercice, des garanties et des franchises professionnelles traditionnellement accordées par la République française au personnel universitaire. Le matériel d'équipement et les fournitures nécessaires au fonctionnement des bibliothèques et laboratoires du centre d'enseignement supérieur devraient être dispensés (franchise) des droits de douane sur le territoire de la République du Congo. Enfin, pour des raisons de sécurité, le CESB était un sanctuaire, dans la mesure où il était convenu que la force publique ne devait pénétrer dans l'enceinte des établissements relevant du Centre d'enseignement supérieur qu'à la demande ou avec l'accord de son directeur. Le CESB était ensuite confié à la fondation de l'enseignement supérieur en Afrique centrale (FESAC) qui, en vertu de l'article 2 de l'acte n°46/61-293 du 11 décembre 1961 de la conférence des chefs d'Etats de l'Afrique équatoriale, adopté, à Fort-Lamy (Ndjamena), assurait l'enseignement supérieur dans ces Etats[187].

Il est constant que, par ces accords, le peuple congolais devait désormais prendre son destin en main. L'histoire institutionnelle du pays se poursuit et se construit avec un nombre impressionnant de constitutions et d'actes en tenant lieu, servant de fondements juridiques aux différents régimes politiques. On peut dénombrer une dizaine (10) de constitutions[188] et environ sept (7) actes fondamentaux pendant les périodes crises institutionnelles ou de transition avant d'asseoir un nouveau régime[189]. Cette succession de textes constitutionnels est le signe manifeste de l'instabilité politique et institutionnelle qui caractérise le Congo.

Cependant, il y a une certaine constance à travers ces différents textes constitutionnels. Ils préservent tous la forme républicaine de l'Etat, quelle

---

[186] Cf. Décret précité du 23 novembre 1960, p. 10475.

[187] Cf. S. Nanitelamio, *"Historique de l'enseignement supérieur laïc au Congo: quelques faits saillants»*, La Semaine Africaine, vendredi 30 août 2013, http://www.lasemaineafricaine.net/index.php/point-de-vue/6487-historique-de-l-enseignement-superieur-laic-au-congo-quelques-faits-saillants.

[188] La constitution provisoire du 28 novembre 1958, la constitution du 20 février 1959, la constitution du 02 mars 1961, la constitution provisoire du 11 septembre 1963, la constitution du 08 décembre 1963, la constitution du 30 décembre 1969, la constitution du 24 juin 1973, la constitution du 08 juillet 1979, la constitution du 15 mars 1992, la constitution du 20 janvier 2002 et celle du 25 octobre 2015.

[189] Cf. W. Mbilampindo, « *l'acte fondamental dans l'histoire constitutionnelle et politique du Congo* », RJPIC, 1996, p.213 et suivantes ; les actes fondamentaux du 14 août 1968, de janvier 1969, du 05 avril 1977, du 07 février 1979, du 30 mars 1979, du 04 juin 1991, du 24 octobre 1997.

que soit la nature du régime politique institué. Pour autant, la détermination du nombre et de l'ordre des Républiques, en tant qu'organisation de l'Etat au regard de la forme et du contenu qu'en définit la loi fondamentale, paraît diviser les juristes publicistes qui décrivent l'histoire constitutionnelle du Congo.

Nous nous proposons d'examiner, dans le cadre d'un 1er volume (Tome 1), la succession des constitutions et régimes politiques avant et pendant monopartisme, la IVème République et le retour de la démocratie pluraliste, puis la Vème République congolaise. Le deuxième volume (Tome 2) sera quant à lui consacré, toujours dans le cadre de la constitutions du 25 octobre 2015 à l'organisation des pouvoirs publics, aux institutions de la démocratie participative, aux autorités administratives indépendantes, à la force publique et à l'administration territoriale de la République.

Livre Premier : La succession de constitutions et de régimes politiques avant et pendant le monopartisme

La succession des constitutions et des régimes politiques est une constance bien ancrée dans l'histoire constitutionnelle, politique et institutionnelle du Congo. On s'attèlera en l'occurrence à l'examiner depuis la République naissante jusqu'à la fin du monopartisme ou du système politique à parti unique.

Titre 1er : L'ordre constitutionnel de l'éphémère multipartisme

Deux phases caractérisent la première et l'éphémère expérience du multipartisme au Congo en tant qu'Etat. C'est-à-dire de la 1re République que nous subdivisons en une République naissante (un Etat marqué par une autonomie limitée) et celle de la souveraineté nationale et internationale, d'un Etat indépendant poursuivant l'héritage colonial du multipartisme.

Section 1 : La République naissante et l'héritage mal maîtrisé du multipartisme.

Il conviendra de rappeler le contexte historique de la République naissante préalablement à l'examen du cadre institutionnel correspondant à cette période de l'histoire constitutionnelle et politique du Congo.

Il est acquis que la 1re République du Congo fut proclamée le 28 novembre 1958 et naquît avec l'héritage du multipartisme issu des institutions coloniales, notamment celles des constitutions françaises de la IVème (1946) et la Vème (1958) République. Cette expérience s'était poursuivie, après l'indépendance acquise le 15 août 1960, jusqu'à sa fin annoncée par la loi n° 14-63 du 13 avril 1963 instituant un système de parti unique[190].

Comme nous l'avons vu plus haut, le Congo avait connu une première expérience du multipartisme avant et pendant la 1re République[191]. Ce multipartisme fut avant tout le prolongement du système des partis de l'ancienne métropole par ses ramifications en sections africaines ou locales.

Ce fut le cas du Parti Progressiste Congolais (PPC) de Jean Félix-Tchikaya créé en 1946, qui était la section locale du Rassemblement Démocratique Africain (RDA, dont il serait le cofondateur avec F. Houphouët-Boigny), proche du Parti communiste français ; du Mouvement socialiste africain (MSA) de Jacques Opangault, ancien Chef de la section indigène du SFIO proche du Parti socialiste français, qui devenait le chef du MSA au Moyen-Congo en 1957, et de l'Union démocratique de défense des intérêts africains (UDDIA) que l'Abbé Fulbert Youlou créait en 1956, qui se rapprochait et supplantait le PPC avec la bénédiction du RDA. Sans oublier

---

[190] Cf. A. Gabou, « *les constitutions Congolaises* », op. cit. p.175.

[191] Cf. A. Gabou, « *les constitutions Congolaises* », Paris, LGDJ, 1984, pp14 et suiv.

l'Union du Moyen-Congo (UMC), un parti d'anciens colons ouvertement anti-indépendantistes, mais il était censé se rapprocher de l'UDDIA par la force des choses[192].

Ce système de partis qui s'inscrivait dans le cadre de l'évolution de l'empire colonial français, après la seconde guerre mondiale, de l'union puis de la communauté vers l'accession à l'indépendance fut présenté comme pouvant aisément s'adapter aux enjeux d'un Etat en gestation. C'était sans compter avec les vraies réalités de l'exercice du pouvoir.

En fait de multipartisme, il s'agissait en réalité d'un système bipartite, par le jeu des alliances de part et d'autre des deux blocs, UDDIA et MSA, favorisé par la déperdition du PPC, dont les clivages internes et le basculement de majorité auront débouché sur des affrontements sanglants du 15 au 18 février 1959[193].

Tout le monde s'accorde pour dire que la Première République naquit, comme nous l'avons vu plus haut, avec la délibération n° 112-58 du 28 novembre 1958 de l'Assemblée territoriale du Moyen-Congo, qui lui conférait le statut d'un Etat membre de la Communauté créée par l'article 1er de la constitution française du 04 octobre 1958. Cette communauté regroupait, comme nous venons de voir, la France et les territoires de son empire colonial[194].

Cette délibération du 28 novembre 1958 créait, en son article 2, l'Etat autonome du Moyen-Congo, dénommé *« République du Congo »*. Il s'agissait en réalité d'une autonomie limitée. Même sur le plan interne, puisque la République du Congo n'était pas un Etat indépendant.

Sur plan institutionnel, l'organisation et le fonctionnement de cet Etat, sans réelle autonomie, étaient régis, dans un premier temps, par une série de

[192] Cf. A. Gabou, « Chronologie politique congolaise », Nouvelles Perspectives Editions, Paris, 1999, p.9 et suivantes ; J.M. Breton (Sous Dir.), *« Droit Public Congolais »*, paris Economica, 1987, pp.5 et suivantes.

[193] Cf. A.L. Monmondjo, *« Les leçons de l'histoire, 1959, 40 ans après »*, in, Congo-Brazzaville : Congo-Brazzaville: dérives politiques, catastrophe humanitaire, désirs de paix, Karthala, pp109-120 ; R. Bazenguissa-Ganga, *« Les voies du politique au Congo: essai de sociologie historique »*, Paris, Edition Karthala, 1997, pp.56 et suivantes.

[194] Arrêté n°4107/CAB/3 du 28 novembre 1958 promulguant la délibération n°112/58 du 28 novembre 1958 de l'Assemblée territoriale du Moyen-Congo par laquelle celle-ci déclare opter pour le statut d'Etat membre de la Communauté et proclamant la République du Congo. L'article 1er de la constitution française sur la Communauté restera longtemps en vigueur jusqu'à son abrogation par la loi constitutionnelle n°95-880 du 4 août 1995, portant extension du champ d'application du référendum, instituant une session parlementaire ordinaire unique, modifiant le régime de l'inviolabilité parlementaire et abrogeant les dispositions relatives à la Communauté et les dispositions transitoires (JORF n°181 du 5 août 1995 page 11744).

lois constitutionnelles du 28 novembre 1958[195] (formant la constitution provisoire de 1958) et celles du 20 février 1959[196].

Le multipartisme qui a prévalu avant et pendant la proclamation de la République n'avait pas été remis en cause, en dépit de la première guerre civile, marquée par des affrontements sanglants entre les partisans du Président, l'Abbé Fulbert Youlou et de Opangault, Premier ministre et vice Président du Conseil, dont les mobiles politiques furent relayés par des considérations à caractère ethnique, du 16, 17 et 18 février 1959. En réalité, ces affrontements prirent fin grâce à l'intervention des forces armées françaises, dans le carde de la communauté[197].

Section 2 : Sous la République indépendante.

Le régime politique institué sous la Première République s'inspirait du régime présidentiel et se poursuivait tout en maintenant le pluralisme politique. Donc, le multipartisme. Mais, le déséquilibre des pouvoirs était fort saisissant. Sans doute en raison du contexte et des circonstances.

§ 1 : La prééminence du Président de la République.

Ce régime politique congolais était influencé par celui de la Vème République française qui l'a vu naître. Même si l'on peut déplorer, comme certains auteurs l'ont souligné avant nous[198], une absence de séparation nettement affirmée des pouvoirs exécutif et législatif. Car, jusqu'en janvier 1961, soit cinq mois après la proclamation de l'indépendance, le pouvoir ou l'autorité judiciaire, était encore un des domaines réservés de la Communauté. C'est la loi n° 06-61 du 11 janvier 1961, fixant l'organisation judiciaire, qui mettait fin à cette situation incongrue. Sauf, pour le pourvoi en cassation qui ressortissait encore à la compétence des formations spéciales du Conseil d'Etat et de la Cour de cassation à Paris[199].

---

[195] Pour effacer un oubli et réparer une injustice face à l'histoire, le législateur congolais adoptait la loi n°18-2010 du 27 novembre 2010, créant une journée fériée, chômée et payée sur toute l'étendue du territoire national, pour commémorer la création de la République. Si cette journée est célébrée avec solennité par les autorités. Cette célébration, est moins fastueuse et euphorique que celle de l'indépendance acquise le 15 août 1960.

[196] Cf. A. Gabou, *« Les constitutions congolaises »*, Paris, LGDJ, 1984, pp.58 et suivantes ; A. Gabou, *« Chronologie politique congolaise »*, Paris, Nouvelles Perspectives Editions, 1999. Pp. 9 et suiv, pp.33 et suivants. J.M. Breton et al. « Droit public congolais », Paris, Economica, 1987, pp.17 et suivantes.

[197] Cf. L. Atondi Monmondjo, *"Les leçons de l'histoire, 1959, 40 ans après"*, in *« Congo-Brazzaville: dérives politiques, catastrophe humanitaire, désirs de paix »*, éditions Karthala, 1999, pp.109 et suivantes ; Th. Obenga, *« L'histoire sanglante du Congo-Brazzaville, 1959-1997: Diagnostic d'une mentalité politique africaine »*, Editions Présence africaine, 1998 ; R. Bazenguissa-Ganga, *« Les voies du politique au Congo: essai de sociologie historique »*, éd. Karthala, 1997.

[198] Cf. A. Gabou, JM. Breton et al, op. cit. N. Mayetela, *« Vingt ans, huit textes constitutionnels »*, La Semaine africaine, 15 août 1983, n°1539-1541.

[199] Cf. JM. Breton et al. Op. cit. p. 29. Loi n°06-61 du 11 janvier 1961, fixant l'organisation judiciaire (article 4), JORC, 1er février 1961, pp. 85 et suivants.

La constitution du 02 mars 1961, qui fut la première constitution de la République du Congo entant qu'Etat indépendant, confirmait le caractère présidentialiste du régime, ainsi que le multipartisme. Sous cette constitution, en effet, le Président de la République était le personnage central de l'Etat. Il devait être élu au suffrage universel direct pour cinq ans et rééligible sans limitation du nombre de mandats[200]. Il est le détenteur exclusif du pouvoir exécutif. Il choisit un vice-président pour l'assister ou le remplacer en cas de nécessité, avec prérogatives, rang et pouvoirs de Chef d'Etat. Le vice-président était de plein droit un membre du gouvernement.

Le Président de la République exerçait également les fonctions de Chef du gouvernement. Puisque le poste de Premier ministre n'était pas institué. Il nommait les membres du gouvernement qui, au demeurant, étaient responsables devant lui. Le caractère moniste de l'exécutif, nonobstant la présence d'un Vice-président, se confirmait en ce sens que c'est le Président de la République qui présidait le Conseil des ministres, assurait l'exécution des lois. Titulaire du pouvoir réglementaire, Chef de l'administration, le Président de la République était également le chef suprême des forces armées.

Dans ses rapports avec le pouvoir législatif, le Président de la République pouvait influer sur le travail du parlement monocaméral en demandant une seconde délibération d'un projet de loi, qui ne pouvait pas lui être refusée. Il pouvait contourner le Parlement en s'adressant directement au peuple pour un référendum. La loi fondamentale lui conférait le pouvoir de dissoudre l'Assemblée nationale, tandis que cette dernière n'avait pas de moyens d'action sur l'exécutif. Notamment le gouvernement, dont les membres avaient certes accès à ladite Assemblée et aux commissions parlementaires, ne craignait pas d'être renversé.

Pire, les ministres pouvaient se faire assister voire représenter par des Commissaires du gouvernement pour être entendus à l'Assemblée nationale, quand ils le souhaitaient. Bref, c'était une sorte de mépris envers les parlementaires!

La justice n'était pas érigée en pouvoir. Il s'agissait d'une autorité judiciaire dont l'indépendance était garantie par le Président de la République, assisté dans ces fonctions par le Conseil supérieur de la magistrature ; qu'il présidait par ailleurs. Il est cependant curieux de constater que, même si la justice n'était pas érigée en troisième pouvoir d'Etat, la constitution de 1961 traite, sur le plan formel, de l'autorité judiciaire (titre VII) après la Cour suprême (tire VI). Enfin, contrairement à ce qu'affirment certains auteurs, la première République n'est pas un régime

---

[200] Le Président Fulbert Youlou est le premier Président de la République du Congo élu au suffrage universel direct. Cela fut le 26 mars 1961, bien qu'étant le seul candidat en raison d'une alliance entre son parti UDDIA et le MSA de Jacques OPANGAULT.

parlementaire, même rationalisée. Ce fut véritablement un régime présidentialiste[201].

§ 2 : Le glissement vers le monopartisme avec la création d'un Parti-Etat.

La tendance présidentialiste du régime et le renforcement des pouvoirs du Chef de l'exécutif étaient encore marqués par le glissement vers le monopartisme ; marquant ainsi un coup d'arrêt précipité, dans la douleur, au multipartisme.

L'expérience du multipartisme héritée de la colonisation française devait prendre fin, dans en premier temps avec l'adoption de la loi n° 14-63 du 13 avril 1963 portant institution du parti unique[202], un parti dit de type africain, puis s'en aller avec la chute du Président Fulbert Youlou[203].

A). Une loi anticonstitutionnelle et inconstitutionnelle.

La loi n° 14-63 du 13 avril 1963, portant institution du parti unique, était anticonstitutionnelle en ce qu'elle apparaissait comme étant hostile à la constitution du 02 mars 1961, par la suppression brutale du multipartisme consacré depuis la République naissante. C'était donc un affront à la démocratie pluraliste. Cela, avec la complicité des principaux leaders politiques de l'époque, pour instaurer un système monopartite.

Cette loi était inconstitutionnelle, donc non conforme à la constitution du 02 mars 1961, dont elle méconnaissait les dispositions de l'article 5, largement inspiré de l'article 4 de la constitution française de 1958, en ce qu'il dispose que, *« Les partis et groupements politiques concourent à l'expression du suffrage. Ils se forment et exercent leur activité librement. Ils doivent respecter les principes de la souveraineté nationale et de la démocratie ».*

La violation de la constitution du 02 mars 1961 dans son article 5 était manifeste, même si cette la loi du 13 avril 1963 n'était pas déférée devant la Cour suprême, juge constitutionnel. En effet, en application de l'article 1er de la loi n° 4-62 du 20 janvier 1962 portant création de la Cour suprême, cette juridiction était compétente pour se prononcer sur la constitutionnalité ou non des lois et des engagements internationaux.

D'autre part, la violation de la constitution du 02 mars 1961 était flagrante. Car, elle était tolérée et cautionnée par le Président de La République lui-même. Or, aux termes des dispositions de l'article 6 de la

---

[201] Cf. JM. Breton et al. Op. cit. pp.30 et 31.

[202] Loi n°14-63 du 13 avril 1963, portant institution du parti unique, JORC, du 15 avril 1963, p.383.

[203] Cf. A. Gabou, *« les constitutions Congolaises »,* op.ci. p.175 ; A. Gabou, *« Chronologie politique congolaise »,* op. cit. pp.13 et suiv. ; JM Breton et autres, *« Droit public congolais »,* op. cit. p. 30.

constitution, le Président de la République *« veille au respect de la constitution »*. Il était ensuite, en application de l'article 32 de la loi précitée du 20 janvier 1962, la seule personne habilitée ou ayant qualité pour saisir la Cour suprême aux fins de faire constater l'inconstitutionnalité d'une loi ou d'un engagement international[204].

Il faut souligner que le Président Youlou, dont la volonté manifeste était de liquider le multipartisme pour lui substituer un système de parti unique à sa dévotion, ne voyait pas l'intérêt d'engager une procédure dont il avait seul l'initiative, le recours en inconstitutionnalité d'une loi ou d'un engagement international. Or, il eût été utile de réviser la constitution du 02 mars 1961 avant d'adopter cette loi. On peut tristement constater que les violations de la loi fondamentale du pays ne datent pas d'aujourd'hui.

B). Un parti unique mort-né.

Pour autant, le multipartisme allait être remplacé par un système de parti unique de type africain (dont la création devait avoir lieu par un décret en Conseil des ministres, après consultation des responsables des partis politiques officiellement reconnus), qui serait l'expression de la volonté du peuple congolais, qui garantirait l'unité nationale et devrait œuvrer pour le progrès et la promotion sociale et économique du pays[205]. L'article 3 de la loi précitée du 13 avril 1963 disposait qu'à compter de la mise en place du parti unique, les différents partis politiques existants seraient automatiquement dissouts et leurs biens dévolus au parti unique.

L'article 1er de cette loi dispose qu'il est institué, en République du Congo, un parti unique, qui est l'expression de la volonté du peuple congolais. Ce parti devait garantir l'unité nationale et œuvrer pour le progrès et la promotion sociale et économique du pays. Cependant, la structure et la dénomination de ce parti devaient être fixées par un décret en Conseil des ministres, après consultation des responsables des partis politiques officiellement reconnus.

Malheureusement, ce Parti-Etat n'était qu'un *« mort-né »*. Car, la Première République disparaissait avec le renversement suivi de la démission du tout premier Président de la République du Congo, l'Abbé Fulbert Youlou, au cours des événements des 13, 14 et 15 août 1963.

---

[204] *« Les recours tendant à faire constater l'inconstitutionnalité d'une loi ou d'un engagement international sont présentés par le Président de la République »*, article 32, loi n°4-62 du 20 janvier 1962 portant création de la Cour suprême.

[205] Cf. article 1er loi du 13 avril 1963.

Titre 2 : Les constitutions et régimes politiques sous le monopartisme

Le Congo confirmait l'abandon du multipartisme suite aux événements des 13, 14 et 15 août 1963, ayant entraîné la démission du Président Fulbert Youlou. Le monopartisme aura effectivement marqué la vie politique, institutionnelle, économique et sociale du pays pendant près de trois décennies (28 ans). Il en était ainsi sous la deuxième République avec le régime du Mouvement national de la Révolution (MNR), sous la troisième République avec les régimes du Conseil national de la Révolution (CNR) et du Parti congolais du travail (PCT).

Sous-titre 1er : La deuxième République, la révolution socialiste et le mouvement national de la révolution (MNR).

Les auteurs s'accordent sur la délimitation de la deuxième République du Congo. Celle-ci s'ouvre avec le renversement du régime constitutionnel de la première République lors des événements des 13, 14 et 15 août 1963, marquant le début de ce qui était convenu d'appeler à l'époque, *« la révolution congolaise »* (il s'agissait en fait d'un mouvement des syndicalistes, des intellectuels et des ouvriers). D'aucuns pensent qu'il s'agissait d'un coup d'Etat, parce que le changement du régime ne s'était pas fait dans le cadre d'une alternance démocratique, mais par la force et dans la violence. Pour autant, la deuxième République fut dirigée par le président Alphonse Massamba-Débat. Les événements ayant conduit à l'avènement de la deuxième République avaient marqué une rupture normative et idéologique très significative avec la première République. Ce régime prenait, à son tour, fin dans la violence avec le mouvement dit insurrectionnel du 31 juillet 1968, que d'aucuns qualifient également de coup d'Etat[206].

Section 1 : Une rupture normative avec la première République.

La rupture normative avec le régime de la 1re République est marquée par deux lois fondamentales : la constitution provisoire du 11 septembre 1963 et la constitution du 08 décembre 1963.

§ 1 : Le régime de la constitution provisoire du 11 septembre 1963.

La deuxième République était d'abord régie par la constitution provisoire du 11 septembre 1963. C'était en réalité l'ordonnance n° 63-2 du 11 septembre 1963, abrogeant la constitution du 02 mars 1961 et organisant le fonctionnement des pouvoirs publics pendant une période de transition de trois mois, jusqu'à la mise en place des nouvelles institutions de la République après l'adoption d'une

[206] Cf. A. Gabou, *« Les constitutions congolaises »*, op. cit. p. 181 et suiv. ; *« Chronologie politique congolaise »*, op. cit. p.43.

nouvelle constitution[207]. Cette constitution provisoire consacrait un régime de concentration des pouvoirs au profit d'un seul organe, le gouvernement.

Mais, le personnage central était le Premier ministre, Alphonse Massamba-Débat, Chef du Gouvernement provisoire, qui cumulait les fonctions exécutives, réglementaires et législatives (exercées sous forme d'ordonnances en Conseil des ministres, après avis de la Cour suprême). C'est lui qui déterminait et conduisait la politique de la nation. L'ordonnance du 11 septembre 1963, qui tenait lieu de constitution provisoire, n'instituait pas un pouvoir ni une autorité judiciaire. Cela, même si la Cour suprême[208] devait être consultée sur les projets d'ordonnances et le projet de la future constitution.

§ 2 : Le régime de la constitution du 8 décembre 1963.

La nouvelle constitution était adoptée par référendum le 8 décembre 1963. Ce, dans le délai de trois mois prévu par l'ordonnance du 11 septembre 1963. Elle instituait un régime de séparation des pouvoirs entre l'exécutif, le législatif et l'autorité judiciaire. L'exécutif dualiste était dominé par le Président de la République qui, à la différence de la constitution du 02 mars 1961 de la 1re République, n'était pas élu au suffrage universel direct, mais par un collège électoral composé de grands électeurs (notamment les membres de l'Assemblée nationale, les conseillers préfectoraux, sous-préfectoraux et communaux), pour un mandat de cinq ans. Le nombre de mandats étant limité à deux (2). Le Président de la République était le personnage principal de l'exécutif. Il nommait le Premier ministre et les autres membres du gouvernement et pouvait mettre fin à leurs fonctions.

Chef de l'Etat, le Président de la République présidait le Conseil des ministres ; cadre institutionnel au sein duquel il déterminait la politique de la nation, exerçait le pouvoir réglementaire tel que la proclamation de l'état d'urgence et l'état de siège lorsque les circonstances l'exigeaient[209], etc. Il présidait le Conseil supérieur de la magistrature[210]. Il pouvait dissoudre l'Assemblée nationale en cas de renversement du gouvernement par le vote de deux motions de censure au cours d'une période de dix-huit mois. Il pouvait contourner le Parlement en s'adressant directement au peuple par voie de référendum ou en légiférant par ordonnance.

---

[207] Cf. A. Gabou, *« les constitutions congolaises »*, op. cit. p183 ; *« Chronologie politique congolaise »*, op. cit, pp. 43 et suivantes ;

[208] Cf. Loi n°4-62 du 20 janvier 1962, portant création de la Cour suprême, JORC, 15 février 1962, pp.149 et suivantes.

[209] Cf. L'article 29 de la constitution du 8 décembre 1963 ; Ordonnance n°62-8 du 28 juillet 1962 sur l'état d'urgence et l'état de siège, JORF, numéro Spécial, 08 août 1962, pp. 631 et suivantes ; ordonnance n°62-17 du 7 septembre 1962, complétant l'ordonnance n°62-8 du 28 juillet 1962 sur l'état d'urgence et l'état de siège, JORF, 15 septembre 1962, p725.

[210] Cf. Article 1er de loi n°5-62 du 20 janvier 1962 sur l'organisation et le fonctionnement du Conseil supérieur de la magistrature, JORC, 1er février 1962, pp. 97 et suiv.

La circonstance qu'il doive, avant son entrée en fonction, prêter serment devant le Parlement, dépositaire de la souveraineté nationale, ne conférait à ce dernier aucun pouvoir sur lui. Il communiquait, dans ses relations avec le Parlement, par des messages lus par le Premier ministre et qui ne donnaient pas lieu à débats. Ses actes étaient contresignés par le Premier ministre et les ministres concernés, etc.

Le second organe de l'exécutif dualiste était le gouvernement. Il devait, aux termes de la constitution, conduire la politique de la nation déterminée par le Président de la République en Conseil des ministres. Le gouvernement était responsable devant l'Assemblée nationale. L'action du gouvernement était dirigée par le Premier ministre. Mais, la constitution ne mentionne pas qu'il est le Chef du gouvernement, même s'il assure l'exécution des lois et ses actes sont contresignés par les ministres chargés de leur exécution. Le Premier ministre n'était en réalité que le coordonnateur des activités des autres membres du gouvernement.

Ce rôle de coordonnateur sera précisé, deux mois plus tard, par l'adoption le décret n° 64-48 du 18 février 1964 réglementant les attributions du Premier ministre[211].

Sur le plan formel, on peut s'étonner qu'une disposition aussi importante, touchant à l'organisation et au fonctionnement des pouvoirs publics, n'ait pas donné lieu à une loi organique pour compléter ou préciser la constitution.

Même si le recours à une telle loi n'était pas expressément prévu par la constitution, l'exercice du pouvoir réglementaire du Président de la République, en Conseil des ministres, tel que défini par l'article 29, ne l'autorisait pas à compléter ni à préciser la constitution.

Qu'à cela ne tienne, l'article 1er du décret du 18 février 1964 précise que, dans le cadre de la politique nationale déterminée par le Président de la République en Conseil des ministres, le Premier ministre dirige l'action du gouvernement, en ce sens qu'il coordonne l'activité des différents départements ministériels. Il soumet au Président de la République, en Conseil des ministres et dans la limite de l'ordre du jour arrêté par le Chef de l'Etat : *les projets de lois et d'ordonnances, les projets de décrets réglementaires, les correspondances et dossiers des affaires qui intéressaient la conduite générale de la politique de la nation ; il est le porte-parole du gouvernement devant l'Assemblée nationale et peut seul engager la responsabilité du gouvernement sur son programme après avoir été autorisé par le Conseil des ministres, etc.*

Quant à l'Assemblée nationale, outre ses attributions traditionnelles de voter les lois, elle disposait des moyens de contrôler l'action du gouvernement soit à titre d'informatif (questions orales, questions écrites, auditions en Commission, Commission d'enquête, interpellation) soit à travers le vote d'une motion de censure.

---

[211] Cf. A. Gabou, *« Les constitutions congolaises »*, op. cit. p220 ; J.M. Breton et al, *« Droit public congolais »*, op. cit. p.37 et suivantes.

Enfin, l'autorité judiciaire était incarnée par les juridictions nationales à travers le Conseil supérieur de la Magistrature que présidait le Chef de l'Etat, Président de la République. On peut considérer ce régime, comme un régime semi-présidentiel en ce qu'il associe les éléments d'un régime présidentiel et ceux d'un régime parlementaire. Mais dans les faits, il s'était vite radicalisé en opérant une mutation vers un régime présidentialiste avec la création d'un parti unique.

Section 2 : Une rupture idéologique.

La deuxième République rompait avec le système libéral de la première République, pour une orientation socialiste. En rompant avec les USA, l'incarnation du capitalisme, il se rapprochait des pays communistes de l'Europe de l'Est, de la chine et, surtout, de Cuba dont Che Guevara l'avait honoré d'une visite en janvier 1965.

Sa base idéologique était le socialisme bantou. Un socialisme à la fois religieux et africain qui rejetait l'idée de la lutte des classes[212]. Mais, le régime sera en proie aux convulsions internes ; notamment de la part des partisans d'un socialisme plus structuré, le socialisme scientifique qui se voulait universel, auquel le Président Massamba-Débat avait fini par s'y résoudre, sans grand enthousiasme ni trop de convictions[213].

§ 1 : L'effectivité du monopartisme avec le MNR.

Comme il vient d'être dit plus haut, l'une des principales caractéristiques du régime de la seconde République fut l'instauration effective, outre l'aspect purement idéologique, du monopartisme, avec la création du Mouvement National de la Révolution (MNR), parti unique, par la loi du 20 juillet 1964[214].

Ce système sera pérennisé dans l'histoire constitutionnelle et politique du Congo à travers ses différents régimes successifs jusqu'à l'abolition du monopartisme par la Conférence nationale souveraine en 1991.

L'article 1er de la loi du 20 juillet 1964 dispose en son alinéa 2 que *« le parti unique est l'expression de la volonté du peuple congolais ; il garantit l'unité nationale et la pérennité de l'esprit qui a présidé à la révolution du 13, 14 et 15 août 1963 »,* les 2ème et 3ème alinéas disposent respectivement que, le parti unique *« élabore la politique générale de la nation et inspire l'action de l'Etat en*

---

212 Cf. R. Bazenguissa-Ganga, *« Les voies du politique au Congo: essai de sociologie historique »,* éd. Karthala, 1997, pp.98 et suivantes.

213 Cf. R. Bazenguissa-Ganga, *« Les voies du politique au Congo... »,* op. cit. p.98 *; J. Ollandet « L'expérience congolaise du socialisme de Massamba-Débat à Marien N'gouabi », Paris, L'Harmattan, 2012.*

214 Loi n°25-64 du 20 juillet 1964, portant institution du parti unique, dénommé *« Mouvement National de la Révolution »,* JORC, 1er août 1964, p.637 ; Cf. A. Gabou, *« les constitutions congolaises »,* op. cit. pp.259-268.

fonction des aspirations profondes des masses », « il œuvre pour le progrès et la promotion sociale et économique du pays ». Ce dernier alinéa n'est pas sans rappeler celui de la loi n° 14-63 du 13 avril 1963, sous la fin du régime de la 1re République.

Cette loi approuvait les statuts du MNR, adoptés au congrès de Brazzaville du 29 juin au 02 juillet 1964 et qui y étaient annexés.

Il convient de souligner que la proclamation du rôle central du Parti unique dans l'élaboration de la politique de la nation et l'inspiration de l'action de l'Etat, bien qu'en fonction des aspirations profondes des masses, n'avait pas nécessité, comme il aurait dû l'être, la révision de la constitution du 08 décembre 1963 pour prendre en compte cette nouvelle donne. Cela d'autant plus que, l'article 25 des statuts du MNR, faisait du Secrétaire général du parti unique, ainsi crée (par ailleurs président du Comité central), le Président de la République et Chef de l'Etat.

La circonstance que le rôle du MNR fut calqué sur les attributions du Conseil national de la révolution (CNR) institué par l'article 85 de la constitution du 08 décembre 1963, pendant la période de consolidation de la révolution, ne justifiait pas cette anomalie juridique[215]. Qu'à cela ne tienne, cette posture renforçait la prépondérance du Président de la République par rapport aux autres pouvoirs d'Etat, ainsi que le caractère présidentialiste du régime de la 2ème République.

§ 2 : La charte du mouvement national de la révolution (MNR).

La charte du Mouvement national de la révolution (MNR), adoptée lors de la session du 26 février au 26 mars 1966[216], conférait un caractère présidentialiste très renforcé au régime de la deuxième République, en raison de l'accentuation du rôle dominant, voire dirigeant, du Parti unique[217]. A la différence des statuts qui avaient été approuvés par une loi, celle du 20 juillet 1964 (n° 25-64), la charte du MNR n'avait pas donné lieu à une loi constitutionnelle ni organique dans le cadre d'une révision de la constitution.

---

[215] L'article 85 de la constitution du 08 décembre 1963, instituait un Conseil national de la révolution (CNR) présidé par le Président de la République, les membres du gouvernement en étaient membres de droit. Il avait pour mission de consolider la révolution. Pour réaliser les objectifs fondamentaux de la révolution, le CNR avait également pour mission d'élaborer la politique générale de la nation et inspirer l'action de l'Etat en fonctions des aspirations profondes des masses.

[216] Cette charte fut en réalité établie le 31 décembre 1965, sa publication bien qu'étant amorcée fut interrompue afin que la charte soit réexaminée par les instances du parti, notamment le comité central.

[217] Cf. Sur les péripéties et le contexte de l'adoption de cette charte, il conviendra de se reporter à l'ouvrage précité de Gabou (A.), *« chronologie politique congolaise »*, pp. 52- 55.

A). Nature juridique et portée de la charte.

Certains auteurs pensent que cette charte avait une valeur supra-constitutionnelle[218]. Nous ne partageons pas ce point de vue. Car, la constitution se hisse, en droit interne, au sommet de la hiérarchie des normes juridiques. Cela fut même le cas dans les systèmes juridiques des anciennes démocraties populaires de l'Europe de l'Est et dans l'ancienne Union soviétique (URSS)[219].

Ensuite, sur le plan formel encore, dans sa procédure d'élaboration, cette charte fut édictée par l'ancien Président de la République lui-même (bien qu'étant le Secrétaire national du Parti unique, le MNR), pour pallier les excès et anomalies qui avaient marqué les deux premières années du régime révolutionnaire. Elle n'était pas aussitôt approuvée par le Congrès du parti unique à cause des clivages au sein même du parti. Mais, elle ne l'était que quelques mois plus tard, lors du congrès du Parti unique du 26 février au 26 mars 1966. Elle ne constituait pas non plus une constitution révisée, encore moins une troisième constitution de la deuxième République, comme l'affirme gratuitement Alexis Gabou[220].

Car, non seulement la procédure de révision, prévue par les articles 81 et 82 de la constitution du 08 décembre 1963, n'était mise en œuvre ; mais aussi et surtout, elle n'était pas soumise à l'approbation du peuple par référendum.

Ensuite, sur le plan matériel, mis à part les règles d'organisation et de fonctionnement des grands pouvoirs publics, la normativité d'un certain nombre de ses dispositions est sujette à caution. D'un point de vue purement constitutionnel[221], la charte du MNR n'abrogeait pas, même partiellement, la constitution du 08 décembre 1963.

Donc, cette charte était avant tout une forme améliorée des statuts du MNR, ensuite un document d'orientation qui s'imposait aux autorités de l'Etat, en vertu du rôle dominant du parti unique. Lequel parti qui, en vertu de l'article 1er de la loi n° 25-64 du 20 juillet 1964, précitée, et de l'article 2 de ses statuts, était l'expression de la volonté du peuple congolais, le creuset où se forgeait sa conscience politique, se concevaient la ligne et les principes d'action, se réalisaient les objectifs fondamentaux de la révolution, s'élaborait la politique générale de la nation et s'inspirait l'action de l'Etat en fonction des aspirations profondes des masses.

---

218 Cf. J.M. Breton, op. cit. p.39.

219 Cf. Hubert Izdebski *« Les sources du droit dans les pays socialistes européens (Histoire, théorie, pratique) »*, Revue internationale de droit comparé, 1986 Volume 38, Numéro 1, pp. 7-56.

220 Cf. A. Gabou, *« chronologie politique congolaise »*, op. cit. 53.

221 D'ailleurs, A. Gabou souligne lui-même que la charte du MNR comporte deux parties, une première partie contenant des résolutions intitulées *« thèses »* définissant la politique du régime fondée sur le marxisme-léninisme, une seconde partie intitulée *« annexes»*, qui comporte des articles qui sont au nombre de 116, dont quelques-uns, non pourvus, qui donnent à la charte le caractère d'un texte inachevé… op. cit. p. 53.

Elle ne se substituait certes pas à la constitution du 08 décembre 1963, mais la complétait dans certaines de ses dispositions normatives, notamment celles qui touchaient à l'organisation et au fonctionnement des grands pouvoirs publics, dont la valeur constitutionnelle est indiscutable. Cela, même si la procédure de révision de la constitution en vigueur n'avait pas été suivie.

B). La conception et la distribution des pouvoirs.

La charte du MNR consacre une conception atypique de la distribution des grands pouvoirs publics. En ce sens que, si l'Etat gérait les affaires nationales au profit du peuple congolais, comme le prescrit l'article 65, cette gestion se faisait par le biais (*« l'intermédiaire »,* sic) des institutions nationales (article 6). La constitution étant le cadre juridique de base ou le fondement essentiel des institutions nationales ; elles peuvent aussi être régies par les lois (article 7).

Dès lors, la charte établissait une séparation binaire des grands pouvoirs publics, en pouvoir politique et en pouvoir judiciaire, qui tranche avec le triptyque classique des pouvoirs exécutif, législatif et judiciaire.

Le premier, c'est-à-dire le pouvoir politique regroupait trois prérogatives : le pouvoir de conception et de direction dévolu au Parti unique, le MNR ; le pouvoir exécutif dévolu au gouvernement et le pouvoir législatif incombant à l'Assemblée nationale (article 8). Dans cet ordre, le Parti national, comme le qualifie l'article 14, était l'organe suprême de la nation. Donc, il primait sur tous les autres pouvoirs. Le Congrès du parti étant l'instance suprême, suivie du Comité central et du Bureau politique que présidait le Secrétaire général du parti.

La charte ne précise pas que le Secrétaire général du Parti unique était de droit Président de la République. Mais, cela allait de soi au regard des statuts et de la constitution. Car, le Président de la République était élu par le Congrès du Parti. Il est significatif de souligner que les décisions, résolutions et recommandations du Comité central étaient exécutoires sous forme de lois ou de règlements[222]. Donc, elles s'imposaient au pourvoir législatif et au pouvoir exécutif, ainsi qu'aux juges.

Le gouvernement, bien qu'érigé en pouvoir exécutif, n'avait qu'un rôle d'exécutant. Il ne prenait aucune initiative en dehors de la politique de la nation élaborée et définie par le Parti. C'est cette politique qu'elle devait appliquer et exécuter. C'est ici qu'apparaît le Président de la République dans la dévolution des pouvoirs par la charte. Il est le garant, sinon le dépositaire de la politique de la nation élaborée et définie par le Parti, dont il est par ailleurs le Secrétaire général. C'est en Conseil des ministres qu'il dirige et arrête cette politique. Sa double casquette de Chef du Parti unique

[222] Cf. articles 14 et suiv.

et de Chef de l'Etat renforce le caractère présidentialiste du régime. Il est assisté, dans ses fonctions, d'un Premier ministre qu'il nomme pour conduire l'action du gouvernement, coordonner l'activité des ministres qui doivent lui en rendre compte.

Donc, le Premier ministre conduisait l'action du gouvernement, dont il n'était pas le Chef, sous la direction du Président de la République. Il y a certes un exécutif bicéphale, mais celui-ci est dominé par le Président de la République-Secrétaire général du Parti national. Enfin, concernant le pouvoir législatif, l'Assemblée nationale était également subordonnée au Parti national ou Parti-Etat en ce sens qu'elle devait *« élaborer et voter les lois selon les directives données par le parti »*[223].

Les membres de l'Assemblée nationale et ceux des assemblées populaires des collectivités locales élisaient le Président de la République[224], comme le prévoit la constitution. La charte semble reconnaitre une certaine indépendance au pouvoir législatif. Mais, celle-ci est bordée par la ligne du parti et les intérêts du peuple, en ce sens que la charte prescrit que la souveraineté de l'Assemblée nationale ne saurait constituer un moyen permettant de faire triompher des points des vues personnels ou défendre des intérêts particuliers.

La souveraineté de l'Assemblée nationale ne doit pas être confondue avec la souveraineté du peuple. Sauf si elle tend à satisfaire ses intérêts. Donc, pas d'opinion dissidente ni d'opposition. Quant aux rapports avec l'exécutif, il est stipulé que les députés contrôlent l'exécutif par des moyens appropriés. Mais, ces moyens de contrôle de l'action de l'exécutif ne sont pas définis. Cependant, il était interdit que le contrôle se transforme en un *« pugilat »* ou en une *« foire d'empoigne »*[225]. Le gouvernement, tout au moins, le Président de la République ne pouvait pas dissoudre l'Assemblée nationale, puisque l'article 113 de la charte stipule que *« les membres de l'Assemblée nationale sont responsables vis-à-vis du peuple et vis-à-vis du Parti »*.

Le pouvoir judiciaire était, quant à lui, cantonné dans la garantie des droits des citoyens et à l'administration judiciaire. Ses attributions ne sont pas davantage définies. Cela donne l'impression d'une rédaction inachevée puisque, comme nous l'avons souligné plus haut, les articles 10 et 11 ne sont pas pourvus. Car, ils sont vides.

De tout ce qui vient d'être dit, la deuxième République est un régime précurseur d'un présidentialisme renforcé par le rôle hégémonique du parti unique qui, bien que n'ayant pas résisté à la force des choses, s'est perpétué au gré des circonstances.

---

[223] Cf. article 102 et suivants.

[224] Cf. Article 116.

[225] L'article 112 stipule *« Les membres de l'Assemblée nationale contrôlent l'exécutif par les moyens appropriés.*
En aucun cas, ce contrôle ne doit donner lieu à des conflits de compétence ou à des oppositions inutiles et épidermiques. On peut contrôler sans offenser ni nuire à la réputation d'autrui ».

Sous-titre 2 : La troisième République, le socialisme scientifique et le PCT.

La troisième République hérite de la deuxième, au plan idéologique, la fameuse révolution des 13, 14 et 15 août 1963, qu'elle entend consolider et perpétuer les acquis ; tout en marquant un hiatus sur la manière de conduire le peuple congolais dans l'édification d'une hypothétique et utopique société socialiste. Cependant, elle abandonne le socialisme bantou pour un socialisme scientifique. Nous examinerons tour à tour la naissance et les vicissitudes de cette République, ainsi que la restauration de l'autorité du parti congolais du travail.

Chapitre 1er : L'éclosion et les vicissitudes de la 3ème République.

La troisième République, comme la deuxième République, est née d'une crise politique. Il serait intéressant d'évoquer dans ce chapitre le contexte de sa survenance et les vicissitudes qui ont ensuite conduit à la création d'un nouveau parti unique, en l'occurrence, le Parti congolais du travail (PCT), et à sa déconfiture.

Section 1 : Le contexte de la naissance de la 3ème République.

Il est admis de souligner que la 3ème République est marquée par le contexte qui l'a vue naître, celui de l'insurrection menée par le Capitaine Marien Ngouabi et ses compagnons d'armes le 31 juillet 1968, ayant abouti au renversement du régime du Mouvement national de la Révolution (MNR), du deuxième Président de la République, Alphonse Massamba-Débat. Cette insurrection aura permis la mise en place de deux régimes provisoires, voire transitionnels.

§ 1 : Le mouvement insurrectionnel du 31 juillet 1968.

Comme nous venons de l'annoncer, les circonstances de l'éclosion de la troisième République ressemblent à celles de la deuxième République. La seule différence réside dans le fait qu'il ne s'agissait pas cette fois-là d'une nouvelle révolution, mais d'une insurrection armée. D'aucuns diraient d'un coup d'Etat, sur fond de clivage idéologique dans la manière de conduire et de consolider les idéaux de la fameuse révolution des 13, 14 et 15 août 1963.

L'insurrection menée par le capitaine Marien Ngouabi et ses compagnons d'armes le 31 juillet 1938 avait abouti à la chute du régime du MNR, de l'ancien Président Alphonse Massamba-Débat[226].

En effet, le climat politique devenait très tendu en juillet 1968 à Brazzaville et à tel point que le 30 juillet 1968, le Capitaine Marien Ngouabi fut arrêté, jeté en prison et rétrogradé au rang de soldat de 2ème classe. Il fut libéré dès le lendemain par ses compagnons d'armes. Ce fut donc le début du mouvement insurrectionnel du 31 juillet 1968. Le bras de fer se durcissait avec le Président Alphonse Massamba-Débat qui, le 1er août 1968, avait décidé de dissoudre le Bureau politique, l'organe exécutif du parti unique, le MNR. Il prononçait aussi la dissolution de l'Assemblée nationale en violation flagrante de sa propre constitution du 08 décembre 1963 qui ne prévoyait cette possibilité qu'en cas de vote de deux motions de censure (crise institutionnelle) au cours d'une même période de 18 mois[227].

Même en cas de circonstances exceptionnelles permettant au Président de la République de décréter l'état d'urgence ou l'état de siège[228], la constitution ne l'autorisait pas non plus à dissoudre le Parlement. D'ailleurs, le Président Massamba-Débat avait suspendu cette constitution dans la foulée, quand bien même qu'elle fut complétée par la charte du MNR. Les dernières tentatives désespérées de concentration de tous les pouvoirs par le Président de la République n'allaient pas résister longtemps au coup de force des militaires insurgés. Cela d'autant plus que, dans cette confusion, l'Armée populaire nationale (APN), ainsi dénommée depuis le 22 juin 1966, se rangeait du côté des insurgés. Deux régimes transitoires se succédaient après ces événements, dont le leitmotiv était de consolider et de pérenniser les acquis de la révolution des 3 journées glorieuses des 13, 14 et 15 août 1963.

§ 2 : Le régime provisoire du CNR du 05 août au 31 décembre 1968.

Cette transition connaîtra deux séquences. D'une part, la création d'un Conseil national de la Révolution (CNR) avec le maintien symbolique et figuratif du Président de la République ; d'autre part, l'accession du Président du CNR aux fonctions de Chef de l'Etat.

---

[226] Cf. Gabou (A.), *« Chronique politique congolaise... »*, pp.56 et suivantes ; JM Breton, *« Droit public congolais »*, op. cit. pp.41 et suivants.

[227] Cf. article 32 de la constitution du 08 décembre 1963.

[228] Cf. articles 29 dernier alinéa et 56 de la constitution du 08 décembre 1963.

A). La création du CNR et le régime l'acte fondamental du 14 août 1968.

Triomphants, les acteurs de l'insurrection du 31 juillet 1968 devraient marquer la fin du régime du MNR en créant un CNR par l'acte du 05 août 1968[229]. A l'instar de celui qui fut institué par l'article 85 de la constitution du 08 décembre 1963 pour consolider la Révolution, ce nouveau CNR était l'organe suprême de la Révolution jusqu'à la mise en place de nouvelles institutions. Il avait pour missions de concevoir, de diriger, de contrôler et de coordonner l'action du Parti et de l'Etat. Le Conseil national de la Révolution était composé d'un Directoire, organe exécutif, de douze membres, dont un Président, deux Vice-présidents et des secrétaires.

Le Président de la République et le Premier ministre étaient de droit membres du Directoire. L'article 7 de l'acte du 05 août 1968 confiait au CNR la mission de rédiger l'acte fondamental qui devait régir l'organisation et le fonctionnement des institutions de l'Etat.

Le Président de la République, bien que maintenu par les insurgés, ne jouait en réalité aucun rôle politique majeur au sein des institutions. Il était, tel un figurant, dépouillé de toutes ses prérogatives. Cela, même si l'article 6 de l'acte du 05 août 1968 dispose qu'il nomme et révoque le Premier ministre et les membres du gouvernement sur proposition du Conseil national de la révolution. Mais, en réalité, il n'avait pas le dernier mot.

L'organisation des pouvoirs publics, pendant la première séquence du régime transitoire du CNR, était définie par l'acte fondamental du 14 août 1968. S'il abrogeait la constitution du 08 décembre 1963, il en maintenait néanmoins certaines dispositions, notamment le titre II (à l'exclusion des alinéas 4 et 5 de l'article 12), le titre VIII (à l'exclusion de l'article 61) et le titre IX[230]. Les grands pouvoirs politiques étaient distribués entre trois, voire quatre organes.

I). Le Conseil National de la Révolution (CNR).

Le Conseil national de la révolution était l'organe suprême de la révolution, le garant de la continuité du pouvoir d'Etat et des institutions révolutionnaires jusqu'à la mise en place des nouvelles institutions. Il dirigeait, orientait et contrôlait l'action de l'Etat. Le Conseil National de la Révolution était avant tout un organe politique, jouant quasiment le rôle de Parti unique, comme ce fut le

---

[229] Il sera précisé et complété par un règlement intérieur établi par l'acte n°01-68 du 14 août 1968. Le CNR était d'abord présidé par le Président Massamba-Débat, ensuite par le Capitaine Marien Ngouabi.

[230] Le titre II de la constitution du 08 décembre 1963 était consacré aux libertés publiques et à la personne humaine (les 4ème et 5ème alinéa de l'article 12 furent supprimés en ce qu'ils se rapportaient en partie à l'enseignement privé), le Titre VIII se rapportait aux relations internationales (notamment l'article 61) aux compétences du Président de la République en matière de négociation et de ratification des traités et accords internationaux, dont il était désormais privé. Le titre IX se rapportait à l'autorité judiciaire.

cas du MNR. Il était l'inspirateur de l'action de l'Etat. C'est lui qui détenait, à travers son président, la réalité du pouvoir.

II). Le Président de la République.

S'il demeurait Chef de l'Etat et incarnait l'unité nationale, le Président de la République était surtout subordonné au CNR et, dans une certaine mesure, au gouvernement, dont il assurait le respect des décisions et des actes. Il pouvait nommer le Premier ministre sur proposition du CNR, de même qu'il pouvait nommer les membres du gouvernement sur proposition du Premier ministre et, surtout, après avis conforme du CNR. Il ne pouvait déclarer l'état d'urgence ni l'état de siège que sur décision du CNR. Preuve supplémentaire de son anéantissement, les ministres n'étaient pas responsables devant lui, mais devant le Premier ministre. Il ne pouvait négocier ni ratifier les traités que sur avis conforme du CNR et du gouvernement. En somme, le Président de la République était dans une situation d'humiliation.

III). Le Gouvernement et le Premier ministre.

L'acte fondamental du 14 août 1968, traite dans le même titre (3) du Gouvernement et du Premier ministre, qui ont plus de pouvoirs que le Président de la République.

Si le Gouvernement conduit la politique de la nation et rend compte de ses activités au CNR (non pas au Président de la République). C'est le Premier ministre, Chef du Gouvernement, qui préside le Conseil des ministres. C'est lui qui concentre les pouvoirs réglementaire et législatif, qu'il exerce dans ce dernier cas par voie d'ordonnances. Il nomme aux emplois civils et militaires sur décision du CNR. Ses actes sont contresignés par les ministres en charge de leur exécution. Il concurrence le Président de la République sur le plan diplomatique en ce sens qu'il négocie et ratifie les traités, non pas sur avis conforme comme c'est le cas du Chef de l'Etat, mais sur simple avis du CNR.

En somme, l'acte fondamental du 14 août 1968, institue un déséquilibre de l'exécutif bicéphale au profit du Premier ministre, consacrant ainsi un régime de concentration, voire de confusion de pouvoirs à l'avantage du Premier ministre, Alfred Raoul, sous l'emprise tutélaire de l'organe politique de transition que fut le Conseil national de la Révolution.

B). La démission du Président de la République et l'acte fondamental du 1er janvier 1969.

Le Président Massamba-Débat était contraint de démissionner le 04 septembre 1968, après la défaite du dernier carré de ses partisans retranchés dans le camp Biafa de Makélékélé le 31 août 1968. Marien Ngouabi lui succédait dans la présidence du CNR, comme nous l'apprend si bien A. Gabou[231].

I). L'acte fondamental du 1er janvier 1969.

Un nouvel acte fondamental fut établi dans la suite de cette démission, mais il ne fut publié que le 1er janvier 1969. Il n'était pas profondément différent de celui du 14 août 1968, même s'il apportait quelques modifications à la constitution du 8 décembre 1963, en renforçant ne serait-ce qu'en théorie le rôle du Premier ministre. Ce dernier devrait désormais nommer les autres membres du Gouvernement sur simple avis du CNR. Le Président de la République ne négociait plus et ne ratifiait plus les traités et accords internationaux. Ces attributions étaient dévolues au Premier ministre sur avis du CNR.

La défiance vis-à-vis de l'ancien Président de la République s'étant estompée du fait de sa démission, c'était désormais le Président du CNR, donc le capitaine Marien Ngouabi, nouveau Chef d'Etat, qui détenait la réalité du pouvoir.

Il y avait en annexe du nouvel acte fondamental, un acte modificatif du CNR. Celui-ci était devenu moins pléthorique, en ce qu'il était désormais composé de 28 membres, au lieu de 41, d'un Directoire de 8 membres au lieu de 12 comme avant. Désormais, le Directoire n'était plus dirigé que par le Président de la République, le Chef de l'Etat. Il n'existait plus de vice-présidents. Le Chef de l'Etat avait le pouvoir de nommer et de révoquer le Premier ministre sur proposition du CNR, qu'il présidait. Or, sous l'acte fondamental du 14 août 1968, le Président de la République n'avait pas le pouvoir de révoquer le Premier ministre. Cependant, le Premier ministre présidait le Conseil du gouvernement.

Vis-à-vis de l'autorité judiciaire, même s'il était maintenu que la justice était rendue au nom du peuple congolais et il est un principe acquis de l'indépendance de la justice en ce sens que les juges ne sont soumis, dans l'exercice de leurs fonctions, qu'à l'autorité de la loi, l'acte fondamental modifiait la constitution du 08 décembre 1963 en confiant au Président du CNR, Chef de l'Etat, des prérogatives au sein de l'organe qui était censé garantir l'indépendance de l'autorité judiciaire. En effet, c'est lui qui présidait le Conseil supérieur de la magistrature. Le ministre de la justice, garde des Sceaux, en était le vice-président. C'est encore le Président du CNR, Chef de l'Etat qui nommait les magistrats du siège, sur présentation du CSM et après avis du Conseil des ministres.

[231] Cf. « *Chronologie politique congolaise* », op. cit. p.59.

II). Des juridictions d'exception.

Pour peser sur le cours des événements et annihiler toute velléité de contestation, de soulèvement ou réprimer tout acte attentatoire à l'ordre public ou à la sûreté de l'Etat, le Président du CNR, Chef de l'Etat, chargé de la défense nationale et de la sécurité, créait trois (3) juridictions d'exception dans la même année. Il s'agissait de la Cour révolutionnaire de justice (créée par l'ordonnance n° 2-69 du 07 février 1969), la Cour martiale (créée par ordonnance n°22-69 du 10 novembre 1969 et la Cour révolutionnaire d'exception (créée par ordonnance 24-69 du 18 novembre 1969).

Ce régime semblait instaurer un équilibre apparent au sein de l'exécutif dualiste. Or, les modifications tant du CNR, de l'acte fondamental du 14 août 1968, que de la constitution du 08 décembre 1963 suite à la démission du Président de la deuxième République, consacraient en réalité un renforcement du principal acteur de l'insurrection du 31 juillet 1968, devenu Président du CNR et Chef de l'Etat. Il s'agissait d'un régime présidentialiste à forte connotation révolutionnaire en période de transition post-insurrectionnelle.

Section 2 : La création du Parti congolais du travail.

La transition post-insurrectionnelle, du 31 juillet 1968, avait pris fin avec la création d'un nouveau parti unique et l'adoption d'une nouvelle constitution. En effet, dans un acte n° 13 du 28 décembre 1969, le Conseil national de la révolution (CNR) convoquait la tenue d'un congrès constitutif du 28 au 30 décembre 1969 à l'issue duquel furent adoptés aussi bien les statuts du nouveau parti unique, le Parti congolais du travail (PCT), un parti d'obédience marxiste-léniniste, qu'une nouvelle constitution.

§ 1 : La 1re constitution du PCT, celle du 30 décembre 1969.

Le congrès constitutif du PCT adoptait, le 30 décembre 1969, une nouvelle constitution. Cette constitution fut promulguée par l'ordonnance n° 40-69 du 31 décembre 1969[232]. Le congrès adoptait aussi le changement des attributs de la République. Dès lors, la République du Congo s'appelait désormais *« République populaire du Congo »*, le *drapeau rouge* vif (flanqué de deux palmes vertes entourant une houe et un marteau croisés en jaune or par le bas et une étoile de 5 branches également jaune or par le haut) remplaçait le drapeau tricolore vert-jaune-rouge, l'hymne national devenait

---

[232] Ordonnance n°40-69 du 31 décembre 1969, portant promulgation de la constitution de la République populaire du Congo, JORPC, 15 janvier 1970, pp. 23 et suivantes.

les *« trois glorieuses »* (une référence aux trois journées de la révolution des 13, 14 et 15 août 1963) dont il fallait pérenniser les idéaux, la devise de la République étant *« Travail, démocratie, paix »,* le principe de la République étant, *« le gouvernement du peuple, par le peuple et pour le peuple ».*

A). Sur plan formel.

La constitution du 30 décembre 1969 est dépourvue de préambule. Elle s'ouvre sur une première partie dédiée aux principes fondamentaux dont les trois titres sont consacrés respectivement à la République populaire du Congo, aux libertés publiques et à la personne humaine et à l'ordre social et économique (le collectivisme est ici prôné au lieu de l'individualisme, du capitalisme encore moins le libéralisme). La deuxième partie, dédiée à l'organisation de l'Etat, comporte plusieurs titres dont celui sur le Président de la République et le Conseil d'Etat.

Aussi paradoxal que cela puisse paraître, aucun titre n'est consacré au Parti Congolais du Travail, nouveau parti unique, comparativement avec le MNR dans la constitution du 08 décembre 1963, en dépit de son rôle dirigeant. La constitution se contente de renvoyer à ses statuts. Aucune référence au Parlement, l'organe législatif, qui n'existait d'ailleurs pas dans les faits.

Enfin, il existe un autre motif d'étonnement. Aucun titre sur la justice ou l'autorité judiciaire. Même si jusque-là, s'inspirant du modèle français de la constitution de la Vème République, la justice n'était pas érigée en un 3ème pouvoir, quand bien même que les juridictions existaient en l'occurrence.

B). Concernant la redistribution des grands pouvoirs publics.

La dévolution des grands pouvoirs publics et politiques est faite entre le Parti Congolais du Travail, le Président de la République et le Conseil d'Etat.

I). Le Parti congolais du travail (PCT)

Bien qu'aucun titre de la constitution du 30 décembre 1969 ne soit spécialement consacré à ce nouveau au parti unique, son organisation et son fonctionnement sont définis dans ses statuts. Il ne s'agissait pas d'un parti de masse, mais d'un parti d'avant-garde du peuple congolais, dont la mission principale fut de conduire le peuple à la libération nationale et à l'édification du socialisme scientifique, d'une société affranchie de l'exploitation de l'homme par l'homme, d'une société démocratique.

Bref, le PCT se définissait comme étant un parti prolétarien, noyau dirigeant du peuple congolais[233], et le premier parti marxiste-léniniste au pourvoir en Afrique. Il ne s'agissait pas d'un parti communiste comme l'affirme Alexis Gabou[234]. Le Congrès est l'organe suprême de direction du Parti, le Comité central l'est dans l'intervalle des congrès, le Bureau politique ou le Directoire l'est entre les sessions du Comité central. Il était dirigé par son Président fondateur, Marien Ngouabi.

Au niveau des pouvoirs d'Etat, le Parti Congolais du Travail apparaissait tout à la fois comme l'intercesseur du peuple et le dépositaire de la souveraineté populaire. Il était censé agir pour le peuple et par le peuple.

D'ailleurs, l'article 2 de la constitution 30 décembre 1969 dispose que, *« la souveraineté réside dans le peuple et du peuple émanent tous les pouvoirs publics, à travers un parti populaire unique : le parti congolais du travail dont l'organisation est définie par ses statuts ».*

On peut comprendre que, suivant cette formule sibylline, le Congrès se voit reconnaitre tout à la fois le pouvoir constituant originaire et le pouvoir constituant dérivé. Ainsi donc, le rôle dominant et omniprésent du parti au sein des pouvoirs publics et des organes de l'Etat est clairement affirmé.

II). Le Président de la République

Etant donné que le parti dirigeait l'Etat, le Président du PCT (en l'occurrence son Président fondateur) était élu par le Congrès du Parti unique pour une durée de cinq ans. Il était de droit Président de la République et Chef de l'Etat. Au nombre de ses prérogatives constitutionnelles figurait la nomination du Vice-Président du Conseil d'Etat, qu'il pouvait révoquer après un simple avis du Comité central dont il assurait la présidence. Il était également Président du Conseil d'Etat, en nommait les autres membres sur proposition du Vice-président et pouvait mettre fin à leurs fonctions. Il devait prêter serment devant le Comité central lors de son entrée en fonction.

Le Président de la République était également détenteur du pouvoir législatif, qu'il devait exercer par voie d'ordonnances en séance mixte Directoire-Conseil d'Etat. Le pouvoir réglementaire était dévolu au Conseil d'Etat, sous le contrôle du Président de la République. Mais, dans les faits, c'est le Chef de l'Etat qui en était le véritable détenteur. Le Conseil d'Etat qu'il présidait n'était que le cadre institutionnel de l'exercice de ce pouvoir réglementaire. D'ailleurs, ses actes, qu'il s'agisse des ordonnances ou des décrets, devaient être contresignés aussi bien par le Vice-président du Conseil d'Etat que par les autres membres de ce Conseil directement

---

233 Cf. articles 1er et suivants des statuts du PCT du 30 décembre 1969, in A. Gabou, *« Les constitutions congolaises »*, op.cit. pp.327 et suiv.

234 Cf. A. Gabou, *« chronologie politique congolaise »*, op. cit. 63 et suiv.

concernés[235]. Bref, le Président de la République était le chef suprême des forces armées, etc.

III). Le Conseil d'Etat

Cette appellation peut prêter à confusion et renvoyer à une juridiction, comme c'est le cas de la plus haute juridiction administrative française. Il s'agit en réalité du gouvernement, que la constitution du 30 décembre 1969 qualifiait d'organe exécutif et administratif supérieur de la République populaire du Congo. Il était présidé par le Président du PCT, Président de la République et Chef de l'Etat, assisté d'un vice-président et comprenait des ministres et des secrétaires d'État.

Le Président du Conseil d'Etat était à la fois Président de la République, Chef de l'Etat et Premier ministre. Car, le Vice-président du Conseil d'Etat faisait quasiment office de Vice-Premier Ministre (il s'agissait, lors de sa création, du Commandant Alfred Raoul). Les modalités de désignation des membres de cette institution, autres que son président, viennent d'être rappelées plus haut. Il convient cependant de souligner que, le parti dirigeant l'Etat, le Vice-président et les autres membres du Conseil d'Etat étaient responsables devant Président du PCT, Président de la République, Chef de l'Etat et Président *« tout puissant »* du Conseil d'Etat.

Si le Vice-président du Conseil d'Etat dirigeait l'action de cette institution, il y avait une apparente concurrence avec le Chef du Parti unique, chef de l'Etat et Président dudit Conseil d'Etat. Mais, c'était en réalité lui qui incarnait cette fonction de direction de l'action du gouvernement selon la ligne et les orientations du parti unique, le parti congolais du travail.

L'exécutif n'était pas véritablement bicéphale, puisque le Vice-président du Conseil d'Etat ne jouait qu'un rôle subalterne. La réalité du pouvoir était entre les mains chef du parti unique, Chef de l'exécutif. Le Conseil d'Etat était un organe d'exécution des lois et des ordonnances dont on sait qu'elles étaient de la compétence du Président de la République, Chef de l'Etat et Président du Conseil d'Etat. Même si c'est dans ce cadre institutionnel que s'exerçait le pouvoir normatif, incluant également le pouvoir réglementaire du Président de la République. D'ailleurs, l'exécution des lois et des ordonnances se faisait sous son contrôle.

L'article 53 de la constitution du 30 décembre 1969 semblait donner un petit relief au Conseil d'Etat en rendant obligatoire sa consultation sur un certain nombre de matières bien définies[236] ; même s'il s'agissait d'émettre

---

[235] A l'exception de ceux qui touchent aux prérogatives du Président de la République en matière diplomatique, le droit de grâce, d'état d'urgence ou d'état de siège, chef suprême des forces armées, nomination aux emplois civils et militaires, traités et engagements internationaux, etc (cf. article 44 à 57).

[236] Concernant la politique générale de la République, les accords avec les puissances étrangères, les projets et propositions de lois, les ordonnances, décrets et textes réglementaires. Ces 2 dernières énumérations sont contradictoires, car les décrets sont également des textes réglementaires. Il est sans

de simples avis, donc non conformes, ne liant pas le Chef de l'exécutif qui pouvait en passer outre.

Le Conseil d'Etat avait aussi d'autres attributions. Elles consistaient dans la coordination des activités des ministres, des commissions, des services et autres institutions placées sous son contrôle direct, à élaborer le plan économique et le budget de l'Etat en vue de son approbation par le Comité central du PCT et de veiller à leur exécution, prendre toutes les mesures nécessaires pour assurer et défendre l'ordre constitutionnel et protéger les droits des citoyens, etc[237].

IV). D'étonnants vides juridiques.

La constitution du 30 décembre 1969 comporte des carences juridiques, dont certaines sont assez étonnantes pour une loi fondamentale. D'une part, il n'existe aucune disposition sur la justice. Même si, s'inspirant de la constitution française de la Vème République (4 octobre 1958), la justice n'était pas jusque-là érigée, dans les constitutions ou les actes en tenant lieu, y compris ceux du 14 août 1969 et 1er janvier 1969, comme un 3ème pouvoir. Mais, ce n'était qu'une autorité judiciaire. Etonnant pour un régime qui était censé agir au nom du peuple souverain. La justice serait rendue en son nom, celui du peuple prolétarien congolais !!!

D'autre part, il y a l'absence notoire d'une assemblée parlementaire, représentative du peuple congolais souverain et prolétarien, comme pouvoir d'Etat pour voter des lois en son nom et même sous le contrôle de son intercesseur, le PCT. Cette situation est d'autant plus paradoxale que la constitution instituait des organes représentatifs du pouvoir d'Etat au niveau local, en l'occurrence les conseils populaires des communes, des districts et des régions[238]. Donc, la concrétisation de ce qu'il convenait d'appeler, par *« Pouvoirs populaires »* dans la phraséologie révolutionnaire de l'époque.

V). La qualification du régime de la constitution du 30 décembre 1969.

La constitution du 30 décembre 1969 instituait un régime présidentialiste de concentration et de confusion des pouvoirs au profit du chef du parti unique d'obédience marxiste-léniniste. Il s'agissait donc d'un présidentialisme de type révolutionnaire et d'inspiration marxiste léninisme, dont l'ambition était de franchir l'étape de la dictature du prolétariat dans le

---

doute fait allusion aux autres textes réglementaires, comme les arrêtés, directives ou certaines circulaires. Les ordonnances ont un caractère réglementaire dès lors qu'elles ne sont pas ratifiées par le Parlement. Or, en l'espèce le parlement n'existait pas et le domaine de la loi n'était pas défini dans la constitution du 30 décembre 1969.

[237] Cf. article 54 de la constitution du 30 décembre 1969.

[238] Cf. Titre VII, article 60 à 62 de la constitution du 30décembre 1969.

processus d'édification de ce qui est devenu aujourd'hui l'utopie d'une société socialiste ou du socialisme scientifique.

§2. La 2ème constitution du PCT, celle du 24 juin 1973.

Nous examinerons dans les développements qui vont suivre, le contexte de l'adoption de la nouvelle constitution, l'organisation et fonctionnement des institutions qu'elle instaure et l'intermède de l'état-major spécial révolutionnaire (EMRS).

A). Le contexte et l'adoption de la constitution de 1973.

La constitution du 30 décembre 1969 n'aura vécu que 3 ans et demi environ. Les tragiques événements qui s'étaient succédés depuis 1970, notamment les coups d'Etat manqués des Lieutenants Pierre Kinganga du 23 mars 1970 et Ange Diawara du 22 février 1972, rendaient nécessaires la convocation du 2ème congrès extraordinaire du PCT, parti unique, du 27 au 30 décembre 1972 afin de clarifier et réaffirmer le rôle du Parti et le fonctionnement des institutions de la République[239].

Le Congrès du PCT adoptait le projet de la nouvelle constitution qu'il allait substituer à celle du 30 décembre 1969. Elle était adoptée par référendum le 24 juin 1967 et, promulguée un décret du 9 juillet 1973[240].

B). L'organisation et la redistribution des pouvoirs.

Sur le plan formel, comme la constitution du 30 décembre 1969, celle du 24 juin 1973 ne comporte pas de préambule, ne consacre pas non plus un titre dédié au PCT, parti unique, même si son omniprésence est significative au sein des organes du pouvoir d'Etat.

I). Le Parti Congolais du Travail.

Les principales prérogatives du Parti Congolais du Travail n'ont certes pas changé, si ce n'est quelques aménagements introduits par le 2ème congrès extraordinaire du 27 au 31 décembre 1972. Le PCT devenait désormais un

---

[239] Cf. A. Gabou *« Chronologie politique congolaise »*, op. ci. pp. 63-69 ; JM Breton et al. *« Droit public congolais »*, op. cit. pp. 45 et suiv.

[240] Cf. Ordonnance n°15-73 du 04 juin 1973 portant loi électorale sur le référendum constitutionnel et les élections à l'Assemblée nationale populaire et aux conseils populaires des Régions, des districts et des communes ; Décret n°73-192 du 9 juin 1973 portant convocation du corps électoral pour consultation en vue du référendum constitutionnel et les élections à l'Assemblée nationale populaire et aux conseils populaires des régions, des districts et des communes ; décret n°209-73 du 9 juillet 1973 portant promulgation de la constitution de la République populaire du Congo du 24 juin 1973, JORPC, Numéro Spécial (hors texte) du 10 juillet 1973, pp.1 et suivantes.

parti d'avant-garde de la classe ouvrière, non plus du peuple congolais comme dans la précédente constitution. Il existe par le peuple et pour le peuple. Forme supérieure d'organisation politique et sociale, le PCT faisait du marxisme-léninisme le fondement théorique sur lequel il guidait sa pensée et son action. Il est soutenu que le marxisme-léninisme n'est pas un dogme, mais un guide pour l'action. L'article 2 de la constitution réaffirme le principe selon lequel la souveraineté réside dans le peuple et du peuple émanent tous les pouvoirs publics, à travers un parti unique, le Parti Congolais du Travail.

Enfin, la constitution précise qu'en dehors du Parti, les masses populaires exercent le pouvoir au moyen des organes représentatifs du pouvoir d'Etat constitués par les assemblées populaires, qui sont élus librement au suffrage universel direct. Il s'agissait des conseils populaires des districts, des communes, des régions et de l'Assemblée nationale populaire.

II). Le Président de la République.

Il demeurait désigné par le Congrès du Parti congolais du travail. Ses attributions n'avaient pas fondamentalement changé par rapport à la constitution de 1969. Désormais, il nommait le Premier ministre (qui n'était plus vice-président du Conseil d'Etat) sur décision (au lieu de proposition) du Comité central. Il nommait les autres ministres, en Conseil d'Etat, sur proposition du Premier ministre et mettait fin à leurs fonctions. En cas de vacance de pouvoir au plus haut sommet de l'Etat, le Président de la République devait être remplacé par le Président de l'Assemblée nationale populaire pour en assurer l'intérim, à l'exception des attributions prévues aux articles 41, 44 à 47 de la constitution.

III). L'Assemblée nationale populaire (ANP).

L'une des principales nouveautés de la constitution du 24 juin 1973 était l'institution d'un Parlement dénommée, *« Assemblée nationale populaire »*. C'était l'organe législatif. Cette assemblée monocamérale n'était pas totalement indépendante du Parti Congolais du Travail, puisque les députés étaient élus, bien qu'au suffrage universel direct à bulletin secret, sur une liste unique arrêtée par le Comité central du Parti unique. Ils avaient un mandat impératif[241].

[241] Dans ce système, les élus agissent selon les directives de leurs mandants, de leurs électeurs, qu'ils doivent respecter scrupuleusement. Il correspond à la notion de souveraineté populaire consacrée par Jean Jacques Rousseau, *« "La souveraineté ne peut être représentée par la même raison qu'elle ne peut être aliénée ; elle consiste essentiellement dans la volonté générale, et la volonté ne se représente point. [...] Les députés du peuple ne sont donc ni ne peuvent être ses représentants, ils ne sont que ses commissaires ; ils ne peuvent rien conclure définitivement."* (Cf. J.J.Rousseau, Contrat social, Livre III, Chapitre 15). Il est opposé au mandat représentatif où les élus ne représentent, non pas le peuple lui-même, mais la nation

L'Assemblée nationale populaire était le deuxième organe du pouvoir d'Etat dans l'ordre de la constitution de 1973. Elle votait la loi et le budget. Imitant la constitution française du 04 octobre 1958 (article 34), la constitution du 24 juin 1973 délimitait le domaine de la loi en listant dans son article 55 les matières qui y relevaient.

Elle disposait de deux types de moyens de contrôle, non coercitifs ni comminatoires, de l'action du gouvernement. Il s'agit d'une part, des moyens d'information constitués par des questions orales et des questions écrites, et d'autre part, des moyens d'investigation, à savoir les auditions en commissions et les commissions d'enquête. La constitution ne lui reconnaissait pas le droit de voter une motion de censure pour renverser le gouvernement.

Le Président de la République intervenait dans l'activité du Parlement, en ce sens que c'est lui qui décidait de l'ouverture et la fermeture des sessions de l'Assemblée nationale populaire (ANP). Si en principe le Président de la République ne pouvait pas dissoudre l'Assemblée nationale populaire, il résulte des dispositions de l'article 5 de la constitution que, dans tous les organes du pouvoir d'Etat, les représentants du peuple étaient responsables devant les organes du Parti. Or, le Comité central du PCT ainsi que le Bureau politique, que présidait le Chef de l'Etat, étaient respectivement l'organe suprême du Parti dans l'intervalle des congrès et l'organe exécutif de celui-ci dans l'entre-session du précédent. Il en résulte que le Président de la République pouvait dissoudre l'Assemblée nationale populaire après avis du Comité central ou du Bureau politique.

IV). Le Conseil d'Etat (CE).

Le Conseil d'Etat institué par la constitution du 24 juin 1973 était différent de celui de la constitution du 30 décembre 1969. Le constituant de 1973 avait procédé à un éclatement des attributions de l'ancien Conseil d'Etat, *« organe exécutif et administratif supérieur de la République populaire du Congo »* pour les répartir entre deux nouveaux organes *: le Conseil d'Etat et le Conseil des ministres.* De telle sorte que le nouveau Conseil d'Etat devenait l'organe exécutif supérieur et le Conseil des ministres, l'organe exécutif administratif supérieur.

Il s'agissait d'un organe original et mixte qui comprenait les directions des grands organes du pouvoir d'Etat, à savoir, le Président de la République, Chef de l'Etat, Président du Comité central et du Bureau politique du PCT (il présidait le Conseil d'Etat), les membres du Bureau

toute entière ; c'est la souveraineté nationale. Démocratie représentative chère à Montesquieu, *"Le grand avantage des représentants, c'est qu'ils sont capables de discuter les affaires. Le peuple n'y est pas tout propre." (*Cf. L'esprit des lois, 1748).

politique du Parti unique, les membres du Bureau de l'Assemblée nationale populaire et le Premier ministre. Les ministres en étaient exclus.

Le Conseil d'Etat ne faisait plus office de gouvernement, comme dans la constitution de 1969. Il était devenu un organe de la gestion courante des affaires de l'Etat. Il n'avait plus vocation à se réunir régulièrement, mais en cas de nécessité pour préciser et orienter l'action du gouvernement, en l'occurrence le Conseil des ministres. Il devait exercer ses prérogatives sous forme d'ordonnances, de décrets, de directives, de décisions ou autres, pour contrôler les tâches confiées au Conseil des ministres, le gouvernement.

Il était obligatoirement consulté, pour donner son avis, sur les décisions relatives à la politique générale de la République, aux accords avec les puissances étrangères, à l'élaboration du plan économique et social et du budget de l'Etat, aux lois votées par le parlement avant leur promulgation par le Président de la République, à la proclamation de l'Etat d'urgence ou de l'état de siège. Il apparaissait comme une autorité collégiale de contrôle, voire de tutelle du Gouvernement.

V). Le Conseil des ministres ou le Gouvernement.

C'était le 4ème organe du pouvoir d'Etat après le Président de la République, l'Assemblée nationale populaire et le Conseil d'Etat. Il faisait office, si ce n'était véritablement, de gouvernement dans la constitution du 24 juin 1973. Il héritait des attributions d'organe exécutif administratif supérieur qu'exerçait le Conseil d'Etat sous l'empire de la constitution du 30 décembre 1969.

Il était chargé, aux termes des dispositions de l'article 70 de la constitution de 1973, de l'exécution des tâches politiques, sociales et culturelles qui lui étaient confiées par la loi et par le Conseil d'Etat. Il faudrait entendre par là qu'il s'agissait d'un organe d'exécution de la loi et des décisions du Conseil d'Etat. L'article 72 de la constitution dispose que le Conseil des ministres applique les lois votées par l'Assemblée nationale populaire ainsi que les décisions et directives du Conseil d'Etat. Il prend des décrets et des arrêtés dans le cadre de l'application des lois. Ses actes sont signés par le Premier ministre et contresignés par les ministres chargés de leur exécution. Composé du Premier ministre et des autres membres du Gouvernement, le Conseil des ministres exerçait le pouvoir réglementaire.

Le Premier ministre présidait le Conseil des ministres, il était le Chef du gouvernement. Il avait pour mission de diriger, de coordonner et de contrôler l'action des ministres. Il devait rendre compte au Président de la République devant lequel il était responsable. Il proposait au Président de la République la nomination, en Conseil d'Etat, des ministres. Ces derniers étaient responsables devant lui. Il y a sur ce point, une concurrence avec les prérogatives du Président de la République.

Car, l'article 39 de la constitution dispose que le Président de la République, Président du Conseil d'Etat, nomme en Conseil d'Etat les autres membres du Conseil des ministres et met fin à leurs fonctions. Ce qui revient à dire que ces derniers sont responsables devant lui. Donc, il apparait que la responsabilité des ministres vis-à-vis du Premier Ministre n'était qu'une responsabilité virtuelle, puisqu'il ne pouvait pas les sanctionner. Cette prérogative étant dévolue au Président de la République.

Sauf à considérer que le Premier ministre propose au Président de la République, s'il accepte ou non, de mettre fin aux fonctions d'un ministre. Tout dépend des desiderata du Président du Comité central du PCT, Président de la République, Chef de l'Etat et Président du Conseil d'Etat ou de la relation de confiance qui pouvait exister entre ce dernier et le Premier ministre, ou avec le ministre concerné.

Les attributions des ministres étaient définies dans la constitution, ce qui est assez rare. Les dispositions des articles 73 à 75 leur sont consacrées. En effet, chaque ministre pouvait fixer l'organisation interne de son ministère et des institutions de son ressort. Il était responsable de son bon fonctionnement. Il exerce le pouvoir réglementaire par voie d'arrêtés et procède aux nominations et affectations des agents qui en dépendent, sans empiéter sur les prérogatives du Président de la République en la matière, telles qu'elles sont définies dans l'article 47 de la constitution.

Les ministres jouissaient sur ce point d'un petit prestige par rapport au Premier ministre à qui la constitution de 1973 ne reconnait aucun pouvoir de nomination. Il va de soi que les fonctions de membres du Conseil des ministres sont incompatibles avec l'exercice d'un mandat parlementaire ou de toutes autres activités rémunérées. Ils étaient cependant tous membres du Parti unique et/ou des organes de celui-ci, le Comité central ou le Bureau politique.

VI). La justice.

Le constituant de 1973 avait eu la grâce de réintroduire la justice dans son corpus en lui consacrant le titre (IX) ; même s'il venait après le titre dédié à l'organisation et à l'administration territoriale de la République. Il ne traite pas de la justice en termes de pouvoir ni d'autorité, comme cela est toujours emprunté à la constitution française de 1958. En témoigne l'intitulé, *« Des juridictions nationales ».* Le titre IX de la constitution se contente d'énumérer les juridictions nationales au nombre desquelles figuraient la Cour suprême, les Cours d'appel et les autres juridictions instituées par la loi, avec la possibilité de créer des juridictions spéciales. Aucune mention sur l'indépendance de la justice, même si elle était rendue au nom du peuple congolais et conformément à la loi. Aucune mention sur le Conseil supérieur de la magistrature. La Cour suprême demeurant la plus haute juridiction nationale, elle contrôle l'activité des autres juridictions. Une loi organique devait fixer l'organisation et les compétences des juridictions.

VII). La nature du régime constitutionnel de 1973.

La constitution du 24 juin 1973 consacre, sous la supervision et l'omniprésence du pouvoir politique incarné par le PCT, parti unique, une séparation des grands pouvoirs d'Etat. Notamment, un exécutif à trois organes, d'une part le Président du Comité central du PCT qui est de droit Président de la République et Chef de l'Etat, et le Conseil d'Etat qu'il préside, d'autre part le Conseil des ministres Présidé par le Premier ministre, Chef du gouvernement. Cette stratification du pouvoir exécutif est assez originale. Outre le pouvoir exécutif ainsi structuré, il existe un pouvoir législatif exercé par un parlement monocaméral. Cependant, on peut noter la persistance de l'absence d'un pouvoir ou d'une autorité judiciaire.

Dans cette séparation binaire, mis à part, le pouvoir politique incarné par le parti unique, le pouvoir exécutif ne peut pas dissoudre le Parlement et ce dernier ne peut renverser le gouvernement. On serait tenté de dire, face cet équilibre apparent des grands pouvoirs, qu'il s'agit d'un régime présidentiel.

Cependant, le rôle idéologiquement dominant, hégémonique et l'omniprésence du PCT font de son Président-fondateur le principal acteur du jeu politique. Il s'agit d'un régime présidentialiste d'inspiration marxiste-léniniste, donc d'un présidentialisme idéologiquement révolutionnaire.

C). L'intermède de l'EMSR du 12 décembre 1975.

Réuni en session du 5 au 11 décembre 1975, le Comité central du Parti congolais du travail devait prendre, sous l'impulsion de son Président fondateur, des mesures qui s'imposaient face à l'état de quasi-décrépitude dans lequel se trouvait le pays tant sur le plan politique que sur le plan économique et social, dans le cadre d'une déclaration du 12 décembre 1975, dite déclaration du *« 12/12 »*[242]. Ainsi donc, pour éviter une récupération de la révolution par les forces centrifuges dites *« réactionnaires »,* le Parti a dû faire son introspection, sa critique et son autocritique pour reconnaitre ses erreurs et ne pas se dévoyer de ses obligations.

---

[242] Cela procédait d'un constat de défaillance généralisée, notamment au sein du Parti, du sommet à la base (manque de combativité des organes de base du parti dans l'encadrement des militants, défaut de cohérence et de dynamisme de la direction du Parti) et au niveau économique par la quasi-défaillance des entreprises d'Etat dont on dénonçait la mauvaise gestion. Le tout dans un contexte international encore marqué par les soubresauts de la crise des années 1970, notamment du premier choc pétrolier du 1973 (embargo décidé par les pays du golf producteurs de pétrole, avec une hausse brutale du prix de baril de pétrole, la réduction de la production à 25% suite à la guerre du kippour entre Israël et l'Égypte, du 16 et 17 octobre 1973), dont les effets se feront sentir jusqu'en 1978 et suivrant le 2ème choc pétrolier en 1979 (révolution iranienne et guerre Iran-Irak).

Au niveau du Parti, il était donc décidé la démission collective du Bureau politique du PCT, sans son Président ; puisque ce dernier était Président du Comité central et tenait sa légitimité du Congrès, l'organe suprême du Parti. A ce titre, il devait continuer d'assurer la haute direction du Parti et de la Révolution. Etait ensuite crée un organe provisoire qui devait conduire le mouvement de radicalisation de la révolution, l'Etat-major Spécial Révolutionnaire (EMSR), par l'acte n° 42 du 12 décembre 1975[243].

L'EMSR avait pour mission de préparer le Congrès extraordinaire du PCT et, dans cette perspective, d'exercer momentanément les missions qui incombaient jusque-là au Bureau politique du Parti, ainsi que celles qui étaient dévolues au Comité central et au Secrétariat du Comité central. Le Comité central était donc suspendu.

Au niveau de l'Etat. d'une part, le Conseil d'Etat était dissout, et d'autre part, un nouveau gouvernement dit *« révolutionnaire »* était mis en place. L'acte n° 42 du 12 décembre 1975 n'avait pas dissout l'Assemblée nationale populaire.

Cependant, bien que n'ayant pas abrogé la constitution du 24 juin 1973, il y fit une sérieuse entorse. Les changements qu'il instituait affectaient profondément le fonctionnement des institutions du Parti et de l'Etat, sans que la procédure de révision constitutionnelle prévue à l'article 91 ne fût suivie[244].

En somme, le régime provisoire et coercitif de l'EMSR était un régime qui confinait à l'autoritarisme et au totalitarisme, même sous de louables ambitions du redressement ou de la radicalisation de la révolution. La concentration du pouvoir politique au sein d'une instance ad hoc (partant, du Président de la République), contrairement à ce que prévoyaient les statuts du parti unique, était la manifestation d'une profonde crise interne et de la méfiance du Chef envers ses camarades, dont le sentiment de défiance exacerbait les velléités de sauver ce qui pouvait encore l'être.

Ce régime, qui ne devait durer que le temps de la convocation et de la tenue du Congrès extraordinaire du parti et la mise en place de nouvelles institutions, n'aura pas atteint ses objectifs à cause de l'assassinat du Commandant Marien Ngouabi, Président de la République, Chef de l'Etat et Chef du Parti unique, le 18 mars 1977[245].

Le Congo avait montré au monde entier et réalisé l'exploit funeste d'assassiner, en quelques jours d'intervalle, le Président de la République en exercice (Marien Ngouabi), l'ancien Président de la République (Alphonse

---

[243] Il était composé d'un Président (le Président du PCT), du Président de la commission du plan du Parti (le Nouveau Chef du Gouvernement), un secrétaire permanent chargé de l'organisation et de l'administration du parti, un secrétaire chargé de la commission permanente à l'armée, etc.

[244] *« L'initiative de la révision de la constitution appartient au Comité central. La révision est définitive lorsqu'elle est approuvée par le congrès et le peuple par voie de référendum ».*

[245] Cf. A. Gabou, *« Chronologie politique congolaise »*, op. cit. p.77 ; Ollandet J. *« l'expérience congolaise du socialisme, de Massamba-débat à Marien Ngouabi »*, op. ci. P.342 et suiv.

Massamba-Débat) et le plus haut prélat du pays (le cardinal Emile Biayenda), sans compter d'autres personnes qui avaient péri dans cette confusion totale. L'incertitude se poursuivait et l'histoire politique du Congo continue malheureusement de s'écrire avec et dans le sang.

§ 3 : Le régime provisoire du CMP et le quasi-effacement du PCT.

Examinons tour à tour le contexte et la création du Comité militaire du Parti, l'organisation des pouvoirs publics sous ce régime et sa nature institutionnelle.

A). Le contexte et la création du CMP.

Dès le lendemain de l'assassinat du Commandant Marien Ngouabi, Président de la République en exercice, le 18 mars 1977, un Comité militaire du Parti (CMP) fut créé par l'acte n° 0005 du 19 mars 1977, sous la signature du Secrétaire permanent et chargé de l'organisation du Parti congolais du travail (numéro 2 du parti et du régime de l'EMSR, Jean Pierre Thystère Tchicaya, au nom du Comité central. Ainsi, il fut décidé, en raison du contexte et des nécessités de la révolution, de créer cette *« junte »* de onze militaires très influents qui se substituait *de facto* au Comité central du Parti congolais du travail dont elle avait réussi à se faire déléguer les pleins pouvoirs.

Le Comité militaire du Parti devait, d'une part, préparer et organiser les obsèques nationales du Président de la République assassiné et, d'autre part, coordonner les activités du Parti, gérer les affaires courantes de l'Etat et assurer la défense du peuple et de la révolution, le tout jusqu'à nouvel ordre. C'est dire qu'aucun terme n'était fixé à ce régime de crise. L'acte du 19 mars 1977 prévoyait déjà que d'autres actes devaient déterminer les modalités de fonctionnement des organes du Parti et de l'Etat.

Deux semaines après, la junte militaire édictait son premier texte, l'acte n° 01 du 03 avril 1977 fixant l'organisation et la structuration du Comité militaire du Parti congolais du travail, dont il ressort qu'il était composé d'un Président, chef de l'Etat et Président du Conseil des ministres (le Colonel Joachim Yhombi-Opango), d'un premier Vice-Président, chargé de la coordination des activités du Parti. A ce titre, il devait superviser la commission de contrôle et de vérification du parti, les départements de l'organisation, des relations extérieures, de l'éducation et de la propagande du parti. Il cumulait ses activités au sein du Parti avec les fonctions de ministre de la défense (le Commandant Denis Sassou-Nguesso), d'un deuxième Vice-Président qui exerçait les fonctions de Premier ministre, Chef du gouvernement cumulativement avec celles de ministre du Plan (le commandant Louis Sylvain Goma) et les huit autres membres qui n'avaient aucune fonction particulière[246], sauf le porte-parole du CMP (le capitaine Florent Ntsiba).

B). L'organisation des pouvoirs publics.

Seront ci-après examiné, le cadre juridique du Comité militaire du Parti, sa suprématie sur le parti unique, les prérogatives du Président du CMP et la place de la justice.

I). Le cadre juridique.

L'organisation des pouvoirs publics fut définie par l'acte fondamental du 05 avril 1977 qui abrogeait certaines dispositions de la constitution du 24 juin 1973 (qui était déjà mise à mal par la déclaration du 12 décembre 1975 et le régime de l'Etat-major spécial révolutionnaire), notamment celles qui se rapportaient aux pouvoirs populaires avec le caractère électif des organes représentatifs du pouvoir d'Etat. L'Assemblée nationale populaire et les conseils populaires des régions, des communes et des districts étaient dissouts. Le Conseil d'Etat fut également dissout. Par voie de conséquence, la responsabilité des représentants du peuple devant les organes du Parti était supprimée, etc.

Il s'agissait quasiment d'un coup d'Etat constitutionnel, que d'aucuns auraient qualifié purement et simplement de coup d'Etat ou de putsch. Car, profitant opportunément du contexte et de la confusion générés par l'assassinat du Président-fondateur du parti congolais du travail, il s'était agi de liquider l'ordre institutionnel issu de la constitution du 24 juin 1973, pourtant adopté par référendum sous l'égide du parti.

La logique aurait été, s'agissant d'un régime qui était censé assurer momentanément la continuité du Parti unique et de l'Etat, défendre le peuple et pérenniser la révolution, de laisser au Président de l'Assemblée nationale populaire d'exercer, en raison de la vacance du pouvoir, les fonctions de Président de la République, pendant une période de trois mois sur décision d'un plénum réunissant les membres du Comité central du parti (nonobstant le fait qu'il était suspendu par la déclaration du 12-12 instituant l'état-major spécial révolutionnaire, qu'il fallait le convoquer) et ceux de l'Assemblée nationale populaire. Cela conformément à l'article 40 de la constitution du 24 juin 1973.

---

[246] Il s'agissait, du Commandant Jean-Michel Ebaka, du Commandant Raymond Ngolo, du capitaine Nicolas Okongo, du Capitaine François Xavier Katali, du Lieutenant Pierre Anga, du Commandant Martin Mbia, du Capitaine Pascal Mbima et du capitaine Florent Ntsiba (porte-parole du CMP).

Le Comité central devait ensuite convoquer un congrès extraordinaire du parti pour élire son nouveau Président, donc celui du Parti unique, qui devait être de plein droit, Président de la République et Chef de l'Etat.

Malheureusement, les choses s'en étaient allées autrement, d'autant plus que l'acte fondamental du 05 avril 1977 ne mentionne même pas la constitution du 24 juin 1973 dans ses visas.

II). La suprématie du CMP sur le PCT.

Le Comité militaire du parti se définissait dans l'acte fondamental du 05 avril de 1977 comme étant le garant de la continuité du pouvoir d'Etat et des institutions révolutionnaires jusqu'à la mise en place de nouvelles institutions. Son article 5 disposait qu'il *« dirige, oriente et contrôle l'action du parti et de l'Etat »*. Il supprimait ainsi la suprématie et le rôle dirigeant du Parti congolais du Travail.

Certes, cette suprématie était déjà remise en cause, dans une certaine mesure, par le régime de l'Etat-major spécial révolutionnaire (EMSR). Ce n'était plus le Parti qui dirigeait l'Etat et les autres institutions de la République, mais plutôt, l'armée ou le pouvoir militaire qui dirigeait le Parti, l'Etat et les autres institutions de la République.

III). Le Président de la République, chef de l'exécutif et législateur.

Le Président du Comité militaire du Parti (CMP) est un personnage tout puissant. Tel un *« Janus »,* il était à la fois Chef de l'Etat, donc chef de l'exécutif (principal titulaire du pouvoir réglementaire) et législateur. Il légifère par voie d'ordonnances, puisque l'Assemblée nationale populaire était dissoute, tout comme les assemblées populaires locales. Son impérium était renforcé en ce qu'il dirigeait, orientait et contrôlait l'action du Parti Congolais du travail[247]. Président du Conseil des ministres, il nomme le Premier ministre Chef du Gouvernement sur proposition du CMP et pouvait mettre fin à ses fonctions[248].

Cela, même si l'on apprenait depuis la conférence nationale de 1991 que dans les faits, il n'était pas le géniteur du CMP et n'en avait pas véritablement la maîtrise.

---

[247] Cf. L'article 6 de l'acte fondamental du 05 avril 1977. Cette prérogative était difficile à mettre en œuvre parce qu'elle entrait en conflit avec l'article 1er §2 de l'acte n°001-PCT-CMP du 03 avril 1977, fixant l'organisation et la structuration du Comité militaire du parti congolais de travail, qui attribuait au 1er vice-président du CMP la coordination des activités du parti dont il supervise les différents commissions et départements.

[248] Cela supposait qu'il soit démis de ses fonctions de 2ème vice-président du CMP, puis qu'aux termes des dispositions de l'article 1er §3 de l'acte n°001-PCT-CMP précité du 03 avril 1977, il est de droit Premier Ministre, Chef du Gouvernement…

IV). La justice.

Les dispositions de la constitution du 24 juin 1973 concernant la justice étaient maintenues. Elle n'était pas érigée en tant que pouvoir ni désignée *expressis verbis*, en tant qu'autorité judiciaire. Elle demeurait une administration judiciaire, voire un grand service public régalien.

C). La nature du régime du CMP.

Le régime du CMP institué par les actes du 19 mars 1977, du 3 avril 1977 et l'acte fondamental du 05 avril 1977, est l'archétype même d'un régime de concentration, voire de confusion des pouvoirs ; notamment des pouvoirs exécutif et législatif entre les mains du Président de la République. Une concentration des pouvoirs favorisée par l'apparente maîtrise du parti unique dont il devait diriger, orienter et contrôler l'action. Cela, après un retour en grâce de facto, alors qu'il en était exclu pour inconséquence idéologique[249].

Ce fut un régime d'exception, compte tenu du contexte. Mais, il présentait un risque évident de déviation de l'idéologie d'Etat, le marxisme-léninisme, considéré à l'époque comme fondement de la construction d'une société socialiste affranchie de l'exploitation de l'homme par l'homme. D'où la stigmatisation de ce régime, par les tenants de l'utopie socialiste de l'époque, comme étant l'incarnation d'une *« ligne droitière, déviationniste et liquidationniste »*.

C'était sans doute la manifestation d'un socialisme décadent, pendant lequel la fameuse révolution des 3 journées glorieuses des 13, 14 et 15 août 1963 marquait le pas, et dont l'amorce fut déjà donnée avec la déclaration du 12 décembre 1975 (12-12) et le régime de l'Etat major spécial révolutionnaire (EMSR). Il partait droit dans le précipice.

Chapitre 2 : La restauration de l'autorité du Parti Congolais du travail.

La mise à l'écart quasiment inédite du Parti congolais du travail frisait la marginalisation face à l'impérium du Comité militaire du Parti, qui ne devait être qu'un régime provisoire. Mais, ce régime du CMP allait se pérenniser avec le risque d'un glissement ou d'une déviation idéologique. Cependant, le fait est qu'il implosait de l'intérieur de telle sorte que le Parti unique devrait reprendre la main sur la conduite des institutions du parti et de l'Etat. Il fallait un redressement radical et sauver ce qui pouvait l'être, pour ne pas jeter les idéaux de la révolution aux orties.

---

[249] Cf. Gabou. A. *« Chronologie politique congolaise »*, op. cit. pp.75 à 76.

Section 1 : Les régimes transitoires de février et mars 1979.

Ainsi que nous l'avons souligné, l'opinion dominante dans la doctrine publiciste congolaise situe la césure entre la 3ème et la 4ème République dans l'adoption de la nouvelle constitution par référendum le 08 juillet 1979, laquelle était entrée en vigueur dès sa promulgation par le décret présidentiel n° 79-8 du 08 août 1979. Donc, la 3ème République se poursuivait sous les deux régimes provisoires et postérieurs à celui du Comité militaire du Parti. Nous ne partageons pas cette position. La troisième République ne nous paraît pas prendre fin avec l'acte fondamental du 30 mars 1979. Elle se poursuivait après. Car, elle était intimement liée au Parti congolais du travail, Parti-Etat.

§ 1 : Le Comité préparatoire au 3ème congrès extraordinaire du PCT (CPTCEP).

Le début de l'année 1979 marquait un nouveau tournant dans l'histoire constitutionnelle et politique du Congo. C'est-à-dire la fin du régime du Comité militaire du Parti et la restauration progressive de l'autorité du Parti congolais du travail en deux étapes préalables[250].

A). Le contexte de la création du CPTCEP.

Le Comité militaire du Parti, créé au lendemain de l'assassinant du Président Marien Ngouabi, devait fonctionner jusqu'à la mise en place des nouvelles institutions. Mais, ce régime provisoire dont le terme n'était fixé semblait s'installer et se pérenniser au pouvoir. Le Comité central du Parti congolais du travail convoqué en session extraordinaire du 5 au 8 février 1979, par décision du CMP le 27 janvier 1979, adoptait l'acte n°002-PCT-CMP du 05 février 1979 mettant fin au régime du Comité militaire du Parti, en abrogeant l'acte du n°005-PCT du 19 mars 1977 qui le créait. Cela ressemblait fort bien à une révolution douce, que d'aucuns qualifieraient de coup d'Etat constitutionnel ; un coup d'état sans effusion de sang.

Qu'à cela ne tienne, le Comité central du PCT adoptait au cours de la même session, un autre acte n°005-PCT du 07 février 1979, portant fondement et organisation des pouvoirs publics. Il s'agissait en fait d'un acte fondamental, abrogeant, cette fois-ci au niveau de fonctionnement des institutions de l'Etat, l'acte fondamental du 05 avril 1977. Il visait, à la différence de l'acte du 05 avril 1977, la constitution du 24 juin 1973, dont il

[250] Cf. *W. Mbilampindo, « l'acte fondamental dans l'histoire constitutionnelle et politique du Congo »*, op. cit.

maintenait certaines dispositions dans les mêmes conditions que le précédent acte.

Conformément à la ligne directrice du Parti congolais du travail, notamment à ses statuts, la restauration de son autorité impliquait la légitimation des institutions de la République. Il fallait donc convoquer le Congrès, l'organe suprême du Parti pour ce faire. Dès lors, le Comité central créait au cours de sa session de février 1979, un nouvel organe provisoire qu'il substituait au Comité militaire du Parti, pour préparer le 3ème congrès extraordinaire, en l'occurrence le Comité préparatoire au 3ème congrès extraordinaire du Parti congolais du travail (CPTCEP).

B). Organisation et attributions du CPTCEP.

A la différence du CMP, le CPTCEP ne revêtait pas un caractère martial. Composé de cinq membres (3 militaires et 2 civils), il était présidé par l'ancien 1er vice-président du CMP, le Colonel Denis Sassou Nguesso[251]. Ses attributions étaient définies dans l'acte fondamental du 7 février 1979, qui lui conférait quasiment le caractère d'un organe constitutionnel. Comme le CMP, il était le garant de la continuité du pouvoir d'Etat et des institutions révolutionnaires jusqu'à la mise en place de nouvelles institutions issues du 3ème congrès extraordinaire du PCT. Comme sous le régime du CMP, le Comité central du PCT n'exerçait pas la plénitude de ses fonctions. C'est le CPTCEP qui avait pour missions de diriger, orienter et contrôler l'action du Parti et de l'Etat. Ce qui était paradoxal pour un régime censé restaurer l'autorité du Parti. En tout état de cause, sa mission principale était de préparer le 3ème congrès extraordinaire du Parti autour de ses 4 commissions[252].

C). La dévolution des pouvoirs d'Etat.

Les principaux organes du pouvoir d'Etat de cet éphémère régime étaient le Président du Comité préparatoire et le Gouvernement.

Concernant le Président, en dehors de la préparation du 3ème congrès extraordinaire du parti, il avait les mêmes attributions que celles de l'ancien Président du Comité militaire du parti. Il était investi des fonctions de Président de la République, Chef de l'Etat, Président du Conseil des ministres. Il devait diriger, orienter et contrôler l'action du Parti congolais du travail. Il incarnait la nation, devait veiller au respect des décisions et actes

[251] Les autres membres étaient : J.P. Thystère Tchicaya, Président de la Commission politique ; L.S. Goma, Président de la Commission économique ; JM. Bokamba-Yangouma, Président de la Commission socioculturelle et R.D. Ngollo, Président de la Commission permanente à l'armée. Les 3 militaires furent d'anciens membres du CMP.

[252] Idem.

du Comité préparatoire au 3ème congrès extraordinaire du Parti, assurer la continuité de l'Etat. Il était le garant de l'indépendance nationale et de l'intégrité du territoire. Chef de l'exécutif, il était détenteur du pouvoir réglementaire. Ses actes devaient être contresignés par le Premier ministre et les ministres en charge de les exécuter.

Tel un *« Janus bifrons »*, le Président de la République devait légiférer par ordonnances dans les matières qui relevaient du domaine de la loi. Il était le chef suprême des armées, détenteur des pouvoirs exceptionnels (lorsque les institutions de la République, l'indépendance ou les intérêts supérieurs de nation, l'intégrité du territoire ou l'exécution des engagements internationaux sont menacés de manière grave et imminente…), il proclame l'état d'urgence ou l'état du siège, etc.

Concernant le gouvernement, l'acte fondamental du 07 février 1979 ne lui réservait qu'un seul article (l'article 15), qui en réalité était consacré au Premier ministre, Chef du gouvernement. Cette fonction était attribuée au Président de la Commission économique du Comité préparatoire jusqu'à la mise en place des nouvelles institutions issues du 3ème congrès extraordinaire du Parti congolais du travail.

Aucune précision ni sur les conditions ni sur les modalités de sa désignation ou de cessation de ses fonctions pendant la période de transition. Il en était de même, concernant les autres membres du Gouvernement ; sauf à s'accommoder des dispositions de la constitution du 24 juin 1973, non contraires à l'acte du 7 février 1979.

D). La nature du régime du CPTCEP.

Le Comité préparatoire au troisième congrès extraordinaire du parti congolais du travail était un régime très éphémère de concentration et de confusion des grands pouvoirs d'Etat (exécutif et législatif), entre les mains du Président de la République, Chef de l'Etat ; auréolé de la qualité de Président du Comité préparatoire. Ce régime n'avait duré qu'environ un mois et demi pour ne pas tomber dans la tentation d'une pérennisation sournoise, comme ce fut le cas du CMP.

§2 : Le régime provisoire de l'acte fondamental 30 mars 1979.

Après avoir évoqué le contexte de l'intervention du régime provisoire de l'acte fondamental du 30 mars 1979, il sera question d'examiner l'organisation et le fonctionnement des pouvoirs et d'identifier la nature du régime ainsi institué.

A). Le contexte du régime de l'acte fondamental du 30 mars 1979.

Le 3ème Congrès extraordinaire du Parti congolais du travail s'était tenu du 26 au 30 mars 1979. Il confirmait la restauration de l'autorité du Parti et son idéologie fondatrice du socialisme scientifique d'inspiration marxiste-léniniste, ainsi que la défense de la fameuse révolution des 13, 14 et 15 août 1963. Cette grâce retrouvée n'allait pas sans revisiter le cadre juridique et institutionnel du Parti.

Ainsi donc, de nouveaux statuts du Parti congolais du travail étaient adoptés par les congressistes, un nouveau Comité central du Parti et ses membres étaient désignés, dont son Président (le Colonel Denis Sassou Nguesso), qui était de droit Chef de l'Etat, Président de la République ; un Bureau politique fut mis en place. Il réaffirmait le principe de la représentation populaire, notamment des pouvoirs populaires au niveau national et local. Cela devait se traduire par l'élection de l'Assemblée nationale populaire (ANP) et des conseils populaires des régions, des communes et des districts qui furent dissouts depuis le régime du CMP.

Tous ces changements dans la continuité nécessitaient l'adoption d'un cadre juridique cohérent, une loi fondamentale. Dès lors, le 3ème Congrès extraordinaire s'abstenant de s'ériger en assemblée constituante, préférait laisser au peuple souverain de s'y prononcer en choisissant le nouveau cadre juridique et ses représentants. L'adoption de la nouvelle constitution et la mise en place des institutions stables et pérennes de l'Etat nécessitaient une nouvelle période de transition qui devrait être régie par un nouvel acte fondamental. Celui du 30 mars 1979.

B). L'organisation et la dévolution des pouvoirs dans l'acte fondamental du 30 mars 1979.

L'acte fondamental n° 38-PCT-CC du 30 mars 1979, du Comité central issu du 3ème Congrès extraordinaire du Parti, portait fondement, organisation et fonctionnement des pouvoirs publics. Sur la forme, il était conçu dans le même style que celui du 07 février 1979. Il était destiné à régir les institutions de la République jusqu'à l'adoption de la nouvelle constitution par référendum. Le régime qu'il instituait peut être qualifié, si l'on suit la logique instaurée par l'acte du 07 février 1979, de *« régime préparatoire au référendum constitutionnel »*. Il visait les statuts du Parti congolais du travail, le règlement intérieur du Comité central dans son article 13 et modifiait la constitution du 24 juin 1973 dont il abrogeait certaines dispositions de la même manière que les précédents actes fondamentaux. Il instituait trois organes : *le Bureau politique, le Président de la République et le Conseil des ministres*.

I). Le Bureau politique.

A l'instar du CPTCEP, le Bureau politique est un organe collégial considéré comme le garant de la continuité du pouvoir de l'Etat et des institutions de la révolution jusqu'à l'adoption de la nouvelle constitution par référendum. Il oriente, dirige et contrôle l'action du parti et de l'Etat. Il fait office d'un organe de tutelle. L'acte fondamental du 30 mars 1979 ne précise pas la composition ni les autres attributions du Bureau politique.

Il faudrait les rechercher dans les statuts du PCT issu du 3ème congrès extraordinaire du 26 au 30 mars 1979 précité, qui reprennent cette institution en y apportant quelques légères modifications par rapport aux statuts du 31 décembre 1972. Composé de 10 membres élus pour 5 ans par le Comité central du PCT, sur proposition de son Président, qui le préside, le Bureau politique avait pour missions d'exécuter et d'appliquer les décisions du Comité central devant lequel il était responsable. Organe supérieur de direction du Parti pendant les intersessions du Comité central, les décisions du Bureau politique du PCT s'imposaient à tous. C'est-à-dire aux organes du Parti et de l'Etat, aux organisations des masses et aux membres du Parti congolais du travail[253].

II). Le Président de la République.

Comme le Parti dirigeait de nouveau l'Etat, les fonctions du Président de la République ne dépendaient plus de la présidence d'un organe collégial ad hoc à l'instar du CMP ou du CPTCEP, ni du Bureau politique. Elles étaient intimement liées à la présidence du Parti congolais du travail et du Comité central. C'est ce qu'en disposait l'article 17 des statuts du 30 mars 1979,

« Le Président du Comité central est Président de la République, Chef de l'Etat, Président du Conseil des ministres ».

De surcroit, le Président du Bureau politique du PCT, assurait la continuité de l'Etat. Il était le garant de l'indépendance nationale, de l'intégrité du territoire et du respect des accords internationaux. Comme dans les précédents régimes provisoires, le Président de la République faisait figure de *« Janus bifrons »* en ce qu'il cumulait les fonctions exécutives et les fonctions législatives. Chef de l'exécutif dualiste, il exerçait le pouvoir réglementaire à titre individuel ou en Conseil des ministres.

En tant qu'autorité législative, il légiférait en séances du Bureau politique par ordonnances sur les matières réservées au domaine de la loi par l'article 55 (sauf l'alinéa 7) de la constitution du 24 juin 1973. Il nommait le Premier ministre, après avis du Comité central du parti et pouvait mettre fin à ses fonctions. Il nommait aussi les autres ministres sur proposition du

---

[253] Cf. articles 23 à 25 des statuts du PCT du 30 mars 1979.

Premier ministre après avis du Comité central. Chef suprême des armées, il pourvoyait aux emplois civils et militaires et pouvait déléguer ses compétences en la matière dans les conditions définies par la loi. Il disposait des pouvoirs spéciaux en cas de crise grave ou circonstances exceptionnelles.

III). Le Conseil des ministres.

Comme en 1973, le Conseil des ministres était l'organe exécutif administratif supérieur de la République. C'est un organe collégial qui réunissait autour du Président de la République, le Premier ministre, Chef du gouvernement, et les autres membres du gouvernement. En dehors des réunions du Conseil des ministres, le gouvernement était sous la direction du Premier ministre. Ce dernier devait coordonner et contrôler l'action des ministres et rendait compte au Président de la République. Le Premier ministre et les autres ministres étaient responsables devant le Président de la République.

L'article 17 de l'acte fondamental du 30 mars 1979 disposait que, *« Dans ses activités, le Conseil des ministres prend des décrets et des arrêtés dans le cadre de l'application des ordonnances. Les actes du Conseil des ministres sont signés par les ministres chargés d'en assurer l'exécution »*.

Il y a tout de même une contradiction sur ce point. Car, si le Président du Comité central du PCT était de droit Président de la République et Président du Conseil des ministres, il allait de soi qu'à ce titre c'était lui qui devait signer les actes dudit Conseil. Ces actes devraient ensuite être contresignés par le Premier ministre et les ministres concernés pour leur exécution. Sauf à considérer qu'il s'agissait là d'une délégation de signature du Président du Conseil des ministres. Or, une délégation de signature ou de pouvoir ne se présume pas.

Sauf également à considérer que les actes du Conseil des ministres que le Premier ministre était habilité à signer l'étaient dans le cadre de l'exercice de son pouvoir réglementaire dérivé, c'est-à-dire des arrêtés d'application des décrets présidentiels pris en Conseil des ministres.

Concernant les ministres, ils étaient responsables du bon fonctionnement de leurs départements ministériels respectifs. Ils exerçaient, par voie d'arrêtés, le pouvoir réglementaire dérivé dans leurs domaines de compétences.

C). La nature du régime de l'acte fondamental du 20 mars 1979.

Le régime provisoire de l'acte fondamental du 30 mars 1979 s'inscrivait dans la logique d'une concentration des pouvoirs exécutif et législatif entre les mains du Président de la République. Mais, cette concentration était dans une certaine mesure tempérée. D'une part, par les interférences des organes du Parti congolais du Travail, en l'occurrence le Comité central, qui devait donner son avis sur la nomination du Premier ministre et des ministres (même s'il ne s'agissait que de simples avis, d'autant plus que le Président de la République était avant tout le Chef du Parti unique et surtout le Président du Comité central) et le Bureau politique, organe collégial qu'il présidait et qui était le cadre d'exercice de ses attributions législatives. D'autre part, par l'existence d'un Conseil des ministres qu'il présidait également et qui était le cadre d'exercice du pouvoir réglementaire et de l'application des ordonnances. Enfin, par le Premier ministre qui avait le titre de Chef du gouvernement, même s'il était, comme ses ministres, responsable devant le Président de la République qui les nommait et pouvait le révoquer. La configuration de ce régime était en quelque sorte un prélude à celui qui devrait découler de la constitution que le peuple allait adopter par référendum.

Section 2 : Le régime de la 3ème constitution du PCT, celle du 08 juillet 1979.

Poursuivant la restauration de l'autorité du Parti congolais du travail et pour renouer avec la légitimité démocratique du cadre juridique des institutions de la République, le régime de l'acte fondamental du 30 mars 1979 avait convoqué un référendum constitutionnel couplé de la désignation des représentants du peuple à l'Assemblée nationale populaire et aux assemblées locales. Nous examinerons aussi le fonctionnement des institutions consacrées par cette nouvelle donne.

§ 1 : Le référendum constitutionnel et l'élection des assemblées populaires.

Prévu par l'acte fondamental du 30 mars 1979, l'ordonnance du n° 013 du 10 mai 1979, modifiait, dans une certaine mesure, la loi n° 15-73 du 04 juin 1973, portant loi électorale pour le référendum constitutionnel, les élections à l'Assemblée nationale populaire et aux Conseils Populaires de régions, districts et communes. Ces scrutins étaient convoqués le 08 juillet 1979, par décret n° 79-329 du 22 juin 1979[254].

---

[254] Ce référendum constitutionnel fut le 3ème depuis celui du 08 décembre 1963 (adoption de la constitution 08 décembre 1963) et celui du 24 juin 1973 (adoption de la constitution du 24 juin 1973). Ceux du 24 juin 1973 et du 08 juillet 1979 concernaient, outre l'adoption de la constitution, les élections des députés à l'Assemblée nationale populaire et des Conseillers aux assemblées locales, en l'occurrence les Conseils populaires des Régions, Districts et des Communes. Le Congo a organisé à ce jour six référendums constitutionnels, dont 3 depuis la Conférence nationale souveraine de 1991, à savoir celui du 15 mars 1992 (adoption de la constitution du 15 mars 1992), celui du 20 janvier 2002 (adoption de la

L'adoption de la constitution du 08 juillet 1979 ainsi que sa promulgation par le décret n° 79-8 du 08 août 1979 mettaient fin aux régimes provisoires et transitionnels qui succédaient à celui du Comité militaire du parti depuis le 05 février 1979.

La fin du régime provisoire du 30 mars 1979 marquait, ce que certains auteurs, dont Alexis Gabou, considèrent également comme la fin de la 3ème République et l'entrée dans la 4ème République. Mais, comme nous l'avons déjà souligné, nous ne partageons pas cette grille de lecture.

Car, la 3ème République s'était poursuivie avec la constitution du 08 juillet 1979 en pérennisant la même idéologie de l'édification du socialisme scientifique qu'incarnait le Parti congolais du travail depuis sa fondation en décembre 1969, hormis la séquence quasi léthargique dans laquelle le parti était placé sous le régime du Comité militaire du parti.

§ 2 : L'organisation des pouvoirs sous l'empire de la constitution du 08 juillet 1979.

La constitution du 08 juillet 1979 instituait trois grands pouvoirs d'Etat avec, sur le plan formel, la préséance de l'Assemblée nationale populaire suivie du Président de la République et du Conseil des ministres.

A). L'Assemblée nationale populaire (ANP).

Le Parlement monocaméral, en l'occurrence l'ANP, réapparait dans le paysage institutionnel congolais, depuis sa dissolution par l'acte fondamental du 05 avril 1979 relatif instituant le CMP, avec l'élection le 08 juillet 1979 des députés ainsi que les membres des assemblées locales, au même moment que le référendum constitutionnel. C'était le grand retour en grâce des pouvoirs populaires.

Les députés à l'Assemblée nationale populaire étaient élus sur une liste unique arrêtée par le Comité central du Parti congolais du travail. Le Parlement était composé de 69 sièges pour le PCT, 36 sièges pour les organisations des masses (confédération syndicale congolaise, CSC, 12 sièges ; union révolutionnaire des femmes du Congo, URFC, 11 sièges ; union de la jeunesse socialiste congolaise, UJSC 11 sièges ; union nationale des écrivains et artistes congolais, UNEAC 1 siège ; association congolaise pour l'amitié entre les peuples, ACAP, 1 siège) ; 10 sièges pour les représentants de l'armée populaire nationale, APN ; 20 sièges pour les représentants des régions et de la commune autonome de Brazzaville ; 18

---

constitution du 20 janvier 2002) et celui du 25 octobre 2015 (adoption de la constitution du 25 octobre 2015).

sièges pour les représentants des ouvriers issues des entreprises ; 18 sièges pour les représentants des paysans. Soit 171 députés.

L'Assemblée nationale populaire votait seule les lois, dont le domaine était strictement délimité[255] et, dont elle avait l'initiative concurremment avec le gouvernement. Elle consentait l'impôt, votait le budget et en contrôlait l'exécution. Elle se réunissait de plein droit en deux sessions ordinaires par an, le deuxième mardi du mois de mai et premier mardi ou le surlendemain du mois de novembre. La durée de chaque session ne pouvait pas excéder deux mois. L'ANP avait la maîtrise de l'ordre du jour de ses sessions, qu'elle pouvait fixer librement. Sauf en cas de session extraordinaire où elle se réunissait sur convocation du Président de la République ou à la demande des deux tiers de ses membres sur un ordre du jour bien précis et dont la durée ne pouvait pas dépasser quinze jours[256].

Comme nous l'avons souligné, la préséance de l'Assemblée nationale populaire n'induit pas une consécration de sa suprématie sur les autres organes du pouvoir d'Etat, notamment le Président de la République.

Elle disposait de moyens d'action très limités dans le cadre de sa mission de contrôle de l'action du gouvernement. Car, elle ne pouvait pas renverser le gouvernement parce qu'elle ne disposait pas de l'arme fatale, la mention de censure. La marge de manœuvre de l'Assemblée nationale populaire était d'autant plus limitée que c'est le Président de la République qui décidait de l'ouverture et de la clôture des sessions parlementaires. Pour autant, c'est au Président de l'Assemblée nationale populaire qu'incombait la charge d'assurer l'intérim de la Présidence de la République en cas de vacance ou d'empêchement.

B). Le Président de la République.

Il est avant tout le Chef du Parti unique, Président du Comité central du PCT. Comme nous l'avons déjà rappelé, aux termes des dispositions de l'article 17 des statuts du parti revus en mars 1979, le Président du Comité central du PCT était de droit Président de la République, Chef de l'Etat et Président du Conseil des ministres. Cette légitimité politique annihile l'apparente suprématie qu'aurait induite la préséance de l'Assemblée Nationale populaire. D'ailleurs, nous venons de voir que, c'est le Président de la République qui assurait l'ouverture et de la clôture des sessions de l'ANP.

Il fixait en Conseil des ministres, après avis du Comité central du PCT, la date des élections pour le renouvellement du mandat des députés à l'Assemblée nationale populaire. Il exerçait toutes les prérogatives normalement attachées à ses fonctions. Il nommait, après avis du Comité

---

[255] Cf. articles 46 et 47, constitution du 8 juillet 1979.

[256] Cf. articles 48 et suivants, constitution du 8 juillet 1979.

central, le Premier ministre et pouvait mettre fin à ses fonctions. Il nommait les autres ministres, sur proposition du Premier ministre, après avis du Comité central et pouvait mettre fin à leurs fonctions. Il disposait des pouvoirs spéciaux en cas de circonstances exceptionnelles. Le Président de la République ne disposait pas, dans la version originale de la constitution du 08 juillet 1979, du pouvoir de légiférer par ordonnances. Il en disposait par la suite à la faveur d'une révision de la constitution. Cette délégation de pouvoir législatif était strictement encadrée. Elle devait être autorisée par l'Assemblée nationale populaire pour une durée de deux années et porter sur des mesures économiques présentant un caractère d'urgence.

C). Le Conseil des ministres, le Premier ministre, le Gouvernement et les ministres.

L'une des particularités de la constitution du 08 juillet 1979 est qu'elle comporte des dispositions spécifiques au Conseil des ministres, au Premier ministre, au Gouvernement et aux ministres.

I). Le Conseil des ministres.

Organe collégial, le Conseil des ministres comprend le Président de la République (qui le préside), le Premier ministre et les autres ministres. C'est l'organe exécutif administratif supérieur de la République, dont la mission principale était l'exécution des tâches politiques, économiques, sociales et culturelles confiées par la loi. Il exerçait le pouvoir réglementaire dont le domaine était limitativement défini par l'article 81 de la constitution. Les actes du Conseil des ministres devaient être signés par le Président de la République et contresignés par le Premier ministre ainsi que les ministres chargés de leur exécution.

II). Le Premier ministre.

Le Premier ministre avait la qualité de chef du Gouvernement, dont Il dirigeait, coordonnait et contrôlait l'action. Il rendait compte au Président de la République, Président du Conseil des ministres, devant lequel il était responsable. Il exerçait le pouvoir réglementaire, pourvoyait aux emplois civils sur délégation du Président de la République.

III). Le Gouvernement.

La constitution du 08 juillet 1979 réservait une place très marginale au gouvernement. Un seul texte lui était consacré, l'article 83. Composé du

Premier ministre et des autres ministres, le gouvernement devait rendre compte de son action à l'Assemblée nationale populaire et s'acquitter des tâches qu'elle lui confiait.

Il y a une apparente contradiction entre le Premier ministre, Chef du gouvernement, qui rend compte de son action au Président de la République devant lequel il est responsable ; et le fait que le gouvernement dont il dirige, coordonne et contrôle l'action doive rendre compte à l'Assemblée nationale populaire et s'acquitter de toutes autres fonctions qu'elle pouvait lui confier.

Dans le premier cas, il y a une responsabilité politique en ce sens que le Président de la République pouvait mettre fin aux fonctions du Premier ministre. Cette décision a une incidence sur la survie même du gouvernement. Dans le second cas, il s'agit d'une simple responsabilité morale, car l'Assemblée nationale ne pouvait pas renverser le gouvernement.

L'exécution des tâches que l'ANP pouvait confier au gouvernement concerne en principe le domaine de la loi. Car, le gouvernement est un organe d'exécution des décisions du Président de la République, du Conseil des ministres et des lois votées par l'Assemblée nationale populaire. Il peut s'agir aussi dans le cadre du contrôle des organes de l'Etat, par l'Assemblée nationale, ou encore dans le cadre des autres prérogatives du parlement définies dans l'article 46 de la constitution.

Par ailleurs, le gouvernement partageait l'initiative législative et le droit d'amendement concurremment avec les députés. Cela semblait priver le Président de la République de toute initiative législative. Mais, en réalité, il n'en était rien puisque les projets de loi étaient en principe adoptés en Conseil des ministres que présidait le Président de la République.

IV). Les ministres.

Les ministres sont nommés, dans la constitution du 08 juillet 1979, par le Président de la République, sur proposition du Premier ministre, après avis du Comité central du Parti congolais du travail. Ils étaient responsables devant le Premier ministre. Paradoxalement, c'est le Président de la République qui pouvait les révoquer. L'organisation interne de chaque ministère et des institutions qui y sont rattachées devait être fixée en Conseil des ministres.

Les ministres exerçaient le pouvoir réglementaire par voie d'arrêtés. Chaque ministre était comptable du fonctionnement de son département ministériel. Ils avaient le pouvoir de nomination et d'affectation des agents de leurs départements ministériels, sans empiéter sur le pouvoir de nomination du Président de la République défini par l'article 72 de la constitution. Les ministres disposaient du droit d'amendement des lois au même titre que les députés.

§ 3 : Les révisions de la constitution du 08 juillet 1979.

La constitution du 08 juillet 1979 était plusieurs fois révisée : le 13 novembre 1980, le 23 août 1984 et le 30 décembre 1989. Ces révisions constitutionnelles n'étaient pas forcément intervenues suivant la procédure requise. Outre ces questions de forme, il conviendra d'examiner sur le fond, les modifications apportées à la constitution de 1979.

A). Des révisions constitutionnelles irrégulières.

Les révisions de la constitution du 08 juillet 1979 étaient entachées de vices de procédure, caractéristiques des violations récurrentes de la loi fondamentale.

I). La procédure requise de révision de la constitution.

Aux termes des dispositions de l'article 108 de la constitution du 08 juillet 1979, *« L'initiative de la révision de la constitution appartient au Comité central du PCT. La révision est définitive lorsqu'elle est approuvée par l'Assemblée nationale populaire »*.

Cette procédure requérait l'intervention préalable du Comité central du Parti congolais du travail, pouvoir constituant dérivé qui devait prendre l'initiative de rédiger et d'adopter l'avant-projet ou le projet de révision de la constitution. Ce texte devait ensuite être transmis à l'Assemblée nationale populaire aux fins d'approbation. On peut s'interroger sur la marge de manœuvre dont disposait le Parlement sur un texte de révision de la constitution qui lui est soumis. Pouvait-il l'adopter tel quel, comme tout projet de loi ou avait-il la possibilité de l'amender ?

Le modifier ou l'amender était un exercice délicat, voire audacieux. Car, on ne peut pas s'imaginer de voir un organe du pouvoir d'Etat, comme l'Assemblée nationale populaire, avoir l'outrecuidance d'aller à l'encontre d'une décision du Comité central du Parti dans une configuration institutionnelle où le Parti dirigeait l'Etat.

D'ailleurs, le Président de l'Assemblée nationale populaire était lui-même membre dudit Comité central ainsi que du Bureau politique du PCT. A ce titre, il aurait déjà participé à l'élaboration et à l'adoption de l'avant ou du projet de révision de la constitution. Sauf à pouvoir l'amender après en avoir avisé l'initiateur, en l'occurrence le Comité central du Parti congolais du travail.

Il y avait là le risque de voir les députés s'ériger en censeurs de l'organe suprême du Parti unique dans l'intervalle des Congrès. Il allait de soi que le parlement ne devait que se contenter d'une validation législative à travers une loi d'approbation de la révision de la constitution.

II). Les violations avérées de la procédure de révision de la constitution.

Les révisions de la constitution du 08 juillet 1979 opérées par la loi n° 25-80 du 13 novembre 1980[257] et l'ordonnance n° 019-84 du 23 août 1984 l'avaient été en violation de la procédure consacrée par les dispositions de l'article 108 précité. Cela, en raison de la nature et des auteurs des actes de révision mis en œuvre.

a). Une révision sans intervention préalable du CC du PCT.

La loi n° 25-80 du 13 novembre 1980, portant amendement de l'article 47 de la constitution du 08 juillet 1979, opérait une révision qui, bien qu'affectant partiellement la constitution dans son article consacré à la délimitation du périmètre de la loi, aurait dû nécessiter la mise en œuvre de la procédure prescrite par l'article 108 précité. Or, il ne ressort nullement de l'exposé des motifs de cette loi, l'intervention préalable du pouvoir constituant dérivé, le Comité central du PCT.

b). L'irrégularité d'une révision constitutionnelle par ordonnance.

La révision de 1984, procédait de l'ordonnance n° 019-84 du 23 août 1984, prise dans la suite des recommandations du troisième Congrès ordinaire du PCT du 27 au 31 juillet 1984. Se pose également à son sujet, la question de sa régularité juridique au regard de l'article 108 précité de la constitution du 08 juillet 1979 sur la procédure idoine de révision constitutionnelle.

Une partie de la doctrine, notamment les Doyens Jean Marie Breton et Nestor Makoundzi-Wolo semblaient se montrer critiques sur la procédure de révision suivie en l'espèce, avant de lui trouver des justifications en raison soit du rôle dominant du Parti congolais du travail qui serait véritablement le dépositaire de la souveraineté populaire, soit du caractère purement politique de cette révision, soit de l'absence d'une Assemblée parlementaire dont le mandat arrivait à son terme pour approuver une révision constitutionnelle au visa des dispositions de l'article 108 de la constitution, etc.[258]

La pertinence de leurs arguments ne peut tolérer, d'un point de vue strictement juridique, l'irrégularité de l'ordonnance du 23 août 1984. Elle fut

---

[257] Loi n°25-80 du 13 novembre 1980, portant amendement de la constitution du 8 juillet 1980, JORC, du 15 novembre 1980, pp.1087 et suivantes.

[258] *J.M. Breton, « La révision constitutionnelle du 23 août 1984 et l'évolution du régime politique congolais », RJPIC, 1985, n°4-5, 871 ; « L'évolution des institutions de la République populaire du Congo : dialectique du régime militaire et du pouvoir civil », RDP, 1986, n°5, p. 1327. J.M. Breton et al. « Droit public congolais », op. cit. pp. 58 et suivantes.*

entachée d'un vice de procédure rédhibitoire en tant qu'elle violait la constitution du 08 juillet 1979.

En effet, les lois sont faites pour être respectées. Elles s'imposent à tous, même à ceux qui les édictent. Elles ne doivent pas être transgressées sous quelque prétexte que ce soit. N'étant pas immuables, elles peuvent évoluer en fonction des circonstances et peuvent ainsi être défaites suivant la procédure idoine.

En l'espèce, il n'est pas contesté que l'initiative de la révision constitutionnelle appartenait au Comité central du Parti congolais travail. Il fut, aux termes des dispositions de l'article 18 des statuts du 30 mars 1979, l'organe dirigeant du Parti dans l'intervalle des congrès, qui devait veiller à la continuité de l'Etat. Il pouvait exceptionnellement prendre toute initiative indispensable à la bonne marche de la politique intérieure et extérieure du Parti et de l'Etat, lorsque l'intérêt de la révolution l'exigeait et selon les principes du marxisme-léninistes.

Le Comité central avait ainsi cru devoir déléguer au Président l'initiative de la révision constitutionnelle, nonobstant le fait que cette possibilité n'était pas prévue par la constitution. Quand bien même qu'il put, s'agissant de la rédaction du projet de révision de la constitution. Eut été utile de le soumettre au Comité central pour son adoption, avant l'approbation par le parlement. Le caractère exécutoire des résolutions du 3ème Congrès ordinaire du Parti ne pouvait pas justifier une entorse aussi flagrante à la procédure de révision constitutionnelle.

D'ailleurs, le fameux acte n° 64/061/PCT/SCC/P du 10 août 1984 visé par l'ordonnance du 23 août 1984 ne prescrivait pas une telle dérogation. Certes, le PCT fut, aux termes des dispositions de l'article 2 de la constitution du 08 juillet 1979, le dépositaire de la souveraineté populaire. Mais, cette qualité ne lui conférait pas le pouvoir de modifier la constitution sans que la procédure requise ne fût suivie ni préalablement modifiée. La dérogation était donc faite en violation de la constitution.

Outre le vice de procédure, se pose aussi la question de la nature et de la forme même de la décision de révision, qui rejoint celle de la compétence de son auteur. La révision de la constitution par voie d'ordonnance, un acte réglementaire. Une ordonnance est une décision prise par l'autorité exécutive, notamment le Président de la République dans une matière qui relève normalement du domaine de la loi, donc de la compétence du législateur. Le recours aux ordonnances doit être expressément prévu dans la constitution et nécessiter une délégation également expresse, précise et limitée dans le temps, par le Parlement détenteur du pouvoir législatif.

Or, la constitution du 08 juillet 1979 ne conférait aucune possibilité au législateur de déléguer à l'exécutif, au Président de la République, le pouvoir de légiférer par voie d'ordonnances dans les matières qui relèvent du domaine de la loi. De surcroit, la révision, déjà critiquée, de l'article 47 de la constitution par la loi précitée du 13 novembre 1980, s'agissant des ordonnances, ne les prévoyait que pour l'exécution des tâches économiques. Il ne s'agissait donc pas d'une délégation générale du pouvoir de légiférer.

Cette révision était juridiquement irrégulière, politiquement concevable, mais pas crédible, en dépit de sa *« validation législative »*. Elle mettait en relief la problématique de l'autorité de la constitution par rapport aux statuts et décisions du parti unique, ainsi que de l'apparente suprématie de la constitution dans l'ordonnancement juridique.

Enfin, la révision constitutionnelle du 30 décembre 1989, faisait suite aux résolutions prises par le 4ème congrès ordinaire du PCT du 31 juillet 1989. Celle-ci semblait tirer les leçons de la révision du 23 août 1984[259].

B). Les modifications apportées à la constitution du 08 juillet 1979.

Sur le fond, les révisions de la constitution du 08 juillet 1979 étaient d'une part consacrées à la précision du domaine de la loi. C'était l'objet de la loi du 13 novembre 1980, et d'autre part, plus ambitieuses, portaient sur une reprécision des prérogatives du Président de la République et du Parlement, et surtout sur la création du Conseil constitutionnel. C'était l'objet de l'ordonnance du 23 août 1984.

I). Concernant la révision constitutionnelle du 13 novembre 1980.

La révision du 13 novembre 1980 modifiait l'article 47 de la constitution du 08 juillet 1979 en reprécisant le domaine de la loi. C'est-à-dire des matières qui relèvent de la compétence du pouvoir législatif et en reconnaissant au Parlement la possibilité de déléguer au Président de la République le pouvoir de légiférer par voie d'ordonnances, en cas d'urgence, pour l'exécution des tâches économiques. Cette habilitation supposait une loi qui pût en déterminer les mesures et limiter à deux années la durée de la délégation.

Ces ordonnances devraient être prises en Conseil des ministres après avis de la Cour suprême et ratifiées par l'Assemblée nationale dans le délai prescrit, sous peine de caducité. Le Parlement ne peut plus légiférer sur les matières ayant fait l'objet d'une délégation législative au profit du Président de la République. Sinon, la proposition de loi ou l'amendement peut être déclaré irrecevable. En cas de désaccord entre l'Assemblée nationale et le gouvernement, la Cour suprême pouvait être saisie à la diligence de l'une ou de l'autre pour statuer sous dizaine.

---

[259] Cf. A. Gabou, *« Chronologie politique congolaise »*, op. cit. pp.89 et suivantes.

II). Concernant la révision constitutionnelle du 23 août 1983.

Elle consiste d'une part, dans le renforcement des prérogatives du Président de la République au sein de l'exécutif, d'autre part, dans l'accroissement des pouvoirs du Parlement, enfin, dans la création du Conseil constitutionnel[260].

a). La redistribution des pouvoirs au sein l'exécutif bicéphale.

Le Président de la République se voyait attribuer les fonctions de Chef du gouvernement, dépouillant le Premier ministre de cette prérogative. Cela renforçait la subordination du Premier ministre et des autres membres du gouvernement vis-à-vis de lui. Le Conseil des ministres s'effaçait au profit du gouvernement qui devenait l'organe exécutif supérieur de l'Etat. Cependant, le Premier ministre, bien que dépouillé de la qualité de Chef du gouvernement, devait exercer le pouvoir réglementaire autonome. Tandis que le Président de la République ne détenait qu'un pouvoir réglementaire dérivé ou d'attribution.

b). Concernant le Parlement.

Le renforcement des prérogatives de l'Assemblée nationale populaire s'accompagnait malheureusement d'un retrait de certaines matières qui ressortissaient au domaine de la loi.

1). Le renforcement des prérogatives de l'ANP.

L'Assemblée nationale populaire devait exercer la plénitude de ses attributions avec un élargissement du domaine de la loi, par rapport au texte de 1979. Ainsi donc, le domaine de la loi comprenait en outre la création des établissements publics et des entreprises publiques. L'Etat, les collectivités locales et leurs démembrements respectifs pouvaient prendre des participations dans le capital des entreprises privées, les fixations des conditions et modalités d'indemnisation en cas de nationalisation ou d'expropriation, les règles relatives à la procédure pénale ou civile, l'organisation administrative ou judiciaire, etc[261].

---

[260] Cf. *J.M. Breton, « La révision constitutionnelle du 23 août 1983 et l'évolution du régime politique congolais », RJPIC, 1985, n°4-5, 871 ; « L'évolution des institutions de la République populaire du Congo : dialectique du régime militaire et du pouvoir civil », RDP, 1986, n°5, p. 1327. J.M. Breton et al. « Droit public congolais », op. cit. pp. 58 et suivantes.*

[261] Cf. Cf. *J.M. Breton, « La révision constitutionnelle du 23 août 1983 et l'évolution du régime politique congolais », op. cit. ; « L'évolution des institutions de la République populaire du Congo : dialectique du*

2). La délégalisation.

La révision constitutionnelle de 1984 semblait rétablir un certain équilibre entre l'exécutif et le législateur en faisant sortir certaines matières du domaine de la loi. Il en était ainsi des modalités de recouvrement des contributions publiques (impôts et taxes), de la détermination des garanties reconnues aux fonctionnaires, de l'exercice du droit syndical, de l'établissement et de la modification des circonscriptions territoriales[262]. Cette délégalisation[263] induisait un rétrécissement du domaine de la loi et symétriquement une extension du domaine déjà illimité du règlement.

3). La législation par voie d'ordonnances.

La délégation, par le parlement à l'exécutif, notamment au Président de la République, du pouvoir de légiférer par voie d'ordonnances devenait moins restrictive. La matière n'était plus régie par l'article 47, mais par un article 49. La ratification des ordonnances devenant automatique à défaut d'intervention d'une loi d'habilitation dans le délai de deux ans. De facto, elles n'encourent plus la caducité. Dans ces conditions, il n'était plus nécessaire de demander une loi d'homologation ; si ce n'est que pour la forme.

Il convient de souligner que la France paraissait opter pour une telle solution dans une décision du Conseil constitutionnel en date du 28 mai 2020, qui semait le trouble dans la doctrine. La plus haute juridiction en matière constitutionnelle a voulu redéfinir le régime juridique des ordonnances en considérant que, *« ...si un projet de loi de ratification de l'ordonnance (...) a été déposé dans le délai fixé par la loi (d'habilitation...), le Parlement ne s'est pas prononcé sur cette ratification. Toutefois, conformément au dernier alinéa de l'article 38 de la Constitution, à l'expiration du délai de l'habilitation (...), les dispositions de cette ordonnance ne pouvaient plus être modifiées que par la loi dans les matières qui sont du domaine législatif. Dès lors, à compter de cette date, elles doivent être regardées comme des dispositions législatives... »*[264].

---

régime militaire et du pouvoir civil », op. cit.. J.M. Breton et al. « Droit public congolais », op. cit. pp. 140 et suivantes.

[262] Cf.*J.M. Breton et al. « Droit public congolais », op. cit. pp. 140 et 141.*

[263] Pour une approche de la notion de délégalisation, à travers le contrôle de la répartition des compétences entre le parlement et l'exécutif, Cf. L. Favoreu & L Philip, *« Le conseil constitutionnel »*, PUF, Que sais-je ?, 2005, pp. 98-115,

[264] CC, n° 2020-843 QPC du 28 mai 2020, Force 5 (autorisation d'exploiter une installation de production d'électricité), JORF n° 0130 du 29 mai 2020, texte n° 58 ; Cf. B. Mathieu, *« Le Conseil constitutionnel sème le désordre dans le statut des ordonnances non ratifiées »*, https://blog.leclubdesjuristes.com/le-conseil-constitutionnel-seme-le-desordre-dans-le-statut-des-ordonnances-non-ratifiees-par-bertrand-mathieu/; J. Padovani, *« Ordre ou désordre dans la nature juridique des ordonnances de l'article 38 de la Constitution ? À propos de la décision 2020-843 QPC du Conseil constitutionnel du 28 mai 2020 »*, https://blogdroitadministratif.net/2020/06/02/ordre-ou-desordre-dans-la-nature-juridique-des-

Mais, les inquiétudes suscitées par cette décision du Conseil constitutionnel français sont tempérées par une décision du Conseil d'Etat du 11 juin 2020, qui ne remet pas en cause sa jurisprudence sur la nature et le régime juridiques des ordonnances[265].

c). La création du Conseil constitutionnel.

La création du Conseil constitutionnel était la principale innovation de la révision constitutionnelle du 23 août 1984, dans l'organisation et le fonctionnement des institutions congolaises. Elle délestait ainsi la Cour suprême des attributions qu'elle détenait jusque-là à travers sa chambre constitutionnelle. La matière était régie par les articles 86 à 96 du titre IV de la constitution et la loi organique n° 74-84 du 7 novembre 1984, portant organisation et fonctionnement du Conseil constitutionnel[266]. Composé de huit (8) membres, nommés pour une durée de six (6) ans, le Conseil constitutionnel était chargé du contrôle de la constitutionnalité des lois et des accords internationaux passés par le Congo. Il connaissait également de la régularité des élections à l'Assemblée nationale populaire et aux assemblées populaires locales. L'élection du Président de la République lui échappait, en ce sens que ce dernier devait être désigné par le Congrès du Parti congolais du travail.

III). La nature du régime de la constitution du 08 juillet 1979.

La doctrine est divisée sur la caractérisation du régime politique institué par la constitution congolaise du 8 juillet 1979. Il s'agissait d'un présidentialisme renforcé, pour Claude Pereira[267] ; d'un présidentialisme monopartisan d'assemblée, pour Joseph Owona[268] ; d'un syncrétisme constitutionnel pour le Jean-Marie Breton[269], une synthèse, voire la

---

ordonnances-de-larticle-38-de-la-constitution-a-propos-de-la-decision-2020-843-qpc-du-conseil-constitutionnel-du-28-mai-2020/.

[265] CE, 11 juin 2020, n° 437851 ; Cf. Cf. J. Padovani, *« Statu quo ante dans le régime contentieux des ordonnances de l'article 38 de la Constitution. À propos de la décision CE, 11 juin 2020, n° 437851* (et sur les suites de la décision 843 QPC du 28 mai 2020 du Conseil constitutionnel), https://blogdroitadministratif.net/2020/06/19/statu-quo-ante-dans-le-regime-contentieux-des-ordonnances-de-larticle-38-de-la-constitution-a-propos-de-la-decision-ce-11-juin-2020-n-437851-leb-et-sur-les-suites-de-la-decision-843-qpc/#_ftn2.

[266] Cf.*J.M. Breton et al. « Droit public congolais », op. cit. pp. 144 et suivantes.*

[267] C. Pereira, *« Evolution constitutionnelle et politique du Congo : le pouvoir exécutif dans la constitution du 08 juillet 1979 »,* RJPIC, 1984, n°1, p. 53.

[268] J. Owona, *« La nouvelle constitution de la République populaire du Congo »,* Penant, 1980, n°769, p.239.

[269] J.M. Breton, *« Le Congo après 20 ans de régime socialiste : principe et force politique »,* Penant, n°786-787, p. 89 ; *J.M. Breton, « La révision constitutionnelle du 23 août 1983 et l'évolution du régime politique congolais », RJPIC, 1985, n°4-5, 871 ; « L'évolution des institutions de la République populaire du Congo : dialectique du régime militaire et du pouvoir civil », RDP, 1986, n°5, p. 1327.*

continuité du régime institué par la constitution du 24 juin 1973 et celui du 30 mars 1979 ; une synthèse qui concilie les aspects du régime présidentialiste doublé d'un régime d'assemblée à la française (Vème République) tout en notant l'omniprésence du parti unique et de son chef, pour Nestor Makoundzi-Wolo[270].

En fait, le régime de la constitution du 08 juillet 1979 est l'expression aboutie d'une concentration des pouvoirs, caractéristique d'un présidentialisme renforcé qui s'inspire, largement, tant de la constitution du 24 juin 1973 que de l'acte fondamental du 30 mars 1979 dont elle apparaît comme la quintessence. Ce présidentialisme révolutionnaire, d'inspiration marxiste-léniniste, confirme le rôle dirigeant du Parti congolais du travail, parti unique. Il est quelque peu tempéré par un renforcement apparent du parlement et un élément de modernité, la création d'un Conseil constitutionnel. Nous pouvons une fois de plus déplorer le fait que la justice ne fût pas érigée, comme telle, en un troisième pouvoir aux côtés des pouvoirs exécutif et législatif.

---

[270] Cf. *J.M. Breton et al. « Droit public congolais », op. cit. pp. 58 et suivantes.*

Livre II : La 4ème République et le retour de la démocratie pluraliste.

La fin du monopartisme s'était traduite par le rétablissement de la démocratie pluraliste et l'avènement de la IVème République au Congo. Avant d'en examiner le cadre juridique et institutionnel, il est loisible d'aborder les facteurs qui ont rendu possible cette évolution plus de deux décennies après l'éphémère expérience multipartiste de la République naissante, héritée de la colonisation, comme nous l'avons évoquée plus haut.

Chapitre 1er : Les facteurs du rétablissement de la démocratie pluraliste.

Il est unanimement acquis dans la doctrine et dans l'opinion publique que, le rétablissement de la démocratie pluraliste au Congo était impulsé par des facteurs internes et externes. Nous allons les examiner dans les développements qui suivent.

Section 1 : Les facteurs exogènes.

Les facteurs externes du rétablissement de la démocratie pluraliste sont de deux ordres. Ils ont trait à la chute du mur de Berlin et à l'effondrement de l'empire soviétique et des démocraties populaires de l'Europe de l'est, d'une part ; et à l'appel de La Baule lors de la conférence franco-africaine du 20 juin 1990, d'autre part.

§ 1 : La chute du mur de Berlin et l'effondrement de l'empire soviétique.

La dernière décennie du XXème siècle aura été marquée par les bouleversements et changements intervenus dans l'ancien bloc de l'Est, constitué par l'empire soviétique et les anciennes démocraties populaires. En effet, la chute du mur de Berlin le 09 novembre 1989, le délitement de l'Union soviétique (l'URSS) entraînant fatalement la fin du communisme, étaient l'aboutissement de la politique de la pérestroïka initiée et conduite par M. Gorbatchev[271], en faveur de la démocratie libérale en vigueur dans le monde occidental.

Ce vent de démocratisation qui déferlait sur l'Afrique ne pouvait guère laisser les congolais indifférents. Cela, en raison de l'orientation socialiste adoptée depuis les fameuses journées glorieuses de la révolution des 13, 14 et 15 août 1963, renforcée par une perspective marxiste-léniniste du socialisme scientifique avec la création du Parti congolais du travail le 30 décembre 1969.

Dès lors, le Congo ne pouvait pas résister longtemps à ce mouvement. Surtout dans un contexte international, particulièrement africain, qui dépassait largement la seule problématique du communisme. Donc, plus favorable à la démocratie pluraliste.

---

[271] Mikhaïl Gorbatchev, Secrétaire général du parti communiste soviétique, président du présidium du soviet suprême et de l'URSS de 1985 à 1991).

§ 2 : Le sommet franco-africain de La baule.

Par l'appel de La Baule, nous entendons le discours prononcé par le Président français, François Mitterrand le 20 juin 1990 à La Baule, lors du 16ème sommet des chefs d'Etats français et africains. Dans ce discours, le Président français invitait ses hôtes à engager des réformes institutionnelles pour plus de liberté à l'instar de ce qui se passait dans les anciennes démocraties populaires de l'Europe de l'Est :

« ...La France liera tout son effort de contribution aux efforts qui seront accomplis pour allez vers plus de liberté... »[272].

Cet appel agaçait ses hôtes, en ce qu'il confinait au chantage, par le conditionnement de l'aide, dont les pays africains très surendettés avaient tant besoin, à des réformes institutionnelles pour plus de libertés et l'instauration de la démocratie pluraliste. Il allait de soi que la conditionnalité démocratique de l'aide au développement avait reçu un écho favorable dans les opinions publiques africaines, lassées par des décennies de régimes autoritaires, despotiques et omnipotents de parti unique, où l'alternance ne s'opérait que par le fait du prince, la violence ou les coups d'Etat.

La convocation des conférences nationales plus ou moins abouties traduisait, comme ce fut le cas au Congo, cette nouvelle prise de conscience, sans être véritablement une panacée pour une bonne gouvernance institutionnelle.

Section 2 : Les facteurs endogènes.

Les facteurs internes du rétablissement du multipartisme au Congo sont d'ordre économique, social et politique.

§1. La persistance de la crise économique et financière des années 80.

La persistance de la crise économique et financière des années 80 était, en raison de ses répercussions, un accélérateur de l'évolution des institutions en faveur du retour de la démocratie au Congo.

---

[272] I. Konaté, *« Le discours de La Baule, 20 juin 1990, une nouvelle thérapie pour l'Afrique »*, éd. L'Harmattan, 2015. Discours de François Mitterrand à La Baule, 20 juin 1990, in Politique étrangère de la France, mai-juin 1990, p.130 ; A. Berramdane, *« Le discours de La Baule et la politique africaine de la France »*, RJPIC, n°3, sept-déc. 1999, p. 247 ; T.O. Moss, *« La conditionnalité démocratique dans les relations entre la France et l'Afrique »*, L'Evénement européen, n°19, 1999, p. 225 ; S. Bolle, *« La conditionnalité démocratique dans la politique africaine de la France »*, http://afrilex.u-bordeaux4.fr/sites/afrilex/IMG/pdf/2dos3bolle.pdf.

A). Les facteurs de la crise et les programmes d'ajustements structurels.

En effet, le Congo connaissait en 1985, pendant le premier plan quinquennal de 1982-1986, une grave crise économique et financière. Cette crise était caractérisée, selon le Professeur Hervé Diata, par une forte récession économique (baisse du rythme de la croissance et du PIB), la crise des finances publiques (générant une baisse des investissements, faute de recettes budgétaires suffisantes et de l'apport des emprunts extérieurs, auxquels s'ajoutaient un désordre dans la gestion du budget d'investissement), la dégradation de la situation monétaire et le déficit de la balance des paiements[273].

Pour faire face à cette situation, l'Etat congolais avait décidé, en juin 1985 de mettre en place un programme d'ajustement structurel (P.A.S.), sans le concours des institutions internationales, notamment du Fonds monétaire international (FMI) pour ne pas subir les mesures drastiques de redressement.

Pour autant, ce dispositif n'ayant pas permis d'atteindre les résultats escomptés, de juguler la crise et ses effets pervers, ni de rétablir les équilibres macro-économiques, les autorités congolaises s'étaient résolues d'adopter, à leur corps défendant, un nouveau programme d'ajustement structurel, dit *« PAS renforcé »,* avec le concours cette fois-là du FMI et son cortège de mesures consistant entre autres à la réduction des dépenses publiques pour augmenter les ressources de l'Etat, relancer l'économie, réduire la dette publique, etc[274]. D'ailleurs, à cet effet, le gouvernement congolais adressait une lettre d'intention au FMI le 16 mars 1990[275].

B). Les effets pervers de la crise et des mesures d'ajustement structurel.

Le plan d'ajustement structurel (PAS) est un train de mesures d'austérité avec des répercussions négatives sur le plan social dans un pays où l'Etat est le principal employeur, les entreprises publiques exsangues et le secteur privé défaillant. L'accumulation des retards de salaires des fonctionnaires, des travailleurs et des bourses des étudiants, des avancements sans effet financier, le gèle des recrutements dans la fonction publique, la recrudescence du chômage, allaient accroître le malaise social, cristalliser les mécontentements et les contestations avec des grèves des travailleurs, des lycéens et étudiants.

---

[273] Sur toutes ces questions, Cf. H. Diata, *« Ajustement structurel au Congo »,* Revue Tiers Monde, 1989, n°117, pp. 187-202.

[274] Idem.

[275] Cf. A. Gabou, *« Chronologie politique congolaise »,* Nouvelles perspectives éditions, op. cit. p.91.

Le climat social était favorable au changement d'un système politique et institutionnel qui avait montré ses limites, après plusieurs décennies de gestion scabreuse. Cela même si la Confédération syndicale unique (CSC), la centrale syndicale unique, s'était dans un premier temps exprimée, par la voix de son secrétaire général, contre le rétablissement du multipartisme en raison de l'éphémère expérience de la République naissante et des événements de 1958 et 1959. Mais, elle avait par la suite joué un rôle actif pour le changement du système, comme en témoigne sa déclaration du 21 décembre 1990 réclamant, du pouvoir en place, la convocation de la conférence nationale au plus tard le 31 janvier 1991[276].

§ 2 : Les facteurs politiques et les mutations au sein du PCT.

Sur le plan interne, des facteurs politiques avaient concouru, entre le mois d'août 1989 et celui de janvier 1991, à une évolution inexorable vers le rétablissement du multipartisme au Congo. Au nombre des faits politiques, il convient de souligner entre autres les mutations au sein du parti congolais du travail (PCT), la réforme du parlement, la création des partis politiques, la révision de la constitution et la convocation des assises nationales.

Le PCT, parti unique, était peu enthousiaste pour opérer des changements qui pussent correspondre à l'air du temps, dans le sens de l'évolution des institutions. Mais, il s'y résoudrait à son corps défendant, en commençant par remettre en cause sa domination sur les institutions de l'Etat. Cependant, conformément à ses statuts, il appartenait aux instances suprêmes du parti de prendre les décisions qui s'imposaient.

A). L'abandon annoncé du rôle dirigeant du PCT.

Comme le souligne A. Gabou, dans une déclaration sur les ondes de la Radio France internationale (RFI) le 04 avril 1990, le Général Denis Sassou N'guesso, Président de la République, annonçait l'abolition du rôle dirigeant du parti unique[277]. Donc, le Parti ne devait plus diriger l'Etat. Cette annonce était très significative, d'une part, parce qu'elle émanait du Chef du Parti, en l'occurrence le Président du Comité central. D'autre part, parce qu'elle remettait en cause un des principes gravés dans le marbre, à travers les statuts du parti, depuis sa création et les textes constitutionnels qui s'étaient succédés au Congo.

Certes, l'idée d'abandonner le rôle dirigeant du Parti congolais du travail n'était pas un *« sacrilège »*. Un tabou était néanmoins brisé ; sans exclure l'inévitable avènement du multipartisme. Pour autant, une décision aussi

---

[276] Idem, pp.90, 94, 95, 97 et 99.

[277] Cf. A. Gabou, op. cit. p.92.

importante relevait, conformément aux statuts, des seuls instances et organes du parti unique. Notamment le Congrès.

B). Les résolutions des instances et organes du PCT.

Les instances et organes du parti congolais du travail devaient s'atteler à tout mettre en œuvre pour une adaptation des institutions du pays à la nouvelle donne politique qui s'imposait comme une nécessité. Ainsi donc, à l'issue de sa session du 29 juin au 04 juillet 1990, le Comité central du PCT diffusait un communiqué final dont il ressortait que l'édification du socialisme n'était plus la priorité ni une fin en soi. Furent également annoncés : la nécessité de l'ouverture du parti congolais du travail à d'autres sensibilités ; la diversification des listes pour les consultations populaires, sans pour autant que le parti n'en perde le contrôle ; le fait que le marxisme-léninisme ne devait plus être l'idéologie dominante ; le centralisme démocratique et la trilogie déterminante devaient cesser d'être les normes de référence dans le processus décisionnel.

L'annonce la plus emblématique fut incontestablement le rétablissement du multipartisme à l'issue d'une période intermédiaire d'apprentissage[278].

Ces préconisations furent réitérées lors d'une autre session du Comité central le 30 septembre 1990, qui mettait sur pied une commission préparatoire du Congrès, organe suprême du Parti congolais du Travail. Le IVème Congrès extraordinaire du PCT devait entériner les mesures préconisées en vue de l'évolution des institutions du pays.

§3. Un cadre juridique revisité.

Poussé par une opinion publique de plus en plus exigeante et hostile au monopartisme, le PCT s'activait pour ne pas perdre pied face au cours des événements. Aussi suggérait-il l'adoption, lors de la session parlementaire de novembre 1990, d'une série de lois portant entre autres sur les partis politiques, alors que le MCDDI (mouvement congolais pour la démocratie et le développement intégral) fut créé par l'opposant historique, Bernard Kolelas, depuis le 03 août 1989 ; l'interdiction faite aux militaires de s'immiscer dans la politique (la dépolitisation de l'armée), comme l'engagement fut prise le 30 juillet 1990 par le Général Jean-Marie Michel Mokoko que l'armée ne devait rien faire qui puisse torpiller ni saborder le processus de démocratisation enclenché, en jouant le rôle d'arbitre, et d'annihiler toute velléité de prise du pouvoir par la force.

En signe d'apaisement, cette session parlementaire devait également légiférer sur l'amnistie générale en faveur des exilés politiques et de certains

[278] idem

prisonniers, dits politiques, notamment ceux qui étaient condamnés lors du procès dit des *« bombes »* du 17 août 1986, par la Cour révolutionnaire de justice[279].

Comme le souligne A. Gabou, ce, à juste titre, l'Assemblée nationale populaire ne s'était pas encore émancipée, en dépit de l'abolition du rôle dirigeant du Parti et de la rupture annoncée du cordon ombilical entre ce dernier et l'Etat. Dès lors, continuant d'appliquer les recommandations du Parti, elle confirmait la prorogation du mandat du Président de la République pour cinq ans jusqu'en 1994, comme cela fut décidé lors du congrès du parti du 31 juillet 1989.

Le Président de la République perdait corrélativement ses fonctions de Chef du gouvernement au profit d'un Premier ministre. Un gouvernement de transition devait être formé en janvier 1991. Le mandat en cours des députés dépendait des desiderata du gouvernement[280]. Enfin, le régime en place se montrait réticent sur l'idée d'une conférence nationale. Il préférait des assises réunissant principalement les partis politiques en mai ou juin 1991, sans que la suite des événements ne lui donne raison[281].

Chapitre 2 : La conférence nationale souveraine et la transition démocratique.

Le processus du rétablissement du multipartisme avait nécessité le passage par une conférence nationale dite souveraine et une période de transition qu'il convient d'évoquer.

§ 1 : La conférence nationale souveraine (CNS) de 1991.

Précédée d'une table ronde du 31 janvier 1991, la conférence nationale était convoquée par un décret du Président de la République en date du 14 février 1991. Elle devait, au départ, durer un peu plus de deux mois à compter du 25 février 1991. Mais, vu l'ampleur des débats, elle s'était prolongée jusqu'au 10 juin 1991.

A). L'organisation de la conférence nationale souveraine (CNS).

C'était une sorte d'états généraux qui, à l'instar de ceux de la France sous le Roi Louis XVI, réunissait pas moins de 1200 délégués, représentant entre autres le gouvernement, les partis politiques, les institutions publiques, les

---

279 Idem.

280 Idem.

281 Sur toutes ces questions. Cf. A. Gabou, op. cit. pp. 93-99.

confessions religieuses, la société civile, le syndicat, ainsi que des individualités. Les critères de sélection de ces délégués ne sont pas clairement définis[282]. Le régime en place se montrait réticent sur l'idée d'un forum national, préférant une conférence limitée aux seuls partis politiques. Cette vision non représentative de la société n'était pas retenue.

I). Sur la légitimité de la CNS.

La question de la légitimité de cette conférence se posait au regard du mode de désignation des délégués, dont on peut s'accorder pour dire qu'ils n'étaient pas désignés ni mandatés par le peuple pour agir en son nom. Ils y étaient, pour la plupart, admis par cooptation. La conférence nationale avait une légitimité purement consensuelle qui procédait de la table ronde du 31 janvier 1991. Le consensus fut exprimé sur l'idée selon laquelle les délégués à ces assises devraient représenter les différentes couches sociales, professionnelles et culturelles du pays, pour ne pas être un rassemblement exclusivement réservé aux élites. La question de la légitimité rejaillit aussi sur la valeur juridique, la portée des recommandations et des actes de la conférence nationale. Sur ce point, le consensus s'était fait pour reconnaitre à la conférence nationale, une autonomie par rapport au régime en place.

Pour s'en distinguer, le consensus s'était dégagé pour la considérer comme exprimant, de fait et par délégation, la volonté du peuple souverain. Donc, la conférence nationale serait à ce titre dépositaire de la souveraineté nationale. Le consensus ayant abouti à qualifier la conférence nationale de souveraine. Dès lors, incarnant de fait la souveraineté nationale, il allait de soi que ses actes avaient force de loi et s'imposaient à tous. Enfin, la convocation de la conférence nationale par décret du Président de la République était une forme de légitimation du processus pour ne pas l'assimiler à un coup d'Etat[283].

L'effectivité de la souveraineté de la conférence nationale était garantie dès l'instant où elle disposait d'une organisation propre. Ainsi donc, les délégués élisaient un bureau de onze membres, présidé par Mgr. Ernest Kombo, évêque d'Owando. Le choix de ce prélat se justifiait parce qu'il s'agissait d'une personnalité fédératrice. Il y avait aussi dans ce choix quelque chose qui relevait du domaine de la symbolique, voire mythique. Car, le tout premier Président de la République du Congo fut un prélat, en la personne de l'Abbé Fulbert Youlou. Sur le plan éthique, il incarnait une image de probité morale. On pouvait lui reconnaitre aussi une probité intellectuelle et une indépendance qui transcendait tous les clivages. Les conférenciers adoptaient le règlement intérieur et créaient quatre

[282] Idem, pp.102-103.

[283] Il convient de souligner, à titre de comparaison, qu'en France, les états généraux du royaume furent convoqués le 05 mai 1789, par le Roi Louis XVI du 24 janvier 1789.

commissions (dont la commission constitutionnelle et des libertés, présidée par le juriste Alexis Gabou)[284].

II). Les objectifs de la CNS.

Le but de la conférence nationale souveraine était de faire un état des lieux et une analyse critique de la situation politique, économique et sociale du pays pendant les décennies qui ont suivi l'indépendance, notamment sous le monopartisme, afin d'en tirer les leçons. Cela, non pas pour consolider un système politique devenu obsolète et évanescent, responsable des maux qui ont miné le pays et de l'état de décrépitude morale dans laquelle se trouve la société congolaise, dus à l'incurie des élites qui ont causé tant de malheurs ; mais, pour fixer les bases d'une nouvelle orientation politique et institutionnelle, afin de favoriser le rétablissement d'une démocratie pluraliste assurant une représentativité effective des différents courants politiques et d'expression dans l'espace public, pour relever les défis du développement du pays dans tous les aspects.

B). Quelques décisions majeures de la CNS.

La Conférence nationale souveraine avait un peu déçu dans certains aspects. Car, les uns et les autres rivalisaient par des invectives et des conjectures ; la transformant quasiment en une foire d'empoigne, en un *« pugilat »,* en une arène où les gens semblaient se défouler en exhumant, à tort ou à raison, les rancœurs du passé[285] pour les jeter à la vindicte populaire par la clameur publique, au point de reléguer au second rang, les vrais enjeux pour le pays (le développement économique et social, améliorer les conditions de vie des citoyens, l'aspiration à plus de libertés…)

Pour autant, elle débouchait sur une série de décisions marquant la rupture avec le passé immédiat, le monopartisme et le socialisme. Cela en commençant par le rétablissement des symboles de la République naissante. Ainsi donc, concernant le nom du pays, il redevient la *« République du Congo »*, le drapeau tricolore *« vers-jaune-rouge »* redevient l'emblème national, *« la Congolaise »* redevient l'hymne national, la devise du pays redevient *« Unité-travail-progrès », etc.*

Par ailleurs, la conférence nationale souveraine adoptait le 29 mai 1991 la charte des droits et libertés et la charte de l'unité nationale.

---

[284] La Commission défense et sécurité, la commission constitutionnelle et des libertés (présidée par Alexis Gabou), la Commission des questions économiques et financières, la Commission santé, environnement et affaires sociales, la Commission éducation, affaires culturelles, sciences et technologie.

[285] Cf. E. Gankama, *« Congo-Brazzaville, la clameur démocratique des années 1990 »*, Ed. hemar/L'Harmattan, 2008 ; G. Lefouoba, *« Enjeux et dynamique des rivalités sociales au Congo, une approche philosophique et historique »*, éd. L'Harmattan, 2013.

Enfin, dans cet élan de rupture avec l'ordre institutionnel établi, la conférence nationale souveraine adoptait le multipartisme et prononçait la dissolution de la constitution du 08 juillet 1979 et des institutions qui s'y rattachaient, notamment l'Assemblée nationale populaire élue le 24 septembre 1989 ; le Conseil constitutionnel ; le Conseil économique et social ; les Conseils populaires des régions, des communes et des districts élus le 24 septembre 1989.

Concernant le Président de la République en place, l'histoire aura retenu qu'il créa la surprise en déclarant assumer, au-delà de tout ce qui s'était dit contre lui, les erreurs de tous ses prédécesseurs à la magistrature suprême et de tous ceux qui à un titre ou à un autre avaient joué un role si minime fut-il dans la gestion du pays. C'était une marque d'humilité que d'aucuns n'hésitaient pas de convertir en une sorte d'orgueil. Cependant, un consensus fut trouvé de le maintenir en fonction pendant la période de transition d'une année, en le dépouillant de toutes ses prérogatives au profit d'un Premier ministre, jusqu'aux nouvelles élections. Mais, s'étant transformée en pouvoir constituant, la Conférence nationale souveraine adoptait le 04 juin 1991, un acte fondamental qui tenait lieu de constitution pour l'organisation et le fonctionnement des institutions de la République pendant la période de transition.

La conférence nationale souveraine avait pris fin le 10 juin 1991 par la symbolique cérémonie de lavement collectif des mains, initiée par le Président du Présidium, Mgr. Ernest Kombo, en signe de purification, après le planting d'arbres (eucalyptus). On aurait pu penser que cette catharsis de lavement des mains allait être commémorée chaque année, au titre d'une journée de la concorde, de la réconciliation et de l'unité nationales.

§ 2 : La transition démocratique de 1991-1992.

Il conviendra de caractériser la période de transition démocratique avant d'examiner l'organisation et le fonctionnement des institutions de la République à travers son cadre juridique.

A). La caractérisation de la période de transition démocratique.

Pour ne pas verser dans la précipitation, l'alternance démocratique ne devait pas être brutale. Le consensus s'était exprimé lors de la conférence nationale souveraine sur la nécessité d'une période de transition d'une année. Cette transition devait être à la fois probatoire, préparatoire et démocratique.

I). Une transition probatoire.

La transition se devait être une période probatoire, en ce qu'elle participait d'une évaluation ou d'une autoévaluation des capacités d'adaptation des acteurs politiques et des citoyens à la nouvelle donne politique et institutionnelle du pays. Cela, après de nombreuses années de monopartisme et de l'idéologie socialiste.

II). Une transition préparatoire.

La transition se devait être aussi préparatoire afin de réunir les conditions d'une l'alternance véritablement démocratique. A cette fin, elle devait être mise à profit pour rédiger un nouveau cadre juridique qui allait déterminer et fonder les réformes institutionnelles.

III). Une transition démocratique.

Enfin, la transition se devait surtout être démocratique, en ce qu'elle devait en elle-même servir de cadre de référence pour une bonne gouvernance institutionnelle. Cela, en ce qu'elle permettait d'organiser une alternance par les urnes. Préfigurant cette nouvelle donne, les institutions de la période de transition devaient elles aussi revêtir un caractère démocratique. Ainsi donc, la période de transition avait pour ambition d'organiser des consultations électorales pour la mise en place de nouvelles institutions.

B). L'acte fondamental du 04 juin 1991.

La conférence nationale avait dissout les institutions politiques du régime moniste du PCT, dans la foulée de l'abrogation de la constitution du 08 juillet 1979. Elle avait décidé d'instituer une période de transition avant la mise en place effective du nouveau système politique. Elle se transformait en une assemblée constituante en rédigeant et adoptant, le 04 juin 1991, l'acte fondamental qui devait servir de cadre juridique pour régir les institutions de la République pendant la période de transition d'une année. Cet acte fondamental tenait lieu de constitution, puisqu'il disposait dans son article 91, *« En attendant l'adoption par référendum et la mise en application de la Constitution définitive, le présent Acte fondamental sera exécuté comme Constitution de l'Etat »*.

I). Les principes définis par l'acte fondamental.

L'acte fondamental du 04 juin 1991 stigmatisait dans son préambule les maux qui ont miné le pays pendant le monopartisme tels que, le mépris et la violation de la dignité, la paix, la prospérité et l'amour de la patrie par le totalitarisme, la confusion des pouvoirs, le népotisme, le tribalisme, le régionalisme, les inégalités sociales, les violations des libertés fondamentales.

A cela s'ajoutaient l'intolérance et la violence politique, les violations des libertés individuelles et collectives, les exécutions sommaires d'opposants politiques réels ou présumés, les assassinats crapuleux de paisibles citoyens à des fins politiques ont fortement endeuillé le pays, entretenu et accru la haine et les divisions entre les différentes communautés qui constituent la nation congolaise.

L'acte fondamental dénonçait aussi le fait que les coups d'Etat étaient devenus légion dans l'histoire politique du Congo, comme le seul moyen d'accession ou d'alternance au pouvoir, annihilant toute vie démocratique.

L'acte fondamental, affirmait ensuite la ferme volonté du peuple congolais de bâtir un Etat de droit et une nation unie et fraternelle, tout en proclamant solennellement le droit du peuple congolaise de résister, de désobéir civiquement à quiconque voudrait prendre ou exercer le pouvoir par coup d'Etat ou toute autre forme de violence. La conférence nationale souveraine entendait instaurer un état de droit dès la période de transition, ainsi donc l'acte fondamental affirmait l'attachement du peuple congolais aux principes de la démocratie pluraliste et des droits de l'homme définis dans les instruments juridiques internationaux que le Congo avait ratifiés. Ainsi qu'ils sont réaffirmés dans l'acte fondamental au titre des droits fondamentaux.

II). L'organisation des pouvoirs publics pendant la période de transition.

Suivant en cela le consensus exprimé pendant les débats à la conférence nationale souveraine, l'acte fondamental du 04 juin 1991 organise une redistribution des pouvoirs entre, un exécutif dualiste, un organe législatif et un pouvoir judiciaire.

a). L'inversion des rôles et le déséquilibre au sein de l'exécutif.

Rappelons avant tout que, le maintien du Président de la République en place fut le résultat d'un consensus lors des débats de la conférence nationale souveraine sur son sort. L'en démettre aurait pris la forme d'un coup d'Etat.

C'était un risque qu'il ne fallait pas prendre, vu le rapport de force en sa faveur au sein de l'armée et des forces de sécurité. Cependant, en raison du consensus, son mandat n'allait plus se poursuivre jusqu'en 1994 comme cela avait été décidé lors du dernier congrès du PCT et confirmé par l'Assemblée nationale lors de la session de novembre 1990. L'abandon du rôle dirigeant du parti congolais du travail, sa séparation des organes de l'Etat et la dissolution de toutes les institutions issues de la constitution abrogée du 08 juillet 1979, faisaient perdre toute légitimité au président en place. Le PCT devenait un parti politique comme les nouveaux partis qui venaient d'être créés et se créaient.

Cependant, le maintien du Président de la République s'accompagnait d'une inversion des rôles et du déséquilibre au sein même de l'exécutif.

Ainsi donc, le Président de la République n'était plus le personnage central de l'exécutif, ce rôle revenait désormais au Premier ministre. Le Président de la République était dépouillé de toutes ses prérogatives au profit du Premier ministre. Il ne lui restait que les fonctions résiduelles de Chef de l'Etat, devant se contenter de signer les traités et accords internationaux, de la promulgation des lois qui deviennent exécutoires de plein droit dans le délai de 15 jours, peu importe qu'il les ait ou non promulguées ; l'accréditation des ambassadeurs ; l'exercice du droit de grâce. Voilà pour l'essentiel[286].

Le déséquilibre au sein de l'exécutif était expressément organisé au profil d'un Premier ministre. Ce dernier était totalement indépendant du Président de la République qui, non seulement ne le nommait pas, mais ne pouvait pas non plus mettre fin à ses fonctions. Le Premier ministre, André Milongo, tenait sa légitimité de l'organe législatif qui l'avait élu. Le Premier ministre se voyait attribuer toutes les prérogatives régaliennes du Président de la République.

Car, il était non seulement le chef suprême des armées, responsable de la défense nationale, mais aussi le chef du gouvernement. Il présidait le Conseil des ministres, nommait les ministres et pouvait mettre fin à leurs fonctions. Il dirigeait l'action du gouvernement, assurait l'exécution des décisions de la conférence nationale, exerçait le pouvoir réglementaire, à ce titre ses actes étaient exécutés par les ministres chargés de leur application, il nommait aux emplois civils et militaires en conseil des ministres. Le gouvernement dont il était le chef conduisait et exécutait la politique de la nation dont les grandes lignes étaient définies par la conférence nationale souveraine. Il était responsable devant le Conseil supérieur de la République (CSR).

---

[286] Il convient de souligner que l'ordre protocolaire républicain place le Président de la République en tête, suivi du Président du Conseil supérieur de la République (CSR), du Premier Ministre, des membres du bureau du CSR et des membres du Gouvernement de transition.

b). Le CSR : un parlement de transition aux pouvoirs étendus.

La Conférence nationale souveraine avait institué un Conseil supérieur de la République (CSR), dont il avait élu le bureau et les membres. Ce Conseil supérieur de la République faisait office de Parlement de transition. Comprenant un Bureau, composé d'un président en la personne du Mgr. Ernest Kombo, ancien Président du présidium de la conférence nationale souveraine, de quatre vice-présidents, deux secrétaires et deux questeurs. Les attributions du CSR allaient au-delà des fonctions législatives.

Car, outre le vote des lois et le contrôle de l'action de l'exécutif, il nommait le Premier ministre et mettait fin à ses fonctions. Il assurait le suivi et l'exécution des décisions de la conférence nationale, l'examen du projet de constitution et la supervision du référendum constitutionnel, la supervision des élections. Il garantissait l'accès équitable des partis politiques aux médias officiels, veillait à la défense et à la promotion des droits humains conformément à la déclaration universelle des droits de l'homme, à la charte africaine des droits de l'homme et des peuples, à la charte des droits et libertés, à la charte de l'unité nationale. Le CSR jouait également le rôle de médiateur. L'article 53 dresse une liste limitative des matières qui relèvent du domaine de la loi. L'initiative de la loi appartenait concurremment au CSR et au gouvernement. Le CSR pouvait mettre en cause la responsabilité du gouvernement par le vote d'une motion de censure s'il se rendait compte que le gouvernement s'était gravement écarté des décisions et recommandations de la conférence nationale souveraine.

c). L'institution d'un pouvoir judiciaire.

Il était institué, pendant la période de transition, un pouvoir judiciaire exercé par la Cour suprême et les autres juridictions nationales créées par la loi. C'était une nouveauté au Congo. Le pouvoir judiciaire devait être indépendant du pouvoir exécutif et du pouvoir législatif. Le Conseil constitutionnel étant dissout, ses attributions étaient confiées à la Cour suprême. Etait également instituée une Haute cour de justice, composée des membres élus au sein du Conseil supérieur de la république et de la Cour suprême. Cette cour était compétente pour juger le Président de la République en cas de haute trahison. Dans ce cas, il est mis en accusation par le Conseil supérieur de la République statuant à la majorité des deux tiers de ses membres. La Haute cour de justice était également compétente pour juger les membres du Conseil supérieur de la République et les membres du gouvernement de transition pour des crimes et délits commis dans l'exercice de leurs fonctions. Il en était ainsi des complices en cas de complot contre la sûreté de l'Etat.

III). La nature du régime de la transition démocratique de 1991.

Le régime institué par l'acte fondamental du 04 juin 1991 présente d'emblée le caractère ou la nature d'un régime présidentiel, en raison de la présence du Président de la République et surtout des pouvoirs conférés au Premier ministre Chef du gouvernement de transition. Cependant, à y voir de près, il ressemble beaucoup plus à un régime semi-parlementaire, proche d'un régime d'assemblée en raison des pouvoirs exorbitants du droit commun conférés au Conseil supérieur de la République (CSR). En sa qualité de gardien, voire de garant du suivi et de l'exécution des décisions de la conférence nationale, le CSR pouvait renverser le gouvernement de transition, comme nous venons de le souligner, par l'adoption d'une motion de censure à la majorité des deux tiers, en cas de manquement grave aux prescriptions de la conférence nationale souveraine. Il détenait ainsi la légitimité d'élire un nouveau Premier ministre. Or, ni le Président de la République ni le Premier ministre de transition ne disposaient d'autant de moyens d'action sur le Conseil national de la République. Ils ne pouvaient pas le dissoudre. Sauf à pouvoir perpétrer un coup d'Etat, ce qui était formellement proscrit dans l'acte fondamental du 04 juin 1991.

Enfin, on peut aussi parler à son propos d'un régime conventionnel (rejoignant le régime d'assemblée) en ce qu'il est le résultat d'un consensus, exprimé lors de la conférence nationale souveraine, d'adopter cette configuration pour l'organisation et le fonctionnement des institutions de la République pendant la période de transition.

Chapitre 3 : L'effectivité de la démocratie pluraliste sous la 4ème République.

Après la Conférence nationale souveraine et la période de transition, la démocratie pluraliste sera effectivement rétablie avec l'adoption d'une nouvelle constitution par référendum le 15 mars 1992, cadre juridique définitif des nouvelles institutions de la 4ème République.

Section 1 : Le régime de la constitution du 15 mars 1992.

L'un des objectifs de la Conférence nationale souveraine était le rétablissement de la démocratie pluraliste, à l'issue d'une période de transition, par la rédaction et l'adoption d'une nouvelle constitution et la mise en place de nouvelles institutions de la République. Ce à quoi le régime de transition s'était attelé avec efficacité.

§ 1 : La rédaction de la constitution et le référendum du 15 mars 1992.

Nous allons évoquer dans les lignes qui suivent, le processus de l'adoption populaire de la première constitution du retour au pluraliste démocratique en République du Congo.

A). La genèse de la constitution du 15 mars 1992.

Suivant les recommandations de la Conférence nationale souveraine, le gouvernement de transition avait mis en place une commission constitutionnelle chargée d'élaborer le projet de la première constitution de la démocratie pluraliste retrouvée. Il était soumis au Conseil supérieur de la République pour adoption lors de la session extraordinaire le 20 décembre 1991. Il n'est pas inutile de rappeler qu'aux termes des dispositions de l'article 51 de l'acte fondamental du 4 juin 1991, l'une des missions assignées au Conseil supérieur de la République était, *« d'examiner, après un débat national, le projet de Constitution à soumettre au référendum ».*

Pour autant, le débat national préalable à l'examen du projet de constitution n'avait effectivement pas eu lieu, si ce n'est qu'une diffusion auprès des partis politiques, des associations et de la société civile. Le projet était examiné par le Conseil Supérieur de la République qui l'adoptait, comme il vient d'être dit, le 20 décembre 1991.

B). Le référendum constitutionnel du 15 mars 1992.

Le référendum constitutionnel était d'abord prévu le 30 novembre 1991, dans l'hypothèse où le projet de constitution serait adopté par le CSR le 30 octobre 1991. Tenant le retard pris dans la confection du texte et des raisons financières pour organiser la consultation populaire, le gouvernement de transition, par la voix de son Chef, avait entrepris de reporter cette échéance, non pas sans susciter la réaction de certaines formations politiques qui, comme le souligne A. Gabou, dénonçaient un coup d'Etat constitutionnel et appelaient à la désobéissance civile[287].

Cette sortie suscita des divergences entre le CSR et le gouvernement. Elle créait une situation de crise, dans laquelle l'armée semblait se mêler, risquant de compromettre le processus transitionnel. Ce fut à la faveur d'un consensus avec le gouvernement de transition que le Conseil Supérieur de la République adoptait un nouveau calendrier électoral, qui fixait la date du référendum au 16 février 1992. D'ailleurs, ce délai n'était pas non plus tenu.

---

[287] Cf. A. Gabou, *« Chronologie politique congolaise »*, op. cit. p.131.

Conforté par l'aide financière et matérielle extérieure, les autorités de transition, à savoir le Président du Conseil supérieur de la République, le Premier ministre et le Président de la République, appelaient tour à tour le 13 mars 1992 (pour les deux premiers) et le 14 mars 1992 (pour le dernier) le peuple congolais à se mobiliser pour adopter la nouvelle constitution par référendum, dont la date était déjà annoncée au 15 mars 1992[288].

Ce processus avait suscité un réel engouement populaire, de telle sorte que les autorités de transition eurent la bienveillante idée de ne pas en priver les congolais de la diaspora. C'était à la faveur de cette ouverture que les bureaux de vote furent ouverts, outre le consulat du Congo à Paris, dans quelques grandes villes de France, comme à Montpellier[289] ou à Bordeaux.

§ 2 : Les principes et l'organisation des pouvoirs publics dans la constitution de 1992.

La constitution du 15 mars 1992 est dans une certaine mesure le reflet de l'acte fondamental du 04 juin 1991 qui la préfigurait. Comme ce dernier, elle se situe dans l'esprit et le droit fil des recommandations de la Conférence nationale souveraine du 25 février au 10 juin 1991. S'il reprenait les principes inscrits dans l'acte fondamental du 4 juin 1991, elle s'en distingue quelque peu dans la redistribution des pouvoirs entre les organes de l'Etat.

A). Les principes énoncés dans la constitution de 1992.

Les principes sont d'abord énoncés dans le préambule puis dans le corpus de la constitution.

I). Les énonciations du préambule de la constitution de 1992.

La constitution du 15 mars 1992 reprend quasiment, dans son préambule, les énonciations du préambule de l'acte fondamental du 4 juin 1991. Y ajoutant, elle énonce la préoccupation du peuple congolais de créer un ordre politique nouveau, un État décentralisé où règnent la morale, le droit, la liberté, la démocratie pluraliste, l'égalité, la justice sociale, la fraternité et le bien-être général. Il se propose de préserver le caractère sacré de la personne humaine ; assurer à l'individu et à la famille les conditions nécessaires à leur développement harmonieux ; garantir la participation de chacun à la vie de la nation ; préserver l'unité dans la diversité culturelle ; promouvoir une

---

[288] Idem, pp.151 et suiv.

[289] L'histoire retiendra qu'à Montpellier les opérations du vote étaient facilitées par l'existence de l'Association des congolais de Montpellier (ACM) dont nous étions membres du bureau et, avions activement participé dans les locaux de l'association (siège social), mis à disposition à cette occasion.

exploitation rationnelle des richesses et des ressources naturelles ; le peuple congolais doit librement disposer de son destin ; raffermir l'indépendance nationale ; coopérer avec tous les peuples qui partagent les idéaux de paix, de liberté, de justice, de solidarité humaine, sur la base des principes d'égalité, d'intérêt réciproque et de respect mutuel, de souveraineté et d'intégrité territoriale. Tout en réitérant le droit et l'obligation de tout citoyen de résister par la désobéissance civile, à défaut d'autre recours, à quiconque entreprendrait de renverser le régime constitutionnel, de prendre le pouvoir par un coup d'État ou de l'exercer de manière tyrannique.

II). Les principes définis dans le corpus de la constitution de 1992.

La constitution du 15 mars 1995 reprend aussi dans son corpus tous les principes fondamentaux de la République énoncés dans l'acte fondamental de 1991 ; qu'il s'agisse de la souveraineté de l'Etat, de l'emblème, de la devise de la République, de l'hymne national, du drapeau rouge tricolore (au demeurant repris de la première République), du suffrage universel, de la liberté des associations, des partis politiques, de la souveraineté nationale. Elle constitutionnalise les devoirs des citoyens (articles 55 à 66), c'était une nouveauté.

B). L'organisation des pouvoirs publics dans la constitution de 1992.

La constitution du 15 mars 1992 définit une organisation séparatiste des grands pouvoirs publics, qui distingue traditionnellement un pouvoir exécutif, un pouvoir législatif et un pouvoir ou une autorité judiciaire. A la différence de l'acte fondamental du 04 juin 1991, pendant la période de transition, la constitution de 1992 n'institue pas un déséquilibre au sein du pouvoir exécutif en faveur du Premier ministre.

I). Un exécutif dualiste.

L'institution d'un exécutif dualiste comprenant le Président de la République et un Premier ministre est une confirmation par rapport à l'acte fondamental du 4 juin 1991. Cependant, à la différence de l'acte fondamental, la nouvelle constitution abandonne le déséquilibre institutionnel dont le Président de la République pâtissait au sein de l'exécutif.

a). Concernant le Président de la République.

Il retrouve, dans la constitution de 1992, la plénitude de ses prérogatives régaliennes, dont la privation ne se justifie plus en raison du changement de régime et de l'institution d'un nouvel ordre politique. Dès lors, le Président de la République est le chef de l'État, il incarne l'unité nationale et veille au respect de la Constitution et au fonctionnement régulier des institutions publiques. Le Président de la République assure la continuité de l'État, il est le garant de l'indépendance nationale, de l'intégrité du territoire et du respect des traités et accords internationaux. Il est le chef suprême des armées et préside les conseils et comités supérieurs de la défense nationale.

S'il a un mandat de cinq rééligible une seule fois, il n'est plus élu par un parti comme ce fut le cas sous le monopartisme, même si sa candidature peut être soutenue par un parti politique, un groupement de partis politiques ou d'associations, ou même à titre individuel voire indépendant, le Président de la République est élu au suffrage universel direct. Le candidat à la présidence de la République doit être de nationalité congolaise d'origine, jouir de tous ses droits civils et politiques, avoir une expérience professionnelle d'au moins 15 ans, être en bonne santé physique et mentale et faire preuve d'une probité morale (article 67 et 68).

En matière législative, le président de la République promulgue les lois dans les vingt jours qui suivent leur transmission au gouvernement, une fois qu'elles sont définitivement adoptées. Il peut, avant l'expiration de ce délai, demander au Parlement une nouvelle délibération ou de certains articles de la loi, sans que cette nouvelle délibération ne lui soit refusée, après quoi, il est tenu de promulguer la loi telle qu'elle a été amendée ou non. Par ailleurs, le Président de la République peut soumettre au référendum tout projet ou toute proposition de loi portant sur des questions pouvant avoir des incidences graves sur le fonctionnement des institutions et sur la société. Il en est ainsi sur initiative du Gouvernement pendant la durée des sessions ou de l'Assemblée nationale (article 79). Ses actes autres que ceux relatifs à la nomination du Premier ministre, au référendum, au message à la nation, à la soumission des lois au Conseil constitutionnel, sont contresignés par le Premier ministre et le cas échéant par les ministres chargés de leur exécution (article 78).

Il peut dissoudre l'Assemblée nationale, lorsque l'équilibre des institutions publiques est rompu, notamment en cas de crise aiguë et persistante entre le pouvoir exécutif et le Parlement, ou si l'Assemblée nationale renversait deux fois le gouvernement en l'espace d'un an. Le Président de la République y procède après consultation du Premier ministre et du président de l'Assemblée nationale (article 80). Dans ce cas, les élections ont lieu dans un délai de 45 jours. Il communique avec le Parlement par des messages qu'il fait lire et qui ne donnent lieu à aucun débat. Lorsqu'il n'est pas en session, le Parlement est réuni spécialement à cet effet. Il accrédite les ambassadeurs et les envoyés extraordinaires auprès des puissances étrangères ; les ambassadeurs et les envoyés extraordinaires étrangers sont accrédités auprès de lui (article 83).

Vis-à-vis du gouvernement, le Président de la République nomme le Premier ministre issu de la majorité parlementaire à l'Assemblée nationale[290]. Il met fin à ses fonctions sur présentation par celui-ci de la démission du gouvernement. Il nomme les autres membres du gouvernement sur proposition du Premier ministre. Il met fin à leurs fonctions après avis de ce dernier. Il préside le Conseil des ministres, dans ce cadre, il signe les décrets, nomme aux hautes fonctions civiles et militaires de l'État. Le président de la République exerce le droit de grâce. Il dispose, par ailleurs, des pouvoirs très exceptionnels qui lui permettent de décréter l'Etat d'urgence ou l'état de siège en conseil des ministres.

b). Concernant le Premier ministre et le Gouvernement.

Les prérogatives du Premier ministre ne sont plus les mêmes que pendant la période de transition. Elles sont moins étendues et se ramènent à celles d'un régime normal. Dès lors, le Premier ministre est le Chef du gouvernement. Il est nommé par le Président de la République dans les rangs du parti ou du groupement des partis politiques constituant la majorité parlementaire à l'Assemblée nationale. Lors de son entrée en fonction, le Premier ministre fait une déclaration de politique générale devant le Parlement. Cette déclaration ne donne pas lieu à débat, le Parlement en prend acte.

Le Premier ministre dirige l'action du gouvernement, assure l'exécution des lois, exerce le pouvoir réglementaire, nomme aux emplois civils et militaires, sous réserve des prérogatives dévolues en la matière au Président de la République, dans les conditions définies par la loi. La constitution reconnait la possibilité pour le Premier ministre de déléguer certains de ses pouvoirs aux membres du gouvernement. Il peut suppléer le Président de la République dans la présidence des conseils et comités supérieurs de la défense nationale. Le Premier ministre peut déléguer certains de ses pouvoirs aux ministres. Il peut aussi, à titre exceptionnel, suppléer le Président de la République pour présider le Conseil des ministres en vertu d'une délégation expresse et pour un ordre du jour déterminé (article 90). Ses actes sont contresignés, le cas échéant, par les ministres chargés de leur exécution.

Concernant spécifiquement le gouvernement, il s'évince de l'article 89 de la constitution qu'il détermine et conduit la politique de la nation, il dispose

---

[290] L'article 75 de la constitution du 15 mars 1992 dispose, « *Le président de la République nomme le Premier ministre issu de la majorité parlementaire à l'Assemblée nationale. Il met fin à ses fonctions sur présentation par celui-ci de la démission du gouvernement.*
Il nomme les autres membres du gouvernement sur proposition du Premier ministre.
Il met fin à leurs fonctions après avis de ce dernier ».

de l'administration et de la force publique. Il est doublement responsable, devant le Président de la République et l'Assemblée nationale. Les fonctions de membre du gouvernement sont incompatibles avec l'exercice de tout mandat parlementaire, de toute fonction de représentation professionnelle, de tout emploi public et de toute activité privée rémunérée ; de même que ces fonctions sont incompatibles avec toute responsabilité au sein d'un parti ou d'une association politique.

II). Un parlement bicaméral.

La constitution du 15 mars 1992 est la première à avoir introduit le bicamérisme ou le bicamérisme parlementaire, sans que l'on saisisse les vraies motivations du renoncement au monocamérisme qui a prévalu depuis la proclamation de la République en 1958. Le dirigisme du Parti unique sur les institutions de l'Etat ne permet pas de déceler les excès d'une Assemblée nationale dont il fallait limiter les ardeurs face à l'exécutif. On peut mettre ce choix sur le compte soit d'une quête de modernité soit du mimétisme persistant de l'ancienne métropole, qu'il faille imprimer au nouveau système institutionnel.

Dès lors, le constituant de 1992 instituant un parlement composé d'une Assemblée nationale (chambre basse) assurant la représentation nationale (des citoyens) par des députés élus pour un mandat de cinq ans au suffrage universel direct ; et, d'un Sénat (chambre haute), dont les membres sont élus au suffrage universel indirect, pour un mandat de 6 ans, par les conseils de districts, de régions, d'arrondissements et des communes. Le Sénat est renouvelable tous les 2 ans par tiers, il est censé représenter les collectivités locales et les communautés socioculturelles. Les Députés et Sénateurs sont investis d'un mandat représentatif, car tout mandat impératif est nul et de nul effet.

Chaque Assemblée parlementaire se réunit trois fois par an, en session de deux mois chacune, le 2 mars, le 2 juillet et le 15 octobre. Le Parlement est réuni en session extraordinaire à la demande du président de la République, du Premier ministre ou d'un tiers des membres composant chacune des chambres sur un ordre du jour bien déterminé. La clôture intervient dès que le Parlement a épuisé l'ordre du jour pour lequel il a été convoqué et au plus tard 15 jours à compter de la date du début de sa réunion. Le Parlement peut se réunir en congrès par les deux chambres. Dans ce cas, c'est le bureau de l'Assemblée nationale qui dirige les débats. C'est dans ce cadre qu'il autorise la déclaration de guerre par le Président de la République.

Le Parlement exerce la fonction législative. Le périmètre de la loi est limitativement délimité par l'article 104. Le Parlement a l'initiative législative, concurremment avec le Gouvernement. Mais il vote seul la loi, consent l'impôt et vote le budget de l'État et en contrôle l'exécution. Il a l'initiative des référendums législatif et constitutionnel.

Par l'effet du mimétisme institutionnel, le bicamérisme congolais est aussi imparfait, inégalitaire, en raison du déséquilibre institué entre les prérogatives dévolues à chaque chambre.

Ainsi donc, en dehors des fonctions législatives, le Sénat participe à l'élection des membres de la Cour suprême et des membres du Conseil supérieur de la magistrature. Il joue le rôle de modérateur et de conseil de la Nation.

Dans le cadre du contrôle de l'action du gouvernement, seule l'Assemblée nationale peut renverser le gouvernement par le vote d'une motion de censure. Le Sénat ne peut pas être dissout par le Président de la République. Cependant, les deux chambres disposent d'autres moyens d'information et de contrôle sur gouvernement, à savoir l'interpellation, la question écrite, la question orale, la commission d'enquête et l'audition en commission. Il est fait obligation au gouvernement de fournir au parlement toutes les explications qui lui sont demandées sur sa gestion et sur ses activités.

III). Le pouvoir judiciaire.

Comme sous l'acte fondamental du 4 juin 1991, le pouvoir judiciaire est exercé, sous la constitution du 15 mars 1992, par la Cour suprême et les autres juridictions nationales créées par la loi. Il est indépendant du pouvoir exécutif et du pouvoir législatif. Ce, de telle sorte que le pouvoir législatif ne peut ni statuer sur les différends ni modifier une décision de justice. Aucune loi ne peut avoir pour but de fournir la solution à un procès en cours. Le pouvoir exécutif ne peut ni statuer sur les différends, ni entraver le cours de la justice, ni s'opposer à l'exécution d'une décision de justice. De son côté, le pouvoir judiciaire ne peut empiéter sur les attributions du pouvoir législatif ni sur celles du pouvoir exécutif, il statue sur les litiges nés de l'application de la loi et du règlement. Ses décisions sont rendues au nom du peuple congolais. Le Conseil supérieur de la magistrature est le garant de l'indépendance du pouvoir judiciaire. Le pouvoir judiciaire, gardien des libertés individuelles, assure le respect de ce principe dans les conditions fixées par la loi.

Le président de la République est responsable, devant la Haute cour de justice, des actes accomplis dans l'exercice de ses fonctions en cas de haute trahison. Cette juridiction, composée des membres élus en leur sein et en nombre égal par le Parlement, et par la Cour suprême, et dont le Président est élu par ses pairs, est également compétente pour juger le Président de la République, les membres du gouvernement, les membres du Parlement, les membres de la Cour suprême, les membres du Conseil supérieur de la magistrature et les chefs des Cours en raison des faits qualifiés crimes et délits commis dans l'exercice de leurs fonctions, ainsi que pour juger leurs complices en cas de complot contre la sûreté de l'État.

C). Les autres institutions de la constitution de 1992.

La constitution de du 15 mars 1992 comporte aussi d'autres institutions dont le Conseil constitutionnel, le conseil économique et social, le Conseil supérieur de l'information et de la communication.

I). Le Conseil constitutionnel.

Pendant la période de transition, sous l'acte fondamental du 4 juin 1991, le Conseil constitutionnel était dissout au même titre que les autres institutions régies par la constitution du 08 juillet 1979. Ses attributions étaient confiées à la Cour suprême. Comme nous l'avons vu plus haut, la révision constitutionnelle du 23 août 1984 créait pour la première fois le Conseil Constitutionnel au Congo, confirmé en cela par la loi n° 74-84 du 07 novembre 1984 qui lui était consacré. C'est bien la Cour suprême qui exerçait jusque-là les fonctions de juge constitutionnel.

La constitution du 15 mars 1992 avait eu le mérite de rétablir l'institution du Conseil constitutionnel. Composé de neuf membres dont 6 sont élus, en raison de 2 magistrats par le conseil supérieur de la magistrature, 2 enseignants de droit par leurs pairs et 2 avocats également par leurs confrères ; s'y ajoutaient trois membres nommés respectivement par le Président de la République, le Président de l'Assemblée nationale et le Président du Sénat. Le Président du Conseil constitutionnel lui-même était élu par ses pairs pour une durée de deux ans. Le Conseil constitutionnel se renouvelait par tiers tous les deux ans. Ses membres devaient justifier d'une expérience d'au moins quinze ans.

Au titre de ses attributions, le Conseil constitutionnel exerçait le contrôle de la constitutionnalité des lois, des traités et accords internationaux. Il est le régulateur des activités des pouvoirs publics. En matière électorale, le Conseil constitutionnel veille à la régularité de l'élection du Président de la République, examine et proclame les résultats du scrutin. Il est également compétent pour statuer sur la régularité des élections législatives et locales, tout comme de la régularité des opérations du référendum et en proclame les résultats.

Sur la nature du contrôle, le Conseil constitutionnel exerce un contrôle *a priori* de la constitutionnalité, des traités, projets et propositions des lois avant leur ratification par le parlement ou encore la promulgation par le Président de la République ; des lois organiques et les règlements intérieurs des assemblées parlementaires avant leur application ; et de façon facultative des lois ordinaires avant leur promulgation par le Président de la République. Le Conseil constitutionnel peut être saisi par voie d'action ou par voie d'exception à l'occasion d'un litige pendant devant toute juridiction.

La saisine du Conseil constitutionnel est ouverte au Président de la République, au Premier ministre, au Président de l'Assemblée nationale, au Président du Sénat, au président de la Cour suprême, au président du Conseil supérieur de l'information et de la communication, aux présidents des Conseils locaux, à un tiers des députés ou de sénateurs. La saisine du Conseil constitutionnel est suspensive. Les décisions du Conseil constitutionnel ont une autorité *erga omnes*. Elles s'imposent à tous, qu'il s'agisse des pouvoirs publics, des autorités publiques, des juridictions ou des particuliers.

II). Le Conseil économique et social.

Il s'agit d'une assemblée consultative dévouée aux pouvoirs publics, sur toute question à caractère économique et social. Il peut s'autosaisir ou être saisi par le Président de la République, le Premier ministre, le président de l'Assemblée nationale et le président du Sénat.

Le Conseil économique et social est obligatoirement saisi de tout projet de loi de programme et de tout plan de développement à caractère économique ou social à l'exception du budget de l'État. Il peut aussi être consulté sur les projets de traités ou d'accords internationaux, les projets ou propositions de lois ainsi que sur les projets de décrets en raison de leur caractère économique et social. Enfin, les fonctions du membre du Conseil économique et social sont incompatibles avec celles de parlementaire, de ministre, de membre du Conseil constitutionnel, de préfet, de maire, de sous-préfet, de chef de PCA (poste de contrôle administratif) et de conseiller local[291].

III). Le Conseil supérieur de l'information et de la communication.

La constitution du 15 mars 1992 confirme l'institution du Conseil supérieur de l'information et de la communication, issu de l'acte fondamental du 04 juin 1991, au titre des recommandations de la conférence nationale souveraine. Il s'agit d'une autorité administrative indépendante, un organe de régulation qui doit veiller au respect des règles déontologiques, qui garantit la liberté d'information, de la presse et l'expression pluraliste de l'opinion publique. A ce titre, le Conseil supérieur de l'information et de la communication régule les rapports de communication entre les pouvoirs publics, les organes d'information et le public, donne des avis techniques,

[291] Cf. article 152 à 155 de la constitution de 1992.

des recommandations sur les questions touchant au domaine de l'information et de la communication (article 157).

Aux termes des dispositions de l'article 158 de la constitution du 15 mars 1992, le Conseil supérieur de l'information et de la communication est composé de onze membres dont trois sont élus parmi les professionnels, deux nommés par le Président de la République, trois par le Parlement réuni en congrès et un élu par les associations scientifiques et savantes, un élu par les associations civiles, un élu par les associations de consommateurs. Les membres du Conseil supérieur de l'information et de la communication doivent justifier d'une expérience professionnelle d'au moins 10 ans.

Section 2 : L'effondrement de la 4ème République.

Evoquer l'effondrement de la IVème République congolaise nous invite d'abord à en présenter les causes, qui résident pour l'essentiel dans une pratique abusive, voire dévoyée du régime semi-présidentiel institué par la constitution du 15 mars 1992.

§ 1 : Le régime semi-présidentiel de la constitution du 15 mars 1992.

La constitution congolaise du 15 mars 1992 instituait un régime hybride de type semi-présidentiel, largement inspiré de la Vème République française[292].

A). Les caractéristiques du régime semi-présidentiel.

Alliant les éléments d'un régime présidentiel et ceux d'un régime parlementaire, le régime semi-présidentiel de la constitution du 15 mars 1992 s'est caractérisé, dans l'esprit et suivant les aspirations de la conférence nationale souveraine de 1991, d'une part, par l'existence, comme nous l'avons vu plus haut, d'un exécutif dualiste, dont le personnage central est le Président de la République, élu au suffrage universel direct ; qui est ainsi investi d'une forte légitimité démocratique. Il jouit de toutes les prérogatives régaliennes attachées à son rang, dont la nomination du Premier ministre Chef du gouvernement qui en dirige l'action, il nomme aux fonctions et emplois civils et militaires, sous réserve des prérogatives dévolues en la matière au Président de la République, dans les conditions définies par la loi. Le gouvernement assure l'exécution des lois. Il exerce le pouvoir réglementaire.

---

292 Le régime semi-présidentiel a été théorisé par le Prof. Maurice DUVERGER. Cf. M. Duverger, *« Les constitutions de la France » (chapitre IV, "La République semi-présidentielle : puissance et stabilité gouvernementale"*, Que-sais-je ?, PUF, 15ème éd. 2004, pp. 98-122.

Si le Président de la République doit nommer le Premier ministre dans les rangs de la majorité parlementaire à l'Assemblée nationale, lequel lui propose des ministres pour nomination, il peut le révoquer ainsi que les ministres, sans l'accord du Parlement. Il y a là un élément non moins important d'hybridation du régime. Le Président de la République peut dissoudre l'Assemblée nationale, sans que cette dernière, encore moins le Parlement, ne dispose d'aucun moyen d'action à son encontre. Autres éléments d'hybridation du régime, la possibilité reconnue au gouvernement de s'immiscer dans le domaine de la loi, en légiférant, dans les conditions définies par la constitution, par voie d'ordonnances. Sans oublier la possibilité pour le Président de la République de convoquer le Parlement en session extraordinaire.

D'autre part, le Premier ministre et son gouvernement sont responsables, aussi bien devant le Président de la République, que devant le Parlement, notamment l'Assemblée nationale qui peut renverser le gouvernement par l'adoption d'une motion de censure ou d'un vote de défiance sur sa déclaration de politique générale. A cette arme dissuasive, s'ajoutent les moyens classiques du contrôle parlementaire de l'action du gouvernement que nous avons évoqués plus haut[293].

B). La crise précoce du régime mi-présidentiel et mi-parlementaire congolais.

Le régime semi-présidentiel et mi-parlementaire institué par la constitution du 15 mars 1992 connaissait précocement une crise dans la mise en place des institutions qui en découlaient. En effet, après les élections locales (des différents conseils des régions, districts, communes et arrondissements) du 3 mai 1992, les élections législatives du 24 juin et 19 juillet 1992 et les élections sénatoriales du 26 juillet 1992, des difficultés surgissaient dans la suite de l'élection présidentielle du fait du basculement inattendu de la majorité à l'Assemblée nationale.

I). L'élection présidentielle suivie de l'éclatement de la majorité.

L'alliance constituée au second tour de l'élection présidentielle d'août 1992 n'avait duré qu'un laps de temps. Des dissensions survenues au lendemain de ce second tour avaient fait éclater la majorité présidentielle et entraîné, par voie de conséquence, le basculement de la majorité à l'Assemblée nationale.

---

[293] L'interpellation, la question écrite, la question orale, la commission d'enquête et l'audition en commission.

a). L'élection présidentielle d'août 1992.

A l'issue du 1er tour de l'élection présidentielle du 02 août 1992, deux des trois grands candidats étaient qualifiés pour le second tour. Il s'agissait du candidat de l'UPADS (Pascal de Lissouba) et celui du MCDDI (Bernard Kolelas). Arrivé en troisième position, le candidat du PCT et le président sortant (Denis Sassou Nguesso) était beaucoup sollicité. Convaincu par le discours conciliant et fédérateur du candidat de l'UPADS, arrivé en tête, le candidat du PCT et son parti scellaient le 11 août 1992 un accord électoral et appelait au soutien de la candidature de Pascal Lissouba au second tour. La candidature de Lissouba était déjà soutenue par la plate-forme AND (alliance nationale pour le Démocratie, créée le 25 juillet 1991) ainsi que par le RDD et l'UFDI. Fort du soutien indéfectible de l'électorat du PCT, l'ancien parti unique, le candidat de L'UPADS, Pascal Lissouba, fut démocratiquement élu au second tour le 16 août 1992 avec plus de 61 % de voix.

b). L'éclatement de la majorité présidentielle.

La pomme de discorde entre l'UPADS et le PCT, son principal allié de circonstance au second tour de l'élection présidentielle, était la formation du nouveau gouvernement, dans le cadre de la mise en place des institutions prévues par la constitution du 15 mars 1992. Le Président élu nommait un Premier ministre qui, conformément à l'article 75 alinéa 1er de la constitution, devait nécessairement être issu de la majorité parlementaire exprimée lors des élections législatives du 24 juin et 19 juillet 1992[294]. L'UPADS et ses alliés d'origine de l'AND ne disposant pas d'une majorité stable, la composition du gouvernement devait tenir compte de l'accord électoral conclu le 11 août 1992 avec le PCT, l'allié du second tour de l'élection présidentielle. Celui-là même qui lui avait apporté un soutien substantiel et dont le poids au parlement le gratifiait d'une majorité confortable pour gouverner.

Sauf que, le PCT se sentit dupé en considérant les trois (3) portefeuilles ministériels qui lui avaient été attribués (sur un gouvernement de 30 membres) comme étant insignifiants par rapport à sa contribution à l'élection du nouveau Président de la République. Le PCT accusait son allié d'avoir violé l'accord électoral du 11 août 1992, sans qu'on ne sache le nombre exact de postes ministériels qui allaient lui revenir dans le cadre de l'accord de gouvernement, pour monnayer son soutien au candidat de l'UPADS au second tour de la présidentielle. Le désaccord persistant, face à

---

[294] L'article 75 alinéa 1er de la constitution du 15 mars 1992 dispose, « Le Président de la République nomme le premier ministre issu de la majorité parlementaire à l'Assemblée nationale… »

l'intransigeance des uns et des autres, le PCT rompait son alliance avec l'UPADS, entraînant un éclatement de la majorité présidentielle.

c). La transhumance politique et le basculement de la majorité parlementaire.

Conscient de la faiblesse du Président élu, son parti l'UPADS et ses alliés d'origine de la plate-forme AND (ayant déjà subi des défections, dont celle du RDPS de J.P. Tshystere-Tchicaya pour former une alliance avec le MCDDI le 9 juillet 1992), qui ne disposaient pas d'une majorité au sein de l'Assemblée nationale pour gouverner, le PCT scellait une nouvelle alliance avec l'Union pour le renouveau démocratique (URD), parti fraichement crée par André Milongo, le Premier ministre de transition, le 4 septembre 1992. Ce jeu de changement intempestif et inopportun des alliances, qualifié sous la métaphore de *« transhumance politique »*[295], fit que l'alliance PCT-URD devint de *facto* majoritaire à l'Assemblée nationale. Ce basculement de majorité aura des conséquences fâcheuses, dans la mesure où la témérité des uns et des autres plongeait le pays dans une crise institutionnelle et sécuritaire qui caractérisait le quinquennat du Président Lissouba, entraînant, comme il sera vu plus loin l'effondrement de la IVème République congolaise.

La nouvelle majorité parlementaire à l'Assemblée nationale (s'il faut l'appeler ainsi) invitait le Président de la République à en prendre acte et à en tirer toutes les conséquences qui s'imposaient, pour nommer un Premier ministre issu de ses rangs. Cette situation suscitait la réprobation de ce qui était devenu de facto, la minorité présidentielle et parlementaire ; de telle sorte que le Premier ministre nommé au lendemain de l'élection présidentielle, se maintenait en dépit de cette nouvelle donne politique. L'incongruité de cette situation est révélatrice de l'inadaptation des paradigmes institutionnels importés et non maîtrisés par ceux-là qui ont la charge de les appliquer ou de les mettre en œuvre.

Certains auteurs, dont F. Bankounda-Mpélé, pensent que le basculement de majorité à l'Assemblée nationale n'autorisait pas le PCT et ses nouveaux alliés de circonstance à solliciter du Président de la République fraichement élu, la nomination d'un Premier ministre dans leurs rangs. Car, la majorité parlementaire doit être issue des urnes et ne se bricole pas dans l'hémicycle[296], au regard du régime constitutionnel institué par la constitution du 15 mars 1992.

---

[295] Cf. F.K. Awoudou, *« Le mal transhumant, les infidélités politiques dans le Bénin démocratique »*, Ed. Konrad-Adenauer-Stiftung, 2005 ; B. Boumakani, *« la prohibition de la ''transhumance politique'' des parlementaires. Etude de cas africains »*, RFDC, 2008/3, n°75, pp. 499-512.

[296] Cf. F. Bankounda-Mpele, *« La résurrection de l'éthique de circonstance au Congo, à propos de la lettre ouverte au Président de Charles Z. BOWAO »*, https://blogs.mediapart.fr/felix-bankounda-

Nous pensons qu'une raison de cet imbroglio juridique réside avant tout dans la rédaction de l'article 75 de la constitution du 15 mars 1992, aux termes duquel,

« Le président de la République nomme le Premier ministre issu de la majorité parlementaire à l'Assemblée nationale. Il met fin à ses fonctions sur présentation par celui-ci de la démission du gouvernement.

Il nomme les autres membres du gouvernement sur proposition du Premier ministre.

Il met fin à leurs fonctions après avis de ce dernier ».

On ne saurait faire grief, nonobstant la nature du régime semi-présidentiel institué par cette constitution, au PCT et à ses alliés d'avoir revendiqué la nomination d'un Premier ministre dans leurs rangs du fait du basculement de la majorité à l'Assemblée nationale. De facto, le Président de la République élu, son parti et ses alliés étaient mis en minorité.

L'article 75 de la constitution de 1992, pris au pied de la lettre de la 1re section de son alinéa 1er autorisait l'opposition à réclamer, de facto, la nomination d'un Premier ministre au sein de cette majorité parlementaire à l'Assemblée nationale. Rien ne le lui interdisait au regard de la lettre même de la constitution. La rédaction de l'article 75 de la constitution du 15 mars 1992 est permissive de cette situation.

Car, si l'article 75 alinéa 1er dispose que « *Le président de la République nomme le Premier ministre issu de la majorité parlementaire à l'Assemblée nationale... »*. Il n'est pas spécifié que cette majorité parlementaire à l'Assemblée nationale doive directement et immédiatement être issue des élections législatives. Elle n'interdit pas pour autant que soit prise en compte toute situation, tel un basculement de majorité en cours de législature. Cela d'autant plus qu'en l'espèce, le basculement s'était opéré dès la session inaugurale de l'Assemblée nationale.

L'inconvénient réside dans le fait que cette situation fragilise le Président de la République qui se trouve dans l'impossibilité d'appliquer le projet de société ou le programme politique pour lequel il a été élu par le peuple congolais. Dans ce cas, il n'a de choix qu'entre trois ou quatre alternatives.

Soit, il prend acte de cette donne, désigne un Premier ministre dans l'opposition et accepte de facto une cohabitation dès le début de son mandat.

Soit il nomme un gouvernement minoritaire au prix d'un consensus avec la majorité parlementaire si elle lui garantissait de ne pas user d'une motion de censure (acceptant de gouverner avec une épée de Damoclès au-dessus de la tête).

---

mpele/blog/040517/la-resurrection-de-l-ethique-de-circonstance-au-congo; (Réflexions du 27 janvier 2015).

Soit il négocie un gouvernement d'union nationale. Les deux dernières hypothèses ne le mettent pas à l'abri d'une éventuelle instabilité politique et institutionnelle.

L'autre alternative est d'en appeler au peuple pour espérer triompher dans ce bras de fer, en prononçant la dissolution de l'Assemblée nationale et convoquant de nouvelles élections législatives comme le prévoient les articles 80 et 81 de la constitution du 15 mars 1992[297]. En cas d'échec, le Président de la République n'aura pas d'autres choix que d'entrer en cohabitation.

II). La motion de censure et la dissolution de l'Assemblée nationale.

Dans le bras de fer qui opposait, ce qui était devenu, la minorité présidentielle à la nouvelle majorité parlementaire constituée par le PCT et l'URD, le recours aux moyens de dissuasion du régime semi-présidentiel de la constitution du 15 mars 1992 devenait inévitable. Le PCT et son allié ont dû se saisir des leviers constitutionnels pour se faire entendre de la plus belle des manières.

a). Le renversement du gouvernement.

Mettant sa menace à exécution, la nouvelle majorité parlementaire PCT-URD déposait le 28 octobre 1992 une motion de censure contre le premier gouvernement nommé par le Président Lissouba au lendemain de son élection, notamment le 1er septembre 1992, soit un jour après son investiture officielle.

Sans faire allusion à la problématique de nomination d'un Premier ministre dans les rangs du parti ou de la formation politique désormais majoritaire à l'Assemblée nationale, comme le prévoit la constitution ; cette motion de censure fut motivée sur d'autres griefs d'inconstitutionnalité, qui touchaient au défaut de l'attribution de la fonction de *« Chef du Gouvernement »* au Premier ministre Stéphane Bongho-Nouarra, ainsi qu'à des nominations aux hautes fonctions civiles et militaires qui auraient dû l'être en Conseil des ministres. La motion de censure fut votée le 31 octobre 1992 par la majorité parlementaire PCT-URD, entraînant *ipso facto* le renversement du Gouvernement.

---

[297] L'article 80 dispose, *« Lorsque l'équilibre des institutions publiques est rompu notamment en cas de crise aiguë et persistante entre le pouvoir exécutif et le Parlement, ou si l'Assemblée nationale renverse à deux reprises le gouvernement en l'espace d'un an, le président de la République peut, après consultation du Premier ministre et du président de l'Assemblée nationale prononcer la dissolution de l'Assemblée nationale ».*

L'article 81 dispose, *« Après la dissolution de l'Assemblée nationale, des élections générales ont lieu dans un délai de quarante-cinq jours ».*

Le pays s'enfonçait de plus en plus dans un désordre institutionnel, puisque, malgré le vote de la motion de censure, le Premier ministre et son gouvernement n'en tiraient point les conséquences. Il s'accrochait au pouvoir, en s'abstenant de présenter la démission de son gouvernement au Président. Ce dernier était, dans ce contexte, moins enclin à l'accepter, dénonçant des manœuvres politiciennes visant à le déstabiliser. Il dénonçait un de coup d'Etat constitutionnel qui n'osait dire son nom, un déni de démocratie, une façon de remettre en cause de sa légitimité démocratique.

b). La dissolution inattendue de l'Assemblée nationale.

La politique étant faite de tact et parfois de ruse, le Président élu et investi se devait de résister à cette estocade en cherchant des voies et moyens de sortie de crise. L'armée (en l'occurrence le Général Jean-Marie Michel Mokoko, Chef de l'Etat major, un artisan de la transition démocratique, sans oublier le Général R.D. Ngollo, ministre de la défense) devait à la fois jouer les arbitres et ramener de l'ordre dans le pays pour qu'il ne bascule pas dans une situation insurrectionnelle, dans la mesure où l'appel à la désobéissance civile lancée par la nouvelle majorité à l'Assemblée nationale se traduisait par l'érection des barricades, dont la levée fut pour le Président de la République un préalable à tout compromis. Malgré la démission du Premier ministre renversé avec son gouvernement et la levée des barricades et l'engagement pris devant les représentants de l'armée de ne pas dissoudre l'Assemblée nationale, le Président de la République avait pris tout le monde de cours en prononçant la dissolution de l'Assemblée nationale le 17 novembre 1992.

La motion de censure et la dissolution de l'Assemblée nationale, certes hâtives, étaient juridiquement justifiées en tant qu'elles se fondaient sur une pratique constitutionnelle du régime semi-parlementaire ou semi-présidentiel. Mais, elles étaient politiquement risquées dans le contexte, compte tenu de l'impact qu'elles induisaient sur le fonctionnement des institutions fraichement élues et sur une renaissance démocratique non encore enracinée.

La hantise du Président élu et investi de ne pas s'enfermer dans la cohabitation dès le début de son mandat, rendant impossible l'application du programme de société qui le portât au pouvoir.

Le vacillement des alliances politiques circonstancielles, sans consistance idéologique, tribunicienne ni programmatique, sur fond d'ambitions personnelles, allait persister dans ses effets dévastateurs sur l'avenir du pays. La convocation ultérieure des élections législatives n'allait pas déboucher sur des effets qui auraient été utilement attendus dans l'intérêt supérieur du pays.

§2 : De la crise institutionnelle et sécuritaire persistante à la guerre civile.

La crise politique qui surgit au lendemain de l'élection présidentielle et de l'investiture du Président Pascal Lissouba engendrait un climat de violence et d'insécurité persistante, qui plombait son quinquennat et débouchait sur une guerre civile très dévastatrice. Elle sonna le glas de la IVème République congolaise.

A). La persistance de la crise politique et institutionnelle.

La période qui suivait la dissolution de l'Assemblée nationale était encore marquée par la polémique sur la formation d'un hypothétique gouvernement d'union nationale et l'imbroglio électoral de l'Assemblée nationale.

I). L'hypothétique gouvernement d'union nationale et la prorogation du délai électoral.

L'alliance AND et la plateforme URD-PCT, convenaient d'un accord de sortie de crise en date du 03 décembre 1992, pour former un gouvernement d'union nationale qui devrait comprendre 40 % de ministres issus de la mouvance présidentielle et 60 % choisis au sein de l'URD-PCT, en attendant les nouvelles élections législatives. Ce fameux gouvernement d'union nationale tardait à voir le jour, alors que les élections législatives anticipées devraient être organisées dans le délai constitutionnel de 45 jours à compter de la dissolution de l'Assemblée nationale, conformément à l'article 81 de la constitution du 15 mars 1992. En l'occurrence, ce délai expirait le 30 décembre 1992.

a). L'avis de la Cour suprême du 10 décembre 1992 : prorogation du délai électoral !

Consultée par le Premier ministre sur la possibilité de proroger le délai constitutionnel pour organiser les élections législatives anticipées au-delà du 30 décembre 1992, la Cour suprême émettait un avis favorable qu'elle motivait par les circonstances exceptionnelles de la crise politique. La Cour suprême, à la fois conseiller juridique du gouvernement, juge constitutionnel depuis la dissolution du Conseil constitutionnel par l'acte fondamental du 04 juin 1991 et juge électoral (pour les élections à l'Assemblée nationale, au sénat, élection présidentielle et les opérations de référendum), s'était substituée au pouvoir constituant en se livrant à une interprétation large et dérogatoire des dispositions de la constitution du 15 mars 1992, au lieu de s'en tenir à une application stricte de la loi fondamentale. Il s'agit de la légitimation du pouvoir constituant d'interprétation de la constitution en raison des circonstances politiques exceptionnelles.

b). Analyse critique de l'avis de la Cour suprême du 10 décembre 1992.

Alexis Gabou ne partage pas la position de la Cour suprême. Pour lui, la Cour suprême avait, dans son avis du 10 décembre 1992, excédé ses pouvoirs en se croyant habilitée à autoriser la prorogation du délai constitutionnel de 45 jours (article 81) pour organiser les élections législatives anticipées à compter de la dissolution de l'Assemblée nationale[298]. Selon lui, la Cour suprême aurait dû s'en tenir au strict respect de la constitution. La question se posait aussi de s'avoir, au cas où la Cour suprême, juge constitutionnel, aurait dû se cantonner dans ses compétences d'attribution, en se gardant de toute immixtion dans le domaine du pouvoir constituant, et inviter au respect strict de la constitution, si le gouvernement l'aurait suivi ; s'agissant en l'occurrence d'un simple avis consultatif, et non d'une décision juridictionnelle investie d'une autorité *erga omnes* de la chose jugée.

Même dans cette hypothèse, le gouvernement était libre de suivre ou non la Cour suprême dans la mesure où l'avis consultatif n'est pas contraignant. Une décision contraire du gouvernement serait politiquement qualifiée de défiance vis-à-vis du juge constitutionnel, mais juridiquement fondée au regard de la portée d'un simple avis.

En l'espèce, pour ne pas rajouter une crise à la crise, la Cour suprême s'était gardée d'une application mécanique de la constitution, en optant pour une approche beaucoup plus pragmatique et novatrice, au regard du contexte. Elle se hissait au rang du pouvoir constituant, voire en faisant œuvre de constituant[299]. Pourtant, il va sans dire que cette latitude de déroger au texte constitutionnel, n'est pas sans risque, compte tenu d'une dérive d'extension du délai de convocation de l'électorat pour désigner les députés.

---

[298] Cf. A. Gabou, *« Chronique politique congolaise »*, op. pp.180-181.

[299] Sur le pouvoir constituant du juge constitutionnel, Cf. B. Genevois, *« Les limites d'ordre juridique à l'intervention du pouvoir constituant », R.F.D.A. No 5 (sept-oct. 1998) pages 929 ; A. Viala, « Limitation du pouvoir constituant, la vision du constitutionnaliste », Civitas Europa, vol. 32, nl, 2014, p. 81 ; V. Agué, « Le juge constitutionnel : législateur et constituant » ?* https://lecultedudroit.wordpress.com/2015/05/09/le-juge-constitutionnel-legislateur-et-constituant/; A. Werner, *« Le conseil constitutionnel et l'appropriation du pouvoir constituant », revue pouvoir, n°67, novembre 1993, (la souveraineté), pp. 177-136.*

II). Des polémiques sur l'organisation et les résultats des élections anticipées.

Conforté par l'avis de la Cour suprême autorisant la prorogation du délai d'organisation des élections législatives anticipées, le président investi était ensuite confronté à de vives polémiques sur le cadre institutionnel et les irrégularités ayant affecté la proclamation de ces élections.

a). Le cadre juridique et institutionnel des législatives anticipées.

En l'absence d'une nouvelle loi électorale, qu'il eut fallu voter dans la précipitation, en vue d'organiser les élections législatives anticipées dans le délai de 45 jours suivant la dissolution de l'Assemblée nationale par le Président de la République, le consensus fut trouvé de mettre en application le dispositif juridique et institutionnel ayant conduit à la mise en place des institutions définitives de la République. Comme ce fut le cas du référendum constitutionnel du 15 mars 1992, des élections locales, des élections législatives et sénatoriales et de l'élection présidentielle. Il s'agissait en effet de la loi électorale n° 001-92 du 21 janvier 1992 et de la Commission nationale d'organisation et de supervision des élections (CONOSEL).

A. Gabou, bien qu'il fut lui-même candidat aux législatives dans la 2ème circonscription de l'arrondissement n° 2 Bacongo, y trouvait un motif d'illégalité. Pour l'auteur de *« chronologie politique congolaise »,* il eut fallu adopter une nouvelle loi sur le fondement de la nouvelle constitution[300]. Cependant, l'auteur ne s'explique pas de façon persuasive en quoi la loi de 1992 ne pouvait pas servir de cadre juridique ni que la CONOSEL ne pouvait guère servir de cadre institutionnel pour les élections législatives anticipées. Cela, au seul motif que la période de transition était passée. Mais, la fin de la période de transition ne rendait pas caducs et ni obsolètes le cadre juridique et institutionnel des matières régies pendant cette période qu'autant qu'il était contraire à la nouvelle constitution ; de telle sorte que les lois régulièrement votées sous l'empire de l'acte fondamental du 04 juin 1991 continuaient à s'appliquer aussi longtemps qu'elles n'étaient pas abrogées et les institutions non dissoutes devaient poursuivre leur fonctionnement en vertu du principe de la continuité de l'Etat.

[300] A. Gabou, op. cit. p. 181.

C'est d'ailleurs ce qui s'évincent des dispositions de l'article 180 de la constitution du 15 mars 1992, aux termes desquelles, « Les lois et règlements actuellement en vigueur, lorsqu'ils ne sont pas contraires à la présente Constitution, restent applicables tant qu'ils n'auront pas été modifiés ou abrogés ».

b). Un désordre électoral.

Nonobstant la circonstance que le premier tour des élections législatives anticipées avait eu lieu le 2 mai 1993, soit 6 mois après la dissolution de l'Assemblée nationale, la proclamation des résultats du scrutin avait donné lieu à une pagaille déconcertante et indescriptible.

Concernant le Premier tour du scrutin, la CONOSEL, organisme en charge des élections annonce les tendances et communique les résultats au ministre de l'intérieur afin de proclamer les résultats définitifs. Curieusement, ce fut le ministre des affaires étrangères qui, en toute illégalité, proclamait ces résultats le 18 mai 1993 devant le corps diplomatique accrédité à Brazzaville. Devançant ainsi le ministre de l'intérieur qui, le fit deux jours après, soit le 20 mai 1993 ; dont il ressortait que sur 102 élus, l'alliance AND et la mouvance présidentielle obtenaient 50 sièges, 49 sièges pour la plateforme URD-PCT, 2 sièges pour URD-Mwuinda et 1 siège pour l'UPRN.

Ces résultats étaient ensuite contredits par ceux de la CONOSEL qui faisait état de 62 sièges pour l'alliance AND et la mouvance présidentielle, 49 sièges pour l'URD-PCT, 2 sièges pour l'URD-Mwinda et 1 siège pour UPRN, sur 114 élus. La CONOSEL avait en effet validé les 12 sièges invalidés par le ministre de l'intérieur. 11 sièges restaient en ballotage dans le compte du ministre de l'intérieur et celui de la CONOSEL. Cette cacophonie ôtait toute crédibilité à ces élections, même si elles conféraient au Président de la République une majorité confortable à l'Assemblée nationale, le mettant à l'abri d'un éventuel renversement du gouvernement par une motion de censure, même par le jeu de migration des députés. Ce cafouillage n'inspirait guère confiance à l'alliance URD-PCT, devenue minoritaire, qui boycottait le second tour de l'élection pour des 11 sièges restants à pourvoir. Elle refusait de reconnaitre ces résultats sans, paradoxalement, porter la contestation devant le juge électoral.

c). La radicalisation de l'opposition et l'amplification de la crise politique et institutionnelle.

Le Président de la République tentait d'obtenir une validation juridictionnelle des résultats controversés des élections législatives. L'opposition se radicalisait en appelant à la désobéissance civile, en dépit de la médiation de l'armée. Pendant ce temps, la situation sécuritaire se dégradait à Brazzaville avec l'érection des barricades dans les grandes artères et des tirs nourris à l'arme lourde. Le pays était au bord de l'implosion.

Dans la quête de légitimation de sa majorité parlementaire, notamment à l'Assemblée nationale, nonobstant la contestation de l'URD-PCT, le Président de la République a dû consulter la Cour suprême sans avoir été suivi.

Ainsi, dans un avis du 10 juin 1993, la Cour suprême déclarait qu'il ne lui appartenait pas d'autoriser le ministre de l'intérieur à proclamer les résultats du deuxième tour des élections législatives anticipées. L'avis de la Cour suprême faisait sens, en ce qu'il était conforme au principe du privilège du préalable selon lequel une autorité administrative n'a pas besoin de solliciter l'autorisation du juge pour prendre une décision dans son domaine de compétence et dont elle a l'initiative[301]. La proclamation des résultats électoraux étant un acte administratif, le ministre de l'intérieur n'avait pas besoin de l'autorisation de la Cour suprême pour publier les résultats du second tour des législatives dès l'instant où la CONOSEL, l'organisme qui en avait la charge les lui auraient transmis. En conséquence, le ministre de l'intérieur proclamait les résultats du second tour le même jour et attribuait les 11 sièges en ballotage à l'alliance AND de la mouvance présidentielle.

La Cour suprême rendait ensuite deux avis du 28 juin et 29 juin 1992 (n° 08 et 09), constatant l'illégalité de la proclamation des résultats du 1er tour des élections législatives anticipées par le ministre des affaires étrangères, tout en reconnaissant la compétence de la CONOSEL pour valider ou invalider les opérations électorales entachées d'irrégularités manifestes, ainsi que l'illégalité de l'organisation et de la proclamation des résultats du second tour du même scrutin. Il laissait ensuite aux autorités compétentes le soin de prendre les mesures qui s'imposaient.

La Cour suprême avait fait preuve de courage et d'indépendance dans un contexte politique et institutionnel très conflictuel. Conseiller juridique du gouvernement, juge constitutionnel et juge électoral, la Cour suprême avait émis des avis, bien que consultatifs, mais lourds de conséquences. Il est constant que si la Cour avait été saisie dans le cadre de ses attributions contentieuses, les nouvelles élections auraient dû être purement et simplement annulées en raison du principe de l'autorité *erga omnes* de ses décisions juridictionnelles.

Pour autant, le Président de la République investi aurait pu, pour être crédible, tirer les conséquences politiques de ces avis consultatifs émanant du pouvoir judiciaire incarné par la Cour suprême et les autres juridictions

---

301 Principe énoncé par le Doyen Hauriou, dans sa note sous, CE 30 mai 1913, Préfet de l'Eure, req. n° 06781 rec. P. 326.

créées par la loi. C'est ainsi que la Cour indiquait dans ses avis qu'il ne lui revenait pas de dicter la conduite à tenir face aux irrégularités constatées[302].

Il est constant que, pris dans la tourmente, le Président de la République, pourtant garant des institutions et auteur de la saisine de la Cour suprême, s'était mis dans une position très inconfortable en fustigeant la Cour dans un message à la nation du 05 juillet 1993, tout en reconnaissant l'illégalité des résultats du second tour des législatives et concédait à les reprendre. Malgré ce bémol, il ajoutait une crise à la crise. Le pays devenait quasiment ingouvernable.

Ce fut la porte ouverte à tous les excès. Des violences et des affrontements armés se multipliaient ainsi que l'érection des barrages dans les grandes artères de la ville. Le limogeage du Général MOKOKO, suspecté à tort ou à raison de connivence avec l'opposition, ne ramenait pas le calme et ne résolvait rien. Il en était de même du changement de Premier ministre, des remaniements dans le haut commandement de l'armée, du fameux accord de cesser le feu du 27 novembre 1993, ni de l'accord de paix du 30 janvier 1994, encore moins de la sentence du collège arbitral international du 1er février 1994. Des groupuscules paramilitaires (des milices) faisaient désormais la loi, défiant la force publique républicaine. La confusion était devenue telle que des dissensions apparaissaient même au sein de la mouvance présidentielle[303].

B). La guerre civile du 05 juin 1997.

La guerre civile du 05 juin 1997 est la conséquence d'une crise politique qui a prévalu depuis le lendemain de l'élection présidentielle de 1992 et des divergences qui s'en étaient suivies, notamment au sein de l'alliance URD-PCT sur la composition de l'équipe gouvernementale. Elle s'expliquait également par une crise sécuritaire. Le pays n'était pas pacifié durant le quinquennat du Président Lissouba. Car, les principaux leaders politiques continuaient, chacun en ce qui le concernait, d'entretenir une milice armée pour réagir à la moindre incartade. Cependant, la fin du mandat présidentiel à l'échéance du 31 août 1997 et l'imminence de l'élection présidentielle exaltaient les ambitions des candidats potentiels, sans oublier le Président de la République sortant qui allait légitimement briguer un second mandat.

---

302 Cf. A. Gabou, op. cit. p.191.

303 A. Gabou, op. cit. p. 208.

I). Le climat général avant la guerre civile du 05 juin 1997.

Les péripéties qui avaient prévalu avant le 05 juin 1997 n'étaient pas propices à l'apaisement de la situation dans le pays. On se dirigeait inexorablement vers un conflit armé interne. Il aurait fallu d'une étincelle pour déclencher une déflagration générale, incontrôlable et incontrôlée de la situation.

a). L'assainissement du cadre juridique et institutionnel.

Le Président de la République prenait un certain nombre de mesures dans la perspective de l'élection présidentielle. Aussi édictait-il trois importants décrets. Il s'agissait du décret n° 69-321 du 08 juillet 1996, portant création de la Commission nationale du recensement administratif. Ce recensement devait permettre de déterminer le corps électoral ; du décret n° 96-322 du 08 juillet 1996, qui instituait un Comité technique électoral de 25 membres ; et du décret n° 96-323 du 08 juillet 1996, instituant un Comité de coordination de la commission nationale de recensement afin de confectionner les listes électorales. Si ces décisions emportaient l'adhésion de la classe politique sur le respect de l'ordre constitutionnel, cette même classe politique se montrait toutefois circonspecte et redoutait d'éventuelles manœuvres de sabordage du processus.

b). Les signes précurseurs d'amplification des violences.

Une série d'événements allaient à contre-courant des bonnes intentions de l'exécutif et présageaient le risque d'une déflagration générale à la moindre étincelle. Comme le retrace A. Gabou[304], la nomination le 27 août 1996, d'un nouveau Premier ministre, en la personne Ch. D. Ganao, le 4ème depuis le début du quinquennat[305] ; surtout la déclaration de ce dernier, en date du 02 septembre 1996, de se passer de la CONOSEL pour organiser l'élection présidentielle, suscita une levée de boucliers dans la classe politique[306].

L'accueil triomphal réservé le 26 janvier 1997 à l'ancien président de la République D. Sassou-Nguesso, rentrant de son exil en France, de l'aéroport international de Maya-Maya à son domicile à Mpila, galvanisait ses partisans. Il n'était pas sans susciter de réelles et sérieuses inquiétudes au sein de l'alliance URD-PCT, surtout de la mouvance présidentielle, qui ne

---

[304] A. Gabou, op. cit. pp.225 et suivantes.

[305] Dans l'ordre : Bongho-Nouara (1er septembre 1992), C. A. Da Costa (06 décembre 1992), Yhombi-Opango (23 juin 1993), Ch. D. Ganao 27 avril 1996 et B. Kolelas (13 septembre 1997).

[306] Sur les réactions du FDU, MCDDI, le MUR, Cf. A. Gabou, op. cit.

pouvaient guère douter de sa détermination à reconquérir le pouvoir. Il fut incontestablement un adversaire politique de taille avec lequel il fallait compter, à quelques mois de la campagne pour l'élection présidentielle.

c). Les revers judiciaires du régime en place.

Visiblement, la Cour suprême n'aura pas été tendre avec le régime en place. En tout cas, c'est le moins que l'on puisse dire. Mais, fallait-il y voir le signe de l'indépendance du pouvoir judiciaire qu'incarnaient la Cour suprême et les autres juridictions nationales, comme le prescrit l'article 129 alinéa 1er et 2 de la constitution du 15 mars 1992 ou une défiance de la plus haute juridiction nationale à l'égard de l'exécutif ? La réponse n'est pas aisée. Qu'à cela ne tienne, la Cour suprême rendait le 30 janvier 1997 une nouvelle décision (n° 06/CS/96), dans le prolongement de ses précédentes décisions n° 01/CS/96 et n° 02/CS/96/ du 02 août 1996.

En effet, saisie en matière de contrôle de la constitutionnalité des lois, la Cour suprême déclarait non conforme à la constitution du 15 mars 1992, les dispositions de l'article 6 alinéas 2 et 3 et de l'article 20 alinéas 2, 22, 23, 24 et 25 de la loi n° 08/94 du 03 juin 1994 relative aux orientations fondamentales de la décentralisation. Cela, au motif que cette loi créait des collectivités locales de moyen exercice sans personnalité juridique ni autonomie administrative, patrimoniale, financière, économique, culturelle et sociale. Or, aux termes des dispositions de l'article 170 de la constitution, les collectivités locales sont investies de la personnalité juridique, de l'autonomie administrative, patrimoniale, financière, économique, culturelle et sociale.

Dès lors, la création par le législateur d'une catégorie *sui generis* de collectivités territoriales, dites de *« moyen exercice »* constituait une violation manifeste de la constitution. Pour autant, aussi paradoxal que cela puisse paraître, ces collectivités locales furent maintenues nonobstant l'effet et l'autorité *erga omnes* attachés aux décisions de la plus haute juridiction du pays ; de surcroit lorsqu'elle statue en matière de contrôle de la constitutionnalité. Il eut été utile de considérer la loi censurée comme étant nulle et non avenue.

Ensuite, dans la perspective d'une régularisation, il eut fallu engager la procédure de révision de la constitution pour intégrer cette nouvelle catégorie de collectivités territoriales qui semblait tenir le gouvernement à cœur. Il s'agirait alors d'une simple circonscription électorale. Pour autant, l'initiative d'une révision constitutionnelle serait inopportune à quelques mois de la fin du mandat présidentiel.

d). Le mémorandum de l'opposition de février 1997.

Dans un mémorandum de février 1997, remis au Président de la République le 21 mars 1997, l'opposition URD-FDU dénonçait les défaillances du gouvernement et formulait quelques exigences favorables au déroulement normal de la campagne pour l'élection présidentielle du 27 juillet 1997. Ces exigences portaient sur plusieurs aspects. La question sécuritaire et la dissolution des milices figuraient en toile de fond. Il préconisait un engagement formel des acteurs politiques à faire preuve de patriotisme et d'un esprit civique en respectant les lois et règlements de la République ; l'obligation des pouvoirs publics de garantir la mobilité, sans entrave, des partis politiques et des individus sur toute l'étendue du territoire national. Le mémorandum stigmatisait aussi l'impunité des auteurs des violences, les arrestations arbitraires et illégales, la détention illégale d'armes de guerre en préconisant leur ramassage avec le concours des leaders politiques ; l'élargissement du Comité restreint de la paix aux personnalités politiques susceptibles de contribuer à la restauration du climat de paix et de sécurité. Un tel climat de paix et de sécurité ne pouvait pas être restauré sans une réponse judiciaire impartiale, adaptée et ferme pour sanctionner les faits de détention, d'usage des armes de guerre et d'entrave à la liberté de circuler. Bref, la justice devrait jouer pleinement le rôle qui est normalement le sien dans un Etat de droit.

Le mémorandum insiste également sur une organisation concertée des taches d'éducation citoyenne par la pédagogie des valeurs républicaines au sein des parties et formations politiques. Ce, même s'il n'en explique pas les modalités. Si ce n'est qu'on peut retenir une forme d'éducation morale et civique, un travail de conscientisation, de vulgarisation des valeurs de paix, de fraternité et de patriotisme.

Par ailleurs, le déficit de confiance envers la force publique conduisait l'opposition à préconiser, dans son mémorandum, la présence d'une force internationale de sécurisation du processus électoral de juillet 1997. Il préconisait également la mise à profit des recommandations du Forum pour la paix organisé, sous l'égide de l'UNESCO, à Brazzaville en décembre 1994.

En tout état de cause, pour redonner du crédit aux forces armées, il préconisait qu'elles puissent se réapproprier les principes fondamentaux de fonctionnement issus des états généraux du 19 février 1992. Enfin, il en appelait au Comité restreint pour la paix d'arrêter un calendrier pertinent jusqu'à l'échéance de l'élection présidentielle du 27 juillet 1997.

II). L'accélération des événements et le déclenchement de la guerre civile.

Une série d'incidents survenus à Owando et à Oyo, dans le département de la Cuvette, avaient précipité le déclenchement des hostilités que tout le monde redoutait depuis un certain temps, à cause du climat général de tension qui régnait dans le pays.

a). Les incidents d'Owando et d'Oyo de mai 1997.

La guerre civile du 05 juin 1997 trouvait sa cause immédiate dans les événements d'Owando et d'Oyo du mois de mai 1997, dans le cadre d'une tournée de précampagne électorale du Président des FDU qui avait commencé à Pointe-Noire et se poursuivait dans le nord du pays par les régions des Plateaux, de la Cuvette-ouest et celle de la Cuvette. La mort d'un des éléments affectés à la sécurité du président des FDU suscitait de vives réactions. Des affrontements à caractère ethnique entre les populations mbochis et kouyous d'Owando eurent lieu, sans empêcher la tenue du meeting le 11 mai 1997.

Cependant, on déplorait une dizaine de morts et des milliers (plus de 4000) de populations déplacées et qui s'étaient enfouies pour se réfugier à Oyo, fief de l'ancien Président de la République et Président des FDU. Oyo devenait à son tour le théâtre d'une fusillade avec les éléments de la force publique, faisant environ 4 morts et des blessés.

En réaction, le Gouvernement, réuni d'urgence en Conseil des ministres le 04 juin 1997, décidait d'arrêter et d'engager des poursuites judiciaires contre les auteurs ou instigateurs supposés de ces actes de violence, qu'il soupçonnait d'avoir trouvé refuge dans la résidence de l'ancien Président de la République, Président des FDU, au quartier Mpila à Brazzaville.

Il allait de soi qu'une telle annonce raisonnait comme un vrai *casus belli*. Car, il fallait être naïf pour penser un seul instant, vu le contexte et le niveau de surarmement des milices politiques, que les forces de l'ordre, au demeurant discréditées, allaient débarquer dans cette résidence sans redouter une réaction hostile qui allait déclencher une déflagration et un embrasement général. Cette velléité d'intervention pour arrêter les fugitifs supposés allait forcément être perçue comme un prétexte voire un leurre ou une provocation qui en dissimulait mal la véritable intention. En l'occurrence, les velléités de tenter de neutraliser le leader des FDU, dans ce qui était presque devenu un sanctuaire, une citadelle imprenable.

Compte tenu du contexte, une telle intervention allait forcément avoir des conséquences dévastatrices très prévisibles. Elle compromettait les efforts de médiation ayant abouti le 31 mai 1997, sous l'égide du Secrétaire général de l'UNESCO, Fréderico Mayor, à un accord aux termes duquel l'ensemble de la classe politique congolaise s'était fermement et solennellement engagée à faire cesser les armes et à tout mettre en œuvre pour la tenue de l'élection présidentielle de juillet 1997 dans un climat de paix et de sécurité[307].

b). Le déclenchement de la guerre civile du 05 juin 1997.

En dépit de toutes ces évidences, le gouvernement avait décidé d'en découdre. Il lançait, au petit matin du 05 juin 1997, l'opération d'encerclement de la résidence du président des FDU à Mpila par des engins blindés. Cette opération fut un cuisant échec, face à la rapidité de réaction des milices cobras, puissamment armées, qui réussirent à neutraliser un engin blindé et à poursuivre les assaillants en fuite. Le conflit ainsi déclenché devenait irréversible. Dès les heures qui suivaient l'échec de cette opération, le Président des FDU occupait le terrain médiatique, par un exercice de communication bien rodé, en déclarant dans les ondes de la presse internationale avoir été réveillé par des coups de feu, alors qu'il dormait dans ses appartements. Le Congo connut une guerre fratricide ; la plus sanglante, meurtrière et dévastatrice de son histoire. Elle entraîna la dislocation des alliances politiques au sein même des milices partisanes.

A titre d'exemples, la neutralité affichée de B. Kolelas, du Président du MCDDI, au début de la guerre lui permit de jouer le rôle de médiateur entre son allié de circonstance, l'ancien Président D. Sassou Nguesso, le Président des FDU et le président de la République, Pascal Lissouba, avant de se rallier définitivement à ce dernier au plus fort moment de la guerre civile, comme en témoigne sa nomination au poste de Premier ministre le 13 septembre 1997. Mais, ce ralliement ne sera pas du goût d'une partie de ses partisans et de ses miliciens ninjas, qui préféraient combattre aux côtés des cobras contre les milices cocoyes et autres aubevillois qu'ils avaient jusque-là combattues.

III). La légitimation constitutionnelle d'un régime décadent et évanescent.

C'était en réalité une quête de légitimation que le régime en place avait cru pouvoir entreprendre par la convocation de l'élection présidentielle à quelques semaines de l'échéance et, dans le même contexte, par l'investiture quasi clandestine du Conseil constitutionnel.

---

[307] Cf. R. Césaire, *« Six mois de crise au Congo-Brazzaville : juin-décembre 1997 »*, Revue Géopolitique, 14 mai 2017, https://www.diploweb.com/Six-mois-de-crise-au-Congo-Brazzaville-juin-decembre-1997.html; F. Bankounda-Mpele, *« Case De Gaule, quand l'ex-ambassadeur Raymond Césaire culbute l'histoire récente »*, Médiapart, 23 mai 2017, https://blogs.mediapart.fr/felix-bankounda-mpele/blog/230517/case-de-gaulle-quand-lex-ambassadeur-raymond-cesaire-culbute-lhistoire-recente.

a). La convocation de l'élection présidentielle.

Il convient de souligner que, deux jours après le déclenchement de la guerre civile le 05 juin 1997, le corps électoral était convoqué, par décret présidentiel n°97/234 du 7 juin 1997, pour le premier tour de l'élection présidentielle prévu le 27 juillet 1997. Cela après avoir mis en place une cellule logistique préélectorale par décret n°97/232 du même jour. Ce processus électoral était d'ores et déjà compromis en raison de l'intensification des combats, nonobstant un éphémère cessez-le-feu à compter du 14 juillet 1997, suite aux médiations interne et externe.

b). L'investiture en catimini du Conseil constitutionnel.

Alors que le juge constitutionnel n'était pas installé, malgré l'adoption de la loi n°17/94 du 1er août 1994, portant organisation et fonctionnement du Conseil constitutionnel, en application des dispositions de l'article 151 de la constitution de 1992, le pouvoir en place faisait acter le 23 juin 1997 la prestation de serment des membres de cette institution, devant une vingtaine de parlementaires, en pleine guerre civile. On peut sérieusement s'interroger pourquoi ne l'avoir pas fait depuis longtemps. Cet empressement n'était pas sans arrière-pensée politicienne. Il fallait à tout prix dessaisir la Cour suprême de ses attributions en matière constitutionnelle. Car, cette juridiction s'était illustrée, comme nous l'avons vu plus haut, par des décisions défavorables au gouvernement ; suscitant des réactions et la méfiance de l'exécutif.

La question se posait sur la régularité de l'investiture des membres du Conseil Constitution, dont il échet de rappeler qu'aux termes des dispositions du dernier alinéa de l'article 139 de la constitution du 15 mars 1992, *« lors de leur entrée en fonction, les membres du Conseil prêtent serment devant le parlement réuni en congrès ».* Or, il s'avère qu'en l'occurrence, le Conseil constitutionnel fut installé et ses membres eurent prêté serment devant une vingtaine de parlementaires. Dès lors, la régularité formelle de cette investiture devrait s'apprécier au regard de ce que prévoyait le règlement intérieur du Parlement siégeant en congrès, en matière de convocation des députés et sénateurs au congrès en vue de recevoir le serment des membres du Conseil constitutionnel, de la règle du quorum pour que le congrès puisse valablement siéger, du contexte et des circonstances de cette formalité constitutionnellement consacrée.

c). La décision circonstancielle du Conseil constitutionnel du 19 juillet 1997.

Comme il fallait s'y attendre, le Conseil constitutionnel fut opportunément saisi le 19 juillet 1997 par le Premier ministre aux fins de prorogation du délai de l'élection présidentielle et du mandat du président de la République sortant jusqu'à la proclamation de son successeur. Dans cette décision, le Conseil constitutionnel ne s'était pas contenté d'une interprétation stricte de la constitution du 1992. Il fit œuvre de constituant en usant de son pouvoir normatif, s'érigeant en pouvoir *« constituant dérivé »* face aux carences du constituant primaire. Il s'employait avec subtilité à légitimer, dans un contexte de conflit armé interne, un pouvoir décadent et évanescent.

1). La problématique de la saisine du Conseil constitutionnel.

Le Conseil constitutionnel réglait, après l'avoir soulevée d'office, la question de la recevabilité, notamment la qualité pour agir en matière, non pas du contrôle de la constitutionnalité, ni du contentieux électoral, mais de prorogation du délai de l'élection présidentielle et subsidiairement du mandat présidentiel arrivant à échéance. Dans le silence de la constitution de 1992, il s'agissait de savoir si, en l'espèce, le Premier ministre était habilité à saisir le Conseil constitutionnel. Cette difficulté procédurale fut tranchée par le Conseil aux visas des dispositions des articles 69 alinéa 3, 89 alinéa 1er et 90 alinéa 1er de la constitution.

Le premier texte dispose, *« A l'issue du second tour, est élu président de la République, le candidat arrivé en tête. Le scrutin est ouvert sur convocation du Gouvernement »*. Le second texte dispose, *« Le Gouvernement détermine et conduit la politique de la nation... »*. Le troisième texte dispose, *« Le Premier ministre est le chef du Gouvernement. Il dirige l'action du Gouvernement... »*.

Le Conseil constitutionnel en avait logiquement déduit que, dès l'instant où le scrutin pour l'élection du président de la République est ouvert sur convocation du gouvernement, il allait de soi que le Premier ministre, en sa qualité de chef du gouvernement, qui en dirige l'action, pouvait valablement le saisir aux fins de proroger le délai constitutionnel de convocation dudit scrutin, ainsi que, par voie de conséquence, la durée du mandat du président sortant jusqu'à l'élection et l'investiture du nouveau président de la République ou le même au cas où il serait réélu.

Le Conseil constitutionnel pouvait également se fonder sur les dispositions de l'article 142 de la constitution qui, en dehors du contrôle de la constitutionnalité des lois, décrets et accords internationaux, est le principal régulateur des activités des pouvoirs publics.

Or, l'organisation de l'élection présidentielle est une activité qui incombe aux pouvoirs publics. Ainsi donc, toute autorité constitutionnellement habilitée à saisir le Conseil constitution (Président de la République, président des assemblées parlementaires, Premier ministre, 1/3 des députés ou sénateurs...) serait recevable à faire constater l'impossibilité d'organiser l'élection présidentielle dans les délais prescrits et la nécessité d'en prononcer le report et de statuer sur le sort du Président de la République dont l'échéance du mandat est aussi impactée.

Il en est ainsi, dès l'instant où la mission confiée par l'article 143 de la constitution du 15 mars 1992, au Conseil constitutionnel, de veiller à la régularité de l'élection du Président de la République, implique également celle de s'assurer en amont si compte tenu du contexte ou des circonstances du moment, les conditions d'une tenue normale du scrutin étaient réunies. Sur ce point, tout candidat potentiel ou déclaré peut valablement saisir le Conseil constitutionnel aux fins de constater les difficultés ou les contingences alléguées et de reporter du scrutin.

2). La prorogation des délais de l'élection et du mandat du président de la République.

Sur le fond, dans son unique décision en date du 19 juillet 1997, le Conseil constitutionnel prorogeait *sine die* l'élection présidentielle initialement prévue le 27 juillet 1997 à une date indéterminée et prorogeait par voie de conséquence le mandat du président sortant sans limitation de durée. Le Conseil constitutionnel interprète largement ses compétences en matière de prorogation, notamment du report de l'élection présidentielle. Cela d'autant plus que la constitution du 15 mars 1992 ne prévoit pas le report de l'élection en cas de survenance d'un événement tel qu'un conflit armé ou une crise institutionnelle. La décision du Conseil constitutionnel fut motivée par la circonstance que le défaut d'un accord de paix constituait une menace permanente au processus électoral et l'impossibilité d'organiser l'élection présidentielle avant le 31 août 1997, date de la fin du mandat du président sortant.

Dès lors, selon le Conseil constitutionnel, il incombait au gouvernement de convenir avec l'ensemble de la classe politique d'une période de l'élection présidentielle. En prenant en compte le chronogramme de la cellule logistique et la tenue des élections législatives en 1998. Entre-temps, le président de la République en fonction devait conserver l'ensemble de ses prérogatives constitutionnelles. Il s'agit sur ce dernier point de l'application du dernier alinéa de l'article 69 de la constitution de 1992. Car, factuellement, il était impossible de tenir l'élection présidentielle dans les délais constitutionnels en pleine guerre civile qui déchirait le pays depuis plus d'un mois[308].

Toutefois, l'arrêt du 19 juillet 1997 est critiquable en tant qu'il se contente de rappeler que le Conseil ne peut pas proroger le délai

---

[308] Cf. A. Gabou, op. cit. pp. 243 et suivants ; F. Bankounda-Mpélé, *« Vain sauvetage pour la démocratie : à propos de la décision du conseil constitutionnel congolais du 19 juillet 1997*, in « Justice et droits de l'homme », IDEF, avril 2003, Bruxelles, éd. Bruylant, 2004.

constitutionnel de l'article 69, au-delà de quatre-vingt-dix jours à compter de sa décision. Dès lors, en laissant au gouvernement le soin de convenir avec l'ensemble de la classe politique d'une période de l'élection présidentielle, compte tenu du chronogramme de la cellule logistique et la tenue des élections législatives en 1998, le Conseil constitutionnel lui donnait un blanc-seing. Il s'agissait d'une autorisation implicite de transgresser le délai constitutionnel du report de l'élection présidentielle de 90 jours.

3). Un aveu d'impuissance du Conseil constitutionnel.

La décision du 19 juillet 1997 est révélatrice d'un aveu d'impuissance du juge constitutionnel et des limites du droit dans un contexte de conflit armé. Elle légitime alors, l'action politique. « *Le juridique* » se défausse alors sur « *le politique* » pour justifier un report « *ad vitam aeternam* » du processus électoral et le maintien du Président de la République sortant dans ses fonctions au-delà de l'expiration de son mandat, sans être lié par les délais constitutionnels.

Ce qui est juridiquement illégal, voire inconstitutionnel, est politiquement et moralement légitime. Pour justifier cette option, le Conseil constitutionnel fait dépendre la reprise du processus électoral présidentiel de deux conditions. D'une part, la cessation des hostilités ou la fin du conflit armé ; d'autre part, le consensus politique dans le cadre d'un accord de paix associant le gouvernement et l'ensemble de la classe politique pour fixer le délai de l'élection présidentielle en tenant compte des effets de la guerre civile sur les modalités et les formalités du processus électoral, dont la remise en ordre du corps électoral et les aspects structurels ou logistiques. Ce qui revenait à dire qu'aussi longtemps que le conflit armé interne perdurât ou qu'aucun accord de paix n'ait pas été signé, le processus électoral serait d'autant suspendu, le Président de la République et son équipe gouvernementale seraient maintenus en fonction.

Mais, le schéma dessiné par le Conseil constitutionnel n'était concevable que si les efforts des médiations internes et externes allaient aboutir ou que le gouvernement sortait vainqueur du conflit armé. Il n'envisageait pas l'hypothèse inverse où le gouvernement et les forces loyalistes seraient vaincus, qui remettrait fondamentalement en question toute cette construction hypothétique.

4). L'approche de la prorogation et de la vacance du pouvoir présidentiel.

La décision du 19 juillet 1997 interpelle également en tant que le Conseil constitutionnel distingue la problématique de la prorogation des délais de l'élection présidentielle, définie par l'article 69 de la constitution, de celle de la vacance du pouvoir ou de l'empêchement du président de la République, que régit la l'article 70.

a). S'agissant de la vacance ou de l'empêchement du président.

En effet, le Conseil considère qu'à la différence *« de la vacance ou l'empêchement prévu à l'article 70 de la constitution, le déroulement du scrutin présidentiel, après l'expiration des pouvoirs du Président en exercice, n'implique nullement l'interruption de la fonction présidentielle... »*.

Cette considération nous paraît maladroite et inadaptée au cas d'espèce. Car, le Président Pascal Lissouba était élu au second tour de l'élection présidentielle le 16 août 1992, il avait prêté serment et fut investi le 31 août 1992. Son mandat de cinq ans, expirant le 31 août 1997, fut prorogé comme nous venons de le rappeler, par le Conseil constitutionnel le 19 juillet 1997, en raison de l'impossibilité de ternir l'élection présidentielle le 27 juillet 1997, suite au déclenchement de la guerre civile du 05 juin 1997. Ce n'était donc pas le déroulement du scrutin présidentiel après l'expiration des pouvoirs du Président en exercice qui aurait pu ou non impliquer l'interruption de la fonction présidentielle. Le scrutin, qui aurait dû se ternir postérieurement à l'expiration des pouvoirs du Président de la République, aurait simplement été la conséquence logique du report du scrutin initial à une date ultérieure, ainsi que de la prorogation corrélative du mandat du Président en exercice ; suite à l'impossibilité constatée d'organiser cette élection à l'échéance prévue du fait de la guerre civile déclenchée le 05 juin 1997.

Il est constant que, juridiquement la situation dans laquelle le pays se trouvait le 1er septembre 1997 ne pouvait pas s'analyser comme un cas de vacance de la présidence de la République ni d'empêchement prévu par l'article 70 de la constitution, qui auraient pu justifier de confier l'intérim de la présidence de la République au Président du Sénat. Car, la vacance de la présidence de la République, bien que l'article 70 n'en énumère pas les causes, comme cela découle de l'utilisation de l'expression, *« pour quelque cause que ce soit »*, peut intervenir en cas de décès, de démission, d'empêchement définitif ou de destitution du Président de la République. Elle renvoie à la situation dans laquelle le poste du Président de la République devient libre ou inoccupé dans l'une des hypothèses susévoquées.

La vacance de la présidence de la République peut aussi résulter de la fin ou de l'arrivée à terme du mandat du Président de la République. C'est l'hypothèse dans laquelle le mandat du Président de la République en exercice arrive à son échéance, sans que l'élection du son successeur n'ait eu lieu ou le peuple n'ait pu être convoqué pour élire le Président de la République. Dans ce cas, en l'absence du report ou de prorogation du délai de l'élection présidentielle, le poste du président de la République est bien vacant. Car, le président sortant n'a plus de légitimité. Il appartient au Conseil constitutionnel, régulièrement saisi, de constater cette situation de fait et d'en titrer les conséquences. Soit dans le sens d'une application stricte de l'article 70 de la constitution. Soit, dans le sens d'une interprétation large des dispositions de l'article 70 dernier alinéa et 71 alinéa 1er de la constitution de 1992. Dans cette dernière hypothèse, le Président de la République sortant serait, *ipso facto,* maintenu dans ses fonctions pour expédier les affaires courantes jusqu'à l'élection et l'investiture de son successeur (ou sa réélection) dans le délai maximum de 90 jours. Cette situation peut être une source de conflit en cas de maintien du président de la République au-delà de son mandat, sans que le gouvernement n'ait convoqué l'élection présidentielle dans le délai constitutionnel. Elle peut donner lieu à un consensus politique pour dénouer une crise institutionnelle. L'exemple de la République démocratique du Congo voisin est très illustratif[309].

β). Concernant la prorogation du mandat présidentiel.

La situation est différente, s'agissant de la prorogation du mandat présidentiel en conséquence du report de l'élection décidé antérieurement à la date de l'échéance du mandat en cours ; comme ce fut le cas dans la décision commentée du 19 juillet 1997. La fonction ou le poste du président de la République n'est pas dans ce cas libre.

Nous exprimons aussi quelques réserves sur la considération du Conseil constitutionnel selon laquelle le Président de la République, en sa qualité de garant de la continuité de l'Etat, ne perd pas la légitimité, qu'il tient de son élection par le peuple souverain au suffrage universel direct, du fait de l'expiration de son mandat et de sa prorogation en conséquence du report des délais de l'élection présidentielle.

Or, la légitimité démocratique s'acquiert par le vote. Elle peut se perdre aussi bien par le suffrage que par la déchéance[310]. Dans cette dernière hypothèse, l'empêchement du Président de la République dans le cadre de la procédure conduisant à son éventuelle destitution affecte la légitimité dont il peut se prévaloir. Cette limite de la légitimité démocratique est l'expression même d'un Etat de droit, dans lequel le Président de la République n'est pas au-dessus de la loi.

---

309 Cf. C. Yatala Nsomwe Ntambwe, *« La fin du mandat présidentiel et le principe de continuité dans la constitution congolaise »*, https://www.droitcongolais.info/files/rdc-mandat---continuite.pdf; *https://www.droitcongolais.info/etudes_particulieres.html; L. Larcher , « RD-Congo, l'accord de la Saint-Sylvestre », https://www.la-croix.com/Monde/Afrique/RD-Congo-laccord-Saint-Sylvestre-2017-01-01-1200814018.*

310 Pour une réflexion sur la légitimité démocratique, Cf. P. Rosanvallon, *La Légitimité démocratique. Impartialité, réflexivité, proximité »*, Le Seuil, 2008.

Le maintien du Président de la République dans ses fonctions, suite à la prorogation incidente de son mandat en raison du report de l'élection présidentielle par le Conseil constitutionnel, prolonge d'autant sa légitimité en la transformant d'une légitimité démocratique en une légitimité constitutionnelle de courte durée. Car circonstancielle. Cette légitimité constitutionnelle se fonde sur le principe de la continuité de l'Etat. Une continuité à la fois ontologique (liée à l'existence même de l'Etat en tant que personne juridique), une continuité organique (l'Etat vu indépendamment des individus qui l'incarnent), une légitimité fonctionnelle (les institutions de l'Etat doivent continuer de fonctionner en dépit des crises qui l'affectent. Il en est ainsi de la continuité des services publics)[311].

5). L'étendue des pouvoirs du président de la République prolongé.

La décision du Conseil constitutionnel du 19 juillet 1997 soulève la question de l'étendue des pouvoirs du Président de la République pendant la période de prorogation de son mandat et du délai de l'élection. Le Conseil considère qu'en conséquence du maintien de sa légitimité, garant de la continuité de l'Etat, le Président de la République conserve l'ensemble de ses prérogatives constitutionnelles.

Il y a sur ce point une différence par rapport au régime de l'intérim résultant de la vacance de la présidence de la République ou de l'empêchement que prévoient les articles 70 et 71 de la constitution, dans lequel le Président du Sénat (de l'Assemblée nationale ou le Premier ministre), dont les pouvoirs sont limités, ne peut user de certaines prérogatives présidentielles ; notamment en matière de référendum et de dissolution de l'Assemblée nationale, démission du Premier ministre et son gouvernement, de révision de constitutionnelle.

Or, le régime prorogatoire de l'élection et du mandat présidentiels est un régime éphémère et exceptionnel. Il permet au Président de la République de conserver la plénitude de ses prérogatives constitutionnelles.

Donc, Il y a un risque de laisser au Président sortant (qui doit en principe expédier les affaires courantes pendant l'organisation du scrutin présidentiel dans les délais raisonnables) la plénitude de ses fonctions sans limitation. C'est la porte ouverte à tous les excès, à toutes les dérives, voire à un coup d'Etat constitutionnel. Cela, bien que la dernière phrase du dernier alinéa de l'article 69 de la constitution du 15 mars 1992, dont le Conseil s'est inspiré, dispose que *« .... Si l'application des dispositions du présent alinéa a eu pour effet de reporter l'élection du président en exercice, celui-ci demeure en fonction jusqu'à la proclamation de son successeur ».*

---

[311] Cf. C. Yatala Nsomwe Ntambwe, op. cit. 6 à 7.

Il convient de rappeler que, le Président la République, dont le mandat arrivait à échéance le 31 août 1997, n'avait aucune légitimité pour se maintenir au pouvoir, en l'absence d'un consensus politique, dans le cadre d'une médiation interne et surtout internationale confiée au Chef de l'Etat gabonais, Omar Bongo-Ondimba. Ce dernier fut assisté de M. Shahnoun, représentant spécial de l'ONU et de l'OUA. Il acquerrait une légitimité constitutionnelle à la faveur de la décision précitée du 19 juillet 1997. Or, l'échec de la médiation aura fatalement abouti à une issue militaire avec l'intervention des éléments et des forces armées étrangers qui mettaient en déroute les forces loyalistes le 15 octobre 1997. La fuite du président sortant ainsi que des membres de son gouvernement face à l'arrivée et au contrôle de l'ensemble des quartiers de la capitale, par les éléments des forces démocratiques et patriotiques (FDP), ayant succédé aux FDU depuis le début de la guerre civile, sonnait le glas du régime de la constitution du 15 mars 1992 et marquait de facto l'effondrement de la IVème République congolaise.

Livre III : La Cinquième République congolaise.

La Vème République congolaise connaît deux cycles. Elle s'ouvre avec une période de transition instituée par l'acte fondamental du 24 octobre 1997 et se poursuit avec le régime de la constitution du 20 janvier 2002 et celui de la constitution du 25 octobre 2015.

Première Partie : Le 1er cycle constitutionnel de la 5ème République congolaise.

Ce premier cycle de la Vème République congolaise connaît deux séquences. Une séquence transitionnelle, qui fait suite à l'effondrement de la IVème République. Elle est régie par l'acte fondamental du 24 octobre 1997. Une autre séquence caractérisée par une stabilité relative, sous l'empire de la constitution du 20 janvier 2002.

Titre 1er : La séquence transitionnelle de l'acte fondamental du 24 octobre 1997.

Au lendemain de la victoire des forces démocratiques et patriotiques (FDP) sur celles de l'espace républicain pour la défense de la démocratie et de l'unité nationale (ERDDUN), que d'aucuns considèrent à tort ou à raison comme étant un putsch, la question se posait de savoir si le processus démocratique institué depuis la conférence nationale souveraine de 1991 allait être remis en cause. L'irréversibilité de la démocratie pluraliste n'allait pas être abolie. Mais, il a fallu passer de nouveau par une phase transitionnelle pour pacifier le pays, le reconstruire et réconcilier les congolais.

L'acte fondamental du 24 octobre 1997 fut édicté pour régir l'organisation et le fonctionnement des institutions de la République pendant la période de transition. Un forum national pour la réconciliation, l'unité, la démocratie et la reconstruction (calqué sur le modèle de la conférence nationale souveraine) fut convoqué en janvier 1998, en vue, entre autres d'élire les membres du Conseil national de transition, l'organe législatif de transition. L'acte fondamental du 24 octobre 1997 se distingue de ceux que le Congo avait jusque-là connus. En effet, il n'émane pas d'un organe collégial plus ou moins inféodé au parti unique ni d'un organe indépendant qui fait à la fois office d'états généraux et d'assemblée constituante, comme ce fut le cas de la Conférence nationale souveraine de 1991. Il fut signé par le vainqueur de la guerre civile du 05 juin 1997 au 15 octobre 1997, qui devenait de facto Président de la République[312]. Cet acte réaffirme les principes fondamentaux en s'inspirant de la constitution du 15 mars 1992, qu'il abroge pourtant, ainsi que de l'acte fondamental du 04 juin 1991, tout en instituant une organisation séparatiste des pouvoirs avec une nette suprématie du chef de l'exécutif; conférant ainsi un caractère présidentialiste très renforcé au régime transitionnel.

---

[312] Cf. W. Mbilampindo, *« Un nouvel acte fondamental pour une nouvelle transition démocratique au Congo »*, RJPIC, mai-août 1998, n°2, p.149-165 ; *« L'acte fondamental dans l'histoire constitutionnelle et politique du Congo »*, RJPIC, mai-août 1996, n°2, pp 213 et suivantes.

Chapitre 1er : La réaffirmation des principes et des droits fondamentaux dans l'acte fondamental du 24 octobre 1997.

L'acte fondamental du 24 octobre 1997 réaffirme les principes et les droits fondamentaux. Ils ont trait, d'une part, à l'Etat et à sa souveraineté, d'autre part, aux droits et aux libertés consacrés dans les différentes lois fondamentales qui l'ont précédé. Si l'acte fondamental du 24 octobre 1997 ne les reprend pas *in extenso*, il y apporte quelques modifications ponctuelles.

Section 1 : L'Etat et la souveraineté dans l'acte fondamental d'octobre 1997.

Sont ici concernés, la forme de l'Etat, l'unité nationale, l'intégrité du territoire et le pluralisme démocratique. Ces principes sont régis par le titre 1er (articles 1er à 6) de l'acte fondamental du 24 octobre 1997.

§ 1 : Sur la forme de l'Etat.

Sa caractérisation repose sur plusieurs critères qui se rapportent à la République, à ses symboles, à l'absence du suffrage universel et à la centralité de l'administration territoriale.

A). La réaffirmation de la République et de ses symboles.

S'inscrivant, d'une certaine manière, dans le droit fil de l'orientation politique et institutionnelle de l'Etat induite par la Conférence nationale souveraine de 1991, l'acte fondamental du 24 octobre 1997 réaffirme solennellement la forme républicaine de l'Etat, son indépendance ; sans oublier sa souveraineté, son caractère indivisible, laïc, démocratique, décentralisé et social. N'opérant pas une refondation de la République, l'acte fondamental du 24 octobre 1997 maintient également les attributs et les symboles de l'Etat congolais, comme ils ont été rétablis par la conférence nationale souveraine de 1991. Il en est ainsi du drapeau tricolore vert-jaune-rouge, de l'hymne national (la Congolaise) et la devise du pays *(« Unité - Travail - Progrès »)*.

B). La disparition du suffrage universel.

Certes, l'acte fondamental du 24 octobre 1997 réaffirme le principe selon lequel la souveraineté nationale appartient au peuple, qui l'exercice au moyen du suffrage universel, par ses représentants ou directement par lui-même, c'est-à-dire par référendum. Mais, il est significatif de souligner que, pendant la période de transition instituée par cet acte fondamental, les différents organes de l'Etat n'émanaient pas directement du suffrage universel. Il en était ainsi du Président de la République et du parlement de transition. On ne peut que regretter l'effacement du suffrage universel indispensable à la vie démocratique d'un Etat.

C). La centralité de l'administration du territoire.

Le principe d'un Etat décentralisé induit la libre administration des collectivités locales par des organes élus. Or, sous l'empire de l'acte fondamental du 24 octobre 1997, l'administration territoriale de la République était placée sous l'autorité des administrateurs directement désignés par le pouvoir central. Cette centralisation est en parfait décalage avec la réaffirmation de la décentralisation dans l'acte fondamental comme un principe et le mode d'administration du territoire de la République.

§ 2 : Sur l'unité nationale, l'intégrité territoriale et la démocratie pluraliste.

Ce sont des principes sacro-saints qu'il convient d'examiner successivement, dans le cadre de l'acte fondamental du 24 octobre 1997.

A). Concernant l'unité nationale.

L'unité nationale est à la fois un principe sacro-saint et une exigence que tout citoyen doit respecter et préserver. Mais, l'unité nationale induisant la cohésion sociale, ne remet pas pourtant en cause la diversité culturelle du peuple congolais. Elle est un facteur de sa richesse, de sa force et de son épanouissement. Elle devrait impulser un patriotisme raisonnable et salutaire pour le pays, pas un patriotisme débridé ni exacerbé. L'unité nationale est donc le ciment qui devrait sceller le lien entre les congolais. Sans être distendu, ce lien est générateur d'une solidarité et des repères communs. Il est incontestablement un élément de l'identité dont chacun peut se prévaloir. Elle permet à tout un peuple d'affirmer sa fierté, sa grandeur sans exubérance, sans vanité, ni fatuité.

B). S'agissant de l'intégrité territoriale.

Le territoire est une condition d'existence d'un Etat au même titre que la population et le gouvernement. L'Etat a le devoir, sinon l'obligation de le défendre, d'en assurer la protection contre toute atteinte dont il pourrait être l'objet de la part des individus ou des puissances étrangères ; qu'il s'agisse d'une agression, d'une invasion ou d'une dépossession. Il en résulte un principe ancien en droit international, celui de l'intégrité territoriale. Le territoire fixe les limites des compétences des autorités d'un Etat, qui a le droit légitime et inaliénable de défendre ses frontières. En dehors de l'Etat, il est aussi du devoir de tout citoyen de le faire. Dès lors, ne dérogeant pas à ce principe, l'acte fondamental du 24 octobre 1997 réaffirme le principe selon lequel, tout citoyen a le devoir sacré de défendre la Nation et son intégrité territoriale. De tous les citoyens, le Président de la République est, au premier chef, le garant constitutionnel de l'intégrité territoriale.

C). Concernant la démocratie pluraliste.

L'acte fondamental du 24 octobre 1997 réaffirme également les principes de la démocratie pluraliste rétablis par la conférence nationale souveraine et repris aussi bien dans l'acte fondamental du 4 juin 1991 que dans la constitution du 15 mars 1992. D'ailleurs, il évoque, dès son préambule, l'aspiration du peuple congolais à créer un ordre politique nouveau, un État où règnent la morale, le droit, la liberté, la démocratie pluraliste, l'égalité, la justice sociale, la fraternité, la solidarité et le bien être général. L'acte fondamental confirme, ne serait-ce qu'à travers les déclarations d'intention, le caractère désormais irréversible de la démocratie pluraliste au Congo.

Cependant, la démocratie pluraliste n'a de sens que si l'effectivité du pluralisme politique est assurée, c'est-à-dire la diversité des opinions et courants d'idées se traduit dans les faits. Il ne suffit donc pas de réaffirmer, comme cela s'évince de l'article 3 de l'acte fondamental que, *« La souveraineté nationale appartient au peuple qui l'exercice au moyen du suffrage universel, par ses représentants ou par référendum » ; ou de son article 5 aux termes duquel, « les critères retenus par le législateur ne doivent pas conduire à méconnaître l'exigence du pluralisme des courants d'idées et d'opinions qui constitue le fondement de la démocratie... ».*

Certes, le régime transitionnel de l'acte fondamental du 24 octobre 1997 est un régime post-conflit, très marqué par les stigmates de la guerre civile de juin à octobre 1997. Mais, le pluralisme démocratique réaffirmé était en quelque sorte biaisé par l'existence d'une frange irréductible de partisans du pouvoir défait, voire renversé, qui furent contraints à exil.

Section 2 : Les droits et libertés fondamentaux dans l'acte fondamental de 1997.

Ils sont en partie consacrés dans le préambule de l'acte fondamental qui reprend, à quelque chose près, la constitution du 15 mars 1992 ; laquelle s'était largement inspirée de l'acte fondamental du 04 juin 1991. Cependant, dans la forme, le titre (2) consacré aux droits fondamentaux est le plus important en tant qu'il renferme le tiers des dispositions de l'acte fondamental du 24 octobre 1997, qui compte 86 articles (27/86). Examinons dans un premier temps, les droits de l'homme proprement dits, ensuite les libertés fondamentales et les mécanismes de protection qui en découlent.

§ 1 : Les droits fondamentaux réaffirmés dans l'acte fondamental de 1997.

Le cadre juridique de référence est réaffirmé dans le préambule de l'acte fondamental sur l'attachement du peuple congolais aux principes de la démocratie et des droits de l'homme, tels qu'ils sont exprimés dans la déclaration universelle des droits de l'homme du 10 décembre 1948, la Charte africaine des droits de l'homme et des peuples de 1981 complétée par la Charte de l'unité nationale et la Charte des droits et libertés adoptées par la Conférence nationale souveraine le 29 mai 1991.

Cette évocation témoigne, dans une certaine mesure, de l'importance que suscite la problématique des droits de l'homme. De surcroit, 9 jours seulement après la fin d'une guerre civile, avec des milliers de victimes, au cours de laquelle les droits et la dignité de la personne humaine ont été bafoués.

Ainsi donc, la reconnaissance du caractère sacré et inviolable de la personne humaine implique l'obligation pour l'Etat de la préserver. Les actes de torture, les traitements inhumains et dégradants sont interdits. L'imprescriptibilité des crimes de guerre et des crimes de masse[313], du génocide ou des crimes contre l'humanité est également réaffirmée. L'acte fondamental de 1997 réaffirme également le droit de propriété, l'inviolabilité du domicile, l'égalité en droit de tous les citoyens, l'égalité en droit des enfants nés dans le mariage ou hors du mariage, le droit à la culture, le droit de vivre dans un environnement sain, le droit au travail et à une rémunération équitable, le droit d'ester en justice, les droits de la défense et à un procès équitable.

Les étrangers qui résident sur le territoire national ont les mêmes droits que les congolais, sous réserve de la réciprocité dans le cadre des traités et conventions bilatéraux ou internationaux en vigueur. Le Congo accorde le droit d'asile à tout étranger persécuté en raison de son action en faveur de la

---

[313] Cf. J. Sémelin, *« Qu'est-ce qu'un crime de masse ? Le cas de l'ex-Yougoslavie »*, Revue Critique Internationale, 2000, n° 6, pp. 143-158

démocratie, de la liberté, de son travail scientifique et culturel et de la lutte de libération nationale. Pour autant, le climat sécuritaire post-conflit n'était guère propice à la préservation des droits de l'homme. Il trahissait ce catalogue de bonnes intentions. Ce qui est très déplorable !

§ 2 : Les libertés fondamentales dans l'acte fondamental d'octobre 1997.

L'acte fondamental du 24 octobre 1997 réaffirme les libertés individuelles et collectives. Sont réaffirmées les libertés de circulation, d'opinion, de religion et d'expression, tout comme la liberté d'association, de créer des partis et des groupements politiques dans le respect de la loi, et d'y adhérer librement. Certaines libertés prennent la forme des droits. C'est le cas du droit reconnu à chaque citoyen de développer sa personnalité, à condition de ne pas porter atteinte aux droits d'autrui et à l'ordre public. L'interdiction des détentions et arrestations arbitraires participe également de la protection des libertés publiques. La liberté syndicale et le droit de grève sont reconnus à tout travailleur dans le cadre de la loi.

On peut également regretter le fait que la réaffirmation de la démocratie pluraliste et libérale ne s'accompagne pas de la mention d'un principe sacro-saint du libéralisme qui prône la liberté d'entreprendre et son corolaire, la liberté du commerce et de l'industrie. Ce, alors que la constitution du 15 mars 1992 garantissait à toute personne la liberté d'entreprendre dans les secteurs économiques de son choix, dans le respect des lois et règlements de la République. Enfin, en contrepartie des droits et libertés réaffirmés, les citoyens ont le devoir non seulement de respecter et de se conformer à l'acte fondamental, aux lois et règlements de la République, mais aussi de s'acquitter de leurs contributions fiscales, parafiscales et sociales.

§ 3 : Les mécanismes de garantie des droits et libertés dans l'acte fondamental d'octobre 1997.

Ces mécanismes sont constitués entre autres par la possibilité reconnue à tout citoyen victime d'un préjudice du fait de l'administration, de se pourvoir en justice ou d'introduire une requête auprès d'un organisme approprié de l'Etat. On peut souligner, sur ce dernier point, l'importance de l'institution du médiateur de la République. Car, aux termes dispositions de l'article 70 de l'acte fondamental, toute personne physique ou morale qui estime qu'à l'occasion d'une affaire la concernant, un organise n'a pas fonctionné conformément à la mission de service public qui lui est assignée, est en droit de saisir le médiateur de la République par une requête individuelle.

Chapitre 2 : L'organisation des pouvoirs publics dans l'acte fondamental de 1997.

Comme nous l'avons déjà écrit[314], l'acte fondamental du 24 octobre 1997 opère une distribution des grands pouvoirs publics en distinguant un pouvoir exécutif, un organe législatif et un pouvoir judiciaire. Cette dévolution des pouvoirs fait apparaître un schéma caractérisé par un déséquilibre saisissant au profit du chef de l'exécutif moniste, de telle sorte que l'on se trouve en présence d'un régime présidentialiste très fort. Un régime qui n'est pas sans rappeler les régimes qui ont prévalu sous le monopartisme. Il est constant que ce schéma préfigurait le régime qui allait succéder à la nouvelle période de transition.

Section 1 : L'institution d'un exécutif moniste en 1997.

La principale caractéristique du régime de l'acte fondamental du 24 octobre 1997 est d'avoir institué un exécutif moniste. Il renforce les pouvoirs du Président de la République, qui est le détenteur exclusif dudit pouvoir exécutif. Compte tenu du contexte, ce renforcement des prérogatives du vainqueur de la guerre civile du 05 juin au 15 octobre 1997 lui confère une influence indéniable au sein de cette institution, avec la suppression *sine die* de la fonction de Premier ministre, l'existence d'un gouvernement aux pouvoirs réduits. Cette influence impacte les autres grands pouvoirs d'Etat. D'ailleurs, comme nous l'avons souligné plus haut, l'acte fondamental émane de lui, puisqu'il en est l'auteur et le signataire au lendemain de sa victoire militaire.

§1 : L'hyper-présidentialité du régime transitionnel de 1997.

L'hyper-présidentialité du régime de transition institué par l'acte fondamental du 24 octobre 19997 se traduit par l'étendue des pouvoirs dévolus au Président de la République pendant la période post-conflit et la situation du gouvernement qui fait quasiment office d'une administration au service du chef unique de l'exécutif.

A). L'étendue des pouvoirs du Président de la République.

A côté de ses prérogatives traditionnelles, le Président de la République détient de l'acte fondamental du 24 octobre 1997 des prérogatives pouvant

---

314 Cf. W. Mbilampindo, *« Un nouvel acte fondamental pour une nouvelle transition démocratique au Congo »*, op. cit. pp. 154 et suivants.

être dévolues à d'autres organes, qui renforcent le caractère présidentialiste, voire *« l'hyper-présidentialité »*[315] du régime.

I). Les prérogatives traditionnelles du Président de la République.

Le Président de la République est le chef de l'Etat, il incarne l'unité nationale, veille au respect de l'acte fondamental et au fonctionnement régulier des institutions de la république. Il assure la continuité de l'Etat. Il est le garant de l'indépendance nationale, de l'intégrité territoriale et du respect des engagements internationaux de l'Etat. Il exerce les fonctions de chef suprême de l'armée.

Détenteur exclusif du pouvoir exécutif, il nomme aux hautes fonctions et emplois civils et militaires. Il accrédite les ambassadeurs et les envoyés extraordinaires auprès des puissances et institutions étrangères et vice-versa. Le président de la République exerce le pouvoir réglementaire. Il exerce le droit de grâce. Les actes du président de la République autres que ceux relatifs à la nomination des membres du gouvernement sont contresignés par les ministres chargés de leur exécution, etc.

II). Le Président de la République-Chef du gouvernement.

S'il n'y a rien d'étonnant que le Président de la République préside le Conseil des ministres. Ce qui paraît d'emblée surprenant c'est le fait que le Président de la République s'attribue, à travers l'acte fondamental du 24 octobre 1997, la fonction de chef du gouvernement ; traditionnellement dévolue au Premier ministre, qui d'ailleurs n'était pas prévu en l'espèce. Or, sur ce dernier point, il ressuscitait une pratique qui a prévalu sous le monopartisme, notamment avec la révision de la constitution du 08 juillet 1979, issue du 3ème Congrès ordinaire du PCT du 23 août 1984, qui retirait au Premier ministre la fonction de Chef du Gouvernement en la confiant au Président de la République[316].

---

[315] Il convient de souligner que l'expression *« hyper-président »*, fut utilisée en France pour qualifier l'hyper activité et l'omniprésence du Président Nicolas Sarkozy qui, au lendemain de son élection et, à tout le moins, durant les premières années de son quinquennat (2007-2012), occupait tout l'espace institutionnel, politique et médiatique. Concentrant tous les pouvoirs au point d'induire, *de facto*, un effacement des autres organes, notamment le gouvernement et le Premier ministre. Il qualifia maladroitement ce dernier de *« collaborateur »*. Cette pratique, peu orthodoxe, du pouvoir l'exposant à toutes formes d'attaques, avait fini par ternir son image et contribuer à l'échec de sa réélection en 2012 face à François Hollande.

[316] Cf. J.M. Breton, *« Droit public congolais »*, op. cit. p.87 ; *« La révision constitutionnelle du 23 août et l'évolution du régime politique congolais »*, RJPIC, RJPIC, 1985, n°3-4, p. 871.

Ce qui confirme la suprématie du détenteur exclusif du pouvoir exécutif et l'hyper-présidentialité du régime. Cette position lui confrère une maîtrise et une mainmise sur le gouvernement dans l'exercice du pouvoir. Cela d'autant plus qu'en sa qualité de Chef du Gouvernement, il s'évince de l'article 36 de l'acte fondamental que, c'est lui qui oriente la politique générale de la Nation et en définit les actions fondamentales.

III). Les prérogatives législatives du Président de la République.

L'hyper-présidentialité du Chef unique de l'exécutif se manifeste également par la détention des prérogatives législatives. Comme il sera vu ci-après. Si l'initiative législative est concurremment partagée entre le Conseil national de transition (organe législatif) et le gouvernement, ce dernier ne peut en principe l'exercer sans l'aval du Président de la République. Ensuite, le Président de la République promulgue les lois.

Point culminant de ses prérogatives, le Président de la République détient le pouvoir de légiférer par voie d'ordonnances en matière économique et financière, ainsi qu'en matière de défense et de sécurité. Il communique avec le Conseil national de transition par des messages qu'il fait lire et qui ne donnent lieu à aucun débat. Le Président de la République convoque le Conseil national de transition en session ordinaire et en session extraordinaire.

B). Les autres facteurs de l'hyperprésidentialisation.

L'hyper-présidentialité du régime de transition de 1997 tranche avec celle que le Congo avait connue à l'issue de la Conférence nationale souveraine, de 1991 à 1992. Il s'agissait d'une transition démocratique consensuelle en ce qu'elle fut décidée dans le cadre de ces assises nationales. Elle avait la particularité de dépouiller le Président de la République en place de la quasi-totalité de ses prérogatives constitutionnelles au profit du Premier ministre de transition. Alors que sous la transition instituée par l'acte fondamental du 24 octobre 1997, le Président de la République voit ses attributions renforcées par rapport à ce qu'il avait subi en 1991.

Plusieurs raisons peuvent expliquer cette hyperprésidentialisation. Elles sont liées au contexte historique de cette transition mise en place à l'issue d'une guerre civile meurtrière et dévastatrice. La deuxième tient à la transformation d'une légitimité de fait, tenant à l'arrivée au pouvoir par les armes et à l'issue d'un conflit armé, en une légitimation par le droit. La troisième tient à la nécessité de restaurer l'autorité de l'Etat, de réorganiser les institutions de la République, de pacifier et de sécuriser un pays où les milices et bandes armées étaient enclines à perpétuer et perpétrer le désordre.

§ 2 : L'absence du Premier ministre et le Gouvernement de transition.

Une autre caractéristique du régime de transition institué par l'acte fondamental du 24 octobre 1997 réside dans la disparition ou la suppression, on ne peut plus étonnante, de la fonction de Premier ministre et d'un gouvernement de transition largement dépendant de son chef, le Président de la République.

A). La suppression de la fonction de Premier ministre.

La suppression du poste de Premier ministre tranche avec le schéma traditionnel de l'organisation des grands pouvoirs publics que le Congo a souvent suivi. Tout porte à croire que le Chef de l'Etat cumule ses fonctions présidentielles avec celles de Premier ministre dans l'optique du renforcement du caractère présidentialiste du régime, que nous venons de qualifier d'hyperprésidentialiste, dont la doctrine s'était déjà fait l'écho par le passé[317]. Il eut été possible de considérer que l'option d'un gouvernement de transition aurait pu conduire à confier les fonctions de Premier ministre à une personnalité censée fédérer les différentes sensibilités politiques. Une telle démarche aurait eu très peu de chances d'aboutir dans le contexte immédiat d'après-guerre, pour trouver cette personnalité fédératrice qui aurait pu faire l'unanimité ou consensus.

B). Un gouvernement de transition aux pouvoirs réduits.

Deux articles seulement de l'acte fondamental du 24 octobre 1997 sont consacrés au gouvernement de transition (articles 48 et 49). C'est la traduction de la place réduite, sinon marginale que cette institution occupe dans cet acte fondamental. Ceci n'est pas surprenant puisque le gouvernement est placé, comme nous l'avons vu plus haut, sous l'autorité directe du Président de la République, qui en est le Chef, en nomme et révoque les membres. Ces derniers sont responsables devant lui. Néanmoins,

---

[317] Cf. J. Owona, *« La nouvelle organisation des pouvoirs publics en République populaire du Congo : l'acte fondamental du 30 mars 1979 »*, Penant, 1980, n°770, p. 441 ; *« La nouvelle constitution de la République populaire du Congo : un présidentialisme mono partisan d'assemblée »*, RJPIC, 1980, n°, p.564 ; J.M. Breton, *« Congo après vingt ans de régime socialiste : principes et forces politiques »*, Penant, 1985, n°786, p.89 ; *« La révision constitutionnelle du 23 août et l'évolution du régime politique congolais »*, RJPIC, RJPIC, 1985, n°3-4, p. 871 ; J.M.Breton, *« Droit public congolais »*, op. cit. pp. 59 et suivantes ; D.G.Lavroff, *« La constitution de la République du Congo du 12 juillet 1973 »*, RJPIC, 1974, n°1, p.3 ; C. Pereira, *« Les grands pouvoirs publics congolais : contribution à la théorie générale de l'Etat africain, »* RJPIC, 1978, n°4, 991 ; *« L'évolution constitutionnelle et politique du Congo : de la Communauté française à la République populaire du Congo »*, Penant, 1984, n°784, p.167, n°785, p.307 ; *« L'évolution constitutionnelle et politique du Congo : le pouvoir exécutif dans la constitution du 8 juillet 1979 »*, RJPIC, n°1, p.53.

le gouvernement dispose de l'administration et de la force publique. Il n'en demeure pas moins qu'il n'est qu'un organe d'exécution de la volonté de son Chef, puisqu'aux termes des dispositions de l'article 48 de l'acte fondamental, le gouvernement met en œuvre la politique générale de la nation conformément aux orientations et aux options définies par le Président de la République.

Par ailleurs, l'acte fondamental du 24 octobre 1997 consacre l'irresponsabilité du gouvernement vis-à-vis de l'organe législatif, le Conseil national de transition (CNT). Il ne peut pas faire l'objet d'une motion de censure pendant la période de transition. Il partage, en théorie, l'initiative législative avec le CNT. Il s'agit en réalité d'une initiative présidentielle qui s'exerce en Conseil de ministres présidé par le Président de la République.

Section 2 : Le forum national et l'organe législatif de transition.

L'examen du Conseil national de transition, le législateur ou l'organe législatif de transition exige que l'on puisse s'arrêter un instant sur le Forum pour l'unité nationale, la démocratie et la reconstruction du Congo qui est sa source de légitimité.

§ 1 : Le Forum national pour l'unité, la démocratie et la reconstruction du Congo.

La convocation d'un forum national était apparue comme une nécessité, voire un passage obligé, à l'issue de la guerre civile, pour s'engager dans une nouvelle transition démocratique. Il sera aussi intéressant de savoir s'il a été à la hauteur des espérances.

A). La nécessité d'un forum national.

A l'instar de la conférence nationale souveraine de 1991, le forum national de 1998 se devait être un cadre, un lieu, voire une assemblée délibérative où les *« représentants du peuple »* se réunissent pour traiter, débattre ou discuter des affaires de la nation. Les débats devraient porter sur des thématiques bien choisies où les participants devraient s'y atteler selon leurs cadres de référence, pour exprimer leurs idées ou leurs opinions. Il ne s'agissait pas d'une institution ordinaire dans l'organisation des pouvoirs publics. Car, aucun titre de l'acte fondamental du 24 octobre 1997 ne lui était consacré, même si une mention en est faite à l'occasion des dispositions relatives au Conseil national de transition.

Convoqué au départ pour durer une semaine, du 5 au 11 janvier 1998, le Forum fut prolongé jusqu'au 14 janvier 1998 en raison de l'ampleur des débats[318]. L'intitulé circonscrit lui-même l'objet du forum. Car, il s'agissait du forum national pour la réconciliation, l'unité, la démocratie et la reconstruction du Congo. Toutes ces problématiques étaient adaptées et bien appropriées au contexte post-conflit, auxquelles il convenait d'y apporter des réponses idoines[319].

B). Les décisions du forum national.

Bien que n'étant pas mentionné dans l'acte fondamental, le forum national était investi d'importantes prérogatives, dans la mesure où il devait préciser les grandes orientations de la politique nationale. Ses décisions étaient exécutoires de plein droit et s'imposaient à tous les organes de l'Etat. N'étant soumis au contrôle d'aucun organe qui lui soit hiérarchiquement supérieur, le forum national apparaissait comme l'incarnation de la volonté du peuple souverain, laquelle volonté est génératrice de droit[320].

Le forum devait entre autres déterminer la durée de la période de transition, débattre sur les questions relatives à l'épanouissement de la démocratie pluraliste, fixer la date des échéances électorales et favoriser la réconciliation nationale et la reconstruction d'un pays dévasté par la guerre. Sans développer toutes ces problématiques, il convient de souligner que ; concernant la durée de la période de transition, elle était fixée à trois (3) ans *« flexibles »,* en ce sens qu'elle pouvait être écourtée ou prolongée en fonction des circonstances. Mais, tout dépendait des desiderata du Chef de l'Etat.

La réalité fut que la période de transition aura durée quasiment cinq ans. Soit un quinquennat! Jamais une période de transition n'aura été aussi longue dans l'histoire du Congo. C'est la plus longue période de transition que le Congo ait connue. Elle correspondait à une législature ou mandature normale. Car, un régime transitionnel n'a pas vocation à se pérenniser. Un tel régime est normalement institué pour ne durer qu'un court instant, afin de mettre l'avènement des institutions pérennes.

Concernant le mandat présidentiel, le forum national adoptait le septennat (7ans), sans doute par mimétisme, alors qu'en France le débat avait cours sur l'abandon du septennat pour le quinquennat. Or, le Congo s'en était distingué à la conférence nationale souveraine de 1991 et sous la constitution du 15 mars 1992 en adoptant le quinquennat.

---

[318] Bien que les critères de sélection ne soient pas connus, il est constant que ce forum avait mobilisé des milliers de participants, parmi lesquels les représentants des partis et formations politiques, les associations et membres de la société civile, les représentants des confessions religieuses, les représentants des administrations publiques (..). Les travaux furent animés par un présidium composé de Lekoundzou Itihi Ossetoumba (Président), Mgr. Makaya-Loemba Jean-Claude (1er Vice-président) et le Pr. Diata Hervé (2ème Vice-président).

[319] Cf. W. Mbilampindo, *« un nouvel acte fondamental... »,* op. cit. pp.158 et suiv.

[320] Cf. G. Burdeau, F. Hamon, M. Troper, *"Manuel de droit constitutionnel",* Paris, LGDJ, 23ème. Ed. 1993, p.179.

Le forum national fixait un chronogramme pour les élections présidentielle, législatives et locales en 2000 ou 2001, le recensement de la population devait commencer en 1998, suivi du recensement du corps électoral en 1999. C'est dans un souci de transparence que le Forum national préconisait d'associer le Conseil national de transition, les partis politiques et les représentants de la société civile au processus électoral, avec la présence des observateurs internationaux. Ce chronogramme n'avait pas été respecté, puisque la constitution qui devrait servir de cadre juridique, outre la loi électorale, fut adoptée par référendum le 20 janvier 2002.

Le Forum national s'était également prononcé sur le caractère soi-disant présidentiel du régime, l'institution d'un parlement monocaméral pour mettre fin au bicamérisme de la constitution du 15 mars 1992. Cette dernière recommandation ne sera pas respectée, puisque la constitution du 20 janvier 2002 instituait un parlement à deux chambres (l'Assemblée nationale et le Sénat).

Sur le plan judiciaire, le Forum national recommandait que des poursuites judiciaires soient diligentées à l'encontre des auteurs des crimes de guerre et crimes de génocide qui auraient été commis pendant les deux guerres civiles que le Congo avait connues, celle de 1993-1994 et celle de 5 juin au 15 octobre 1997. Enfin, le Forum élisait les membres du Conseil national de transition qui devaient voter les lois et veiller à l'exécution de ses décisions. On observera que le schéma suivi est dans une certaine mesure calqué sur celui de la Conférence nationale souveraine de 1991.

§ 2 : Le Conseil national de transition (CNT).

Après un examen de la nature juridique du Conseil national de transition, il conviendra également d'en examiner la composition, l'organisation et le fonctionnement.

A). L'identification du Conseil National de Transition.

Le Conseil national de transition est, aux termes des dispositions de l'article 50 alinéa 1er de l'acte fondamental du 24 octobre 1997, l'organe législatif de transition. Comme nous l'avons déjà écrit, on peut cependant s'interroger s'il s'agit d'un parlement en bonne et due forme[321]. La réponse est d'emblée affirmative dès l'instant où le pouvoir de légiférer c'est-à-dire de voter les lois est traditionnellement dévolu au parlement dans la théorie séparatiste de Montesquieu[322]. Cependant, le propos mérite d'être nuancé

[321] Cf. W. Mbilampindo, *« Un nouvel acte fondamental pour une nouvelle transition démocratique »*, op. cit. pp.159 et suiv.

[322] Montesquieu, *« L'esprit des Lois »*, Livre XI ; JL Seurin, *« les origines historiques de la séparation des pouvoirs »*, Mélanges JM Auby, Dalloz, 1992, p.651.

dans la mesure où nous ne sommes pas en présence d'un parlement ordinaire.

Cela d'autant plus que l'acte fondamental prend soin de ne pas désigner ni qualifier le Conseil national de transition comme étant un parlement. Le mot *« Parlement »* ne figure même pas dans le titre V dédié à l'organe législatif.

Dans un système représentatif, les membres du corps législatif, les parlementaires, sont normalement élus par le titulaire de la souveraineté dans l'Etat, dont ils deviennent les dépositaires. Dès lors, du point de vue du mode de désignation, on est en droit de se demander, qui du peuple congolais et du forum national détient la puissance souveraine, la source de tout pouvoir dans l'Etat ? La réponse varie selon que l'on aborde le sujet du point de vue de la souveraineté nationale ou du point de vue de la souveraineté populaire.

I). Le CNT vu sous l'angle de la souveraineté populaire.

Du point de vue de la souveraineté populaire, une théorie chère à J.J. Rousseau[323], seul le peuple est souverain. Cependant, chaque citoyen qui le compose en détient une portion dont il peut librement disposer. A défaut d'agir directement sur la vie de la cité, le peuple charge par son vote des personnes auxquelles il consent une parcelle de sa souveraineté pour agir, sous son contrôle, en ses lieu et place. J. Gicquel écrit à ce sujet, *« Le peuple n'intervient pas dans le jeu politique où il est représenté (...) au parlement »*[324]. Dès lors, une interprétation stricte de cette théorie conduit à dénier la qualification de parlement au Conseil National Transition. Un tel refus peut s'expliquer par le fait qu'en l'occurrence, ce n'est pas le peuple congolais en personne qui est allé aux urnes pour élire les membres du CNT qui, d'ailleurs, ne portent pas le titre de député. Or, comme la Conférence nationale en 1991, c'est le Forum national qui les avait élus. Ce schéma conduit à penser que, comme la Conférence nationale souveraine, le Forum national était à son tour investi d'une parcelle de souveraineté dont elle était en droit de se dessaisir au profil des membres du CNT, un conglomérat d'individus aux diverses sensibilités, voire une constellation faite essentiellement de partis et groupements politiques, auxquels se joignaient les membres de la société civile (associations, confessions religieuses...) des personnalités indépendantes qui n'avaient pas forcément reçu l'onction du peuple pour agir à sa place[325]. Il serait donc, peu convenable d'admettre que

---

[323] JJ Rousseau, *« Le contrat social »*, Livre III, chap. 1er

[324] Cf. J. Gicquel, *« Droit constitutionnel et institutions politiques »*, éd. Montchrestien, 1995, p.106 ; Cl. Leclerq, *« Droit constitutionnel et institutions politiques »*, Litec. 1995, p.42-45 ; G. Burdeau (al), *« Manuel de droit constitutionnel »*, op. cit. p.179.

[325] Pour A. Gabou, *« Les conférences nationales ne sont pas des assemblées homogènes (...) Les membres des Conférences nationales représentent une multitude de groupes pour la plupart créés à la faveur de la*

cet ensemble hétéroclite incarnait la souveraineté au sens rousseauiste du terme pour s'en dessaisir au profit d'un organe qui était censé le représenter et exprimer sa volonté.

On peut mettre un petit bémol sur une interprétation trop rigide de la théorie rousseauiste, pour admettre qu'au regard du contexte de sortie d'une guerre civile, il était particulièrement difficile de convoquer aussitôt le peuple pour élire ses représentants devant siéger dans un parlement régulièrement investi. Le système retenu en 1991, comme en 1997, édulcore la souveraineté populaire en opérant une forme de démembrement ou de subdélégation de la souveraineté dans l'Etat. On assiste alors à une stratification des degrés de souveraineté : en une souveraineté originelle ou primaire, détenue par le peuple lui-même ; en une souveraineté de fait ou circonstancielle, exercée par la conférence nationale souveraine ou le forum national ; en une souveraineté dérivée ou du dépositaire final, c'est-à-dire de celui qui en est oint, qu'exerce le Conseil national de transition[326]

II). Le CNT vu sous l'angle de la souveraineté nationale.

Le Conseil national de transition s'accommode bien de la théorie de la souveraineté nationale, selon laquelle la souveraineté réside exclusivement dans la nation, indépendamment des individus qui la composent. La nation étant une réalité qui dépasse les citoyens ; une réalité historique, sociologique et culturelle. Une réalité faite d'un passé, d'un présent et d'un devenir communs[327]. Elle dénote d'un sentiment d'avoir partagé, de partager au présent et dans l'avenir des instants communs de malheur et de bonheur. La nation est en fait un groupe humain, ou une communauté d'individus, qui se caractérise par la conscience de son unité et de la volonté de vivre ensemble dans un territoire bien défini. Elle est juridiquement constituée par l'ensemble des individus, mais s'en distingue parce qu'elle est au-dessus d'eux. Elle est titulaire d'un droit subjectif, la souveraineté. Le peuple congolais est fait d'une diversité culturelle d'individus qui le

chute des monopartismes et qui ont réussi à se faire admettre à la conférence nationale. Il s'agit des partis politiques, y compris l'ancien parti unique, d'associations inféodées ou non à ces partis, d'associations qui soulignent leur caractère d'associations non gouvernementales, d'églises et de groupements ésotériques d'origine locale ou d'importation » ; in *« Congo : ethnicité et démocratie »* (actes du colloque du 30 novembre 1996), GERA, Recherche africaine, Paris, Bajag-Meri, 1997, p7.

[326] Sur la problématique de la souveraineté, on peut utilement consulter, O. Beaud, *« La puissance de l'Etat »,* Paris PUF, coll. Léviathan, 1994.

[327] Cf. E. Renan, *« Qu'est ce qu'une la nation ? »,* conférence prononcée à la Sorbonne le 11 mars 1882 : *« "La nation est une âme, un principe spirituel. Deux choses qui, à vrai dire, n'en font qu'une, constituent cette âme, ce principe spirituel. L'une est dans le passé, l'autre dans le présent. L'une est la possession en commun d'un riche legs de souvenirs ; l'autre est le consentement actuel, le désir de vivre ensemble, la volonté de continuer à faire valoir l'héritage qu'on a reçu indivis. [...] Une nation est donc une grande solidarité, constituée par le sentiment des sacrifices qu'on a faits et de ceux qu'on est disposé à faire encore. [...] Je me résume, Messieurs. L'homme n'est esclave ni de sa race, ni de sa langue, ni de sa religion, ni du cours des fleuves, ni de la direction des chaines de montagnes. Une grande agrégation d'hommes, saine d'esprit et chaude de cœur, crée une conscience morale qui s'appelle une nation.".*

composent et s'intègrent dans un ensemble plus vaste, la nationale congolaise qu'il faut construire et dont il faudrait consolider l'unité[328].

Ainsi donc, l'acte fondamental du 24 octobre 1997 reconnait le principe de la souveraineté nationale qui était censé s'appliquer au Congo dès la République naissante et les premières années de l'indépendance[329], qui a réapparu en 1991 après une longue éclipse pendant laquelle fut consacré le principe de la souveraine populaire de 1963 à 1991. La souveraineté étant l'apanage de la nation, comme celle-ci ne peut pas agir par elle-même, elle l'exprime sous diverses formes selon les circonstances.

Elle l'est en temps normal à travers le peuple. D'où la formule *« La souveraineté nationale appartient au peuple qui l'exerce au moyen du suffrage universel, par ses représentants ou par référendum »,* empruntée à l'article 3 de la constitution française du 4 octobre 1958. En période de crise institutionnelle, face à l'impossibilité de rassembler le peuple tout entier, elle s'exprime à travers un collège plus ou moins restreint, tel qu'un forum national ou une conférence nationale souveraine qui est censé regrouper toutes les sensibilités nationales pour débattre des questions touchant aux intérêts supérieurs de la nation. On peut ainsi expliquer l'expression de la souveraineté nationale à travers le Forum national ou la Conférence nationale souveraine, comme traduisant la volonté du souverain dans les faits. La vertu du système représentatif est telle que cette institution fonctionne comme un parlement ordinaire. Il est donc loisible de lui reconnaitre la dénomination de *« parlement de transition ».* Cela d'autant plus que, comme le souligne le Professeur Cadoux, même à l'époque contemporaine, le *« Parlement »* est devenu un mot générique pour désigner l'organe législatif. Il a même été utilisé pour désigner le corps législatif dont les membres ont été partiellement ou entièrement nommés par le pouvoir exécutif[330].

Pour ce qui nous concerne, le Conseil national de transition, parlement de circonstance ou parlement de transition, traduit la volonté de rompre avec la pratique de législation déléguée, consistant à conférer au chef de l'exécutif le pouvoir de légiférer par voie d'ordonnances, dans les matières qui relèvent du domaine de la loi[331].

---

[328] Les historiens et philosophes congolais sont partagés sur l'existence d'une nation congolaise. Cf. P. Mampouya, *« La question nationale au Congo »,* in *« Congo : ethnicité et démocratie »,* (actes du colloque du 30 novembre 1996), GERA, Recherche africaine, Paris, Bajag-Meri, 1997, p.41 ; B. Nzelomona, *« Congo : plaidoyer en faveur d'une démocratie authentique »,* ibid. p.57, nouvelle congolaise, n°10, septembre-octobre 1996 ; D. Ngoïe Ngalla, in Alternative, n°002, du 10 u 24 mai 1993.

[329] L'article 2 de la constitution du 2 mars 1961 dispose que la *« souveraineté nationale appartient au peuple ».* Elle emprunte à l'article 3 de la constitution française de 1958.

[330] Cf. Ch. Cadoux, *« Droit constitutionnel et institutions politiques »,* Paris Cujas, 1988, p.192. On peut citer à titre d'exemple le parlement canadien qui comprend, outre le monarque, deux chambres, la chambre des communes et le Sénat dont les membres sont nommés par le gouverneur général. Il est calqué sur le modèle anglais qui comprend la chambre des lords, non élus.

[331] J.M. Sauvé, *« La législation déléguée »,* colloque organisé par le Centre d'études constitutionnelles et politiques ; l'Institut Cujas et la Société de législation comparée le 6 juin 2014, http://www.conseil-

B). La composition, l'organisation et le fonctionnement du CNT.

Le Conseil national de transition était composé de 75 membres, tous élus par le Forum national pour l'unité, la démocratie et la reconstruction du Congo. Ses membres portaient le titre de conseillers et jouissaient de l'immunité parlementaire. Leur mandat n'était pas renouvelable et ne pouvait pas aller au-delà de la période de transition. La fonction de conseiller était gratuite, mais elle donnait droit à une indemnité de session et au remboursement des frais de transport. Le CNT comprenait une seule chambre dont le bureau était composé d'un président, de deux vice-présidents, de deux secrétaires et de deux questeurs.

En dehors des fonctions législatives, dont les matières sont limitativement énumérées dans l'article 54 de l'acte fondamental du 24 octobre 1997, le Conseil national de transition avait pour missions de suivre et de contrôler l'exécution des décisions du forum national, d'examiner, après un débat national, le projet de la nouvelle constitution à soumis au référendum, de veiller à la défense et à la promotion des droits de l'homme. Le CNT exerçait également les fonctions de Conseil économique et social du gouvernement.

Dans ses rapports avec l'exécutif moniste, le Conseil national de transition contrôlait l'action du Gouvernement. Pour ce faire, il disposait des moyens d'action tels que l'interpellation, les questions orales et écrites, l'audition en Commission. Cependant, il ne disposait pas de l'arme redoutable, la motion de censure. Car, le Conseil national de transition ne pouvait pas renverser le gouvernement. Il ne pouvait pas à son tour craindre d'être dissout. Ainsi donc, il était rassuré de fonctionner pendant toute la durée de la législature transitoire.

Section 3 : L'institution d'un pouvoir judiciaire dans la transition de 1997.

Une place est réservée au pouvoir judiciaire, dans l'organisation séparatiste et tripartite des pouvoirs instituée par l'acte fondamental du 24 octobre 1997, à l'instar de l'acte fondamental du 4 juin 1991. Les organes de ce pouvoir sont essentiellement les juridictions nationales, dont la Cour suprême, et le Conseil supérieur de la magistrature.

---

etat.fr/Actualites/Discours-Interventions/La-legislation-deleguee; P. Delvolvé, *« L'été des ordonnances »*, RDFA, 2005, p. 909 ; Y. Gaudemet, *« La loi administrative »*, RDP, 2006, n°1-2006, p. 68 ; A.-M. Le Pourhiet, *« Les ordonnances, la confusion des pouvoirs en droit public français »*, LGDJ, 2011 ; J. Gicquel, *« Sur une source constitutionnelle du droit administratif : l'ordonnance »*, Mélanges en l'honneur de J. Morand-Deviller, Montchrestien, 2007, p. 341.

§ 1 : La Cour suprême et les autres juridictions nationales.

L'article 71 de l'acte fondamental du 24 octobre 1997 dispose, *« Le pouvoir judiciaire est confié aux juridictions nationales... » ;* l'article 72 du même acte dispose, *« Le pouvoir judiciaire est exercé par la Cour suprême et les autres juridictions nationales créées par la loi... »*. Depuis sa création par la loi n° 4-62 du 20 janvier 1962, la Cour suprême contrôle l'activité des juridictions nationales**332**. En ce sens que, sans être un troisième degré de juridiction (après les juridictions de première instance et d'appel), elle exerce une fonction régulatrice de l'activité, non pas administrative, mais juridictionnelle afin de s'assurer de l'homogénéité ou de l'uniformité de l'interprétation et de l'application de la loi, de la règle de droit par les juges dans l'ensemble des juridictions du pays. En cela, elle veille à une correcte et exacte application et interprétation de la loi par toutes les juridictions de telle sorte qu'il n'y ait pas de contrariété ni de disparité dans l'interprétation et dans l'application de la règle de droit aux faits d'une juridiction à une autre.

Elle garantit ainsi l'égalité des citoyens devant la justice, fondement d'un Etat de droit. En principe, la Cour suprême ne juge pas les faits, qui ressortissent à la compétence des juges du fond. Elle est le juge de la loi, et au plus haut niveau, *« la bouche de la loi », « ...la bouche qui prononce les paroles de la loi... », selon l'expression consacrée par Montesquieu*[333]. Ses décisions et sa jurisprudence font autorité et s'imposent à l'égard de tous.

La Cour suprême a également une fonction consultative, en ce sens que d'une part, elle peut être consultée pour avis sur une demande soulevant une question de droit nouvelle dans le cadre d'un litige dont un juge est saisi ; d'autre part, vis-à-vis de l'exécutif, il est le conseil juridique du gouvernement soit à titre facultatif soit à titre obligatoire (dans le cadre des projets de lois ou de décrets après avis de la Cour suprême).

En dehors de ses traditionnelles attributions juridictionnelles et consultatives, la Cour suprême exerçait pendant la période de transition les fonctions de juge constitutionnel. Elle était en l'espèce, juge de la conformité des lois, des traités et des accords internationaux à l'acte fondamental du 24 octobre 1994. Cela, en l'absence du Conseil constitutionnel, dissout par l'acte fondamental du 24 octobre 1997 dans la foulée de la dissolution des institutions issues de la constitution du 15 mars 1992.

Une place particulière est réservée à une juridiction non visée au titre du pouvoir judiciaire. Il s'agit de la Haute Cour de justice. Elle était compétente

---

[332] Cf. W. mbilampindo, *« La plus haute juridiction du Congo, aujourd'hui »*, RJPIC, 1997, n°1, pp.37 et suivantes.

[333] *« Les juges de la nation ne sont que la bouche qui prononce les paroles de la loi, des êtres inanimés, qui n'en peuvent modérer ni la force ni la rigueur. »*, Montesquieu, « Esprit des lois » 1777, Liv. XI. Ch.VI, p. 327.

pour juger, aux termes des dispositions de l'article 19 de l'acte fondamental, le Président de la République en cas de haute trahison. Pour ce faire, il devait être mis en accusation devant la Haute cour de justice par le Conseil national de transition statuant à la majorité des deux tiers de ses membres. Il s'agit là d'une exception au principe de l'irresponsabilité du Président de la République pour les actes accomplis dans l'exercice de ses fonctions. Par ailleurs, la Haute cour de justice était également compétente pour juger les membres du Conseil national de transition et du gouvernement pour des faits qualifiés de crimes ou délits commis dans l'exercice de leurs fonctions, ainsi que pour juger leurs complices en cas de complot contre la sûreté de l'Etat.

§ 2 : Le Conseil supérieur de la magistrature (CSM).

Il faut le mettre au crédit de l'acte fondamental du 24 octobre 1997 qui confirmait cette institution, par rapport à celui du 04 juin 1991 issu de la Conférence nationale souveraine dans lequel on en déplorait l'inexistence.

C'est à travers le Conseil supérieur de la magistrature que le Président de la République exerce ses fonctions de garant de l'indépendance du pouvoir judiciaire. C'est ainsi qu'en dispose l'article 71 de l'acte fondamental du 24 octobre 1997. Il y a sur ce point, une rupture par rapport à la constitution du 15 mars 1992 où l'indépendance du pouvoir judiciaire était garantie par le Conseil supérieur de la magistrature, en tant qu'organe collégial[334]. La constitution du 15 mars 1992 offrait plus de garanties d'indépendance que sous l'acte fondamental du 24 octobre 1997, avec l'immixtion du détenteur exclusif du pouvoir exécutif. Présidé par le Président de la République, le Conseil Supérieur de la Magistrature était à la fois un organe de contrôle l'activité du pouvoir judiciaire et un organe de gestion de la carrière des magistrats, dont il proposait la nomination au Président de la République.

---

[334] Cf. W. Mbilampindo, *« L'institution d'un Conseil supérieur de la magistrature au Congo »*, RJPIC, 1997, n°3, p.305 ; J.D. Boukongou, *« Indépendance du pouvoir judiciaire et protection des droits de l'homme »*, op. cit. pp. 319 et suivantes.

Titre 2 : La séquence d'une relative stabilité institutionnelle de 2002.

Le Congo se dotait, à l'issue du référendum du 20 janvier 2002, d'une nouvelle constitution qui succédait à l'acte fondamental du 24 octobre 1997 et mettait fin à la plus longue période de transition qu'il n'ait jamais connue[335]. C'était l'aboutissement d'un long processus qui aura connu une succession d'étapes dont, la signature des accords de cessez-le-feu et de cessation des hostilités avec les rebelles ninjas du Pasteur Fréderic Bintsamou, *« alias Ntumi »*, du 29 décembre 1999 et du 17 mars 2003[336], le dialogue national sans exclusive du 17 mars au 14 avril 2001 à l'issue duquel fut adopté l'avant-projet de constitution. Le projet lui-même était adopté par le Conseil national de transition le 2 septembre 2001, soumis quatre mois plus tard, soit le 20 janvier 2002, au référendum. Si elle réaffirme les principes fondamentaux définis dans l'acte fondamental du 4 juin 1991 et la constitution du 15 mars 1992, elle emprunte beaucoup à l'acte fondamental du 24 octobre 1997 dont le régime en est le prolongement naturel.

Section 1 : Les principes, les droits et les libertés dans la constitution de 2002.

La constitution du 20 janvier 2002 réaffirme aussi bien les principes et valeurs de la République que les droits et libertés fondamentaux tels qu'ils l'ont été dans l'acte fondamental du 24 octobre 1997 et les textes qui l'ont précédée, notamment l'acte fondamental du 4 juin 1991 et la constitution du 15 mars 1992.

---

[335]Cf. W. Mbilampjndo, *« La nouvelle constitution de la République du Congo »*, RJPIC, 2002, n°3, pp.362 et s.

[336] Ces accords mettaient fin à la guerre dans le département du Pool de 1998 à 2003, entre l'armée et les forces du Pasteur Ntumi, qui devaient entraîner le désarmement et la réinsertion des ex-combattants ninjas, l'extension aux ninjas le bénéficie de la loi d'amnistie de décembre 1999 pour les actes commis pendant les guerres civiles de 1993-1994 ; 1997, 1998-1999 ; le redéploiement de la police et de la gendarmerie dans ce département. En avril 2007, le pasteur Ntumi, qui avait transformé son mouvement (Conseil nation de résistance (CNR), en une formation politique, fut nommé, avec rang et prérogatives de ministre, au poste de délégué général chargé de la promotion des valeurs de paix et de la réparation des séquelles de guerre ; poste qu'il occupait jusqu'au 7 avril 2016. Il était relevé de ses fonctions suite à la nouvelle guerre civile dans le Pool qui éclatait le 05 avril 2016, au lendemain de la proclamation des résultats de l'élection présidentielle (scrutin du 20 mars 2016), comme il sera vu plus loin.

§ 1 : Sur l'Etat, la souveraineté et les principes fondamentaux de la République.

Certains principes et valeurs sont réaffirmés dans le préambule, d'autres le sont dans le corps même de la constitution à travers ses 3 premiers titres.

A). Les principes et valeurs réaffirmés dans le préambule de la constitution.

Le préambule de la constitution de 2002 réaffirme le choix de la démocratie pluraliste comme étant le socle des valeurs qui doivent orienter le développement du pays, stimuler son épanouissement moral, culturel et matériel et assurer le bien être social à tous. Il proclame également la ferme volonté du peuple congolais de bâtir un Etat de droit et une nation unie et solidaire, tout en stigmatisant les coups d'Etat, l'exercice tyrannique du pouvoir et les violences de toute sorte comme moyen de conquérir ou de conserver le pouvoir.

Sont également réaffirmés avec solennité, l'attachement du peuple congolais aux valeurs de paix, de liberté, d'égalité, de justice, de tolérance, de probité et de dialogue. Sont aussi réaffirmés le caractère sacré de la vie humaine, le droit de propriété et le droit à la différence ; le caractère inaliénable de la souveraineté sur les richesses et les ressources naturelles comme élément fondamental du développement du pays.

Enfin, le préambule de la constitution s'approprie également les valeurs et principes fondamentaux proclamés et garantis par la Charte des Nations unies du 24 octobre 1945, la Déclaration universelle des droits de l'homme du 10 décembre 1948, la Charte africaine des droits de l'homme et des peuples du 26 juin 1981, tous les textes internationaux pertinents dûment ratifiés et relatifs aux droits humains, la Charte de l'unité nationale et la Charte des droits et des libertés adoptées par la Conférence nationale souveraine, le 29 mai 1991.

B). Sur l'Etat et la souveraineté.

La constitution du 20 janvier 2002 n'innove pas sur ce point, comme dans bien d'autres. Elle reprend à son compte les principes déjà énoncés et proclamés aussi bien dans l'acte fondamental du 04 juin 1991 et la constitution du 15 mars 1992 que dans l'acte fondamental du 24 octobre 1997. Il s'agit de la forme républicaine de l'Etat, de sa souveraineté et de son indépendance ; de son caractère laïc, indivisible, social et démocratique. Elle réaffirme également le principe de la République qui est *« le gouvernement du peuple par le peuple et pour le peuple »* ; le principe selon lequel la souveraineté nationale appartenant au peuple qui l'exerce au moyen du suffrage universel par ses représentants élus ou directement par voie de référendum et l'interdiction faite à tout individu ou une fraction du peuple de s'en approprier l'exercice. Sont aussi réaffirmés, l'emblème de la République, le drapeau rouge tricolore *« vert-jaune-rouge »* ; l'hymne national, *« La Congolaise »* et la devise de la République, *« Unité, Travail, Progrès »*. Il en est de même des trois langues constitutionnellement reconnues *: le français comme langue officielle, le lingala et le kituba comme langues nationales.*

§ 2 : Sur les droits, les libertés et les devoirs des citoyens.

La constitution du 20 janvier 2002 réaffirme tout aussi bien les droits et les libertés fondamentaux que les devoirs de chaque citoyen ou de toute personne se trouvant sur le territoire national.

A). Concernant les droits et les libertés fondamentaux.

Le titre II de la constitution de 2002 comporte une trentaine d'articles consacrés aux droits et libertés fondamentaux. Il convient, pour une meilleure lisibilité, de distinguer ceux qui ont trait au respect de la personne humaine et ses droits extrinsèques. Ces droits et libertés fondamentaux ont un caractère patrimonial, pour certains et extrapatrimonial, pour d'autres.

La différence réside dans le fait que, dans la première catégorie, ces droits ont une valeur pécuniaire, ils sont appréciables en argent, monnayables ; tandis que la seconde catégorie renferme les droits qui ne s'incorporent pas dans le patrimoine au sens strict et ne peuvent être l'objet d'une évaluation en argent. Ils ont la particularité d'être incessibles, non transmissibles, insaisissables et imprescriptibles. Toutefois, la ligne de démarcation entre les deux catégories à tendance à s'amenuiser[337].

I). Des droits patrimoniaux réaffirmés.

Dans cette catégorie figurent le droit de propriété et ses démembrements. En effet, l'article 17 de la constitution du 20 janvier 2002 garantit le droit de propriété. Nul ne peut être privé de son bien que pour une cause d'utilité publique, moyennant une juste et préalable indemnité. Il en est de même du droit au travail et de la jouissance de ce droit (article 24).

Il en est aussi du droit d'une personne à la protection des intérêts moraux et matériels découlant de toute œuvre scientifique, littéraire ou artistique dont il est l'auteur. L'article 29 de la constitution prescrit que la mise sous

---

[337] Cf. Th. HASSLER, *« La crise d'identité des droits de la personnalité »*, Les Petites affiches, 07 décembre 2004 ,n° 244, P. 3 ; E. Mechin, *« Le droit patrimonial à la vie privée »,* Thèse doctorat, Université Lyon 3 (J. Moulin), 26.11.2014.

séquestre, la saisie, la confiscation, l'interdiction de tout ou partie de publication, de tout enregistrement ou d'autres moyens d'information ou de communication ne peuvent se faire qu'en vertu d'une décision de justice.

II). Les droits extrapatrimoniaux réaffirmés.

Cette catégorie regroupe une diversité de droits.

a). Le droit au respect de la personne humaine.

Les articles 7 à 13 de la constitution du 20 janvier 2002 sont consacrés aux droits intrinsèquement liés au respect de la personne humaine. Il s'agit notamment du caractère sacré de la personne humaine, de la non-discrimination et de la présomption d'innocence.

Concernant le caractère sacré de la personne humaine, la constitution impose à l'Etat l'obligation de la respecter et de la faire respecter. Il doit en assurer la protection en toute circonstance. Ainsi donc, elle stigmatise tout traitement inhumain et dégradant, souligne l'imprescriptibilité des crimes de guerre, des crimes contre l'humanité et des crimes de génocide afin qu'ils soient jugés et sanctionnés conformément à la loi. La criminalisation des actes de propagande, d'incitation à la haine ethnique, à la violence ou à la guerre civile est consacrée. Tout citoyen a le droit de désobéir à un ordre attentatoire aux droits et libertés fondamentaux. Nul ne peut être soumis à l'esclavage.

Le respect de la personne humaine implique aussi celui de sa personnalité. Ainsi donc, la constitution du 20 janvier 2002 réaffirme le droit de tout citoyen à la reconnaissance de sa personnalité juridique, de la citoyenneté congolaise, de changer de nationalité ou d'en acquérir une seconde. Il en est de même de l'inviolabilité du domicile, il ne peut être ordonné de perquisition que dans les formes et les conditions prévues par la loi.

b). Les droits politiques, civils et civiques.

Au titre des droits politiques on peut citer le droit d'être électeur et éligible dans les conditions fixées par la loi et de participer aux organes de décision de la puissance publique. L'incorporation de la Charte des Nations unies du 24 octobre 1945, de la Déclaration universelle des droits de l'homme du 10 décembre 1948, de la Charte africaine des droits de l'homme et des peuples du 26 juin 1981, des textes internationaux pertinents dûment ratifiés et relatifs aux droits humains et de la Charte de l'unité nationale et la Charte des droits et des libertés adoptées par la Conférence nationale souveraine, le 29 mai 1991, dans le corpus de la constitution du 20 janvier

2002, implique la reconnaissance des droits et libertés qui y sont consacrés et définis.

Concernant la non-discrimination, le principe de l'égalité de tous les citoyens devant la loi est acquis. Si le préambule reconnait le droit à la différence, il interdit cependant des discriminations fondées sur l'origine, la situation sociale ou matérielle, l'appartenance raciale, ethnique, géographique ; des discriminations fondées sur le sexe, l'instruction, les croyances religieuses ou philosophiques, voire le lieu de résidence.

S'agissant de la présomption d'innocence, en réaffirmant le principe de l'inviolabilité de la personne humaine, la constitution du 20 janvier 2002 interdit les accusations, les arrestations ou les détentions arbitraires. Elle réaffirme clairement que toute personne est présumée innocente jusqu'à ce que sa culpabilité ait été établie à la suite d'une procédure garantissant les droits de la défense. Cela implique, en toute matière, que l'accès au droit et à la justice ainsi que le droit à un procès libre et équitable soient garantis.

c). Les droits familiaux, de l'enfance et de l'adolescence.

Les articles 31 à 34 de la constitution du 20 janvier 2002 se rapportent aux droits familiaux. En effet, l'État a l'obligation d'assister la famille dans sa mission de gardienne de la morale et des valeurs compatibles avec l'ordre républicain. Les droits de la mère et de l'enfant sont garantis. La loi protège le mariage et la famille.

La constitution réaffirme l'égalité en droits des enfants, qu'ils soient nés dans le mariage ou en dehors du mariage. Ils jouissent de la même protection. Tout enfant, sans discrimination de quelque forme que ce soit, a droit, de la part de sa famille, de la société et de l'État, aux mesures de protection qu'exige sa condition ; à une protection contre l'exploitation économique ou sociale. Le travail des enfants de moins de 16 ans est interdit. Le droit à l'éducation est garanti. La scolarité est obligatoire jusqu'à l'âge de seize ans. Le droit de créer des établissements privés d'enseignement est garanti et régi par la loi.

d). les droits économiques et sociaux.

La constitution reconnait la liberté d'entreprendre à toute personne. Il s'agit du droit, dans le respect de la loi, d'entreprendre dans les secteurs de son choix. L'égal accès à l'enseignement et à la formation professionnelle est garanti. Le travail forcé est interdit, sauf dans le cas d'une peine privative de liberté prononcée par une juridiction légalement établie.

Sont également garantis par la constitution et dans les conditions fixées par la loi, à l'exception des agents de la force publique, la jouissance des droits syndicaux, du droit de grève ; le droit au repos et aux loisirs, notamment le droit à la limitation de la durée du travail et à des congés périodiques ainsi qu'à la rémunération des jours fériés dans les conditions déterminées par la loi.

e). Le droit de la santé, du cadre de vie et de l'environnement.

L'article 30 met à la charge de l'Etat l'obligation de garantir la santé publique, il reconnait aux personnes âgées et aux personnes handicapées des mesures de protection en rapport avec leurs besoins physiques, moraux ou autres, en vue de leur plein épanouissement. Il reconnait aussi le droit de créer, des établissements sociosanitaires privés.

La constitution du 20 janvier 2002 reconnait à tous les citoyens le droit à un environnement sain, satisfaisant et durable et le devoir de le défendre. L'Etat a le devoir de veiller à la protection et à la conservation de l'environnement. Pour ce faire, elle dispose que les conditions de stockage, de manipulation, d'incinération et d'évacuation des déchets toxiques, polluants ou radioactifs provenant des usines et autres unités industrielles ou artisanales installées sur le territoire national sont fixées par la loi. Elle reconnait la compétence des juridictions nationales pour connaître des recours contre tout acte de transit, d'importation, de stockage, d'enfouissement, de déversement dans les eaux continentales et les espaces maritimes ; l'épandage dans l'espace aérien des déchets toxiques, polluants ou radioactifs ou tout autre produit dangereux, en provenance ou non de l'étranger constitue un crime puni par la loi.

Elle consacre également de droit à réparation, en termes de compensation, de toute pollution ou destruction résultant d'une activité économique. Ce, dans les conditions définies par la loi.

f). Les voies de recours et l'accès à la justice.

Les voies de recours et l'accès à la justice sont à la lisière entre les droits patrimoniaux et extrapatrimoniaux. La constitution reconnait le droit de tout citoyen de présenter des requêtes aux organes appropriés de l'État ou d'exercer un recours juridictionnel lorsqu'il s'estime lésé ou subit un préjudice du fait des agissements de l'administration.

III). Les libertés garanties.

La constitution du 20 janvier 2002 réaffirme et garantit les libertés fondamentales.

Il en est ainsi de la liberté de circuler sur l'ensemble du territoire national, d'en sortir et d'y revenir (la seule restriction concerne l'interdiction de sortie du territoire national lorsque la personne fait l'objet de poursuites pénales, comme en dispose l'article 16) ; l'inviolabilité de la liberté de croyance et la liberté de conscience est réaffirmée tout en prohibant et sanctionnant, dans le cadre de la loi, l'usage de la religion à des fins politiques, de manifestations, de manipulation et d'embrigadement des consciences, de sujétions de toutes natures imposées par tout fanatisme religieux, philosophique, politique et sectaire (article 18) ; de la liberté d'expression que l'article 19 de la constitution reconnait, dans le cadre de la loi, à tout citoyen le droit d'exprimer et de diffuser librement son opinion par la parole, l'écrit, l'image ou tout autre moyen de communication ; il en est de même de la liberté de l'information et de la communication, de la liberté d'accès aux sources. La constitution de 2002 reconnait ainsi le droit à l'information et à la communication, tout en prohibant la censure.

La liberté d'association, de réunion, de cortège et de manifestation est aussi garantie, tout comme le secret de la correspondance, des télécommunications ou de toutes les formes de communication.

IV). Les droits des étrangers.

En dehors des droits politiques et de certains droits réservés aux citoyens congolais (comme l'accès à certains emplois, notamment dans la fonction publique), les ressortissants étrangers présents ou installés sur le territoire national jouissent des mêmes droits que les nationaux, notamment les droits et libertés fondamentaux inhérents à la personne humaine.

D'ailleurs, l'article 42 de la constitution de 2002 dispose que, les étrangers bénéficient, sur le territoire de la République du Congo, des mêmes droits et libertés que les nationaux dans les conditions déterminées par les traités et les lois, sous réserve de réciprocité. Il convient, cependant, de préciser que la réserve de la réciprocité ne nous paraît pas faire obstacle à la jouissance des droits et libertés fondamentaux strictement inhérents à la personne humaine. Concernant le droit d'asile, il est accordé aux ressortissants étrangers dans les conditions déterminées par la loi (art 15).

Enfin, il convient de souligner qu'en matière de droits et libertés fondamentaux, leur réaffirmation ou leur consécration dans la loi fondamentale est une condition nécessaire, mais non suffisante de leur garantie. Ils n'ont de sens que si les principes qui s'y attachent sont effectivement appliqués et respectés dans les faits. La question de l'effectivité du respect et de la protection des droits et libertés fondamentaux est une condition qui s'impose. Car, il y fait de la crédibilité de l'Etat, d'un Etat de droit.

B). Les devoirs incombant à tout citoyen.

S'inspirant de la constitution du 15 mars 1992, la constitution du 20 janvier 2002 réaffirme et prescrit des devoirs tant envers la famille, la société qu'à l'égard de l'Etat et les autres collectivités publiques.

I). Des devoirs envers la famille et la société.

Avant de les imposer aux citoyens, la constitution de 2002 mentionne d'abord des obligations à la charge de l'Etat. Il doit assister la famille dans sa mission de gardienne de la morale et des valeurs compatibles à l'ordre public républicain. Dès lors, tout citoyen est tenu au respect des mêmes exigences. Les parents ont, comme nous l'avons rappelé plus haut, les mêmes devoirs et les mêmes obligations envers les enfants nés dans le mariage ou hors du mariage. Le respect d'autrui s'impose à tout citoyen dans un esprit de tolérance mutuelle et réciproque. Tout citoyen se doit de préserver les valeurs culturelles nationales dans un esprit de dialogue et de concertation, de contribuer au renforcement de la cohésion et de la solidarité nationale.

II). Des devoirs envers la Nation, l'Etat et les autres institutions publiques.

La constitution du 20 janvier 2002 met l'accent sur le devoir de tout citoyen de préserver la paix, l'indépendance nationale et l'intégrité territoriale. Elle insiste également sur le civisme qui doit animer tout citoyen, le respect des biens et deniers publics, l'obligation de s'acquitter dans la mesure de ses capacités et de ses moyens des contributions fiscales et non fiscales indispensables au fonctionnement de l'Etat et des collectivités publiques. Le respect scrupuleux de la bonne gouvernance, qui s'impose à tout citoyen élu ou à toute personne exerçant une fonction publique, nous paraît constituer une exigence fondamentale si tout contrevenant était effectivement sanctionné. Un devoir d'exemplarité dans ce domaine devait être exigé. L'effectivité de la déclaration de patrimoine à l'entrée et à la cessation de toute fonction, tout emploi de haute responsabilité ou mandat public est plus qu'une nécessité. Enfin, le respect de la constitution, des lois et règlements de la République s'impose à tous.

§ 3 : Sur le multipartisme.

Le pluralisme politique restauré lors de la conférence nationale souveraine de 1991 et repris dans la constitution du 15 mars 1992 est aussi réaffirmé dans la constitution du 20 janvier 2002.

A). La création, l'identification et la reconnaissance d'un parti politique.

Un parti politique est ici constitutionnellement défini comme une association dotée de la personnalité morale, qui rassemble des citoyens autour d'un projet de société démocratique, dicté par le souci de réaliser l'intérêt général. Du point de vue de l'assise territoriale, la constitution du 20 janvier 2002 prescrit qu'un parti politique doit avoir un caractère national, il ne doit pas s'identifier, dans sa forme, dans son action ou d'une manière quelconque, à une ethnie, à un département, à une religion ni à une secte (article 52).

L'existence d'un parti politique est subordonnée à sa reconnaissance par les autorités de l'Etat, conformément à la constitution et à la loi. Dès lors, l'article 53 de la constitution du 20 janvier 2002 exige son adhésion, sous peine de dissolution, aux principes fondamentaux limitativement énumérés : *le respect, la sauvegarde et la consolidation de l'unité nationale ; la protection et la promotion des droits fondamentaux de la personne humaine ; la promotion de l'État de droit fondé sur le respect et la défense de la démocratie, des libertés individuelles et collectives ; la défense de l'intégrité du territoire et de la souveraineté nationale ; la proscription de l'intolérance, de l'ethnicisme, du recours à la violence sous toutes ses formes ; le respect de la laïcité de l'État ; la satisfaction aux critères de représentativité nationale définis par la loi.*

B). Le financement des partis politiques.

Si le financement des partis politiques est principalement assuré par les cotisations de leurs membres, la constitution du 20 janvier 2002 prévoit que L'État concourt à ce financement dans les conditions déterminées par la loi. Cela dans la mesure où les partis politiques participent au fonctionnement démocratique des institutions du pays. Pour éviter les influences extérieures dans la vie démocratique de la nation, la constitution du 20 janvier 2002 interdit aux partis politiques de recevoir toute forme de concours de nature à porter atteinte à l'indépendance et aux souverainetés nationales.

Section 2 : L'organisation des pouvoirs publics dans la constitution de 2002.

L'organisation et le fonctionnement des pouvoirs publics, ainsi que des autres institutions de la République régies dans la constitution du 20 janvier 2002, s'inscrivent dans une certaine mesure dans la continuité du régime institué par l'acte fondamental du 24 octobre 1997.

§ 1 : Les organes de l'Etat.

Reprenant la configuration de la distribution des pouvoirs adoptée sous l'empire de l'acte fondamental du 24 octobre 1997 et qui a prévalu pendant la longue période de transition que nous venons d'examiner, la constitution du 20 janvier 2002 n'innove pas. Elle institue une séparation des pouvoirs avec une prépondérance du Président de la République, confirmant le caractère présidentialiste très marqué du régime.

A). Le pouvoir exécutif.

Le titre V de la constitution du 20 janvier 2002 est consacré, dans ses articles 56 à 88, au pouvoir exécutif. Il comprend formellement deux organes, le Président de la République et le Gouvernement. Mais, factuellement, le pouvoir exécutif est entre les mains du Président de la République. Il en est le chef, le détenteur exclusif. Il s'agit en fait d'un exécutif moniste, nonobstant l'intermède qui a vu la désignation *contra legen* d'un Premier ministre.

I). Le Président de la République.

La désignation et les attributions du président de la République sont soulignées dans les développements qui suivent.

a). La désignation du Président de la République.

Le Président de la République est élu au suffrage universel direct pour un mandat de sept ans, rééligible une fois[338]. Le premier tour du scrutin a lieu

[338] Cela peut paraître comme une curiosité dans un contexte où, de par le monde, la tendance fut à la réduction de la durée du mandat du Président de la République. De surcroît, la France, dont le régime sert souvent de cadre juridique et institutionnel de référence, abandonnait le septennat en adoptant le quinquennat suite au référendum du 24 septembre 2000 et à la loi constitutionnelle n° 2000-964 du 2 octobre 2000, relative à la durée du mandat du Président de la République. En l'espèce, le président en exercice depuis la transition instituée par l'acte fondamental du 24 octobre 1997, fut élu le 10 mars 2002 pour un mandat de 7 ans, et réélu le 12 juillet 2009 pour la même durée.

trente jours au moins et quarante jours au plus avant la date d'expiration du mandat encours (article 62). L'élection Président de la République a lieu à la majorité absolue des suffrages exprimés. A défaut, il est organisé un deuxième tour au cours duquel seuls les deux candidats ayant obtenu le plus grand nombre de voix au 1er tour peuvent s'affronter. A l'issue du second tour, le candidat arrivé en tête est élu Président de la République. Les conditions d'éligibilité sont à la fois restrictives et prohibitives.

Dès lors, aux termes des dispositions de l'article 58 de la constitution de 2002, nul ne peut être candidat à l'élection présidentielle :

« ...s'il n'est de nationalité congolaise d'origine ; s'il ne jouit de tous ses droits civils et politiques ; s'il n'est de bonne moralité ; s'il n'atteste d'une expérience professionnelle de quinze ans au mois ; s'il n'est âgé de quarante ans au moins et soixante-dix ans au plus à la date du dépôt de sa candidature ; s'il ne réside de façon ininterrompue sur le territoire de la République au moment du dépôt de sa candidature depuis au moins vingt-quatre mois (l'obligation de résidence, sus indiquée ne s'applique pas aux membres des représentations diplomatiques ou consulaires, aux personnes désignées par l'État pour occuper un poste ou accomplir une mission à l'étranger et aux fonctionnaires internationaux) ; s'il ne jouit d'un état de bien-être physique et mental dûment constaté par un collège de trois médecins assermentés, désignés par la Cour constitutionnelle... ».

La constitution de 2002 prévoit également la possibilité de remédier aux événements susceptibles d'affecter le processus de désignation du Président de la République.

1). Le décès d'un candidat à l'élection présidentielle.

Lorsqu'il survient, le décès d'un candidat à l'élection présidentielle peut affecter la tenue du scrutin et entraîner son report. Ainsi donc, le report du scrutin peut être prononcé par la Cour constitutionnelle. La Cour constitutionnelle peut décider qu'il soit de nouveau procédé à l'ensemble des opérations électorales dans deux hypothèses.

D'une part, en cas de décès ou d'empêchement définitif de l'un des deux candidats les plus favorisés au premier tour. La notion du *« candidat le plus favorisé au premier tour »* n'est pas précisée. Faudrait-il entendre par là, le candidat placé en-tête dans l'opinion ou dans les intentions de vote ? Ce critère peut donner lieu à débat, en l'absence d'institutions crédibles de sondage d'opinion. On peut lui préférer un critère objectif ; celui du candidat du parti ou du groupe de partis politiques les plus importants de l'échiquier politique, en termes représentativité au niveau du parlement ou des assemblées locales.

D'autre part, la Cour constitutionnelle peut décider qu'il soit de nouveau procédé à l'ensemble des opérations électorales en cas de décès ou d'empêchement définitif de l'un des deux candidats restés en lice en vue du second tour.

Dans un cas comme dans l'autre, la Cour constitutionnelle saisie, soit par le Président de la République, soit par le Président de l'Assemblée nationale ou le Président du Sénat, soit par toute personne intéressée, peut proroger les délais prévus à l'article 62.

Le scrutin doit avoir lieu dans un délai de quatre-vingt-dix jours à compter de la date de la décision de la Cour constitutionnelle. Si le report de l'élection présidentielle est prononcé, le Président de la République en exercice demeure en fonction jusqu'à la prestation de serment de son successeur. Cela afin d'assurer la continuité de l'Etat et expédier les affaires courantes.

Enfin, le désistement de l'un des deux candidats admis au second tour n'interrompt pas le processus électoral qui se poursuit avec le candidat resté en lice. Cette situation peut poser problème en termes de légitimité. Si le candidat resté en lice venait à être massivement élu, le scrutin présidentiel du second tour se transformerait à un plébiscite. Il en sortirait oint d'une forte légitimité, sans être taxé de populiste, selon que le scrutin n'aurait pas été entaché d'irrégularités. Dans l'hypothèse contraire d'une élection avec un faible taux de participation et une très forte d'abstention, sa légitimité serait sérieusement affectée et il en sortirait affaibli. Dans cette dernière hypothèse, il lui serait conseillé de composer avec un gouvernement de consensus, si d'aventure il ne disposait pas d'une majorité confortable au parlement. Notamment à l'Assemblée nationale.

2). La contestation des résultats du scrutin présidentiel.

Toute contestation du scrutin doit être portée devant la Cour constitutionnelle dans un délai de cinq jours. Si la Cour estime que l'élection n'est entachée d'aucune irrégularité de nature à entraîner l'annulation du scrutin, elle proclame l'élection du président de la République dans les quinze jours de sa saisine. En cas de contestation, la Cour Constitutionnelle statue dans un délai de quinze jours à compter du jour de sa saisine et proclame les résultats.

L'annulation de l'élection par la Cour constitutionnelle entraîne l'organisation de nouvelles élections dans un délai de quarante-cinq à quatre-vingt-dix jours. En cas de décès ou d'empêchement définitif du président de la République élu avant son entrée en fonction, il est précédé à de nouvelles élections dans un délai de quarante-cinq à quatre-vingt-dix jours. Dans cette hypothèse, le président de la République en exercice reste en fonction jusqu'à la prestation de serment de son successeur élu. Etant précisé que le mandat du président de la République débute le jour de sa prestation de serment devant la Cour constitutionnelle, en présence de l'Assemblée nationale et de la Cour suprême (cette prestation de serment du nouveau président de la République intervient vingt jours au plus après la proclamation de l'élection par la Cour constitutionnelle), et prend fin à l'expiration de la septième année suivant la date de son entrée en fonction.

3). La vacance du pouvoir et l'empêchement du Président de la République.

La vacance de la présidence de la République est régie par les dispositions des articles 70 et 71 de la constitution du 20 janvier 2002. Elle peut intervenir pour cause de décès, de démission ou toute autre cause d'empêchement définitif du Président de la République. Elle est constatée par la Cour constitutionnelle sur saisine du Président de l'Assemblée nationale.

C'est dire que la Cour constitutionnelle ne peut pas s'autosaisir. Le Président du Sénat et les parlementaires ne peuvent pas non plus saisir la Cour constitutionnelle pour constater la survenance d'un événement caractéristique de la vacance de la présidence de la République.

L'interdiction faite notamment au Président du Sénat de saisir la Cour constitutionnelle aux fins de constater la vacance de la présidence de la République ou son empêchement, nous paraît relever du bon sens. Car, comme il sera vu ci-après, c'est lui qui doit assurer l'intérim en cas de besoin. Il faut éviter que sa décision soit interprétée comme un coup d'Etat constitutionnel.

En revanche, cette interdiction est moins compréhensible pour les parlementaires. Faudrait-il craindre l'emprise du pouvoir législatif sur l'exécutif.

Lorsqu'une cause de vacance ou d'empêchement du président de la République à exercer les charges de sa fonction est avérée, le Président du Sénat en assure l'intérim pendant une durée de quatre-vingt-dix jours, au cours de laquelle il est procédé à l'élection du nouveau président de la République. Mais le scrutin ne peut pas avoir lieu moins de quarante-cinq jours à compter de l'ouverture de la vacance. Le président du Sénat, assurant l'intérim du président de la République, ne peut pas être candidat à l'élection présidentielle.

Certaines fonctions lui sont interdites pendant cette présidence intérimaire. Ainsi donc, il ne peut pas procéder à la nomination ni à la révocation des ministres (article 74). Il ne peut pas non plus exercer le droit de grâce (article 80), ni décréter l'état d'urgence (mesures dictées par des circonstances exceptionnelles, article 84), ni soumettre un projet de révision de la constitution au référendum (article 86 et 185).

b). Les attributions du Président de la République.

Le Président de la République dispose, sous la constitution du 20 janvier 2002, de prérogatives très importantes. Il est le personnage central de l'Etat. A ce titre, il cumule les fonctions exécutives, réglementaires et des attributions dans le domaine législatif.

1). Concernant les fonctions exécutives et réglementaires.

A l'instar de l'acte fondamental du 24 octobre 1997, la constitution du 20 janvier 2002 fait une part trop belle au Président de la République. Il est le détenteur unique, donc exclusif, du pouvoir exécutif. Chef de l'Etat, il incarne l'unité nationale, veille au respect de la constitution et au fonctionnement régulier des institutions de la République.

Il protège les arts et les lettres. Il est le garant de la continuité de l'Etat, de l'indépendance nationale, de l'intégrité territoriale et du respect des traités et des accords internationaux. En tant que Chef du gouvernement, il détermine et conduit la politique de la nation, dispose du pouvoir réglementaire (dont le domaine est illimité au regard de l'article 113 de la constitution) et assure l'exécution des lois. Il nomme des ministres et met fin à leurs fonctions. Il nomme aux fonctions et emplois civils et militaires. Il décrète l'état d'urgence et l'état de siège.

Chef suprême des armées, il préside les conseils et les comités de défense. Il préside le Conseil supérieur de la magistrature et exerce le droit de grâce. Il nomme les ambassadeurs et envoyés extraordinaires auprès des puissances étrangères et organismes internationaux. A ce titre, il accrédite les ambassadeurs et envoyés extraordinaires des puissances étrangères.

Les fonctions de président de la République sont incompatibles avec l'exercice de tout autre mandat électif, de tout emploi public, civil ou militaire, et de toute activité professionnelle. Le mandat de président de la République est également incompatible avec toute responsabilité au sein d'un parti politique. Ses actes, autres que ceux prévus aux articles 74, 84 et 86, sont contresignés par les ministres chargés de leur exécution.

Enfin, le Président de la République adresse, une fois par an, un message au Parlement réuni en Congrès, sur l'état de la Nation. Il peut, à tout moment, adresser des messages à l'Assemblée nationale ou au Sénat. Ces messages ne donnent lieu à aucun débat.

2). Concernant les attributions législatives du Président de la République.

Le Président de la République a, sous la constitution du 20 janvier 2002, l'initiative de la loi concurremment avec les membres des deux assemblées parlementaires, l'Assemblée nationale et le Sénat. Il promulgue les lois.

Comme nous l'avons déjà souligné, signe de sa toute-puissance, le Président de la République peut, avant l'expiration des délais de promulgation des lois (vingt jours en temps normal et cinq jours en cas d'urgence), demander une seconde délibération du projet ou de la proposition de loi ou de certaines dispositions seulement de ses articles, sans que cette seconde délibération ne lui soit refusée[339]. Le vote a lieu à la majorité des deux tiers. Auquel cas, la Cour constitutionnelle est saisie.

En matière de référendum, la constitution de 2002 prévoit que le Président de la République peut, après consultation des présidents des deux chambres du Parlement, soumettre au référendum tout projet de loi dans des domaines bien précis. Notamment, en ce qui concerne l'organisation des pouvoirs publics, les garanties des droits et libertés fondamentaux, l'action économique et sociale de l'État l'autorisation de ratifier un traité. Cependant, avant de soumettre le projet au référendum, le président de la République doit recueillir l'avis de la Cour constitutionnelle sur sa conformité à la Constitution. En cas de non-conformité à la Constitution, il ne peut être procédé au référendum. Dans la mesure où la Cour constitutionnelle veille à la régularité des opérations de référendum, lorsque le référendum a conclu à l'adoption du projet, la loi est promulguée dans les conditions prévues à l'article 83 alinéa 2.

3). Sur le statut pénal du Président de la République.

Le Président de la République n'est personnellement responsable des actes accomplis dans le cadre de ses fonctions qu'en cas de haute trahison. Ce, devant la Haute cour de justice. A ce titre, il ne peut être mis en accusation que par le Parlement réuni en congrès et statuant par vote au scrutin secret à la majorité des deux tiers de ses membres.

II. De l'absence à la nomination « contra legem » d'un Premier ministre.

Sans être un pays des paradoxes institutionnels, le Congo n'avait pas connu de Premier ministre au sein du pouvoir exécutif sous le régime de l'acte fondamental du 24 octobre 1997. Cette configuration était reprise dans la constitution du 20 janvier 2002, nonobstant un épisode de fléchissement, pour ne pas dire, de la résurrection de la fonction de Premier ministre pendant quelques années de janvier 2005 à septembre 2009.

---

339 Cf. W. Mbilampindo, *« La nouvelle constitution du Congo »*, op. cit. p.169.

a). La disparition confirmée de la fonction de Premier ministre.

Comme sous l'empire de l'acte fondamental du 24 octobre 1997, dont elle s'inspire largement, la constitution du 20 janvier 2002 ne prévoit pas la fonction de Premier ministre dans l'organisation des pouvoirs publics, notamment au sein de l'exécutif. Le gouvernement est sous la direction du Président de la République, lui-même Chef du Gouvernement et détenteur exclusif du pouvoir exécutif.

Il ne s'agit pas vraiment d'une nouveauté. Car, l'histoire constitutionnelle et politique du Congo révèle des régimes institutionnels marqués par l'absence de Premier ministre dans la distribution des pouvoirs au sein de l'exécutif. Ce fut le cas sous la République naissante et surtout sous la constitution du 02 mars 1961 qui confirmait et perpétuait le régime présidentialiste institué par les constitutions de 1958 et 1959. Le Président de la République était le détenteur exclusif du pouvoir exécutif. Il était lui-même Chef du gouvernement. D'ailleurs, à défaut de Premier ministre, le Président de la République était assisté d'un Vice-Président, qui pouvait le remplacer en cas de nécessité ; il était de plein droit membre du gouvernement.

Sous la constitution du 08 décembre 1963 qui instituait un régime de séparation de pouvoirs avec un exécutif dualiste, voire bicéphale. La disparition de la fonction de Premier ministre n'était pas l'expression de la volonté du constituant, dans ce régime constitutionnel séduisant, qualifié par la doctrine de parlementarisme rationalisé[340] . Le Président de la République supprimait *sine die* cette fonction le 12 janvier 1968, en prononçant sa démission et en assumant lui-même ces attributions en tant que Chef du Gouvernement, pour faire face aux contestations dont il était l'objet.

Il en était de même sous le régime du Conseil d'Etat, institué par la constitution du 30 décembre 1969. Le Conseil d'Etat était en réalité un gouvernement qui n'osait dire son nom ; puisque la loi fondamentale de la République ne le désignait pas comme tel. Mais, ses attributions étaient celles d'un gouvernement ordinaire. Comme nous l'avons vu plus haut, l'article 49 faisait du Conseil d'Etat l'organe exécutif et administratif supérieur de la République populaire du Congo. Il était composé du Président du PCT (nouveau parti unique qui venait d'être créé), Président de la République, Chef de l'Etat, qui le présidait, du Vice-président du Conseil d'Etat, des ministres et secrétaires d'État. Il n'existe pas de Premier ministre désigné comme tel. Cependant, les attributions du Vice-président du Conseil d'Etat ressemblaient fort bien à celles d'un Premier ministre. Il était responsable devant le Président de la République qui le nommait sur proposition du Comité central du PCT et pouvait mettre fin à ses fonctions.

---

[340] JM Breton, op. cit. pp. 33 et suivantes.

Il dirigeait l'action du Conseil d'Etat, assurait l'exécution des lois et des ordonnances. Il exerçait le pouvoir réglementaire sous le contrôle du Chef de l'Etat. Ses actes étaient contresignés par les ministres chargés de leur exécution. Les ministres étaient responsables devant le Président de la République.

b). La résurrection de la fonction de Premier ministre.

Depuis l'acte fondamental du 24 octobre 1997, le Premier ministre fera sa réapparition dans le paysage institutionnel congolais sous l'empire de la constitution du 20 janvier 2002, à travers le décret n° 2005-02 du 07 janvier 2005 portant nomination des membres du gouvernement, en nommant à cette fonction M. Isidore MVOUBA (qui était jusqu'à cette date ministre d'Etat, ministre des transports et des privatisations, chargé de la coordination de l'action du gouvernement et, figurait dans l'ordre protocolaire et de préséance en tête des membres du gouvernement)[341]. Il demeurait Premier ministre jusqu'au 15 septembre 2009, soit pendant 4 ans et huit mois. L'épisode du premier ministrable prenait fin, avec un nouveau remaniement ministériel par le décret n° 2009-335 du 15 septembre 2009[342]. Ce décret avait innové en instituant une structuration du gouvernement en quatre pôles, coordonnés chacun par un ministre d'Etat et autour duquel gravitaient des ministères sectoriels. Il s'agissait du pôle des infrastructures de base (constituant le ministère des transports, de l'aviation civile et de la marine marchande) placé sous la coordination du ministre d'Etat Isidore MVOUBA ; du pôle économique, (constituant le ministère de l'économie, du plan, de l'aménagement du territoire et de l'intégration) dont le coordonnateur fut le ministre d'Etat M. Pierre MOUSSA ; du pôle de la souveraineté, garde des Sceaux (constituant le ministère de la justice et des droits humains), sous la coordination du ministre d'Etat, Aimé Emmanuel YOKA ; du pôle socioculturel (constituant le ministère du travail et de la sécurité sociale), dont le coordonnateur fut le ministre d'Etat M. Florent TSIBA. Cette expérience fut par la suite abandonnée sans que l'on ne sache si elle était efficiente ou inefficiente en termes de management institutionnel public.

Pour revenir à la fonction de Premier ministre, sans être une curiosité, cette expérience avait suscité des controverses au regard de la constitution du 20 janvier 2002 qui ne prévoyait pas la fonction de Premier ministre. Pour certains, cette nomination était conforme à la constitution ; pour d'autres, elle violait la constitution qui ne prévoit pas de poste de Premier ministre. Les premiers s'appuient sur le fait que la nomination d'un Premier ministre

---

[341] Décret n° 2005-02 du 07 Janvier 2005 portant nomination des membres du Gouvernement, JORC, n°01-2005, du 1er au 7 janvier 2009, pp. 3-4.

[342] Décret n° 2009-335 du 15 septembre 2009 portant nomination des membres du Gouvernement, JORC, n°38, du 17 septembre 2009, pp.2377-2378.

ne remettait pas en cause le caractère présidentiel du régime institué par la constitution du 20 janvier 2005. Car, l'exécutif demeurait moniste, le Premier ministre désigné n'avait pas la qualité de Chef du gouvernement, toujours exercée par le Président de la République. Certains le comparaient à un *« nain politique »*[343].

Il y avait également ceux qui pensaient que, dans la mesure où la constitution du 20 janvier 2002 permettait au Président de la République de nommer les ministres et de les révoquer ; il n'y aurait aucun inconvénient à ce qu'il nomma un Premier ministre qui n'en demeurait pas moins un ministre comme les autres.

Donc, en nommant un Premier ministre, le Chef de l'Etat avait voulu opérer une nouvelle hiérarchisation au sein du gouvernement pour le distinguer des ministres d'Etat et des ministres ordinaires : *« ...il a élevé quelques-uns de ces ministres au rang de ministre d'Etat. C'est tout simple, il a nommé un Premier ministre pour dire que celui-ci est le premier parmi les autres pour coordonner l'action du Gouvernement. Mais, il n'en demeure pas moins qu'il reste ministre comme tous les autres (...) Le Premier ministre reste un membre du Gouvernement... »*[344].

Pour d'autres, cette nomination transgressait la constitution du 20 janvier 2005, bien que la fonction de Premier ministre fût simplement honorifique. Car, la constitution ne prévoyait pas ce poste et ne définissait pas les fonctions du Premier ministre. Ils se livraient à une lecture pour le moins exégétique de l'article 74 de la constitution[345].

D'un point de vue purement juridique, la question qui pouvait se poser était celle de la légalité du décret n° 2005-02 du 07 janvier 2005, portant nomination des membres du gouvernement au regard de la constitution du 20 janvier 2002, loi fondamentale de la République. Car, aux termes des dispositions de l'article 74 de la constitution, *« Le Président de la République nomme les ministres qui ne sont responsables que devant lui. Il met fin à leurs fonctions.*

Il fixe, par décret, les attributions de chaque ministre.

Il peut déléguer une partie de ses pouvoirs à un ministre ».

Il y a un vice de forme et de procédure, dans la mesure où, le texte constitutionnel, pris au pied de la lettre, ne désigne pas, ne mentionne nulle part et ne vise pas le Premier ministre au titre des organes du pouvoir d'Etat. Ce vice de forme et de procédure se double d'une violation de la loi, notamment de la loi fondamentale du pays.

Dès lors, même si la constitution ne définissait pas les attributions des ministres, le Premier ministre occupe au sein du gouvernement une place, un rang qui, dans l'ordre de préséance, le place au-dessus des autres membres

---

343 Cf. J. Mbanza, éditorial, LA Semaine africaine, n°2501, du 13 janvier 2005, p. 1 ; Nsoni, ibid. p.4.

344 Cf. L'interview de M. A. E. Yoka, in, Les Échos du Congo, n°241 du 12 au 19 janvier 2005, p.4.

345 H. SIE, LE Défi Africain, n°131, du 25 janvier 2005, p.4.

du gouvernement, les ministres. Cela en dépit même du fait que le Président de la République demeure le détenteur exclusif du pouvoir exécutif et du pouvoir réglementaire. Il est le Chef du Gouvernement. Cela également, nonobstant le fait que la constitution du 20 janvier 2002 n'instituait au sein du pouvoir exécutif d'autres organes que le Président de la République (ni le gouvernement ni le Conseil des ministres ne sont érigés en tant qu'organes constitutionnels indépendants).

Certes, les auteurs de la constitution n'avaient pas jugé utile de créer un poste de Premier ministre, tenant la nature présidentielle ou présidentialiste qu'ils entendaient conférer au régime. Mais, si la création d'un poste de Premier ministre au sein du gouvernement s'était imposée dans la pratique, cela aurait dû nécessiter, même en opportunité, une révision *à minima* de la constitution.

L'histoire constitutionnelle du Congo est riche d'exemples, comme nous venons de le voir, où le texte constitutionnel prévoit un Premier ministre, même s'il est largement subordonné au Président de la République, Chef de l'exécutif. Le maintien ou le respect du caractère présidentialiste du régime constitutionnel ne serait pas affecté par une révision *à minima* de la loi fondamentale, pour intégrer une nécessité qui s'était imposée dans la pratique et qui participait du bon fonctionnement des grands pouvoirs publics et des institutions de la République. Cela d'autant plus qu'une telle révision ne tombait pas sous le coup des interdictions de l'article 185 de la constitution[346].

De ce qui précède, nous nous démarquons de l'analyse qui consiste à comparer la situation actuelle de celle dans laquelle se trouvait l'ancien Premier ministre, Ange Edouard Poungui, dans les années 80[347]. Il n'y a pas lieu de comparer les deux situations pour la simple et bonne raison que l'ordonnance du 23 août 1984, portant révision de la constitution du 08 juillet 1979, n'avait pas supprimé la fonction de Premier ministre ; mais elle confiait simplement au Président de la République les fonctions de Chef du gouvernement. Ces fonctions étaient jusqu'en août 1984 dévolues au Premier ministre. Or, en l'espèce, nous ne sommes pas en présence d'une désignation suivant une révision constitutionnelle en la matière.

Sur le fond, la nomination du Premier ministre ne constituait pas une entorse fondamentale à la constitution du 20 janvier 2002 dans la mesure où le Président de la République n'opère pas un transfert ni un dessaisissement de ses prérogatives constitutionnelles. Il demeure le Chef de l'exécutif, le Chef du gouvernement, préside le Conseil des ministres et disposait du pouvoir réglementaire autonome et dérivé. C'est le Président de la République qui déterminait et conduisait la politique de la nation. Sans être

---

[346] Ce texte interdit toute révision constitutionnelle portant sur l'intégrité territoriale, la forme républicaine et le caractère laïc de l'Etat, le nombre de mandats du Président de la République, les principes fondamentaux de la République ainsi que les droits et libertés fondamentaux.

[347] Cf. A.E. Yoka, op. cit.

une coquille vide, le poste de Premier ministre permettait simplement à son titulaire d'assurer la coordination de l'action du gouvernement (et des privatisations). D'ailleurs, l'expression, *« Chargé de la coordination de l'action du gouvernement... »,* est assez significative et évocatrice. C'est ce qui explique son étroite subordination au Président de la République, Chef de l'Etat et Chef du gouvernement. Ainsi donc, l'esprit de la constitution du 20 janvier 2002 est préservé.

Enfin, l'analyse du point de vue de la légalité ou de la régularité juridique du décret du 07 janvier 2007 doit être tempérée au regard de sa nature et de son régime juridiques. En effet, le décret n° 2005-O2 du 07 janvier 2005 portant nomination des membres du gouvernement fait partie de la catégorie juridique des « *actes de gouvernement* », que nous connaissons en droit français. C'est-à-dire, des actes qui bénéficient d'une immunité juridictionnelle. Ils sont insusceptibles de faire l'objet d'un recours contentieux pour en apprécier ou en contrôler la régularité juridique ou légalité au sens large[348]. Ce sont des *« actes dits politiques »*.

III). Le Gouvernement dans la constitution de 2002.

Comme dans l'acte fondamental du 24 octobre 1997, le gouvernement occupe une place très marginale dans la nouvelle organisation des pouvoirs publics. Placé sous l'autorité directe du chef de l'Etat, il comprend les ministres nommés et pouvant être révoqués par lui-même. Les attributions de chaque ministre sont fixées par décret du Président de la République. Ce dernier peut déléguer une partie de ses pouvoirs à un ministre. Certains actes du Président de la République sont contresignés par les ministres chargés de leur exécution. Les ministres ont accès aux séances des Assemblées parlementaires. Ils peuvent être entendus. Les fonctions des ministres sont incompatibles avec l'exercice de tout mandat parlementaire, tout emploi public, toute activité professionnelle, à l'exception d'activités agricoles, culturelles, d'élu local, d'enseignement et de recherche, etc. Les ministres peuvent être déférés devant la Haute Cour de justice pour les crimes et délits commis dans l'exercice de leurs fonctions.

B). Le pouvoir législatif.

Le pouvoir législatif est exercé par un parlement composé de deux chambres, l'Assemblée nationale et le Sénat. L'article 89 de la constitution du 20 janvier 2002 reprend sur ce point les dispositions de la constitution du 15 mars 1992 sur la composition du parlement et ses missions essentielles, comprenant le contrôle de l'exécutif.

---

[348] Cf. R. Chapus, Droit administratif général, éd. Montchrestien, T. 1. pp. 927 et suivantes.

I). L'organisation et le fonctionnement du pouvoir législatif dans la constitution de 2002.

Les membres de l'Assemblée nationale, appelés députés, sont élus au suffrage universel direct, pour un mandat de cinq ans renouvelable et non impératif. Chaque député représente la nation tout entière. Les sénateurs sont élus au suffrage universel indirect par les grands électeurs, les membres des conseils des collectivités locales. Les sénateurs représentent les collectivités territoriales.

Trois sessions ordinaires d'une durée de 65 jours sont prévues par an (le 2 mars, le 07 juillet et le 15 octobre). Chaque chambre se réunit en session ordinaire et, en cas de besoin, en session extraordinaire pour une durée de quinze jours. Les mandats de députés et de sénateurs sont incompatibles avec toute autre fonction à caractère public. Les conditions requises pour être candidat aux élections législatives et sénatoriales sont définies à l'article 96[349]. Les candidats peuvent être présentés par les partis ou groupements politiques. Ils peuvent aussi se présenter à titre indépendant.

L'article 98 définit les cas dans lesquels le mandat de député ou de sénateur se perd. Le premier cas est celui de la condamnation à une peine de prison ferme pour crime ou délit commis volontairement. Le second est celui de la démission, en cours de législature, d'un député ou d'un sénateur du parti ou du groupement politique qui l'avait investi aux élections législatives ou sénatoriales. Cette dernière exigence vise à fidéliser les membres du parlement, élus sous une étiquette politique déterminée et à éviter le phénomène de transhumance politique qui risque de conduire à un éclatement de la majorité parlementaire et induire une crise institutionnelle. Mais, elle est en contradiction avec le caractère national du mandat des députés et la représentation des collectivités territoriales par les sénateurs. Les membres de chaque assemblée parlementaire ne sont pas des représentants des partis ou des formations politiques sous la bannière ou l'investiture de laquelle ils sont élus. La recevabilité des candidatures et la validité de l'élection des députés et sénateurs relèvent de la compétence de la Cour Constitutionnelle. Les membres des deux assemblées jouissent de l'immunité parlementaire dont les conditions sont définies à l'article 101 de la constitution.

[349] Elles sont plus souples par rapport à celles du Président de la République. Notamment, la condition de *« congolais d'origine »* n'est pas exigée.

II). Les attributions du pouvoir législatif dans la constitution de 2002.

Le Parlement contrôle l'action du gouvernement, même si l'Assemblée nationale ne peut pas le renverser. Car, le gouvernement est placé sous l'autorité du Président de la République. Ce dernier ne peut pas à son tour dissoudre l'Assemblée nationale. Le Sénat exerce aussi les fonctions de modérateur et de conseil de la Nation. Le parlement a l'initiative de la loi et de la révision constitutionnelle qu'il partage avec le Président de la République. Il en est de même en matière de référendum. Il vote le budget de l'Etat et en contrôle l'exécution. L'article 111 de la constitution énumère limitativement le domaine de la loi.

C). Le pouvoir judiciaire dans la constitution du 20 janvier 2002.

La constitution du 20 janvier 2002 s'inscrit dans le droit fil de l'acte fondamental du 4 juin 1991, de la constitution du 15 mars 1992 et l'acte fondamental du 24 octobre 1997, en instituant un pouvoir judiciaire parmi les trois grands pouvoirs d'Etat[350].

I). Les organes du pouvoir judiciaire.

Comme sous l'acte fondamental du 24 octobre 1997, le pouvoir judiciaire est exercé par la Cour suprême, la Cour des comptes et de discipline budgétaire, les Cours d'appel et les autres juridictions de la République. On peut regretter le fait que le Conseil supérieur de la magistrature occupe une place assez marginale dans la définition des organes du pouvoir judiciaire. Cela, à la différence de la constitution du 15 mars 1992 qui faisait du Conseil supérieur de la magistrature le garant, en tant qu'organe collégial, de l'indépendance du pouvoir judiciaire[351]. Ce rôle est dévolu, dans la constitution du 20 janvier 2002, au Président de la République.

II). L'indépendance du pouvoir judiciaire.

La Constitution du 20 janvier 2002 ne pouvait pas consacrer un régime de séparation des pouvoirs sans consacrer un pouvoir judiciaire indépendant des pouvoirs exécutif et législatif. Il est clairement spécifié que la justice est

---

[350] L'acte fondamental du 04 juin 1991 avait institué un pouvoir judiciaire indépendant des pouvoirs exécutif et législatif. Cette solution sera successivement reprise par la constitution du 15 mars 1992, l'acte fondamental du 24 octobre 1997 et la nouvelle constitution adoptée par référendum le 20 janvier 2002.

[351] Cf. W. Mbilampindo, *« l'institution d'un Conseil supérieur de la magistrature au Congo »*, RJPIC, 1997, n°4, p 305 ; A. Gabou, *« Chronologie politique congolaise »*, NPE, 1999.

rendue au nom du peuple congolais. Les juges ne sont soumis, dans l'exercice de leurs fonctions, qu'à l'autorité de la loi.

Il n'est pas inutile de souligner que la rédaction de l'article 136 de la constitution de 2002 peut prêter à confusion. Il dispose, *« Le pouvoir judiciaire est indépendant du pouvoir législatif ».* Cela peut porter à croire qu'il ne l'est pas vis-à-vis du pouvoir exécutif. Il eut été judicieux du préciser que *« le pouvoir judiciaire est indépendant du pouvoir législatif et du pouvoir exécutif ».*

Cependant, l'article 136 de la constitution doit être compris dans ce sens que le pouvoir judiciaire est indépendant du pouvoir législatif en tant que celui-ci vote la loi sous l'autorité de laquelle il est soumis et qu'il applique. De la même manière que le pouvoir judiciaire est indépendant du pouvoir exécutif qui assure aussi bien l'exécution de la loi que des décisions de justice.

Toutefois, c'est l'article 137 de la constitution qui apporte une certaine clarté à propos de l'indépendance du pouvoir judiciaire en prescrivant les limites de celui-ci sis à vis des autres pouvoirs et vice-versa. Dès lors, le pouvoir judiciaire s'interdit d'empiéter sur les attributions du pouvoir exécutif et du pouvoir législatif. Le pouvoir exécutif ne peut pas, de son côté faire œuvre de justice, ni s'opposer à l'exécution d'une décision de justice. Enfin, le pouvoir législatif ne peut statuer sur les litiges ni modifier une décision de justice. Toute loi qui vise à apporter une solution sur un procès en cours est nulle et de nul effet.

En tout état de cause, l'indépendance du pouvoir judiciaire est également fonction du mode de désignation des magistrats. Il est prévu que les magistrats sont nommés par le Président de la République sur proposition du Conseil supérieur de la magistrature.

III). La protection des droits et des libertés fondamentaux.

Le pouvoir judiciaire joue également le rôle de gardien des droits et libertés fondamentaux, tels qu'ils sont définis au titre II de la constitution du 20 janvier 2002.

§ 2 : Les autres institutions de la constitution du 20 janvier 2002.

Certaines de ces institutions ont un caractère juridictionnel, d'autres jouent un rôle consultatif, d'autres encore sont vouées au maintien de l'ordre et à la défense, enfin il y a celles qui participent à la gestion et l'administration des affaires locales.

A). Les autres institutions à caractère juridictionnel.

Parmi les autres institutions de la République à caractère juridictionnel, il s'agira d'aborder ci-après la Cour constitutionnelle et la Haute cour de justice.

I). La Cour Constitutionnelle.

Les attributions en matière de justice constitutionnelle ne sont plus confiées à la Cour suprême comme ce fut le cas sous l'acte fondamental du 24 octobre 1997. Elles sont dévolues à une institution autonome, comme ce fut le cas avec révision constitutionnelle du 23 août 1984 et sous la constitution du 15 mars 1992. Elle n'est plus dénommée « Conseil constitutionnel », mais « Cour constitutionnelle ». Le Congo se démarquait ainsi, sur la forme, du modèle américain de justice constitutionnelle exercée par la Cour suprême et du particularisme français du Conseil constitutionnel, pour un modèle européen d'inspiration kelsenienne d'une Cour constitutionnelle**352**.

Ainsi donc, il est institué une Cour constitutionnelle composée de 9 membres, nommés en raison de trois par le Président de la République, deux sur proposition du Président de chaque Assemblée parlementaire, deux sur proposition du bureau de la Cour suprême parmi ses pairs.

La Cour constitutionnelle contrôle la conformité à la constitution des lois, traités et accords internationaux. Elle est compétente pour connaître de toutes contestations relatives à l'élection du Président de la République ainsi qu'aux élections législatives et du Sénat. Elle veille aussi à la régularité des opérations de référendum et en proclame les résultats.

La saisine de la Cour constitutionnelle est ouverte au Président de la République, aux Présidents des deux Assemblées parlementaires, à un tiers de députés ou sénateurs. Toute personne peut également saisir la Cour constitutionnelle soit directement par voie d'action, soit indirectement par voie d'exception d'inconstitutionnalité soulevée devant une juridiction nationale.

---

[352] Cf. L. Favoreau, « *Modèle européen et modèle américain de justice constitutionnelle* », Annuaire international de justice constitutionnelle, 4-1988, 1990. Les juges constitutionnels. pp. 51-66. Louis Favoreu relève six caractéristiques essentielles du modèle européen, « *l'existence d'un contentieux constitutionnel distinct des autres contentieux ; le monopole du jugement de ce contentieux au profit d'une seule juridiction, la Cour ou Tribunal constitutionnel ; la spécificité de cette Cour ; les conditions de saisine de celle-ci ; la nature du contentieux constitutionnel ; et les conséquences qui en résultent quant aux effets des décisions ou arrêts rendus par les Cours ou tribunaux constitutionnels...* », Ibid. pp.57 et suivantes ; M. Carpentier, « *Pour de nouveaux "modèles" de justice constitutionnelle"*, RIDC, 1-2016, pp. et suivantes.

II). La Haute Cour de Justice.

Présidée par le Président de la Cour Suprême, la Haute cour de justice est composée de députés et de sénateurs élus en nombre égal parmi les membres de chaque assemblée parlementaire, et les membres élus au sein de Cour suprême. Elle est compétente pour juger le Président de la République en cas de haute trahison. Les membres des deux Assemblées, les ministres, les membres de la Cour suprême, de la Cour Constitutionnelle sont également justiciables de la Haute cour de justice pour les crimes et délits commis dans l'exercice de leurs fonctions. Ils sont mis en accusation devant la Haute cour de justice par le parlement réuni en congrès. Elle est également compétente à l'égard des co-auteurs ou complices de ces justiciables susdésignés sans qu'il ne soit besoin de réunir le parlement en congrès pour leur mise en accusation.

B). Les organes à caractère consultatif et de régulation.

Il s'agira d'évoquer le conseil économique et social, le conseil supérieur de la liberté de communication, du médiateur de la République et de la Commission nationale des droits de l'homme.

I). Le Conseil économique et social.

C'est la troisième assemblée, après l'Assemblée nationale et le sénat. Aux termes des dispositions de l'article 158, le Conseil économique et social est, auprès des pouvoirs publics, une assemblée consultative. Il peut être saisi par le Président de la République, les Présidents des deux chambres parlementaires. Il peut aussi se saisir lui-même sur tout problème à caractère économique et social. Le Conseil économique et social peut aussi être saisi pour avis sur tout projet de loi, de traité, ainsi que les projets de décrets en raison de leur caractère économique et social. Le Conseil économique et social est saisi de tout projet de loi, de programme et de plan de développement à caractère économique ou social, à l'exception du budget de l'État. L'article 159 dispose que, la fonction de membre du Conseil économique et social est incompatible avec celle de parlementaire, de ministre, de membre de la Cour constitutionnelle, de préfet, de maire, de sous-préfet et de conseiller local.

II). Le Conseil supérieur de la liberté de communication.

Il est régi par le titre XII, articles 161 et 162, de la constitution du 20 janvier 2002. Institué pour la première fois par l'acte fondamental du 04 juin 1991, dans son titre X, articles 79 à 81, sous la dénomination de Conseil supérieur de l'information et de la communication, repris par la constitution du 15 mars 1992 (titre XII, article 156 à 160), cet organisme a pour mission de veiller au bon exercice de la liberté de l'information et de la communication. Il formule des recommandations et peut émettre des avis sur des questions qui relèvent de son domaine d'action. Il est en principe le gardien de la liberté d'informer, de s'informer et de communication et de la presse.

Le Conseil supérieur de la liberté de communication assure et garantit le pluralisme. C'est-à-dire la libre représentativité ou la libre expression des courants d'idées et d'opinions dans l'espace public et médiatique. Il est à la fois une condition et un fondement de la démocratie pluraliste[353].

III). Le Médiateur de la République.

Cette institution fut créée par l'acte fondamental du 04 juin 1991 (articles 77 et 78, fonctions exercées par le Conseil supérieur de la République), étrangement absente de la constitution du 15 mars 1992, reprise par l'acte fondamental du 24 octobre 1997 (articles 76 et 77) puis par la constitution du 20 janvier 2002 qui, dans son article 164, définit le Médiateur de la République comme une autorité indépendante.

Il s'agit d'une autorité administrative indépendante, chargée de simplifier et d'humaniser les relations entre l'administration et les administrés.

Il peut être saisi par toute personne, physique ou morale, à l'occasion d'un litige qui l'oppose à l'administration ou à un organisme privé investi d'une mission de service public. Son action s'inscrit dans le cadre de la *« déjudiciarisation »,* en ce sens qu'il permet de parvenir à un règlement amiable du litige sans qu'il ne soit besoin de saisir la justice.

IV). La Commission nationale des droits de l'homme.

L'institution d'un tel organisme ne peut qu'être saluée dans une société qui entend se démocratiser. Il est encore plus indispensable qu'il soit doté des moyens de son action pour agir librement et en toute indépendance. Cela d'autant plus qu'aux termes des dispositions des articles 167 et suivants de la constitution de 2002, la Commission nationale des droits de l'homme a pour

---

[353] Le Conseil constitutionnel français a considéré dans sa décision du 18 septembre 1986 que le pluralisme d'expression, « ... le pluralisme des courants d'expression socioculturels est en lui-même un objectif de valeur constitutionnelle ; que le respect de ce pluralisme est une des conditions de la démocratie... », Décision n° 86-217 DC du 18 septembre 1986 (Loi relative à la liberté de communication) ; «... le Conseil supérieur de l'audiovisuel "assure le respect de l'expression pluraliste des courants de pensée et d'opinion dans les programmes des sociétés nationales de programme et notamment pour les émissions d'information politique... » (Décision n° 88-248 DC du 17 janvier 1989, loi modifiant la loi n° 86-1067 du 30 septembre 1986 relative à la liberté de communication).

mission de veiller à la promotion des droits de l'homme dans les conditions définies par la loi.

C). La force publique dans la constitution du 20 janvier 2002.

L'orientation politique définie depuis la Conférence nationale souveraine de 1991 n'est pas non plus remise en cause par la constitution de 2002. Comme cela n'avait pas été cas dans l'acte fondamental du 24 octobre 1997. L'armée ne joue plus un rôle politique comme par le passé, sous le monopartisme. La force publique est composée de la Police nationale, de la Gendarmerie nationale et des forces armées congolaises[354].

Elle est soumise aux lois et aux règlements de la République. Elle est subordonnée à l'autorité civile et instituée dans l'intérêt général. Elle ne peut être utilisée à des fins personnelles. Elle n'agit que dans le cadre des lois et règlements qui fixent les conditions de sa mise en œuvre. La loi fixe les missions, détermine l'organisation et le fonctionnement ainsi que les statuts spéciaux des personnels de police, de gendarmerie et des forces armées congolaises (article 172).

La constitution de 2002 dispose clairement dans son article 173 que la création des milices est un crime puni par la loi. Cette criminalisation est très significative. Car, ces groupuscules ont été l'une des causes du drame que le peuple congolais a subi ces dernières années, au cours desquelles les exactions et violations des droits de l'homme furent monnaie courante.

Il est indispensable d'insister sur le fait que la suppression des milices et de toutes les formes d'organisations paramilitaires doit conduire à la restauration d'une force publique animée d'un idéal républicain, débarrassée de tout clivage politique, ethnique, tribal ou régionaliste. Il doit s'agir d'une force publique vouée au maintien de l'ordre, à la défense de la patrie et de l'intégrité du territoire national ; d'une force publique au service du peuple et non d'un individu ou d'un groupe d'individus, ni contre le peuple ou une partie du peuple congolais.

D). Les collectivités locales dans la constitution de 2002.

La constitution du 20 janvier 2002 réaffirme le principe de la décentralisation en ce qui concerne l'administration territoriale de la République. Aussi consacre-t-elle le principe de libre administration des collectivités territoriales par les organes élus[355]. Les départements et les communes font figure de collectivités locales de droit commun. Toutefois, la

---

[354] Cf. articles 170 et suivants de la constitution du 20 janvier 2002.
[355] Cf. Articles 174 et suivants de la constitution du 20 janvier 2002.

libre administration suppose aussi que les collectivités décentralisées soient dotées des moyens de leurs actions.

§ 3 : La nature du régime de la constitution de 2002.

De tout ce qui précède, la constitution de 2002 consacre, à l'instar de l'acte fondamental du 24 octobre 1997, un régime de séparation de pouvoirs très marqué par l'omniprésence et la prépondérance d'un Président de la République investi de prérogatives très importantes. Si pour certains, ce choix se justifiait par les crises et l'instabilité constantes que le Congo a connues, il n'en demeure pas moins que le choix d'un modèle constitutionnel n'a de sens que s'il s'accompagne de la volonté des gouvernants et des gouvernés de respecter les lois de la République.

Si cette constitution avait également le mérite de proclamer avec force et solennité les valeurs de la République ainsi que les droits et libertés fondamentaux, on peut regretter l'absence de la définition du rôle et de la place de la royauté dans le fonctionnement des institutions de la République, tant sur le plan local que sur le plan national. Enfin, le constituant de 2002 avait aussi le mérite d'encadrer strictement les conditions de la révision constitutionnelle dans les dispositions des articles 185 à 187, notamment en excluant toute possibilité de révision lorsqu'elle touche à l'intégrité du territoire, à la forme républicaine, au caractère laïc de l'État, au nombre de mandats du président de la République ainsi qu'aux droits énoncés aux titres I et II de la constitution. Cette question aura cristallisé les débats sur sa révision ou son changement en 2015, comme il sera vu plus loin.

Deuxième Partie :
Le 2ème cycle de la Vème République :
le régime de la constitution du 25 octobre 2015.

La constitution du 25 octobre 2015 ouvre le 2ème cycle de la Vème République congolaise, qui a commencé, comme nous venons de le voir, avec l'acte fondamental du 24 octobre 1997. C'est la 3ème constitution, après celles du 15 mars 1992 et celle du 20 janvier 2002, depuis la Conférence nationale souveraine du 25 février 1991 qui consacrait le retour au pluralisme démocratique. Entre-temps, le pays a connu, comme nous l'avons vu plus haut, deux régimes de transition régis chacun par un acte fondamental. Celui de 04 juin 1991, adopté par la Conférence nationale souveraine et celui du 24 octobre 1997[356], adopté par le forum sur l'Unité et la réconciliation nationales[357]. La constitution du 25 octobre 2015, dont l'avènement était très controversé, s'inspire en apparence du régime semi-présidentiel de la constitution du 15 mars 1992. Mais, elle dissimule mal un présidentialisme tempéré ou adouci. Nous examinerons successivement le contexte tumultueux de son adoption, les principes, les droits et libertés garantis, la nouvelle organisation des grands pouvoirs publics, les autres institutions consacrées et les dispositions diverses.

---

[356] W. Mbilampindo, « *l'acte fondamental dans l'histoire constitutionnelle et politique du Congo* », RJPIC, 1996, p. 213 et suivantes.

[357] W. Mbilampindo, « *Un nouvel acte fondamental pour une nouvelle transition politique* », RJPIC, 1998, pp 149-165.

Titre 1er : Le contexte politique très tumultueux de la constitution de 2015.

La constitution du 25 octobre 2015 intervient dans un contexte politique très agité et marqué par un débat clivant sur le maintien ou non de la constitution du 20 janvier 2002. Ce débat a déchainé les passions, non seulement au sein de la classe politique, mais aussi auprès d'une population galvanisée par les prises de position des uns et des autres. La classe politique étant divisée entre d'une part, ceux qui prônaient le maintien de la constitution en vigueur et d'autre part ceux qui souhaitaient son adaptation ou son changement. Une partie de l'opposition dite *« radicale »* soutenait la thèse du maintien, c'est-à-dire le *« statu quo ».* Tandis que la majorité présidentielle, rassemblant le Parti Congolais du Travail (PCT) et ses alliés ainsi qu'une partie de l'opposition dite *« modérée »,* soutenait la thèse contraire. La société civile se ralliait à l'une ou l'autre thèse. Dans ce débat, dont les congolais ont seuls le secret, on y trouvait parmi les adeptes du maintien, les anciens détracteurs de cette même constitution en 2002, et parmi les adaptes de son dépassement il y avait ceux-là qui la défendaient mordicus ou qui s'en étaient accommodés des années durant. Du maintien de la constitution de 2002, le débat avait évolué sur le changement pur et simple du régime constitutionnel. Le pays a dû connaître une transition atypique à l'issue de ce débat clivant.

Sous-titre 1er : La problématique du maintien de la constitution de 2002.

Les tenants du statu quo s'arc-boutaient sur deux types d'arguments qui se rapportaient à l'intangibilité constitutionnelle et à la nécessité d'une alternance démocratique au pouvoir.

§ 1 : Le « bloc de l'intangibilité constitutionnelle ».

Comme toutes les constitutions, celle du 20 janvier 2002 n'était pas figée. Elle prévoyait la possibilité de son évolution lorsque, confrontée à l'épreuve du temps, elle devait être adaptée aux circonstances et aux situations nouvelles. Cependant, elle posait des limites voire des verrous à toute révision constitutionnelle. C'est ce que nous qualifions par *« bloc de l'intangibilité constitutionnelle »*.

A). Le fondement du bloc de l'intangibilité constitutionnelle.

Il s'évince des dispositions de l'article 185 (notamment les alinéas 2 et 3) du titre XVIII de la constitution du 20 janvier 2002, consacré à la révision de la constitution que,

« L'initiative de la révision de la constitution appartient, concurremment, au Président de la République et aux membres du Parlement.

Aucune procédure de révision ne peut être engagée ou poursuivie lorsqu'il est porté atteinte à l'intégrité territoriale.

La forme républicaine, le caractère laïc de l'Etat, le nombre de mandats du président de la République, ainsi que les droits énoncés aux titres I et II ne peuvent faire l'objet de révision. »

B). L'examen des verrous du bloc de l'intangibilité constitutionnelle.

Aux termes de cette disposition qui reprend l'article 178 de la constitution de 15 mars 1992, le bloc de l'intangibilité ou de *« l'irrevisabilité »* constitutionnelle comprend cinq éléments.

I). Des verrous relatifs aux attributs et aux caractéristiques de l'Etat.

Ces éléments se rapportent à l'intégrité territoriale, à la forme républicaine et au caractère laïc de l'Etat.

L'intégrité territoriale renvoie au caractère unitaire de l'Etat et à l'indivisibilité du territoire de la République, interdisant toute velléité de scission ou de partition du pays et, dans une certaine mesure, d'adjonction ou d'annexion de territoires.

La forme républicaine de l'Etat évoque le principe selon lequel le Congo est une République et doit le demeurer. Il ne peut pas être transformé en une monarchie, quelle qu'en soit la forme.

Le caractère laïc de l'Etat évoque quant à lui le principe selon lequel, le Congo n'a aucune religion d'Etat. Mais, l'Etat garantit la liberté de croyance de chacun dans le respect des lois de la République. C'est un Etat non confessionnel.

II). Le verrou relatif au mandat présidentiel.

Aux termes des dispositions de l'article 57 de la constitution du 20 janvier 2002, le Président de la République est élu pour sept ans au suffrage universel direct. Il est rééligible une fois. Le nombre de mandats du Président de la République est donc un élément essentiel de l'intangibilité de la constitution du 20 janvier 2002. Le Président de la République ne peut cumuler plus de mandats que la constitution n'en autorise.

Il convient tout de même de souligner à l'évidence que, si la constitution du 20 janvier 2002 interdit de cumuler plus de deux mandats, rien n'interdit donc d'en exercer plus de deux séparément. C'est-à-dire qu'après avoir été réélu, le Président de la République ne peut pas se représenter à l'issue de son deuxième mandat. Mais, il pourrait se représenter à l'issue du premier mandat de son successeur si tant est qu'il se trouve en capacité de le faire.

III). Les verrous relatifs aux droits et principes garantis par la constitution.

Ces droits sont énoncés aux titres I et II de la constitution de la constitution du 20 janvier 2002. Ils constituent l'un des éléments du bloc de l'intangibilité constitutionnelle. Il s'agit en l'occurrence des principes définis au titre 1er relatif à l'Etat et à sa souveraineté ainsi que les droits et libertés fondamentaux consacrés par le titre II de la constitution de 2002.

Dès lors, les tenants du *statu quo*, excipaient du caractère anticonstitutionnel de toute révision susceptible d'affecter ces éléments de constitutifs de l'intangibilité de la constitution du 20 janvier 2002.

§ 2 : La nécessité d'une alternance démocratique au pouvoir.

Pour les défenseurs de la constitution du 20 janvier 2002, son maintien se justifiait aussi par la nécessité d'une alternance démocratique et apaisée au pouvoir. L'alternance démocratique au pouvoir est à la fois un principe et une exigence d'un Etat de droit. Elle proscrit l'accession ou la succession au pouvoir autrement qu'au moyen du suffrage universel, par les urnes. Notamment par des élections libres et transparentes. La constitution du 20 janvier 2002 ne la définit pas clairement. Mais l'alternance démocratique au pouvoir s'en dégage implicitement.

A). A travers le préambule de la constitution.

Comme nous l'avons vu plus haut, en condamnant solennellement les coups d'Etat, l'exercice tyrannique du pouvoir et l'usage de la violence politique sous toutes ses formes comme moyen d'accession au pouvoir ou de sa conservation, le constituant de 2002 consacrait l'alternance démocratique comme un principe à valeur constitutionnelle.

Déjà, le préambule de la constitution du 15 mars 1992 stigmatisait les coups d'Etat qui s'étaient inscrits dans l'histoire politique du Congo comme le seul moyen d'accéder au pouvoir et avaient annihilé l'espoir d'une vie véritablement démocratique.

B). A travers la limitation du nombre de mandats présidentiels.

Nous venons de rappeler que l'article 57 de la constitution de 2002 limitait à deux (2), le nombre de mandats du Président de la République, de 7 ans chacun. Dès lors, la limitation des mandats présidentiels garantit l'alternance démocratique au pouvoir.

Cependant, comme nous venons de le voir, si le Président de la République ne peut pas cumuler plus de deux mandats successifs, la constitution de 2002, à l'instar de celle de 1992, n'interdit pas des mandats séparés. Ainsi donc, l'alternance démocratique peut jouer dans l'hypothèse où un Président de la République ayant accompli ses deux mandats ou ayant été battu aux élections à l'issue de son premier mandat, pouvait légitimement se représenter à l'élection présidentielle à la fin du premier ou du second mandat de son successeur, pourvu qu'il remplisse les autres critères d'éligibilité. Cette pratique eut en cours en Russie ; même si d'aucuns disent à tort ou à raison qu'il s'agit d'un dévoiement ou d'une parodie de démocratie. Pourtant elle n'a rien d'anticonstitutionnel au regard de la loi fondamentale de ce pays[358].

Mais, cette pratique constitutionnelle présente l'inconvénient d'une conservation ou d'une confiscation du pouvoir par un seul parti ou un groupe d'individus qui seraient tentés de recourir à un candidat fantoche pour lui succéder, le temps de ressurgir le moment venu. La solution consacrée par la Tunisie, dans sa constitution du 26 janvier 2014 (après la révolution de *« Jasmin »* de décembre 2010 à janvier 2011), est des plus originales. Son article 75, bien que limitant la durée du mandat présidentiel à 5 ans, renouvelable une fois, interdit en dehors de ce cadre des mandats aussi bien successifs que séparés, qu'ils soient entiers ou écourtés[359].

C). L'alternance démocratique garantie par la limite d'âge maximale.

Au nombre des conditions d'éligibilité à la fonction de Président de la République définies par l'article 58 de la constitution du 20 janvier 2002, figurait la limite d'âge. La limite minimale étant fixée à 45 ans, la limite maximale était de 70 ans à la date du dépôt de la candidature à l'élection présidentielle. Cependant, le critère de l'âge ne faisait pas partie du bloc de l'intangibilité constitutionnelle. C'est-à-dire qu'il était possible de faire sauter ce verrou dans le cadre d'une révision constitutionnelle.

En toute hypothèse, les défenseurs du maintien de la constitution du 20 janvier 2002 n'excluaient pas la possibilité de son adaptation par une révision qui devait respecter les limites fixées par l'article 185 de cette loi fondamentale. Il n'en demeure pas moins qu'en cristallisant le débat sur le Président de la République sortant, les défenseurs du maintien de l'ordre constitutionnel établi s'en prévalaient comme un facteur supplémentaire permettant d'assurer l'alternance démocratique au pouvoir.

---

[358] *Après avoir épuisé deux mandats successifs de 4 ans chacun, comme l'autorise l'article 81 de la constitution de la fédération de Russie, le Président Poutine a été de nouveau élu en 2012 à l'issue de mandat de Dimitri Medvedev, dont il fut le 1er ministre de 2008 à 2012. Son prédécesseur devenant alors son 1er ministre, en quelque sorte, par un jeu de chaise musicale.*

[359] *Cf. Ch. E. SENAC, « Les limites au pouvoir de révision de la nouvelle constitution tunisienne », http://www.revuegeneraledu droit.eu/blog/2014/03/09.*

Sous-Titre 2 : L'alternative controversée du changement de la constitution de 2002.

La révision de la constitution du 20 janvier 2002 étant strictement encadrée, verrouillée et cadenassée, les partisans de la reforme déplaçaient le débat sur le terrain du changement de régime politique ou du système constitutionnel, impliquant un changement pur et simple de la constitution, donc de son abrogation. L'opposition y voyait, au-delà d'un simple glissement sémantique, une tactique politicienne visant à contourner ou à détourner les mécanismes constitutionnellement consacrés pour l'adaptation de la loi fondamentale. Le processus annoncé du changement de la constitution se fera en deux étapes, l'une préparatoire et l'autre référendaire, marquées par des controverses, des tensions et des violences sanglantes.

Chapitre 1er : L'étape préparatoire du changement de la constitution de 2002.

L'étape préparatoire avait été marquée par des dialogues opposés et des consultations tous azimuts, dans l'optique de la légitimation du changement de la constitution du 20 janvier 2002 ou de son maintien.

Section 1 : Des consultations et concertations présidentielles.

Des consultations et concertations menées, hors cadre constitutionnel, par le Président de la République avaient, dans une certaine mesure fait office de préalable à tout dialogue sur la problématique ambiante du maintien ou non de la constitution du 20 janvier 2002. Il s'agissait pour certains d'une démarche visant à apaiser les esprits dans ce débat qui cristallisait et déchainait les passions. C'était, pour d'autres, une manœuvre de diversion qui dissimulait mal la détermination du Chef de l'Etat et des tenants de la modification ou du changement de la constitution de 2002 pour aller jusqu'au bout de leur ambition.

Ainsi donc, le Président de la République avait entrepris d'organiser, à compter du 20 mai 2015, des concertations et consultations nationales en accueillant tour à tour des personnalités politiques de tous bords (majorité présidentielle et opposition, ancien Président et anciens dirigeants, Premiers ministres, ministres, etc.), des représentants des confessions religieuses, des associations, bref de la société civile. Cela, pour entendre leurs positions sur l'avenir des institutions de la République. En somme, il était question de se prononcer sur le maintien ou la révision, voire le changement, de la constitution de 2002 et la gouvernance électorale.

L'opposition *« dite radicale »,* réunie alors au sein de deux plateformes, l'IDC (l'Initiative pour la démocratie au Congo) et le FROCAD (le Front républicain pour le respect de l'ordre constitutionnel et l'alternance démocratique) avaient décliné cette invitation, même si quelques personnalités avaient individuellement répondu présentes à ces audiences présidentielles. Cet exercice de communication n'avait pas abouti à des résultats probants. Car, les divergences d'opinions persistaient. L'issue de ces consultations et concertations présidentielles était la convocation d'un dialogue national.

Section 2 : Le dialogue national de Sibiti.

Convoqué par un décret présidentiel n° 2015-691 du 09 juillet 2015, le dialogue national s'était tenu du 13 au 17 juillet 2015 à Sibiti dans le Département de la Lékoumou[360]. Aux termes du décret n° 2015-658 du 1er juillet 2015, portant création, attributions et organisation du dialogue national 2015, c'était un cadre de concertation nationale inclusif sur les questions d'intérêt général. A ce titre, il était chargé d'examiner les questions relatives à la gouvernance électorale et à la réforme des institutions[361].

Il se voulait inclusif, mais les plateformes de l'opposition radicale (IDC et FROCAD) avaient boycotté ces assises.

§ 1 : La préparation et l'organisation du dialogue national de Sibiti.

Il convient de souligner que, préalablement au dialogue national, une Commission s'était attelée à en préparer les termes.

A). La commission préparatoire au dialogue national de Sibiti.

Une Commission préparatoire au dialogue national fut créée par le décret n° 2015-659 du 1er juillet 2015[362]. Cette commission était chargée de préparer les actes nécessaires à la tenue des assises du dialogue national de 2015. Elle était composée d'une coordination et des sous-commissions dont les membres étaient nommés par le décret présidentiel n° 2015-660 du 1er juillet 2015[363].

---

[360] Décret n° 2015-691 du 9 juillet 2015 portant convocation du dialogue national 2015, JORC, n°29-2015, du 16 juillet 2015, p. 586. *Les travaux du dialogue national 2015 de Sibiti et ont largement été relayés dans la presse locale, notamment la presse écrite qui offre une diversité de titres. Dans tous les cas, la diffusion du communiqué final est demeurée authentique. Nous pouvons citer à titre indicatif : Les Dépêches de Brazzaville, n°2362 du lundi 20 juillet 2015, « Dialogue national 2015 », (pages 1, 2, 3 et 4) ; Sel-Piment, n°093 du 21 au 28 juillet 2015, « Pseudo-dialogue national de Sibiti, et pourtant le communiqué final reconnait dans sa dernière ligne qu'il n'y pas eu de consensus » (pages 2, 3 et 9) ; la Griffe, n°207 du 22 au 29 juillet 2015, « Le dialogue de Sibiti (...), Le changement de la constitution, une affaire réussi ! », (pages2, 3,4, et 6) ; Emmanuel, n°179-2015, « les participants au monologue de Sibiti viennent de légitimer le coup d'Etat constitutionnel en préparation pour une nouvelle République », (pages 356) ; Le Patriote, n°341 du 27 juillet 2015, « L'épouvante de l'échec de Sibiti fait flop »,(pages 2, 3 et 4).*

[361] Décret n° 2015-658 du 1er juillet 2015 portant création, attributions et organisation du dialogue national 2015, JORC, n°28-2015 du 09 juillet 2015 p. 562.

[362] Décret n° 2015-659 du 1er juillet 2015, portant création, attributions et organisation de la commission préparatoire au dialogue national de 2015, JORC, n°28-2015 du 09 juillet 2015, p.562.

[363] Décret n° 2015-660 du 1er juillet 2015, portant nomination des membres de la commission préparatoire au dialogue national 2015, JORC, n°28-2015 du 09 juillet 2015, p.563.

B). L'organisation du dialogue national de Sibiti.

Le dialogue national de 2015 était doté, aux termes des dispositions de l'article 6 du décret précité, n° 2015-258 du 1er juillet 2015, d'un présidium composé d'un Président (en l'occurrence le Président du Sénat, M. André OBAMI-ITOU, nommé par décret présidentiel n° 2015-695 du 13 juillet 2015364) ; d'un premier vice-président issu des partis de la majorité présidentielle ; d'un deuxième vice-président issu des partis de l'opposition ; d'un troisième vice-président issu des partis du centre ; d'un secrétaire rapporteur issu du comité de suivi de la convention pour la paix et la reconstruction du Congo ; d'un secrétaire rapporteur adjoint issu de la société civile ; d'un trésorier issu du ministère de l'économie, des finances, du plan, du portefeuille public et de l'intégration et d'un secrétariat dont les membres sont issus de l'administration publique.

Il réunissait 629 participants parmi les représentants des partis réunis autour du Parti Congolais du Travail (et parmi lesquels, les partis de la majorité présidentielle, de l'opposition dite républicaine et les partis du centre) et des associations politiques, de la société civile, des confessions religieuses, des institutions constitutionnelles, de l'administration publique, de la commission préparatoire au dialogue national et des individualités. Les critères de sélection des participants ne sont pas connus. D'aucuns, notamment l'opposition radicale, qui avait décliné cette invitation, dénonçaient la floraison des partis et associations créées pour la circonstance, pour faire nombre et surtout acquis à la cause de la majorité présidentielle ; donc pour les besoins de la cause.

Le Président de la République était représenté par son Directeur de Cabinet, Ministre d'Etat, en la personne de M. AYESSA (Firmin). Il était chargé de l'ouverture des travaux et de la mise en place du présidium du dialogue national 2015[365].

§ 2 : Les recommandations du dialogue national de Sibiti.

Il ressort du communiqué final des travaux diffusé le 17 juillet 2015 que chaque commission spécialisée avait émis des recommandations.

[364] Décret n° 2015-695 du 13 juillet 2015 portant désignation du président du présidium du dialogue national 2015, JORC, 29-2015, du 16 juillet 2015, p.586.
[365] Décret n° 2015-694 du 13 juillet 2015 désignant le représentant du Président de la République au dialogue national, JORC, n°29-2015 du 16 juillet 2015, p.586.

A). Sur la gouvernance électorale.

La Commission spécialisée sur la gouvernance électorale avait émis 12 recommandations portant sur divers points, que nous regroupons comme suit :

I). L'organisation et le processus électoral.

Concernant la CONEL (Commission nationale des électorales), il avait été jugé nécessaire, en accord avec les recommandations de la concertation de Dolisie, de l'instituer comme un organe permanent, jouissant de l'autonomie administrative et financière.

Concernant le découpage électoral, il était préconisé de le réviser en tenant compte des évolutions démographiques dans certaines localités avant les élections législatives de 2017.

Concernant le bulletin unique, les listes électorales et la biométrie, les participants avaient convenu d'expérimenter le bulletin unique dès l'élection présidentielle de 2016. Par ailleurs, il était convenu, en raison de l'imminence de l'élection présidentielle de 2016, qu'une révision des listes électorales se ferait sur la base d'un recensement administratif spécial, dans la mesure où elles avaient été réalisées paritairement par l'ensemble des parties prenantes aux élections. Enfin, le principe de la biométrie avait été réaffirmé dans le processus électoral, mais sa mise en œuvre devrait se faire progressivement.

La Commission avait préconisé de réaffirmer le maintien de la directive *« Ville morte »* afin de prévenir et d'éviter la transhumance des électeurs et le trafic d'influence. Enfin, il convient de souligner, sous cette rubrique, le renforcement des capacités du personnel et des acteurs.

II). Les acteurs du processus électoral et la transparence.

Il convient d'évoquer sous cette rubrique, les recommandations qui se rapportent aux partis politiques, aux personnels et acteurs électoraux, aux autorités locales, aux médias et à la transparence.

Concernant les partis politiques, les participants avaient exigé une application rigoureuse de la loi sur les partis politiques. L'Etat devrait créer les conditions permettant de favoriser l'implantation des partis politiques sur toute l'étendue du territoire national.

Le rôle déterminant des autorités locales avait été mis en exergue, dans le cadre de l'administration territoriale, pour le succès du processus électoral. Il s'agissait, entre autres des Préfets, des Sous-préfets, des Maires et autres, dont l'implication sur le plan logistique et de la maîtrise de l'espace territorial est essentielle. Cependant, les participants avaient déploré l'influence que leurs hiérarchies respectives pouvaient exercer sur elles et avaient confirmé le statu quo sur leur retrait de la présidence des commissions locales d'organisation des élections.

Concernant le personnel et les acteurs électoraux, la commission préconisait le renforcement de leurs capacités, en insistant sur l'intérêt et la nécessité de leur formation, de leur moralité ainsi que de l'éducation et de la sensibilisation des électeurs.

Sur la transparence, si la Commission avait reconnu que le système électoral congolais connaissait des avancées significatives permettant d'organiser des scrutins justes, libres et transparents. Cependant, elle déplorait le manque de rigueur dans l'application des textes en vigueur et stigmatisait le comportement des acteurs politiques (sans préciser en quoi consistaient ces travers).

Concernant le rôle des médias, les participants avaient reconnu le travail effectué par l'organe de régulation des médias (en l'occurrence le Conseil Supérieur de la liberté de Communication (CSLC), institué par l'article 161 de la constitution du 20 janvier 2002, pour garantir davantage la transparence et la visibilité du processus électoral. Ils préconisaient également que le rôle des médias soit affirmé.

III). Sur le financement des campagnes électorales.

Tous les candidats aux élections n'ayant pas les mêmes capacités financières, les participants au dialogue national de Sibiti convenaient qu'il était indispensable d'envisager, dans le cadre d'une loi, le plafonnement des dépenses des campagnes électorales. Un tel principe présentait l'avantage de garantir l'équité, l'égalité des chances et la justice sociale dans le processus électoral.

IV). Observations.

Il résulte de ce qui précède que la Commission sur la gouvernance électorale semblait ne s'être pas préoccupée de la nécessité de réduire sensiblement les délais de publication des résultants électoraux. Une telle ambition requiert la modernisation des administrations concernées et l'équipement en moyens logistiques, informatiques et de communication adéquats. Une évolution vers le vote électronique, même à titre expérimental, est souhaitable. Car, des délais trop longs suscitent le doute sur la sincérité des résultats.

Ensuite, le satisfecit donné à Conseil supérieur de la liberté de communication sur le rôle des médias dans le processus électoral doit être nuancé. Car, il s'évince de la pratique que l'accès à la couverture médiatique, surtout des médias publics, est loin d'être équitable pour les candidats ou les acteurs politiques de l'opposition. Ces médias font la part trop belle au parti majoritaire, en l'occurrence le Parti congolais du travail, et aux autres partis et associations qui y sont affiliés ou associés. Se pose sérieusement la question du respect du pluralisme politique dans les médias, en termes de représentativité de la diversité des courants de pensées ou d'opinions qui est un des fondements de la démocratie pluraliste.

Dans ces conditions, les électeurs, où qu'ils se trouvent, ne peuvent pas se faire une opinion nette sur les programmes des uns et des autres, tant l'offre politique au Congo est très variée. Dès lors, la Commission ne pouvait pas se contenter d'une formule sibylline, *« le rôle des médias doit être affirmé »,* sans apporter la moindre précision.

B). Sur la « réforme des institutions ».

La Commission de réforme des institutions avait également émis une dizaine de recommandations. Nous présentons ci-après les plus importantes.

I). Sur le procédé du dialogue et le partage.

Les participants à la Commission de réforme des institutions avaient préconisé l'institutionnalisation des valeurs du dialogue et du partage. Il était donc question de consacrer juridiquement, dans le cadre d'une institution appropriée, le dialogue et ses vertus comme mode de règlement ou permettant d'aplanir des différends, au plan politique, économique et social. Une catharsis, en quelque sorte.

La notion de partage n'est pas non plus précisée. Mais sur le plan institutionnel, elle renvoie à l'idée d'une meilleure redistribution des pouvoirs, des fonctions et des responsabilités entre les différents organes de l'Etat et à tous les niveaux ; tout en garantissant une meilleure représentativité des différentes couches de la nation. Sur le plan économique, elle renvoie à l'idée d'une meilleure redistribution, sans discrimination, des richesses nationales pour le bien être de la population. Bref, il s'agit là d'une option très ambitieuse, pour ne pas dire, un vaste chantier !!!

II). Au niveau du pouvoir exécutif.

Les participants avaient préconisé l'institutionnalisation d'un exécutif bicéphale, avec la création du poste de Premier ministre, nommé par le Président de la République et responsable devant lui.

Concernant le Président de la République, il était convenu de réduire l'âge minimal d'éligibilité à cette fonction à 30 ans (au lieu de 40 ans). Cependant, les participants n'avaient rien précisé sur la limite de l'âge maximal pour se porter candidat à l'élection présidentielle. Il était de 70 ans au titre de l'article 57 de la constitution du 20 janvier 2002.

Enfin, il était convenu de réduire la durée du mandat présidentiel à 5 ans, renouvelable. Cette recommandation était très audacieuse, car en ne limitant pas le nombre de mandats présidentiels, elle favorisait un cumul illimité dans le temps et une *« éternité »* ou une pérennisation au pouvoir. Elle constituait en soi un frein à une alternance démocratique au pouvoir.

III). Au niveau du pouvoir législatif.

Les participants à la Commission de réforme des institutions, au dialogue de Sibiti, avaient préconisé de renforcer les pouvoirs du Parlement à l'égard de l'exécutif, notamment en matière de contrôle. Ainsi donc, il était convenu d'instituer deux moyens d'action efficaces au profit des membres du Parlement (notamment les députés), à savoir, une mention de défiance à l'encontre d'un membre du gouvernement et une motion de censure à l'encontre du gouvernement.

IV). Pour une meilleure vitalité des institutions et la démocratie participative.

Pour garantir une meilleure vitalité des institutions de la République, partant de la démocratie, il était convenu de prendre en compte certaines entités ou catégories :

- *Il était préconisé de reconnaitre le statut particulier de l'opposition, de reconnaitre le statut des anciens dirigeants (anciens Présidents de la République, anciens Présidents des chambres parlementaires et des anciens Premiers Ministre). Cette dernière catégorie n'inclut pas les anciens ministres. La Commission ne précisait pas si la reconnaissance de ces statuts implique des droits et devoirs à leurs bénéficiaires.*

- *Il a également été reconnu de prendre en compte, dans le cadre institutionnel et d'une bonne gouvernance, la diversité socioculturelle congolaise concernant notamment les femmes, les jeunes, les personnes vivant avec handicap, les populations autochtones, et, dans le cadre d'une plus large cohésion nationale, les notabilités traditionnelles et religieuses et les congolais de la diaspora, en somme la société civile.*

V). Sur la décentralisation et l'environnement.

Dans sa série des recommandations, la Commission réforme des institutions préconisait égalent le renforcement de la décentralisation (sans en donner des pistes) et la prise en compte des questions relatives à la protection et la préservation de l'environnement.

§ 3 : La portée des recommandations du dialogue de Sibiti.

Après une analyse des termes du communiqué final, nous verrons si le dialogue de Sibiti avait tenu ses promesses, dans le cadre du consensus national recherché.

A). Les termes du communiqué final.

Il ressort du communiqué final du 17 juillet 2015 du dialogue national de Sibiti que les participants avaient recommandé, d'une part l'inscription d'une subvention au budget de l'Etat pour le financement de la CONEL, et d'autre part, la mise en œuvre d'une Commission ad hoc de suivi des recommanderions du dialogue national de Sibiti.

Le communiqué avait préalablement indiqué que, pour une minorité des participants, les points soulevés justifiaient une évolution des institutions dans le cadre du mécanisme de la révision constitutionnelle, sans qu'il ne soit nécessaire de procéder au changement de la constitution en vigueur. Une autre minorité avait prôné le *statu quo*, pour le maintien la constitution du 20 janvier 2002 dans toutes ses dispositions.

Le communiqué final ne mentionne pas explicitement la tendance majoritaire. Mais, il s'évince de l'expression des deux tendances minoritaires et opposées, que la majorité des participants se serait exprimée en faveur de la troisième option, celle de l'évolution des institutions dans le cadre du changement de la constitution du 20 janvier 2002.

Cette subtilité rédactionnelle laisse tout de même transparaître, en dehors des tenants minoritaires du *statu quo*, que la tendance exprimée par l'autre minorité favorable à la réforme des institutions devrait se heurter aux dispositions de l'article 185 de la constitution interdisant toute révision lorsqu'elle touche au bloc de l'intangibilité constitutionnelle incluant le nombre de mandats du Président de la République.

Or, l'une des préconisations énoncées par la Commission réforme des institutions du dialogue national de Sibiti, était de fixer la durée du mandat présidentiel à 5 ans renouvelable, donc sans en limiter le nombre. Sauf à considérer que l'épineuse question de la limitation du nombre des mandats du Président de la République pouvait être écartée du processus de révision afin de garantir une alternance véritablement démocratique.

B). Le dialogue de Sibiti avait-il débouché sur un consensus ?

Les opinions sont très partagées sur cette question. Consensus pour les uns, absence de consensus, voire dissensus, pour les autres. Une précision liminaire de la notion s'impose, avant de présenter les positions des uns et des autres.

I). La notion de consensus[366].

Le mot consensus renvoie d'abord à son étymologie latine, *« consentire »* signifiant accord. Accord entre personnes.

La notion de consensus revêt plusieurs acceptions. Consensus peut signifier aussi bien la fin, la finalité, le but que le ou les moyens d'y parvenir. C'est-à-dire un procédé, une technique, voire un processus décisionnel.

En droit des obligations, la notion de consensus renvoie d'emblée à un accord de volontés, au consentement mutuel, librement exprimé des parties (dont les intérêts sont opposés), à un acte juridique par lequel l'une est tenue envers l'autre, dont l'inexécution est sanctionnée par des réparations souvent indemnitaires. Pour être parfait, il exclut que la volonté de l'une ou l'autre partie ne soit viciée voire altérée par le l'erreur, la violence ou le dol (vices du consentement)[367].

En droit processuel, le consensus se décline comme un mode dé-judiciarisé de règlement des litiges. Il se rapproche de la transaction en tant qu'il renvoie au compromis, la transaction reposant sur des concessions ou des renonciations réciproques des parties en litige.

Sur le plan institutionnel, le consensus est vivement souhaité en tant qu'il constitue un facteur permettant de désamorcer une crise ou d'annihiler les effets d'une situation conflictuelle par une solution acceptée par tous sans nécessairement qu'elle procède formellement d'un vote. Il permet d'aplanir les différends, de surmonter les divergences d'opinions pour parvenir à une décision ou une solution que chaque protagoniste ou composante du groupe social ou institutionnel fera sienne. C'est une catharsis au sens d'Aristote.

Le consensus se rapproche de l'unanimité ou de la majorité, mais s'en distingue parce que les deux derniers procèdent nécessairement et formellement d'un vote exprimé par les membres du groupe social ou institutionnel.

---

[366] M. Robert Gaillard, fait une analyse intéressante de cette notion, dans un article intitulé, *« Que signifie ce mot ''CONSENSUS'' qui divise les hommes politiques congolais », in La Griffe, n°207 du 22 au 29 juillet 2015, pages 6 et 9.*

[367] Cf. Vincent Forray, *« Le consensualisme dans la théorie générale du contrat »*, thèse, LGDJ, Paris, 2007.

Sur ce point, le politologue Luc Vodou offre, après une clarification sémantique, une définition pertinente du consensus qui, selon lui, est le résultat d'une négociation intégrative, coopérative (par opposition à la négociation distributive ou conflictuelle) :

« ... le consensus est le produit d'un mode de prise de décision par un groupe dans son ensemble, mode de décision dans lequel chacun vise à trouver la meilleure solution possible pour ce groupe tel qu'il est à un moment donné ; ce qui implique que l'ensemble du groupe accepte de prendre part à la mise en œuvre de la décision élaborée... »[368]

On peut également citer le politologue américain Arend Lijphart, qui après avoir parlé de la *démocratie consociationnelle*, fait l'éloge d'une *démocratie consensuelle* (*the consensus model)* qu'il préfère à la démocratie libérale *(the Westminster model).* Il réprouve la démocratie libérale, voire majoritaire, en ce qu'il s'agit d'un système de concentration de pouvoirs par un groupe dominant. Il est exclusif, compétitif et adversiste et ne permet pas à la minorité de participer à la gestion des affaires.

Or, la démocratie consensuelle est inclusive, intégrationnelle. Elle permet la participation des différents groupes sociaux à la gestion des affaires, au processus décisionnel. Elle est inclusive, en ce qu'elle repose sur la négociation et le compromis, de telle sorte que chaque couche sociale se sent responsable et comptable des décisions prises ou des solutions préconisées[369]. Le gouvernement de consensus est la parfaite illustration d'une démocratie consensuelle, d'une démocratie consociationaliste ou consociative.

II). Des divergences sur les assises de Sibiti.

Les avis sont partagés sur le succès ou l'insuccès du dialogue national de Sibiti. Ils vont de l'autosatisfaction pour la majorité présidentielle et ses alliés à la contestation pour l'opposition.

---

[368] Luc Vodoz, « La prise de décision par consensus : pourquoi, Comment, à quelles condition ? », in, Environnement et Société, n°15, (éd. FUL), 1994, p 57-66). On peut utilement consulter le texte de Pauline Colonna d'Istria, « L'art politique au temps du consensus », Revue Raison-Publique, 04 av. 2011, en ligne www.raison-publique.fr/article422.html; L. Moulin « Socialisation et consensus politique », Revue pouvoirs, n°5, av. 1978, pp 103-112.

[369] Arend Lifphast, « Patterns of democracy, government forms and performance in thirty-six countries" (les modèles de la démocratie...), Yale University Press/New Haven & London, 1re édition 1999, 2ème édition 2012. Du même auteur, « Consociational Démocracy », in World Politics, vol.21, n°2, Jan.1969, p.207-225. Voir également, Kaufman Ilana, Cohen-Skalli Cédric, « Vers une démocratie consensuelle », Les temps Modernes, 1/2009,n°652-653, pp 143-163 ; Guillaume Gourgues, « Le consensus participatif. Les politiques de la démocratie dans quatre régions françaises, Thèse, IEP, Université de Grenoble, déc. 2010 ; Cesaire Kpenonhoun « Quelle démocratie pour l'Afrique : majoritaire ou consensuelle ? », Université d'Abomey-Calavi, Benin, 2003.

a). L'autosatisfaction de la majorité présidentielle et ses alliés.

La majorité présidentielle et ses alliés se satisfaisaient naturellement du déroulement et des résultats du dialogue national de Sitibi 2015. En ce qu'il aurait permis au peuple congolais, à travers les différentes délégations, de s'exprimer librement, sereinement et d'esquisser plusieurs ébauches de solutions sur un débat qui déchainaient les passions depuis plus d'une année.

Un débat sur la modification, le changement ou non de la constitution du 20 janvier 2002 pour faire évoluer les institutions ; mais qui s'était cristallisé, à tort ou à raison, sur la possibilité pour le Président de la République sortant de briguer un troisième mandat auquel il n'avait plus constitutionnellement droit.

La majorité présidentielle et ses alliés se portaient fort du message à la nation du Président de la République de décembre 2014 qui jugeait légitime que tous les congolais, sans exclusion, se saisissent du débat sur l'avenir des institutions du pays ; mais, en les interpellant par sa locution, *« travaillons d'abord »*, viendra ensuite *« le temps des joutes électorales... »*

Ventant le succès du dialogue de Sibiti, la majorité présidentielle et ses alliés voyaient à travers ses conclusions un parfait consensus en ce sens qu'une écrasante majorité des participants s'était prononcée pour le changement de la constitution, contre les deux courants minoritaires prônant la révision constitutionnelle, pour l'un et le *« statu quo »* du maintien de la constitution en vigueur, pour l'autre.

S'en remettant au Président de la République, initiateur de ce dialogue, le Président du Présidium exprimait le vœu que ce dernier *« ...prendra les mesures qu'il faut pour traduire dans les faits les conclusions de cette grande messe nationale... »* [370]

b). Un rejet pas surprenant pour l'opposition.

Comme il fallait s'y attendre, l'opposition radicale n'avait pas des mots assez durs pour dénigrer et rejeter les résultats du dialogue de Sibiti, qu'elle qualifiait de *« monologue »* ou de *« pseudo-dialogue »* légitimant un coup d'Etat constitutionnel en préparation, comme l'illustrent certains titres de la presse écrite[371].

Déjà, dans un communiqué publié le 12 juillet 2015, le MCDDI (Mouvement congolais pour la démocratie et de développement intégral) qui

---

[370] *Cf. Les Dépêches de Brazzaville, « Une forte majorité favorable au changement de la constitution », op. cit. p.3*

[371] *Sel-Piment, n°093 du 21 au 28 juillet 2015, « Pseudo-dialogue national de Sibiti, et pourtant le communiqué final reconnait dans sa dernière ligne qu'il n'y pas eu de consensus » (pages 2, 3 et 9) ; Emmanuel, n°179-2015, « les participants au monologue de Sibiti viennent de légitimer le coup d'Etat constitutionnel en préparation pour une nouvelle République », (pages 356).*

mutait de la majorité présidentielle à l'opposition radicale, avant de se désolidariser de son président, de changer ses instances et de rejoindre ses premiers alliés, rejetait les problématiques retenues par le dialogue de Sibiti et posait des conditions quant à sa participation.

A savoir, d'une part, la question de la gouvernance électorale avait déjà fait l'objet des concertations de Dolisie (Département du Niari) et d'Ewo (Département de la Cuvette-ouest), dont la mise en ouvre était toujours attendue. D'autre part, le dialogue national n'était pas une assemblée constituante, par conséquent, ne pouvait pas se saisir de la question de l'évolution des institutions qui relevait des articles 86 et 185 de la constitution du 20 janvier 2002 et sur laquelle seuls le peuple et ses élus pouvaient se prononcer en application des dispositions de l'article 3 de la constitution. Enfin, il conditionnait sa participation au retrait de la question de l'évolution des institutions de l'ordre du jour, ainsi que du caractère exécutoire des conclusions du dialogue de Sibiti[372].

C). Analyse critique des assises de Sibiti.

Sur le principe, la recherche d'un consensus à travers le dialogue et la concertation était en soi légitime. Cependant, la démarche et les résultats inspirent de sérieuses réserves. Il convient donc de faire les observations suivantes.

I). Sur le plan organique : la représentativité.

Même si le dialogue de Sibiti se voulait inclusif, il ne s'agissait pas d'une foire publique ni d'une assemblée de masses, les critères de sélection des participants (qu'ils soient institutionnels, non institutionnels, des personnalités individuelles ou autres) ne sont pas connus ni quantitativement ni qualitativement pour leur répartition.

Se pose alors la question de la légitimité de certaines associations politiques ou non, de création relativement contemporaine au dialogue ; pouvant accréditer tout soupçon d'institutions circonstancielles, opportunes ou mues par l'appât du gain, plutôt que par l'intérêt général. D'ailleurs, une partie de la presse écrite, bien que contestataire, s'en était fait l'écho[373.] Il y aurait eu un déséquilibre de représentation entre la majorité présidentielle (avec ses alliés) et l'opposition radicale[374].

---

[372] *Sel-Piment, n°093 du 21 au 28 juillet 2015, « A propos du dialogue national inclusif de Sibiti : Déclarations du Secrétaire national du MCDDI », p. 9. Emmanuel, n°179-2015, « Echec du consensus tant souhaité.... », p6.*

[373] Cf. La Griffe, n°207 du 22 au 29 juillet 2015, *« Le dialogue, une affaire d'argent ou du pays, Combien ont gagné les participants au dialogue de Sibiti ? », p.9 ;*

[374] *Cf. Emmanuel, op. cit. p. 5.*

II). Sur le plan matériel : l'objet des assises.

Les travaux des assises portaient sur les deux problématiques rappelées plus haut. A savoir la gouvernance électorale et l'évolution des institutions, sur lesquelles le consensus était recherché. La circonstance que la seconde cristallisait le débat dans le pays ne rendait pas moins légitime la première. Le consensus semblait être acquis sur ce point, au sein de la classe politique, au regard des antécédents, notamment les concertations de Dolisie et d'Ewo.

Cependant, l'objet de la deuxième problématique était trop large pour qu'elle fût bien circonscrite par rapport au débat ambiant sur le sort de la constitution du 20 janvier 2002. Il n'en demeurait pas moins que l'évolution ou la réforme des institutions de la République affectait nécessairement la loi fondamentale. Il est cependant question du degré, de l'intensité, des limites, du niveau où l'on veut placer le curseur. Le débat n'est pas tabou, mais le cadre était inapproprié par rapport à l'ambition affichée, celle d'une refondation de l'Etat ou d'un changement de régime ou de République.

III). Sur la teneur des résultats.

Dans son allocution, à l'ouverture du dialogue de Sibiti, le ministre d'Etat, Directeur du Cabinet et représentant du Président de la République, M. Firmin Ayessa, exaltait les participants à sceller, dans un compromis historique, les questions majeures de la vie de la nation énoncée par le Chef de l'Etat pour déboucher sur le nécessaire consensus attendu par le peuple congolais. Il renchérissait par la formule *« ...pas de diatribe. Pas d'invective. Pas de chahut. Pas de vote. Le consensus, rien que le consensus.*[375] *»*

Des résultats des travaux, il en ressort qu'on ne peut pas vraiment perler de consensus pour deux principales raisons.

a). La persistance des dissensions internes.

Du point de vue interne aux assises, l'existence et la persistance de 3 tendances opposées et inconciliables (deux minoritaires et une majoritaire) faussaient les règles du jeu du consensus. Même s'il n'y avait pas eu, apparemment, un vote formel, il était difficile de se convaincre d'une telle répartition sans se déterminer en termes du nombre.

De plus fort, la résolution invitant à la mise en place d'un Comité ad hoc de suivi des recommandations issues du dialogue national 2015 est en contradiction avec les positions, à l'évidence, tranchées des uns et des autres, comme il est rappelé ci-devant.

---

[375] *Cf. Le communiqué final des travaux, dans Les Dépêches de Brazzaville, op. cit. p.6 ; Sel-Piment, op. cit. p.2)*

Il en était de même de la résolution renvoyant à l'arbitrage du Président de la République, Chef de l'Etat, afin qu'il tire les conséquences du dialogue, dont il était l'initiateur, par rapport à ses prérogatives constitutionnelles.

Or, les prérogatives du Président de la République en matière de l'évolution des institutions de la République étaient strictement encadrées par les dispositions des articles 86 et 156 de la constitution du 20 janvier 2002. De surcroit, le dialogue national n'avait pas les prérogatives d'une assemblée constituante.

On ne peut donc pas intrinsèquement parler de consensus, s'agissant de l'issue des assises de Sibiti, mais d'un résultat de la majorité primant sur les minorités et qui s'imposait comme tel au sens de l'orthodoxie démocratique. De ce point de vue, la Une des Dépêches de Brazzaville fait sens et dit tout, *« Dialogue national 2015 : Une forte majorité favorable au changement de la Constitution. »*[376]

b). Le défaut d'un consensus national à Sibiti.

On ne peut pas parler, concernant du dialogue de Sibiti et des conclusions auxquelles il avait abouti, d'un consensus au niveau national. Car, l'absence massive des membres de l'opposition dite radicale (mise à part la présence de quelques individualités), réunis au sein de deux grandes plateformes (l'IDC et le FROCAD) traduisait la persistance des dissensions au sein même de la classe politique. Cet état de fait faussait sérieusement les règles du jeu dans la recherche d'un consensus. A cela s'ajoutait le fait que la diaspora congolaise, même si elle n'est pas structurée, semble n'avoir pas été sollicitée. Enfin, la tenue d'un dialogue alternatif avait manifestement annihilé la perspective d'un consensus véritablement national et inclusif.

Section 3 : Le dialogue alternatif de Diata.

Ayant boycotté les assises de Sibiti, l'opposition radicale avait tenu un dialogue alternatif du 26 au 29 juillet 2015 au siège de l'UPADS (Union Panafricaine pour la Démocratie Sociale) au quartier Diata, à Brazzaville. En fait, ce forum était avant tout l'expression du refus du changement de la constitution du 20 janvier 2002.

---

[376] *Cf. Les Dépêches de Brazzaville, op. cit. p.1.*

§ 1 : L'organisation et le fonctionnement du dialogue alternatif de Diata.

Le schéma mis en place pour l'organisation et le fonctionnement du dialogue alternatif de Diata ressemble, à peu de chose près, à celui des assises de Sibiti.

A). L'organisation du dialogue alternatif de Diata.

Le nombre de participants au dialogue alternatif de Diata était à peu près le même que celui du dialogue de Sibiti. En effet, il y avait plus de 630 personnes représentant les plateformes des Partis politiques, les Associations, les individualités, ainsi que la diaspora. Parmi les plateformes et les partis politiques, on peut citer : *le FROCAD (Front Républicain pour le Respect de l'Ordre Constitutionnel et l'alternance démocratique en 2016), l'IDC (Initiative pour la démocratie au Congo), l'Alternance 2016, le MCDDI (Mouvement congolais pour la démocratie et le Développement Intégral), la CADD (la Convention d'Action pour la Démocratie et le développement), le MUST (Mouvement pour l'Unité, la Solidarité et le Travail), l'UPC (Unis pour le Congo), le RDD (Rassemblement pour la Démocratie et le développement), le PSVR (Parti Républicain pour la Sauvegarde des Valeurs de la république), le MASD (Mouvement pour la Solidarité et le Développement), etc.*

Un présidium composé d'un président, de 2 vice-présidents, de deux rapporteurs et de 2 Secrétaires) figurait en-tête de cette organisation.

Enfin, il ressort du communiqué final du 29 juillet 2015 que deux commissions étaient instituées ; la Commission *« Respect de l'ordre constitutionnel »* et la Commission *« Gouvernance électorale. »*

B). Le fonctionnement du dialogue alternatif de Diata.

Les documents sur lesquels les Commissions allaient plancher étaient élaborés par la Commission préparatoire au dialogue alternatif. La plénière devait adopter les travaux issus des deux Commissions.

I). Les travaux de la Commission respect de l'ordre constitutionnel.

Les travaux de la Commission Respect de l'ordre constitutionnel portaient sur 5 thématiques :

- L'axe historique, qui rappelle que les tous changements de constitution intervenus au Congo, ont toujours été occasionnés par des circonstances exceptionnelles. Le changement de constitution étant dicté par un contexte de crise institutionnelle.

- L'axe politique, qui souligne le fait que le changement de constitution nécessite un consensus politique sans lequel on se trouve devant un coup d'Etat constitutionnel.

- L'axe juridique, qui rappelle que tous les problèmes avancés pour justifier le changement de la constitution trouvent leurs solutions dans les articles 8 et 86 de la constitution du 20 janvier 2002. A cela s'ajoute le fait que le Congo est signataire des conventions internationales qui, en matière de démocratie et d'élection, prohibent le changement de constitution en vue de conserver le pouvoir.

- L'axe social sous-tend l'idée que le changement de la constitution serait mal venu pour un peuple « broyé » par la détresse sociale, les injustices, l'immoralité, l'impunité et le népotisme.

- L'axe diplomatique met en avant l'idée que la communauté internationale aurait clairement désapprouvé l'idée du changement de constitution.

Il y avait en toile de fond l'idée que la réforme des institutions, telle qu'elle était préconisée dans le dialogue de Sibiti, pouvait se faire dans le cadre d'une révision constitutionnelle.

II). Les travaux de la Commission gouvernance électorale.

La Commission gouvernance électorale avait axé ses travaux sur la nécessité de réunir les conditions appropriées pour l'organisation des élections libres, démocratiques et transparentes. Cela impliquait, selon les assises de Diata, l'adoption d'un nouveau code électoral, la mise en place d'une commission électorale indépendante, le découpage électoral aux normes internationales, un fichier électoral couplé de la biométrie et l'introduction d'un bulletin unique pour l'élection présidentielle de 2016.

Pour ce faire, il ressort du rapport final du 29 juillet 2015 que la question de la gouvernance électorale au Congo était circonscrite sur quatre points : *l'évolution de la gouvernance électorale au Congo depuis 1991* ; *les enjeux de l'élection présidentielle de 2016 ; les conclusions du « monologue » de Sibiti sur la gouvernance électorale ; la refondation du système électoral mise en œuvre au Congo depuis 2002.*

a). Sur l'évolution de la gouvernance électorale depuis 1991.

Pour caractériser l'évolution de la gouvernance électorale, le dialogue alternatif de Diata distinguait deux périodes. La première va de 1991 à 1997 et la deuxième intervient, après la transition de 1997, de 2002 à 2015.

1). La Première période : de 1991 à 1997.

Pendant la période qui va de la Conférence nationale souveraine de 1991 à la fin de la guerre civile de 1997, l'accent était mis sur les vertus du dialogue et le consensus qui avaient abouti à l'instauration d'un nouvel ordre politique fondé sur les principes universels de la démocratie, de l'Etat de droit et du respect des droits de l'homme tels que consacrés par les instruments juridiques internationaux ratifiés par le Congo. A savoir, la charte des Nations unies du 24 octobre 1945, la déclaration universelle des droits de l'homme du 10 décembre 1948, la charte africaine des droits de l'homme et des peuples du 26 juin 1981 ou le traité international relatif aux droits civils et politiques de 1966.

Le rapport sur la gouvernance électorale rappelle avec intérêt les acquis de cette nouvelle ère politique ayant abouti, sous la transition de 1991 à 1992, à l'adoption de la constitution du 15 mars 1992 et à la sacralisation du principe de *« l'alternance démocratique »,* dont l'élection présidentielle de 1992 était une parfaite illustration.

Il invoque également le mémorandum établi par l'opposition en mars 1997 et ses différents points en matière de la gouvernance électorale, sans oublier le rôle joué par la CONOSEL (commission nationale d'organisation et de supervision des élections législatives) ou de la CONOSELA (Commission nationale d'organisation et de supervision des élections anticipées) qui remplaçait la CONOSEL en 1993 et devait présenter toutes les garanties d'indépendance et d'impartialité.

Etaient également rappelés, l'accord-cadre du 31 mai 1996 entre la majorité présidentielle et les partis de l'opposition de l'époque, soit une année avant l'élection présidentielle de 1997, pour un recensement administratif spécial, ainsi que l'engagement solennel du 31 mai 1997 qui devait permettre l'organisation de cette élection dans un souci de paix, de transparence et de respect mutuel des candidats.

Le rapport rappelait que cet engagement comprenait un certain nombre de clauses dont, la mise en place d'une commission nationale d'organisation et de supervision des élections, l'égal accès de tous les candidats aux médias et l'observation des règles déontologiques, l'exigence éthique, le financement public de la campagne électorale, l'impartialité et l'intégrité de la justice.

Le rapport du dialogue alternatif avait déploré le fait que l'esprit républicain du dialogue et du consensus, hérité de la période de transition post-conférence nationale souveraine, fut estompé avec la guerre civile qui avait éclaté le 05 juin 1997.

2). La deuxième période : de 2002 à 2015.

Pour marquer leur opposition au changement de la constitution du 20 janvier 2002, les participants au dialogue alternatif de Diata se montraient très critiques sur la gouvernance électorale qui était mise en œuvre depuis 2002. Ils dénonçaient, à tort ou à raison, la réduction des acquis historiques du peuple congolais en matière électorale par l'abrogation du cadre juridique issu de la transition de 1991-1992 dans la suite de la Conférence nationale souveraine.

Ce cadre juridique était, selon eux, remplacé par un dispositif inadéquat, constitué par la loi électorale n° 09-2001 du 10 décembre 2001 (plusieurs fois modifiée[377]).

Ils dénonçaient entre autres la commission nationale d'organisation des élections (CONEL) composée, selon eux, quasi exclusivement des membres du PCT et ses alliés ; un découpage électoral partial et non conforme aux standards internationaux ; un corps électoral non fiable ; la manipulation des résultats ; les procès-verbaux des résultats sortis des urnes ne sont pas accessibles à l'opposition ; l'inégalité d'accès aux médias publics et de traitement des candidats, etc.

b). Les enjeux de l'élection présidentielle de 2016.

Concernant les enjeux de l'élection présidentielle de 2016, les participants au dialogue alternatif de Diata dénonçaient le fait que le Président de la République, dont c'était le deuxième et dernier mandat, aurait l'intention de se maintenir au pouvoir, par le changement de la constitution du 20 janvier 2002 ; sachant que les articles 57 et 185 de cette constitution réaffirment l'alternance démocratique que consacrait déjà la constitution du 15 mars 1992.

Ils se référaient à la Communauté internationale (ONU, UE, OIF, UA, etc.) qui insistait sur le respect de la constitution ainsi que des conventions signées et ratifiées par le Congo. Ils se référaient également aux discours du Président Barak OBAMA, lors du sommet USA-Afrique du 5 au 6 août 2014 et plus particulièrement celui qu'il prononçait au siège de l'Union africaine le 29 juillet 2015 à Addis-Abeba, dont c'était une grande première pour un Président américain :

---

[377] *Loi électorale n°09-2001 du 10 décembre 2001, modifiée par les lois n°05-2007 du 25 mai 2007 ; n°09-2012 du 23 mai 2012 ; n°39-2014 du 1er septembre 2014.*

« ...les progrès démocratiques en Afrique sont en danger quand des dirigeants refusent de quitter le pouvoir à l'issue de leur mandat [...] Personne ne devrait être président à vie..." !

c). Les conclusions du dialogue de Sibiti sur la gouvernance électorale.

Les participants au dialogue alternatif de Diata pensaient à propos du dialogue de Sibiti, qu'ils qualifiaient de *« monologue de Sibiti »,* que celui-ci s'était contenté d'énoncer de vagues généralités sur la CONEL, la révision des listes électorales, le découpage électoral, la biométrie, le bulletin unique, le manque de rigueur dans l'application des textes en vigueur, l'influence nocive exercée sur l'administration électorale par la hiérarchie, le financement des compagnes électorales, l'indépendance des médias.

Ils estimaient que Sibiti n'avait pas tiré les leçons de ce qu'ils qualifiaient de *« simulacres des dialogues »* d'Ewo et de Dolisie. Selon eux, Sibiti aurait dû définir les nouvelles règles concernant une bonne gouvernance électorale, dont ils dressaient une liste plus ou moins exhaustive :

- le cadre juridique et institutionnel actuel, présentant de très grandes faiblesses et lacunes, devrait inciter à mettre urgemment en place un nouveau cadre édictant une nouvelle loi électorale et instituant une Commission électorale nationale réellement indépendante pour gérer le processus électoral en amont et en aval.

- La mise en place d'un fichier électoral et des listes des électeurs fiables et maîtrisés sont des préalables indispensables à la tenue d'une bonne élection. Pour ce faire, il leur paraissait urgent d'organiser un recensement administratif spécial de façon paritaire, l'établissement des cartes électorales avec photographie ainsi que l'adoption d'un bulletin unique.

- La libre circulation de tous les acteurs politiques sur l'étendue du territoire national et le libre exercice des partis politiques, garantissant l'égalité des chances entre les acteurs politiques. Ils préconisent de redéfinir les missions du Conseil supérieur de la liberté de Communication afin de garantir effectivement la liberté d'expression et de promouvoir l'autonomie de l'audiovisuel public ainsi que la formation professionnelle des journalistes. Cela, tout en rappelant les dispositions des articles 19 et 21 de la constitution sur la liberté d'expression et la liberté d'aller et de revenir.

- L'égal accès de toutes les sensibilités politiques aux médias publics et l'égalité de traitement dans la couverture médiatique des campagnes électorales devraient être effectivement garantis.

- La neutralité de l'administration électorale et des éléments de la force publique commis à la sécurisation des élections devrait, selon eux, être revue et garantie.

d). La refondation du système électoral.

Le dialogue alternatif de Diata appelait à la refondation du système électoral, en vue d'une élection présidentielle libre et crédible en 2016. Pour ce faire, 17 recommandations étaient formulées :

La mise en œuvre des recommandations du dialogue national alternatif en matière de la gouvernance électorale, l'implication de la communauté internationale dans le processus électoral congolais, l'élaboration et l'adoption d'une nouvelle loi électorale impartiale et impersonnelle, la réalisation d'accord- parties, d'un vrai recensement administratif spécial, la réalisation d'un nouveau découpage électoral impartial et articulé sur les standards internationaux, le financement équitable et juste de la vie politique et des campagnes électorales, la participation équitable des représentants des partis politiques légalement constitués à toutes les phases du processus électoral de l'amont à l'aval, la libre circulation de tous les acteurs politiques et le libre exercice des activités des partis politiques, l'accès égal de toutes les sensibilités politiques aux médias publics et privés, la neutralité de l'administration électorale et des éléments de la force publique commis à la sécurisation des élections, la gestion du fichier électoral, l'élaboration urgentissime d'un chronogramme des opérations préélectorales, électorales et postélectorales de la présidentielle de 2016, l'extinction des milices privées et des polices parallèles, le rapatriement des supplétifs étrangers à l'armée congolaise, la mise en place d'un comité d'experts pour une analyse approfondie du projet du code électoral élaboré par la commission préparatoire du dialogue national alternatif, la répression de la fraude électorale, de la corruption, de l'achat des consciences et des votes, le contentieux électoral…

§ 2 : L'analyse critique des assises de Diata.

Au-delà du mérite que l'on peut reconnaitre aux plateformes de l'opposition radicale, d'avoir réussi à mobiliser autant de personnes que la majorité présidentielle et ses alliés l'avaient fait à Sibiti[378], nous pouvons tout de même exprimer quelques réserves.

---

[378] M. Jean-Michel Mabeko-Tali écrit dans un éditorial de juillet 2015, « *… Une opposition qui vient de tenir avec succès les assises d'un dialogue alternatif à Diata, à Brazzaville. Le fait d'avoir pu rassembler des figures oppositionnelles venues de tous les quatre points cardinaux du Congo, et issues de trajectoires politiques différentes, voire antagoniques, aura d'ores et déjà été un signe de bon augure, mais pas encore un signe de victoire. La victoire future ou l'échec reposent sur trop d'enjeux non-encore évacués de la tête de tous les acteurs politiques congolais. Ces enjeux sont symbolisés populairement par les « nguiris » – ces sacs bourrés d'argent, et qui symbolisent la corruption la plus éhontée dans l'univers politique congolais. Une corruption qui a fait pas mal de trous dans les rangs de l'opposition prise dans son ensemble face au pouvoir et à son système bien rodé d'achat de consciences…* », in *Dialogue/Monologue de Sibiti versus Dialogue Alternatif de Diata, et au-delà : Un nouveau chemin de croix pour le Congo ?, National Congress For Démocracy, July 2015 Editorial, p3*

A). Sur le plan organique.

Comme à Sibiti, les assises de Diata se disaient nationales et inclusives. Cependant, rien ne permet de nous éclairer sur les critères de sélection des participants ou des délégués (outre les militants et sympathisants des partis et associations membres des plateformes de l'opposition radiale), qu'ils soient de la société civile ou de la diaspora. S'agissant de cette dernière catégorie, se pose la question de leur légitimité pour parler au nom des congolais de l'étranger, lorsque l'on sait que la diaspora congolaise est aussi diverse que plurielle, pour ne pas se limiter qu'à la France.

B). Sur le plan fonctionnel.

En dehors du fait que les assises de Diata formulaient des recommandations très audacieuses sur la gouvernance électorale, qui auraient mérité d'être écoutées et prises en compte, le principal leitmotiv était incontestablement le respect de l'ordre constitutionnel en refusant le changement de la constitution du 20 janvier 2002. L'appel lancé au peuple congolais participait de cet état d'esprit.

Les assises de Diata avaient présenté une périodisation du fonctionnement des institutions de la République depuis la Conférence nationale souveraine de 1991, en distinguant deux (2) séquences, de 1991 à 1997 et de 2002 à 2015. Cependant, Diata faisait une présentation un peu trop idyllique de la législature de 1992-1997 en termes de consensus et de gouvernance électorale. Car, on ne peut pas perdre de vue que le succès de la gouvernance électorale ayant conduit à la législature de 1992 à 1997 ne s'expliquait pas seulement par des facteurs endogènes, c'est-à-dire par la volonté du peuple congolais de changer de système politique. Mais il tenait aussi, comme nous l'avons déjà souligné, aux facteurs exogènes, au contexte international de l'époque marqué par l'universalisation de la démocratie à l'occidentale. C'était la conséquence inéluctable du déclin du modèle socialiste-communiste avec l'effondrement de l'empire soviétique et la chute du mur de Berlin le 09 novembre 1989, dont l'appel de La Baule du 20 juin 1990 fut un des avatars[379].

---

[379] Discours du Président François Mitterrand lors du 16ème sommet des Chefs d'Etats de France et d'Afrique, incitant ses homologues à des réformes institutionnelles en faveur de la démocratie, *« ... le développement reste " un élément indissociable des progrès de la démocratie " ;*
la France ne veut pas intervenir dans les affaires intérieures ;
la France continuera d'être votre amie, et si vous le souhaitez, votre soutien, sur le plan international, comme sur le plan intérieur ; le principe que s'impose la politique française est que chaque fois qu'une menace extérieure pourrait attenter à votre indépendance, la France sera présente à vos côtés. La France en accord avec les dirigeants, veillera à protéger ses concitoyens, ses ressortissants mais elle n'entend pas arbitrer les conflits ;
la France liera tout son effort de contribution aux efforts qui seront accomplis pour aller vers plus de liberté ; Il y aura une aide normale de la France à l'égard des pays africains, mais il est évident que cette

Mais, l'euphorie générale suscitée par les acquis de la conférence nationale et la période de transition qui s'en était suivie n'aura été que d'une très courte durée. En témoignent les contestations qui s'étaient élevées, d'une part, sur l'organisation et la proclamation, les 20 mai et 10 juin 1993, des 1er et 2ème tours des élections législatives anticipées par la CONOSELA (Commission nationale d'organisation et de supervision des élections législatives anticipées), et d'autre part, sur la convocation de la session inaugurale extraordinaire de l'Assemblée nationale par le Président de la République. Ces deux problématiques, clivant la classe politique, avaient donné lieu à deux avis, également critiques, de la Cour suprême à l'époque[380].

Les années 1992-1997 comptent, incontestablement, parmi les plus sombres de l'histoire politique et institutionnelle du Congo à tous les niveaux de la gouvernance économique, politique, sociale, électorale, sécuritaire, sanitaire... Personne ne peut s'en enorgueillir. D'ailleurs, la guerre civile qui éclatait le 05 juin 1997 en est une des conséquences. La période qui suivait la fin de la guerre civile du 05 juin 1997 jusqu'à l'adoption de la constitution du 20 janvier 2002 était encore marquée par les stigmates de ces années catastrophiques. Donc, c'était un peu fort de café que d'en faire une référence en matière de la gouvernance électorale.

Enfin, comme à Sibiti, on ne peut pas non plus parler de consensus national à propos du dialogue alternatif de Diata. D'ailleurs, la qualification même de ce dialogue *« dit alternatif »* ôtait d'emblée tout espoir d'aboutir à un consensus national. Cependant, Diata avait eu l'avantage de ne pas se livrer à des conclusions équivoques comme ce fut le cas de Sibiti. De ce point de vue, on ne peut que parler d'un consensus interne.

En somme, si Sibiti et Diata étaient demeurés opposés sur la question de l'évolution des institutions conduisant au changement ou non de la constitution de 2002. Ces deux assises se rejoignaient sur la nécessité d'une réforme de la gouvernance électorale. Mais, pas forcément avec les mêmes arguments, ni la même ampleur, ni la même rigueur. Les conclusions de ces deux dialogues auraient été, tour à tour, portées à la connaissance du Président de la République pour qu'il en tire les conséquences.

---

aide sera plus tiède envers ceux qui se comporteraient de façon autoritaire, et plus enthousiaste envers ceux qui franchiront, avec courage, ce pas vers la démocratisation... » ;
s'agissant de démocratie, un schéma est tout prêt : système représentatif, élections libres, multipartisme, liberté de la presse, indépendance de la magistrature, refus de la censure....;
· *A vous peuples libres, à vous Etats souverains que je respecte, de choisir votre voie, d'en déterminer les étapes et l'allure...* » . Cf. La politique africaine de la France, Commission des affaires étrangères, de la défense et des forces armées, Sénat, n°324, 28 février 2011.

[380] *Avis n°07/CS-93 et 08/CS-93 du 28 juin 1993 ; W. Mbilampindo, La plus haute juridiction du Congo aujourd'hui, RJPIC, Janvier-avril 1997, pp. 37 et suivantes.*

Section 4 : La consultation des deux plus hautes juridictions du pays.

Les deux plus hautes juridictions du pays, en l'occurrence la Cour constitutionnelle et la Cour Suprême, avaient été consultées par le Président de la République pour lui donner leurs avis sur la régularité juridique du changement de la constitution du 20 janvier 2002. Elles avaient respectivement émis leurs avis le 16 et le 17 septembre 2015.

§ 1 : L'avis de la Cour suprême des 16 septembre 2015.

La lecture de cet avis permet de mettre l'accent sur les fondements juridiques de la saisine de la Cour suprême par le Président de la République et sur la pertinence de la solution préconisée.

A). Les fondements juridiques de la saisine de la Cour suprême.

Le Président de la République avait saisi la Cour suprême, pour connaître son avis sur la possibilité de consulter le peuple par référendum pour faire évoluer les institutions de la République, en application des dispositions de l'article 110 alinéa 3 de la constitution du 20 janvier 2002. Cette demande d'avis s'inscrivait dans le cadre des fonctions consultatives de cette juridiction, notamment en vertu des dispositions de l'article 6 de la loi n° 17-99 du 15 avril 1999, modifiant et complétant la loi n° 025-92 du 20 août 1992 et la loi n° 30-94 du 18 octobre 1994 relative à l'organisation et au fonctionnement de la Cour suprême, aux termes desquelles,

« (...) La Cour suprême peut être consultée par le gouvernement sur les projets de règlement et sur toutes les questions pour lesquelles son intervention est prévue par la constitution ou la loi.

(...) La Cour suprême donne également un avis sur toutes les questions qui lui sont soumises par le Président de la République, les membres du gouvernement et les membres du bureau du Parlement".

Le Président de la République détient, en vertu de ces dispositions, un pouvoir général en matière de saisine consultative de la Cour suprême. Mais, cette position est très discutée au sein de la classe politique et surtout dans la doctrine.

B). Des controverses doctrinales sur la régularité de l'avis de la Cour suprême.

Certains juristes critiquent la validité de l'avis de la Cour suprême du 16 septembre 2015. C'est le cas d'Anicet POATY-AMAR, qui pense qu'en faisant de la Cour suprême un *« Conseil universel »*[381] du gouvernement par l'élargissement du champ de ses attributions consultatives, l'article 6 de la loi précitée du 15 avril 1999 serait contraire à l'acte fondamental du 24 octobre 1997.

Selon cet auteur, l'acte fondamental du 24 octobre 1997 limitait les compétences de la Cour suprême à la réception du serment du Président de la République, au conseil en amont de la procédure législative, aux fonctions juridictionnelles et au contrôle de la conformité de la loi à cet acte (articles 35, 66, 71, 72 et 73). Il soutient que la Cour suprême aurait dû censurer le projet de loi du 15 avril 1999, lorsqu'elle en avait été saisie pour donner son avis sur sa conformité à l'acte fondamental du 24 octobre 1997[382].

L'auteur poursuit en soutenant que la constitution du 20 janvier 2002, ayant institué une Cour constitutionnelle, lui avait transféré les compétences dévolues à la Cour Suprême par l'acte fondamental du 24 octobre 1997 et en cantonnant ses compétences consultatives au conseil du gouvernement en amont de la procédure législative (Cf. articles 118 et 132). Dès lors, la Cour suprême aurait dû déclarer irrecevable la demande d'avis dont elle avait été saisie, en ce qu'elle ne s'inscrivait pas dans le cadre d'un projet de loi. L'avis du 16 septembre 2015, émis par la Cour suprême dans ces conditions, serait dépourvu de toute valeur juridique[383].

Nous exprimons quelques réserves sur cette interprétation.

Tout d'abord, l'acte fondamental du 24 octobre 1997, portant organisation et fonctionnement des pouvoirs publics, tenait lieu de constitution pendant la période de transition[384]. D'ailleurs, son article 86, dispose, *« En attendant l'adoption par référendum et la mise en application de la nouvelle constitution, le présent acte fondamental sera exécuté comme constitution de l'Etat ».*

Si l'acte fondamental reconnait, au 1er chef, à la Cour suprême l'exercice du pouvoir judiciaire, dans ses articles 71 et 72 ; il prévoit cependant que la loi fixe l'organisation, la composition et le fonctionnement de cette juridiction. C'est dans ce cadre qu'intervenait la loi précitée, n° 17-99 du 15 avril 1999, modifiant et complétant la loi n° 025-92 du 20 août 1992 et la loi

---

[381] Anicet POATY-AMAR, *« La Cour constitutionnelle et la Cour suprême ont induit Monsieur Denis Sassou Nguesso en erreur », www.mediapart.fr, 27 septembre 2015.*

382 *Cf. op. cit. p.2.*

383 *Op. cit. p.3.*

384 *Cf. W. Mbilampindo, Un nouvel acte fondamental pour une nouvelle transition, op. cit. p. 49*

n° 30-94 du 18 octobre 1994 relative l'organisation et au fonctionnement de la Cour suprême.

Même s'il n'est pas spécialement indiqué, cette loi présente le caractère d'une loi organique en tant qu'elle est prévue par l'acte fondamental (la constitution) pour le préciser ou le compléter. Elle en est le prolongement naturel, peu importe que l'acte fondamental (dont le contenu est très laconique) ne définisse pas une procédure spécifique pour l'adoption de ce type de lois. Dès lors, le grief de la non-conformité ou de l'incompatibilité de la loi du 15 avril 1997 par rapport à l'acte fondamental du 24 octobre 1997 est difficilement concevable. Il est compréhensible que le projet de loi y afférent ne fût pas censuré par la Cour suprême lors de son examen en application de l'article 66 de l'acte fondamental.

D'autre part, nous ne partageons pas non plus l'argument tiré de l'incompétence de la Cour suprême à émettre l'avis du 16 septembre 2015, dans l'exercice de ses fonctions consultatives et à la demande du Président de la République, en dehors de toute procédure législative en application de l'article 118 de la constitution du 20 janvier 2002.

Certes, l'article 118 de la constitution du 20 janvier 2002 dispose,

« L'initiative des lois appartient, concurremment, au Président de la République et aux membres du Parlement. ***Les projets de loi, délibérés en Conseil des ministres après avis de la Cour suprême, sont déposés sur le bureau de l'une ou l'autre chambre****. Les propositions de loi, dont la rédaction est arrêtée par le Parlement, sont, avant délibération et vote, communiquées pour information au Président de la République.* »

Cependant, cette disposition constitutionnelle relative à l'initiative de la loi, notamment dans sa phase de préparation ou de gestation, ne restreint pas les attributions consultatives de la Cour suprême. Ce texte traite spécifiquement de l'obligation de requérir l'avis de la Cour suprême préalablement à l'examen d'un projet de loi en Conseil des ministres et à son dépôt au bureau de l'Assemblée nationale ou du Sénat. Il n'est pas exclusivement consacré à la Cour suprême et ne saurait être interprété comme limitant la fonction consultative de la plus haute juridiction du Congo au seul examen préalable d'un projet de loi.

Ensuite, dans le titre VIII consacré au pouvoir judiciaire, les articles 133 et 134 de la constitution du 20 janvier 2002 prévoient que ce pouvoir est exercé par les juridictions nationales, au 1er rang desquelles se trouve la Cour suprême (Cour suprême, cour des comptes et de discipline budgétaire, les cours d'appel et les autres juridictions nationales). Ces juridictions sont créées par des lois organiques qui fixent leur organisation, leur composition et leur fonctionnement. Pour autant, aucune loi organique n'était intervenue depuis la constitution du 20 janvier 2002 pour modifier les attributions tant juridictionnelles que consultatives de la Cour suprême telles qu'elles sont définies par la loi du 15 avril 1999. Donc, cette loi demeurait applicable ainsi que son article 6.

Il en résulte que le Président de la République, en sa double qualité de Chef de l'Etat et de Chef du Gouvernement, pouvait valablement solliciter l'avis de la Cour suprême, en dehors de tout projet de loi. La Cour suprême demeurant le Conseil juridique du Gouvernement. En dehors de cette question de forme, la pertinence de l'avis de la Cour suprême du 16 septembre 2015 devait être appréciée sur le fond. Celle de savoir si la Cour suprême s'était livrée à une interprétation correcte de la constitution, au regard des dispositions sur le fondement desquelles, en l'occurrence les articles 3 et 110 alinéa 3, la consultation du peuple pouvait être envisagée par voie de référendum. C'est sur ce point que l'avis favorable de la Cour suprême est sujet à controverses.

§ 2 : L'avis de la Cour constitutionnelle du 17 septembre 2015.

Nous examinerons dans les lignes qui suivent l'objet de la saisine de la Cour constitutionnelle par le Président de la République et la teneur de l'avis du 17 septembre 2015*(n° 002-ACC-SVC/15)*, dont il résultera une analyse critique.

A). L'objet de la saisine et l'avis de la Cour constitutionnelle.

Il est ici question d'examiner sur quoi portait la saisine de la Cour constitutionnelle, les motifs et l'avis qui en résulte.

I). L'objet de la saisine de la Cour constitutionnelle.

Après l'avis de la Cour suprême, le Président de la République avait également saisi la Cour constitutionnelle dans une requête en date du 14 septembre 2015, enregistrée le 15 septembre 2015, pour savoir s'il pouvait se fonder sur l'article 110 alinéa 3 de la constitution pour consulter le peuple dans le cadre d'un référendum constitutionnel sur l'évolution des institutions de la République.

II). Les motifs de l'avis de la Cour constitutionnelle.

Pour rendre son avis, la Cour constitutionnelle s'est d'abord prononcée sur sa compétence ensuite sur le fondement juridique de l'initiative du référendum en vue de l'évolution des institutions de la République.

a). L'évocation d'office de sa compétence par la Cour constitutionnelle.

Ce moyen avait été soulevé d'office par la Cour constitutionnelle pour se déterminer si la question dont elle était saisie relevait bien de ses compétences d'attribution ou de sa compétence matérielle *(ratione materiae)*. La Cour constitutionnelle rappelle ses compétences d'attribution en matière de contrôle de la conformité à la constitution ou de la constitutionnalité des lois. Elle peut l'exercer soit au titre de ses fonctions juridictionnelles, s'agissant de l'examen d'une loi avant sa promulgation (article 35 alinéa 1er de la loi organique du 17 janvier 2003), soit au titre de ses fonctions consultatives, s'agissant de l'interprétation des dispositions constitutionnelles ou de toute autre question relevant de sa compétence (article 9 et 36 alinéa 1er de la loi organique du 17 janvier 2003)[385].

De ce constat, la Cour constitutionnelle avait considéré que la question dont elle était saisie, par le Président de la République, relevait de ses attributions en matière d'interprétation de la constitution. Ainsi donc, elle se déclarait compétente pour lui donner son avis.

b). Sur le fond.

La Cour constitutionnelle s'était ensuite prononcée sur la question de droit qui lui avait été posée. Celle de la régularité juridique de consulter le peuple par référendum, sur le fondement de l'article 110 de la constitution, en vue d'une évolution des institutions de la République.

La Cour constitutionnelle rappelle d'abord les dispositions de l'article 110 alinéa 3 de la constitution,

« Le Parlement a l'initiative législative et vote seul la loi.

Il consent l'impôt, vote le budget de l'Etat et en contrôle l'exécution. Il est saisi du projet de loi de finances dès l'ouverture de la session d'octobre.

Il a l'initiative des référendums, concurremment avec le Président de la République ».

La Cour constitutionnelle rappelle ensuite l'article 43 de la loi n° 09-2001 du 10 décembre 2001 (modifiée) portant loi électorale sur le référendum[386], qui, *« ...consiste à soumettre un texte ou toute autre question d'intérêt national à l'approbation de l'ensemble des citoyens » ;* cela dans le cadre de l'exercice par le peuple de sa souveraineté nationale conformément à l'article 3 alinéa 1er de la constitution.

La Cour constitutionnelle insiste sur le mot *« initiative »,* l'adverbe *« concurremment »* et l'expression *« texte ou toute autre question d'intérêt*

385 *Cf. Loi organique n°01-2003 du 17 janvier 2003 portant organisation et fonctionnement de la Cour constitutionnelle.*

386 *Loi n°09-2001 du 10 décembre 2001 portant loi électorale, modifiée et complétée par les lois n°05-2007 du 25 mai 2007 ; 09-2012 du 23 mai 2012 et 40-2014 du 1er septembre 2014.*

national », qui figurent dans l'article 110 de la constitution, pour les 2 premiers mots, et l'article 43 de la loi électorale précité, pour considérer qu'ils renvoient successivement aux pouvoirs du Président de la République de soumettre au peuple l'approbation ou non d'un texte ou d'une question d'intérêt national et le partage du droit d'initiative en matière de référendum (dont le champ d'application serait large) entre le Président de la République et le Parlement.

Enfin, la Cour constitutionnelle a considéré que, l'évolution des institutions de la République était une question d'intérêt national que le Président de la République était en droit de soumettre au peuple, pour qu'il se prononçât par voie de référendum, sur la base de l'article 110 alinéa 3 de la constitution du 20 janvier 2002.

B). L'analyse critique de l'avis de la Cour constitutionnelle.

L'avis de la Cour constitutionnelle du 17 septembre 2015 avait suscité des réactions diverses au sein de la classe politique et de l'opinion[387]. Cela allait de soi qu'il ait été diversement accueilli par une classe politique très divisée, qui y trouvait un motif supplémentaire de satisfaction, d'inquiétude ou de frustration selon que l'on se situait dans la mouvance du forum de Sibiti[388] ou dans celle des assises de Diata. Les juristes n'étaient pas non plus en reste. Ils se montraient très critiques à l'égard du juge constitutionnel.

I). L'impossible grief de l'incompétence de la Cour constitutionnelle.

Il y a des auteurs, juristes ou non, qui contestent la validité de l'avis rendu en raison, selon eux, de l'incompétence de la Cour constitutionnelle qui s'était prononcée sur une demande d'avis assortie d'aucun texte (projet), d'une part, et qui aurait excédé les limites constitutionnelles de ses attributions, d'autre part. Pour eux, la Cour ne pouvait pas légitimement invoquer les dispositions des articles 9 et 35 de la loi organique n° 01-2003 du 17 janvier 2003, portant organisation et fonctionnement de la Cour constitutionnelle, en ce qu'elle serait anticonstitutionnelle[389].

---

387 Coup d'Etat constitutionnel au Congo : Réponse de la Cour Constitutionnelle au Président Sassou, http://www.dac-presse.com, 22 septembre 2015.

388 Le Gouvernement n'hésitait pas d'exulter par la voie de son Porte-Parole (Ministre de la Communication et des Médias), « ....la saisine des deux hautes juridictions, c'est la meilleure réponse à ceux qui parlent de coup d'état constitutionnel », Conférence de presse du 25 septembre 2015, www.alwihdainfo.com/Referendum-constititionnel-au-congo, 25 septembre 2015.

389 Cf. Anicet Poaty-Amar, La Cour constitutionnelle et la Cour suprême ont induit Monsieur Sassou Nguesso en erreur, op. cit. pp.4 et suivantes. L. Armand Bocas, Avis de la Cour constitutionnelle : Hors sujet, http://www.dac-presse.com, 29 septembre 2015.

Il est manifeste que, les griefs invoqués se rapportent non pas à la compétence de la Cour constitutionnelle, mais à la fin non-recevoir, qui aurait pu être opposée à la demande dont elle fut saisie.

Cependant, la circonstance que la constitution du 20 janvier 2002 ne prévoyait pas le cas de saisine de la Cour constitutionnelle en dehors de tout projet de loi ou d'un texte à l'appui, que ce soit au titre de sa compétence juridictionnelle ou au titre de sa compétence consultative, n'exclut pas qu'elle pût fonder la légitimité de son intervention sur les dispositions de la loi prévue par le constituant pour préciser et compléter la constitution.

Cela d'autant plus que la question de compétence d'une juridiction est un moyen d'ordre public. Il peut être soulevé d'office et en tout état de cause.

En effet, la compétence d'attribution de la Cour constitutionnelle a un double fondement. Elle a une légitimité constitutionnelle à travers les dispositions du titre IX de la constitution du 20 janvier 2002 qui l'instituent. Elle a aussi une légitimité infraconstitutionnelle, à travers la loi organique n° 01-2003 du 17 janvier 2003, qui régit son organisation et son fonctionnement[390].

C'est donc à bon droit qu'usant de son pouvoir général d'évocation d'office, la Cour constitutionnelle s'était déclarée compétente en l'espèce.

Nous partageons sur ce point l'opinion exprimée par le Doyen Jean-François Akandji-Kombe[391].

II). Une réponse contestable au regard de l'objet de la saisine.

L'avis rendu par la Cour constitutionnelle est contestable au regard de la demande d'avis dont elle était saisie, notamment sur le caractère fondé ou non de cette demande. Il est ainsi source de controverses.

a). Sur le bien-fondé ou non de la demande d'avis.

Il n'est pas inutile de rappeler que la demande d'avis du Président de la République à la Cour constitutionnelle portait sur la question de savoir *« s'il est en droit de se fonder sur l'article 110 alinéa 3 de la constitution afin de consulter le peuple, par voie de référendum, sur l'évolution des institutions de la république »*.

---

390 L'article 151 de la constitution du 20 janvier 2002 dispose qu' « une loi organique détermine les règles d'organisation et de fonctionnement de la Cour constitutionnelle, la procédure à suivre et, notamment, les délais de la saisine ».

391 Cf. J.F. Akandji-Kombe, « L'élaboration de la constitution congolaise du 6 novembre 2015 et les principes du droit constitutionnel », https://jfakiblog.com/2015/11/10/avis-juridique(ou https://jfakblog.files.wordpress.com/2015/11/consultation-final3-publi1.pdf).

Cette question aurait pu d'emblée interpeller la Cour constitutionnelle sur trois points :

- *Celui de savoir si le positionnement ou le fondement juridique choisi était idoine au regard des prérogatives constitutionnelles du Président de la République ;*
- *celui qui se rapporte au procédé ou au mécanisme à mettre en œuvre pour atteindre le but escompté ;*
- *celui de la légitimité et de la clarté de l'objectif poursuivi, du but.*

1). Un positionnement juridique inapproprié.

Le Président de la République avait choisi de se positionner sur le fondement de l'article 110 alinéa 3 de la constitution du 20 janvier 2002 pour savoir si ce texte pouvait justifier, de sa part, la consultation directe du peuple pour faire évoluer les institutions de la République.

L'office du juge constitutionnel consiste à dire le droit et faire respecter la loi fondamentale, même quand il est saisi pour émettre un avis. Son pouvoir prétorien d'interprétation de la constitution trouve sa vraie raison d'être en présence des lacunes, des carences ou des ambigüités de la norme de référence.

Sans se livrer à un savant exercice de *« psychologie ou de sociologie juridique »,* interrogé par le Président de la République sur le choix de la norme de référence pour fonder son action, le juge constitutionnel aurait dû se convaincre de l'existence d'un doute dans l'esprit du saisissant pour savoir si son choix était valable ou non.

La Cour constitutionnelle nous paraît avoir commis une erreur de diagnostic en cherchant à fournir des explications lexicales sur les termes *« référendum », « concurremment »* ou l'expression *« évolution des institutions »* pour opérer un rattachement avec une simple disposition législative, en l'occurrence l'article 43 de n° 09-2001 du 10 décembre 2001 (modifiée) portant loi électorale.

Certes, la démarche est pédagogique, à certains égards. Mais, la Cour constitutionnelle aurait été mieux inspirée de reproduire, pas seulement l'alinéa choisi, mais l'intégralité de l'article 110 de la constitution, pour bien cerner la question qui lui était posée. Car, le juge peut ou doit, selon la complexité ou non de la question posée, avoir une approche empirique, voire exégétique, qui consiste à vérifier si le texte choisi comme norme de référence par le demandeur pour fonder son action lui est vraiment applicable. Il doit la situer dans le cadre juridique où elle s'intègre, en l'occurrence, la constitution.

La Cour constitutionnelle ne pouvait pas ne pas se rendre compte que l'article 110 alinéa 3 de la constitution, qu'il soit pris isolément ou dans son ensemble (*in extenso*) ne fait pas partie, structurellement, du domaine ou du périmètre définissant les prérogatives constitutionnelles du Président de la République, c'est-à-dire le titre V relatif au pouvoir exécutif.

Or, l'article 110 dépend du titre VI dédié, par le constituant, au pouvoir législatif, qu'exerce le Parlement. Il ne fait pas non plus partie du titre VII relatif aux rapports entre le pouvoir exécutif (dont le Président de la République est le Chef) et le pouvoir législatif.

L'article 110 de la constitution du 20 janvier 2002 est une disposition attributive ou dévolutive des compétences au Parlement et non au Président de la République. Cela, qu'il s'agisse de l'initiative et du vote de la loi, du consentement à l'impôt, du vote du budget de l'Etat et du contrôle de son exécution, de l'examen prioritaire du projet de loi de finances dès l'ouverture de la session parlementaire au mois d'octobre.

S'agissant du référendum, le 3ème alinéa de l'article 110 doit être interprété comme reconnaissant ou attribuant au Parlement un pouvoir d'initiative en cette matière. L'analyse sémantique de cette disposition ne saurait conduire à en déformer le sens et ni l'esprit.

Pour s'en convaincre, compte tenu du doute qui subsisterait, le juge constitutionnel, aurait dû, dans le cadre de son pouvoir général d'instruction ou d'investigation, mettre en perspective les dispositions de l'article 110 alinéa 3 par rapport aux prérogatives constitutionnelles du Président de la République telles qu'elles sont définies au titre V de la loi fondamentale. Il s'agit d'un titre dédié au pouvoir exécutif et, dont il ressort que, ses attributions en matière de référendum sont clairement fixées et précisées par l'article 86 de la constitution du 20 janvier 2002.

Ce texte dispose que,

« Le Président de la République peut, après consultation des Présidents des deux chambres du Parlement, soumettre au référendum tout projet de loi portant sur l'organisation des pouvoirs publics, les garanties des droits et des libertés fondamentaux, l'action économique et sociale de l'Etat ou tendant à autoriser la ratification d'un traité.

Avant de soumettre le projet au référendum, le Président de la République recueille l'avis de la Cour constitutionnelle sur sa conformité à la Constitution. En cas de non-conformité à la Constitution, il ne peut être procédé au référendum. La Cour constitutionnelle veille à la régularité des opérations de référendum.

Lorsque le référendum a conclu à l'adoption du projet, la loi est promulguée dans les conditions prévues à l'article 83 alinéa 2 ».

La doctrine s'accorde bien sur ce point[392].

---

[392] Cette position est partagée par la doctrine, nonobstant certains propos vindicatifs qui n'engagent que leurs auteurs, Cf. *A. POATY-AMAR, La Cour constitutionnelle et la Cour suprême ont induit Monsieur Sassou Nguesso en erreur, op. cit. pp.4 et suivantes ; J.F. AKANDJI-KOMBE, « L'élaboration de la constitution congolaise du 6 novembre 2015 et les principes du droit constitutionnel », op. cit, pp.11 et suivantes ;R.Q. BOWAO, « Lavis n°002-ACC-SVC/15 du 17 septembre 2015 de la Cour constitutionnelle : une forfaiture historique, in, www.congo-liberty.com, 30septembre 2015 ; http//zenga-*

2). La voie du référendum.

Le référendum est le mode d'exercice, directement, par le peuple de sa souveraineté comme le prévoit l'article 3 de la constitution du 20 janvier 2002[393]. Cependant, la consultation du peuple par cette voie est strictement encadrée, de telle sorte que chaque organe constitutionnel qui en a l'initiative ne peut la mettre en œuvre que dans le cadre juridique des attributions qui lui sont dévolues par la constitution.

Dès lors, au nom du sacro-saint principe de séparation des pouvoirs, le juge constitutionnel ne pouvait pas perdre de vue, en sa qualité de gardien de la constitution et de régulateur des institutions publiques, qu'un organe constitutionnel puisse franchir son domaine de compétence pour fonder son action sur un texte qui définit les attributions d'un autre organe ; peu importe que la compétence en la matière soit partagée.

Dès lors, le rattachement quelque peu artificiel à l'article 43 de loi électorale du 10 décembre 2001 (modifié) manquait de pertinence. Cela d'autant plus que cette loi électorale n'avait pas le caractère d'une loi organique, mais d'une simple loi ordinaire. De surcroit, son article 43 auquel la Cour s'est référée ne traite pas de la compétence ni de l'initiative en matière de référendum.

3). L'évolution des institutions : un objectif en apparence clair ou flou !

Il apparaît que le juge constitutionnel s'est compliqué la tâche en s'enfermant dans une espèce de contorsion, par des explications un peu alambiquées, à travers l'article 43 de la loi électorale, pour déduire que *« l'évolution des institutions de la République est à l'évidence une question d'intérêt national sur laquelle le peuple peut être saisi par voie de référendum »*.

Il s'agit vraisemblablement d'un péché véniel. Mais, la question est si sérieuse pour qu'il soit permis de céder à la métaphore. Car, la saisine de la Cour constitutionnelle ne trouve, en l'espèce, sa raison d'être que par rapport à cet objectif. L'évolution des institutions de la République est une notion à la fois claire et floue en apparence. Donc, une notion *« en clair-obscur »*.

---

manbou.com, 02/10/2015 ; F.BANKOUNDA-MPELE, « Quiproquo et Euthanasie constitutionnelle au Congo-Brazzaville ! », www.dac.press.com, *26 septembre 2015 ; F.J.MOUKALA, « A propos de l'escroquerie intellectuelle et juridico-politique de la Cour constitutionnelle du Congo »,* www.congo-liberty.com, *05 octobre 2015 ; Y.R. MANANGOU, « Le discours du Président Sassou annonçant le référendum : entre supercherie constitutionnelle, hold-up juridique et faute politique », http// Brazza-neuw.com, 24 septembre 2015.*

393 Aux termes des dispositions de l'article 3 de la constitution du 20 janvier 2002, *« La souveraineté nationale appartient au peuple qui l'exerce au moyen du suffrage universel par ses représentants élus ou par voie de référendum.*
L'exercice de la souveraineté ne peut être l'œuvre ni d'un citoyen, ni d'une fraction du peuple ».

Dès lors, avant qu'il n'intègre les préoccupations d'intérêt national, il eut été judicieux, dans le cadre de l'office du juge, de chercher, de savoir ce qu'elle recouvre. En quoi consistait cette évolution des institutions de la République ? Ce que signifiait le terme *« évolution »,* quelles institutions seraient concernées par cette évolution ?

Parlant d'institutions de la République, Dieu sait qu'elles sont définies dans la constitution. Dès lors, comment concevoir cette évolution. Sachant que la *« révision »* était le seul mécanisme prévu par la constitution du 20 janvier 2002 pour l'adaptation des institutions. La révision était strictement encadrée par les dispositions des articles 185 à 187 du titre XVIII, tant sur le plan formel et organique que sur le plan matériel.

Or, l'article 185 interdit formellement qu'une révision constitutionnelle porte sur l'intégrité du territoire, la forme républicaine et le caractère laïc de l'Etat, le nombre de mandats du Président de la République ainsi que les droits énoncés aux titres I et II. Sous réserve de ces interdictions, le projet de révision émanant du Président de la République doit être soumis au référendum, après avis de conformité de la Cour constitutionnelle. Cela permettait au juge constitutionnel de s'assurer du respect de ce que nous qualifions comme étant *« le bloc de l'intangibilité ou de l'irrevisabilité constitutionnelle ».*

b). Des controverses doctrinales.

La problématique de l'intangibilité de la constitution du 20 janvier 2002 avait, par ailleurs, suscité de controverses doctrinales très passionnantes, notamment, dans la suite de la lettre ouverte du Professeur Ch. Z. BOWAO au Président de la République. L'ancien ministre délégué à la défense nationale, philosophe de son état, considérait entre autres que le changement de la constitution du 20 janvier 2002 ne reposait pas sur un quelconque fondement juridique ; les différentes institutions de la République fonctionnaient régulièrement[394].

Un autre membre du gouvernement de l'époque, A. C. MAKOSSO (nommé Premier ministre depuis l'élection présidentielle du 21 mars 2021), alors en charge de la jeunesse et de l'éducation civique (juriste de formation) lui rétorquait en considérant qu'il existait, à côté du courant prônant le silence ou le vide juridique de la constitution du 20 janvier 2002 sur la notion du changement (celle-ci parle de révision), un deuxième courant selon lequel, le concept de *« changement de la constitution »* serait *« ... un abus de langage , pour parler en fait de la révision totale de la constitution.... ».* Aussi postule-t-il d'asseoir la révision totale de la constitution, sur les dispositions de la loi fondamentale prévoyant la révision, en l'occurrence le

[394] *Cf. Ch. Z. BOWAO, « Je récuse », « lettre ouverte du 20 janvier 2015, à Son excellence M. Denis SASSOU NGUESSO, Président de la République »,http://brazza-news.com/ ?p=12885.*

titre XVIII, dont l'article 187 renvoie au législateur organique le soin d'en fixer les conditions. Cette loi organique qui (elle n'aura jamais vu le jour en 13 ans de législature et deux septennats présidentiels) pencherait, selon lui, en faveur d'une révision totale. Il soutenait, en effet, qu'en l'absence de cette loi organique, le citoyen ou le juge constitutionnel interpréterait la constitution sous l'angle d'une révision totale[395].

L'approche du ministre MAKOSSO, qui raisonne tel un écho à l'endroit de la jeunesse, a le mérite de susciter la controverse. Mais, elle n'est pas convaincante, surtout lorsque l'auteur se réfère au pouvoir d'interprétation du juge constitutionnel.

Mais, ce n'est pas tant l'absence d'une loi organique sur les modalités d'une révision de la constitution qui accréditerait l'idée d'une révision totale de la constitution. L'interprétation du citoyen, surtout du juge constitutionnel, bien avisé, n'aboutirait à une telle situation qu'en présence d'un dilemme qui résulterait *ipso facto* du silence ou des lacunes de la constitution.

Or, il n'y a pas de doute ni d'ambigüité sur la clarté des dispositions de la constitution du 20 janvier 2002. Celle-ci ne prévoit pas une révision totale, mais des possibilités de révisions partielles. Ce constat s'évince naturellement de la lecture des dispositions de l'article 185 alinéas 2 et 3 qui fixent des limites au pouvoir de révision de la constitution, que nous venons de rappeler, sous le contrôle du juge constitutionnel.

Nous partageons ainsi la position exprimée par M. Ngantsui, qui considère que le changement ni la révision totale de la constitution ne sont pas prévus dans la loi fondamentale du 20 janvier 2002, qui prévoit une révision partielle en imposant à travers l'article 185 *« des verrous rendant impossible et infondé tout projet de révision totale de la constitution »*[396].

Enfin, l'invocation des prérogatives constitutionnelles du Président de la République, que ce soit sur le respect du fonctionnement des institutions de la République, ou sur l'organisation des pouvoirs publics, la garantie des droits et libertés fondamentaux, etc., découlant respectivement des articles 56 et 86 de la constitution n'autorise nullement une révision totale que la constitution de 2002 ne prévoit pas[397].

En toute hypothèse, le terme de changement ou de révision totale de la constitution peut être considéré comme un excès de langage. Car, outre le

---

[395] Cf. *A.C.MAKOSSO, « Je rétorque » « Réaction à la lettre ouverte du 20 janvier 2014 », htttp.zenga-mambu.com/fiche.php?id=4937.*

[396] Cf. *C. NGANTSUI, « Le ''Je rétorque'' d'Anatole Collinet MAKOSSO, une affabulation démagogique », http//www.starducongo.com, 28 janvier 2015 ; R.Q. BOWAO, op. cit. pp.4 et suivantes.*

[397] Cf. *BANKOUNDA MPELE, « La résurrection de l'éthique de circonstance au Congo : A propos de la lettre ouverte au Président de Charles Z. BOWAO », http ://congo-liberty.com, 27/01/2015 ; M. MBERI, « Lettre citoyenne, 'Révision constitutionnelle plutôt que changement de constitution », http ://brazza-news.com/ ?p=13606, 11/03/2015 ; F. BANKOUNDA-MPELE, « Dans l'engrenage du tango politique : l'ambigüe et l'obscure ''lettre citoyenne'' de Martin MBERI », http:/zenga-mambu.com/fiche.php ?id=5076.*

changement de régime ou de système politique qui peut en résulter, bien souvent des dispositions de l'ancienne constitution subsistent dans la nouvelle.

Alors, la révision partielle est le principe, la révision totale est l'exception. Sauf en cas de révolution[398]. Dans le cas congolais, la constitution du 15 mars 1992 en est une parfaite illustration en tant qu'elle confirmait, dans la suite de l'acte fondamental du 04 juin 1991, la césure radicale avec le système monopartiste et marxiste-léniniste pour un système pluraliste et libéral[399].

c). Un avis révélateur des faiblesses du juge constitutionnel.

L'avis du 17 septembre 2015 est révélateur du manque d'audace et de pugnacité du juge constitutionnel dans l'exercice de son office, qui consiste non seulement à dire le droit, la règle de droit, en l'occurrence la constitution. Mais aussi à l'interpréter, lorsqu'elle est floue, et à la faire respecter, lorsqu'elle est claire. Il s'agissait, pour la Cour constitutionnelle, d'une occasion inespérée, notamment à la suite de son avis du 16 avril 2015 par lequel il déclarait irrecevable la demande de Monsieur Victorien Zalima aux fins d'interpréter les concepts de changement, de révision, de modification de la constitution du 20 janvier 2002 et d'examiner la conformité de l'initiative d'un référendum par rapport à cette constitution[400].

Sans entrer, dans une confrontation avec le Président de la République, la Cour constitutionnelle pouvait, tout en restant dans les limites de ses prérogatives, ainsi que dans le cadre de son pouvoir général d'instruction, faire preuve de pugnacité et d'audace, soit en se rapprochant de l'auteur de la saisine, pour une demande de clarification sur les contours de la question dont elle était saisie, soit en se livrant à une interprétation prétorienne, usant

---

[398]*Cf. F; JM AUBERT, « La Révision totale des constitutions, une invention française des applications suisse, Mélange, Pactet, 2003, pp.455 et suivantes ; A. PILLOUER, « De la révision à l'abrogation de la constitution, les termes du débat », in Jus politicum-revue de droit politique, Vol 2 (2010), pp1-20 ; M. C. SPECCHIA, « Les limites à la révision de la constitution en France et perspectives comparées », VII Congrès de Droit constitutionnel, Paris, 25, 26 et 27 septembre 2008, atelier n° 3 : constitution et pouvoir constituant, http://www.droitconstitutionnel.org/congresParis/atelierP3.html; JF AKANDJI-KOMBE, op. cit. pp. 8 et suivantes ; M.M. AÏDARA, « Le juge constitutionnel africain et le contrôle des lois portant révision de la constitution, contribution à un débat », in, Afrilex (revue d'étude et de recherche sur le droit et l'administration dans les pays d'Afrique, Université Montesquieu Bordeaux IV), 26 décembre 2011, http://afrilex.u-bordeaux4.fr/le-juge-constitutionnel-africain.html.*

[399] *Cf. W. MBILAMPINDO, L'acte fondamental dans l'histoire constitutionnelle et politique du Congo, op. cit. pp 219 et suivantes ; P. MOUDOUDOU, La constitution en Afrique, morceaux choisis, L'Harmathan, Paris, 2012 ; « L'Etat Africain, entre constitutionnalisme libéral et constitutionnalisme identitaire », RJPEF, 2014, n°3, pp.291-320.*

[400] La Cour constitutionnelle avait déclaré irrecevable la demande de M. Victorien ZALIMA, aux visas des articles 35 alinéa 1er et 36 de la loi organique n°1-2003 du 17 janvier 2003 portant organisation et fonctionnement de la cour constitutionnelle, pour défaut de qualité à agir, à saisir la Cour en interprétation de la constitution. Cette qualité étant réservée au Président de la République, au président de l'Assemblée nationale, au président du Sénat ou à un tiers des membres de chaque chambre du parlement (Cf. Avis n°001-ACC-SVC/15 du 16 avril 2015).

ainsi de son imperium. Cela dans le but, non pas d'altérer le contenu de la question qui lui était soumise, mais de la rendre plus claire sans la reformuler afin d'émettre un avis tout aussi clair et précis.

Le juge constitutionnel aurait pu également, suivant les mêmes investigations, resituer la question dans le cadre des prérogatives du Président de la République, telles qu'elles découlent des dispositions de l'article 86 de la constitution aux termes desquelles,

« Le Président de la République peut, après consultation des Présidents des deux chambres du Parlement, soumettre au référendum tout projet de loi portant sur l'organisation des pouvoirs publics, les garanties des droits et des libertés fondamentaux, l'action économique et sociale de l'Etat ou tendant à autoriser la ratification d'un traité.

Avant de soumettre le projet au référendum, le Président de la République recueille l'avis de la Cour Constitutionnelle sur sa conformité à la Constitution.

En cas de non-conformité à la Constitution, il ne peut être procédé au référendum.

La Cour constitutionnelle veille à la régularité des opérations de référendum.

Lorsque le référendum a conclu à l'adoption du projet, la loi est promulguée dans les conditions prévues à l'article 83 alinéa 2 ».

Vu sous ces différents aspects, le rapprochement avec l'article 43 de la loi électorale serait beaucoup plus plausible et édifiant.

Sans s'enfermer dans une sorte d'autolimitation ou d'évitement, le juge constitutionnel avait toute la latitude de rendre, en toute neutralité et indépendance, un avis motivé en adéquation avec une grille de lecture fidèle et très authentique de la loi fondamentale. Ce, en dépit de toutes les pesanteurs qui pouvaient influer sur sa décision. Car, il y allait de sa crédibilité, de sa légitimité et de la vitalité et de la survie d'une démocratie en construction ; dont il est un acteur indispensable.

Cet avis met en exergue, à n'en point douter, la sempiternelle question des rapports du juge constitutionnel africain au pouvoir politique ; la question de son indépendance tant structurelle que fonctionnelle ; la question de sa légitimité, certes consacrée par le constituant et le législateur organique, mais pas forcement effective. Bref, mis à part quelques expériences positives enregistrées ça et là dans le continent, le juge constitutionnel africain est loin d'avoir conquis le rôle de contre-pouvoir, qui doit être le sien, et de dernier rempart contre les tentations, toujours présentes, de toucher à la loi fondamentale dont il est le gardien naturel et qui fait sa raison d'être dans un Etat de droit, dans une démocratie quelle qu'en soit la maturité[401].

---

[401] *I. DIALLO, « La légitimité du juge constitutionnel africain », Revue du CAMES/SJP. Vol.1, n°1/2015, p.149 ; J. MANDE DJAPOU, « Le Rôle de la Cour constitutionnelle de la Centrafrique, Penant (Revue*

III). Une illustration des limites du juge constitutionnel africain.

L'avis querellé montre les limites de la légitimité du juge constitutionnel africain[402], qui a du mal à affirmer son indépendance, à s'émanciper, à s'affranchir des pesanteurs du pouvoir politique qui planent sur lui telle une épée de Damoclès. Son fonctionnement semble rythmé par les desiderata du pouvoir politique, qui peut se targuer d'une légitimité *« démocratique »* ou *« populaire »* que lui, juge constitutionnel, n'a point. Pourtant, son mode de désignation par des personnalités de divers horizons devrait constituer un atout indéniable, un facteur de son indépendance[403]. Mais, cette diversité d'origines professionnelles ou socioculturelles résiste mal à la cohérence et à la cohésion fonctionnelle d'une institution hautement influencée par l'univers politique qui prend le pas sur la rigueur juridique ; d'une institution à la croisée des attentes des citoyens et des gouvernants. Le juge de la constitutionnalité serait en réalité l'incarnation d'une certaine idée de la démocratie qui repose sur la loi fondamentale qui l'a institué, la démocratie constitutionnelle.

Or, comme l'écrit le Professeur Dominique ROUSSEAU,

« ...la démocratie constitutionnelle est le fondement de la légitimité du rôle du juge constitutionnel (...) le contrôle de la constitutionnalité des lois est légitime parce qu'il produit une définition de la démocratie qui le légitime (...) il ne s'agit pas de mettre en rapport la vérité démocratique avec les mécanismes de contrôle de la constitutionnalité des lois, mais de faire apparaître quelle vérité démocratique ce mécanisme rend possible, et qui le légitime à son tour... »[404].

---

de droit des pays d'Afrique),1999, pp. 245-286 ; F. J. AÏVO, « les constitutionnalistes et le pouvoir politique en Afrique », RFDA, 2015, n°104, pp. 771-800 ; MM. MBORANTSUO, « La contribution des cours constitutionnelles à l'Etat de droit en Afrique, Paris, Economica, 2007 ; D.E. ADOUKI, « Contribution à l'étude de l'autorité des décisions du juge constitutionnel en Afrique, RFDC, 2013, n°95, p.637A ; ILOKI, « Rapport de la Cour constitutionnelle do Congo-Brazzaville », (congrès de la conférence mondiale sur la justice constitutionnelle, séparation des pouvoirs et indépendance des cours constitutionnelles et instances équivalentes), www.venice.coe.int/WCCJ/Rio/Papers/CGO_Iloki_F.pdf.

[402] *Cf. I. DIALO, op.cit. ; J. MANDE DJAPOU, op. cit.*

[403] *Aux termes de l'article 144 de la constitution du 20 janvier 2002, « Il est institué une Cour constitutionnelle. La Cour constitutionnelle comprend neuf m membres dont le mandat est de neuf ans renouvelable. Elle se renouvelle par tiers tous les trois ans.Trois membres de la Cour constitutionnelle sont nommés par le Président de la République. Les autres membres sont nommés par le Président de la République à raison de deux membres sur proposition des Présidents de chaque chambre du Parlement et de deux membres sur proposition du Bureau de la Cour suprême parmi les membres de cette juridiction. Le Président de la Cour constitutionnelle est nommé par le Présdent de la République parmi ses membres. Il a voix prépondérante en cas de partage égal des voix.*

[404] *D. ROUSSEAU, Droit du contentieux constitutionnel, Paris, LGDJ, Lextenso, 2013, p.556 ; constitutionnalisme et démocratie, La vie des idées, 19 septembre 2008, ISSN :2105-3030, URL : http:/www.laviedesidées.fr/constitutionnalisme-et-democratie.htm ; G.DRAGO, Le contentieux constitutionnel français, Paris, PUF, 2011 ; G. DRAGO, Le Conseil constitutionnel et les moyens et conclusions soulevés d'office, Economica, PUAM, 1994 ; C.J. FRIEDRICH, La démocratie constitutionnelle, Paris, PUF, 1958.*

Enfin, dans le cas du Congo, on peut dire que le juge de la conformité à la constitution nous habitue désormais aux décisions largement tributaires du contexte et des circonstances de son intervention. Ce fut le cas de l'arrêt rendu par l'ancien Conseil Constitutionnel, au plus fort moment de la guerre civile, le 19 juillet 1997, sur le report de l'élection présidentielle[405].

Chapitre 2 : Le référendum constitutionnel de 2015.

Le clivage entre les deux courants de la classe politique congolaise (les partisans du forum de Sibiti et ceux des assises de Diata), s'était de plus en plus accentué pendant les préparatifs et le référendum.

Section 1 : Les préparatifs du référendum constitutionnel de 2015.

La longue marche vers le référendum constitutionnel n'était pas sans embûche, pourtant on s'y dirigeait inexorablement au grand dam de ses farouches opposants. Ainsi donc, les préparatifs du référendum étaient marqués par son annonce, la mise en place d'une commission d'élaboration et l'adoption du projet de constitution.

§ 1 : L'annonce du référendum constitutionnel.

L'annonce du référendum en vue d'une nouvelle constitution avait revêtu un caractère solennel, sous la forme d'un message radiotélévisé du Président de la République à la nation le 22 septembre 2015. Cette annonce exacerbait les tensions comme en témoignent les réactions auxquelles elle avait donné lieu.

A). Le message présidentiel à la nation du 22 septembre 2015.

Comme il fallait s'y attendre, le Président de la République annonçait le 22 septembre 2015, dans une allocution radiotélévisée, la tenue d'un référendum pour consulter directement le peuple sur le changement de la constitution du 20 janvier 2002.

Cette allocution marquera l'histoire dans la mesure où elle constituait une étape décisive dans la marche vers le changement de la loi fondamentale existante. Même si ce n'était pas un secret de polichinelle, c'est bien la

---

405 Arrêt du Conseil constitutionnel du Congo du 19 juillet 1997, Penant (Revue de droit des pays d'Afrique), Janvier-avril 1998, pp. 103-106.

première fois que le Président de la République prenait parti et affirmait clairement sa volonté de faire changer la constitution,

« ...j'ai décidé de donner la parole directement au peuple afin qu'il se prononce sur le projet de loi énonçant les principes fondamentaux de la république, définissant les droits et devoirs des citoyens et fixant les nouvelles formes d'organisation de l'Etat »[406].

Pour motiver sa décision et légitimer le choix du référendum dont la date ni les modalités n'étaient pas encore fixées (laissant le soin au gouvernement qu'il dirigeait de le faire), le Président de la République rappelait dans son message le débat qui divisait la classe politique et les congolais sur le maintien ou le changement de la constitution du 20 janvier 2002, les consultations présidentielles, les conclusions et recommandations du dialogue de Sibiti, les avis de la Cour suprême du 16 septembre 2015 et de la Cour constitutionnelle du 17 septembre 2015, qu'il estime lui avoir répondu positivement sur le fondement juridique de la consultation du peuple. On peut observer que le Président de la République avait manifestement fait abstraction du dialogue de Diata, qu'il ne visait même pas dans son message.

Conscient des vives protestations que cette initiative suscitait et du climat délétère dans lequel le pays se trouvait, ce message était assorti d'une formule comminatoire envers ceux qui seraient tentés par des actions susceptibles de compromettre la paix. Cette paix qui devenait le maître-mot, le leitmotiv que l'on utilise à tout vent.

B). Des réactions à l'annonce du référendum constitutionnel.

L'annonce du référendum sur le changement de la constitution du 20 janvier 2002 était diversement accueillie au plan national et, avec un écho mitigé, au niveau international.

I). Des réactions internes à l'annonce du référendum constitutionnel.

Les partisans des assises de Sibiti exultaient et s'en félicitaient. Ils y voyaient une concrétisation des recommandations et la marche inexorable vers le changement de la constitution préconisé dans leurs travaux. D'ailleurs, le ministre de la communication et des médias était monté au créneau, devant la presse nationale et internationale le 25 septembre 2015, pour donner des explications de cette annonce qui selon lui ne faisait que

406 Cf. Les Dépêches de Brazzaville, « Le Président République appelle à la tenue d'un référendum », n°2415, du 23 septembre 2015, pages 1 et 16.

traduire la constance de son auteur sur cette question depuis son message de vœux du 31 décembre 2014[407].

En revanche, ce message exacerbait l'exaspération de l'opposition radicale et des partisans du dialogue de Diata. Ils dénonçaient un coup d'Etat constitutionnel, qui permettrait au Président de la République de faire sauter les verrous de la constitution du 20 janvier 2002, afin de briguer un nouveau mandat pour se maintenir au pouvoir[408].

Les deux plateformes de l'opposition, FROCAD–IDC, farouchement opposées à cette initiative se disaient déterminées à l'en empêcher[409]. En témoigne l'impressionnant et le plus grand meeting, du 27 septembre 2015, jamais organisé par une opposition au Congo-Brazzaville et qui aura mobilisé plus de 300.000 personnes au boulevard Alfred Raoul[410].

II). Des réactions mitigées au plan international.

L'annonce de la tenue du référendum constitutionnel avait suscité de vives réactions auprès d'une partie de la diaspora congolaise, surtout en France, de certains organismes, institutions et partis politiques. La fédération internationale des droits de l'homme (Fidh) appelait à la renonciation du référendum pour le changement de la constitution de 2002. Le Parti socialiste français appelle à la renonciation du projet de *« révision de la constitution »*[411].

La position officielle de la France sur cette annonce se résumait à une simple déclaration du porte-parole du Quai d'Orsay (ministère des affaires étrangères) qui appelait à *« ... un processus électoral crédible conduisant à*

---

407 Cf. « Référendum constitutionnel au Congo : la saisine des deux hautes juridictions, c'est la meilleure réponse à ceux qui parlent de coup d'Etat constitutionnell »... http://alwihainfo.com/refendeum-constitutionnel-au-congo, J. Mvouanzi, 25 septembre 2015.

408 Cf. J. NSONI, « Référendum constitutionnel : jusqu'où ira le bras de fer entre l'opposition et le pouvoir ? », http://www.lasemaineafricaine.net/index.php/national/12505.

409 On peut citer quelques commentaires publiés sur la toile, *« Coup d'Etat constitutionnel en cours au Congo-Brazzaville : L'heure de vérité pour la diplomatie française », http://survie.org/francafrique/congo-brazzaville, 23 septembre 2015 ; «Congo-Brazzaville, l'opposition dénonce un coup d'état constitutionnel »,http://fr.allafrica.com/stories/201509240607.html ;Congo-Brazzaville :« le projet de référendum suscite colère et indignation, Lavoixdufasso.net, 24 septembre 2015. » ; « référendum anticonstitutionnel : l'alternance remise en cause », http ://mwinda.org/fr/actualité, 23 septembre 2015.*

410 Cf. « Congo-Brazzaville : mega meeting de l'opposition unifiée le 27 septembre 2015, à Brazzaville », http : //starducongo.com/Congo-Brazzaville-mega-meeting ; http : congobrazza.fr/2015/09/24/ ; « Congo : l'opposition mobilise en masse à Brazzaville », http : jeuneafrique.com/267883/politique/ http://gabonreview.com/blog/brazzaville-grand-meetingde l'oppositionpourdirenonauréférendum.

411 Cf.V.R. Manangou, « Le discours du Président Sassou Nguesso annonçant le référendum : entre supercherie constitutionnelle, hold-up juridique et faute politique », http :brazza-news.com/ ?p=15106 ; « Congo-Brazzaville : meeting à Paris et à Brazzaville pour dénoncer le coup d'Etat constitutionnel de Sassou », http://afriqueéducation.com/congo_brazzaville, 24 septembre 2015 ; « le coup d'Etat constitutionnel en marche », in www.fidh.org/fr/région, 25 septembre 2015 ; « Communiqué de presse : Le Parti socialiste appelle le Président congolais à renoncer à son projet de révision de la constitution », http://dac-presse.com/actualités/a-la-une/politique/2607-com.

des scrutins libres et transparents, dans le respect de l'Etat de droit et des libertés publiques... »[412].

Il convient de souligner que cette réaction mesurée marquait une inflexion de la position affichée par le Président F. Hollande dans son discours du 29 novembre 2014 à Dakar (Sénégal), lors du XVème sommet des Chefs d'Etat et de gouvernement des pays ayant la langue française en partage,

« ... La francophonie, elle est soucieuse des règles de la démocratie, de la liberté du vote, du respect des ordres constitutionnels et de l'aspiration des peuples, de tous les peuples, à des élections libres. C'est ce qui venait de s'accomplir en Tunisie. C'est une belle illustration, que ce soit dans un pays francophone qu'il y ait eu la réussite d'un Printemps arabe.

Cet accomplissement, cette transition doivent également servir de leçon. Là où les règles constitutionnelles sont malmenées, là où la liberté est bafouée, là où l'alternance est empêchée, j'affirme ici que les citoyens de ces pays sauront toujours trouver dans l'espace francophone le soutien nécessaire pour faire prévaloir la justice, le droit et la démocratie.

Il y a quelques semaines, le peuple burkinabè a fait une belle démonstration. A lui aussi de maîtriser ce processus, de faire en sorte que les règles puissent être posées et encore une fois respectées, que la réconciliation vienne et que l'on évite tout règlement de compte inutile. Mais aussi ce qu'avait fait le peuple burkinabè, devrait faire réfléchir ceux qui s'obstineraient à se maintenir à la tête de leur pays en violant l'ordre constitutionnel. Parce que ce sont les peuples qui décident. Ce sont les élections qui permettent de savoir qui est légitime et qui ne l'est pas... »[413].

Enfin, l'annonce de la tenue du référendum au Congo (Brazzaville) intervenait dans un contexte africain où tous les projecteurs étaient braqués sur les événements du Burkina Faso, suite au coup d'Etat du 17 septembre 2015, compromettant la transition instituée après l'insurrection populaire qui

---

[412]*Cf.http://www.web-afc.info/congo-annonce-dureferendum-reaction ;http://mwinda.org/fr/actualité/actualitéa-la-une*...23 septembre 2015. *Les USA déclarent, par le biais du porte-parole du bureau des affaires africaines au département d'Etat, soutenir «...partout le principe d'une passation de pouvoir démocratique par le biais d'élection libres, justes et crédibles, en accord avec la constitution, y compris avec les dispositions concernant la limitation du nombre de mandats (..) disent ne pas soutenir « ceux qui détiennent le pouvoir et qui changent la constitution pour leur seul intérêt politique » ; L'UE se contente de rappeler que « ...Tout changement constitutionnel doit s'opérer dans un contexte de liberté d'expression et d'association » Elle renvoie à la charte de l'union africaine qui interdit tout changement de constitution altérant l'alternance démocratique dans des termes clairs, « tout amendement ou toute révision des Constitutions qui porte atteinte aux principes de l'alternance démocratique ». Pour toutes ces réactions, Cf. RFI, Référendum au Congo : réactions mitigées du côté des occidentaux », http://www.rfi.fr/afrique/20150925-référendum-constitutionnel-congo.*

413Cf.« Discours à l'ouverture de l'ouverture du XVème Sommet de la Francophonie à Dakar, « www.francophonie.org/../pdf/sommet_xv_discours_inaug_3_france_da. ; http://www.elysee.fr/declarations/article/discours-a-l-occasion-de-l-ouverture-du-xveme-sommet-de-la-francophonie-a-dakar/. Ce discours avait suscité des réactions très favorables auprès des peuples africains, mais très critiques de la part de certains dirigeants qui se sentaient implicitement visés.

avait chassé l'ancien Président de la République le 31 octobre 2014, après 27 ans de règne[414].

§ 2 : La Commission d'élaboration du projet de la nouvelle constitution.

L'annonce, le 22 septembre 2015, de la tenue du référendum constitutionnel semblait avoir pour effet de différer une décision déjà prise, puisque deux décrets présidentiels datés du 21 septembre 2015 étaient publiés le 1er octobre 2015[415].

Le décret n° 2015-914 du 21 septembre 2015 créait une Commission d'élaboration du projet de constitution, placée sous l'autorité directe du Président de la République. Il était précisé que cette Commission pouvait faire appel à toute expertise nécessaire pour l'accomplissement de sa mission. Le décret n° 2015-915 du 21 septembre 2015 nommait les membres de cette Commission, composée de juristes (universitaires, magistrats et avocats) de personnalités politiques et administratives, et présidée par Placide Moudoudou, alors Doyen de la faculté de Droit de l'Université Marien Ngouabi de Brazzaville.

La *« Commission Moudoudou »* n'avait véritablement pas une marge de manœuvre dans l'élaboration de l'avant-projet de la constitution, puisque son travail était strictement encadré et balisé par les conclusions et recommandations des assises de Sibiti. Elle ne pouvait donc pas s'en écarter.

D'ailleurs, le ministre de la communication et des médias (…), porte-parole du gouvernement, confirmait dans le compte rendu du Conseil des ministres du 05 octobre 2015, que

« ... La Commission, présidée par le Professeur Placide Moudoudou, éminent juriste, et composée d'éminentes personnalités reconnues pour leur expérience et leurs compétences multiformes, s'est immédiatement mise au travail..."

Cette Commission avait comme feuille de route, les orientations du Président de la République, définies dans son Message à la Nation, pour l'élaboration d'un projet de loi constitutionnelle énonçant *: « les principes fondamentaux de la République, définissant les droits et devoirs des citoyens et fixant les nouvelles formes d'organisation et les nouvelles règles de fonctionnement de l'Etat ».*

---

[414] *Cf. « Coup d'Etat au Burkina Faso : tout savoir sur le jour où le général Diendéré a pris le pouvoir », http://www.jeuneafrique.com/265387, 17 septembre 2015 ; « couvrir le coup d'état le plus bête du monde », http://blog.afp.com/makingof/?post/burkinafaso..,P.nkoghé,« Burkina-Faso : vers la fin du coup d'Etat », http://www.libération.fr/planete/2015/09/23.*

[415] *Décret n°2015-915 du 21 septembre 2015 portant création de la Commission d'élaboration du projet de constitution, JORC, du 1er octobre 2015, p.778 ; Décret n°2015-915 du 21 septembre 2015, portant nomination des membres de la Commission d'élaboration du projet de constitution, JORC, du 1er octobre 2015, p.786.*

D'autre part, la Commission avait comme termes de références politiques, juridiques et techniques, les conclusions du Dialogue national de Sibiti.[416]

Tout portait à croire, à tort ou à raison, que cette Commission devait simplement donner un satisfecit ou une caution morale aux prescriptions issues du dialogue de Sibiti. Cela, même si la fixation de la durée du mandat présidentiel à 5 ans, renouvelable deux fois, est un des rares points de démarcation par rapport aux assises de Sibiti qui n'en limitaient pas le nombre.

Enfin, la célérité du travail de la Commission Moudoudou est illustrative d'une œuvre préconçue, puisque la mise en place de la Commission d'élaboration du projet de constitution fut annoncée le 22 septembre 2015, les décrets présidentiels portant création et nomination des membres de la Commission d'élaboration du projet de constitution, bien que daté du 21 septembre 2015, furent publiés le 1er octobre 2015[417]. Comme il sera vu ci-après, la Cour Suprême donnait son avis sur le projet de loi constitutionnelle le 02 octobre 2015.

Il faut dire que l'avant-projet de constitution fut élaboré par la *« Commission Moudoudou »* dans une extrême urgence. Donc, suivant une procédure spéciale et très accélérée.

Section 2 : Le processus référendaire.

Le gouvernement devait adopter le projet de loi constitutionnelle, fixer les dates du début et de la fin de la campagne référendaire ainsi que celle du scrutin.

§1. Le Conseil des ministres du 05 octobre 2015.

Avant son adoption, le projet de loi constitutionnelle était soumis à l'avis de la Cour suprême.

A). L'avis préalable de la Cour suprême du 02 octobre 2015.

Il ressort du compte rendu du Conseil des ministres du 05 octobre 2015 que, le gouvernement avait préalablement consulté la Cour suprême qui, après examen de l'avant projet de constitution, avait émis un avis n° 024/CS15 du 02 octobre 2015 favorable à son adoption comme projet de

---

[416] *Cf. « Compte rendu du Conseil des ministres du 05 octobre 2015 », ADIC, http://www.adiac-congo.com; Les Dépêches de Brazzaville, n°2426, mardi 6 octobre 2015, pages 1,2 et 3.*
417 *Cf. note n°55.*

loi constitutionnelle susceptible d'être soumis au référendum[418]. Il est évident que la procédure suivie était entachée d'irrégularité.

I). Quelques griefs d'inconstitutionnalité.

La procédure préalable à l'adoption de la loi constitutionnelle par référendum était irrégulière au regard des règles qui régissait la matière. En effet, dans le compte rendu du Conseil des ministres du 05 octobre 2015, il était spécifié qu'il fallait, conformément à l'article 118 de la Constitution, soumettre pour avis à la Cour Suprême, l'avant-projet de loi constitutionnelle, préalablement à son examen par le Conseil des ministres. Ce dans les termes suivants,

« ... Par l'Avis n° 024/C.S.15 du 02 octobre 2015, la Cour Suprême, et ce conformément à l'article 118 alinéa 2 de la Constitution, tout en se déclarant compétente pour examiner l'avant-projet à elle déférée, a autorisé le Gouvernement à procéder à l'examen et à l'adoption de ce qui est donc devenu le projet de loi portant loi constitutionnelle... »

Il y a un vice procédural d'inconstitutionnalité. En effet, l'article 118 de la constitution du 20 janvier 2002 visé dans le compte rendu du Conseil des ministres précité dispose,

« L'initiative des lois appartient, concurremment, au Président de la République et aux membres du Parlement.

Les projets de lois, délibérés en Conseil des ministres après avis de la Cour suprême, sont déposés sur le bureau de l'une ou l'autre chambre.

Les propositions de lois, dont la rédaction est arrêtée par le Parlement, sont, avant délibération et vote,

Communiquées pour information au Président de la République ».

La procédure de consultation préalable de la Cour Suprême, telle que définie par l'alinéa 2 de l'article 118 de la constitution du 20 janvier 2002, concerne les lois ordinaires, avant qu'elles ne soient soumises au Parlement pour leur adoption. Elle ne concerne pas les projets de lois référendaires, qui obéissent à une procédure spécifique. Il y a non seulement un vice de procédure, mais aussi une erreur de droit, tirée d'une application erronée de la loi fondamentale.

II). La procédure requise pour les lois référendaires.

Sous la constitution du 20 janvier 2002, les lois référendaires obéissaient à une procédure spécifique, celle de l'article 86, qui nécessitait la consultation des Présidents des deux chambres parlementaires (les présidents

---

418 Cf. « Compte rendu du Conseil des ministres du 05 octobre 2015, op. cit.

du Sénat et de l'Assemblée nationale) et l'intervention préalable du Conseil constitutionnel.

En effet, aux termes des dispositions de l'article 86 de la constitution du 20 janvier 2002,

« Le Président de la République peut, après consultation des Présidents des deux chambres du Parlement, soumettre au référendum tout projet de loi portant sur l'organisation des pouvoirs publics, les garanties des droits et des libertés fondamentaux, l'action économique et sociale de l'Etat ou tendant à autoriser la ratification d'un traité. ***Avant de soumettre le projet au référendum, le Président de la République recueille l'avis de la Cour constitutionnelle sur sa conformité à la Constitution.***

En cas de non-conformité à la Constitution, il ne peut être procédé au référendum.

La Cour constitutionnelle veille à la régularité des opérations de référendum.

Lorsque le référendum a conclu à l'adoption du projet, la loi est promulguée dans les conditions prévues à l'article 83, alinéa 2 »

Dès lors, si, au visa du 1er alinéa de l'article 86, la consultation du Président de l'Assemblée nationale et celui du Sénat est facultative, le second alinéa du même article rend obligatoire la saisine du Conseil constitutionnel afin qu'il puisse effectuer le contrôle de la conformité du projet de loi référendaire à la constitution avant qu'il ne soit soumis à l'approbation ou non du peuple. On ne pouvait pas se contenter de l'avis de la Cour suprême, bien que cette juridiction fasse également office de conseiller juridique du gouvernement.

La saisine préalable de la Cour constitutionnelle sur le projet de loi constitutionnelle s'imposait en sa qualité de gardienne de la constitution, afin de s'en assurer le respect et la conformité. Dès lors, un avis de non-conformité à la constitution de 2002 aurait dû empêcher de soumettre le projet de loi constitutionnelle au référendum.

B). L'adoption du projet de loi et le calendrier du référendum.

Comme nous venons de le voir, le projet de loi constitutionnelle n'avait pas été soumis à la Cour constitutionnelle pour en examiner la conformité à la constitution du 20 janvier 2002, dont il faisait sauter les verrous de l'intangibilité.

I). Le Projet de loi constitutionnelle.

Le Conseil des ministres adoptait le 05 octobre 2015 le projet de loi constitutionnelle, présenté par le ministre d'Etat, Garde des Sceaux, ministre de la justice (…), dont les principales articulations sont résumées dans le compte rendu ministre de la Communication et des Médias (…)[419], sur lesquelles nous reviendrons plus loin.

Notons pour l'instant que le projet de loi constitutionnelle prévoyait un exécutif bicéphale avec un Premier ministre Chef du gouvernement. Le Premier ministre et le gouvernement étant responsables devant le Président de la République et l'Assemblée nationale.

La durée du mandat du Président de la République passait de 7 à 5 ans renouvelables 2 fois. Il prévoyait aussi l'abaissement de la limite de l'âge minimal de 40 à 30 ans pour l'élection présidentielle et la suppression de la limite maximale de 70 ans, la création du statut de l'opposition politique, la création des conseils consultatifs (*des femmes, des personnes vivant avec handicap, de la jeunesse, des sages et des notabilités traditionnelles, de la société civile et des ONG, du dialogue national…*)

II). Le calendrier référendaire.

Concernant le calendrier, le Conseil des ministres fixait la date du scrutin référendaire au 25 octobre 2015. La campagne officielle pour cette consultation devait commencer le 09 octobre 2015 à minuit et se terminer le 23 octobre 2015 à la même heure. Ces mesures étaient confirmées par la publication d'un décret présidentiel du 7 octobre 2015 et de deux arrêtés du ministre de l'intérieur en date du 8 octobre 2015[420].

§2. Une campagne référendaire émaillée de violences.

Le bras de fer engagé entre l'opposition dite radicale et le gouvernement, soutenu par la majorité présidentielle et les partisans des assises de Sibiti, devenait de plus en plus inquiétant. Tant, chaque partie était déterminée et campait sur sa position. Le pays entrait dans une zone de turbulence et d'incertitude qui ravivait les pires moments de la guerre civile de la fin des années quatre-vingt-dix.

Galvanisée par le succès de son immense meeting du 27 septembre 2015, l'opposition radicale allait multiplier ce genre de manifestations pour faire échec, même en désespoir de cause, au référendum par une démobilisation des électeurs, voire un boycott massif des urnes.

---

[419] « *Compte rendu du Conseil des ministres du 05 octobre 2015, op. cit.*

[420] Cf. Décret n°2015-941 du 7 octobre 2015, portant convocation du corps électoral pour le référendum sur la constitution, JO. N°42 du 15 octobre 2015, p.846 ; arrêté n°34293 du 8 octobre 2015 fixant la période de la campagne électorale relative à l'élection référendaire, scrutin du 25 octobre 2015, JO. N°42, du 15 octobre 2015, p 846 ; Arrêté n°34294 du 8 octobre 2015, fixant la couleur des bulletins pour le référendum scrutin du 25 octobre 2015, JO. N°42, du 15 octobre 2015, p 847.

A). Des violences au meeting de l'opposition à Pointe-Noire.

De graves incidents éclataient lors du meeting de l'opposition du samedi 17 octobre 2015 à Pointe-Noire, il y eut quelques blessés par balles dans les affrontements entre certains manifestants et les forces de l'ordre. S'en était également suivie, l'interpellation de certains leaders de l'opposition ayant participé à cette manifestions. En conséquence, l'autre meeting qui devait se tenir dès le lendemain à Dolisie (ex Loubomo) était purement et simplement annulé[421].

Les autorités appelaient les organisateurs des manifestations anti-référendum à faire preuve de responsabilité tout en les mettant en garde contre des troubles à l'ordre public. Ces rappels à l'ordre étaient loin d'entamer la détermination des opposants au référendum constitutionnel qui demandaient, sans trop y croire, au Chef de l'Etat de revenir sur sa décision. Appelant à la désobéissance civile, certaines prises de position étaient perçues par les partisans des assises de Sibiti et des autorités de l'Etat comme prenant des allures quasi insurrectionnelles.

B). La journée sanglante du 20 octobre 2015.

Au lendemain des événements de Pointe-Noire, les autorités (notamment le Gouvernement, par la voix du ministre de l'intérieur), redoutant la recrudescence des violences et des troubles à l'ordre public, décidaient d'interdire toute manifestation jusqu'au vendredi 23 octobre 2015. C'est-à-dire, jusqu'à la fin de la campagne officielle et à deux jours du référendum.

Cette situation n'était pas de nature à apaiser les esprits dans les rangs de l'opposition qui dénonçait des manœuvres d'intimidation, des interpellations, la répression, l'encerclement des domiciles de certains leaders par les forces de l'ordre confinant aux assignations à résidence...

Déterminée à en découdre avec les forces de l'ordre, qu'elle accusait de ne plus être républicaines, l'opposition radicale maintenait le meeting du 20 octobre 2015, qu'elle disait avoir été autorisé dans toutes les grandes villes du pays. La journée du 20 octobre 2015 était marquée par des violents affrontements avec les forces de l'ordre, qui se traduisaient par des arrestations, des blessés, des morts et des dégâts matériels, principalement à

---

[421] Incidents entre certains manifestants et les forces de l'ordre ayant entraîné au moins 4 blessés par balles. D'aucuns disaient qu'il y aurait au moins 2 morts. (Cf. « http://www.adiac-congo.com/, « des *incidents signalés à Pointe-Noire lors du meeting de l'opposition »,* /201510191087.html ; http://www.lesdepechesdebrazzaville.fr/node/40214, *« Pointe-Noire : des incidents graves lors du meeting du FROCAD-IDC »* ; http://www.rfi.frafrique/20151018, *« Congo-B : meeting ainti-référendum sous haute tension à Pointe-Noire »* ; http://www.rfi.frafrique/20151018, *« Congo-B : des opposants retenus plusieurs heures à Pointe-Noire ».*

Brazzaville et à Pointe-Noire. Les affrontements se poursuivaient avec moins d'ampleur dans la journée du 21 octobre 2015.

Il est significatif de souligner que, les quartiers sud de Brazzaville étaient l'épicentre des contestations, des affrontements et de la répression policière, même si la psychose gagnait également les autres quartiers dont les populations redoutaient le spectre de la guerre civile des années quatre-vingt-dix.

Dans une espèce de bilan macabre, les autorités reconnaissaient 4 morts (trois à Brazzaville, un à Pointe-Noire) et une dizaine de blessés, tandis que l'opposition déplorait plus de 17 morts et des blessés auxquels elle rendait hommage dans une cérémonie organisée le 30 octobre 2015 au siège de l'UPADS à Brazzaville[422]. Chaque camp renvoyait sur l'autre la responsabilité des violences. Ces événements sonnaient le glas des espérances de l'opposition radicale de voir abandonner la tenue du référendum du 25 octobre 2015 sur la modification de la constitution. Ils marquaient également l'échec d'une unité, qui en réalité n'était que de façade, des plateformes FROCAD-IDC ; dont les signes de fissuration ne tardaient pas à apparaître, compte tenu de la déloyauté plus ou moins avérée de certains de ses membres et des divergences stratégiques.

C). Le soutien du Président français, F. HOLLANDE.

Les espoirs des opposants au référendum constitutionnel étaient douchés par le soutien explicite du Président français, François Hollande au processus référendaire. Ce dernier reconnaissait, dans une déclaration du 21 octobre 2015, à l'occasion d'une visite de l'ancien Président malien Ibrahim Boubacar Keita à l'Elysée, soit au lendemain des événements du 20 octobre 2015, le droit du Président congolais de consulter son peuple, dans les termes suivants :

« ... *Le président Sassou peut consulter son peuple, ça fait partie de son droit, et le peuple doit répondre* (...) *Ensuite, une fois que le peuple aura été*

[422]Le quotidien *« Les Dépêches de Brazzaville »* diffusait en page 4 du n°2439 du jeudi 22 octobre 2015, le communiqué du ministre de l'intérieur et de la décentralisation, dressant un bilan provisoire des affrontements du 20 octobre 2015. Ce numéro est par ailleurs largement consacré à ces événements. Pour une autre lecture du bilan nous pouvons citer les sources suivantes :
http://www.leparisien.fr/internationnal/congo/, *« Congo : quatre morts et plusieurs blessés lors des manifestations contre le président »* ; http://www.jeanneafrique.com/273141/congo-brazzaville, *« Congo-Brazzaville : des violences font 4 morts et 10 blessés »*, 21 octobre 2015 ;
http://www.france24.com/fr20151021, *« Quatre morts dans des heurts à Brazzaville entre policiers et manifestants »*, 21/10/2015 ; http://www.france24.com/fr20151021, *« Heurts à Brazzaville :les anti-Sassou bravent l'interdiction de manifester »*, 20/10/2015 ; http://www.rfi.fr/afrique/20151020, *« A Brazzaville, les affrontements tournent à l'affrontement violent »*, 20/10/2015 ;
http://www.bbc.com/afrique/region/2015/10/15020; *« Congo :4morts et 10 blessés »* ;
http://www.rfi.fr/afrique/20151020, *« Congo-Brazzaville : l'opposition honore la mémoire de ses militants »*, 31/10/2015.

consulté, cela vaut d'ailleurs pour tous les chefs d'Etat de la planète, il faut toujours veiller à rassembler, et à respecter et à apaiser... ».

Cette déclaration, favorablement accueillie par les autorités congolaises et les partisans du *« Oui »* au référendum, avait suscité de vives réactions dans l'opposition et auprès de certains organismes et médias à l'étranger. Cela en tant qu'elle marquait un revirement par rapport à la posture que le Président français avait affichée lors du sommet de la francophonie à Dakar du 29 novembre 2014 sur le respect des constitutions[423]. Cela, même si l'Elysée avait ensuite tempéré les propos du Président Hollande dans un communiqué diffusé le 22 octobre 2015[424]. Manifestement, l'Elysée s'était démarqué du parti socialiste, dont le Président Hollande était issu, et des autres partis de la gauche française, ainsi que du Front national, tout comme de l'Union européenne ainsi que des États-Unis, qui réclamaient la renonciation au référendum[425].

Certes, les questions électorales relèvent de la compétence exclusive de chaque Etat en vertu du principe de la souveraineté nationale et internationale, qui exclut toute ingérence étrangère dans les affaires intérieures d'un pays. Mais il arrive que, compte tenu des risques de conflits qui peuvent en résulter ou dégréner, la communauté internationale ait le devoir d'y prêter attention. Ce rôle devait normalement être pleinement joué par l'ONU qui, en vertu de sa charte, est garant du maintien de la paix et de la sécurité dans le monde, sans oublier le respect des droits et libertés fondamentaux de la personne humaine. Il allait de soi que certaines prises positions pouvaient être considérées comme exprimant ou éludant des intérêts plus ou moins égoïstes, plus ou moins légitimes.

Dans le cas du Congo, il y eut ceux qui, à tort ou à raison, expliquaient le changement de ton du Président français par le souci de ne pas frustrer les

---

[423] Les Dépêches de Brazzaville, *« François Hollande : Denis Sassou Nguesso a le droit de consulter son peuple »*, n°2439, du jeudi 22 octobre 2015, pp.1 et 8 ; 3, ; http:/cl2p.org/congo, *« Congo : « le double jeu de François Hollande et du Parti socialiste, »* 26/10/2015 ; http://afrique-jeune24.com, *« Congo : François Hollande soutient le droit d'organiser un référendum au Congo-Brazzaville »* ; http://www.rfi.fr/afrique/201510222, *Congo : la position d'Hollande sur le référendum fait polémique »*, 22/10/2015 ; http://www.rfi.fr/afrique/20151020 *« Congo : revirement de la position française sur le référendum »*, 23/10/2015.

[424] *« Le président de la République suit avec grande attention les événements actuels en République du Congo. Il condamne toute violence et soutient la liberté d'expression. Il rappelle qu'il avait souhaité, lors de son discours prononcé à Dakar, le 29 novembre 2014, que les Constitutions soient respectées et que les consultations électorales se tiennent dans des conditions de transparence incontestables »,* http://www.elysee.fr/communiques-de-presse/article/evenements-en-republique-du-congo/;http://www.lefigaro.fr/flash-actu/201510/22/97001, *« Référendum au Congo :Hollande réclame la transparence », 22/10/2015.*

[425]http://oeildafrique.com/congo-le-parti-socialiste-francais-appelle-sassou-a-renoncer-a-son-projet-de-referendum/. Les Etats Unis exprimaient leur position, dans un communiqué du porte-parole du Département d'Etat, l'Amiral Jojon Kirby, du 20 octobre 2015, Cf. http://congo-liberty.com?p=13619; http://www.jeuneafrique.com/mag/274392/politique/, « france-congo-quand-le-front-national-milite-contre-sassou-nguesso »,26/10/2015 ; http://www.lemonde.fr/afrique/article/2015/11/26/, *« Au Front-National la passion Congo de Louis Aliot »*, 26/11/2015.

autorités congolaises à un mois environ de la tenue de la COP 21, du 30 novembre au 12 décembre 2015 à Paris, dont il semblerait que le Congo aurait pris une part significative à son financement[426].

Qu'à cela ne tienne, l'opposition congolaise désarçonnée par le cours de ces événements, accusait le coup. Elle se contentait d'un appel à la désobéissance civile et au boycott des urnes. L'annulation du meeting du vendredi 23 octobre 2015, suite au refus opposé par le Préfet de Brazzaville en était une illustration.

§3. La tenue du scrutin et les résultats du référendum.

Les plateformes FROCAD-IDC n'ayant pas pu empêcher le référendum sur la modification de la constitution, le scrutin se tenait comme prévu le 25 octobre 2015, dans un climat très lourd, marqué par les événements que nous venons de rappeler. Le 27 octobre 2015, le ministre de l'intérieur et de la décentralisation annonçait les résultats du scrutin, faisant état de la victoire du *« OUI »* avec 92, 28 % contre 07,73 % de *« NON »,* des suffrages exprimés, sur un taux de participation de l'ordre de 72 %[427]. Ces chiffres étaient ensuite affinés par la Cour constitutionnelle qui, proclamant officiellement les résultats dans sa décision du 05 novembre 2015, retenait un taux de participation de 71,16 % et une écrasante victoire du « *OUI* » à 94,32 %, contre 5, 68 % du *« NON »*, des suffrages exprimés[428].

---

[426] Sous l'égide des Nations-Unies, la France avait accueilli, du 30 novembre au 12 décembre 2015, à Paris (notamment au Bourget) la 21ème Conférence des parties sur les changements climatiques. Le coût de l'organisation incombant au pays hôte, le budget prévisionnel de 187 millions d'euros était allègrement dépassé pour atteindre plus de 182,8 millions d'euros. D'où la nécessité de rechercher des financements externes. Le Congo, un des acteurs majeurs sur les problématiques de protection de la nature et du développement durable au sein du bassin du Congo, entendait jouer pleinement sa partition quant au succès de la Conférence de Paris, en acceptant d'en financer une partie dont on apprenait qu'elle serait d'environ 30% (Cf. Institut de veille et d'étude des relations internationales et stratégiques (IVERIS), *« Les pays pauvres non pollueurs vont-ils financer l'organisation de la COP 21 »*, https://www.iveris.eu, note d'actualité du 05 septembre 2015 ; Afrique Education, *« COP 21 : qui finance l'organisation de la Conférence ? »*, http://www.afriqueéducation.com/economie/cop_21; 14 novembre 2015 ; ibidem, 6 novembre 2015 ; Les Dépêches de Brazzaville, *« Le Congo clarifie sa position avant la COP 21 »,* n°2434 du 15 octobre 2015, pp.1 et 6 ; TV5 Monde, *« COP21 : « un financement éco compatible ? »*, http//information.tv5monde.com/info/cop21 ; Agence Ecofin, *« COP 21 : il n'y a pas assez d'argent pour financer la Conférence »*, http://www.agenceecofin.com/gestion-publique/3108-3188; Connaissance des énergies, *« COP 21 (Conférence sur le climat de Paris) : résultat de l'accord de Paris »,* http://www.connaissancedesenergies.org/fich-pédagogique; http:/www.cop21.gouv.fr, *« l'entrée en vigueur de l'accord de Paris en bonne voie ».*

[427] Cf. Les Dépêches de Brazzaville, n°2444, du 28 octobre 2015, pp. 1, 2 et 3. ; http://www.lemonde.fr/afrique, « Référendum au Congo : victoire écrasante du oui, l'opposition dénonce une 'tricherie' », 27/10/2015 ; http:/www.france24.com/, « Référendum constitutionnel au Congo-Brazzaville : victoire écrasante du Oui », 27/10/2015 ;http://information.tv5monde.com/afrique/referendum-consitutionnel-au-congo-62985, *« Référendum constitutionnel au Congo : la victoire du oui contestée sitôt proclamée»*, 27/10/2015.

[428] Décision n°003/DCC/REF/15 du 05 novembre 2015, portant proclamation des résultats du référendum constitutionnel, scrutin du 25 octobre 2015.

Ces résultats étaient diversement accueillis. D'abord, les partisans du *« OUI »* au référendum, dont ceux Parti Congolais de Travail (PCT), affichaient un profil bas, sans cacher leur satisfaction, compte tenu du contexte[429]. Ensuite, comme il fallait s'y attendre, l'opposition FROCAD-IDC qui, au-delà du rejet et de la contestation de ces résultats[430], qu'elle qualifiait de coup d'Etat constitutionnel et de fraude, s'étonnait du caractère insolite des chiffres annoncés, notamment le taux de participation de 72 % qui frisait selon elle des scores *« staliniens ».* Elle arguait du fait que l'appel au boycott des urnes aurait été largement suivi ; les électeurs auraient boudé les urnes compte tenu du contexte des violences, la participation n'aurait pas dépassé les 10 %. Appelant à la désobéissance civile, l'opposition était accusée d'agiter les peurs[431].

Des réactions étaient également mitigées auprès des observateurs internationaux ayant assisté au scrutin. Certains annonçaient une participation au-dessus des 50 % et se disaient satisfaits du déroulement du scrutin, d'autres déploraient quelques irrégularités[432].

Sur le plan diplomatique, le ministère français des affaires étrangères (le Quai d'Orsay), se contentait d'une simple prise d'acte, par une dépêche de son porte-parole publiée à l'AFP (Agence France-Presse) le 27 octobre 2010, *« Nous prenons note du résultat »*[433]. Tandis que l'Elysée se fondait d'un communiqué dans lequel il paraissait ne pas reconnaitre les résultats du référendum, on indiquant que les conditions dans lesquelles le référendum constitutionnel a été organisé dimanche au Congo, *« ne permettent pas d'en apprécier le résultat, notamment en termes de participation »*[434]. Les États-Unis se contentaient d'un communiqué du porte-parole du département d'Etat du 28 octobre 2015, exprimant leur déception sur l'issue du processus référendaire émaillé de violences et appelant les acteurs politiques à un dialogue inclusif et au respect des droits et libertés des citoyens (liberté d'expression, de manifestations et d'association) qui sont essentiels pour la paix dans une société démocratique[435].

En effet, tout était dans la mesure, dans le choix des mots, dans une sémantique qui dissimulait mal l'embarras d'une partie de la communauté internationale dans la prise de position sur une question qui relève de la souveraineté d'un Etat ; mais qui ne pouvait guère la laisser indifférente,

---

[429] Cf. Les Dépêches de Brazzaville, *« Nous apprécions les résultats sans triomphalisme »*, op. cit, p.3.

[430] Cf. Les Dépêches de Brazzaville, *«Référendum constitutionnel : l'opposition conteste les résultats»*, op. cit, p.3.

[431] Cf. Les Dépêches de Brazzaville, *« L'IDC et le FROCAD agitent la peur », n°2446, du 30 octobre 2015, pp. 1 et 3.*

[432] Cf. Les Dépêches de Brazzaville, n° 2443, du 27 octobre 2015, p.2 ; n°2444 du 28 octobre 2015, p2 ; n°2445 du 29 octobre 2015, p2.

[433] Cf. http://www.20minutes.fr/monde/1718147.

[434] Cf. http://www.lemonde.fr/afrique/2015/10/27, *« Congo : Paris ne reconnaît pas les résultats du référendum constitutionnel »*, 27/10/2015.

[435] *« The Republic of Congo's flawed referendum process »*, US.jpg (image JPEG, 850x1100pixels), http://i.2w/congo-liberty/wp-content/uploads/2015/10/US.jpg.

comme nous l'avons souligné plus haut[436]. De surcroit, dans un environnement sous-régional déjà secoué par des conflits armés et exposé à des convulsions potentiellement explosives sur la problématique des fins de mandats présidentiels[437].

Mais, les expériences démocratiques réussies à l'époque dans les pays comme le Sénégal, le Bénin, le Ghana, le Nigeria, le Burkina Faso, l'Afrique du Sud post-apartheid, la Namibie, la Tunisie ou d'autres pays comme ceux de l'Afrique australe, pour ne citer que ceux-là, devraient servir de modèles aux autres Etats en présence d'un large consensus politique et en tant qu'ils adhèrent tous aux mêmes principes consignés dans la charte africaine de la démocratie, des élections et de la gouvernance du 30 janvier 2007[438].

Enfin, l'opposition congolaise, en perte de vitesse et surtout en manque de soutien clair et d'envergure, devait s'accommoder d'une modification de la constitution dont elle n'aura pas pu empêcher l'adoption au référendum du 25 octobre 2015, dont elle n'aura pas non plus empêché la promulgation le 06 novembre 2015[439] et qu'elle persistait, sans trop de conviction, à ne pas reconnaitre[440]. Elle finira, dans les faits, par s'y résoudre et reconnaitre cette constitution qu'elle avait pourtant décriée.

---

[436] Cf. *http://www.lasemaineafricaine.net/index.php/national/12571, « Après le référendum constitutionnel la-communauté internationale inquiète de la situation au Congo »,* 31/10/2015.

[437] Il est ici fait allusion à la guerre civile en Centrafrique, à la menace Boko haram, aux violences persistantes à l'est de la République démocratique du Congo, à la situation du Burundi, à l'arrivée à terme des mandats présidentiels, outre dans les deux Congo, au Gabon, au Rwanda, au Tchad, en Guinée équatoriale etc.

[438] La charte est entrée en vigueur le 15 février 2012.

[439] JO, édition spéciale n°8, du 06 novembre 2015, pp 1 à 21.

[440] http://jeuneafrique.com/277750/, *« Congo-Brazzaville, « L'opposition rejette la nouvelle constitution promulguée par DSG »*, 08/11/2015 ; http://www.rfi.fr/afrique/20151107, *« Congo-Brazzaville :polémique après la promulgation de la constitution »*, 08/11/2015 ; Eric Mboko Koutala, *« La constitution congolaise du 25 octobre 2015 : un mort-né qu'il faudra inhumer sans honte »*, http://www.dac-presse.com, 07/12/2015 ; Les Dépêches de Brazzaville, *« Le Président de la République a promulgué la nouvelle constitution »*, n°2454 du 9 novembre 2015, p.3.

Titre 3 : Une transition atypique.

Le Congo entrait, après le référendum constitutionnel du 25 octobre 2015, dans une période transitionnelle un peu atypique. Elle était caractérisée par la coexistence de deux constitutions et la mise en place progressive, encore sur fond de tensions et de violences, des nouvelles institutions de la République prévues par la nouvelle loi fondamentale.

Chapitre 1er : La coexistence de deux constitutions.

Il s'évince des dispositions de l'article 246 de la constitution adoptée par référendum le 25 octobre 2015 qu'elle entrera en vigueur dès sa promulgation.

Dans l'absolu, la constitution du 20 janvier 2002 devrait cesser d'exister et de s'appliquer dès le 06 novembre 2015, date de la promulgation de la nouvelle constitution[441]. Une application stricte de cette disposition priverait toutes les institutions en place de base juridique, voire de toute légalité ou légitimité. Dans un souci de sécurité juridique et pour un fonctionnement régulier et continu des institutions, le constituant réglait la problématique d'un éventuel *« conflit des lois »* dans le temps, tout en aménageant une sortie de vigueur différée de la constitution du 20 janvier 2002 ; consacrant ainsi sa survivance pendant un certain temps non défini.

§ 1 : La prévention et le règlement du conflit des lois dans le temps.

La loi est ici comprise dans son acception la plus large. Il s'agit, en l'occurrence, de la loi fondamentale, de la constitution. Le risque de télescopage ou d'interférence entre les dispositions des deux constitutions, se rapportant au même objet ou à la même matière, est épargné voire garanti par l'article 243 de la constitution du 25 octobre 2015 qui dispose sans ambigüité que,

« Les traités et accords internationaux, les lois, les ordonnances et les règlements actuellement en vigueur, lorsqu'ils ne sont pas contraires à la présente loi, demeurent applicables tant qu'ils ne sont pas expressément modifiés ou abrogés. »

C'est la consécration d'une temporalité matérielle ou objective, d'une transition revêtant deux aspects.

A). Le régime de l'abrogation ou l'inapplicabilité de plein droit.

Le constituant a entendu consacrer la primauté voire l'autorité, en cas de conflit dans l'ordonnancement juridique, de la nouvelle constitution sur les textes existants quand bien même qu'ils puiseraient leur fondement dans la constitution du 20 janvier 2002. Donc, la constitution du 25 octobre 2015 prime sur celle du 20 janvier 2002 en cas de conflit. Les dispositions de la constitution du 20 janvier 2002 sont réputées non écrites en cas de

---

[441] JORC, édition spéciale n° 8, du vendredi 6 novembre 2015.

contrariété avec celles de la nouvelle constitution. C'est le régime de l'abrogation ou de la disparition de plein droit.

B). Le régime de l'abrogation ou la suppression expresse.

En l'absence de contrariété avec la nouvelle constitution, les dispositions issues de la constitution du 20 janvier 2002 survivent et continuent de s'appliquer aussi longtemps qu'elles n'auront pas été expressément supprimées. C'est le régime de l'abrogation ou de la suppression expresse. Il n'y a pas dans cette hypothèse de sortie de vigueur implicite ni tacite.

Enfin, dans cette hypothèse, aucune limite temporelle n'est assignée à la survivance ou à la coexistence des normes issues de l'une ou l'autre texte constitutionnel. Tout devait dépendre des desiderata des autorités chargées de les appliquer. On pouvait légitimement redouter une coexistence *ad vitam aeternam*.

Tandis que dans la première hypothèse, le seul constat de contrariété suffit pour rendre inapplicable l'ancienne disposition. Dans un cas comme dans l'autre, le juge constitutionnel et les juges ordinaires devraient normalement être saisis en cas de contestations suscitées par un conflit des lois.

§ 2 : La temporalité du point de vue organique, voire institutionnel.

Aux termes des dispositions de l'article 244 de la nouvelle constitution, *« Les institutions issues de la constitution du 20 janvier 2002 fonctionnent jusqu'à la mise en place des nouvelles institutions sans pouvoir dépasser, pour les institutions pourvues par voie élective, l'expiration de leur mandant ».*

Deux types d'institutions sont ici concernés. Celles qui procèdent d'une élection et celles qui n'en dépendent pas. Le cas du gouvernement méritait un traitement particulier.

A). La situation des institutions à caractère électif.

Il s'agit ici des institutions qui nécessitent des élections pour en désigner les autorités ou les membres. C'est le cas du Président de la République, des deux assemblées parlementaires, des exécutifs et des assemblées locales dans le cadre de la décentralisation, etc.

En pratique, l'organisation des élections pour la mise en place de ces institutions demande du temps et des moyens. Il faut donc assurer et garantir la continuité de l'Etat et le fonctionnement des institutions publiques. Sauf à les cantonner dans une mission consistant à n'expédier que des affaires courantes, ces institutions devraient continuer d'exercer la plénitude de leurs missions tout en veillant à ce qu'il n'y ait pas de conflits de lois, comme nous venons de le souligner.

Cependant, le terme de chaque institution procédant d'une élection reste la fin ou l'échéance du mandat en cours. Les autorités chargées de les animer ne devraient pas exercer leurs fonctions au-delà de la durée de leur investiture respective. Le constituant n'a pas prévu la possibilité d'une éventuelle prorogation, ni arrêté un chronogramme, pas non plus un ordre de priorité.

Il est donc indispensable que des élections soient organisées avant l'échéance du terme en conformité avec le nouveau cadre juridique. On aura assisté à une extinction progressive, voire *« à petit feu »,* de la constitution du 20 janvier 2002.

B). La situation des institutions non électives.

Ce sont des institutions dont les autorités ou les membres ne sont pas désignés par le procédé électoral. Nous pouvons citer dans cette catégorie, de façon non exhaustive, les juridictions ordinaires et spécialisées qui exercent le pouvoir judiciaire comme le prévoient les articles 133 et suivants de la constitution de 2002 (y compris le Conseil supérieur de la magistrature), la Cour constitutionnelle (dont les 9 membres sont nommés pour mandat est de 9 ans par le Président de la République dans les conditions définies par l'article 144 de la constitution de 2002), le Conseil supérieur de la liberté de communication prévu par l'article 161 et 162 de la constitution (régi par la loi organique n° 4-2003 du 18 janvier 2003), etc.

En application des dispositions de l'article 244 de la constitution du 25 octobre 2015, ces institutions issues de la constitution du 20 janvier 2002 devraient continuer de fonctionner jusqu'à la mise en place des nouvelles institutions.

C). Le cas particulier du Gouvernement.

Dans la constitution du 20 janvier 2002, le gouvernement était une institution intimement liée au Président de la République, qui en était le chef et en nommait les membres ; lesquels n'étaient responsables que devant lui. Le poste de 1er ministre n'existait pas[442].

Cette situation, caractéristique d'un régime présidentialiste ne pouvait pas se concilier (pendant longtemps dans le cadre de la coexistence des 2 lois fondamentales), avec la configuration d'un régime d'apparence semi-présidentiel ou semi-parlementaire institué par la constitution du 25 octobre

[442] Cf. Wilfrid Mbilampindo, *« La nouvelle constitution de la République du Congo »,* RJPIC, n°3, sept-déc. 2002, pp.362 et 370 ; *(articles 56, 74 et 81).*

2015[443] ; un régime qui prévoit la fonction d'un Premier ministre constitutionnellement investi des attributions de Chef du gouvernement, responsable devant l'Assemblée nationale[444].

Cette ambivalence était l'une des caractéristiques de cette transition atypique. Ce, d'autant plus qu'elle n'avait pas manqué d'interpeller une partie de l'opinion et des médias « *piaffant d'impatience* » de voir une clarification de la situation par la désignation d'un Premier ministre comme le prévoit la constitution du 25 octobre 2015, en vigueur depuis le 6 novembre 2015[445].

Or, si la décision de nommer un Premier ministre relève du pouvoir discrétionnaire du Président de la République, il ne peut le désigner qu'au visa de la nouvelle constitution d'où il puise le fondement juridique. Ce n'est pas pourtant une tâche facile. Car, se posent aussi les questions de la politique économique et sociale que le Premier ministre doit mener, de la majorité parlementaire sur laquelle il doit s'appuyer pour son action, même si celle de la législature en cours, dont le mandat se poursuivait jusqu'à son terme, ne lui était pas hostile. Car, le parti congolais du travail et ses alliés y étaient majoritaires.

A cela s'ajoutait le fait que dans un contexte encore marqué par des violences et des tensions pré et post-référendum, une ouverture politique aurait été souhaitable pour apaiser, calmer les esprits et réconcilier les congolais entre eux. Mais, cette option ne pouvait que se heurter à l'intransigeance d'une opposition radicale, même affaiblie.

Toutes ces contingences confortaient incontestablement un double sentiment d'immobilisme dans le fonctionnement des institutions de la République et de l'expectative qui animait les congolais de voir se concrétiser l'évolution annoncée des mêmes institutions. Cela d'autant plus qu'à mesure que les jours passaient, il semblait perceptible, à tort ou à raison, que l'avenir de certains acteurs politiques (qu'ils fussent ou non membres du gouvernement) allait se jouer selon l'intensité plus ou moins avérée de leur activisme dans la *« longue marche semée d'embûches »* qui conduisit au référendum du 25 octobre 2015.

---

[443] Nous reviendrons plus loin sur la nature du régime institué par la constitution du 25 octobre 2015.

[444] Articles 98 et 100 de la constitution de 2015.

[445] http://lasemaineafricainewww.net/index.php/national/12657, *« Après la promulgation de la constitution du 25 octobre 2015 : Le Congo à la recherche de son premier ministre », 14/11/2015* ; htttp://journaldebrazza.com/article.php, *« Qui sera premier ministre ? »*, 09/11/2015 ; http://www.adiac-congo.com/print/contente/, *« Exécutif congolais : qui pour le poste de Premier ministre ? », 07/11/2015* ; http://www.portail242.info/, *« Congo-Brazzaville : Le peuple attend un gouvernement conforme à ses aspirations »*.

Chapitre 2 : La mise en place progressive des nouvelles institutions.

L'année 2016 se présentait comme celle du commencement de l'installation progressive des intuitions définies par la constitution du 25 octobre 2015. Cette mise en place n'allait pas se faire sans difficulté, en commençant par la première d'entre elles, la présidence de la République.

Section 1 : L'élection anticipée du Président de la République.

Le Président de la République annonçait le 22 décembre 2015 devant les Députés, en séance plénière exceptionnelle, la tenue de l'élection présidentielle au premier semestre de l'année 2016[446], au lieu du mois de juillet 2016 comme le prévoyait la constitution du 20 janvier 2002. Cette élection présidentielle était le premier acte qui concrétisait l'application effective de la constitution du 25 octobre 2015. Le Conseil des ministres adoptait le 30 décembre 2015 le projet du décret convoquant le corps électoral pour le 1er tour de l'élection présidentielle au 20 mars 2016[447].

L'anticipation de l'élection présidentielle allait non seulement exacerber les tensions encore vivaces depuis le référendum constitutionnel, mais aussi accentuer les clivages au sein de l'opposition dite radicale.

§ 1 : Une opposition divisée sur l'élection présidentielle anticipée.

L'annonce de l'élection présidentielle anticipée avait mis l'opposition FROCAD-IDC dans une position très embarrassante. Prise de cours, elle se trouvait face à un dilemme d'où elle sortait désunie. Après avoir dénoncé, ce qui paraissait à leurs yeux, le caractère illégal de l'élection présidentielle anticipée au 1er trimestre 2016[448], l'opposition était divisée entre le boycott et la participation à ce processus électoral.

A). La décision de la Cour constitutionnelle du 20 janvier 2016.

La Cour constitutionnelle avait été saisie, le 04 janvier 2016 par M. Kitsoro Firmin Kinzounza, d'un recours aux fins de voir constater que le projet de la nouvelle loi électorale n'était pas encore voté par le Parlement,

---

[446] « *Election présidentielle : Le Président de la république réajuste le calendrier* », Le Patriote, n°361 du 23 décembre 2015, pp. 1 et 3.

[447] Décret n°2015-1000 du 30 décembre 2015.

[448] « Congo : l'opposition qualifie l'élection présidentielle anticipée d'illégale », http : fr.starafrica.com.27/12/2015.

de telle sorte qu'il ne pouvait pas y avoir de décret d'application d'une loi qui n'a pas été adoptée par le Parlement et dont la conformité à la Constitution n'avait pas été constatée par la Cour constitutionnelle ; de constater l'illégalité de la décision du gouvernement de convoquer unilatéralement le corps électoral en s'arrogeant de l'une des prérogatives de la Commission électorale nationale et indépendante (CENI) ; et de prononcer la nullité de la décision du gouvernement convoquant le corps électoral le 20 mars 2016 en vue du premier tour de l'élection présidentielle[449]. Le requérant déclarait avoir été juridiquement conseillé par un certain nombre d'anciens élèves de l'Ecole nationale d'administration et de la magistrature (ENAM).

I). Sur la compétence de la Cour Constitutionnelle.

Se prononçant sur sa compétence, la Cour constitutionnelle s'était d'abord fondée sur les dispositions de l'article 176 alinéa 1 de la Constitution du 25 octobre 2015, aux termes duquel, *« La Cour constitutionnelle veille à la régularité de l'élection du Président de la République ».*

Ensuite, pour préciser ce qu'il entendait par là, la Cour constitutionnelle se référait à sa propre jurisprudence, notamment sa délibération n° 001/DEL/CC/09 du 28 avril 2009 relative à la régularité de l'élection du Président de la République ; aux termes de laquelle, elle considérait que,

« si en règle générale, la compétence de la Cour constitutionnelle se limite notamment au contrôle de la constitutionnalité des lois, des traités et des accords internationaux et à statuer, en cas de contestation, sur la régularité des élections législatives et sénatoriales, il en est autrement en cas d'élection du Président de la République où sa compétence s'étend, exceptionnellement, à la connaissance de tous les textes (...) y compris les actes réglementaires qui en constituent le support juridique ; qu'il en résulte que la Cour constitutionnelle est fondée, en cas de contestation, à connaître de tous les actes relatifs à l'élection du Président de la République, quelle qu'en soit la nature » ;

La Cour devait considérer, à l'aune de cette jurisprudence, qu'en l'espèce,

« ... la décision du Gouvernement de convoquer le corps électoral le 20 mars 2016 pour le premier tour de l'élection présidentielle se matérialise par un décret en Conseil des ministres ; qu'il s'agit d'un acte administratif qui, en raison de ce qu'il concerne l'élection du Président de la République, est susceptible d'avoir des implications sur la régularité de

[449] Décision n° 001/DCC/SVA/16 du 20 janvier 2016 sur la nullité de la décision du Gouvernement portant convocation du corps électoral le 20 mars 2016 pour le premier tour de l'élection présidentielle, JO, du 04/02/2016, pp.170-172.

ladite élection et relève, dès lors, en cas de contestation, de la compétence de la Cour constitutionnelle ; Considérant qu'ainsi, la Cour constitutionnelle est compétente pour statuer, en l'espèce, sur la nullité de la décision du Gouvernement portant convocation du corps électoral pour le 20 mars 2016 en vue du premier tour de l'élection du Président de la République... »[450]

II). Sur la régularité de la décision attaquée.

La requête de M. Kinzounza (Kitsoro Firmin) tendait principalement à la nullité voire à *« l'illégalité »* de la décision du 30 décembre 2015.

- *Sur la violation du projet de la nouvelle loi électorale.*

La Cour avait considéré à juste titre que le requérant ne pouvait pas faire grief au gouvernement d'avoir, dans sa décision du 30 décembre 2015 précitée, violé le projet de la nouvelle loi électorale, dans la mesure où ce texte n'était pas encore entré dans l'ordonnancement juridique. Il s'agissait d'un acte préparatoire.

« ...il s'agit, par définition, d'un texte non encore adopté par les deux chambres du Parlement et encore moins promulgué par le Président de la République pour qu'il soit considéré comme un texte faisant déjà partie de notre ordonnancement juridique ».

- *Sur l'appropriation des prérogatives de la CNEI.*

Le moyen tiré de ce que le gouvernement se serait arrogé les prérogatives de la Commission électorale indépendante, manque en fait, dans la mesure où cet organe n'était pas encore créé à la date de la décision attaquée.

« ...considérant que le requérant ne saurait, non plus, alléguer l'appropriation, par le Gouvernement, des prérogatives de la commission nationale électorale indépendante alors que cet organe n'a aucune existence légale au moment de la saisine de la Cour constitutionnelle... »

Par ailleurs, la Cour constitutionnelle avait considéré que, n'était pas fondé, l'argument selon lequel,

« Le projet de la nouvelle loi électorale n'est pas encore voté par le Parlement et que, par conséquent, il ne saurait y avoir de décret d'application d'une loi qui n'a pas été adoptée par le Parlement et dont la conformité à la Constitution n'a pas été constatée par la Cour constitutionnelle ».

Aux termes de l'article 68 de la Constitution du 25 octobre 2015, le corps électoral est convoqué par décret en Conseil des ministres.

[450] Cf. Décision n° 001/DCC/SVA/16 du 20 janvier 2016 (précitée).

D'autre part, selon la Cour,

« ...aucune disposition de la Constitution, de la loi organique n° 1-2003 du 17 janvier 2003 portant organisation et fonctionnement de la Cour constitutionnelle ou de la loi n° 9-2001 du 10 décembre 2001 portant loi électorale telle que modifiée et complétée par les lois n° 5-2007 du 25 mai 2007, 9-2012 du 23 mai 2012 et 40-2014 du 1er septembre 2014, ne prévoit un contrôle de constitutionnalité préalable de la loi électorale par la Cour constitutionnelle avant sa promulgation par le Président de la République ».

- *Sur les autres moyens soulevés par le requérant.*

La Cour faisait grief au requérant de n'avoir pas établi la pertinence de son argumentation, d'une part, en ce qu'il n'a pas produit la décision attaquée et, d'autre part, le cadre juridique sur lequel il se fonde pour invoquer les 12 vices de procédure affectant, selon lui, l'édiction de la décision attaquée.

Il est constant que, sous réserve des règles de procédure spécifiques à l'office du juge constitutionnel, le défaut de production matérielle de la décision querellée, notamment le décret en Conseil des ministres du 30 décembre 2015 convoquant le corps électoral au 1er tour de l'élection présidentielle du 20 mars 2016, ne constitue pas un motif sérieux ni déterminant de la recevabilité ni du rejet de la requête dont la Cour était saisie.

Cela d'autant plus qu'à défaut d'être publiée au Journal officiel, cette décision était rendue publique, annoncée dans le compte rendu du Conseil des ministres du 30 décembre 2015 et relayée aussi bien dans les médias écrits qu'audiovisuel. Ensuite, s'agissant du contentieux électoral, notamment de l'élection présidentielle sur laquelle la Cour détient des prérogatives très larges comme il vient d'être rappelé, elle pouvait dans, le cadre de son pouvoir général d'instruction, en requérir la production par l'autorité détentrice pour accomplir sa mission. Enfin, c'est à juste titre que la Cour avait considéré, en l'état du droit alors applicable que,

« ...aucun texte ne confère compétence ou prérogative à l'organe en charge de l'organisation des élections de convoquer le corps électoral pour l'élection présidentielle ; Considérant, plutôt, que la convocation du corps électoral pour l'élection présidentielle relève non pas de la compétence de l'organe en charge de l'organisation des élections, mais du Président de la République par décret en Conseil des ministres ainsi qu'en dispose l'article 68 précité de la Constitution... »

Il est justement rappelé, à cet effet, les dispositions transitoires de la constitution du 25 octobre 2015, notamment l'article 243 aux termes duquel, *« les traités et accords internationaux, les lois, les ordonnances et les règlements actuellement en vigueur, lorsqu'ils ne sont pas contraires à la présente loi, demeurent applicables tant qu'ils ne sont pas expressément modifiés ou abrogés »* ;

Dès lors, l'article 51 de la loi électorale précitée, encore en vigueur à la date de la saine de la Cour, disposant que *« la convocation des électeurs est faite par décret en Conseil des ministres ».* Ainsi donc, la décision issue du Conseil des ministres du 30 décembre 2015 était régulièrement prise.

B). Le dilemme de l'opposition.

L'opposition FROCAD-IDC était partagée entre deux postures. La détermination en prônant le boycott de l'élection présidentielle anticipée et la participation sous certaines conditions que l'on qualifierait de *« suspensives ».* La division éclatait lors d'une réunion des deux plateformes, tenue en urgence le 06 janvier 2016 au siège de l'UPADS à Brazzaville, au cours de laquelle les deux postures devenaient inconciliables.

I). Le déterminisme prônant le boycott de l'élection présidentielle anticipée.

Cette ligne radicale s'inscrivait dans la continuité de l'idéologie fondatrice du respect de l'ordre constitutionnel établi par la constitution du 20 janvier 2002, qui avait consisté dès le départ à s'opposer à la révision ou la modification de cette constitution et au référendum du 25 octobre 2015 contre lequel le FROCAD-IDC s'était battu. Cette posture était adoptée par un conglomérat, émergeant principalement de la plateforme FROCAD, désormais dénommée *« Collectif de l'opposition congolaise »* le (COC) qui regroupait entre autres partis l'UDR-Mwinda, le CAP et l'ARD ; une sorte de plateforme dans la plateforme.

Refusant ce qu'il convenait d'appeler le fait accompli, les membres du COC considéraient que la participation à l'élection présidentielle du 20 mars 2016 était non seulement un reniement de leurs propres convictions, un manque de respect pour la mémoire de tous ceux qui avaient perdu la vie et étaient blessés, mais aussi et surtout, la reconnaissance de la constitution du 25 octobre 2015 qu'ils ne cessaient de décrier et d'en contester la validité[451].

A en croire l'un de ses ténors, M. Mathias Dzon, Président de l'Alliance pour la République et la Démocratie (ARD), la vraie opposition radicale était le COC. Pour lui, le refus de participer à cette élection présidentielle se justifiait par plusieurs facteurs et beaucoup de problèmes non résolus : la date du 20 mars 2016 était précipitée, le changement de la constitution, le

---

[451] Cf. *« Congo : Brazzaville : l'opposition divisée sur la présidentielle »,* http://www.rfiafrique/27/01/2016; *« Congo-Brazzaville : la plateforme d'oppositions FROCAD au bord de l'explosion ? »,* http://www.jeuneafrique.com/06/01/2016; *« Un collectif des partis de l'opposition refuse de prendre part au scrutin »,* Les Dépêches de Brazzaville, n°2500 du 06 janvier 2016, p.2.

3ème mandat du Président de la République sortant, la gouvernance électorale. Il considérait que le FROCAD n'existait plus, il était mort parce que les trois objectifs ayant présidé à sa création (le respect de l'ordre constitutionnel, l'alternance démocratique et la refondation de la gouvernance électorale) étaient abandonnés. Il disait n'avoir jamais considéré l'IDC comme une opposition, mais comme *« un club d'anciens collaborateurs du Président SASSOU »*. Enfin, il n'avait pas non plus de mots assez durs pour qualifier ses anciens camarades du FROCAD-IDC, qui avaient décidé de participer à l'élection présidentielle, comme étant des *« bandits »* et des *« aventuriers »*[452]. Ces propos excessifs et inélégants n'étaient de nature à élever le débat ni à apaiser les dissensions au sein de l'opposition.

II). La participation sous conditions à l'élection présidentielle anticipée.

L'autre frange de l'opposition radicale était disposée à participer à l'élection présidentielle anticipée sous certaines conditions. On pouvait y voir un changement de stratégie.

a). Un changement de stratégie!

La majeure partie des membres des plates formes FROCAD-IDC, adoptant une posture modérée en apparence, acceptait de participer sous certaines conditions à l'élection présidentielle anticipée du 20 mars 2016, dans un souci, sans doute, louable de garantir la paix. D'où l'émergence d'une coalition dénommée *« Sauvons le Congo »,* menée par le défunt Paul Marie MPOUELE[453] ancien coordonnateur du FROCAD, qui ne regroupait pas forcément tous les membres du FROCAD-IDC favorables à une participation sous conditions à l'élection présidentielle.

Cette posture n'était pas sans poser la question de la cohérence de leurs engagements par rapport à leur farouche opposition au changement de la constitution de 2002, qu'ils n'avaient pas pu empêcher et au refus de reconnaitre la validité du référendum constitutionnel du 25 octobre 2015.

La participation à l'élection présidentielle du 20 mars 2016, même sous conditions suspensives, traduisait implicitement la reconnaissance de la constitution issue du référendum du 25 octobre 2015. Cela d'autant plus que, comme il sera vu plus loin, la remise en cause de cette nouvelle constitution ne figurait pas parmi les fameuses conditions. Une telle prise de position ne

---

[452] Cf. *« Le FROCAD est mort, l'IDC est un club de collaborateurs du Président SASSOU »,* interview accordée par M. DZON à l'hebdomadaire LE PATRIOTE, n°368 du 15 février 2016, pp. 1, 6 et 7.

[453] Paul-Marie Mpouele, ancien coordonnateur du FROCAD-IDC, est décédé le 1er juillet 2020 à Brazzaville.

pouvait que conforter la majorité présidentielle et le camp du *« OUI »* au référendum constitutionnel, qui se frottaient les mains pour engranger de nouvelles victoires électorales après le référendum constitutionnel.

Mais, sans être une résignation, cette participation pouvait aussi être perçue comme un changement de stratégie (suite à l'essoufflement et à l'échec des appels à la mobilisation des masses) consistant à se montrer légaliste ou réaliste dans le but d'espérer triompher à l'élection présidentielle et, soit de remettre les institutions dans l'état ante-référendum du 25 octobre 2015 (le rétablissement de la constitution du 20 janvier 2002), soit de réécrire une nouvelle loi fondamentale en s'inspirant de l'ancienne constitution de 15 mars 1992.

b). Les conditions de participation à l'élection présidentielle du 20 mars 2016.

Les plateformes FROCAD-IDC conditionnaient leur participation à l'élection présidentielle anticipée du 20 mars 2016 à la résolution préalable des préoccupations suivantes :

- *La réorganisation de la gouvernance électorale (la mise en place d'une Commission électorale nationale et indépendante acceptée par tous, en lieu et place de la CONEL).*
- *La révision du fichier électoral (un fichier fiable, préalablement expertisé avec le concours de l'IFES et de l'OIF, cela passe par un recensement),*
- *La carte biométrique,*
- *Le bulletin unique pour tous les candidats,*
- *Le redécoupage électoral,*
- *La libération des prisonniers politiques.*

Parmi les leaders de l'opposition, M. A. Okombi-Salissa (président du CADD, plateforme IDC), considérait qu'à minima, la commission électorale devait être indépendante et le recensement s'imposait, parce qu'il était injuste que les jeunes qui venaient d'avoir 18 ans soient exclus du processus électoral. Pour M. Tsaty-Mabiala (Secrétaire général de l'UPADS), *« ... le pouvoir et l'opposition devraient s'asseoir pour discuter afin de créer les conditions d'une élection crédible... »*[454].

Il était évident qu'à défaut d'un consensus, toutes ces exigences de l'opposition ne pouvaient pas être satisfaites par le pouvoir. Les prendre toutes en compte, allait demander du temps et rendrait incertaine la tenue de l'élection présidentielle anticipée le 20 mars 2016. Un report de la date de

[454]« Congo :l'opposition conditionne sa participation à l'élection présidentielle », http://www.rfi/afrique/27/12/2015; B. Bilombot Bitadys, *« Congo : Brazzaville, Le piège de la CENI et du bulletin unique »*, http://blogs.mediapert.fr, 29/12/2015 ; *« La fuite en avant de l'opposition radicale »*, Le Patriote, n°362 du 04 janvier 2016, p.6.

cette élection s'avérait indispensable. Mais cette hypothèse se heurtait au refus catégorique des autorités de l'Etat.

c). La forme de la participation à l'élection présidentielle du 20 mars 2016.

Si le principe de la participation était acquis, se posait la question des modalités et surtout sous qu'elle forme l'opposition FROCAD-IDC allait participer à cette élection présidentielle pour la remporter. Car, le but primordial n'était pas de participer à tout prix, pour faire de la figuration, mais de gagner.

Lorsqu'on sait que les deux plateformes FROCAD-IDC rassemblaient des partis politiques et entités présidés ou dirigés par des personnalités de très hautes envergures et notoirement connues de l'opinion tant nationale qu'internationale, il fallait redouter une guerre des égos qui risquerait de déboucher sur un nouveau schisme suite à la défection d'une partie de ses membres ayant formé le collectif de l'opposition congolaise.

Un dilemme dans le dilemme surgissait, celui de la candidature unique de l'opposition FROCAD-IDC ou des candidatures multiples.

Il ne s'agissait pas simplement d'une question d'ambitions personnelles ou d'égos surdimensionnés. Mais il était question de la stratégie politique à adopter, face à la machine électorale du Parti Congolais du Travail (PCT) ; parti majoritaire au pouvoir qui, avec l'appui d'une partie de ses alliés des assises de Sibiti, allait fortement mobiliser pour faire triompher son candidat insoupçonné, le Président de la République sortant, pour lequel des incitations à déclarer sa candidature et des collectes de fonds pour son financement se multipliaient déjà.

Cependant, réunies en Convention nationale du 08 au 13 janvier 2016, les leaders des plateformes FROCAD-IDC n'avaient pas pu trouver un consensus, *« un modus vivendi »*, sur l'option d'une candidature unique ou des candidatures multiples. Ils se réservaient ainsi la possibilité de se déterminer en fonction du contexte social[455]. Tel un aveu d'échec qu'ils n'osaient assumer !

---

[455] *« Congo-Brazzaville : trois jours de convention pour battre Sassou ? »,* http://afrique.lepoint.fr, 10/01/2016 ; *« Présidentielle 2016 au Congo : la stratégie de l'IDC/FROCAD pour battre le candidat du PCT »,* http://www.portail242.info; *« Présidentielle 2016 au Congo : l'IDC/FROCAD n'a pas encore arrêté sa stratégie pour un ou divers candidats ? »,* http://www.portail242.info; *« Congo : discussions serrées au sein de l'opposition sur la prochaine présidentielle »,* https://www.opinion-internationale.com, 12/01/2016 ; *« IDC-FROCAD : Difficile consensus dans le choix du candidat unique au scrutin du 20 mars »,* Les Dépêches de Brazzaville, n°2507 du 14 janvier 2016, p1 ; *« Election présidentielle : la participation de l'opposition suspendue à plusieurs conditions », « Division »,* Les Dépêches de Brazzaville, n°2508 du 15 janvier 2016, p.2 ; *« L'opposition poursuit son conclave », « L'opposition congolaise entend renforcer son unité »,* Les Dépêches de Brazzaville, n°2504 du 11 janvier 2016, pp 1 et 2.

d). L'idée d'une candidature unique de l'opposition IDC-FROCAD.

Une telle idée était défendue par l'ancienne ministre Claudine Munari, présidente du Mouvement pour l'Unité, la Solidarité et le Travail (MUST), alors désignée à l'unanimité par ses pairs comme présidente de la Commission préparatoire de la Convention nationale de l'opposition FROCAD/IDC. Ainsi qu'elle l'affirmait dans une interview accordée au Journal *« Le Métropolis »* en janvier 2016, l'opposition devait rester unie *« pour avancer dans la même direction et parler aux congolais d'une seule voix. »*[456]

Pour elle, l'unité de l'opposition était une mesure de salut public et les deux plateformes IDC-FROCARD ne seraient pas dignes de prétendre gouverner le pays si elles ne s'accordaient pas sur une candidature unique :

« Si l'IDC et le FROCAD ne s'accordent pas sur un candidat unique, nous serions indignes de prétendre gouverner. L'unité de l'opposition est une mesure de salut public »[457].

L'idée d'une candidature unique avait l'avantage d'être fédératrice, mobilisatrice afin de rassembler, de redynamiser et de revigorer toutes les forces vives de cette opposition qui aspiraient à l'alternance, mais qui étaient encore marquées par la rudesse du processus référendaire ayant abouti à l'adoption de la constitution du 25 octobre 2015, contre laquelle elles s'étaient âprement battues sans succès.

Cette candidature unique s'imposait d'autant plus qu'elle permettait également de resserrer les rangs suite à la défection d'une partie des composantes du FROCAD ayant refusé de participer à l'élection présidentielle anticipée, notamment les membres du Collectif de l'opposition congolaise (COC). Ce choix pouvait aussi s'avérer judicieux pour mutualiser les moyens de l'opposition, compte tenu du contexte et surtout du délai extrêmement réduit de l'échéance électorale du 20 mars 2016.

En cela, Madame Munari, pour ne citer qu'elle, aurait proposé à ses pairs ce qu'elle qualifiait de *« méthode en quatre temps »*, consistant dans un,

- *1er temps, à adopter le principe de l'unité de candidature,*
- *2ème temps, à définir les critères d'éligibilité du candidat de l'opposition,*
- *3ème temps, à adopter un programme commun de gouvernement doublé d'un accord électoral,*
- *4ème temps, à choisir le candidat unique de l'opposition*[458].

---

456 Interview de Mme. C. Munari, Le Métroploli, n°23, janvier 2016 (propos recueillis par Jérôme B), pp.14-19

457 Idem, p 19.

458 Idem, p.18.

Cette approche séquentielle si ambitieuse et si séduisante fut-elle ne pouvait pas facilement être mise en œuvre en un laps de temps, c'est-à-dire à moins de 2 mois de l'élection présidentielle anticipée du 20 mars 2016. Elle aurait nécessité le temps de la réflexion et de la définition des différents contours et paramètres. Donc, un travail minutieux de préparation pour parvenir au but recherché : la désignation du candidat unique de l'opposition.

Un tel schéma paraissait concevable dans la perspective de l'élection présidentielle de juillet 2016, conformément à la constitution du 20 janvier 2002 et réaffirmée dans une certaine mesure par les dispositions de l'article 244 de la constitution du 25 octobre 2015 qui maintiennent les institutions pourvues par voie élective jusqu'à l'expiration de leurs mandats. Il ne pouvait guère s'accommoder avec une élection anticipée, qui avait pris tous les acteurs politiques de vitesse, surtout ceux de l'opposition.

Sauf à considérer que tout acteur politique (institutionnel et individuel) qui aspire à gouverner doit se tenir constamment prêt pour agir et prendre ses responsabilités en toute circonstance ; de telle sorte que chacune des composantes du FROCAD-IDC aurait déjà peaufiné un programme de gouvernement dont il fallait faire la synthèse et choisir le meilleur d'entre eux, le candidat potentiel, selon le mode de désignation qui sied, pour le présenter aux suffrages des congolais.

En l'espèce, il est constant que l'urgence et les ambitions des uns et des autres ne pouvaient guère favoriser l'éclosion d'une candidature unitaire de l'opposition pour une élection présidentielle qu'elle était loin d'imagine très anticipée, voire précipitée.

e). Les raisons des candidatures multiples.

Le contexte et l'anticipation accélérée de l'élection présidentielle au 20 mars 2016 n'expliquaient pas tout. Les termes quelque peu emphatiques du communiqué final de la convention nationale de l'opposition du 8 au 13 janvier 2016, consistant à ne décider d'une candidature unique ou d'une multiplicité candidatures de l'opposition IDC-FROCAD qu'en fonction d'une analyse *« du contexte sociologique »*, dissimulaient mal un malaise. Donc, un constat d'échec.

Même un observateur moins averti ne pouvait guère se laisser convaincre d'une éventuelle résurgence de la nécessité d'une candidature unique, face à l'imminence du 1er tour de l'élection présidentielle anticipée. Car, il ne fallait pas perdre du temps à tergiverser pendant que le PCT et ses alliés s'activaient à mobiliser et à galvaniser les foules sur le terrain.

La notion de *« contexte sociologique »* devant dicter le choix de l'une ou l'autre option n'était pas non plus clarifiée.

Etait-ce à dessein ?

On peut se risquer à penser, sous toutes réserves, que cette idée recouvrait la stratégie du maillage territorial des différentes composantes de l'opposition FROCAD-IDC, notamment de leurs leaders respectifs par rapport à leur capacité à faire face au candidat du PCT et ses alliés.

Une telle vision de l'implantation territoriale pour la représentativité des partis et composantes du FROCAD-IDC ne pouvait être crédible que si elle procédait d'une analyse objective des données ou de la situation du terrain. La représentativité au sein du parlement ou des exécutifs et des assemblées territoriaux ne saurait suffire. Le maillage territorial fait appel aux spécialistes de la communication politique. Car, ce qui vaut pour le marketing *« mercuriale »* ou *« commercial »* l'est dans une certaine mesure pour le *« marketing politique » ; à* savoir, le cadrage du terrain, la collecte, la sélection et l'analyse des données, les recommandations efficientes ou stratégiques, etc.

Les ambitions peuvent être déçues et les stratégies faussées si tous ces paramètres ne sont pas maîtrisés. Cela conduit à la perception de la configuration du cadre d'implantation sociopolitique des leaders dont on sait, comme c'est bien le cas dans les pays africains, qu'ils puisent ou espèrent puiser l'électorat dans leurs terroirs d'origine.

Une telle stratégie pouvait s'avérer gagnante s'il était établi, à travers l'analyse des données fiables et pertinentes, que le leader qui se réclame d'un ancrage territorial est assuré d'entraîner par son aura, sa personnalité et sa notoriété la majeure partie de l'électorat du terroir face aux candidats concurrents. Enfin, le maillage territorial peut avoir un effet d'émiettement de l'électorat ou d'éparpillement des voix, de nature à annihiler les chances de voir le candidat adverse triompher haut la main ou dès le 1er tour.

Il semblerait qu'en l'espèce c'est la stratégie du cantonnement systématique qui avait paru s'imposer, au-delà des égos et ambitions des uns et des autres, en faveur d'une pluralité de candidatures au sein de l'opposition IDC-FRACD.

C). Concernant l'opposition dite « Modérée ».

L'opposition congolaise étant plurielle, il y a lieu de souligner la position de l'opposition dite *« modérée »* qui adhérait, sans condition, à l'annonce de l'élection présidentielle anticipée du 20 mars 2016. Cette adhésion prenait la forme, soit de la présentation d'un candidat, soit du soutien pur et simple du candidat pressenti du PCT, Denis Sassou Nguesso.

I). L'opposition modérée présentant des candidats indépendants.

Il s'agissait ici des partis de l'opposition modérée, non hostile à l'annonce de l'élection présidentielle du 20 mars 2016, ayant décidé d'investir des candidats en face du candidat du parti congolais du travail. Cette catégorie comprenait un groupement de partis politiques se déclarant *« opposition républicaine »* ou la convention des partis républicains et une formation politique unitaire.

a). La convention des partis républicains (COPAR).

La convention des parties républicains (COPAR), dite *« opposition républicaine »*, est une plateforme d'une partie des formations politiques se réclamant dans une certaine mesure du centre de l'échiquier politique congolais, dont il n'est pas spécifié qu'il s'agisse du centre droit ou du centre gauche, décidait lors de sa session extraordinaire du 30 janvier 2016 de participer sans condition à l'élection présidentielle anticipée du 20 mars 2016. Elle avait investi lors de ces assises un candidat unique à l'élection présidentielle annoncée en la personne de Michel Mboussi Ngouari[459].

b). La position du Parti pour l'Action de la République MÂ (PAR).

Une autre formation politique, le Parti pour l'Action de la République MÂ (PAR), adhérait également sans concession à l'annonce et à la tenue de l'élection présidentielle anticipée du 20 mars 2016.

Ce parti avait investi Monsieur Anguios Nganguia Engambé comme candidat à l'élection présidentielle à l'issue des primaires internes organisées le 28 janvier 2016. L'histoire retiendra que ce parti est la première formation politique congolaise à avoir organisé des primaires pour choisir son candidat à une élection présidentielle[460].

---

[459]« Michel Mboussi Ngouari désigné candidat de la COPAR », http://www.lesdepêchesdebrazzaville.fr/,

[460] *« Anguios Nganguia Engambe, candidat à la présidentielle de mars 2016 »*, http://www.portail242.info/Anguios-Nganguia-Engambé: *''Sur le bulletin unique institué lors de ces primaires, cinq candidats étaient en lice. Anguios Nganguia Engambé a remporté 1005 voix soit 54,82 % secondé par Clémence Adélaïde Bassoumba qui a récolté 320 voix soit 17, 45%. Sorti troisième Jean Claude Goma a obtenu 205 voix soit 11,72%, il est suivi par Murielle Evelyne Bikouta avec 190 voix soit 10, 40 % et de Luc Mbon qui a glané 103 voix soit 5, 61%''.*

II). L'opposition modérée dite « opposition démocratique ».

Dans cette situation se trouvait l'alliance de l'opposition qui se disait « *opposition démocratique* » et une autre frange des partis du Centre, qui manifestaient leur adhésion en soutenant le candidat du PCT[461]. Ces plateformes n'avaient pas jugé utile d'invertir un candidat en leur sein en vue de l'élection présidentielle anticipée du 20 mars 2016. Elles exprimaient une adhésion à cette annonce et le soutien pur et simple du candidat pressenti du Parti congolais du Travail (PCT).

Cette posture se justifiait, selon de Secrétaire permanent du parti du centre, le défunt Jean-Michel Bokamba Yangouma[462], au regard des recommandations des assises de Sibiti, ainsi que des précédentes assises de Brazzaville (2009), d'Ewo (2011) et de Dolisie (2013). Il voyait dans la personne du candidat pressenti du PCT, le seul homme capable de réformer les institutions de la République et d'améliorer la gouvernance électorale[463].

De tout ce qui précède, l'adhésion de ces formations dites de l'opposition modérée (républicaine, démocratique ou centriste) n'avait rien de surprenant. Leur posture était en parfaite cohérence avec leur participation au dialogue de Sibiti, qui préconisait l'évolution des institutions de la République, impliquant le changement de la constitution du 20 janvier 2002.

§ 2 : La problématique de la gouvernance électorale.

La bonne gouvernance électorale est une nécessité dans une démocratie installée ou revendiquée comme telle. Dans le cas du Congo, le cadre juridique et institutionnel de la gouvernance électorale avait été revisité en vue de l'élection présidentielle anticipée du 20 mars 2016.

A). La nécessité d'une gouvernance électorale.

La gouvernance électorale peut être définie comme l'ensemble des règles d'organisation, de fonctionnement et de suivi du processus électoral. Ce sont des règles d'administration et de gestion dont dépendent la fiabilité et la crédibilité d'une élection. Lorsque les règles du jeu électoral sont faussées, ne sont pas respectées ou n'inspirent guère confiance quant à leur mise en œuvre, elles peuvent être source de conflits et se révéler pernicieuses pour le

---

[461] *« Congo-présidentielle 2016 : l'opposition qui soutient Sassou Nguesso »*, http://icibrazza.com; *« Les partis du centre soutiennent la candidature de Denis Sassou Nguesso »*, Les dépêches de Brazzaville, n°2520, 29 janvier 2016, p.3.

[462] Jean-Michel Bokamba Yangouma, coordonnateur général des partis et groupements du Centre, est décédé le 23 juin 2020 à Brazzaville.

[463] Ibidem.

pays. Pour éviter des situations de crises, il est indispensable d'agir en amont en définissant un cadre juridique et institutionnel inclusif.

Car, n'est pas démocrate qui veut ou qui dit. Il ne suffit pas d'organiser des élections pour se dire démocrate. La grandeur d'une démocratie s'apprécie aussi à travers l'efficacité, la fiabilité et l'inclusivité des mécanismes assurant la conduite des élections. C'est un idéal vers lequel les Etats africains devraient se projeter[464].

Dès lors, pour dissiper tout sentiment de méfiance envers l'administration de l'Etat en charge des questions électorales, compte tenu des soupçons de l'influence qu'exercerait le parti majoritaire au pouvoir, il est indispensable de confier la responsabilité des élections à un organe indépendant, dans le cadre d'une cogestion incluant aussi bien les acteurs politiques que les membres de la société civile. L'Etat devrait le doter des moyens matériels, financiers et humains pour accomplir ses missions avec efficacité et dans la transparence.

La gouvernance implique aussi que soient prises en compte les conditions de formation, de fonctionnement et surtout l'accès à la compétition électorale des partis ou groupements politiques, notamment les plus modestes. Cela pose le problème du financement, de l'accès aux médias, aux espaces et lieux publics, de la libre circulation des compétiteurs, etc.

Dans le cas précis du Congo, nous venons de rappeler plus haut que la principale condition de l'opposition, pour participer au scrutin présidentiel anticipé du 20 mars 2016, était l'assainissement de la gouvernance électorale. Cette revendication s'inscrivait dans le droit fil du mémorandum du FROCAD de mars 2015 adressé au Président de la République, sur la gouvernance électorale ; qui n'avait pas manqué de susciter des controverses dans le contexte des contestations du référendum sur la modification de la constitution de 2002[465].

B). Un cadre juridique et institutionnel revisité.

Le gouvernement se devait de donner quelques gages à l'opposition en révisant le cadre juridique et institutionnel du processus électoral. Dans cette

---

[464] Sans être exhaustif, on peut citer sur ce sujet, *« Les conflits et la violence politique résultant des élections : Consolider le rôle de l'Union africaine dans la prévention, la gestion et le règlement des conflits »*, Rapport du groupe des sages de l'UA, décembre 2012, International Peace Institute, Collection Union africaine, www.ipinst.org; Ibrahim MOUICHE, *« La gouvernance électorale et la consolidation démocratique en Afrique : défis et perspective »*, CODESRIA, Dakar Sénégal, 8-12 juin 2015 (Revue africaine d'études politiques et stratégiques, n°1/2015) ; *«La gouvernance légitime passe par l'intégrité du processus électoral »*, http://undp.org/content/undp/frourperpective, 25 octobre 2013 ; Toby S. James, *« Administration électorale »*, https :aceproject.org/ace-fr/topics/em/electoral-management-case-st.

[465] *« Congo-Brazzaville : mémorandum sur la gouvernance électorale de l'élection présidentielle de 2016 »*, FROCAD, http://Lavoixdupeuple.over-blog.org/2015; Martin Mberi, *« Détacher la gouvernance électorale de la constitution est une hérésie »*, Le Patriote, n°330 du 11 mai 2015, pp1, 4 et 5 ; Ciceron Massamba, *« Le piège de la gouvernance électoral : effets pervers et risques »*, http://www.lasemaineafricaine.net/index.php/23septembre 2015.

optique, il fallait modifier la législation électorale en faisant adopter par le parlement la loi n° 1-2006 du 23 janvier 2016, suivie des textes réglementaires d'application, en ce qui concerne l'organisation et les modalités de la conduite des élections[466].

I). La création d'un nouvel organe de gestion des élections : la CNEI.

La Commission nationale électorale indépendante (CNEI) était créée par la loi précitée du 23 janvier 2016[467], en lieu et place de l'ancienne Commission nationale d'organisation des élections (CONEL) qui était instituée par la loi n° 9-2001 du 10 décembre 2001, modifiée et complétée par la loi n° 40-2014 du 1er septembre 2014, portant loi électorale[468]. Les règles d'organisation et de fonctionnement de la CNEI sont définies par le décret n° 2016-34 du 1er févier 2016[469].

a). L'organisation de la CNEI.

La Commission nationale électorale indépendante est structurée à deux niveaux.

1). Au niveau national.

C'est la CNEI, en tant que telle, qui comprend une Coordination, un Comité technique et un Comité de suivi et de contrôle. Leurs membres sont nommés par décret en Conseil des ministres. Les représentants des partis politiques et de la société civile sont proposés à la nomination par leurs partis et entités en raison de 3 personnes par poste[470].

---

[466] Loi n°1-2016 du 23 janvier 2016 modifiant et complétant certaines dispositions des lois n°5-2007 du 25 mai 2007, 9-2012 du 23 mai 2012 et 40-2014 du 1er septembre 2014 modifiant et complétant certaines dispositions de la loi électorale, JO. du 25 janvier 2016 (numéro spécial). En somme elle modifie et complète la loi n°09-2001 du 10 décembre 2001 portant loi électorale.

[467] Article 17 de la loi du 23 janvier 2016.

[468] Loi n°9-2001 du 10 décembre 2001, portant loi électorale ; loi n°40-2014 du 1er septembre 2014, modifiant et complétant certaines dispositions des lois n°5-2007 du 25 mai 2007, 9-2012 du 23 mai 2012 modifiant et complétant certaines dispositions de la loi électorale, JO. 4 septembre 2014 pp. 799-802.

[469] Décret n°2016-34 fixant l'organisation, le fonctionnement de la Commission nationale électorale indépendante et les modalités de désignation de ses membres, JO. 4 février 2016, pp 155-158 ; le Décret n°2016-35 du 1er février 2016 déterminant les caractéristiques du bulletin unique de vote, JO, du 4 février 2016, pp 158-159 ; Décret n°2016-43 du 17 février 2016, portant nomination des membres de la commission nationale électorale indépendante, JO, du 18 février 2016, pp.204-205.

[470] Article 38 du décret précité du 1er février 2016.

- *La coordination.*

Elle assure la direction, l'orientation et la discipline au sein de la CNEI. Elle est animée par un bureau de 12 membres, comprenant 2 représentants de l'Etat, 6 représentants des partis politiques émanant respectivement des partis politiques de la majorité, du centre et de l'opposition, 2 représentants de la société civile dont l'objet est en rapport avec les élections, 2 personnalités choisies en raison de leur attachement à la paix et à la concorde nationale. Le Bureau de la Coordination est composé d'un président, de 4 vice-présidents, du président du Comité technique, du président du Comité de suivi et de contrôle, d'un rapporteur général, d'un rapporteur général adjoint, d'un trésorier général et d'un trésorier général adjoint[471].

- *Le Comité technique.*

Placé sous l'autorité de la coordination, le Comité technique est composé des représentants de l'Etat, des partis politiques de la majorité, du centre et de l'opposition ainsi que ceux de la société civile dont l'objet est en rapport avec les élections. Son bureau comprend un président (le représentant de l'Etat), 4 vice-présidents, un rapporteur et 4 membres.

Il est subdivisé en 4 sous-commissions (opérations électorales, communication, matériel et transport, sécurité) dont les présidents sont membres de la coordination. Chaque sous-commission est gérée par un bureau composé d'un président, d'un vice-président, et d'un rapporteur. Leurs membres sont proposés par l'Etat, des partis politiques de la majorité, du centre et de l'opposition ainsi que ceux de la société civile dont l'objet est en rapport avec les élections[472].

- *Le Comité de suivi et de contrôle.*

Il est également placé sous l'autorité de la coordination. Il comprend un bureau présidé par le représentant de l'Etat, lequel est assisté de 4 vice-présidents issus des partis politiques de la majorité, du centre et de l'opposition ainsi que ceux de la société civile dont l'objet est en rapport avec les élections, et d'un rapporteur choisi parmi les personnalités reconnues en raison de leur attachement à la paix et à la concorde nationale. Les membres du comité de suivi et de contrôle sont au nombre de 72 ; à raison de 12 pour l'Etat, 36 pour les partis politiques (12 pour la majorité, 12 pour l'opposition et 12 pour le centre), 12 pour la société civile dont l'objet

---

[471] Cf. article 1er, 3, 4 et 9 du décret précité du 1er février 2016.
[472] Cf. articles 10, 11, et 13 du décret du 1er février 2016.

est en rapport avec les élections et 12 personnalités choisies en raison de leurs compétences[473].

2). Au niveau local.

La gouvernance électorale est assurée au niveau local par des commissions locales d'organisation des élections, qui dépendent de la Commission nationale électorale indépendante.

On distingue deux types de commissions locales en matière électorale : les commissions locales d'organisation des élections dans les départements et les commissions locales d'organisation des élections dans les districts et dans les arrondissements. Leurs membres sont nommés par arrêté du ministre en charge ses élections.

Un délégué de la Commission nationale siège auprès de chaque Commission locale. Il est chargé du suivi des opérations de vote et de la validation des documents sanctionnant le scrutin. Il veille à la transmission des résultats et assure la transmission des documents originaux de l'élection au bureau de la coordination nationale.

Cependant, rien n'est précisé si ce délégué est choisi parmi les représentants de l'Etat, des partis, de la société civile ou des personnalités reconnues soit par leur expertise, soit par leur attachement aux valeurs de paix, de cohésion ou de concorde nationale.

- *Les commissions d'organisation des élections dans les départements.*

Elle est animée par un bureau comprenant un président, 4 vice-présidents, un rapporteur et un trésorier. Le président est un fonctionnaire ou une personnalité reconnue pour son attachement à la paix et à la concorder nationale, nommée par l'administration.

Les 4 vice-présidents sont issus des partis politiques de la majorité, de l'opposition, du centre et de la société civile dont l'objet est en rapport avec les élections. Le rapporteur représente l'administration électorale, tandis que le trésorier est le représentant de l'Etat.

Cette commission locale est compétente en matière d'élection sénatoriale (organisation, la bonne tenue du scrutin et la transmission des résultats à la coordination)[474].

---

[473] Cf. article 16, 17 et 18.

[474] Cf. articles 22 à 24 du décret du 1er février 2016.

- *Les Commissions d'organisation des élections dans les districts et arrondissements.*

Elle est chargée d'organiser les référendums, l'élection du président de la République, les élections des députés à l'Assemblée nationale, les élections des conseillers départementaux et municipaux. Elle est composée d'un bureau comprenant 1 président (nommé par le ministre de l'intérieur), 4 vice-présidents (issus des partis politiques de la majorité, de l'opposition, du centre et de la société civile dont l'objet est en rapport avec les élections), 1 rapporteur (représente d'administration) et 1 trésorier (représentant e l'Etat).

S'agissant de l'élection des députés dans les communes à circonscription unique, il est institué une commission locale unique qui couvre tous les arrondissements. Ces commissions locales d'organisations des élections dans les districts et les arrondissements sont chargées de coordonner l'organisation des élections, d'observer et de suivre le déroulement des différents scrutins et de garantir la bonne marche des élections[475].

b). Les caractéristiques et le fonctionnement de la CNEI.

La Commission nationale électorale indépendante est une autorité administrative indépendante. A ce titre elle est dotée de la personnalité juridique et de l'autonomie financière.

1). Les principales caractéristiques de la CNEI.

L'indépendance, l'autonomie financière et la garantie de l'impartialité, sont les principales caractéristiques affichées de la CNEI.

- *L'affirmation de l'indépendance de la CNEI.*

La loi du 23 janvier 2016 précise l'indépendance de la CNEI dans l'alinéa 3 de son article 17. Cette indépendance s'entend dans la capacité de fonctionner effectivement et de prendre des décisions concernant l'organisation, la gestion et la conduite des opérations électorales.

Gage de son indépendance, la Commission se doit de garantir l'impartialité, la transparence, la régularité des opérations électorales ainsi que le caractère juste des résultats issus du vote (article 17 alinéa 4 de la loi électorale du 23 janvier 2016).

Cette définition, par le législateur, de l'indépendance de la CNEI n'est pas entièrement satisfaisante. En effet, l'indépendance d'une institution en charge de l'administration et de la gestion des élections doit s'apprécier, outre au plan interne, au regard des pesanteurs externes, d'où qu'elles

---

[475] Cf. article 25 à 27 du décret du 1er février 2016.

viennent. Elle doit être directement ou indirectement à l'abri des influences émanant des organes constitués de l'Etat, des partis politiques (qu'ils soient au pouvoir ou dans l'opposition), de la société civile ou des associations créées de facto.

Cette indépendance réside aussi au regard de sa légitimité, de sa composition, du mode de désignation de ses membres, de leur rôle et de leur place, ainsi que du mode de prise des décisions *(quorum, consensus, unanimité, majorité simple, majorité qualifiée, majorité absolue, voix prépondérante, etc.)*.

Le rôle du délégué de la CNEI auprès des Commissions locales suscite quelques réserves, comme nous venons de le souligner dans la mesure où, non seulement le décret du 1er février 2016 ne précise pas la catégorie des membres dont il est issu. Rien n'est précisé s'il est nommé par la Commission nationale elle-même ou proposé par elle en vue de sa nomination par le ministre en charge des élections.

Ensuite, il joue un rôle prépondérant au sein des commissions locales qui semble reléguer au second plan les membres du bureau de ces instances. Cela d'autant plus que c'est lui qui est chargés du suivi des opérations de vote et de la validation des documents sanctionnant le scrutin (notamment des procès-verbaux). Enfin, dans son rôle de superviseur, il doit veiller à la transmission des résultats et assurer la transmission des documents originaux de l'élection au Président du Bureau de la Coordination nationale.

En clair, c'est lui qui transmet les résultats du vote ainsi que les procès-verbaux qu'il aura validés. En principe, les documents du scrutin, notamment les procès-verbaux doivent être signés par tous les membres du bureau. Conférer la validation de ces documents par la signature du délégué de la CNEI, nonobstant un éventuel refus de signature d'un membre de la Commission locale pour une raison telle que la non-consignation d'un ou des incidents survenus au cours du vote, présente un risque sur la sincérité du scrutin. Dès lors, le rôle de ce personnage clé mérite d'être clarifié.

En outre, la présidence de la Commission locale confiée à un fonctionnaire (ou une personnalité reconnue pour son attachement à la paix et à la concorde nationale) nommé par l'administration, notamment le ministre en charge des élections, peut susciter quelques réserves en termes d'indépendance. Cela, en dépit du fait que les 4 vice-présidents soient issus des partis politiques et de la société civile. Il y a un risque de déséquilibre pouvant profiter au parti au pouvoir dans la mesure où le Président, le rapporteur et le trésorier dépendent de l'Etat.

- *L'affirmation de l'autonomie financière de la CNEI.*

L'indépendance de la CNEI passe aussi par la détention des moyens financiers (outre les moyens matériels et humains). La loi du 23 janvier 2016 confère à la CNEI une autonomie financière (article 17 alinéa 2), de telle sorte que les frais générés par son fonctionnement et ceux des commissions locales sont inscrits au budget de l'Etat. L'ordonnateur de la CNEI est le président de la coordination. Le Trésorier général est le comptable chargé de gérer les crédits alloués à la Commission, il établit un rapport financier à la fin de chaque élection[476].

Cette autonomie financière est toutefois limitée. D'autant plus que la Commission nationale électorale indépendante ne dispose pas de ressources propres. Il serait judicieux que lui soit affecté, outre les crédits alloués par l'Etat, par exemple les droits de participation non remboursables à l'élection présidentielle (25.000.000FCFA, article 48 loi du 23 janvier 2016), aux élections législatives et sénatoriales (1.500.000FCFA, article 62 et 75 loi du 23 janvier 2016) et aux élections locales (500.000 FCFA, de la même loi).

On pourrait également lui affecter une partie des frais d'enregistrement des partis et groupements politiques lors de leur déclaration de création ou de transformation. A cela viendrait également s'ajouter des amendes résultant des condamnations définitives pour infractions à la législation sur les élections et les partis politiques.

2). Le fonctionnement de la CNEI.

Le législateur a inscrit le principe de la cogestion dans le fonctionnent de la CNEI. Il a défini les missions de cette institution de gestion des élections ; qu'il s'agisse des missions de coordination, des missions techniques, des missions de suivi et de contrôle, ainsi que d'autres fonctions en général.

- *La consécration du principe de la cogestion.*

Comme nous l'avons souligné plus haut, la gouvernance électorale instituée par la nouvelle loi électorale devrait fonctionner selon le principe de la cogestion, associant le ministère en charge des élections (ministère de l'intérieur). C'est ainsi qu'en disposent les articles 15 et 16 de la loi du 23 janvier 2016,

« Les opérations relatives à la préparation des élections relèvent de la compétence conjointe du ministre chargé des élections et de la Commission nationale électorale indépendante qui en assure, en particulier, le suivi et le contrôle... » (article 15 nouveau),

*« Les actes préparatoires aux élections sont accomplis conjointement par l'administration, sous l'autorité du ministre en charge des élections et la Commission nationale électorale indépendante. » (*article 16 nouveau).

Il en résulte que la CNEI a pour mission, au stade des actes préparatoires accomplis de concert avec l'administration, de lui proposer toutes les

[476] Cf. articles 5, 8, 15 et 37 du décret du 1er février 2016.

mesures susceptibles de contribuer à la bonne tenue des élections et d'en assurer le suivi et le contrôle[477].

Au stade de l'organisation du scrutin, les missions de la CNEI sont diverses et variées. Elles consistent à assurer, de concert avec l'administration, la distribution des cartes d'électeurs ; à organiser les différents scrutins ; à veiller à la régularité des opérations de la campagne électorale et de faire aux candidats toute injonction utile au bon déroulement de celle-ci ; à assurer la formation des membres des bureaux de vote et des autres personnels électoraux ; à vérifier et afficher, de concert avec l'administration, les listes électorales devant chaque bureau de vote ; à concevoir et à mettre en œuvre, de concert avec l'administration, une campagne d'éducation civique et morale des populations sur les élections ; à exécuter et à assurer le suivi de toutes les opérations de vote, de dépouillement et d'affichage des résultats ; à centraliser les résultats électoraux transmis par les commissions locales ; à proposer à l'administration toutes mesures susceptibles de contribuer à la bonne tenue des scrutins ; à transmettre, pour proclamation, les résultats électoraux au ministre chargé des élections et, le cas échéant, à la Cour constitutionnelle[478].

- *Les missions de coordination de la CNEI.*

La CNEI assure la direction et l'orientation de la Commission nationale électorale indépendante ainsi que la discipline en son sein. Elle est chargée, notamment, de coordonner les activités de la Commission ; d'observer et de suivre le déroulement des différents scrutins ; de garantir l'impartialité, la transparence et la bonne tenue des élections (article 2 du décret du 1er février 2016).

- *Les missions du Comité technique de la CNEI.*

Elles sont définies dans l'article 10 du décret et consistent à organiser les différents scrutins ; à vérifier et participer à l'affichage des listes électorales ; à vérifier et participer à la distribution des cartes d'électeurs ainsi qu'à centraliser et traiter les résultats des élections.

Quant à ses 4 sous-commissions, elles ont respectivement pour missions, s'agissant de la sous-commission opérations électorales, de préparer et d'organiser les différents scrutins ; de la sous-commission communication, d'assurer la sensibilisation permanente des populations sur le déroulement des élections ; de la sous-commission matérielle et transport, de suivre le

---

[477] Cf. article 17 a) de la loi du 23 janvier 2016).
[478] Cf. article 17 b de la loi du 23 janvier 2016.

transport et l'acheminement du matériel électoral ; de la sous-commission sécurité, d'assurer la sécurité des différents scrutins[479].

Enfin, le comité technique établit un rapport à la fin de chaque élection et le transmet à la coordination de la CNEI[480].

- *Les missions du Comité de suivi et de contrôle.*

Elles sont définies par l'article 15 du décret et consistent à suivre et contrôler l'accomplissement des actes préparatoires ; à vérifier les listes électorales ; à proposer à la coordination toutes mesures susceptibles de contribuer à la bonne tenue des élections.

- *Le fonctionnement de la CNEI en général.*

D'une manière générale, et dans le cadre de son fonctionnement, la CNEI élabore et adopte son programme d'activités, son budget et son règlement intérieur. Les décisions de la coordination ainsi que celles des commissions locales sont prises par consensus. A défaut de consensus, il est procédé au vote. En cas de partage de voix, celle du président est prépondérante. Le quorum n'est pas exigé pour la tenue des réunions des différents organes de la CNEI. Les réunions ne sont pas publiques. Les membres de la CNEI sont astreints à une obligation de réserve.

Les commissions locales d'organisation des élections doivent établir les procès-verbaux de leurs délibérations en deux exemplaires, dont l'un est conservé comme archive et l'autre, transmis à la commission nationale. En cas de démission d'un membre de la CNEI, il est procédé à son remplacement dans les conditions énoncées aux articles 39 et 40 du décret du 1er février 2016. La démission ne suspend pas le fonctionnement de la CNEI.

La CNEI peut, en cas de besoin, faire appel à des experts ou à tout sachant. Sauf empêchement motivé, la présence aux réunions est obligatoire pour toutes les instances de la CNEI, tant au niveau national qu'au niveau local[481].

Par ailleurs, il convient de souligner que, les membres des commissions locales d'organisation des élections sont soumis à l'obligation de résider dans leurs localités respectives. Ils ne peuvent pas être candidats à une élection. Ceux de la commission nationale et des commissions locales d'organisation des élections bénéficient, dans l'exercice de leurs fonctions, de la protection et de l'assistance des autorités administratives[482]. Après chaque élection, le président de la Commission nationale électorale

---

[479] Cf. article 12 du décret du 1er février 2016.

[480] Cf. Article 14 du décret précité.

[481] Cf. Articles 28 à 35 du décret.

[482] Cf. article 40 et 41 du décret.

indépendante adresse, dans un délai de soixante jours, un rapport au Président de la République, au président de l'Assemblée nationale, au président du Sénat et au ministre chargé des élections sur les conditions de préparation, d'organisation et les résultats des élections[483].

c). Sur la discipline et le contentieux.

Il importe de distinguer le pouvoir disciplinaire qui incombe à la Commission nationale électorale indépendante et les recours juridictionnels auxquels l'activité de cette institution peut donner lieu.

1). Le pouvoir disciplinaire de la CNEI.

La CNEI est investie d'un pouvoir disciplinaire. Elle peut infliger des sanctions en cas de transgression des règles relatives au déroulement de la campagne électorale définies par les dispositions des articles 25 à 41 de la loi électorale. Selon la gravité des manquements constatés, ces sanctions peuvent consister, en un rappel à l'ordre verbal ou écrit, en une mesure de suspension et aller jusqu'au retrait pur et simple de la candidature, entraînant ainsi l'exclusion du candidat de la compétition électorale[484].

2). Les recours contentieux de l'activité de la CNEI.

Il convient de distinguer deux types de recours contentieux.

D'une part, des poursuites pénales peuvent être engagées devant les juridictions répressives contre le candidat reproché de violation des dispositions relatives à la campagne électorale, lorsque ses agissements sont constitutifs d'une infraction pénale[485]. Il peut aussi s'agir des recours devant les juridictions civiles en présence des faits susceptibles d'engager la responsabilité délictuelle ou quasi délictuelle de son auteur.

D'autre part, il peut s'agir des recours contentieux diligentés par le candidat contre la décision de retrait de sa candidature prononcée par la Commission nationale électorale indépendante. Le juge électoral compétent pour connaître de ce type de recours est soit la Cour constitutionnelle, lorsqu'il s'agit du retrait d'une candidature à l'élection présidentielle, législative (député) ou sénatoriale (sénateur) ; soit le juge administratif (tribunal de grande instance statuant en matière administrative ou le tribunal administratif), lorsqu'il s'agit des élections locales.

---

[483] Cf. article 42 du décret.

[484] Cf. article 42-1 de la loi du 23 janvier 2016.

[485] Cf. article 42-1 de la loi de 2016.

Dans un cas comme dans l'autre, le juge électoral statue selon la procédure d'urgence, en la forme de référé, dans un délai de 48 h maximum[486].

Il existe plusieurs causes d'annulation totale ou partielle d'une élection ou des résultats du vote par le juge électoral compétent. Ces motifs peuvent toucher à l'inéligibilité des candidats ; à l'organisation des élections en dehors des circonscriptions électorales et des bureaux de vote définis par les textes en vigueur, à l'existence de candidatures multiples, au défaut d'isoloirs dans un bureau de vote, au déplacement de l'urne hors du bureau de vote avant ou pendant le dépouillement ; à la constatation d'un nombre de bulletins supérieur au nombre d'émargements, etc.

II). Le bulletin unique de vote.

L'amélioration de la gouvernance électorale passe aussi par l'adoption du bulletin unique de vote sur lequel doivent figurer tous les candidats. C'était l'une des exigences longtemps exprimée et renouvelée de l'opposition. Dès lors, le gouvernement adoptait lors du conseil des ministres du 28 janvier 2016 le projet de décret (outre celui portant sur l'organisation, le fonctionnement de la CNEI et les modalités de désignation de ses membres), déterminant les caractéristiques du Bulletin unique de vote, qui était devenu le décret n° 2016-35 du 1er février 2016[487].

Outre les caractéristiques communes, il y a en principe 3 catégories de bulletins de vote unique selon la nature de l'élection.

Enfin, l'évolution de la gouvernance électorale pourra conduire à l'institution du vote électronique. Outre les aspects techniques, ce procédé suscite des réserves et n'emporta guère la confiance des citoyens sur sa fiabilité et d'inévitables soupçons de manipulation du scrutin.

a). Définition et caractéristiques communes à tout bulletin unique de vote.

Le bulletin unique de vote est une juxtaposition des bulletins de vote individuels sur un seul support. Il est requis pour toutes les élections politiques[488]. Sans être une panacée, le bulletin unique de vote est institué pour éviter, voire minimiser, le risque de fraude électorale, notamment par le jeu du bourrage des urnes, que favorisent les bulletins individuels.

---

486 Cf. Article 42-2 de la loi du 23 janvier 2016.

487 Décret n°2016-35 du 1er février 2016, déterminant les caractéristiques du Bulletin unique de vote, JO, du 4 février 2016, pp158-159.

488 Cf. article 1er du décret précité (2016-35).

Les caractéristiques communes au bulletin unique de vote pour l'ensemble des élections sont énumérées dans l'article 2 du décret précité (2016-35) :
- en haut, à l'extrême droite, les inscriptions « République du Congo » suivies de la devise de la République,
- au centre, les mentions relatives à la nature de l'élection,
- en dessous, la mention relative à la date du scrutin, s'agissant d'une élection à deux tours de scrutin, une mention précise qu'il s'agit du premier ou du second tour.
- en haut, à l'extrême gauche, les armoiries de la République.

b). Le bulletin unique de vote pour les élections présidentielles et sénatoriales.

Comme le précise l'article 3 du décret 2016-35 précité du 1er février 2016, le bulletin unique de vote pour l'élection du Président de la République et des sénateurs comporte, pour chaque candidat et par colonne, les caractéristiques suivantes :
- le numéro d'ordre du candidat ;
- les nom(s) et prénom(s) du candidat ;
- le nom du parti ou groupement des partis dont est issu le candidat ou le statut d'indépendant ;
- le logo ou le symbole du candidat ;
- la photo du candidat.
Il se présente à l'horizontale, les candidats étant alignés par colonne, dans un ordre croissant allant de la gauche vers la droite.
Les données d'identification de chaque candidat sont contenues dans la colonne qui lui est réservée.

c). Le bulletin unique de vote pour l'élection des députés.

Pour l'élection des députés, le bulletin unique comporte, outre les éléments d'identification relatifs à l'élection du Président de la République et des Sénateurs, aux côtés de ceux du candidat titulaire, la photo ainsi que les noms et prénoms du suppléant[489].

d). Concernant le bulletin unique de vote pour les élections locales.

L'article 5 du décret prévoit que les caractéristiques du bulletin unique de vote relatif aux élections locales seront déterminées par arrêté du ministre

[489] Cf. article n°4 du décret.

chargé des élections, après avis de la Commission nationale électorale indépendante.

III). Les bureaux de vote.

Le nombre de bureaux de vote, leur composition et leur fonctionnement sont strictement définis par la loi.

a). Le nombre et la composition des bureaux de vote.

Le nombre de bureaux de vote, pour le scrutin du 20 mars 2016, était de 5380, implantés sur toute l'étendue du territoire national, tel que fixé par arrêté du ministre de l'intérieur et de la décentralisation du 23 février 2016[490]. Conformément au nouvel article 82 de la loi électorale modifiée, chaque bureau de vote ne peut pas compter plus de 1500 électeurs.

Les membres du bureau de vote sont nommés par voie réglementaire (arrêté). Chaque bureau de vote est composé d'un président (issu de l'administration), d'un 1er assesseur (issu des partis ou groupements politiques de la majorité), d'un 2ème assesseur (issu des partis ou groupements politiques de l'opposition), d'un 3ème assesseur (issu des partis ou groupements politiques du centre), d'un 4ème assesseur (issu de la société civile) et d'un secrétaire issu de l'administration.

Le nouvel article 83 de la loi électorale prévoit les possibilités de remplacement, en cas de défaillance du Président du bureau de vote par le secrétaire, de celui-ci par un nouveau président désigné en leur sein par les membres du bureau. En cas d'empêchement d'un membre du bureau, à l'ouverture ou au cours du scrutin, le président du bureau peut le remplacer après avis des autres membres.

Cependant, la notion de défaillance n'est pas définie. En tout état de cause, il peut s'agir d'une défaillance physique, dans le sens où l'état de santé ne permet pas au membre du bureau d'exercer ses fonctions. Cette incapacité physique ou psychologique peut être constatée par un certificat médical. Il peut s'agir d'un manquement à la discipline ou de tout comportement pouvant porter atteinte à la sincérité du scrutin et passible de poursuite pénale. Dans tous les cas, tous les faits doivent être consignés dans un procès-verbal.

---

[490] Arrêté n°1020 du 23 février 2016, fixant le nombre et les lieux d'implantation des bureaux de vote relatif à l'élection du président de la République, scrutin du 20 mars 2016, JO., du 25 février 2016, pp231-326

b). Le fonctionnement des bureaux de vote.

Les règles de fonctionnement des bureaux de vote sont, entre autres, définies par les nouveaux articles 80, 88, 91, 93, 93-1, 97, 97-1, 98, 99, 111 et 120, de la loi électorale.

Soulignons pour l'essentiel que les bureaux de vote sont ouverts à 7 heures et fermés à 17 heures. La fermeture peut être retardée après concertation de la Commission locale ou du bureau de vote en cas d'affluence des électeurs, de troubles ayant entraîné la suspension des opérations de vote ou en cas d'ouverture tardive.

Après dépouillement et le décompte des voix, le président du bureau doit immédiatement publier et afficher les résultats provisoires du scrutin devant le bureau de vote. Il remet au représentant de chaque candidat le formulaire des résultats du scrutin dûment signé par toutes les parties et transmet le procès-verbal à la commission locale d'organisation des élections, accompagné des bulletins uniques, de la feuille de dépouillement et des observations du bureau de vote relatives au déroulement du scrutin.

IV). La position de l'opposition sur la réforme de la gouvernance électorale.

La réforme de la gouvernance électorale opérée par la loi modificative du 23 janvier 2016 et ses textes réglementaires d'application n'avait guère suscité l'enthousiasme dans l'opposition radicale réunie au sein des plateformes FROCAD et IDC. Leurs critiques se focalisaient sur le nouvel organe de gestion des élections (la CNEI) et traduisaient leur défiance en créant un organe parallèle, la Commission technique électorale (CTE).

a). La critique de la CNEI par l'opposition FROCAD-IDC.

La coordination de l'opposition FROCAD-IDC s'était montrée extrêmement critique (à travers les déclarations de son porte-parole le Professeur Charles Zacharie Bowao du 27 janvier 2016) sur la Commission nationale électorale indépendante (CNEI) créée par la loi du 23 janvier 2016 modifiant et complémentant la loi électorale du 10 décembre 2001 (n° 09-2001)[491].

[491] Cf. Ph. Bondenga, *« L'opposition pour une relecture de la loi électorale »*, ACI, http://actualité.agencecongolaiseinfo.net/2016/02/01, 1er février 2016 ; J. Mambou Loukoula, *« Présidentielle au Congo : l'IDC-FROCAD veut une participation civique massive »*, http://icibrazza.com; *« l'IDC-FROCAD demande aux congolais de se faire enrôler »*,http://fr.allafrica.com/stories/201601280833.hml ; *« L'opposition congolaise critique la composition et la neutralité de la nouvelle commission nationale électorale indépendante ».Le pouvoir appelle à juger plutôt sur les résultats »*, http://fr.africanews.com; *« Congo-Brazzaville : l'opposition dénonce la nouvelle loi électorale », http://groupelavenir.org; « Présidentielle au Congo-brazza : Moungalla critique le boycott de l'UE »*, http :::www.rfi.fr, 22 février 2016.

Elle considérait que cette loi ne se hissait pas *« au niveau des standards internationaux et de l'idéal partagé par la classe politique »*. Critiquant la CNEI, elle considérait que cette institution n'était que la reconduction de l'ancienne CONEL à laquelle elle devrait se substituer en ce qu'elle n'offrait pas toutes les garanties d'indépendance et de transparence que l'on était en droit d'en attendre, au regard de la Charte africaine de la démocratie, des élections et de la gouvernance. Pour l'opposition FROCAD-IDC, la CNEI n'étant pas paritaire dans sa composition, elle ne pouvait pas jouer le rôle d'acteur principal de la gestion du processus électoral. Sans aller jusqu'à boycotter l'élection présidentielle du 20 mars 2016, l'opposition suggérait l'abrogation de la loi du 23 janvier 2016 par une loi, à l'élaboration de laquelle elle devrait être directement associée, ainsi que toutes les autres formations politiques, afin d'instituer une Commission nationale électorale véritablement indépendante et paritaire. Elle suggérait aussi de réviser les listes électorales et de faire faire un audit du fichier électoral par un cabinet d'experts internationaux, etc[492]. La mise en œuvre des préconisations de l'opposition requérait le report de l'échéance électorale du 20 mars 2016. Mais, cela n'allait pas rencontrer l'assentiment du gouvernement, qui était déterminé à maintenir le calendrier déjà arrêté. Cependant, tout en prônant le dialogue, l'opposition FROCAD-IDC appelait la population à se faire massivement enrôler sur les listes électorales et se réservait le droit d'une mobilisation citoyenne et pacifique pour faire entendre ses exigences et ses aspirations.

b). La création de la CTE.

Face à la fermeté du gouvernement qui n'entendait pas prendre en compte leurs exigences, récusant la CNEI qu'elles jugeaient non paritaire ni indépendante, les plateformes FROCAD-IDC exprimaient leur méfiance et leur défiance en créant, le 04 mars 2016, leur propre Commission électorale, dénommée la *« Commission technique électorale »* (CTE)[493] animée par un bureau de six membres[494].

---

[492] Cf. les contributions citées dans la précédente note (126).

[493]Cf. Acte n°2016-01 du 04 mars 2016, portant création de la Commission technique électorale *;« Congo :l'opposition installe sa commission électorale »,* http://www.lanouvelleexpression.info/index.php; *« Congo : l'opposition crée sa propre commission électorale »,* http:/www.lemonde.fr/afrique/article/2016, le 10 mars 2016 ; *« Présidentielle au Congo : l'opposition crée sa propre commission électorale »,* http://242.info; *« Congo :Brazzaville : l'opposition a créé sa propre commission électorale »,* http://www.rfi.frafrique2016, le 10 mars 2016 ; *« Congo :Brazzaville : l'opposition lance sa propre commission électorale »,* http://www.jeuneafrique.com.308815/politique/le 11 mars 2016.

[494] Cf. Acte n°2016-03 du 08 mars portant nomination des membres de la Commission technique électorale : président (Anthyme Bahimina), 1er vice-président (Alain Ngoya), 2ème vice-président (Nestor Nzoulou), rapporteur (Patrice Laganny), secrétaire (Hortense Yela), trésorier (Dorothée Antoinette Mobonda).

1). Les missions de la CTE.

Cette commission que d'aucuns qualifiaient *« d'alter ego »* de la CNEI ou de *« Commission électorale bis ou alternative »,* devrait, selon le coordonnateur des plateformes FROCAD-IDC, Charles Zacharie Bowao, travailler parallèlement avec celle qui venait d'être créée par le pouvoir. La mission de la CTE devrait consister à collecter, traiter et publier les résultats en s'appuyant sur les fiches des procès-verbaux dûment établis, signés et affichés juste après le dépouillement.

Pour ce faire, les deux plateformes FROCAD-IDC devraient travailler en étroite collaboration avec les représentants des 5 candidats de l'opposition déployés auprès des 3500 bureaux de vote dans tout le pays, qui devraient leur communiquer des informations crédibles, fiables et en temps réel. Cela permettrait de comparer leurs résultats avec ceux de la CNEI.

2). La légalité de la CTE et de ses actes.

Si tôt après l'annonce de la création de la Commission technique électorale, le gouvernement, par la voix de son porte-parole, était monté au créneau pour en dénoncer l'illégalité et accuser l'opposition de s'engager dans une démarche insurrectionnelle :

« .... Sur la base de quel texte de loi, l'opposition peut proclamer les résultats ? (...) Sauf si on me démontre que Monsieur Bowao est entre-temps devenu président de la République, et qu'il a le droit de créer une commission électorale et d'en nommer les membres, je ne vois pas quelle est la légalité de la commission technique comme ils l'ont appelée, si ce n'est s'engager dans une démarche insurrectionnelle... »[495]

La création de la CTE soulevait deux questions. Celle de la légalité et celle de la légitimité.

- *Des précisions conceptuelles sur la légalité et la légitimité.*

D'un point de vue juridique, la légalité et la légitimité ne se confondent pas. Dans la hiérarchie des normes, mieux dans l'ordonnancement juridique, le principe de la légalité renvoie à la conformité d'une norme inférieure à la norme supérieure, notamment la loi dans son acception la plus large (incluant la constitution en tant que loi fondamentale ou suprême du pays) ; de telle sorte que tout acte de violation ou de transgression de la norme de référence est entaché l'illégalité et sanctionnée soit par son retrait ou par son

[495]Cf.« Congo-Brazzaville: l'opposition a créé sa propre commission électorale », «http://www.rfi.fr/afrique/20160310-congo-brazzaville-opposition-commission-electorale-cnei-, 10/03/2016 ; Cf. également note 128 ci-dessus.

abrogation sur décision de l'autorité administrative compétente, soit par son annulation ou son anéantissement par le juge compétent[496].

La légalité consiste à faire ce qui est permis et/ou autorisé par la loi, la norme en vigueur. Cela, tant sur le plan formel que du point de vue du contenu ou du but poursuivi. L'action des autorités administratives est limitée par la loi ou les principes qui gouvernent leurs domaines d'intervention, en ce compris la jurisprudence et les principes généraux du droit[497]. C'est l'essence même de l'Etat de droit.

La légitimité peut se rapprocher de la légalité en ce qu'elle implique la conformité au droit, ce qui est juste et admis par tous. Cependant, la légitimité s'en distingue parce qu'elle est *« l'accord avec une exigence considérée comme supérieure »*[498].

D'un point de vue politique ou de la science politique, la notion de légitimité se situe au-delà d'une simple conformité au droit. Elle postule l'idée d'une habilitation, d'une investiture dont une autorité peut se prévaloir pour justifier son action ou sa domination.

Car comme l'écrivit Burdeau, *« ...Nul ne peut se prétendre autorité légitime s'il n'est reconnu comme tel. Ce qui fait la valeur irremplaçable de la légitimité, c'est donc qu'elle dépend de l'extérieur et, par là, elle consolide le pouvoir en lui donnant une assise moins fragile que ce qu'il trouve dans les qualités personnelles de celui qui l'exerce... »*[499].

La légitimité renvoie à la source du pouvoir d'agir et de décider. Elle a une valeur morale en plus de la valeur juridique[500].

Si dans un régime démocratique, les autorités politiques tiennent leur légitimité de la volonté du peuple, c'est-à-dire du suffrage universel, il n'est pas forcément acquis que cette légitimité démocratique soit un gage indéfectible de la légalité de leurs actes, car des abus sont toujours possibles[501].

Nous convenons avec Fweley Dingitukwa, lorsqu'il écrit dans son blog, *« ... Pour que les lois et les décisions des autorités politiques ne soient pas contestées, il faut que celles-ci suivent scrupuleusement le processus de leur légitimation (processus par lequel un pouvoir est reconnu et accepté par l'ensemble du groupe social), autrement, les lois et les décisions prises par*

---

[496] Cf. R. Chapus, *« Droit administratif général »*, T.1,Paris, 15ème éd. Montchrestien, 2001,

[497] R. Chapus, *« De la valeur juridique des principes généraux du droit et des autres règles jurisprudentielles du droit administratif »*, Dalloz, 1966, Chronique, p. 99. ; - G. Braibant, *« Le rôle du Conseil d'Etat dans l'élaboration du droit »*, in, Mélanges René Chapus, Montchrestien, 1992, p. 91 ; M. Waline, *« Le pouvoir normatif de la jurisprudence »*, in, Mélanges G. Scelle, 1950.

[498] Cf. O. Duhamel, Y. Mény, *« Dictionnaire constitutionnel »*, Paris, PUF, 1992, p565 ;

[499] G. Burdeau, L'Etat, Paris, éd. Seuil, 1970, p.45.

[500] Cf. M. Grawitz, Lexique des sciences sociales, "*Lexique des sciences sociales*" (Dalloz , 1981-2004, 8 éditions ; P. Pactet, Institution et droit constitutionnel, Paris, éd. A. Colin, 1997, p71 ; P. Braud, sociologie politique, Paris éd. LGDJ, 1994, p.42.

[501] Cf. P. Braud, op. cit.

des autorités illégitimes peuvent être contestées par le peuple et elles peuvent devenir des sources réelles de conflits sociaux... »[502].

D'un point de vue philosophique, ou de la philosophie du droit, la construction qui nous semble la mieux élaborée sur la relation entre les concepts de légalité et légitimité est celle du sociologue allemand Max Weber[503] et, mise en perspective par David Dyzenhauss dans ses réflexions sur la fin de la République de Weimar. Il considère l'Etat comme une incarnation des rapports de domination ou de la violence de légitime. La légitimité s'apprécie en termes de domination institutionnelle. Aussi distingue-t-il trois (3) formes de légitimités ou de dominations. D'une part, une légitimité traditionnelle, qui puise ses sources dans les habitudes, les coutumes ancestrales et bien enracinées, auxquelles les membres du groupe social sont très attachés et qu'ils perpétuent. C'est une légitimité de type royal (monarchique), dynastique ou clanique. D'autre part, une légitimité charismatique. Elle puise sa source dans l'individu pris comme tel, dans ce qu'il a d'intrinsèque et d'exceptionnel. Elle est intimement liée à la personnalité de l'individu, dans sa capacité à influencer et à dominer, à l'emprise qu'il peut exercer sur le corps social. Elle correspond aux régimes dictatoriaux, totalitaires, tyranniques ou despotiques. Enfin, une légitimité légale et rationnelle. Elle consiste dans une reconnaissance de l'autorité en ce qu'elle procède d'un corps de règles ou d'un processus fondé sur les normes, les lois en vigueur[504].

---

[502] Il poursuit en écrivant, «...la légitimité nécessite, en plus de cela, l'acceptation préalable des prétendants au pouvoir par le peuple afin que cette adhésion populaire aux nouvelles autorités politiques entraîne un consentement rationnel et continuel, ainsi qu'une acceptation implicite d'être commandé par des politiciens que les citoyens ont eux-mêmes choisis, mais également l'obligation de leur obéir lorsqu'ils prennent des décisions conformes aux lois de la République. La légitimité implique ipso facto l'obéissance des individus, dans le cas contraire, elle entraîne la contestation du pouvoir, c'est-à-dire de l'autorité qui s'est frauduleusement emparée du pouvoir qu'il n'a pas mérité... », Cf. F. Dingitukwa, «la légitimité et la légalité sont nécessaires pour exercer le pouvoir et pour asseoir la gouvernance », https://fweley.wordpress.com/2012/03/23/. On peut également consulter avec intérêt la contribution de P. Calame, « De la légalité à la légitimité de la gouvernance », http://www.institut-gouvernance.org/franalyse/fiche-analyse-24html; P. Calame, « La démocratie en miettes : pour une révolution de la gouvernance », Ed. Léopold Mayer, 2003 ; M. Gentot, « La légitimité : un débat récurrent », Droit et politique, PUF, 1993, p.152-157.

[503] Max Weber, *« Le savant et le politique »,* traduction de Julien Freund, Paris, Plon, collection « 10/18 », 1959 ; Bjarne Melkevik, *« Légalité et légitimité : Réflexions sur les leçons de Weimar selon David Dyzenhauss »,* Les cahiers de Droit, vol.40, n°2, juin 1999, pp 459-477 ; http://id.erudi.org/iderudit/043550ar.

[504] Weber distingue deux formes d'éthiques en politique : l'éthique de conviction consistant à agir selon ses envies, et l'éthique de responsabilité consiste à faire la politique et répondre de ses actes et mesurer les conséquences. Donc vivre de la politique, devient un métier, une affaire de professionnels ; et ne pas en vivre, on devient politicien occasionnel (Cf. Ph. Guidal, notice bibliographique : Weber (Max) «Le savant et le politique », Bibliothèque 10/18 ; http://regnat.pagesperso-orange.fr/doc100/dos193_092WEBG0905; Gilbert Hottois, *« Ethique de la responsabilité et éthique de la conviction »*, Laval théologie et philosophie », vol. 52, n°2, 1996, pp489-498,
URI :http://id.erudit.org/iderudit/401006ar.

- *La légalité et la légitimité de la CTE.*

De ce qui précède, il convient de souligner que la création par l'opposition FROCAD-IDC d'une Commission technique électorale (CTE) était légitime parce qu'elle procédait d'un groupement de partis politiques dont l'existence était reconnue et conforme à la constitution, aux lois de la République, notamment loi n° 21-2006 du 21 août 2006 sur les partis politiques.

L'organisation et le fonctionnement de ces deux plateformes de l'opposition étaient conformes à la loi fondamentale, la constitution de du 20 janvier 2002 qui, dans son article 51, définissait un parti politique comme *« ...une association dotée de la personnalité morale, qui rassemble des citoyens pour la conquête et la gestion pacifiques du pouvoir autour d'un projet de société démocratique dicté par le souci de réaliser l'intérêt général »*. L'article, 53 alinéa 1er précise que *« les partis politiques sont reconnus conformément à la constitution et à la loi »*.

Ces dispositions sont reprises et revues par le titre III de la constitution du 25 octobre 2015, dans ses articles 57 à 63. D'ailleurs, ce dernier dispose dans son alinéa 2, après avoir consacré le statut de l'opposition qu'elle *« ...ne peut subir de limites, quant à son existence et à ses activités démocratiques, que celles imposées à tous les partis politiques par constitution et la loi... »*.

La création d'un tel organe s'inscrivait dans le cadre du fonctionnement des partis et groupements politiques autorisés par la loi. Emanant non pas d'une autorité publique, ni d'un organisme de droit privé investi des prérogatives de puissance publique, on dira qu'elle n'est pas illicite parce qu'elle est conforme au droit. Auquel cas, cette Commission technique électorale aurait dû être dissoute par l'autorité de l'Etat.

Par ailleurs, l'incrimination de la création de cet organe comme une démarche *« insurrectionnelle »* préfigurait son éventuelle dissolution par l'autorité réglementaire au motif d'une menace ou de trouble à l'ordre public, qui est une des limites à la liberté de création et de fonctionnement des partis et groupements politiques telles qu'elle découle des dispositions des articles 58, 60 et surtout 61 de la constitution du 25 octobre 2015[505].

Cependant, nonobstant cette légitimité fondatrice dont elle jouissait, la CTE était tenue, dans son fonctionnement, de se conformer à la loi, comme

---

505 L'article 61 de la constitution du 25 octobre 2015 dispose, *« Les partis politiques doivent, pour être reconnus, se conformer aux principes suivants : - le respect, la sauvegarde et la consolidation de l'unité nationale ; - la protection et la promotion des droits fondamentaux de la personne humaine ; - la poursuite de la satisfaction de l'intérêt général du peuple congolais ; - la promotion d'un Etat de droit fondé sur le respect et la défense de la démocratie, des libertés individuelles et collectives ; - la défense de l'intégrité du territoire et de la souveraineté nationale ; - la proscription de l'intolérance, de l'éthnicisme, du sectarisme et du recours à la violence sous toutes ses formes ; - le respect du caractère républicain, laïc et indivisible de l'Etat »*.

le sont toutes les institutions et tous les acteurs politiques, sous peine d'encourir des sanctions pour illégalité ou illicéité.

En somme, tenant le contexte et la défiance de l'opposition FROCAD-IDC à l'égard de l'administration électorale instituée par la loi du 23 janvier 2016 et ses textes réglementaires d'application, dont le décret n° 2016-34 du 1er février 2016, fixant l'organisation, le fonctionnement de la Commission nationale indépendante et la désignation de ses membres, la CTE bénéficiait d'une légitimité circonstancielle en ce qu'elle était dictée par la force des choses[506]. Car, son avènement était, certes, décrié par le gouvernement sans aller jusqu'à en prononcer la dissolution. Mais, le combat politique s'était poursuivi de façon larvée malgré cette apparente tolérance.

C). La Cour constitutionnelle : un acteur particulier de la gouvernance électorale.

La Cour constitutionnelle apparaît dans le paysage institutionnel congolais comme un acteur un peu particulier de la gouvernance électorale. Elle puise ses prérogatives en la matière dans la constitution et les dispositions législatives et réglementaires qui lui sont consacrées. Son action dans le scrutin du 20 mars 2016 n'avait pas manqué de retenir l'attention.

I). Les fondements juridiques de la fonction régulatrice de la gouvernance électorale.

Les fondements juridiques de la fonction régulatrice de la Cour constitutionnelle en matière de gouvernance électorale résident dans la constitution et la loi organique qui lui sont consacrées, loi n° 1-2003 du 17 janvier 2003 portant organisation et fonctionnement de la Cour constitutionnelle. Ces prérogatives sont confirmées par la nouvelle loi organique n° 28-2018 du 07 août 2018, portant organisation et fonctionnement de la Cour constitutionnelle.

Nous ne traitons pas ici du contentieux électoral, mais du rôle assigné à la Cour constitutionnelle en matière de régulation dans le cadre de la gouvernance électorale. Car, la fonction régulatrice du processus électoral participe non seulement de la fiabilité et de la bonne conduite des élections, mais aussi, et surtout de la prévention du risque contentieux pour en annihiler la survenance.

---

[506] Pour un approfondissement conceptuel, nous renvoyons à l'analyse de l'échec de la République de Weimar ainsi que des théoriciens du droit de cette époque, Carl Schmitt, Hans Kelsen, Hermann Heller, comparés à David Dyzenhauss et Jürgen Habermas (Cf. Bjarne Melkevik, *« Légalité et légitimité : Réflexions sur les leçons de Weimar selon David Dyzenhauss »,* Les cahiers de Droit, vol.40, n°2, juin 1999, pp 459-477).

a). Le fondement constitutionnel.

Il y a lieu de distinguer le pouvoir général de régulation et les compétences spécifiques de régulation en matière électorale.

1). Les compétences générales de régulation.

La Cour constitutionnelle est investie d'une compétence générale de régulation du fonctionnement des institutions de la République. Elle est définie par l'article 175 dernier alinéa de la constitution du 25 octobre 2015, qui dispose,

« La Cour constitutionnelle est la haute juridiction de l'Etat en matière constitutionnelle.

Elle est juge de la constitutionnalité des lois, des traités et accords internationaux.

La Cour constitutionnelle est l'organe régulateur du fonctionnement des institutions et des activités des pouvoirs publics ».

2). Les pouvoirs de régulation spécifiques en matière électorale.

Les compétences de la Cour constitutionnelle en matière électorale concernent l'élection du Président de la République, les élections législatives (députés) et sénatoriales (Sénateurs), et en matière de référendum.

A ce titre, elle veille à la régularité de l'élection présidentielle et des opérations de référendum, comme le consacrent les dispositions de l'article 176 de la constitution de 2015 qui dispose,

« La Cour constitutionnelle veille à la régularité de l'élection du Président de la République.

Elle examine les réclamations et proclame les résultats définitifs du scrutin.

La Cour constitutionnelle veille à la régularité des opérations du référendum et en proclame les résultats définitifs »[507].

Sans se substituer à l'organe de gestion, la Commission nationale électorale indépendante, la Cour constitutionnelle apparaît comme un partenaire privilégié de la CNEI dans la gouvernance électorale ; tout en gardant sa neutralité et surtout son indépendance.

---

[507] *C'est la reproduction des articles 58 et 60 de la constitution française du 04 octobre 1958, « Le Conseil constitutionnel veille à la régularité de l'élection du Président de la République.*
Il examine les réclamations et proclame les résultats du scrutin » (article 58) ; « Le Conseil constitutionnel veille à la régularité des opérations de référendum prévues aux articles 11 et 89 et au titre XV. Il en proclame les résultats » (article 60).

b). Le fondement législatif.

Le fondement législatif réside dans la loi organique n° 1-2003 du 17 janvier 2003, portant organisation et fonctionnement de la Cour constitutionnelle. Cette loi, qui précise et complète la constitution, notamment celle du 20 janvier 2002, rappelle la mission générale de régulation de l'activité des pouvoirs publics dont la Cour constitutionnelle est investie (article 1er). En matière de l'élection du Président de la République, l'article 2 alinéa 2 de la loi organique précise que la Cour constitutionnelle veille à la régularité de l'élection du Président de la République, en examine les réclamations et proclame les résultats du scrutin. Ces dispositions sont reprises par la nouvelle loi organique du 07 août 2018. C'est aussi la Cour constitutionnelle qui désigne un collège de trois médecins assermentés pour constater l'état de bien-être physique et mental des candidats à l'occasion de l'élection du Président de la République (art. 2). Enfin, elle se prononce, dans les conditions fixées par l'article 63 de la constitution, sur le report de l'élection du président de la République.

En matière des élections législatives et sénatoriales, la fonction régulatrice n'est pas formellement spécifiée. Mais l'article 5 de la loi organique dispose que *« La Cour constitutionnelle statue, en cas de contestation, sur la régularité des élections législative et sénatoriale. Elle se prononce sur la recevabilité des candidatures aux mêmes élections et peut, en cas de circonstances exceptionnelles graves empêchant le déroulement normal des élections, prolonger le mandat des députés et des sénateurs. En ce cas, elle est saisie par le Président de la République »*[508].

En matière de référendum, l'article 6 de la loi organique précise que la Cour veille à la régularité des opérations de référendum et en proclame les résultats. C'est ce que reprend l'article 3 de la loi organique du 07 août 2018.

Par ailleurs, aux termes des dispositions de l'article 64 alinéa 1er de la loi organique, *« La Cour constitutionnelle est consultée par le Président de la République, le Président de l'Assemblée nationale, le Président du Sénat sur l'organisation des opérations de référendum. Elle est avisée sans délai de toutes mesures prises à ce sujet ».*

Désormais, aux termes des dispositions de l'article 52 de la loi organique du 07 août 2018, c'est le Président de la République qui peut seul consulter la Cour constitutionnelle sur l'organisation des opérations du référendum. Cette compétence n'est plus partagée en la matière avec les présidents des deux assemblées parlementaires. Enfin, l'implication dans la conduite du processus électoral, notamment en matière de référendum se traduit aussi par la possibilité reconnue à la Cour par le dernier alinéa l'article 64 de la loi organique, de désigner, en son sein, un ou plusieurs délégués pour suivre les opérations de référendum (Cf. article 53 loi organique du 7 août 2018).

[508] Cf. articles 3, 52 et suivants, 56 et suivants de la loi organique n°28-2018 du 07 août 2018 portant organisation et fonctionnement de la Cour constitutionnelle.

II). Sur la régularité de l'élection présidentielle du 20 mars 2016.

La Cour Constitutionnelle adoptait une délibération du 27 janvier 2016 relative à la régularité de l'élection du Président de la République, scrutin du 20 mars 2016[509].

a). L'objet de la délibération.

La Cour constitutionnelle avait entrepris, dans une délibération du 27 janvier 2016, de préciser le sens et la portée de certaines dispositions constitutionnelles et législatives relatives à l'élection du Président de la République, scrutin du 20 mars 2016.

1). Sur la régularité de l'élection du Président de la République.

La Cour constitutionnelle devait préciser le sens qu'il convenait d'accorder à sa mission de contrôle de la régularité, de veiller à la régularité de l'élection du Président de la République, telle qu'elle est définie par l'article 176 alinéas 1ers de la constitution du 25 octobre 2015, aux termes duquel,

« La Cour constitutionnelle veille à la régularité de l'élection du Président de la République... ».

C'est aussi ce qu'en disposait l'article alinéa 2 de la loi organique n° 1-2003 du 17 janvier 2003, portant organisation et fonctionnement de la Cour constitutionnelle, précisant et complétant la constitution du 20 janvier 2002,

« ...La Cour constitutionnelle veille à la régularité de l'élection du Président de la République, en examine les réclamations et proclame les résultats du scrutin ».

Selon la Cour Constitutionnelle, l'expression *« veiller à la régularité de l'élection du Président de la République »* signifie *« apprécier la validité de l'ensemble des actes régissant le processus électoral, à savoir la préparation, l'organisation, le suivi, le déroulement du scrutin et les résultats provisoires ».*

Cela en ce sens que la Cour constitutionnelle assure et garantit la crédibilité, la sincérité et la transparence du processus électoral.

- La communication des actes juridiques et des documents.

La Cour constitutionnelle intervient à tous les niveaux du processus de l'élection présidentielle. C'est à ce titre qu'en vue de l'élection du 20 mars 2016,

---

[509] Délibération n° 001 IDEL/CC/16 du 27 janvier 2016 relative à la régularité de l'élection du Président de la République, scrutin du 20 mars 2016, JO. du 04 février 2016, pp 174-176.

elle exigeait, d'une part, que devraient lui être communiqués les actes y afférents à savoir les décrets, arrêtés, circulaires, procès-verbaux ainsi que tous autres documents officiels, afin de s'en assurer la régularité.

La Cour précisait qu'elle était investie d'une compétence exceptionnelle en matière d'élection présidentielle. Son champ d'action déborde largement les limites constitutionnelles de sa compétence en matière du contrôle de la conformité des lois, des traités et conventions internationaux à la constitution, des contestations relatives aux élections législatives et sénatoriales.

Dès lors, cette compétence exceptionnelle en matière de l'élection du Président de la République lui permet de connaître de tous les actes, quelle qu'en soit la nature et quels qu'en soient les auteurs, aux fins d'en contrôler la légalité.

La Cour constitutionnelle exerce un contrôle de la légalité voire de la régularité juridique en ce qui concerne tous les actes et documents pris dans le cadre du processus de l'élection présidentielle, de la préparation aux résultats, en passant par le déroulement du scrutin.

- *La transmission des dossiers de candidature.*

Se fondant toujours sur les dispositions de l'article 176 de la constitution, la Cour constitutionnelle précise que sa mission de veiller à la régularité de l'élection du Président de la République exige aussi que lui soient transmis les dossiers de candidature à l'élection présidentielle. Cette obligation de transmission des dossiers des candidatures par le ministère en charge des élections a un double objectif.

D'une part, elle permet à la Cour constitutionnelle d'apprécier la validité de chaque candidature au regard des critères d'éligibilité énumérés par l'article 66 de la constitution :

> *« Nul ne peut être candidat aux fonctions de Président de la République s'il :*
> *- n'est de nationalité congolaise d'origine ;*
> *- ne jouit de ses droits civils et politiques ;*
> *- n'est de bonne moralité ;*
> *- n'atteste d'une expérience professionnelle de huit (8) ans au moins ;*
> *- n'est âgé de trente (30) ans révolus ;*
> *- ne jouit d'un état de bien-être physique et mental dûment constaté par un collège de trois médecins assermentés désignés par la Cour constitutionnelle. »*[510]

---

[510] C'est aussi ce que reprend l'article 47, nouveau, de la loi électorale, modifiée par la loi 1-2016 du 23 janvier 2016.

La validité de la candidature s'apprécie aussi au regard des conditions définies par l'article 48 de la loi électorale du 23 janvier 2016, dont la consignation d'une somme de 25.000.000 FCFA non remboursable au trésor public[511]. A cela s'ajoute également la condition de délai par rapport à la date limite de dépôt des candidatures.

D'autre part, elle permet à la Cour constitutionnelle d'arrêter et de procéder à la publication de la liste définitive des candidats ayant satisfait aux conditions requises pour se présenter à l'élection présidentielle.

- *La désignation des délégués de la Cour constitutionnelle.*

La Cour constitutionnelle précise également que sa mission de veiller à la régularité de l'élection présidentielle implique aussi la désignation, par elle, des délégués devant suivre le déroulement du scrutin dans les bureaux de vote.

Elle ne précise cependant pas le nombre de ses délégués ni s'ils doivent être choisis en son sein parmi les conseillers ou son personnel, ou en y associant les magistrats des autres juridictions nationales.

La Cour devait se prononcer enfin sur le caractère décisoire de cette délibération.

2). La portée de la délibération : caractère décisoire.

La Cour constitutionnelle confère à sa délibération, l'autorité « *erga omnes* » attachée à ses décisions au regard des dispositions de l'article 181 alinéa 2 de la Constitution :

« Les décisions de la Cour constitutionnelle ne sont susceptibles d'aucun recours. Elles s'imposent aux pouvoirs publics, à toutes les autorités administratives, juridictionnelles et aux particuliers ».

Confirmant son caractère exécutoire, la Cour constitutionnelle notifiait sa délibération du 27 janvier 2016 au Président de la République, au ministre de l'intérieur et de la décentralisation, au ministre des affaires étrangères et de

---

[511] Article 48 nouveau de la loi électorale, modifiée par la loi 1-2016 du 23 janvier 2016, *« Tout candidat à l'élection présidentielle doit faire une déclaration de candidature légalisée comportant :- ses nom et prénom (s), date et lieu de naissance, profession et domicile ;- une copie conforme de l'acte de naissance ;- quatre cartes de photographie d'identité et le logo choisi pour l'impression de ses affiches électorales ;- un curriculum vitae certifié sur l'honneur ;- un certificat médical délivré par un collège de trois médecins assermentés désignés par la Cour constitutionnelle ; - un spécimen de signature ;- un casier judiciaire volet n° 2 ;- un certificat de nationalité ;- une déclaration de moralité fiscale ;- un récépissé de versement au trésor public d'un cautionnement de vingt-cinq millions (25 000 000) de francs CFA, non remboursable ».*

la coopération, au président de la Commission nationale électorale indépendante et indique qu'elle sera publiée au Journal officiel.

Seuls le pouvoir constituant originaire (ou institué, voire dérivé) et le législateur organique peuvent remettre en cause ce caractère décisoire attribué à la délibération de la Cour constitutionnelle dans le cadre d'une révision constitutionnelle.

b). Analyse critique de la délibération du 27 janvier 2016.

La délibération du 27 janvier 2016 révèle une incomplétude persistante du cadre juridique de référence et la délibération comme mode d'expression inhabituelle de la Cour constitutionnelle.

1). Une incomplétude persistante.

Il est significatif de souligner l'incomplétude persistante de la constitution, voire de loi organique relative à la Cour constitutionnelle et de la loi électorale, sur les questions soulevées par la Cour constitutionnelle.

En effet, la Cour constitutionnelle avait déjà pris une délibération en date du 28 avril 2009, relative à la régularité de l'élection du Président de la République[512] (reprise quasiment à l'identique par celle du 27 janvier 2016), dont l'objet était de préciser le sens et la portée de certaines dispositions constitutionnelles et législatives relatives à l'élection du Président de la République.

On aurait pu espérer que cette correction allait être prise en compte dans la constitution du 25 octobre 2015 ou dans la loi du 23 janvier 2016 modifiant la loi électorale. Cette préoccupation aurait dû nécessairement inspirer la loi modificative de la loi organique, relative à la Cour constitutionnelle, à l'aune de la nouvelle constitution.

Qu'à cela ne tienne, nous exprimons quelques réserves quant aux fondements juridiques sur lesquels la Cour constitutionnelle s'appuie pour élargir ses compétences en matière de contrôle *a priori* du processus de l'élection du président de la République.

2). Un mode d'expression inhabituel :
« La délibération ».

Normalement, lorsqu'elle est saisie dans les conditions définies par la constitution et précisées par la loi l'organique[513], la Cour constitutionnelle

[512] Cf. Délibération n°001/DEL/CC/09 du 28 avril 2009, relative à la régularité de l'élection du Président de la République. Cette délibération était prise aux visas de l'article 146 alinéa 2 de la constitution du 20 janvier 2002 *« Elle veille à la régularité de l'élection du Président de la République. Elle examine les réclamations et proclame les résultats du scrutin. »* et l'article 25 de la loi électorale.

[513] Cf. articles 178 et 180 de la constitution ; articles 32 à 54 de la loi organique du 17 janvier 2003.

s'exprime formellement soit en émettant des avis, dans le cadre de ses compétences consultatives ; soit par des décisions, dans le cadre de ses compétences juridictionnelles ou contentieuses[514].

La délibération est un mode d'expression utilisé dans le cadre du fonctionnement interne de la Cour constitutionnelle. Elle n'implique pas une saisine externe, mais une auto-saisine. Comme les autres modes d'expression, le recours à la délibération est bien encadré par le législateur organique.

- *Une délibération inopportune.*

Nonobstant ce qui sera développé plus loin, la délibération du 27 janvier 2016 est manifestement inopportune en ce sens que la matière qu'elle traite avait été vidée par la délibération du 28 avril 2009. Sauf à considérer que la Cour Constitutionnelle s'était inscrite dans une démarche confirmative de sa jurisprudence en la matière ou en vue de la rendre compatible avec la constitution du 25 octobre 2015.

Or, il s'évince des dispositions de l'article 243 de la constitution du 25 octobre 2015 que les traités et accords internationaux, les lois, les ordonnances et les règlements actuellement en vigueur demeurent applicables, lorsqu'ils ne sont pas contraires à la nouvelle constitution et tant qu'ils ne sont pas expressément modifiés ou abrogés. En l'espèce, les compétences de la Cour constitutionnelle telles que définies par l'article 146 alinéa 2 de la constitution du 20 janvier 2002, n'étaient pas en contradiction avec les termes de l'article 176 alinéa 1er de la constitution du 25 octobre 2015. La différence formelle de numérotation n'affecte pas le contenu ni l'esprit du texte.

- *Une délibération critiquable au regard de la norme de référence.*

Le fondement juridique du pouvoir de délibérer reconnu à la Cour constitutionnelle réside dans l'article 25 de la loi organique du 17 janvier 2003, aux termes duquel,

« La cour constitutionnelle peut prendre une délibération intérieure pour préciser ou compléter les règles de procédure prévues au présent titre »[515].

Il convient de souligner que le titre visé par l'article 25 de la loi organique du 17 janvier 2003 est le titre IV dédié au fonctionnement de la Cour constitutionnelle. Il comprend 4 chapitres. Le 1er chapitre porte sur les dispositions générales (articles 24 à 31), le 2ème sur la saisine et la déclaration de conformité (articles 32 à 52), le 3ème se rapporte au contentieux de l'élection du Président de la république, des députés et des sénateurs

---

[514] Cf. article 28 et 29 de la loi organique du 17 janvier 2003.

[515] C'est désormais l'objet de l'article 72 de la loi organique du 7 août 2018.

(article 53 à 63) et le 4ème s'intéresse au contrôle de régularité du référendum (article 64 et 65).

En effet, qu'il s'agisse de la délibération du 28 avril 2009, qu'il s'agisse de celle du 27 janvier 2016, la Cour constitutionnelle se livre à une interprétation critiquable de l'article 25 de la loi organique, en opérant une reproduction incomplète pour étendre son domaine d'intervention.

Aussi considérait-elle que,

« ...selon l'article 25 de la loi organique n° 1-2003 du 17 janvier 2003 portant organisation et fonctionnement de la Cour constitutionnelle, la Cour constitutionnelle peut prendre une délibération intérieure ».

Cette reproduction lacunaire prête à confusion en ce sens qu'elle peut vouloir dire que la Cour constitutionnelle se reconnait le pouvoir de s'autosaisir pour prendre des délibérations en toutes matières.

Par ailleurs, en laissant à la Cour constitutionnelle (même dans le cadre limité du contrôle des élections qui ressortissent à sa compétence) le soin de préciser et surtout de compléter la loi organique qui la concerne, le législateur opère, au-delà d'une incompétence négative, une subdélégation des pouvoirs qu'il tient de la constitution.

Or, la compétence de préciser ou de compléter la constitution est dévolue par le pouvoir constituant au législateur dans le cadre d'une loi organique qui fixe l'organisation et le fonctionnement des pouvoirs publics. Les règles de forme et procédure relatives au contrôle tant à caractère administratif que contentieux de la régularité de l'élection du Président de la République, peuvent donner lieu à des dispositions réglementaires spécifiques d'application de la loi organique, à défaut d'être claires et précises dans cette loi.

Le juge constitutionnel congolais se voit confirmé dans le rôle production des normes à valeur constitutionnelle au moyen de son auto-saisine, alors que ce travail se fait en principe dans le cadre d'une saisine externe[516].

---

[516] Cf. M.C. Ponthoreau, *« Réflexion sur le pouvoir normatif du juge constitutionnel en Europe continentale sur la base des cas allemand et italien »*, Cahier du Conseil constitutionnel n°24, (Dossier : Le pouvoir normatif du juge constitutionnel), Juillet 2008 ; J. PINI, *« Réflexion sur le statut normatif de la jurisprudence constitutionnelle »*, idem ; D. Bechillon, *« Comment encadrer le pouvoir normatif du juge constitutionnel ? »*, idem, J.A. de Casanova, *« pouvoir normatif du Conseil constitutionnel et stabilité de la norme »*, idem ; F. Wodié, *« le Conseil constitutionnel de Côte-d'ivoire »*, Nouveau cahiers du Conseil constitutionnel, n°40, juin 2013 ; B. Genevois, *« Les limites d'ordre juridique à l'intervention du pouvoir constituant »*, RFDA, n°5, sept-oct. 1998, pp 929 et suivants : P. Brunet, *« Le Juge constitutionnel est-il un juge comme les autres ? Réflexion méthodologique sur la justice constitutionnelle »*, in « La Justice constitutionnelle », (sous la Dir. de O. Jouanjan, C. Grewe, P. Wachsmann), Paris, Dalloz, 2005, pp.115-135.

§ 3 : Le processus électoral en vue du scrutin présidentiel du 20 mars 2016.

Nous examinerons ce processus à travers ses différentes étapes : le dépôt des candidatures, la campagne électorale, le scrutin et ses résultats en mettant l'accent sur les circonstances qui les caractérisent, sans oublier la crise postélectorale et le conflit dans le Département du Pool.

A). Le dépôt des candidatures à l'élection présidentielle.

La présentation de candidature à l'élection du président de la République passe par plusieurs étapes qu'il convient d'examiner ainsi qu'il suit.

I). Le délai de dépôt des candidatures.

Le gouvernement fixait, dans un arrêté du ministre de l'intérieur et de la décentralisation en date du 1er février 2016, la période de dépôt des dossiers de candidatures en vue du scrutin présidentiel anticipé du 20 mars 2016[517].

Ainsi donc, la date d'ouverture fut fixée au 5 février 2016 et celle de clôture au 20 février 2016 à minuit. Les déclarations de candidature devraient être déposées, dans ce délai de 15 jours, à la direction générale des affaires électorales du ministère de l'intérieur et de la décentralisation.

Aux termes des dispositions de l'article 2 de l'arrêté du 1er février 2016, le dossier devait comprendre, une déclaration de candidature légalisée et mentionnant, les nom et prénom du candidat, les date et lieu de naissance, la profession et le domicile ; quatre cartes de photographie d'identité du candidat et le logo choisi pour l'impression de ses affiches électorales ; un curriculum vitae certifié sur l'honneur ; un certificat médical délivré par un collège de trois médecins assermentés désignés par le juge constitutionnel ; un spécimen de signature ; un casier judiciaire volet n° 2 ; un certificat de nationalité ; une déclaration de moralité fiscale ; un récépissé de versement au trésor public d'un cautionnement de vingt-cinq millions (25. 000 000,00) de francs CFA, non remboursable.

II). La désignation du collège de trois médecins.

En application des dispositions des articles 66 de la constitution du 25 octobre 2015 et 48 nouveau de la loi électorale, la Cour Constitutionnelle désignait, sur saisine du Président du Conseil national de l'ordre des médecins du Congo, un collège de 3 médecins assermentés pour constater

---

[517] Arrêté n°195, du 1er février 2016 fixant la période de dépôt des dossiers de candidatures à l'élection présidentielle, scrutin du 20 mars 2016, JO. du 04 février 2016, p159.

l'état de bien être physique et mental des candidats aux fonctions de Président de la République, en vue du scrutin du 20 mars 2016[518]. Cette exigence constitutionnelle permet de s'assurer si le candidat à l'élection présidentielle est physiquement et mentalement apte à exercer les fonctions de Président de la République. En l'espèce, le Président du Conseil national de l'ordre des médecins du Congo avait transmis, dans sa lettre du 25 janvier 2016, une liste de douze (12) médecins assermentés. C'est sur la base de cette liste que la Cour constitutionnelle en avait choisi trois (3). En l'occurrence, les Professeurs Thierry Alexis Raoul GOMBET (cardiologue et médecin interne), Bebène DAMBA BANZOUZI (neurologue) et le Docteur Raphaël ISSOÏBEKA (médecin généraliste). Le choix des trois médecins sur la liste de 12 est discrétionnaire.

III). La problématique du cautionnement de 25 millions de FCFA.

L'augmentation, par la loi électorale modifiée le 23 janvier 2016, du montant du cautionnement de 5.000.000 à 25.0000.000 FCFA, pour être candidat à l'élection présidentielle avait été jugé très exorbitante et prohibitive pour certains candidats aux revenus modestes[519]. Il convient de souligner qu'aux termes des dispositions de l'ancien article 48 de la loi électorale, le cautionnement de 5.000.000FCFA était remboursable pour les candidats ayant obtenu au moins 15 % des suffrages. Il ne l'était plus dans la loi du 23 janvier 2016. Le relèvement du montant du cautionnement avait donné lieu à la saisine de la Cour Constitutionnelle qui, à la requête de Monsieur Anatole Limbongo-Ngoka, rendait une décision du 5 février 2016.

a). L'argumentation du requérant.

Le requérant soulevait le moyen de la non-conformité à la constitution, des dispositions du dernier alinéa de l'article 48 nouveau de la loi électorale prescrivant le versement d'un cautionnement de 25.000.000FCFA non remboursable par tout candidat aux fonctions de Président de la République. Il se fondait en droit sur les dispositions de l'article 66 de la constitution du 25 octobre 2015 fixant les critères d'éligibilité, qui ne renvoie pas à une loi particulière pour fixer d'autres conditions. Le requérant se prévalait du

---

[518] Décision n° 002/DCC/16 du 2 février 2016, portant désignation d'un collège de trois médecins assermentés charges de constater l'Etat de bien être physique et mental des candidats aux fonctions de Résident de la République, scrutin du 20 mars 2016.

[519] La loi électorale modifiée le 23 janvier 2016 a relevé les montants de cautionnements exigés pour les différentes élections 25.000.000 FCFA pour l'élection présidentielle (article 48 nouveau) ; 1.5000.0000FCFA pour les élections législatives et sénatoriales (article 62 et 75 nouveau) ; 500.000FCFA pour les élections des conseillers locaux (article 67 nouveau).

caractère limitatif des conditions définies par le constituant de telle sorte que le législateur ne pouvait pas en introduire d'autres sans violer la constitution.

Le requérant dénonçait le caractère prohibitif de cette condition financière que les jeunes candidats d'au moins 30 ans d'âge et huit ans d'expérience professionnelle ne pouvaient guère satisfaire pour la plupart d'entre eux. Il invoquait en outre les dispositions de l'article 71 de la constitution[520], qui selon lui exclut la possibilité pour le législateur d'édicter les dispositions relatives à la présentation de candidature. Il dénonçait la rupture de l'égalité entre les citoyens et le caractère discriminatoire des dispositions querellées au regard aussi bien de l'article 15 de la constitution que des conventions internationales ratifiées par le Congo.

Enfin, il requérait, en raison de l'urgence dictée par le calendrier électoral, à ce qu'il soit statué dans le délai de 10 jours comme prévu par l'article 44 dernier alinéa de la loi électorale modifiée le 23 janvier 2016.

b). La position de la Cour constitutionnelle.

Après s'être déclarée compétente et avoir accueilli la requête dont elle était saisie, la Cour constitutionnelle a pu statuer sur le fond, notamment sur la non-conformité des dispositions du dernier tiret de l'article 48 (nouveau) de la loi électorale, modifiée par la loi du 23 janvier 2016.

D'une part, la Cour a considéré que le législateur tenait de l'article 71 de la constitution la compétence de fixer, dans le respect de la loi fondamentale, les conditions constitutives de l'éligibilité aux fonctions de président de la République. Les dispositions contestées du dernier tiret de l'article 48 (nouveau) de la loi électorale modifiée le 23 janvier 2016 s'inscrivaient dans le cadre des pouvoirs ainsi reconnus au législateur par le constituant.

La Cour rappelait le caractère non limitatif de l'énumération des critères d'éligibilité par l'article 66 de la constitution, en le rapprochant de l'article 71 qui reconnait au législateur la compétence de préciser dans les détails les conditions d'éligibilité. La Cour considérait qu'aucune disposition constitutionnelle n'interdisait ni le versement d'un cautionnement ni la fixation de son plafonnement, de telle sorte que le grief d'une disposition discriminatoire était mal fondé.

D'autre part, sur la rupture du principe d'égalité des citoyens, la Cour constitutionnelle soulignait le caractère relatif, donc non absolu, du principe d'égalité consacré aussi bien par l'article 15 de la constitution que par les conventions et accords internationaux relatifs aux droits de l'homme ratifiés par le Congo et qui font partie du bloc de la constitutionnalité. Cela en ce sens que, pour des raisons d'intérêt général appréciées objectivement, le

---

[520] L'article 71 de la constitution dispose, *« La loi fixe les conditions et la procédure d'éligibilité, de présentation des candidatures, de déroulement du scrutin, de dépouillement et de proclamation des résultats de l'élection du Président de la République.*
Elle prévoit également les conditions requises pour une élection libre, transparente, juste et régulière ».

législateur peut procéder à des différenciations dans la reconnaissance des droits et des obligations envers les citoyens.

La Cour conclut qu'en l'absence de toute disposition contraire, le législateur a souverainement défini de manière impersonnelle les critères d'éligibilité aux fonctions de Président de la République. S'agissant d'une disposition de portée générale et impersonnelle, l'article 48 (nouveau) dernier alinéa de la loi électorale est conforme à la constitution.

La position de la Cour s'inscrit dans le droit fil de la jurisprudence des juges constitutionnels francophones qui ne reconnaissent pas un caractère absolu au principe d'égalité. Comme l'écrit Jacques Robert, *« les Cours constitutionnelles ayant en partage l'usage du français admettent toutes que le principe d'égalité n'est pas absolu. Elles considèrent donc que le législateur peut procéder à certaines différentiations de traitement, notamment si celle-ci sont fondées sur l'existence de différence de situations ou des raisons d'intérêt général... »*[521]

C'est bien ce que consacre le Conseil constitutionnel français dans une jurisprudence bien établie, *« Le principe d'égalité ne s'oppose ni à ce que le législateur règle de façon différente des situations différentes, ni à ce qu'il déroge à l'égalité pour des raisons d'intérêt général pourvu que dans l'un et l'autre cas, la différence de traitement qui en résulte soit en rapport avec l'objectif de la loi qui l'établit... »*[522]

c). Critique de la décision de la Cour constitutionnelle du 05 février 2016.

Si la question soulevée par le requérant interpelle le bon sens, la décision de la Cour constitutionnelle ne manque pas de pertinence dans ses motivations en fait et en droit.

La subordination de l'accès aux fonctions de Président de la République à des conditions, qui sont des critères d'éligibilité, peut paraître antidémocratique pour tout citoyen qui a la jouissance de ses droits civiques et politiques.

Cependant, la démocratie n'étant pas synonyme de l'anarchie, il est de bon aloi qu'un encadrement juridique soit défini par des prescriptions de portée générale et impersonnelle. L'ouverture de l'accès aux fonctions de Président de la République à tout venant risque de présenter de sérieux inconvénients pour la démocratie, en générant une prolifération de candidatures parfois fantaisistes et de mauvaise qualité en termes de l'offre

---

[521] J. Robert, *« Le principe d'égalité dans le droit constitutionnel francophone »,* cahier du droit constitutionnel, n°3, novembre 1997 (travaux du 1er congrès de L'association des Cours constitutionnelles ayant en partage l'usage du français, ACCPUF).

[522] Cf. CC.87-323 DC, du 07 janvier 1988 ; Ch. Leben, *« Le Conseil constitutionnel et le principe d'égalité devant la loi »*, RDP, 1982 ; F. Melin-Soucramanien, *« Le principe d'égalité dans la jurisprudence du Conseil constitutionnel,* Economica-PUAM, 1997.

politique. Surtout dans un pays d'environ 4 millions d'habitants, qui comptait alors pas moins de 100 partis et formations politiques, naissant comme des champignons[523].

Certes, le législateur dispose d'un pouvoir discrétionnaire et souverain pour fixer les critères d'éligibilité, y compris le plafonnement du montant du cautionnement électoral. Il n'en demeure pas moins que le quintuplement de cette condition financière, de 5.000.000 à 25.0000.000 de FCFA, présente un effet dissuasif pour les candidats les plus modestes ; des candidats se présentant individuellement (jeunes ou non) ou sous l'étiquette de petites formations politiques.

L'augmentation exponentielle du montant du cautionnement électoral génère incontestablement un effet de limitation du nombre de candidatures. Ce qui peut conduire certains candidats à rechercher des sources de financement externe, dès l'instant où ce procédé n'est pas incompatible avec la législation en vigueur. On est en droit de se demander si les motivations du relèvement du montant de la garantie financière en matière électorale pouvaient être recherchées dans le passé. Mais, il ne semble pas établi que le montant initial de 5.000.000CFA ait entraîné des abus en termes de nombre de candidatures au cours des précédentes élections présidentielles.

Par ailleurs, le fait de rendre désormais, non remboursable le cautionnement électoral, présente un caractère confiscatoire à certains égards. Car, la caution a vocation, comme tout dépôt de garantie, à être restituée ne serait-ce qu'en partie.

Dès lors, le défaut de fixation d'un taux de remboursement à partir d'un seuil unique des suffrages obtenus par le candidat, conduit à penser que le cautionnement électoral revêt, outre un caractère confiscatoire, la forme d'un droit d'accès ou d'une contribution. Ce qui n'était pas le cas sous l'ancien article 48 de la loi électorale qui disposait en son dernier tiret que le cautionnement de 5.000.000 de FCFA était remboursable pour les candidats ayant atteint 15 % de suffrages. Cela nonobstant le fait que le niveau du taux des suffrages associé au montant du cautionnement étaient déjà jugés très sélectifs.

Enfin, le risque de fixer un montant aussi élevé, sans aucune pondération même *a minima* avec un taux de remboursement, est que l'accès à l'élection présidentielle soit perçu par les citoyens comme étant réservé aux candidats nantis, à une ploutocratie, à une oligarchie de ploutocrates ou tout simplement à des oligarques. Surtout dans les pays où la majeure partie de la population vit sous le seuil de pauvreté et le revenu national brut par habitant (RNB) est d'environ 213 dollars US par mois[524].

---

[523] *« Congo-Brazzaville : 59 partis politiques seulement en activité »*, http://www.africa-info.org/africque/politique/2017.

[524] *« Evolution du revenu national brut par habitant au Congo-Brazzaville »*, http://www.journaldunet.com/salaire/congo-brazzaville.

Cette situation se rencontre dans la plupart des pays africains[525]. Le caractère prohibitif du cautionnement électoral peut décourager des candidats, certes démunis, mais qui peuvent présenter des compétences et des programmes très ambitieux pour le développement du pays.

La solution pour franchir le cap d'admission à concourir serait un regroupement des partis et formations politiques de moindre envergure ou non au sein des plateformes qui mutualiseraient leurs moyens et choisiraient chacune un candidat commun. Une telle approche ne peut être efficace que si ces regroupements se faisaient sur des bases idéologiques et programmatiques qui puissent transcender les clivages internes, les égos des uns et des autres, l'hégémonie des formations se déclarant être plus ou moins majoritaires, l'élan de celles qui se réclameraient être les plus pourvoyeuses d'électeurs (de suffrages) ou de moyens financiers, matériels et humains pour bien battre campagne. Cette dynamique requiert un consensus sur le mode de désignation, dans le cadre d'une présélection (primaires ou vote interne) du candidat commun.

On peut aussi postuler pour les formes modernes ou novatrices de financement, comme le *« crowdfunding »*, le financement participatif.

IV). Les déclarations de candidatures.

Les annonces officielles des candidatures à l'élection présidentielle du 20 mars 2016 au public, voire à l'électorat, présentaient plusieurs aspects. Dans certains cas, c'était la confirmation d'un constat d'échec sur la perspective d'une candidature unique, dans d'autres cas on pouvait parler d'une candidature inattendue. Enfin, il y avait une candidature sans surprise mettant tout de même fin à un suspens apparent.

a). La confirmation des candidatures multiples de l'opposition.

Les plus optimistes pouvaient encore espérer la perspective d'une candidature unique de l'opposition FROCAD-IDC, suite au défaut de consensus lors de sa Convention nationale du 08 au 13 janvier 2016. Le constat fut qu'ils partaient finalement en ordre dispersé. Les principaux leaders se déclaraient, les uns après les autres, candidats à la présidentielle du 20 mars 2016. Ce fut ainsi le cas de Monsieur Guy Brice Parfait KOLELAS, ancien ministre, évincé du Parti MCDDI (IDC), de Monsieur

---

[525] Le Congo ne détient pas la palme d'or en la matière, comparé à d'autres pays africains : 65.000.000FCA au Sénégal et en guinée, 100 000 000 FC (108 000 dollars) en RDC, 30.000.000 FCFA au Cameroun. Cf. *« cautionnement électoral sans critère objectif »*, httt://jafricacogen.blogspot.fr/2015/08 ; *« Présidentielle au Sénégal : le montant de la caution est fixé à 65 millions de FCFA »*, http:/www.rfi.fr/afrique/20110831 ; *« interactif : où doit-on payer le plus cher en Afrique pour être candidat à la présidentielle ? »*, http://www.jeaune afrique.com/34047.

Pascal TSATY MABILA, Secrétaire général de l'UPADS (FROCAD), de Madame Claudine MUNARI, Présidente du MUST (IDC), l'unique femme candidate à cette élection, et de Monsieur André OKOMBI SALISSA, ancien ministre, Président du CADD (IDC). Aux 4 candidats de l'opposition radicale, s'ajoutaient 3 candidats d'une opposition se proclamant être modérée ou républicaine. Il s'agissait de Messieurs Anguios Nganguia Engambe (du MAR), Joseph Kignoumbi Kia Mboungou (de la Chaine) et Michel Mbouissi-Ngouari (du COPAR).

b). La candidature inattendue du Général J.M.M. MOKOKO.

La candidature du Général Jean Marie Michel MOKOKO (ancien Chef de l'État-Major de l'Armée populaire nationale (APN) puis des forces armées congolais (FAC) de 1987 à 1993 (un artisan de la conférence nationale souveraine de 1991 et de la transition démocratique) était inattendue, même s'il avait pris position contre le changement de la constitution du 20 janvier 2002.

Alors qu'il officiait en qualité de Représentant spécial de la Présidente de l'Union africaine (UA) et Chef de la Mission internationale de soutien à la Centrafrique (MISCA), il annonçait sa candidature à l'élection présidentielle depuis Bangui et démissionnait de ses fonctions de Conseiller du Président de la République en charge des questions de paix et de sécurité, qu'il exerçait depuis 2005, le 3 février 2016[526].

L'annonce de candidature du Général MOKOKO allait jouer les trouble-fête au sein de la classe politique congolaise, en raison de sa grande notoriété tant au plan national qu'international, et devait entraîner une redéfinition des stratégies politiques des uns et des autres.

Fallait-il mieux l'avoir avec soi que contre soi ?

Son retour précipité à Brazzaville le 9 février 2016 lui avait valu un *« Comité d'accueil »* un peu particulier à son arrivée à l'aéroport international de Maya-Maya. Il était loin d'être triomphant[527]. Cet accueil chahuté était sans doute le présage d'un long parcours jonché d'embûches, d'une succession d'épisodes, dont celui d'une mystérieuse vidéo[528] qui allait semer le doute sur la validation de sa candidature.

Cependant, au sein de l'échiquier politique, la candidature du Général MOKOKO se situa dans l'opposition, comme en témoignait sa première sortie officielle dans un meeting organisé le 13 février 2016 au Palais des

526 Cf. http : www.Lemonde.fr/afrique.article/2016/02/07/jean-marie-michel…

527 « Congo-Brazzaville : retour agité au pays pour le général MOKOKO », http : www.voaafrique.com/a/congo-brazzaville…

528 Il s'agit d'une vidéo circulant dans les réseaux sociaux au lendemain de l'annonce de la candidature du Général MOKOKO, dans lequel il paraîtrait préparer un « coup d'Etat ».

Congrès de Brazzaville où toutes les composantes de l'opposition étaient représentées[529].

c). La candidature sans surprise du Président sortant, Denis SASSOU NGUESSO.

La candidature du Président sortant, Denis SASSOU NGUESSO, était vivement souhaitée et réclamée par ses partisans, son parti (PCT), les partis politiques se réclamant de la majorité présidentielle, des associations en tout genre et des membres de la société civile, qui ne tarissaient pas d'idées en organisant à travers le pays des quêtes de soutien au financement de la campagne de leur candidat non encore déclaré.

Cette ferveur était sans précédent et parfois surréaliste, tant des pauvres gens dans les campagnes se dépouillaient, dans la liesse collective, de quelques sous qu'ils pouvaient avoir par-devers eux ; le fruit sans doute des mois de labeur. Il fallait donc manquer d'humilité et de gratitude pour résister à ces sons de cloches.

Sur le plan institutionnel, les 66 membres du Comité national d'investiture désignaient le 25 janvier 2016, Denis SASSOU NGUESSO comme étant leur candidat à l'élection présidentielle du 20 mars 2016, conformément aux statuts du Parti Congolais de Travail (PCT).

Le candidat désigné fera durer le suspens pour n'annoncer lui-même sa candidature que lors d'une rencontre organisée, sous la forme d'un dialogue avec la jeunesse, au stade de la Concorde à Kintélé le 19 février 2016[530].

V). La liste des candidats admis à concourir.

La liste des candidats admis à concourir était arrêtée par la Cour constitutionnelle dans sa décision du 24 février 2016, suite à la transmission des dossiers des candidatures par le Préfet en charge des élections.

a). Sur la saisine et la compétence de la Cour constitutionnelle.

Dans une lettre en date du 18 février 2016 (n° 016/MID/DGAE), le Préfet, Directeur général des affaires électorales, transmettait à la Cour constitutionnelle les dossiers de candidatures à l'élection présidentielle du 20

[529] « Présidentielle 2016 : Jean Marie Michel MOKOKO organise sa première sortie publique », http:/www.adiac-congo.com/.

[530] *« Présidentielle 2016 : Denis Sassou N'Guesso déclare sa candidature après un échange avec des jeunes »,* http : www.adica-congo.com ; *« Congo-B :Sassou-Nguesso officialise sa candidature à la présidentielle »,* http : www.rfi.fr/afrique/20160219/.

mars 2016, déposés dans le délai requis ; qui expirait le 20 février 2016 à minuit en application de l'arrêté ministériel du 1er février 2016[531].

Dans sa décision du 24 février 2016, la Cour constitutionnelle examinait les dossiers de candidature de Messieurs Denis Sassou Nguesso, Anguios Nganguia Engambe, Pascal Tsaty Mabiala, Jean Marie Michel Mokoko, André Okombi Salissa, Parfait Guy Brice Kolelas, Madame Claudine Munari (née Mabondzot), Messieurs Joseph Kignoumbi Kia Mboungou, Michel Mboussi Ngouari et Luc Parfait Tchinianga Mavoungou[532].

Sur le plan procédural, la Cour constitutionnelle se déclarait compétente pour examiner, au visa des dispositions de l'article 176 alinéa 1er de la constitution du 25 octobre 2015, les dossiers de candidatures aux fonctions de Président de la République afin d'en arrêter la liste définitive en vue du scrutin du 20 mars 2016. S'agissant d'un acte majeur du processus électoral, cette question fait partie de ses compétences constitutionnelles qui consistent à veiller sur la régularité de l'élection du Président de la République.

b). Sur le fond.

La décision de la Cour constitutionnelle du 24 février 2016 était fondée en fait et en droit.

1). En droit.

La Cour constitutionnelle devait vérifier, voire contrôler, la validité des dossiers de candidature qui lui avaient été ainsi transmis, par le Préfet, Directeur général des affaires électorales, au regard des conditions d'éligibilité définies par les articles 66 et 71 de la constitution, ainsi que par le nouvel article 48 de la loi électorale modifiée.

Les conditions de base étant celles de l'article 66 aux termes duquel,

« Nul ne peut être candidat aux fonctions de Président de la République s'il :
- n'est de nationalité congolaise d'origine ;
- ne jouit de ses droits civils et politiques ;
- n'est de bonne moralité ;
- n'atteste d'une expérience professionnelle de huit (8) ans au moins ;
- n'est âgé de trente (30) ans révolus ;
- ne jouit d'un état de bien-être physique et mental dûment constaté par un collège de trois médecins assermentés désignés par la Cour constitutionnelle ».

---

[531] Cf. note 150.
[532] Décision n°004/DCC/EL/PR/16 du 24 février 2016, arrêtant la liste définitive des candidats aux fonctions de Président de la République, scrutin du 20 mars 2016, JO du 25/02/2016, pp348-350.

Les autres conditions, définies par le nouvel article 48 de la loi électorale, sont complémentaires aux conditions de base et touchent essentiellement à la présentation ou au contenu du dossier de candidature[533].

2). En l'espèce : le rejet et la validation des candidatures.

Sur les dix candidatures enregistrées, en vue du scrutin présidentiel du 20 mars 2016, la Cour constitutionnelle rejetait une et en avait validé neuf.

- *Le rejet de la candidature de M. Tchinianga Mavoungou.*

La candidature de Monsieur Tchinianga Mavoungou Luc Parfait avait fait l'objet d'un examen spécifique, compte tenu de la lettre n° 19/MID/DGAE du 22 février 2016 par laquelle le Préfet-Directeur-Général aux Affaires Electorales demandait à la Cour de la considérer comme étant nulle et de nul effet pour défaut de paiement de la caution de 25.000.000 FCFA.

En effet, pour rejeter cette candidature, la Cour constitutionnelle s'était surtout fondée sur deux éléments de preuve annexés à la lettre précitée du 22 février 2016, à savoir un état nominatif des versements de la caution des candidats à l'élection présidentielle du 20 mars 2016 établi par le Directeur général du Trésor le 20 février 2016, sur lequel ne figurait pas le nom de Monsieur Tchinianga Mavoungou et la photocopie d'un chèque de 38.113,00 euros qui lui a été retourné.

La Cour constitutionnelle considérait que le retrait du chèque de 38.113,00 € par son émetteur, Monsieur Tchinianga Mavoungou, équivalait à un défaut de paiement de la caution de 25.000.000 FCFA, entraînant, par voie de conséquence, le rejet de sa candidature.

- *La validation des autres candidatures.*

Examinant les dossiers des autres candidats, la Cour constitutionnelle ne relevait aucun manquement ni aucune irrégularité au regard des conditions d'éligibilité et des règles de présentation des dossiers de candidatures. Elle arrêtait à neuf (9)[534], la liste définitive des candidats aux fonctions de Président de la République en vue du scrutin du 20 mars 2016.

Cependant, il n'est pas inutile de souligner que cela fut un soulagement pour certains. Notamment le général MOKOKO, compte tenu des rumeurs et spéculations qui circulaient et des incertitudes sur la validation de sa

[533] Cf. article 2 de l'arrêté du 1er février 2016, précité.

[534] Les candidats admis à concourir étaient Messieurs Denis Sassou Nguesso, Anguios Nganguia Engambe, Pascal Tsaty Mabiala, Jean Marie Michel Mokoko, André Okombi Salissa, Parfait Guy Brice Kolelas, Madame Claudine Munari, née Mabondzot, Messieurs Joseph Kignoumbi Kia Mboungou, Michel Mboussi Ngouari.

candidature ; alimentées par la fameuse vidéo évoquée plus haut et ses interpellations aux services de police pour s'en expliquer[535].

B). La charte de l'opposition du 29 février 2016.

A défaut d'une candidature unique, les cinq (5) candidats de l'opposition IDC-FROCAD, définissaient leur stratégie dans un protocole, dit *« Charte de l'opposition pour la victoire à l'élection présidentielle de 2016 »,* signée le 29 février 2016[536].

C'était une charte de bonne conduite, de solidarité et de non-agression à travers laquelle les candidats de l'opposition FROCAD-IDC s'engageaient à se soutenir mutuellement avant, pendant et après le scrutin du 20 mars 2016. Ils déclaraient leur solidarité en cas d'agression, d'arrestation et de privation des libertés individuelles, notamment la libre circulation. Ils s'interdisaient tous propos ou toutes actions fratricides.

Ils entendaient mutualiser leurs ressources et battre campagne dans un esprit d'unité dans la diversité, de cohésion et de respect réciproque en vue d'une alternance démocratique et pacifique.

Ils s'accordaient, au second tour, pour soutenir celle ou celui des candidats issus des plateformes IDC et FROCAD qui aura obtenu le plus grand nombre de suffrages exprimés au premier tour, contre un candidat non-signataire de la charte.

Mais cette charte paraissait ne rien prévoir l'hypothèse où les deux candidats qualifiés pour le second tour de l'élection présidentielle seraient tous issus de l'une ou l'autre plateforme. Cette situation, si elle se présentait, aurait nécessairement fait éclater ou disloquer ces plateformes par le jeu de la concurrence électorale et des alliances.

Sauf erreur de notre part, le fait de ne l'avoir pas prévue signifiait-il que les membres de la constellation IDC-FROCAD avaient déjà conscience de leur échec et de la présence inéluctable d'autres candidats (notamment celui du PCT) que les leurs au second tour du scrutin présidentiel du 20 mars 2016 ? Rien n'était moins sur dans ce contexte.

---

[535] *Présidentielle au Congo : Le candidat '' Général'' Mokoko grillé... »,* http://www.portail242.info/Présidentiel-au-congo-; *« Congo : La tension se relâche mais les doutes se confirment... »,* htttp://www.opinion-internationale.com/2016/02/24 ; *« Pourquoi la candidature de Mokoko pourrait ne pas être validée »*, http : www.starducongo.com.

[536] Cf. *« Election présidentielle : l'opposition signe une charte de solidarité »,* http://adiac-congo.com; *« Présidentielle 2016: l'opposition tente de se serrer les coudes contre Sassou Nguesso parti favori »,* htt://www.portail242.info ; *« Présidentielle au Congo : cinq opposants s'engagent à être solidaires »,* http://www.rfi.de/afrique/20160303; *« Présidentielle du 20 mars 2016 : l'opposition signe une charte de soutien mutuel »,* Les Dépeches de Brazzaville, n°2548 du 2 mars 2016, pp.1 et 2..

C). La campagne de l'élection présidentielle.

La campagne pour l'élection du Président de la République du 20 mars 2016 se déroulait sur une très courte période de moins de deux semaines, soit douze (12) jours après la date finale du dépôt des dossiers des candidatures.

I). La période de la campagne électorale.

La période de la campagne électorale en vue de l'élection présidentielle du 20 mars 2016 était fixée par l'arrêté du ministre de l'intérieur et de la décentralisation du 1er février 2016. Ouverte le vendredi 04 mars 2016, elle devait terminer le vendredi 18 mars 2016 à minuit sur toute l'étendue du territoire national[537].

II). Le déroulement de la campagne présidentielle.

Certains candidats, notamment ceux de l'opposition, continuaient d'appeler en vain au report de l'élection en raison de la brièveté des délais[538].

Ils n'étaient, malheureusement, pas entendus ; le processus engagé devenant irréversible aux yeux des pouvoirs publics.

Tous les candidats n'étant pas logés à la même enseigne, chaque candidat devait battre campagne selon ses moyens. Toutefois, il était difficile, même pour les candidats les mieux lotis, de parcourir toute l'étendue du territoire national en si peu de temps. C'est en cela que le maillage territorial des partis, soutenant des candidats, s'avérait utile. A cela s'ajoutait un déséquilibre de représentation des candidats dans l'espace médiatique. Notamment dans les médias publics. Ce déséquilibre soulève la question récurrente de l'accès de tous les candidats aux médias (notamment ceux du service public) et de la redéfinition du rôle que devrait effectivement jouer l'autorité de régulation, en l'occurrence le Conseil supérieur de la liberté de communication, en période électorale.

Des ennuis se poursuivaient, notamment pour le Général J2M MOKOKO dont la campagne était ponctuée de convocations, même à la veille du scrutin, aux services de police pour être entendu sur la fameuse vidéo qui lui était imputée. Cette situation frisait une sorte de déstabilisation ou de harcèlement.

---

[537] Arrêté n°196 du 1er février 2016, fixant la période de la campagne électorale relative à l'élection du Président de la République, scrutin du 20 mars 2016, JO, du 4 février 2016, p. 160.

[538] Cf. « Présidentielle au Congo : le candidat Mokoko exige le report du scrutin prévu le 20 mars », http : http://www.jeuneafrique.com/307219/politique/presidentielle-au-congo-le-candidat-mokoko-exige-le-report-du-scrutin-prevu-le-20-mars/03 mars 2016 à 18h15, Mis à jour le 04 mars 2016 à 00h29.

D). Le scrutin et les résultats de l'élection présidentielle.

Le scrutin présidentiel s'étant tenu à la date prévue le 20 mars 2016, les résultats étaient contestés par l'opposition dès leur annonce.

I). Le déroulement du scrutin.

Le scrutin était marqué, d'une part, par une forte mobilisation des électeurs dans les bureaux de vote, et d'une part, par un climat de psychose à cause de l'interruption des communications (téléphone, SMS, réseaux sociaux, internet...) depuis la veille de l'élection jusqu'au lundi 21 mars 2016 à la demande des autorités nationales pour des raisons avancées de sécurité et de sûreté. Les pouvoirs publics redoutaient fortement la publication des résultats par l'opposition radicale qui avait créé une Commission technique électorale à cette fin. Ce *« huis clos électoral »*[539] était fermement dénoncé par l'opposition.

II). La proclamation et la contestation des résultats.

Tout le monde *« piaffait d'impatience »* pour connaitre les résultats du scrutin présidentiel. A mesure que les jours passaient, les rumeurs et spéculations allaient bon train sur une éventuelle manipulation des résultats que l'opposition redoutait.

a). L'annonce et la proclamation des résultats.

Les congolais attendaient les résultats du scrutin présidentiel avec impatience et fébrilité. Cela d'autant plus que l'interruption de toutes les communications téléphoniques, internet et les réseaux sociaux étaient loin de rasséréner les esprits.

1). L'erreur grossière du journal Jeune Afrique.

Ajoutant à la confusion, le journal Jeune Afrique annonçait dans la nuit de lundi 21 à mardi 22 mars 2016 les premières tendances, sans se rendre compte d'une grossière erreur arithmétique que même un élève de 4ème n'aurait pas pu commettre. En effet, selon ses sources auprès de la CNEI, sur

---

[539] « Isolés, les congolais attendent les résultats d'une présidentielle sans suspense », http://www.france24.com/fr/2016021; « Présidentielles au Congo-Brazzaville : dans l'attente des résultats du 1er tour », http://www.rfi.fr/afrique/20160320; « Présidentielle - Congo : un huis clos électoral pour ou contre Sassou Nguesso », http:/afrique.lepoint.fr/actualité/ ; « Coupés du reste du monde, les congolais votes pour la présidentielle », http://www.voaafrique.com, 20 mars 2016.

environ 1.117.637 votants, soit 52,7 % de suffrages exprimés, le candidat Denis Sassou Nguesso serait arrivé en tête avec 61,4 % (soit 297.143 voix).

Or, une simple application de la règle de trois (3) aurait permis de vérifier et de se rendre compte, avant la diffusion de l'information, que le nombre de voix attribué au candidat annoncé en tête n'était que de 26, 58 %. Cette erreur dirimante ne pouvait qu'annihiler les résultats attribués aux deux candidats suivants, à savoir 16,4 % pour Guy Brice Parfait Kolelas et 13, 28 % pour Jean Marie Michel Mokoko. La nouvelle s'était déjà propagée dans la toile comme une trainée de poudre. Le journal a dû, quelques heures plus tard dans la matinée, y apporter un correctif en précisant qu'il s'agissait d'une erreur transmission[540].

2). Les résultats partiels et provisoires de la CNEI.

Le Président de la CNEI annonçait le 22 mars 2016, dans la soirée, les premiers résultats partiels et provisoires du scrutin présidentiel, donnant le candidat Denis Sassou Nguesso en tête avec 67,02 % des suffrages exprimés correspondant à 72 des 111 circonscriptions (58 % des votants), suivi des candidates Guy Brice Parfait KOLELAS (16,18 %) et Jean Marie Michel Mokoko (7,5 %), le taux de participation état estimé à 65,74 %[541].

3). La publication nuitamment des résultats officiels.

Le ministère de l'intérieur proclamait les résultats officiels du scrutin présidentiel le jeudi 24 mars 2016. Il ne faisait que confirmer, dans l'ordre du classement, ceux que la CNEI avait déjà annoncés la veille. Mais, ils étaient un peu plus affinés. Les 3 candidats arrivés en tête obtenaient respectivement 60,39 % ; 15,05 % et 14 %. Selon ces résultats, Denis Sassou-Nguesso aurait obtenu plus de la majorité absolue. Il était réélu dès le 1er tour[542], transformant ainsi son slogan de campagne, *« un coup, KO »*.

Si l'issue du scrutin n'était guère incertaine, eu égard aux tendances déjà annoncées. Le plus étonnant, ce qui retenait plus l'attention, était la proclamation des résultats officiels nuitamment (après minuit). C'est-à-dire au moment où beaucoup de congolais étaient déjà couchés et encore endormis. Ils ne les découvraient que dans la matinée, au réveil. Ces résultats étaient alors contestés par l'opposition radicale [543].

---

540 *« Présidentielle au Congo, les premiers résultats partiels de la CNEI placent Sassou Nguesso en tête »*, http://www.jeuneafrique.com/312138, 22 mars 2016.

541 *« Congo : vers une victoire de Sassou-Nguesso au 1er tour, l'opposition conteste »*, http://www.rfi.fr/afrique/20160322, 23-03/2016.

542 *« Denis Sassou-Nguesso réélu avec plus de 60% dès le 1er tour »*, Les Dépêches de Brazzaville, n°2568 du 25/03/2016, p.2.

543 *« Congo-Brazzaville : Sassou-Nguesso réélu président, l'opposition conteste »*, http://www.rfi.fr/afrique, 24 mars 2016 ; Maria Malagardis, *« Sombres nuages sur Brazzaville »*,

4). Le rapport de la coordination de l'opposition FROCAD-IDC.

Comme il fallait s'y attendre, l'opposition radicale devait publier ses propres résultats. La coordination des deux plateformes FROCAD-IDC rendait public un rapport daté du 02 avril 2016 sur le scrutin présidentiel du 20 mars 2016, dans lequel elle dénonçait les conditions de convocation, de préparation, d'organisation et de déroulement de ce scrutin ; tout en reconnaissant une forte mobilisation de l'électorat.

Elle soulignait le fait que la CTE fut contrainte de travailler dans la clandestinité pour mieux sécuriser les pièces à conviction et d'autres informations recueillies tant bien que mal. Elle expliquait le retard pris par la CTE dans le traitement des données, d'une part, par la dispersion de ses membres pour échapper aux menaces, persécutions ou arrestations et d'autre part, par la lenteur dans l'acheminement des fiches de résultats.

Tout compte fait, la coordination publiait les résultats de la CTE, sur la base de 80 % des procès-verbaux, représentant 580.707 suffrages exprimés, dont il ressortait que deux de leurs candidats étaient arrivés en tête à l'issue du 1er tour, à savoir Guy Brice Parfait Kolelas ayant obtenu 174.803 voix (soit 30,1 %) et Jean Marie Michel Mokoko avec 166.239 voix (soit 28,6 %)[544].

Cependant, la coordination des plateformes FROCAD-IDC qui affirmait, sans risque de se tromper devant l'opinion publique nationale et internationale, qu'un deuxième tour était irréversible, ne donnait pas pour autant le nombre de voix obtenues par les autres candidats, dont celui de la majorité présidentielle Denis Sassou Nguesso, pour permettre d'en apprécier les écarts. Tout portait à croire qu'il ne s'agissait que des résultats partiels, puisque la coordination terminait son rapport en précisant que la CTE poursuivait son travail afin de rendre disponible l'ensemble des résultats dans les meilleurs délais.

Déjà, dans un point de presse du 23 mars 2016, la coordination FROCAD-IDC annonçait les tendances sur l'ensemble du territoire national, sans un chiffrage en termes de pourcentage ni de taux[545]. Dans un communiqué diffusé la veille, la coordination attirait l'attention et invitait à ne pas tenir compte des résultats qui circulaient dans les réseaux sociaux, avant la publication des résultats officiels de la CTE. Mais, ajoutant à la confusion, le Général Mokoko était finalement présenté par une partie de

---

http://liberation.fr/planet/2016/03/24; « Réélection de Sassou-Nguesso : scepticisme et inquiétude internationaux », http:/www.rfi.fr/afrique/20160409.

[544] Opposition congolaise, Plateformes politiques FROCAD-IDC, Comité de coordination, *« rapport sur les résultats du scrutin présidentiel du 20 mars 2016 »*, http://www.zenga-mambu.com.fiche.php.

[545] *« Point de presse, Non au coup d'Etat électoral ! »*, http://wwwparismatch.com/actu/international/charles-Bowao.

l'opposition comme le vainqueur du scrutin présidentiel. Cela suscitait encore des contestations.

b). La contestation des résultats.

En dehors des déclarations des différents leaders de l'opposition de ne pas reconnaitre les résultats provisoires que venaient d'annoncer aussi bien la CNEI que le ministère de l'intérieur, appelant à la désobéissance civile, certains candidats manifestaient leur intention et entreprenaient de saisir la Cour Constitutionnelle. Ce fut le cas de J.2M. Mokoko et de Guy Brice Parfait Kolelas. Mais, seul ce dernier avait saisi le Conseil constitutionnel, juge de l'élection présidentielle.

1). La réaction du candidat Mokoko.

Le Général MOKOKO manifestait l'intention de saisir la Cour constitutionnelle dans une missive à l'attention du ministre de l'intérieur. Ce dernier n'avait pas manqué de lui répondre. Cet échange épistolaire soulève des questions qu'il convient de mettre en exergue.

- La lettre officielle de Mokoko du 31 mars 2016 au ministre de l'intérieur.

Pris dans la tourmente de ses déclarations tonitruantes après l'annonce des résultats officiels de la CNEI et de la fameuse histoire de la vidéo évoquée plus haut, le Général J.2M. Mokoko, arrivé en seconde position du scrutin présidentiel du 20 mars 2016 selon les résultats de la CTE, et en troisième position selon ceux de la CNEI, et finalement en 1re position selon les résultats du FROCAD-IDC, attirait l'attention du ministre de l'intérieur, dans une lettre officielle en date du 31 mars 2016, sur le défaut de publication des résultats annoncés le 24 mars 2016 au journal officiel[546].

Se fondant sur les dispositions de l'article 53 alinéa 1er de la loi organique n° 1-2003 du 17 janvier 2003 portant organisation et fonctionnement de la Cour Constitutionnelle[547], le Général Mokoko considérait que le délai de recours de cinq jours n'avait pas couru et qu'il se réservait le droit de contester ces résultants devant le juge du contentieux de l'élection présidentielle dès que le ministre de l'intérieur aura accompli la formalité matérielle de publication au journal officiel.

---

[546] Il convient de préciser que cette missive fut signée, « pour ordre », par son porte-parole, Clément Miérassa.

[547] Article 53 alinéa 1er de la loi organique du 17 janvier 2003 relative à la Cour Constitutionnelle dispose, *« L'élection du Président de la République peut être contestée devant la Cour constitutionnelle dans les cinq jours qui suivent la publication des résultats provisoires par le ministre en charge des élections ».*

Il arguait aussi du fait qu'un acte administratif réglementaire ne produit d'effets que s'il est porté à la connaissance des intéressés par voie de publication ou, s'agissant d'un acte individuel, qu'à compter de sa notification à l'intéressé. Se posait ici la question de la recevabilité d'une requête contre une décision administrative au regard des délais de recours.

- *La réponse du ministre de l'intérieur au Général Mokoko.*

En réponse, le ministre de l'intérieur rappelait dans un courrier, également daté du 31 mars 2016, que les lois de la République reconnaissaient à tout candidat à l'élection présidentielle le droit de contester les résultats proclamés devant la Cour constitutionnelle, dans le délai de cinq jours prescrit par l'article 72 de la constitution du 25 octobre 2015[548]. Et d'ajouter qu'il lui appartenait de saisir la Cour d'un recours en contestation dans ce délai. En effet, c'est en toute logique que le ministre de l'intérieur ne se prononçait pas sur l'expiration ou non du délai de saisir la Cour constitutionnelle en la matière. Il n'entendait pas non plus édicter un arrêté de publication des résultats provisoires en vue de leur insertion au journal officiel. A moins qu'en dehors de la proclamation par voie de presse (médias) qu'il s'agisse d'un affichage ou d'une insertion dans un bulletin officiel du ministère ou sur un autre support tel qu'un site internet officiel, s'il en existait un.

- *Analyse critique.*

D'un point de vue juridique, la question soulevée dans la missive du Général Mokoko ne manquait pas d'intérêt. Une chose est, le droit d'agir ou d'intenter une action en contestation des résultats d'une élection présidentielle devant la Cour constitutionnelle. Une autre est, de remplir les conditions requises pour ce faire, dont celles relatives au délai de recours, à son déclenchement, à sa computation et à son expiration. L'appréciation de ces conditions se fait au regard des principes et des textes qui régissent la matière.

Il est donc principalement question de savoir si, à la date à laquelle le Général Mokoko faisait connaître son intention au ministre de l'intérieur, le délai de 5 jours pour saisir la Cour constitutionnelle n'était pas encore déclenché ou si le demandeur n'était pas déjà forclos. Ensuite, le ministre de

---

[548] L'article 72 de la constitution du 25 octobre 2015 dispose, « *Si aucune contestation n'a été soulevée dans le délai de cinq (5) jours suivant la proclamation des résultats provisoires de l'élection du Président de la République et si la Cour constitutionnelle, saisie d'office, estime que l'élection n'est entachée d'aucune irrégularité de nature à entraîner l'annulation du scrutin, elle proclame les résultats définitifs de celle-ci dans les quinze (15) jours suivant sa saisine.*
En cas de contestation, la Cour constitutionnelle statue dans un délai de quinze (15) jours à compter de sa saisine et proclame les résultats définitifs ».

l'intérieur pouvait-il accéder à la requête du candidat Mokoko, d'accomplir la formalité de publication des résultats provisoires du scrutin du 20 mars 2016 pour déclencher le délai de recours en contestation devant la Cour constitutionnelle ?

En l'espèce, la manifestation d'intention de saisir la Cour constitutionnelle contre les résultats du scrutin présidentiel reposait sur une interprétation extensive que laisse supposer le 1er alinéa de l'article 53 précité de la loi organique sur le délai de cinq (5). Le fait déclencheur du délai de recours est la publication des résultats provisoires par le ministre de l'intérieur.

Or, la notion de *« publication »,* telle qu'énoncée dans les dispositions précitées de l'article 53 de la loi organique du 17 janvier 2017 sur la Cour constitutionnelle, n'est pas clarifiée ni précisée par le législateur organique. C'est une notion en clair-obscur. Il est donc question de savoir la forme que doit revêtir cette publication. Etant précisé que la formalité de publication est une modalité de la *« publicité ».* Cette dernière renferme aussi bien la publication que la notification. Dans le premier cas, il s'agit de porter un acte ou une décision administrative à la connaissance d'un nombre plus ou moins important de destinataires, du public ou des intéressés (s'agissant des actes réglementaires ou de portée générale). Dans le second cas, il s'agit de porter un acte ou une décision à la connaissance d'un individu ou des individus concernés, bien identifiés[549]. C'est le cas d'un acte individuel.

Concernant les résultats électoraux, dans la mesure où ils concernent non seulement les candidats eux-mêmes, mais aussi l'ensemble des citoyens, ils doivent être rendus public ou portés à la connaissance du public par l'autorité administrative compétente au moyen de tout support afin d'en assurer une plus large diffusion.

Une interprétation stricte de la disposition précitée de la loi organique conduirait à privilégier l'insertion dans des supports officiels, au premier rang desquels figure le Journal officiel (et par extension dans le bulletin officiel du Ministère de l'intérieur, en charge des élections) ou par voie d'affichage dans les locaux dudit ministère ainsi que des administrations de l'Etat ou publiques, avec l'inconvénient que les retards de diffusion par les différentes administrations n'entraîneraient pas d'effet prorogatif du délai de recours.

Dans le silence de la loi sur les modalités précises de publication des résultats provisoires de l'élection présidentielle, l'interprétation extensive s'impose de telle sorte que le délai de contestation des résultats devant le juge électoral, en l'occurrence la Cour constitutionnelle, est déclenché dès la publication des résultats provisoires par le ministre de l'intérieur dans le support qu'il aura choisi pour les porter à la connaissance des citoyens, du public en vue d'une large diffusion. C'est le cas d'une annonce par voie

[549] Cf.JM Auby et R. Drago, *« traité de contentieux administratif »,* T1, Paris, LGDJ, 1984, p.908, n°781.

audiovisuelle, relayée par la presse écrite ou par les canaux des nouvelles technologies de l'information de la communication (notamment internet).

En l'espèce, le candidat Mokoko ne pouvait pas utilement prétendre que le délai de contester les résultats provisoires du scrutin présidentiel du 20 mars 2016, pourtant rendus public par le ministre de l'intérieur le 24 mars 2016, seraient retardé pour défaut de publication au journal officiel, et espérer encore se pourvoir en justice dès qu'ils le seraient. Lorsque l'on sait que le journal officiel a une parution périodique, notamment hebdomadaire ; même s'il pouvait s'agir d'une édition spéciale ou hors série, on ne saurait suspendre le délai de recours de 5 jours dans l'attente de l'insertion, de l'impression et de la parution, de la publication des résultats provisoires au journal officiel. Ce conditionnement retarderait d'autant la publication des résultats définitifs par la Cour constitutionnelle.

Or, aucune disposition législative ni réglementaire n'oblige le ministre de l'intérieur à publier les résultats provisoires qui lui sont transmis par la CNEI au journal officiel, que ce soit d'office ou à la demande de toute personne physique ou morale.

Il apert que le Général MOKOKO était incontestablement forclos. Le juge électoral allait nécessairement lui opposer une fin de non-recevoir. Cela, ne serait-ce qu'en application du principe ou de la théorie *« de la connaissance acquise*[550] *» ou « de la connaissance de fait »* des résultats de l'élection présidentielle du 20 mars 2016, dès leur diffusion par le ministère de l'intérieur le 24 mars 2016. Même si cela fut fait nuitamment.

De surcroit, en exprimant sa volonté de contester ces résultats dans sa lettre-missive à l'attention du ministre de l'intérieur, dès leur publication au journal officiel, le Général Mokoko était déjà réputé en avoir acquis connaissance. Mais, cette correspondance ne valait pas un recours en contestation des résultats électoraux. Car, le seul recours ouvert à toute personne contestant les résultats du scrutin présidentiel demeure la saisine du juge de l'élection, en l'occurrence, la Cour constitutionnelle.

Ensuite, son ambition ne pouvait pas prospérer dans la mesure où, la rédaction de l'article 72, précité, de la constitution 25 octobre 2015 est plus précise. Ce texte dispose en effet que le délai de contestation des résultats provisoires de l'élection du président de la République est de cinq (5) jours suivant leur *« proclamation »*. Or, la notion de proclamation est moins équivoque que celle de publication et s'adapte à toutes les formes ou modes de diffusion des résultats de l'élection par l'autorité compétente.

[550] La théorie de la connaissance acquise suppose que les délais de recours contre une décision ou un acte administratif puissent dans certaines situations, être déclenchés sans même que la publicité de l'acte n'ait pas eu lieu, sur le seul fait d'en avoir pris connaissance ou d'avoir exercé un recours administratif contre cet acte ou cette décision. Sauf si une disposition législative ou réglementaire en disposait autrement. (Cf. L. Molinero, *« La théorie de la connaissance acquise en droit administratif français »*, Revue juridique de l'Ouest, 1990-3, 99 303-357 ; CE. 8 décembre 1859, Commune de St. Pierre de Semilly, rec. 714 ; 17 juin 1881, fabrique de Nailloux, sirey, 1883.3.9. ; 13 août 1851, Coste, rec. 641 ; 15 avril 2016, n°375132 ; 11 décembre 2013 , n°363361 ; 3 décembre 2012, n°357330 ; 13 mars 1998, n°120079)

Enfin, d'un point de vue purement pratique, ces péripéties soulèvent la question de la composition des équipes de campagne des candidats aux élections, notamment à l'élection présidentielle. Nous partageons amplement le point de vue exprimé par J.D. Boukongou, sur la nécessité de voir les candidats aux élections s'entourer chacun d'une équipe composée non seulement de personnalités politiques d'envergure, mais aussi des gens pétris de compétences techniques, économiques et surtout juridiques pour les conseiller utilement[551].

2). La saisine du juge de l'élection présidentielle par le candidat Kolelas.

Nous allons ici examiner le recours du candidat Guy Brice Parfait KOLELAS du 30 mars 2016 et la décision de la Cour constitutionnelle du 04 avril 2016 relative aux résultats de l'élection présidentielle du 20 mars 2016.

Le candidat Guy Brice Parfait Kolelas, avait saisi la Cour constitutionnelle d'une requête, enregistrée le 30 mars 2016, en contestation des résultats provisoires de l'élection présidentielle du 20 mars 2016. Il s'agissait des résultats provisoires publiés par le ministre de l'intérieur le 24 mars dans les conditions rappelées plus haut, le classant 2ème avec 15,5 % des suffrages exprimés.

Le candidat Guy Brice Parfait Kolelas soulevait plusieurs griefs à l'appui de sa requête. Ils se rapportaient à la régularité de l'élection présidentielle du 20 mars 2016, à la réformation de certains résultats, à la prise en compte des résultats de Bakongo, à l'annulation des résultats de l'arrondissement 6 Talangai, des Département de la Likouala et de la Cuvette.

- Sur le premier grief : l'irrégularité de l'élection présidentielle du 20 mars 2016.

L'ancien ministre et candidat, Guy Brice Parfait Kolelas, contestait la régularité de l'élection présidentielle du 20 mars 2016, en ce que, comme les 7 autres candidats, il n'avait pas été en mesure de communiquer avec ses délégués à cause de la coupure des communications du 20 au 23 mars 2016. Cette violation ayant entravé selon lui la transparence, la sincérité et la justesse du scrutin en violation des dispositions des articles 25, 26 et 71 de la constitution du 25 octobre 2015[552].

---

[551] Cf. J.D. Boukongou, « *Pourquoi la Cour constitutionnelle confirmera l'élection du Président Denis Sassou Nguesso* », http://starducongo.com/02/04/2016.

[552] Les articles 25 et 26 de la constitution du 25 octobre 2015 disposent respectivement, « *Tout citoyen a le droit d'exprimer et de diffuser librement son opinion par la parole, l'écrit, l'image ou par tout autre moyen de communication.*
La liberté de l'information et de la communication est garantie. Elle s'exerce dans le respect de la loi.
La censure est prohibée. L'accès aux sources d'information est libre et protégé dans les conditions déterminées par la loi » ; « *Le secret des correspondances, des télécommunications ou de toute autre*

- *Sur le 2ème grief : la disparité des résultats.*

Le requérant dénonçait des disparités entre les résultats provisoires publiés par le ministre de l'intérieur, en charge des élections, et ceux consignés dans les procès-verbaux des bureaux de votes signés par les délégués des candidats dans certaines circonscriptions comme à Kinkala, à Kindamba, etc.

- *Sur le 3ème grief : le rejet des résultats de deux bureaux.*

Le requérant dénonçait le fait que les résultats de deux bureaux de vote de Bakongo, quartier n° 29, étaient rejetés par la Commission électorale. Il estimait de ce fait avoir perdu un nombre important de voix, alors qu'il ne pouvait pas être tenu responsable des dysfonctionnements imputables à l'administration.

- *Sur le 4ème grief : des irrégularités constatées dans certains bureaux.*

Il dénonçait de nombreuses irrégularités qui seraient constatées dans le déroulement des opérations de vote dans l'arrondissement 6 talangai, les départements de la Likouala et de la cuvette centrale, où il semblerait qu'après dépouillement les résultats n'avaient pas été rendus publics et des représentants des autres candidats auraient été chassés des bureaux de vote en violation des dispositions de l'article 99 nouveau de la loi électorale.

En somme, le requérant réclamait à titre principal, la réformation des résultats du Pool, de Pointe Noire et de Brazzaville, l'annulation des résultats du scrutin pour l'arrondissement 6 Talangai et les départements de la Likouala et de la Cuvette Centrale et, à titre subsidiaire, à ce que la Cour constitutionnelle ordonne toute mesure d'instruction qu'elle allait juger utiles pour la manifestation de la vérité.

3). La décision de la Cour constitutionnelle du 04 avril 2016.

La CNEI avait transmis le 26 mars 2016 à la Cour constitutionnelle les résultats du scrutin présidentiel du 20 mars 2016. Le Greffe enregistrait la requête de Monsieur Guy Brice Parfait Kolelas le 30 mars 2016. La Cour Constitutionnelle, en sa double qualité de juge du contentieux de l'élection

---

forme de communication ne peut être violé, sauf dans les cas et les conditions prévus par la loi ». L'article 71 dispose, « La loi fixe les conditions et la procédure d'éligibilité, de présentation des candidatures, de déroulement du scrutin, de dépouillement et de proclamation des résultats de l'élection du Président de la République. Elle prévoit également les conditions requises pour une élection libre, transparente, juste et régulière ».

présidentielle et d'autorité habilitée à proclamer les résultats définitifs, devait se prononcer dans le délai de 15 jours à compter de sa saisine, comme le prescrit l'article 72 alinéa 2 de la constitution du 25 octobre 2015. Ainsi qu'il ressort de la décision du 04 avril 2015[553].

- *Sur la fin de non-recevoir.*

La Cour devait se prononcer sur la recevabilité de la requête de Monsieur Kolelas aux visas des dispositions combinées des articles 72 de la constitution du 25 octobre 2015 et 53 de la loi organique n° 1-2003 du 17 janvier 2003 relative à l'organisation et au fonctionnement de la Cour Constitutionnelle.

La requête de Monsieur Kolelas était déclarée irrecevable pour deux motifs touchant à la forclusion, voire au non respect du délai de recours, et au défaut du timbre fiscal.

Sur le non respect du délai de 5 jours prévu par les dispositions précitées, la Cour rappelle que ce délai commence à courir le jour suivant la publication des résultats provisoires par le ministre de l'intérieur. En l'espèce, les résultats provisoires étant publiés le 24 mars 2015, le délai de contestation courait le 25 mars pour expirer le 29 mars 2016. La Cour considérait, bien que la requête Monsieur Kolelas fût datée du 29 mars 2016, qu'elle n'avait été déposée au Greffe que le 30 mars 2016, comme en attestait le visa de l'enregistrement. De surcroit, la Cour faisait observer que le requérant confirmait lui-même cette date de dépôt, par la production le 31 mars 2016, d'un bordereau et des pièces en complément de sa requête déposée la veille. La Cour insistait sur le caractère contraignant du délai de 5 jours. Il est constant que, comme toute juridiction, la Cour constitutionnelle n'est saisie qu'à compter du dépôt, donc de l'enregistrement, de la requête au Greffe. La date de signature ou d'envoie de la requête ne vaut pas saisine de la Cour.

Par ailleurs, examinant les autres conditions de recevabilité, la Cour constatait que, Monsieur Kolelas n'avait pas satisfait à la formalité des frais de timbre et d'enregistrement prescrite par l'article 56 de la loi organique précitée. S'agissant d'une formalité substantielle, la requête de Monsieur Kolelas encourait l'irrecevabilité[554].

---

[553] Décision n°005/DCC/EL/PR/16 du 4 avril 2016 portant proclamation des résultats définitifs de l'élection du Président de la République, scrutin du 20 mars 2016, JO (édition spéciale), 5 avril 2016.

[554] *L'article 56 de la loi organique n° 1 – 2003 du 17 janvier 2003 portant organisation et fonctionnement de la Cour constitutionnelle dispose, « La requête doit, à peine d'irrecevabilité, contenir les nom, prénoms, la date et lieu de naissance, la profession et l'adresse du requérant ainsi que les nom et prénoms de l'élu dont l'élection est contestée. La requête doit, en outre, contenir un exposé des faits et les textes invoqués pour l'annulation.*

A la requête doivent être annexées les pièces produites au soutien des moyens. La requête n'a pas d'effet suspensif. Elle est soumise aux frais de timbre et d'enregistrement ».

- Sur le fond et la proclamation des résultats définitifs.

L'irrecevabilité de la requête s'opposant à l'examen des moyens de fond soulevés par Monsieur le Ministre Kolelas, la Cour constitutionnelle devait donc procéder à la proclamation des résultats définitifs du scrutin présidentiel du 20 mars 2016.

Il en ressortait que, sur 2.161.839 électeurs inscrits, 1.489.961 votant, 96.171 bulletins nuls, 1.393.790 suffrages exprimés et un taux de participation de 68,92 %, les 9 candidats retenus obtenaient respectivement : *Sassou Nguesso Denis (60,19 %), Nganguia Engambe Anguios (0,21 %), Tsaty-Mabiala Pascal (4,67 %), Mokoko Jean Marie Michel (13,74 %), Okombi Salissa André (4,12 %), Kolelas Parfais Guy Brice (15,04 %), Munari, née Mabondzot Claudine (1,54 %), Kignoumbi Kia Mboungou Joseph (0,25 %) et Mboussi Ngouari Michel (0,24 %).*

Selon la Cour constitutionnelle, le candidat Denis Sassou Nguesso, ayant obtenu plus de la majorité absolue des voix dès le 1er tour du scrutin du 20 mars 2016, fut réélu Président de la République du Congo.

- Analyse critique de la décision de la Cour constitutionnelle du 04 avril 2016.

La décision de la Cour constitutionnelle du 04 avril 2016 avait suscité diverses réactions, outre celles du requérant lui-même qui en prenait acte tout en affirmant qu'il allait continuer de contester cette élection par des moyens légaux, en ce comprises celles d'un groupe de réflexion des élèves de l'Ecole nationale de l'administration et de la magistrature (ENAM) dont Monsieur Kinzounza Kitsoro Firmin, enseignant de cet établissement, se faisait l'écho[555].

Il soutient que la fin de non recevoir de la requête de Monsieur Kolelas n'était pas fondée. Selon lui, cette requête aurait pu être déclarée recevable pour une série raisons qui tenaient au fait que le délai de 5 jours n'était pas tenable à cause de la coupure des télécommunications, constituant ainsi un cas de force majeure (événement imprévisible et irrésistible) ; il n'y aurait pas fallu, dans la computation de ce délai, tenir compte du samedi 26, du dimanche 27, et lundi 28 mars 2016 (lundi de pâques) jours non ouvrables, pour faire courir ce délai du vendredi 25 mars au vendredi 1er avril 2016 (comprenant les 25, 29, 30, 31 mars et le 1er avril 2016) ; le Greffe de la Cour constitutionnelle aurait pu juger la requête de Monsieur le Ministre Kolelas irrecevable dès son dépôt ; en rejetant cette requête pour cause de forclusion et défaut de timbre fiscal, la Cour n'avait pas dit le droit et avait

---

[555] K.F. Kinzounza *« Pourquoi la requête du candidat Guy Brice Parfait Kolelas aurait pu être retenue »*, http://wwwlasemaineafricaine.net/index.php/nationale, 12 avril 2016.

rendu une décision politique. Enfin, la Cour aurait dû rallonger le délai de dépôts des recours en prenant en compte les jours non ouvrables.

Cette argumentation ne nous paraît pas convaincante à plus d'un titre.

D'une part, les irrégularités entachant les opérations de vote ou de dépouillement des bulletins, voire l'établissement et la signature des procès-verbaux n'ont aucune incidence sur le déclenchement ni sur le cours du délai de contestations des résultats provisoires du scrutins devant le juge du contentieux électoral présidentiel, la Cour constitutionnelle.

Ensuite, il est constant que le scrutin du 20 mars 2016 s'était déroulé, jusqu'à la proclamation des résultats provisoires par le ministère en charge des élections, dans un contexte inédit de coupure de toutes les communications téléphoniques, internet et des réseaux sociaux. Certes, cette circonstance ne permettait pas à tous les candidats d'entrer matériellement en possession des documents établissant la réalité des résultats provisoires proclamés nuitamment par le ministère de l'intérieur. Mais, elle ne constituait pas pour autant un cas de force majeure permettant de déroger au délai de recours, d'en reporter ou différer le déclenchement.

Car, compte tenu du contexte, les candidats surtout ceux de l'opposition radicale ne pouvaient pas ne pas s'attendre à la perturbation des canaux de communications dès l'instant où les autorités publiques avaient sévèrement stigmatisé la création de la CTE, qu'elles qualifiaient de démarche insurrectionnelle, en ce qu'elle allait sérieusement rivaliser la CNEI dans le déroulement du scrutin. Dès lors, l'imprévisibilité, l'une des conditions de la force majeure, n'était pas satisfaite en l'espèce. Par ailleurs, les résultats provisoires étaient largement portés à la connaissance du public par voie audiovisuelle. La circonstance qu'ils n'eurent pas été reproduits dans la presse écrite, ne pouvait pas être regardée comme mettant toute personne ayant intérêt pour agir, dans l'impossibilité de les contester devant la Cour constitutionnelle, dans la mesure où elle en avait acquis la connaissance.

En l'espèce, comme tous les candidats et tous les citoyens, le candidat Kolelas avait une connaissance acquise des résultats provisoires proclamés le 24 mars 2016 par le ministre de l'intérieur. Dès lors, compte tenu de la célérité du contentieux électoral, et surtout du délai très court de saisine de 5 jours, tout candidat pouvait, à compter du 24 mars 2016, rédiger et déposer une requête même sommaire pour préserver le délai recours, tout en prenant soin de remplir les conditions substantielles de recevabilité, et qu'il aurait pu ensuite la compléter par un mémoire complémentaire avec les éléments factuels qui lui auraient fait défaut. En cas de refus de l'administration de produire ou de communiquer les éléments de preuve en sa possession, il appartenait au requérant d'en référer à la Cour pour prescrire toute mesure d'instruction qu'elle aurait jugé utile.

D'ailleurs, il s'évince des dispositions de l'article 59 de la loi organique précitée du 17 janvier 2003 que, *« La Cour constitutionnelle peut, le cas échéant, ordonner une enquête et se faire communiquer tous documents et rapports ayant trait à l'élection.*

Un membre de la Cour constitutionnelle est désigné pour recevoir, sous serment, les déclarations des témoins. Procès-verbal est dressé par le membre de la Cour constitutionnelle et communiqué aux intéressés qui ont un délai de huit jours pour déposer leurs observations écrites ».

L'article 60 de la même loi organique dispose que, *« La Cour constitutionnelle peut commettre l'un de ses membres pour procéder, sur place, à d'autres mesures d'instruction ».*

Donc, la seconde condition de l'irrésistibilité qui caractérise la force majeure n'était pas non plus réunie en l'espèce.

Manifestement le non-respect du délai de 5 jours était la conséquence, en dehors du contexte, des négligences et d'un défaut de précautions du requérant. Il semblerait qu'il serait entouré d'une équipe composée entre autres de juristes confirmés et de haut niveau.

Sur la prise en compte des journées de samedi 26 mars, dimanche 27 mars et le lundi de Pâques, 28 mars 2016 dans la computation du délai de recours de 5 jours pour saisir la Cour constitutionnelle et le report de la date d'expiration au 1er avril 2015.

Compte tenu de la spécificité du contentieux électoral, ce délai de 5 jours est un délai très strict. Il s'agit d'un délai franc et d'ordre public qui commence à courrier dès le lendemain du fait déclencheur, la proclamation des résultats provisoires par le ministre de l'intérieur, et qui expire le cinquième jour, en principe à minuit (zéro heure).

D'ailleurs, il ne résulte pas des dispositions de l'article 72 de la constitution du 25 octobre 2015 ni de l'article 53 précité de loi organique que la Cour constitutionnelle doit être saisie dans le délai de *« 5 jours ouvrables ».* La circonstance que les jours non ouvrables ou les jours fériés s'intercalaient dans ce délai, n'implique pas l'obligation d'en suspendre le cours. Cela d'autant plus que l'élection a lieu un dimanche, donc un jour non ouvré.

S'agissant d'un délai franc, si le dernier jour n'est pas ouvrable, c'est-à-dire un samedi, un dimanche ou un jour férié, le terme peut être reporté le 1er jour ouvrable suivant. Cela, compte tenu du fait que les services du Greffe sont fermés. Sauf si une permanence est spécialement prévue à cet effet ou si la Cour dispose d'un horodateur pour enregistrer les actes de procédure. Mais, cela ne s'appliquait pas en l'espèce en l'absence d'une prescription de saisir la Cour seulement dans un délai de 5 jours ouvrables.

Enfin, Monsieur Kinzounza Kitsoro soutient avec son équipe de réflexion que le Greffier en chef de la Cour constitutionnelle aurait pu déclarer la requête du candidat Kolelas irrecevable dès son dépôt et, que la Cour n'a pas dit le droit en la rejetant pour cause de forclusion et aurait rendu une décision politique.

Sur la première branche de l'argumentation. Il convient de souligner que le Greffier en chef ou le secrétariat-greffe ne peut pas se substituer à la Cour constitutionnelle. Elle est seule compétente pour se prononcer sur la recevabilité des recours dont elle peut être saisie. La constitution, la loi organique, encore moins le règlement intérieur de la Cour constitutionnelle ne confèrent pas un tel pouvoir au Secrétariat, voire au Greffe en chef de la Cour constitutionnelle.

Cependant, il ressort des dispositions des articles 57 de la loi organique précitée que *« La Cour constitutionnelle, sans instruction contradictoire préalable, peut rejeter, par décision motivée, les requêtes irrecevables ou ne contenant que des griefs qui, manifestement, ne peuvent avoir une influence sur les résultats de l'élection. La décision est aussitôt notifiée au requérant, à l'Assemblée nationale ou au Sénat »*[556].

Il s'agit non pas d'une obligation, mais d'une possibilité laissée à la discrétion de la Cour constitutionnelle de se passer du principe du contradictoire, permettant de transmettre le recours au candidat dont l'élection est contestée afin qu'il puisse formuler ses éventuelles observations.

Quant à la seconde branche de l'argumentation de l'équipe de recherche, il est difficilement concevable, au vu de la motivation de la décision commentée, des faits de la cause et des fondements juridiques retenus, que la Cour constitutionnelle n'ait pas dit le droit et qu'elle ait rendu une décision politique. Cela, même si cette décision intervient en matière de l'élection présidentielle dont l'enjeu politique n'est pas absent, compte tenu du contexte particulièrement agité.

E). Les réactions internationales.

L'issue du scrutin présidentiel du 20 mars 2016 avait suscité quelques réactions au plan international. Si en Afrique, la plupart des chefs d'Etats (Gabon, Cameroun, Sénégal, Centrafrique, Guinée, pour ne citer que ceux-là) avaient salué la victoire de leur homologue Denis Sassou Nguesso, des inquiétudes et réticences apparaissent auprès des chancelleries occidentales et de l'Union européenne[557]. D'ailleurs, les autorités congolaises avaient demandé sans succès le départ de la représentante de l'UE, Mme Saskia de

[556] C'est aussi ce que prévoit l'article 42 du règlement intérieur de la Cour constitutionnelle, *« En cas de requête manifestement irrecevable, les décisions et avis de la Cour constitutionnelle peuvent être rendus à huis clos. Cependant, ils peuvent être rendus en audience publique solennelle en cas de procédure contradictoire.*
Dans ces conditions, les membres de la Cour se présentent en toge ».

[557] *« Inquiétudes internationales après la réélection de Sassou-Nguesso au Congo-Brazzaville »*, http://www.itele.fr/monde; *« Crise au Congo-Brazzaville : la main cachée de la France »*, http://reseauinternational.net; *« Déclaration de la Haute représentante, au nom de l'UE, concernant la situation politique en République du Congo après les élections présidentielles »* htttp://www.consilium.europa.eu/fr/press/2016/04/07.

Lang, dont la conduite avait été jugée inadéquate avec son statut de diplomate[558].

De son côté, le Parti congolais du Travail (PCT), dont le candidat venait d'être déclaré vainqueur de l'élection présidentielle, déplorait l'acharnement du Parti socialiste français qui dénonçait l'absence de transparence dans le processus électoral et les coupures des communications[559]. Il faut dire que le bras de fer entre ces deux partis, plus ou moins proche sur le plan idéologique, durait depuis le référendum constitutionnel du 25 octobre 2015. Le PCT ne supportait pas ce qu'il qualifiait d'ingérence du Parti socialiste français dans les affaires intérieures du Congo.

§5. La crise postélectorale.

L'élection présidentielle de 20 mars 2016 avait donné lieu à une crise postélectorale. Les principaux candidats de l'opposition, ne s'avouant pas vaincus, en contestaient les résultats et appelaient à la désobéissance civile.

Le collectif des partis de l'opposition, ayant pourtant boycotté l'élection présidentielle, appelait, dans une déclaration du 2 avril 2016 devant la presse à arrêter le train de la catastrophe et écouter la voix de la sagesse, en constatant que la crise était déjà là. Il proposait des solutions de sortie de crise[560], sans être suivi par le candidat déclaré vainqueur du scrutin. Deux candidats de l'opposition, en l'occurrence le Général Mokoko et le Député de Lekana, Okombi Salissa, feront les frais de ce bras de fer. D'autres candidats de l'opposition étaient également placés sous une surveillance policière accrue pour prévenir tout débordement ou trouble à l'ordre public.[561]

A). La situation du général Mokoko.

La situation postélectorale sera marquée pour le général Mokoko par son arrestation, sa détention, son jugement et sa condamnation par la cour

---

558 *« Saskia de Lang priée de s'en aller »* Les Dépêches de Brazzaville, n°2611 du 18 mai 2016, pp1 et 9 ; n°2610 du 17 mai 2016, pp.1 et 2 ; *« Brazzaville veut le départ de l'ambassadrice de l'UE au Congo »*, htttp:/www.rfi.fr/afrique/20160519.

559 *« Congo, le PS juge « non crédible » la victoire annoncée de Denis Sassou Nguesso »*, http://information.tv5monde.com; *« Congo :Le PCT déplore l'acharnement du parti socialiste français contre Sassou Nguesso »*,
http : french.china.org.cn/foreign/txt/2016-03/27.

560 *« Congo-Brazzaville, la crise est là ! Arrêtons le train de la catastrophe, écoutant la voix de la sagesse »*,
http://congobrazzaville2016.unblog.fr/201604/03.

561 *« Congo-Brazzaville : la police déployée autour des résidences de trois opposants »*,
http://www.rfi.fr/afrique/20160415.

criminelle de Brazzaville. Elle suscitait ensuite la saisine du Groupe de travail des Nations-unies sur la détention arbitraire.

I). L'arrestation, la détention et le jugement du Général Mokoko.

La déclaration tonitruante du Général Mokoko du 24 mars 2016 [562] accentuait ses ennuis judiciaires, en commençant par l'interpellation et l'arrestation des principaux membres de son équipe de campagne[563], jusqu'à son incarcération, à la maison d'arrêt de Brazzaville après son inculpation (mise en examen), pour détention illégale d'armes et munitions de guerre et atteinte à la sûreté de l'Etat le 16 juin 2016[564].

Il convient de souligner qu'il vivait depuis un certain temps reclus dans son domicile encerclé par les éléments de la force publique. Les négociations pour une sortie de crise menées par les diplomates, notamment l'ambassadeur de France, n'avaient pas abouti.

Placé en détention provisoire pendant près de deux ans, au-delà du délai légal, le Général Mokoko fut jugé et condamné le 11 mai 2018 à 20 ans de prison ferme par la Cour criminelle de Brazzaville, au cours d'un procès où il avait fait le choix de garder silence en présence de ses avocats qui n'étaient guère intervenus et n'avaient pas plaidé.

II). La saisine du groupe de travail de l'ONU sur la détention arbitraire.

Le général Mokoko avait saisi, à travers ses avocats, le groupe de travail des Nations unies pour contester et dénoncer le caractère arbitraire de sa détention. Une présentation du groupe de travail sur la détention arbitraire est nécessaire avant d'en évoquer l'avis du 23 août 2018.

---

[562] *« Congo : un opposant à Denis Sassou-Nguesso appelle à la révolte populaire »*, http://www.lemonde.fr/afrique/article/2016/03/24; *« Congo : Le général Jean-Marie Michel Mokoko appelle à la révolte populaire »*, http://gabonview.com; *« Mokoko lance un appel à la désobéissance »*, http://www.bbc.com/afrique/region/2016/03/160324.

[563] *« Congo-Brazza : arrestation du coordinateur de campagne du général Mokoko »*, http://www.rfi.fr/afrique/20160327.

[564] *« Le général Jean Marie Michel Mokoko transféré à la maison d'arrêt »*, Les Dépêches de Brazzaville, n°2636, du 17 juin 2016, p.1 ; *« Le procès en perspective de Mokoko Jean-Marie Michel ou la manifestation de la vérité »*, Le Patriote, n°385 du 20 juin 2016, p.5 ; *« Le général Jean-Marie Michel Mokoko en prison »*, htttp://fr.africanews.com/2016/06/16 ; *« Congo : la justice ordonne l'arrestation du général Mokoko, candidat à la présidentielle »*, http://oeildafrique.com; *« Congo-Brazzaville : le général Mokoko sous les verrous »*, http://www.lemonde.fr/international/article/2016/06/22 ; *« Congo : le FROCAD-IDC s'élève contre l'arrestation du général Mokoko »*, http://lesechos-congobrazza.com/politique/1314

a). Ce qu'est le groupe de travail sur la détention arbitraire.

Le Groupe de travail sur la détention arbitraire, organe non conventionnel et non juridictionnel, fut créé par la résolution n° 1991/42 du 05 mars 1991 de l'ancienne Commission des droits de l'Homme des Nations Unies (devenue Conseil des droits de l'homme depuis 15 mars 2006). Il a pour mission d'enquêter sur les cas de détention arbitraire ou toute autre forme de privation de liberté en violation des normes prescrites dans la déclaration universelle des droits de l'homme ou d'autres instruments juridiques internationaux, acceptés ou ratifiés par les Etats concernés (*tels que le pacte international relatif aux droits civils et politiques, la convention de 1951 sur la statut des réfugiés, la convention internationale sur l'élimination de toutes les formes de discriminations, la convention relative aux droits de l'enfant, etc.)*, sous réserve qu'aucune décision définitive n'ait été prise conformément à la législation nationale ou par les juridictions nationales ; de demander et recueillir des informations auprès des gouvernements, des organisations sous-régionales, des ONG, des particuliers concernés (leurs membres de famille ou de leurs représentants) ; de présenter un rapport d'ensemble à la Commission, désormais au Conseil des droits de l'homme, dont il tient son mandat. Le Groupe de travail sur la détention arbitraire est une des rares instances internationales non conventionnelles qui peut accueillir des plaintes des particuliers. Il peut, le cas échéant, s'autosaisir. Son action repose avant tout sur l'article 9 de la déclaration universelle des droits de l'homme, qui stipule que, *« Nul ne peut être arbitrairement arrêté, détenu, ni exilé »*.

Le Groupe de travail sur la détention arbitraire rend des avis, le cas échéant, assortis de recommandations qu'il adresse à l'Etat concerné, lorsque le caractère arbitraire de la rétention ou de la détention est établi. Pour ce faire, il doit préalablement solliciter les observations du gouvernement concerné.

Les avis et recommandations du Groupe de travail sur la détention arbitraire ne sont pas contraignants, en ce sens qu'ils ne sont revêtus d'aucune force coercitive. L'Etat ou le gouvernement concerné n'est pas tenu de les appliquer ni de les prendre en compte[565].

Mais, ils peuvent affecter l'image du pays ou la crédibilité des autorités étatiques, dans la mesure où les avis et recommandations du Groupe de travail sur la détention provisoire sont publiés dans un rapport annuel à l'attention du Conseil des droits de l'homme des Nations unies.

---

[565] Cf. M. Varally, *« la valeur juridique des recommandations des organisations internationales »*, Annuaire français de droit international, 1956, 2, pp.66-96.

b). L'avis du groupe de travail des Nations unies du 23 août 2018.

Le Groupe de travail des Nations unies sur la détention arbitraire adoptait un avis le 23 août 2018 (n°56/2016)[566] concernant le général Jean Marie-Michel Mokoko, aux termes d'une procédure réputée contradictoire en raison de la défaillance du gouvernement congolais de communiquer ses observations dans le délai qui lui était imparti, 60 jours en en l'espèce.

1). Les griefs de la catégorie (I) des méthodes de travail du groupe onusien.

La catégorie I des méthodes de travail du Groupe de travail des Nations unies sur la détention arbitraire concerne, notamment le maintien en détention d'une personne alors qu'elle a purgé sa peine ou qu'elle bénéficie d'une loi d'amnistie ou d'une immunité juridictionnelle.

En l'espèce, les griefs de la violation de l'immunité juridictionnelle et de la durée de la détention provisoire relèvent de cette catégorie. Le groupe de travail a considéré que, si par décret n°86/1044 du 17 novembre 1986 le général Mokoko avait été élevé au titre de grand officier et que conformément au décret n° 2001/179 du 10 avril 2001 portant création du conseil des ordres nationaux, les personnes honorées au titre de ces ordres jouissent d'une immunité juridictionnelle, sauf à ce qu'elle soit levée. Dès lors, l'arrêt de la Cour suprême du 26 mars 2018 et l'arrêt confirmatif de cette même juridiction nationale du 30 avril 2018 rejetaient l'applicabilité de l'immunité juridictionnelle invoquée par le général Mokoko qui, selon la plus haute juridiction, ne peut en vertu des dispositions des articles 15 et 125 de la constitution du 25 octobre 2015, qu'être conférée par le législateur.

Le Groupe de travail en a déduit qu'il était *« ...peu probable que M. Mokoko puisse bénéficier de l'immunité lorsque le décret, en vertu duquel il formule une telle demande, a été considéré illégal en vertu du droit national ».*

Cependant, le groupe de travail ne pouvait pas se limiter sur ce seul motif pour apprécier la légalité de la privation de liberté dont le général Mokoko était l'objet. Aussi le groupe de travail a-t-il rappelé que *« l'assignation à domicile peut être comparée à la privation de liberté en ce sens qu'elle se fait dans un endroit fermé que la personne n'est pas autorisée à quitter. Dans toutes les autres situations, il appartiendra au Groupe de travail de décider, ponctuellement, si le cas en question constitue une forme de détention et, dans l'affirmative, si elle présente un caractère arbitraire ».*

---

566 Cf. Avis n° A/HRC/WGAD/2018/56, du 23 août 2018, concernant Jean-Marie Michel Mokoko(Congo),https://documents-dds-ny.un.org/doc/UNDOC/GEN/G18/334/92/PDF/G1833492.pdf?OpenElement.Avis adoptés par le Groupe de travail sur la détention arbitraire à sa quatre-vingt-deuxième session (20-24 août 2018).

Une telle mesure doit s'inscrire dans un cadre légal. Or, ce cadre n'existe pas en Congo. Mokoko avait été assigné à son domicile, avec interdiction d'en sortir et d'y entrer. Ce, du 4 avril 2016 au 16 juin 2016, date de l'ouverture de l'information judiciaire à son encontre, suivie de sa détention provisoire ; laquelle fut prolongée au-delà du délai maximal de 6 mois prévu par l'article 121 du code de procédure pénale. Le groupe de travail rappelle que la détention préventive est une mesure d'exception qui doit être justifiée en vertu de l'article 9 du pacte international relatif aux droits civils et politiques et doit être limitée dans le temps.

En effet, comme le rappelle le groupe de travail des Nations unies sur la détention arbitraire, M. Mokoko était placé en détention provisoire depuis le 16 juin 2016. Le 8 juillet 2016, M. Mokoko avait fait une demande de liberté. Cette demande était rejetée le 26 juillet 2016 par ordonnance du juge d'instruction, que la chambre d'accusation confirmait par arrêt le 18 août 2016.

Dans une autre ordonnance du 13 octobre 2016, le juge d'instruction prolongeait la détention de M. Mokoko pour une durée de deux mois. La chambre d'accusation confirmait cette prolongation dans un arrêt du 1er décembre 2016. Une deuxième prolongation de la détention provisoire était décidée par une nouvelle ordonnance du juge d'instruction du 13 décembre 2016, pour deux mois supplémentaires jusqu'au 16 février 2017 (une nouvelle demande de mise en liberté du général Mokoko du 15 décembre 2016 fut rejetée le 19 décembre 2016). La Chambre d'accusation rejetait, dans un arrêt du 25 janvier 2017, l'appel interjeté contre les ordonnances précitées des 13 octobre et 13 décembre 2016, confirmant ainsi la prolongation de la détention provisoire du général Mokoko, que la Cour suprême confirmait à son tour dans un arrêt le 27 octobre 2017. Il est constant qu'aucune prolongation n'avait été prononcée depuis le 17 février 2017. La tacite reconduction ne peut s'appliquer s'agissant des mesures privatives des libertés. Le groupe de travail sur la détention provisoire a considéré, dans ces conditions, que la détention provisoire de M. Mokoko était dépourvue de fondement légal depuis le 17 décembre 2016 et le 17 février 2017. Donc, son assignation à domicile et sa détention violaient le paragraphe 1 de l'article 9 du Pacte international sur les droits civils et politiques. Elles étaient, par conséquent, arbitraires au titre de la catégorie I de ses méthodes de travail.

2). Les griefs de la catégorie (II) des méthodes de travail du groupe onusien.

La catégorie (II) des méthodes de travail du Groupe de travail des Nations unies sur la détention arbitraire renferme les violations des droits et libertés définies par les articles 7, 13, 14, 18, 19, 20 et 21 de la Déclaration universelle des droits de l'homme et des articles 12, 18, 19, 21, 22, 25, 26 et 27 du Pacte international relatif aux droits civils et politiques.

En l'espèce ces griefs concernent, entre autres, la liberté d'opinion et d'expression, la liberté de réunion et d'association, le droit de prendre part à la direction des affaires publiques de son pays. Le groupe de travail onusien sur la détention arbitraire, déplorant le défaut de réponse du gouvernement, a considéré les faits allégués par le plaignant comme étant établis.

Pour dire de ce chef de griefs que l'arrestation et la détention du général Mokoko sont donc arbitraires, la groupe de travail onusien avait considéré que, *« le droit international garantit à M. Mokoko non seulement le droit de s'exprimer librement (article 19 du Pacte) et de manifester pacifiquement (article 21 du Pacte), mais aussi le droit de participer aux affaires publiques dans son pays (article 25 du Pacte). Ces libertés sont protégées par les normes internationales, et les exercer ne saurait conduire à une poursuite pénale, comme c'est le cas d'espèce, d'autant plus que la perquisition n'a pas apporté d'éléments à l'appui des accusations qui sont dès lors fabriquées. Le Groupe de travail rappelle que, dans l'avis no 5/2018, la source présentait des faits similaires. Il ressort de ces deux dossiers qu'une pratique est mise en place au Congo pour réduire au silence l'opposition politique… »*[567]

3). Les griefs de la catégorie (III) des méthodes de travail du groupe onusien.

Au titre des méthodes du groupe de travail des Nations unies sur la détention arbitraire, la catégorie (III) renferme la violation totale ou partielle, des normes internationales relatives au droit à un procès équitable, énoncées dans la Déclaration universelle des droits de l'homme et dans les instruments juridiques internationaux pertinents ratifiés par l'Etat concerné.

En l'espèce, au titre des griefs relevant de la catégorie III, le groupe de travail des Nations unies, bien que déplorant le défaut de réponse du gouvernement, avait considéré, s'agissant de la violation du droit du général Mokoko à un procès équitable que,

« Le droit à un procès équitable tel qu'il est consacré dans l'article 14 du Pacte est central dans toute procédure pénale. Or les faits rapportés par la source démontrent que cette norme a été violée à plusieurs égards dans la

[567] Ibidem.

mesure où il ressort de ces faits une ingérence de l'exécutif violant l'indépendance du pouvoir judiciaire, une violation du principe du contradictoire, une violation du droit de garder le silence, une violation du droit à la présomption d'innocence et une violation du droit de l'accusé à être présent et à se faire représenter durant la procédure le concernant.

Pour toutes ces raisons, le Groupe de travail considère que le droit à un procès équitable a été violé de façon substantielle et que la détention continue de M. Mokoko est arbitraire au titre de la catégorie III »[568].

4). Conclusions et recommandations du Groupe de travail des Nations unies.

Dans cet avis, notifié le 09 novembre 2018, le groupe de travail des Nations unies sur la détention arbitraire disposait ainsi qu'il suit,

- *La privation de liberté de Jean-Marie Michel Mokoko est arbitraire en ce qu'elle viole l'article 9, paragraphes 1 et 3, et les articles 14, 19, 21 et 25 du Pacte international relatif aux droits civils et politiques du 16 décembre 1966 (ratifié par le Congo le 05 octobre 1983), et relève des catégories I, II et III telles que définies dans les méthodes de travail.*
- *Le Groupe de travail demande au Gouvernement congolais de prendre les mesures qui s'imposent pour remédier sans tarder à la situation de M. Mokoko et la rendre compatible avec les normes internationales applicables notamment celles énoncées dans le Pacte international relatif aux droits civils et politiques.*
- *Le Groupe de travail estime que, compte tenu de toutes les circonstances de l'espèce, la mesure appropriée consisterait à libérer immédiatement M. Mokoko et à lui accorder le droit d'obtenir réparation, notamment sous la forme d'une indemnisation et d'une garantie de non-répétition, conformément au droit international.*
- *Le Groupe de travail exhorte le Gouvernement à mener une enquête complète et indépendante sur les circonstances entourant la privation arbitraire de liberté de M. Mokoko et à prendre les mesures appropriées à l'encontre des responsables de la violation de ses droits*[569].

Le Groupe de travail invitait le Gouvernement congolais à procéder à une large diffusion de cet avis par tous les moyens disponibles. Par ailleurs, le Groupe de travail prenait des recommandations aux fins du suivi de l'exécution de cet avis, ainsi qu'il suit :

Conformément au paragraphe 20 de ses méthodes de travail, le Groupe de travail prie la source et le Gouvernement de l'informer de toutes mesures prises pour appliquer les recommandations formulées dans le présent avis, et notamment de lui faire savoir :

---

[568] Ibid.
[569] Ibidem.

a) Si M. Mokoko a été mis en liberté et, le cas échéant, à quelle date ;

b) Si M. Mokoko a obtenu réparation, notamment sous la forme d'une indemnisation ;

c) Si la violation des droits de M. Mokoko a fait l'objet d'une enquête et, le cas échéant, quelle a été l'issue de celle-ci,

d) Si le Congo a modifié sa législation ou sa pratique afin de les rendre, conformes aux obligations mises à sa charge par le droit international, dans le droit fil du présent avis ;

e) Si d'autres mesures ont été prises en vue de donner suite au présent avis.

Le Groupe de travail invitait le Gouvernement à l'informer de toute difficulté rencontrée dans l'application des recommandations formulées dans le présent avis et à lui faire savoir s'il a besoin qu'une assistance technique supplémentaire lui soit fournie, par exemple dans le cadre d'une visite du Groupe de travail. Il invite les conseils du général Mokoko et le Gouvernement à lui fournir les informations demandées dans les six mois suivant la communication du présent avis.

Le Groupe de travail se réservait néanmoins le droit de prendre des mesures de suivi si de nouvelles informations préoccupantes concernant l'affaire étaient portées à son attention. Cela lui permettra de faire savoir au Conseil des droits de l'homme si des progrès ont été accomplis dans l'application de ses recommandations ou si, au contraire, rien n'a été fait en ce sens. Enfin, le Groupe de travail rappelle que le Conseil des droits de l'homme a engagé tous les États à coopérer avec lui et les a priés de tenir compte de ses avis, de faire le nécessaire pour remédier à la situation de toutes personnes arbitrairement privées de liberté et de l'informer des mesures prises à cette fin[570].

c). Les réactions à l'avis du groupe de travail onusien du 23 août 2018.

Au titre des réactions, comme il fallait s'y attendre, les Conseils du Général Mokoko se disent naturellement satisfaits de l'avis du groupe de travail onusien sur la détention arbitraire. Même si son avis, ses recommandations et ses injonctions n'ont aucun caractère contraignant. Ils y voyaient une vraie victoire pour la démocratie.

Le Gouvernement dénonçait une démarche biaisée du Groupe de travail sur la détention arbitraire, en ce qu'elle ne respecte pas la chose jugée, l'arrêt de la Cour criminelle de Brazzaville du 11 mai 2018, ayant condamné le Général Mokoko à 20 ans de prison ferme. Il ne pouvait pas revenir sur la décision d'une institution judiciaire, considérée comme étant indépendante.

[570] Cf. Avis n° A/HRC/WGAD/2018/56, du 23 août 2018, précité.

Il convient de rappeler que le 4 mai 2018, le groupe de travail des Nations unies sur la détention arbitraire avait transmis au gouvernement congolais une communication sur la situation du général Mokoko, tout en lui signifiant d'apporter sa réponse dans un délai de deux mois, expirant le 3 juillet 2018.

Ayant reçu d'éléments nouveaux, suite à la décision de la Cour criminelle de Brazzaville du 11 mai 2018, condamnant le général Mokoko à 20 ans d'emprisonnement ferme, le groupe de travail adressait le 23 mai 2018 une communication additionnelle au gouvernement congolais qui, le 12 juillet 2018, sollicitait la prorogation du délai, alors que celui-ci était déjà expiré le 3 juillet 2018. Dans sa réponse en date du 13 juillet 2018, le Groupe de travail rappelait au gouvernement qu'il était forclos en raison de l'épuisement des délais impartis qu'il lui avait impartis et qu'aucune prorogation n'était donc plus possible. Le gouvernement congolais avait donc fait preuve de négligences notoires dans le suivi et le traitement de ce dossier.

B). L'arrestation, la détention et le jugement du Député Okombi Salissa.

Monsieur Okombi Salissa André, alors, Député de Lékana (Département des Plateaux) exerçait des fonctions ministérielles depuis la fin de la guerre civile de 1997 jusqu'à sa sortie du Gouvernement en 2012. Président du CADD (convention pour l'action, la démocratie et le Développement), il rejoignait l'opposition radicale IDC-FROCAD et était l'un des 9 candidats à l'élection présidentielle du 20 mars 2016, dont il avait été crédité d'environ 4 % de voix. Il en contestait les résultats.

Monsieur Okombi Salissa vivait pendant plusieurs mois dans la clandestinité, jusqu'à son interpellation et son arrestation par les services de police le mardi 10 janvier 2017 à 4 heures du matin à Brazzaville. Au-delà du fait qu'il était l'un des 3 candidats de l'opposition radicale à ne pas reconnaitre les résultats du scrutin présidentiel du 20 mars 2016[571], l'interpellation et l'arrestation de Monsieur Okombi Salissa avaient suscité une vive polémique au regard de son statut de député, qui lui conférait une immunité parlementaire.

Après un rappel du principe et des fondements juridiques de l'immunité parlementaire, nous examinerons la régularité de la procédure de sa levée et de la détention provisoire de l'honorable député Okombi Salissa.

[571] Jean Marie Michel Mokoko, Claudine Munari et André Okombi Salissa persistent à ne pas reconnaître les résultats de l'élection présidentielle du 20 mars 2016.

I). Les fondements juridiques de l'immunité parlementaire au Congo.

L'immunité parlementaire est un régime de protection des membres du parlement afin qu'ils ne soient pas entravés dans l'exercice de leur mandat, ou dans une certaine mesure en dehors de celui-ci, par des entreprises ou des manœuvres des autres pouvoirs et autorités relevant du pouvoir exécutif ou du pouvoir judiciaire.

Aux termes des dispositions de l'article 130 de la constitution de 2015, *« Aucun député ne peut être poursuivi, ni recherché, ni détenu ou jugé, pour des opinions ou votes émis par lui dans l'exercice de ses fonctions.*

Aucun député ne peut, pendant la durée des sessions, être poursuivi ou arrêté sans l'autorisation de l'Assemblée nationale, sauf cas de crime ou de délit flagrant, de poursuites autorisées ou de condamnation définitive.

Aucun député ne peut, hors session, être poursuivi ou arrêté sans l'autorisation du bureau de l'Assemblée nationale, sauf cas de crime ou délit flagrant, de poursuites autorisées ou de condamnation définitive »[572].

Cette immunité parlementaire est également définie par l'article 65 du règlement intérieur de l'Assemblée nationale[573]. Intimement liée au statut de député ou de sénateur, elle comporte deux aspects : l'irresponsabilité et l'inviolabilité.

a). Le principe de l'irresponsabilité parlementaire.

Le 1er alinéa de l'article 130 de la constitution et le 2ème alinéa de 65 du règlement intérieur consacrent le régime de l'irresponsabilité parlementaire. Cette irresponsabilité est permanente et absolue en droit interne, de telle sorte qu'elle subsiste même après la cessation des fonctions du Député.

Ce dernier ne pourra jamais faire l'objet de poursuites de quelque nature que ce soit pour les opinions ou les votes exprimés dans l'exercice de ses fonctions de parlementaire. Il ne peut pas y renoncer. Cependant, cette irresponsabilité ne concerne pas les propos tenus par le parlementaire en dehors de ce cadre ou qui n'ont aucun rapport avec l'exercice de ses fonctions. Sur le plan international, l'irresponsabilité parlementaire ne peut

---

[572] L'article 135 de la constitution comporte des dispositions identiques applicables aux sénateurs.

[573] L'article 65 du règlement intérieur de l'Assemblée nationale dispose, *« Le Député est protégé dans l'exercice de son mandat. A ce titre, il bénéficie d'une immunité parlementaire.*
Aucun Député ne peut être ni poursuivi, ni recherché, détenu ou jugé à l'occasion des opinions ou votes émis par lui dans l'exercice de ses fonctions.
Aucun Député ne peut, pendant la durée des sessions, être poursuivi ou arrêté en matière criminelle ou correctionnelle sans l'autorisation de l'Assemblée Nationale, sauf cas de flagrant délit.
Aucun Député ne peut, hors session, être arrêté ou poursuivi sans l'autorisation du Bureau de l'Assemblée Nationale, sauf cas de flagrant délit, de poursuites autorisées ou de condamnation définitive.
L'immunité parlementaire protège le Député au cours de son mandat et après expiration de celui-ci pour les opinions émises pendant qu'il exerçait ».

pas être opposée aux engagements souscrits par l'Etat. Par exemple en cas de poursuites diligentées dans le cadre du traité portant statut de la Cour pénale internationale[574].

b). Le principe de l'inviolabilité parlementaire.

Les 2ème et 3ème alinéas de l'article 130 de la constitution, ainsi que les alinéas 3 et 4 de l'article 65 du règlement intérieur de l'Assemblée nationale, consacrent le régime de l'inviolabilité parlementaire pendant et en dehors des sessions parlementaires.

Il s'agit d'un régime d'immunité pour des faits extérieurs ou détachables de l'exercice des fonctions parlementaires ; des faits ne présentant aucun lien direct ou indirect avec le mandat parlementaire. Il ne s'agit pas d'une immunité permanente. Car, elle cesse de couvrir le député dès la fin de son mandat. Elle se justifie par le souci d'éviter que les agissements du parlementaire, dans sa vie privée ou professionnelle, ne puissent entraver l'exercice de ses fonctions.

Il y a des exceptions à la règle de l'inviolabilité parlementaire. En effet, elle ne joue pas en cas de crimes ou de délits flagrants. Cependant, si dans cette hypothèse le député peut être interpellé ou entendu dans le cadre d'une enquête préliminaire ou de flagrance, il ne peut être normalement jugé qu'après autorisation expresse de l'assemblée à laquelle il appartient. Par ailleurs, l'inviolabilité ne couvre pas d'autres infractions pénales qualifiées de contraventions.

Même si la rédaction, quelque peu maladroite et incomplète, du 4ème alinéa de l'article 65 du règlement intérieur de l'Assemblée nationale n'exclut que les délits flagrants sans mentionner l'infraction criminelle, « *Aucun Député ne peut, hors session, être arrêté ou poursuivi sans l'autorisation du Bureau de l'Assemblée nationale, sauf cas de flagrant délit, de poursuites autorisées ou de condamnation définitive* ».

Ne sont pas non plus concernées par l'inviolabilité parlementaire, les poursuites autorisées et les condamnations devenues définitives, entrées en force de chose jugée (cela va de soi), c'est-à-dire celles pour lesquelles les voies et délais de recours sont soit expirés soit épuisés.

---

[574] L'article 27 du Statut de Rome du 17 juillet 1998, de la Cour Pénale Internationale, intitulé « *Défaut de pertinence de la qualité officielle* », stipule, « *1. Le présent Statut s'applique à tous de manière égale, sans aucune distinction fondée sur la qualité officielle. En particulier, la qualité officielle de chef d'État ou de gouvernement, de membre d'un gouvernement ou d'un parlement, de représentant élu ou d'agent d'un État, n'exonère en aucun cas de la responsabilité pénale au regard du présent Statut, pas plus qu'elle ne constitue en tant que telle un motif de réduction de la peine.*
2. Les immunités ou règles de procédure spéciales qui peuvent s'attacher à la qualité officielle d'une personne, en vertu du droit interne ou du droit international, n'empêchent pas la Cour d'exercer sa compétence à l'égard de cette personne ».

Le député peut aussi être valablement l'objet des procédures diligentées en matière civile, sociale ou commerciale dès l'instant où ces actions ne révèlent pas ou ne débouchent pas sur des infractions pénales.

Enfin, les dispositions précitées de l'article 27 du statut de Rome de la Cour pénale internationale lui sont également opposables.

c). La levée de l'immunité parlementaire.

Sur le plan procédural, l'immunité parlementaire du député est levée par l'Assemblée nationale ou le bureau de l'Assemblée nationale, selon que l'on se trouve en sessions parlementaires dans le 1er cas[575] ou hors sessions parlementaires dans la seconde hypothèse[576]. Aucune disposition ne permet à l'Assemblée nationale ou à son bureau d'ordonner la suspension des poursuites diligentées à l'encontre d'un député afin qu'il accomplisse ses missions ; dès l'instant où il peut être relayé par son suppléant.

La demande de la levée de l'immunité parlementaire d'un député doit normalement émaner du Procureur de la République près le Tribunal de grande instance, qui la transmet au Procureur général près la Cour d'appel. Ce dernier la remet au ministre de la justice qui la transmet au Président de l'Assemblée nationale.

d). Un régime spécifique de protection et de reconnaissance.

Le règlement intérieur de l'Assemblée nationale consacre un régime spécifique de protection du député, proche de l'inviolabilité parlementaire, en ce qu'il lui garantit l'exercice sans entrave de son mandat. Mais, s'en distingue en tant qu'il ne concerne que les relations que le député peut avoir avec son employeur. C'est la matière de l'article 67 qui dispose, *« Aucun député ne doit pas être empêché d'exercer son mandat. Toute dénonciation d'un contrat de travail ou tout licenciement pour ce motif est prohibé.*

Une telle décision est nulle et de nul effet ».

Dès lors, en dehors des incompatibilités définies aux articles 62 et 63 du règlement intérieur, l'élection ou l'exercice du mandat de député ne constituent pas une cause de la rupture de son contrat de travail. Il ne peut pas non plus être sanctionné de ce fait. Une telle décision est illicite et peut donner lieu à des condamnations de l'employeur en justice et à l'allocation des dommages et intérêts. Il en serait ainsi, sous les mêmes réserves des articles 62 et 63, si le député est un fonctionnaire ou un agent public. Enfin, les articles 72 et 73 du règlement consacrent un droit à la considération, à

---

[575] *Cf. article 130 alinéa 2 de la constitution et article 65 alinéa 3 du règlement intérieur de l'assemblée nationale.*

[576] *Cf. article 130 alinéa 3 de la constitution et article 65 alinéa 4 du règlement intérieur de l'assemblée nationale.*

l'assistance et à l'honneur tant dans l'exercice de ses fonctions que dans la vie civile, attaché à son statut.

II). Sur la levée de l'immunité du député Okombi Salissa.

Le cas de l'ancien Député de Lékana avait cristallisé les débats sur la question de savoir si son interpellation et sa rétention dans les locaux de la police, la Direction générale de la sécurité du territoire (DGST), l'avaient été en conformité avec son statut de député et que la levée de son immunité répondait également aux exigences de ce statut.

a). Sur la régularité de l'interpellation et de la détention des députés.

Il convient de distinguer la situation antérieure au 10 janvier 2017 de celle qui a suivi son interpellation.

1). La situation antérieure au 10 janvier 2017.

Monsieur Okombi Salissa s'était mis en retrait de ses activités politiques pendant plusieurs mois depuis la fin du scrutin du 20 mars 2016, dont il continuait de contester les résultats comme une partie des membres de l'opposition radicale IDC-FROCAD. Des spéculations allaient bon train sur le lieu où il se trouvait. D'aucuns le croyaient même à l'étranger (en Europe ou aux États-Unis).

L'interpellation de ses proches et la révélation d'un stock d'armes de guerre présentées comme étant trouvées au domicile de sa campagne, lors d'une perquisition, et les mises en examen qui s'en suivirent ne faisaient que confirmer l'étau qui se resserrait sur sa personne. Etant précisé que l'un de ses neveux, mis en examen et placé en détention comme les autres membres de sa famille et ses collaborateurs, y perdait la vie.

Il faisait l'objet d'un mandat d'arrêt, émis à son encontre, sans autorisation de l'Assemblée nationale.

Le parquet pouvait à ce stade exciper de *« l'exception du flagrant délit »* ou *« de la procédure de flagrance »* prévue par les dispositions précitées de la constitution et du règlement intérieur de l'Assemblée nationale, dont il était un des membres. Car, un mandat d'arrêt est un acte de poursuite.

Cependant, il était révélé selon un communiqué du parquet qu'une demande de levée de l'immunité parlementaire du député Okombi Salissa était sollicitée auprès du Président de l'Assemblée nationale le 26 novembre 2016.

Pour autant, l'Assemblée nationale ne s'y prononçait pas. Alors, fallait-il interpréter le silence du bureau de l'Assemblée nationale comme valant une décision implicite de rejet ?

Des explications du Président de l'Assemblée nationale lors de l'ouverture de la session extraordinaire, consacrée à la levée de cette immunité, il en ressort que cette chambre parlementaire avait bien été saisie, mais ne pouvait pas y statuer en raison d'un ordre du jour exclusivement consacré à la cession budgétaire, au vote de la loi de finances.

2). L'interpellation et la détention du Député OKombi Salissa le 1 O janvier 2O17.

L'interpellation et la mise en détention d'Okombi Salissa avaient eu lieu le 10 janvier 2017, hors session parlementaire. Dès lors, en application des dispositions précitées des articles 130 alinéa 3 et 65 alinéa 4, respectivement de la constitution et du règlement intérieur de la chambre basse du parlement, l'autorisation du bureau de l'Assemblée nationale était un préalable obligatoire. Surtout pour sa mise en détention. Seule une situation de flagrant délit pouvait dispenser l'autorité judiciaire de cette formalité.

Or, l'interpellation ou l'arrestation d'un individu recherché par la police n'est pas en soi en situation de flagrant délit, sauf s'il se trouvait en possession d'objets ou d'éléments ayant servi à la commission d'un délit ou d'un crime.

S'agissant du Député Okombi, on est en droit de se demander si lors de son interpellation, il se trouvait dans la situation ci-devant décrite. Dans le cas contraire, son immunité parlementaire s'opposait à ce qu'il fût placé en garde à vue, sans l'autorisation du Bureau de l'Assemblée nationale. Sauf à considérer la circonstance qu'il s'était mis dans la clandestinité depuis plusieurs mois, il y avait un risque de le voir s'évader dans la nature et qu'il fallait pour les besoins de l'enquête de le placer en garde à vue.

Une telle approche n'est pas juridiquement tenable, dès l'instant où l'immunité d'un parlementaire ne connaît d'autres limites que celles qui sont expressément fixées par la loi fondamentale, c'est-à-dire l'article 130 de la constitution, les lois de la République et par le règlement intérieur de l'Assemblée nationale.

Enfin, s'agissant d'une mesure de privation de liberté, même à titre conservatoire, elle est soumise à une interprétation stricte ; a fortiori lorsqu'elle se heurte à une immunité parlementaire.

b). La régularisation du défaut de la levée de l'immunité parlementaire.

La régularisation de la levée de l'immunité parlementaire du député Okombi Salissa, procédait d'une demande expresse du Président de la République.

1). La demande présidentielle de régularisation.

La situation de l'ancien député de Lékana, en détention depuis le 10 janvier 2017 dans les locaux de la DGST, était juridiquement intenable. Ce, de telle sorte qu'il aura fallu l'intervention du Président de la République pour demander la régularisation de la procédure en convoquant l'Assemblée nationale à une session extraordinaire, dont l'ordre du jour était exclusivement consacré à la levée de l'immunité parlementaire d'Okombi Salissa.

Le procédé est très habile. Plutôt que de convoquer le bureau de l'Assemblée nationale pour se prononcer sur cette question, dans la mesure où l'on se situait hors session. Une telle demande devant normalement émaner de l'autorité judiciaire (sauf dans l'hypothèse où la chambre s'autosaisit), mais le chef de l'Etat a fait usage de ses prérogatives constitutionnelles pour convoquer une session extraordinaire de l'Assemblée nationale.

Cela peut surprendre. Mais, la constitution ne limite pas les matières qui peuvent donner lieu à la convocation de l'Assemblée nationale en session extraordinaire.

Cependant, la convocation de l'Assemblée nationale le 17 janvier 2017 pour examiner la demande de la levée de l'immunité parlementaire du député Okombi Salissa, laisse tout de même entier l'entorse portée à celle-ci, puisque pendant ce temps, soit depuis le 10 janvier 2017, le député de Lekana était privé de liberté du fait de sa détention dans les locaux de la DGST ; soit pendant sept (7) jours.

2). Les débats sur la levée de l'immunité parlementaire d'Okombi Salissa.

La levée de l'immunité parlementaire de l'ancien député de Lékana avait suscité des échanges houleux lors de la session extraordinaire de l'Assemblée nationale le 19 janvier 2017.

α). Les débats à l'Assemblée nationale sur l'immunité d'Okombi Salissa.

La levée de l'immunité du député Okombi Salissa avait donné lieu à des joutes oratoires de haut vol le 19 janvier 2017 à l'Assemblée nationale. Deux camps s'affrontaient, entre les opposants à cette levée et ceux qui y étaient favorables. Il convient de souligner de façon anecdotique que les députés semblaient être galvanisés par le versement, avant l'ouverture de cette session extraordinaire, de leur indemnité parlementaire impayée depuis un certain temps[577].

Parmi les opposants, figurait en première ligne Madame Claudine MUNARI, alors députée de la circonscription unique de Mouyondzi et Présidente de la Fédération de l'opposition congolaise (FROCAD-IDC-CJ3M), qui dénonçait l'arrestation de leur collègue et la violation de son immunité parlementaire[578].

Elle soulignait dans sa déclaration du 19 janvier 2017 que l'arrestation du député de Lékana le 10 janvier 2017 avait eu lieu en violation d'un principe sacro-saint de la République, parce que les constitutions successives avaient toujours prévu que l'arrestation d'un parlementaire en dehors des sessions devait être autorisée par le bureau de la chambre à laquelle il appartient. Elle dénonçait le jeu de mots dans lequel le gouvernement entendait enfermer le débat entre *« l'interpellation »* et *« l'arrestation »*, en soulignant qu'il n'y avait pas un problème d'interprétation dans la mesure où l'interpellation touche à l'inviolabilité du député.

Elle affirmait que l'immunité parlementaire consacre et garantit la séparation des trois (3) pouvoirs (législatif, judiciaire et exécutif), de sorte que l'arrestation de son collègue Okombi Salissa soulevait des doutes très sérieux en ce qu'elle concernait les relations entre les pouvoirs constitués. Sur le plan procédural, outre le fait qu'elle en contestait la régularisation, elle dénonçait le fait que le député Okombi Salissa aurait dû être entendu par la Commission des affaires juridiques administratives sur les faits qui lui étaient reprochés, avant le vote de la levée de son immunité par ses pairs.

Elle considérait la procédure de flagrant délit utilisée comme un prétexte. Car il aurait fallu, selon elle, soit poursuivre la procédure de fragrance (sans demander la levée de l'immunité du député), soit solliciter préalablement l'autorisation de lever l'immunité parlementaire. Elle concluait au rétablissement du statu quo et à la mise en liberté du député de Lékana[579]. Ces propos ne manquaient pas de pertinence, sous quelques réserves d'usage.

La position du député Pascal Tsaty Mabiala s'inscrivait également dans cette logique. Il considérait que la procédure avait été viciée dès le départ, dans la mesure où la demande de levée de l'immunité parlementaire d'André Okombi Salissa était formulée, alors qu'il était déjà dans les locaux de la police judiciaire. Il en appelait à la solidarité parlementaire pour se

---

[577] Cf. *« Assemblée nationale : l'immunité parlementaire du député André Okombi-Salissa a été levée »*, La Semaine Africaine, http://www.lasemaineafricaine.net/index.php/national/14320, 21 janvier 2017.

[578] Cf. La déclaration n°2 du Conseil fédéral du 11 janvier 2017 et la lettre aux Présidents du Sénat et de l'Assemblée nationale du 12 janvier 2017.

[579] Cf. Les Dépêches de Brazzaville, n°2817 du 20 janvier 2017, p.2.

prononcer contre la levée de l'immunité de leur collègue comme ce fut le cas en 1993 et 1994, s'agissant des députés Jean Martin Mbemba et Justin Lékoundzou[580].

De leur côté, les députés de la majorité justifiaient diversement la nécessité de la levée de l'immunité de leur collègue tout en éludant l'aspect procédural très embarrassant à leurs yeux. Pour certains, cette levée de l'immunité permettrait *« d'établir les faits »* et de faire *« jaillir la vérité »*. C'est ce qu'exprimait l'honorable Accel Arnaud Ndinga Makanda. Pour d'autres, il s'agissait de donner à leur collègue *« la chance de se défendre »*. C'était la position exprimée par le député Jean Jaurès Ondele. Pour d'autres encore, il était plutôt question *« ...d'être en phase avec la démocratie. Nous donnons la possibilité à un pouvoir de faire son travail »,* renchérissait l'honorable Henri Zoniaba Aymessone[581].

β). Le vote de la levée l'immunité d'Okombi Salissa par l'Assemblée nationale.

Quant au vote, ce fut sans surprise que l'Assemblée nationale, immensément composée de députés se réclamant de la majorité présidentielle, autorisait la levée de l'immunité de l'honorable Okombi Salissa à main levée, par 113 voix contre 6. L'histoire retiendra qu'André Okombi Salissa fut le premier député congolais à voir son immunité parlementaire levée, depuis la fin de la guerre civile du juin à octobre 1997.

Placide Moudoudou, alors, Président de la Commission des affaires juridiques et administratives de l'Assemblée nationale, précisait pour sa part que l'Assemblée nationale n'était pas habilitée à qualifier les faits reprochés à l'accusé, seule la justice pouvait se livrer à un tel exercice[582].

Cependant, nous ne partageons pas entièrement cette position. Car, les députés doivent *a minima* s'assurer que la demande dont ils sont saisis est bien fondée, qu'elle justifie la levée de l'immunité parlementaire de leur collègue. Ils doivent examiner la requête pour s'assurer si les motifs de la demande sont conformes et satisfont aux conditions de forme et de fond fixées aussi bien par l'article 130 de la constitution que par l'article 65 du règlement intérieur de l'Assemblée nationale.

Donc, l'examen ou le contrôle de la qualification juridique des faits est inévitable, ne serait-ce que pour éviter toute erreur d'interprétation. A supposer qu'un député soit poursuivi pour des faits injustement qualifiés de délits (ou de crimes), alors qu'ils relèvent du domaine contraventionnel. A supposer encore qu'un député soit poursuivi pour des faits qui sont directement ou indirectement en lien avec l'exercice de son mandat, alors qu'il bénéficie à ce titre du privilège de l'irresponsabilité parlementaire.

---

[580] Cf. Les Dépêches de Brazzaville, op.cit. La Semaine Africaine, op. cit.
[581] Cf. La Semaine Africaine, op.cit.
[582] Cf. Les Dépêches de Brazzaville, op. cit.

L'examen ou le contrôle de la qualification juridique des faits permet à la chambre parlementaire de donner une suite favorable ou non à la demande de levée de l'immunité dont elle est saisie contre un de ses membres. Car, le parlement ne doit pas fonctionner comme une *« chambre d'enregistrement »*, ni être *« un parlement godillot »* vis-à-vis du pouvoir exécutif et du pouvoir ou de l'autorité judiciaire. Il y va du respect du principe de la séparation des pouvoirs.

Une chambre parlementaire peut examiner ou contrôler la qualification juridique des faits pour rejeter ou agréer la demande de la levée de l'immunité de l'un de ses membres. Par contre, elle n'a pas le droit d'en examiner la réalité ou la matérialité. Le contrôle de l'existence matérielle des faits ayant motivé une demande de la levée de l'immunité parlementaire lui échappe. Car, celui-ci relève du pouvoir du juge. Du juge qui instruit à charge et à décharge, qui peut prononcer un non-lieu, acquitter ou relaxer, voire condamner.

III). L'avis du groupe de travail de l'ONU sur la détention arbitraire du 02.10.2018.

Le Groupe de travail sur la détention arbitraire, du Conseil des droits de l'homme des Nations-Unies, rendait un avis du n° 05/2018 du 02 octobre 2018[583] concernant Okombi Salissa.

Le Groupe de travail sur la détention arbitraire, saisi du cas de l'ancien député Okombi Salissa, adressait au gouvernement congolais une communication en date du 21 décembre 2017, tout en lui rappelant qu'il disposait d'un délai de soixante (60) jours pour faire connaître ses observations. La réponse du gouvernement adressée le 6 mars 2018, soit à l'expiration du délai qui était imparti, était déclarée irrecevable pour cause de forclusion. L'Etat congolais était réputé n'avoir pas répondu au Groupe du travail, cela d'autant plus qu'il n'aurait même pas demandé un délai supplémentaire d'un mois comme il était en droit de le faire. Le Groupe de travail sur la détention arbitraire était donc en droit de rendre son avis sur la base des seuls éléments en sa possession.

Le Groupe de travail sur la détention arbitraire avait,

- *considéré que la privation de liberté d'André Okombi Salissa était arbitraire, parce que contraire aux articles 1, 9 et 10 de la déclaration universelle des droits de l'homme ainsi qu'aux articles 9, 14 et 26 du pacte international relatif aux droits civils et politiques et relève des catégories I, III et IV,*
- *prescrit au gouvernement congolais de prendre les mesures qui s'imposaient pour remédier sans tarder à la situation de M. Okombi Salissa*

[583] Avis n°5/2018 du 2 octobre 2018, Nations-Unies, A/HCR/WGAD/2018/5.

et la rendre compatible avec les normes internationales applicables, notamment celles énoncées dans le pacte international relatif aux droits civils et politiques et dans la déclaration universelle des droits de l'homme,

- *estimé que, compte tenu de toutes les circonstances de l'espèce, la mesure appropriée consisterait à libérer immédiatement M. Okombi Salissa et lui accorder le droit réparation, notamment sous la forme d'une indemnisation et d'une garantie de non-répétition, conformément au droit international, tout en lui assurant les soins médicaux appropriés et nécessaires pour sa condition,*
- *exhorté le gouvernement à mener une enquête complète et indépendante sur les circonstances entourant la privation arbitraire de liberté de M. Okombi Salissa et à prendre les mesures appropriées à l'encontre des responsables de la violation de ses droits,*
- *Estime utile de transmettre son avis au rapporteur spécial sur la torture et autres peines et traitements cruels, inhumains et dégradants.*

IV). Le procès d'Okombi Salissa.

Si les autorités judiciaires n'avaient pas suivi les recommandations du Groupe du travail sur la détention arbitraire, émises le 02 octobre 2018, on peut considérer que la convocation et l'ouverture du procès d'Okombi Salissa le 17 janvier 2019 constituent une réponse implicite à cette institution onusienne.

En effet, après plus d'un moins de procès, ponctué par des suspensions et des incidents de procédure, la Cour criminelle de Brazzaville rendait son verdict de 06 mars 2019, sans la présence des six avocats d'Okombi Salissa (trois congolais, deux français et un sénégalais) qui avaient quitté la salle d'audience avant les plaidoiries de la partie civile et le réquisitoire du procureur général, pour protester contre le non-respect des droits de la défense et les irrégularités affectant la procédure.

Suivant en cela les réquisitions du parquet général, la Cour criminelle de Brazzaville déclarait M. Okombi Salissa coupable de détention illégale d'armes et minutions de guerre, d'atteinte à la sécurité intérieure de l'Etat et, le condamnait à une peine de 20 ans de travaux forcés.

§6. : Le déclenchement du conflit du Pool du 4 avril 2016 et son dénouement.

Le conflit déclenché dans la nuit du 03 au 04 avril 2016, et ayant précipité la proclamation officielle par la Cour constitutionnelle des résultats de l'élection présidentielle, attendus depuis quelques jours, n'était pas une simple crise postélectorale. Il devenait, par son ampleur, une guerre civile dont les conséquences sont marquantes en dépit de son dénouement.

A). L'attaque du 04 avril 2016 à Makélékélé.

Dans la nuit du 03 au 04 avril 2016, les populations des quartiers sud de Brazzaville (Makélékélé et Bacongo) étaient réveillées par des détonations d'armes de guerre. De violents combats opposaient la force publique aux individus armés, entraînant un déplacement massif des populations. Quatre commissariats de police et la Mairie de l'arrondissement n° 1 Makélékélé s'en trouvèrent incendiés et détruits. Du bilan humain, on déplorait au moins 17 morts parmi lesquels des civils (2), les éléments de la force publique (3) et les assaillants (12), ainsi que des blessés. Les autorités attribuaient ces violences aux ex-miliciens *« Ninjas Nsilulu »* du Pasteur *« Ntumi »* (Fréderic Bintsamou, de son vrai patronyme). Un rapport d'enquête judiciaire était remis au ministre de la justice, quelques mois plus tard. Soit le 31 août 2016[584].

C'est dans ce contexte que le Pasteur Ntumi, Frédéric Bintsamou, fut révoqué, par décret du 06 avril 2016[585], de ses fonctions de Délégué général auprès du Président de la République pour la promotion des valeurs de paix et de la réparation des séquelles de guerre. Fonctions qu'il occupait depuis le 28 décembre 2007.

Le 22 avril 2016, le procureur de la République près le Tribunal de grande instance de Brazzaville émettrait trois mandats d'arrêt à l'encontre du pasteur Ntumi, un de ses acolytes Richard Bintsamou (son frère) et le pasteur Malanda, pour détention illégale d'armes et munitions de guerre, vol, incendie d'édifices publics et des biens meubles, assassinat, tentative d'assassinat et atteinte à la sûreté de l'Etat.

B). Le début de la deuxième guerre du Pool.

Les événements du 04 avril 2016 marquaient aussi le déclenchement de la deuxième guerre du Pool, opposant l'armée aux combattants *« ninjas nsilulu »* du Pasteur Ntumi, après celle de 1997-2005. Les autorités et les partisans du Pasteur Ntumi se renvoyaient mutuellement la responsabilité

---

[584] « Congo : des tirs puis des questions à Brazzaville », http://www.Lemonde.fr/afrique/article/2016/04/04; « Congo: l'armée quadrille la ville de Brazzaville après les violences de la veille », http//www.rfi.fr/afrique/20160405 : « Congo : bilan de l'attaque terroriste, 17 morts à Brazzaville », http:// www.afrik.com, 06 avril 2016 ; « Après l'attaque armée du 4 avril des quartiers sud de Brazzaville : 55 présumés assaillants déjà interpellés par la force publique », http:/www.lasemaineafricaine.net/index.php/national/13256 ; « Justice : les ex-ninjas Nsiloulou rendus coupables des attaques du 04 avril 2016 », http:/www.adiac-congo.com/content, 1er septembre 2016.

[585] Décret présidentiel n°2016-93 du 06 avril 2016, JO du 14 avril 2016, p.548 ; *« La Pasteur Ntumi relevé de ses fonctions auprès du Chef de l'Etat »,* Les dépêches de Brazzaville, n°2578 du 7 avril 2016, p.1. Il occupait ces fonctions depuis le 28 décembre 2007, suite aux accords de paix du 29 décembre 1999.

des exactions qui y étaient commises au grand dam des populations civiles[586].

Mais, les congolais ne pouvaient pas manquer d'empathie envers les populations du pool (enfants, femmes et personnes âgées) pour la souffrance et le martyr qu'ils subissaient ; obligées de fuir leurs villages parfois incendiés et détruits, pour se réfugier dans la forêt, dans les grandes villes comme Kinkala, kindamba ou dans le département voisin de la Bouenza, avec des enfants déscolarisés. Cela se passait dans une quasi-indifférence de la Communauté internationale. D'ailleurs, le ministre de la justice n'avait pas manqué de critiquer, le mercredi 5 octobre 2016, le silence des ONG face aux 4000 déplacés ; plaidant que ces mêmes ONG dénonçaient un *« huis clos »* ou le *« black out »* au début du conflit[587].

Sur le plan interne, les déclarations des uns et des autres, notamment des acteurs politiques étaient loin de rasséréner les citoyens. Les éléments de langage utilisés n'étaient guère rassurants, tant les glissements sémantiques entretenaient le flou. On passait facilement *« du terrorisme au banditisme », « de la guerre civile au génocide », à « l'épuration ethnique », « aux crimes de masse », « aux crimes de guerre »*, etc.

La représentation nationale s'était emparée du débat. Ainsi donc, les députés interpellaient le gouvernement dans sa séance du mercredi 26 octobre 2016, en application des dispositions des articles 107, 141 et 142 de la constitution du 25 octobre 2015, afin d'apporter des éclaircissements sur ce qui se passait dans le Département du Pool. Le Premier ministre, Chef du Gouvernement, en situait les origines dans l'élection présidentielle du 20 mars 2016. Selon lui, les responsables étaient le Pasteur Ntumi et l'ancien candidat Guy Brice Parfait Kolelas. Mais, ce dernier rejetant toutes les accusations portées contre lui, renvoyait la responsabilité au pouvoir en place.

Pour le Premier ministre (outre les interventions des ministres de l'intérieur, de la justice et de la défense), il était nécessaire que les élus nationaux et locaux se mobilisassent pour éradiquer ce que le discours officiel qualifiait de terrorisme. Les députés de la majorité s'accordaient sur la nécessité d'attraper *« le serpent par la tête !!! »* L'opposition se disait, quant à elle, rester sur sa faim tant sur le plan de l'engagement de la force publique sur le terrain que sur le plan des solutions de sortie de crise[588].

---

[586] Le Pasteur Ntumi et ses partisans seraient sous le coup de mandats d'arrêt émis le 22 avril 2016 par le Procureur de la République de Brazzaville, pour "détention illégale d'armes et munitions de guerre ; vol ; incendie volontaire d'édifices publics et des biens meubles (voitures) ; assassinat ; tentative d'assassinat ; atteinte à la sûreté intérieure de l'Etat. Cf. http://www.rfi.fr/afrique/20160423-congo-brazzaville-mandat-arret-emis-contre-le-pasteur-ntumi.

[587]http://www.rfi.fr/afrique/20161007-congo-brazzaville-ong-pool-silence-ministre-justice-claudine-munari.

[588]Cf.http://www.rfi.fr/afrique/20161027-violences-pool-assemblee-nationale-interpelle-gouvernement-ntumi-kolelas.

A la différence de la majorité parlementaire qui affichait sa détermination dans la traque de Ntumi et ses combattants, en dépit de la prudence affichée par le ministre de la défense dans son intervention, *(« il fallait se garder de mettre un éléphant dans un magasin de porcelaine »)*, l'opposition privilégiait le dialogue comme seule alternative crédible de sortie de crise, face à la situation sécuritaire et humanitaire qui s'aggravait dans le Pool.

C). Le dénouement de la deuxième guerre du Pool de 2016 à 2017.

Le dénouement de la guerre du Pool de 2016 à 2017 se faisait dans le cadre d'un accord de cessez-le-feu et de cessation des hostilités signé entre les représentants du gouvernement et du pasteur Ntumi qui, n'était pas sans susciter quelques réserves.

I). L'accord de cessez-le-feu et de cessation des hostilités du 23 décembre 2017.

La signature le 23 décembre 2017 à Kinkala, Chef-lieu du département du Pool, d'un accord de cessez-le-feu et de cessation des hostilités, entre le gouvernement, sous la plume de M. François Ndé, conseiller à la sécurité du ministre de l'intérieur et, de M. Jean Gustave Ntondo, représentant le pasteur Ntumi[589], amorçait un début de dénouement amiable de la deuxième guerre du pool, entre la force publique et les miliciens ninjas nsilulu du Pasteur Ntumi. Il convient toutefois de souligner que cet accord fut le résultat des efforts consentis en amont par les sages du pool, réunis le 23 septembre 2017 à Kinkala[590]. Ils avaient ensuite rencontré le Président de la République dans

---

[589] Dans le cadre de cet accord de cessez-le-feu et de cessation des hostilités, le Pasteur Ntumi et ses combattants s'engageaient à faciliter le ramassage des armes en leur possession, en vue de les remettre à la Commission et aux institutions habilitées ; le rétablissement de l'autorité de l'Etat dans le Pool; la libre circulation des personnes, des biens et des services dans ce département (sur le chemin de fer, les routes nationales et secondaires); le déploiement de la Force publique. De son côté, le gouvernement s'engageait à garantir la sérénité, l'application et le parachèvement du processus de paix. Il prévoyait la mise en place d'une commission ad hoc mixte paritaire, chargée de veiller à la poursuite du processus de paix et à l'application stricte de l'accord. Le processus de démobilisation, de réinsertion professionnelle, sociale et économique des ex-combattants devrait se faire après le ramassage des armes. L'accord prévoyait également l'allégement progressif du dispositif militaire sous le contrôle de la commission ad hoc mixte paritaire, dans les zones de conflit, la réinstallation des populations dans leurs localités d'origine, la libre circulation des personnes, des biens et des services dans le département du Pool. L'accord n'avait pas évoqué tous les points en suspens, notamment le sort du Pasteur Ntumi qui était sous le coup d'un mandat d'arrêt, émis à son encontre par l'autorité judiciaire. Cette question fut évoquée par la Commission mixte paritaire qui suggérait lors de sa réunion du 17 au 20 janvier 2018, que M. Ntumi recouvre tous ses droits et libertés. C 'était une question cruciale pour le retour effectif de la paix dans le Département du Pool. Cf. http://www.adiac-congo.com/print/content/accord-de-kinkala-ntoumi-pourrait-recouvrer-tous-ses-droits-et-libertes-78270.

[590] Cet accord avait été diversement accueilli dans la classe politique congolaise. Certains s'en réjouissaient, même dans la majorité présidentielle, pourtant au départ déterminée à en finir avec Ntumi. D'autres se montraient circonspects, tout en espérant une issue heureuse pour la population. Cf. *« Le*

le cadre d'une cérémonie traditionnelle organisée le 03 octobre 2017 au Palais du Peuple (résidence officielle du Président de la République) au cours de laquelle, outre l'exercice de contrition, les uns et les autres donnèrent des gages d'un règlement pacifique du conflit. La vie de Ntumi ne serait pas en danger, *« personne ne sera tué »*, et qu'il fallait déposer les armes[591].

Une commission ad hoc mixte paritaire sur la paix dans le pool, composé de 34 membres, dont 17 représentants du Pasteur Ntumi, fut instituée et s'était mise à l'œuvre dès le 17 janvier 2018. Elle devait s'atteler entre autres à la démobilisation des ex-combattants ninjas et à la libération de leurs membres détenus, au ramassage des armes, pour mettre en œuvre l'accord du 23 décembre 2017. Il fallait résoudre le cas de du Pasteur Ntumi qui était sous le coup d'un mandat d'arrêt pour détention illégale d'armes et munitions de guerre, vol, incendies volontaires des biens, assassinats, tentative d'assassinats et atteinte à la sûreté intérieure de l'État en rapport avec les événements du 4 avril 2016.

S'agissant d'un acte de poursuite judiciaire, la Cour d'appel de Brazzaville avait, dans un arrêt du 27 juillet 2017, notifiée le 28 juillet suivant, ordonné la mainlevée du mandat d'arrêt qui pesait sur Ntumi, ainsi que ceux qui frappaient ses deux acolytes. Le pasteur Ntumi s'en était réjoui dans un message écrit dès le lendemain de la notification de l'arrêt de la Cour d'appel de Brazzaville du 27 juillet 2018[592]. Cette décision s'inscrivait dans le cadre de l'accord de cessez-le-feu et de cessation des hostilités du 23 décembre 2017 pour un règlement pacifique du conflit du Pool qui aura duré plus de deux ans. Elle était précédée par la reddition d'un échantillon de combattants ninjas, suivie de la libération par les autorités d'environ quatre-vingts (80) autres combattants détenus par les autorités.

Ce processus s'était alors poursuivi sans relâche, de telle sorte que le 21 août 2018, le pasteur Ntumi faisait sa première apparition, bien embonpoint, devant les membres de la commission ad hoc mixte paritaire, pour réaffirmer son engagement sur la résolution de la crise tout en rappelant qu'il avait des attentes de la part du gouvernement, sur les points consignés dans un cahier de charges. Le 05 octobre 2018, soit 2 mois après le début des opérations de ramassage des armes, la CAMP chargée d'appliquer l'accord du 23 décembre 2017, dressait un bilan des opérations qui faisait état d'environ

---

processus de pacification du pool : l'accord de kinkala, et après », Les Dépêches de Brazzaville, 27 décembre 2017, n°3103, pp. 1, 2, 3 ; http://www.lasemaineafricaine.net/index.php/coup-doeil-en-biais/15787-digne-elvis-tsalissan-okombi-un-homme-nouveau.

[591] *« Département du Pool : Et si les sages pouvaient réellement œuvrer pour sa paix durable »,* https://www.portail242.info/Departement-du-Pool-Et-si-les-sages-pouvaient-reellement-oeuvrer-pour-sa-paix-durable_a2487.html; « Congo-Brazzaville : vers une décrispation dans le Pool ? », http://www.jeuneafrique.com/492733/politique/congo-brazzaville-vers-une-decrispation-dans-le-pool/

[592] Cf. Congo-Brazzaville, *« Levée officielle du mandat d'arrêt contre le Pasteur Ntumi »,* http://www.rfi.fr/afrique/20180731-congo-pasteur-ntumi-mandat-arret-levee-officielle-pool-ancien-chef-rebelle.

8007 armes (tous types confondus) et plus de 5665 ex-combattants ninjas nsilulu identifiés[593].

II). Analyse critique de l'accord du 23 décembre 2017.

Si la le dénouement de la guerre du pool, avec la signature de l'accord du 23 décembre 2017, peut, à certains égards, être perçu comme une démarche salutaire pour mettre fin aux affres de la guerre que subissent les populations du Pool, il n'en demeure pas moins que d'autres mesures auraient dû être prises pour une paix pérenne. Ces mesures touchent à l'indemnisation de toutes les victimes et à l'impératif d'une amnistie générale.

a). Une démarche salutaire pour le retour de la paix dans le Pool !

Le retour de la paix dans cette partie du territoire national ne pouvait qu'être salué. D'abord, sur le plan humanitaire, il permet, non seulement de soulager les populations meurtries du département du Pool. Il met fin au malheur de ces populaires qui ont souffert ou souffrent le martyre et qui subissent des affres de la guerre depuis des années. Elles devraient rentrer chez elles, dans leurs localités, dans leurs contrées pour mener une vie normale et vaquer à leurs activités, si tant est qu'elles pouvaient retrouver leurs biens et structures de production. Sur le plan économique, il permettait le retour de la circulation tant ferroviaire que routière pour le transport des personnes et des marchandises, de reconstruire les infrastructures (ponts, routes et voies ferrées) lourdement endommagées. Cela permettait aussi au Congo de retrouver sa vocation de pays de transit dans la sous-région.

b). La problématique de l'indemnisation des victimes.

Le retour de la paix, et la mise en œuvre de l'accord de paix du 23 décembre 2017, qui n'est pas le premier du genre dans cette région, ne devraient pas se résumer en de simples accommodations politiques pour assurer quelques promotions aux différents acteurs de ce que l'on qualifie par *« la paix des braves »*.

Le retour de la paix dans le cadre d'un accord aussi ambitieux soit-il politiquement ne devrait pas se faire *au grand dam* des victimes de cette tragédie. Cela pose le problème des réparations des conséquences de la guerre, de l'indemnisation de toutes les victimes directes et indirectes. Car,

[593] http://www.rfi.fr/afrique/20181006-congo-brazzaville-pool-desarmement-bilan-operation-pasteur-ntumi;https://www.voaafrique.com/a/plus-de-8000-armes-et-explosifs-ramass%C3%A9s-dans-le-pool/4601272.html; *« Paix et sécurité dans le Pool, 5665 ex-combattants identifiés et 8007 armes détruites »*, Les Dépêches de Brazzaville, 08 octobre 2018, n°3339, pp. 1 et 2.

la constitution du 25 octobre 2015 dispose dans le dernier alinéa de l'article 9 que, *« Les droits de la victime sont également garantis »*.

La réparation du préjudice subi, donc l'indemnisation de la victime est un droit fondamental inscrit dans la constitution et s'impose également à l'Etat qui doit le respecter et l'appliquer. Certes, la réparation et l'indemnisation concernent d'abord les populations du pool. Mais, on ne peut pas oublier toutes les personnes dont le destin aura voulu qu'elles se retrouvassent dans cette partie du territoire national, quel qu'en soit le mobile. Bref, les victimes sont nombreuses et leur indemnisation s'impose.

Il y a ceux qui ont perdu des êtres chers, leurs proches, leurs biens ; ceux qui sont blessés ou handicapés, qui portent ou porteront à vie les traumatismes, les stigmates de la guerre.

Il s'agit, pour la plupart des sans-voix, des laissés-pour-compte. L'identification et la réparation des victimes devraient, à défaut d'être l'œuvre de la justice, relever de la responsabilité de l'Etat et appeler à un effort de solidarité nationale.

Cette socialisation des sinistres devrait être une réponse de la nation à l'impunité, à l'oubli, et aller au-delà de l'érection d'une stèle ou d'un monument, certes indispensable pour la mémoire et les générations futures, aux victimes des violences gratuites. Cela annihile le sentiment de frustration et la banalisation des violations des droits de l'homme qui puisent leurs sources dans des considérations politiques.

Cette position est partagée par une partie de la classe politique[594], afin d'éviter le cercle vicieux de l'éternel recommencement.

Une telle démarche requière de la part des pouvoirs publics, la création d'une commission et/ou d'un fonds d'indemnisation des victimes des violences politiques, financé sur le budget de l'Etat, animé et géré par des personnalités intègres et jouissant d'une haute probité morale. Ce devoir d'indemnisation ne devrait pas, pour sa mise en œuvre, pâtir des arguties tirées de la conjoncture économique.

c). L'impératif d'une loi d'amnistie générale.

Le courage est une vertu cardinale en politique[595]. Il relève, selon Aristote, de la catégorie de la vertu morale, à la différence de la vertu intellectuelle. L'homme courageux est, selon Aristote, *« celui qui demeure sans crainte en présence d'une noble mort ou d'un péril imminent pouvant entraîner la mort »*.

---

[594] Cf. *« Congo-B: la liberté de mouvement en faveur du pasteur Ntumi fait réagir », http://www.rfi.fr/afrique/20180122-congo-b-liberte-mouvement-sollicitee-faveur-pasteur-ntumi-fait-reagir, Publié le 22-01-2018 Modifié le 22-01-2018 à 01:53.*

[595] Cf. M. Cervera-Marzal, *« Le courage comme vertu cardinale du sujet politique »*, Variations, Revue internationale de théorie critique, [En ligne], 17 | 2012, mis en ligne le 15 octobre 2012, URL : http:// variations.revues.org/364 ; DOI : 10.4000/variations.364.

Mais, le courage dont parle Aristote doit s'analyser à l'aune de sa conception de la vertu. Selon lui, la vertu *« est une disposition acquise volontairement par rapport à nous, dans la mesure où, définie par la raison conformément à la conduite d'un homme réfléchi, elle tient la juste moyenne entre deux extrémités fâcheuses, une par excès, l'autre par défaut »*[596].

Ainsi donc, l'accord du 23 décembre 2017 ne peut pas être regardé comme une forme de résignation, mais le signe d'un courage en politique qui produit ses effets dont l'une des manifestations fut la levée des mandats d'arrêt émis à l'encontre du pasteur Ntumi et ses partisans, au nom de la paix.

Cette vertu devrait s'inscrire dans une démarche générale d'absolution au nom d'une vraie réconciliation nationale, de l'intérêt supérieur de la nation ; sans se résoudre à une simple question du bon sens ou de l'équité.

Dès lors, une amnistie générale pour des faits se rapportant directement ou indirectement au changement de la constitution du 20 janvier 2002, à l'élection présidentielle du 20 mars 2016, dont on sait que la deuxième guerre du Pool y trouve ses causes, ou aux faits antérieurs à ces événements, nous paraît relever incontestablement d'un impératif dans l'intérêt supérieur de la nation. Le Parlement devait être saisi ou se saisir d'une loi d'amnistie, qui bénéficierait non seulement à tous ceux qui sont d'ores et déjà condamnés à tort ou à raison pour ces faits et ceux qui sont sous le coup des poursuites judiciaires. C'est la sublimation du courage, qui fait la noblesse de la politique.

D). La polémique sur le « génocide des laris ».

Seront ci-après examinés, les éléments déclencheurs de la polémique, ses différentes perceptions, la nature de l'incrimination des faits allégués et le juge compétent pour en connaître et sanctionner les auteurs.

I). Le déclenchement de la polémique sur « le génocide des laris ».

La parution, aux éditions l'Harmattan en septembre 2018 et en février 2019, de deux livres sur le génocide des laris a suscité de vives réactions, tant dans l'opinion publique, dans la classe politique, qu'auprès des élites. Il s'agit du livre du juriste (avocat) Dominique Kounkou, intitulé *« Le génocide des Laris au Congo »*[597], et celui du prélat défroqué, Nsaku

---

[596] Aristote distingue, dans son ouvrage *«Ethique à Nicomaque »,* Livre III, 1107, la vertu intellectuelle qui relève de l'instruction et la vertu morale qui relève des bonnes habitudes. Le courage est donc une vertu acquise, elle relève du juste milieu, Elle est à mi-chemin entre la témérité et la lâcheté. On peut citer à l'époque contemporaine, *Paul Tillich, « Le Courage d'être »*, traduction et introduction de Jean-Pierre Le May, Genève, Labor et Fides, 2014.

[597] D. Kounkou, *« Le génocide des Laris au Congo »*, Paris, l'Harmattan, 2018, 110 pages.

Kimbembe, dont le titre est, *« Congo-Brazzaville : Chronique du génocide des lari du Pool »*[598].

a). Résumé commenté du livre de D. Kounkou.

On peut lire en quatrième de couverture ou au *« plat-verso »* du livre de Dominique Kounkou que, *« le génocide est un fléau pour l'humanité ; les Laris au Congo le savent très bien. Ils ne meurent que de génocide, jamais de mort naturelle ! Dans toute l'histoire politique du Congo, ils ont connu persécutions, crimes et génocide. Pour la première fois, un ouvrage parle d'eux, de l'idéologie de la haine qui a justifié la programmation de leur extermination. Qu'on les haïsse est une chose, mais qu'on leur enlève le droit à l'existence de père en fils, cela dépasse la ligne rouge… »*

Plus en profondeur dans son livre, l'auteur parle du *« larisme »*[599] une idéologie de la haine ancestrale et viscérale que les autres ethnies, notamment les *« mbochis »* et les gens du nord du pays, nourrissent et véhiculent contre les lairis dans le but de les exterminer. Selon lui, cette idéologie de la haine des laris deviendra le moteur des crimes de génocide sur les laris, programmés et exécutés par les ressortissants du nord au pouvoir[600]. On serait donc méthodiquement passé de la haine des laris à leur extermination, au génocide. Comme il lui a fallu en trouver les théoriciens, l'ancien premier ministre et vice-président Jacques Opangault, homme politique du nord, de surcroit de l'ethnie mbochi, serait à l'origine de cette idéologie de la haine contre les laris, dans la lutte pour le pouvoir qui l'opposait à l'Abbé Fulbert Youlou, Premier Président de la République, qui conduisit à la guerre civile de 1959. La réconciliation entre Youlou et Opangault pour surmonter la crise n'aura pas eu, selon lui, pour effet d'éradique cette haine contre les laris[601]. Tout le monde envierait aux laris, parce qu'ils incarnent le *« bou mountou »*[602] *(la personnalité, la dignité ou le bon muntu),* à l'opposé du *« tsi boulou » (la bête)*[603] des gens du nord, et des mbochis en particulier. Cela parce que les laris seraient trop vertueux, trop compétents, trop entreprenants, trop inventifs, trop créatifs, pleins de bonnes manières, des bons gestionnaires[604]. Donc, ils sont mieux à même de gouverner la cité ! L'auteur affirme, sans le moindre scrupule, qu'*« il n'est pas présomptueux d'écrire que le salut politique du Congo vient des laris. C'est sans doute la cause principale de l'idéologie de la haine que tous et*

[598] N. Kimbembe, *« Congo-Brazzaville : Chronique du génocide des lari du Pool »,* Paris, l'Harmattant, 2019, 163 pages.
[599] Cf. D. Kounkou, op. cit. p.25, terme, selon l'auteur qui serait inventé par Simon-Pierre Kikhoungat-Ngot. Ce dernier désignerait ainsi l'omniprésence des laris dans la vie et la gestion de la cité.
[600] Op. cit. pp. 24 et suiv.
[601] Idem.
[602] Cf. D. Kounkou, op. pp. 25 et suiv ; 59 et suiv.
[603] Op. cit. pp. 46 et suiv.
[604] Idem.

particulièrement les originaires du nord nourrissent envers les laris. Elle serait peut être également une des explications plausibles à donner au génocide lari... »[605].

Les laris seraient les boucs émissaires, les victimes expiatoires de l'incurie de ceux-là même qui gèrent mal le pays depuis des décennies. Leurs droits à l'existence seraient bafoués, voire éliminés. Ils seraient écartés de la vie politique ou ne seraient utilisés que comme hommes ou femmes à tout faire ou encore des traites aux leurs. Les affaires dans lesquelles ils excellent leur seraient ravies dès qu'elles prospèrent. Ils ne peuvent créer une affaire sans l'immixtion d'un tenant du pouvoir du nord ou du groupe éthique au pouvoir[606].

L'auteur affirme aussi avec une légèreté stupéfiante que, *« ... la pauvreté organisée des hommes laris, les rendrait insignifiants aux yeux des femmes du groupe laris qui préfèrent devenir la cinquième amante d'un homme marié mbochi... »*[607].

L'auteur ne se rend pas compte (au-delà de la division qu'il sème, de la haine qu'il insuffle et de la misogynie) de l'image négative et dévalorisante qu'il accole à la femme lari. Pour Dominique kounkou, le génocide des laris serait la conséquence d'une planification militaropolitique, d'une conspiration au plus haut sommet des institutions étatiques, qui se perpétue de régime politique en régime politique, depuis la chute du régime de l'Abbé Fulbert Youlou, Premier Président de la République du Congo (le 15 août 1963), digne descendant selon lui d'André Grenard Matsoua. Ils auraient en partage l'éthique de responsabilité, qui se traduit en éthique de comportement dans l'exercice du pouvoir une fois conquis[608]. Pour lui, Matsoua et Youlou seraient tous deux imprégnés du revivalisme, qui puiserait ses sources dans leur foi chrétienne (le premier fut protestant, le second catholique), du messianisme[609]. L'auteur trouve une autre explication sordide à l'idéologie de la haine qui selon lui conduit au génocide laris, par la recherche d'un gourou pouvant incarner le messianisme qui caractérise le peuple laris. Ainsi, le pasteur Ntumi correspondrait à ce profil tout indiqué pour réaliser l'ultime dessein, l'extermination du peuple lari[610].

Opérant un glissement conceptuel, l'auteur en vient à forger une autre dimension du génocide des laris ; une dimension économique, consistant dans l'accaparement des ressources et les richesses par une oligarchie

---

[605] Cf. D. Kounkou, op. cit. p.60.

[606] Op. cit. pp.25 et 26.

[607] Op. cit. p. 46.

[608] Op. cit. pp. 52-53. L'auteur semble s'inspirer de Max Weber qui distingue *« l'éthique de responsabilité »* et *« l'éthique de conviction »*, Cf. Max Weber, *« Le savant et le politique »*, Plon, 10/18, Paris 1995.

[609] Pour une vision complète de ce messianisme qui remonte prophète Simon Kimbangu, André Grenard Matsoua et autres, nous invitons à la lecture de l'œuvre de Martiel Sinda, *« Le messianisme congolais et ses incidences politiques »*, Paris, Payot, 1972.

[610] Cf. D. kounkou, op. cit. p. 33.

interne, essentiellement constituée des gens du nord (les mbochis) et les complicités externes qu'il fustige ; au premier rang desquels seraient la France et la compagnie pétrolière elf (devenu Total). Le génocide du sang[611] des laris serait, ainsi doublé d'un génocide économique[612]. La communauté internationale n'est pas épargnée pour sa complaisance, son inertie et son laxisme qui la rendaient aussi comptable du génocide des laris. Ce, même si paradoxalement l'auteur fonde ses espoirs sur cette même communauté internationale pour sauver le *« rameau laris »* de sa disparité programmée du département du Pool au Congo-Brazzaville !

Nous reviendrons sur les aspects strictement juridiques du génocide allégué des laris.

Notons à ce stade que le discours victimaire et stigmatisant de. D. Kounkou met sérieusement à mal la cohésion sociale, la construction et la consolidation de l'unité nationale.

Nous pouvons également souligner que la récusation du Pasteur Ntumi comme un imposteur libérateur du peuple lari à son corps défendant (mais qui serait en réalité un fantoche du *« régime mbochi »*), est révélateur de la duplicité du discours victimaire sur les laris dont personne ne peut contester la souffrance au regard des guerres du Pool de ces dernières décennies.

On observera par exemple que, l'ancien Vice-Président de la Commission nationale des droits de l'homme (CNDH) Me. M. Massengo Tiasse, par ailleurs Président du Forum Radio des droits de l'homme (FRTDH), exprimait dans une interview accordée au Pasteur Ntumi le 1er octobre 2016, *« ... tiens bon, nous comptons sur toi... »,* parce que son interlocuteur détenait des éléments de preuve sur le génocide qui devrait servir dans ses démarches auprès des institutions internationales. Dans une autre interview, le pasteur Ntumi se disait inquiet pour Me. Massengo à cause de son activisme dans la dénonciation en Europe des exactions perpétrées dans le pool[613]. Par ailleurs, tout le monde se souvient du soutien que le Président fondateur du MCCDI, Bernard Kolelas accordait au Pasteur Ntumi depuis son exil en 1998. Il se réjouissait sur les ondes de Radio France internationale (RFI) le 18 décembre 1998, de l'entrée des Ninjas dans les quartiers sud de Brazzaville en déclarant que ses ninjas contrôlaient Brazzaville. C'est d'ailleurs ce que nous rappelle A.C. Makosso[614].

---

[611] Op. cit. pp. 73 et suiv.

[612] Op. cit. pp. 83 et suiv.

[613] Cf. Zenga mambu, youtube.02 octobre 2016 ; www.youtube.com, 19 octobre 2017.

[614] Cf. Guy Milex M'BONDZI, « Zoom sur le Pasteur Ntumi que d'aucuns présentent comme un pion du pouvoir et d'autres comme un véritable opposant et rebelle », https://www.facebook.com/brazzanews/posts/912246058960191; A.C. Makosso, « le génocide en droit à l'épreuve du génocide de l'émotion, le cas de la République du Congo, op. cit. pp. 85-86.

b). Résumé commenté du live de Nsaku Kimbembe.

Concernant le livre de Nsaku Kimbembe, on peut également se référer à la quatrième de couverture qui en résume le contenu dans les termes suivants, *« Depuis la période révolutionnaire (1963-1991), les gouvernements successifs ont mis en place une politique qui a martelé un discours ouvertement ainti-Lari afin d'isoler ceux-ci et de les exterminer. Le Pool, département du sud du pays, étant perçu comme un nid de la contre-révolution qu'il faut mater en permanence. Les différents conflits armés qui se sont déroulés au Congo (1993, 1994, 1997, 2000, 202) ont tous visé les Lari. A tout moment, ils ont été des victimes expiatoires... »*

Ce livre se veut, selon l'auteur, une relation chronologique des actes de génocide perpétrés entre le mois d'octobre 1997 et celui de décembre 1999, *« en pays lari »*, dont il se dit en avoir été en partie témoin. Il s'agit d'actes d'une cruauté horrifiante, effroyable, épouvantable. Des actes, dont la seule évocation glace le sang. Si ces faits sont avérés, ce déchainement de la violence extrême relèverait incontestablement des crimes de masse, des crimes les plus graves qui touchent l'ensemble de la communauté internationale, au sens de l'article 5 du statut de Rome sur la compétence de la Cour pénale internationale (CPI).

A la différence de D. Kounkou, Nsaku Kimbembe ne verse pas dans une sublimation ethnique ni clanique des laris, même si les victimes sont les mêmes populations laris, qu'il dit être des descendants des ancêtres Nsaku, Mpanzu et Nzinga, identifiées dans le temps et dans l'espèce. Ils ont, selon lui, subi les affres de la guerre infligées par les forces gouvernementales composées selon lui de miliciens cobras, de soldats angolais, de mercenaires venus de toute part, des ninjas ayant rejoint les cobras par hostilité du ralliement de Bernard Kolelas au Président déchu, Pascal Lissouba, des ninjas nsilulu du pasteur Ntumi. Cependant, il épargne les ninjas restés fidèles au MCDDI, le parti de Bernard Kolelas et ne dit mot ou, à tout le moins, laisse transparaître une subtile bienveillance à leur égard, malgré les exactions qu'ils auraient également commises.

Face à cette configuration hétéroclite d'acteurs, on ne peut que s'interroger sur le fondement retenu par l'auteur pour caractériser l'incrimination de génocide.

II). Les perceptions de la polémique du génocide des laris.

La dénonciation du génocide des laris allégué par Kounkou et Kimbembé a induit plusieurs niveaux de perceptions.

a). La réaction du gouvernement.

La réaction du gouvernement se situait à deux niveaux, celui de la communication et au niveau décisionnel.

1). La communication du gouvernement

En réaction, notamment au livre de Dominique Kounkou, le gouvernement congolais avait mené une intense campagne de communication consistant dans la diffusion d'un communiqué et la tenue des points de presse et mises au point diplomatiques.

Dans un communiqué de presse en date du 11 octobre 2018, anticipant une manifestation prévue le 12 octobre 2018 à Genève au cours de laquelle *« des activistes congolais »* de l'étranger projetaient de présenter le livre de Dominique Kounkou sur le génocide des laris du Congo, le gouvernement se disait étonné par les affirmations qui paraissaient à ses yeux sans fondement. Il relevait que le département du Pool n'est pas peuplé que des laris ; les laris résident sur l'ensemble du territoire national, et n'ont fait l'objet d'une persécution de quelque nature que ce soit, liée à leurs origines. Il rappelle les termes de l'accord de cessez-le-feu et de cessation des hostilités signé avec le pasteur Ntumi le 23 décembre 2017, qui aurait obtenu l'adhésion de la population, y compris des laris. Les missions humanitaires et d'information ont été autorisées à se rendre sur le terrain dans le département du Pool. Le communiqué précise d'autre part que les représentants du système des Nations-Unies ainsi que les ambassadeurs accrédités au Congo se seraient rendus dans ce département sans qu'ils n'aient constaté l'existence, de traces matérielles ou de suspicion d'un prétendu génocide dans le Pool. Il réfutait ces allégations mensongères et entendait engager des actions en justice contre les auteurs de ce qu'il qualifiait de mascarade de Genève…

Dans le prolongement du communiqué du gouvernement, le ministre de la justice et des droits humains et celui de la communication et des médias avaient tenu un point de presse le 22 octobre 2018 pour stigmatiser les allégations du génocide des laris soutenues par M. Kounkou Dominique dans son ouvrage[615]. Par ailleurs, le ministre des affaires étrangères édifiait le 29 octobre 2018, en présence de ses collègues de l'intérieur et de la justice, le

---

[615] Cf. Les dépêches de Brazzaville, *« Au Congo toutes ethnies vivent en harmonie »*, n°3352 du 23 octobre 2018, pp. 1 et 4

corps diplomatique accrédité à Brazzaville, qui aura pris acte de la position du gouvernement suite à la parution du livre sur le génocide lari[616].

2). L'interdiction et les poursuites judiciaires.

Dans un arrêté en date du 22 octobre 2018, cosigné par le ministre de l'intérieur et celui de la justice, le gouvernement traduisait son indignation par l'interdiction de l'entrée, la circulation, la distribution et la vente du fameux livre de Dominique Kounkou, *« le génocide des laris du Congo »*, sur l'étendue du territoire national. Outre l'interdiction, le gouvernement préconisait d'engager des poursuites judiciaires contre l'auteur du livre, D. Kounkou, et l'éditeur, l'Harmattan[617].

b). Les réactions de l'opinion publique et de la classe politique.

Dans l'opinion, la polémique suscitée par l'auteur du génocide des laris du Congo avait induit des réactions mitigées entre ceux qui, parmi les victimes du ou des conflits du Pool, soutiennent à tort ou à raison la thèse du génocide en voyant une sorte d'exutoire face aux atrocités et aux souffrances endurées, dont on peut comprendre l'émotion encore vivace, et ceux qui prenant un peu de recul face à l'émotion ambiante, sans renier les affres de la guerre, peuvent récuser cette thèse du génocide[618].

Il y a aussi ceux qui, sans ignorer le lourd tribut que paient les populations concernées, en tant que fils du pool, invitent les leurs à relire l'histoire, à faire preuve de repentance, de contrition, à se remettre aussi en cause, sans entrer, selon eux, dans le piège que le régime en place leur tendrait ; au point de rappeler que le premier Président de la République du Congo, l'Abbé Fulbert Youlou, fils du pool, fut chassé du pouvoir le 15 août 1963 par un mouvement des syndicalistes et parmi les principaux activistes se trouvaient les fils du pool, ensuite le deuxième Président de la République du Congo, non élu, Alphonse Massamba-Débat arrivé au pouvoir par la grâce de ce mouvement qualifié de révolution des 13, 14 et 15 août 1963, fut le premier Chef de l'Etat a avoir créé une milice, la défense civile suivie de la JMNR, en parallèle et par défiance à la force publique dont il se méfiait ;

---

616 Cf.https://www.portail242.info/Congo-les-diplomates-edifies-sur-la-decision-du-gouvernement-de-traduire-Dominique-Kounkou-en-justice_a3193.html.

617 *http://www.adiac-congo.com/content/livre-le-genocide-des-laris-au-congo-interdit-dentree-dans-le-territoire-national-90569; « A propos du livre de Dominique Kounkou sur ''le génocide des Laris au Congo'': Indigné, le Gouvernement réitère sa volonté d'engager des poursuites judiciaires », http://www.lasemaineafricaine.net/index.php/national/15941-a-propos-du-livre-de-dominique-kounkou-sur-le-genocide-des-laris-au-congo-indigne-le-gouvernement-reitere-sa-volonte-d-engager-des-poursuites-judiciaires.*

618 *« Et si Dominique Kounkou visitait le mémorial du génocide de Kigali? », Le Patriote, n°501, du 29 oct. 2018, pp. 1 et 3.*

bien qu'étant déposé ensuite par le mouvement insurrectionnel du 31 juillet 1968 conduit par le Capitaine Ngouabi Marien, auquel les cadres et officiers du pool avaient aussi participé, etc.

Cette position ne signifie pas que les populations meurtries du pool seraient responsables de leurs souffrances. Elles ne sont pas des *« victimes-coupables »* comme d'aucuns veulent le théoriser. Loin s'en faut, elles sont victimes de l'ambigüité et de l'incurie d'une classe politique plus animée par l'appât du gain, au lieu de servir l'intérêt général. L'expression des *« antivaleurs »* devient le maître-mot, le leitmotiv qui y trouverait pleinement sa signification.

S'agissant de la problématique qui nous occupe, même dans le département du Pool, certains sages et notabilités traditionnels récusent l'existence du génocide dont parlent Kounkou et Kimbembe dans leurs livres.

Au sein de la classe politique, les réactions vont dans ce sens notamment de la part du MCDDI, allié du Parti congolais du travail, dont les dirigeants, notamment Landry Kolelas et Fulbert Malonga, ne croient pas au génocide allégué des laris[619]. Même son de cloche de la part de Mvouba Isidore, Président de l'Assemblée nationale et membre éminent du Comité central du Parti congolais du travail, pour qui, il n'y a pas eu génocide lari dans le Pool, bien qu'il reconnaisse l'existence des meurtres pendant la guerre entre 2016 et 2017. Parlant de ce livre, il s'agit selon lui d'une tentative de déstabilisation du Congo[620]. Mis à part ces réactions, très peu d'hommes politiques congolais n'ont osé s'avancer dans cette polémique délicate dont les prises de position risquent d'être diversement interprétées.

c). Une polémique dans la polémique.

Une question se pose, celle de savoir si le ministre de l'intérieur pouvait ou devait interdire l'entrée, la circulation, la distribution et la vente du livre de Dominique Kounkou sur le territoire congolais. Cette question renvoie à une autre, celle des poursuites engagées l'encontre de l'auteur et de l'éditeur.

L'interdiction prononcée est une décision administrative, qui relève incontestablement de l'opportunité et des pouvoirs de police administrative spéciale, la police des publications étrangères dont le ministre de l'intérieur est inverti. Ce dernier détient en la matière un pouvoir discrétionnaire, soumis en principe au contrôle de l'erreur manifeste d'appréciation[621]. Ce contrôle évolue, en matière des publications étrangères, vers un contrôle normal voire un contrôle restreint, lorsque le juge cherche à vérifier la conciliation de l'intérêt général qui préside à l'édiction de la mesure prise,

---

[619] *Cf. « Kolelas ne croit pas au génocide des laris », 15 novembre 2018, www.congo-liberty.com.*

[620] *Cf. « Congo : Non, il n'y a pas de « génocide lari » dans le Pool (Isidore Mvouba) », https://lesechos-congobrazza.com/societe/5310-congo-non-il-n-y-a-pas-de-genocide-lari-dans-le-pool-isidore-mvouba.*

[621] *Cf. en matière des publications étrangères, CE. 02 novembre 1973, SA, François Maspero, n° 82590.*

avec le respect d'une liberté fondamentale, en l'occurrence la liberté d'expression[622].

En l'espèce, le livre de Dominique Kounkou porte sur le Congo. Il n'en demeure pas moins que nous sommes en présence d'une publication étrangère, en raison du lieu d'édition (l'harmattan, à Paris) et de l'auteur qui réside en France en dépit du fait qu'il soit d'origine congolaise.

Joseph Kignoumbi-Kia Mboungou, président du parti LA CHAINE, 2ème Secrétaire de l'Assemblée nationale, fut l'une des rares personnalités politiques à avoir exprimé une opinion dissidente sur l'interdiction en ce qu'elle lui paraît porter atteinte à la liberté d'expression. Mais, cela lui avait valu d'être traité d'audacieux et d'indélicat par une certaine presse[623].

La liberté d'expression n'est pas absolue, elle connaît des limites en ce que son usage ne puisse pas porter atteinte à l'ordre public ni aux droits et aux libertés garantis à toute personne[624].

En l'espèce, il importe aussi de savoir si dans son intitulé et dans son contenu, le livre de Dominique Kounkou est attentatoire à l'ordre public et/ou aux intérêts, à la vie privée d'autrui.

S'agissant de l'ordre public, il appartient aux autorités de l'Etat, d'en apprécier discrétionnairement l'atteinte. La décision d'interdiction, comme les poursuites judiciaires peuvent être fondées sur les dispositions de l'article 13 de la constitution du 25 octobre 2015, qui criminalisent toute propagande, toute incitation à la haine ethnique, à l'insurrection, à la violence ou à la guerre civile[625]. S'ils ne sont pas établis ou avérés, les faits de génocide allégués et surtout la stigmatisation des autres groupes ethniques peuvent constituer une incitation à la haine ethnique, pouvant fonder une mesure d'interdiction.

Au-delà de l'opportunité de l'interdiction, on peut s'interroger sur l'efficacité d'une telle mesure pour un ouvrage édité et en vente libre à l'étranger, notamment en France. Surtout dans un monde qui est devenu un grand village planétaire avec l'internet et les réseaux sociaux. L'interdiction induirait un effet pervers, puisqu'elle ne suffirait pas à renvoyer ce fameux livre au pilon. Elle assure une publicité, donc une promotion inespérée de l'auteur et son œuvre.

On pourra nous objecter que la non-interdiction aurait donné du crédit aux allégations du Dominique Kounkou. Pourtant, sous l'angle de la recherche, l'interdiction du livre induirait un autre effet pervers, priver les

---

[622] Cf. E. DREYER *« restaurer le contrôle des publications étrangères »*, JCP G 2006, doctrine, p. 1829 ; CEDH, 17 juillet 2001, Ekin c./ France, n° 39288/98 ; CE, 7 février 2003, GISTI, req. n° 243634.

[623] *« Affaire Dominique Kounkou, l'audace de la chaine, le Parti de Kignoumbi-Kia-mboungou », Lepatriote, n°502 du 5 novembre 2018, pp. 10 et 11.*

[624] *L'article 11 de la déclaration française des droits de l'homme dispose, « La libre communication des pensées et des opinions est un des droits les plus précieux de l'Homme : tout Citoyen peut donc parler, écrire, imprimer librement, sauf à répondre de l'abus de cette liberté dans les cas déterminés par la Loi».*

[625] *« Toute propagande ou toute incitation à la haine ethnique, à l'insurrection, à la violence ou à la guerre civile constitue un crime puni par la loi ».*

intellectuels congolais (outre ceux de la diaspora) du débat que ce livre a suscité. Non pas parce que l'on puisse se contenter de simples prises de position sur les plateaux de télévision, mais d'apporter par des écrits une autre grille de lecture sur les faits allégués[626].

C'est en cela que nous partageons en partie la réponse d'Anatole Collinet Makosso, dans son ouvrage, *« Le génocide en droit à l'épreuve du génocide de l'émotion, le cas de la République du Congo »*[627].

Enfin, on est en droit de s'interroger si c'est parce que l'émotion se serait estompée et la pression baissée, que le second livre sur les mêmes faits, celui de Nsaku Kimbembe n'a pas subi le même sort[628].

III). Sur la nature du crime allégué.

L'un des griefs formulés à l'encontre des auteurs des livres sur le génocide des laris, plus particulièrement le juriste D. Kounkou, réside dans le défaut de cerner, dès le départ, le cadre juridique pour apprécier s'il est applicable aux faits allégués[629]. C'est la question de savoir si les éléments constitutifs de l'infraction, en l'occurrence le crime de génocide, sont réunis en l'espèce. S'il n'est pas exclu que des crimes odieux ou les crimes les plus graves qui heurtent la conscience humaine eussent été commis, la caractérisation du crime de génocide nous paraît difficile et discutée. En toute hypothèse se pose la question de la juridiction compétente pour les connaître au regard du droit applicable.

a). La difficile caractérisation du crime de génocide des laris.

Historiquement en effet, on attribue la paternité du mot génocide à Raphaël Lemkin qui, selon lui, vient du préfix grec *« genos »* (genre, tribu, race) et du suffixe latin *« cidex »* (tuer, détruire…).

Aussi considérait-il que le génocide renvoie à *« …un plan coordonné d'actions différentes qui tendent à détruire les fondations essentielles de la vie des groupes nationaux, dans le but de détruire ces groupes mêmes. L'objectif d'un plan pareil serait la désintégration des institutions politiques*

[626] Cf. la conférence du Club France Libre Propos, « l'antithèse », sur le livre « le génocide des laris au Congo » de Dominique Kounkou, tenue le 29 novembre 2018 à Paris, Les Dépeches de Brazzaville, n°3380 du lundi 3 décembre 2018, p.3 ; http://www.monopinion.congopage.com. Cette conférence était animée par E. Dupuy, A. D. de Marseille, O. Obami, A. Ngoma.

[627] A. C. Makosso, *« Le génocide en droit à l'épreuve du génocide de l'émotion, le cas de la République du Congo »*, Paris, l'Harmattan, 2019.

[628] Cf. N. Kimbembe, *« Congo-Brazzaville, Chronique du génocide des laris du Pool »*, Paris, l'Harmattan, 2019.

[629] On peut citer sur cette problématique, l'ouvrage publié récemment par notre consœur Méline Renée Massamba, « le Génocide selon Nuremberg, l'ex-Yougoslavie et le Rwanda », Paris, l'Harmattan, 13 juillet 2021.

et sociales, de la culture, de la langue, des sentiments nationaux, de la religion, et de l'existence économique des groupes nationaux, et la destruction de la sécurité personnelle – de la liberté, de la santé, de la dignité, et même des vies des individus qui appartiennent à ces groupes. Le génocide est dirigé contre le groupe national comme entité, et les actions qu'il entraîne sont dirigées contre les individus, non dans leurs capacités individuelles, mais comme membres du groupe national... »[630]

Le statut du tribunal militaire international (TMI) de Nuremberg évoquait indirectement le génocide à travers le crime contre l'humanité, *« Les Crimes contre l'Humanité : c'est-à-dire l'assassinat, l'extermination, la réduction en esclavage, la déportation, et tout autre acte inhumain commis contre toutes populations civiles, avant ou pendant la guerre, ou bien les persécutions pour des motifs politiques, raciaux ou religieux, lorsque ces actes ou persécutions, qu'ils aient constitué ou non une violation du droit interne du pays où ils ont été perpétrés, ont été commis à la suite de tout crime rentrant dans la compétence du Tribunal, ou en liaison avec ce crime. Les dirigeants, organisateurs, provocateurs ou complices qui ont pris part à* ***l'élaboration ou à l'exécution d'un plan concerté ou d'un complot*** *pour commettre l'un quelconque des crimes ci-dessus définis sont responsables de tous les actes accomplis par toutes personnes en exécution de ce plan »*[631].

L'acte d'accusation était quant à lui plus précis, en tant qu'il considérait que les grands criminels nazis s'étaient livrés à un *« génocide délibéré et systématique, c'est-à-dire à l'extermination de groupes raciaux et nationaux parmi la population civile de certains territoires occupés, afin de détruire des races ou classes déterminées de population et de groupes nationaux, raciaux ou religieux, particulièrement les Juifs, les Polonais, les Tziganes... »*

Cela quand bien même que le crime de génocide ne figurait pas parmi les trois chefs d'accusation retenus contre les chefs nazis, à savoir : crimes contre la paix, crimes de guerre et crimes contre l'humanité. C'est à l'issue de la guerre que le crime génocide sera juridiquement consacré dans une convention, comme nous le verrons ci-après.

b). L'élément légal du crime de génocide.

« Nullum crimen, nulla poena sine lege » (il n'y a ni crime ni peine sans loi »).

---

[630] Cf. Lemkin, R., « Le génocide », *Revue générale de droit pénal*, 1946, n° 1-2, p. 25. (Dans la version originale, Lemkin, R., *Axis Rule in Occupied Europe*, Washington, DC, Carnegie Endowment for Internadonal Peace, Division of International Law, 1944, p. 371) ; A.M. La Rosa, *« Juridictions pénales internationales, la procédure et la preuve »*, PUF, 2003 ; A. Rabinbach (trad. C. Drevon), *« Raphaël Lemkin et le concept de génocide », in « Violences de guerre, violences coloniales, violences extrêmes avant la Shoah »*, Revue d'histoire de la shoah, 2008/2, n°189, pp. 11-55.

[631] Cf. Article 6 (c) du statut du tribunal militaire international de Nuremberg du 08 août 1945.

C'est le principe de la légalité des délits et des peines, que nous connaissons en droit pénal!

L'élément légal du crime de génocide découle du cadre juridique international et du cadre juridique national.

1). Sur le plan international.

Le cadre juridique est d'abord constitué par la convention des Nations-Unies du 09 décembre 1948 pour la prévention et la répression du génocide.

Elle déclare dans son préambule que *« le génocide est un crime du droit des gens, en contradiction avec l'esprit et les fins des Nations-Unies et que le monde civilisé condamne ».* La convention du 09 décembre 1948 engage les Etats signataires à prévenir et à punir ce crime du droit des gens, qu'il soit commis en temps de paix ou en temps de guerre.

Suite à la création de la Cour pénale internationale en 1998, la définition du génocide consacrée par l'article 2 de la convention du 09 décembre 1948 est reprise quasi textuellement par l'article 6 du statut de Rome,

« Aux fins du présent Statut, on entend par ***crime de génocide*** *l'un quelconque des* ***actes ci-après commis dans l'intention de détruire****,* ***en tout ou en partie un groupe*** *national,* ***ethnique****, racial ou religieux, comme tel :*

a) Meurtre de membres du groupe ;

b) Atteinte grave à l'intégrité physique ou mentale de membres du groupe ;

c) Soumission intentionnelle du groupe à des conditions d'existence devant entraîner sa destruction physique totale ou partielle ;

d) Mesures visant à entraver les naissances au sein du groupe ;

e) Transfert forcé d'enfants du groupe à un autre groupe. »

L'article 3 de la convention du 09 décembre 1948 punit les actes suivants : *le génocide, l'entente en vue de commettre le génocide, l'incitation directe et publique à commettre le génocide, la tentative de génocide, la complicité dans le génocide.*

Dès l'instant où l'article 10 du statut de Rome dispose, *« Aucune disposition du présent chapitre ne doit être interprétée comme limitant ou affectant de quelque manière que ce soit les règles du droit international existantes ou en formation qui visent d'autres fins que le présent Statut »* ces agissements sont également sanctionnés.

2). Sur le plan national.

Dans le cadre des obligations découlant de l'article 5 de la convention du 09 décembre 1948 (de prendre des mesures législatives nécessaires pour assurer l'application des dispositions de cette convention, et notamment à prévoir des sanctions pénales efficaces contre les personnes coupables des actes de génocide), le Congo adoptait, dans un contexte post-conflit, la loi n° 8-98 du 31 octobre 1998, portant définition et répression du génocide, des crimes de guerre et des crimes contre l'humanité.

Il convient d'ores et déjà de souligner que cette loi, est obsolète dans ses dispositions relatives à la peine de mort sanctionnant les auteurs des actes de génocide, de crimes contre l'humanité et de crimes de guerre. La peine de mort étant abolie par l'article 8 dernier alinéa de la constitution du 25 octobre 2015.

Cette loi définit le génocide dans son article 1er comme,

« ... le fait de commettre ou de faire commettre ***en exécution d'un plan concerté*** *tendant à détruire en tout ou en partie, un groupe national, ethnique, racial, religieux ou un groupe déterminé à partir de tout autre critère arbitraire, l'un des actes suivants :*
a° meurtre des membres du groupe ;
b° atteinte grave à l'intégrité physique ou mentale des membres du groupe ;
c° soumission intentionnelle du groupe à des conditions d'existence devant entraîner sa destruction physique, partielle ou totale ;
d° mesures visant à entraver les naissances au sein du groupe ;
e° transfert forcé d'enfants... »

Comme l'article 3 de la convention du 09 décembre 1948, la loi congolaise sanctionne aussi, de peine de génocide,

« ...- l'entente en vue du génocide,
- l'incitation directe et publique à commettre le génocide,
- la tentative du génocide,
- la complicité dans le génocide ».

Il sera ensuite question de savoir si les faits allégués par Dominique Kounkou et Nsaku Kimbembe entrent dans champ d'application des instruments juridiques susrappelés sur la prévention et la répression du crime de génocide. Il ne suffit pas que des crimes du droit des gens aient été allégués ou présumés. Encore faudrait-il qu'ils soient établis et satisfassent aux critères voire aux conditions définies au plan international ou national sur la qualification juridique de génocide. Ce, par application du principe de l'interprétation stricte de la loi pénale.

c). L'élément matériel du crime de génocide.

Il est question de regarder, si à travers les faits révélés par les auteurs des deux livres susvisés, notamment celui de Nsaku Kimbembe, l'élément matériel du crime du génocide est caractérisé. Au plan matériel, le génocide découle de l'existence ou de l'accomplissement d'au moins un des cinq actes énumérés dans l'article 2 de la convention du 09 décembre 1948, repris par l'article 6 du statut de Rome et l'article 1er de la loi congolaise du 31 octobre 1998.

Il s'agit, *a) Meurtre de membres du groupe ; b) Atteinte grave à l'intégrité physique ou mentale de membres du groupe ; c) Soumission intentionnelle du groupe à des conditions d'existence devant entraîner sa destruction physique totale ou partielle ; d) Mesures visant à entraver les naissances au sein du groupe ; e) Transfert forcé d'enfants du groupe à un autre groupe.*

Monsieur Kimbembe décrit des bombardements, des actes effroyables qui ont causé la mort, pas forcément des combattants, au sein de la population civile, tout comme des scènes de violences et de viols[632]. Ces faits peuvent entrer dans les catégories (a) et (b) de la liste des actes caractéristiques du génocide.

Encore faudrait-il que ces actes visent tout un groupe ou une partie d'un groupe bien identifié. La notion du groupe est au centre de la définition du génocide, car il touche à sa destruction, à son extermination. Aussi doit-il s'agir soit d'un groupe national, soit d'un groupe ethnique, soit d'un groupe racial ou d'un groupe religieux, comme tel. Il ne s'agit pas des individus qui composent le groupe, mais à travers eux, l'entité qu'ils constituent.

En l'espèce, le génocide allégué concerne non pas un groupe éthique, mais ce que les auteurs appellent *« l'ethnie lari »*, tantôt *« peuple lari »*, tantôt *« population lari »*.

Cette notion de groupe éthique est au cœur de la polémique, car pour certains auteurs, notamment A.C. Makosso, l'entité lari ne recouvre pas sociologiquement une réalité groupale ethnique, parce qu'elle se fond dans un grand ensemble qui est le groupe ethnique Kongo ou serait à la croisée des chemins entre les deux groupes ethniques Kongo et Téké[633].

Nous ne partageons pas ce point de vue. Car, à la lecture de l'article 2 de la convention du 09 décembre 1948 et de l'article 2 du statut de Rome, les actes de génocide peuvent ne pas viser un groupe tout entier, et ne concerner qu'une partie du groupe considéré, d'où la formule, *« ...tout ou en partie... »*. D'ailleurs, le législateur congolais va plus loin en ce qu'il fait aussi mention d'un *« ... groupe déterminé à partir de tout autre critère arbitraire »*.

Dès lors, l'entité sociologique lari peut être comprise en la considérant en tant qu'elle fait majoritairement partie du groupe ethnique Kongo, sans chercher à savoir si le lari est une ethnie à part entière ou une tribu.

D'ailleurs, on peut évoquer la notion de *« groupe comme tel »,* certes non définie dans la convention sur la prévention et la répression du génocide du 09 décembre 1948. Il s'agit d'une notion contingente qui peut s'accommoder

---

[632] Cf. N. Kimbembe, Congo-Brazzaville, chronique du génocide des lari du pool, op. cit. pp.39 et suivantes ; 75 et suivantes.

[633] Cf. A.C. Makosso, *« Le génocide en droit à l'épreuve du génocide de l'émotion.... »*, op. cit. pp. 17 et suivantes.

de chaque cas d'espèce. Comme le souligne Anne-Marie La Rosa, dans le cas du Rwanda, la première chambre du Tribunal pénal international pour le Rwanda (TPIR), a considéré dans l'affaire Akayesu que les Tutsis constituent un groupe ethnique comme tel[634].

Il ne suffit pas d'alléguer l'accomplissement des faits criminels, mais il faut rapporter la preuve de leur accomplissement contre le groupe ou une partie du groupe visé. S'agissant de la caractérisation de l'élément matériel du crime de génocide, la preuve testimoniale (par témoignage sur audience) est généralement admise, au lieu de la preuve par présomption. Encore faudra-t-il qu'il s'agisse d'une preuve directe et non équivoque.

En l'espèce, le contenu très évasif du livre de Dominique Kounkou ne saurait suffire à rapporter la preuve de l'aspect matériel du génocide invoqué. Les documents qui y sont incorporés ne manquent pas de susciter un doute raisonnable quant à leur authenticité. La relation chronologique des faits dans le livre de Nsaku Kimbembe peut coller à cet exercice. Mais, elle est empreinte de subjectivité et d'équivoques, ce qui pose problème en termes de crédibilité.

Enfin, l'élément matériel du crime du génocide réside aussi dans la contextualisation, les circonstances de la commission de l'infraction. C'est-à-dire qu'elle a été commise en temps de paix ou en temps de guerre comme le spécifie l'article 1er de la convention du 09 décembre 1948. Concernant la guerre, il peut s'agir d'un conflit armé interne, non international (guerre civile) d'un conflit armé international. En l'espèce, les faits allégués s'inscrivent dans le premier contexte.

d). L'élément moral, mental ou psychologique du crime de génocide.

D'après l'expression latine *« Actus non facit reum nisi mens sit rea »* (l'acte ne rend pas l'individu criminel, à moins que l'esprit de celui-ci soit coupable) *ou « le fait sans intention de nuire n'est point un délit »*[635].

« Il n'y a point de crime ou de délit sans intention de le commettre », en dispose ainsi l'article 121-3 du code pénal français. Ce principe est au cœur de la responsabilité pénale.

Il l'est de plus fort s'agissant de caractériser le crime de génocide. Le *« mens rea » (l'esprit criminel, l'intention de commettre un crime) ou « l'animus necandi » (la volonté d'obtenir la mort d'autrui)* est au cœur de la définition du génocide. C'est l'élément central, voire déterminant de l'incrimination. Tant il est vrai qu'elle figure en bonne place dans la

---

[634] Op. cit., affaire Akayesu.

[635] Cf. M. Chassan, *« Traité des délits et contraventions de la parole, de l'écriture et de la presse »*, Paris, Videcoq ; Colmar, Reiffinger, 1837-1839, p.18.

définition de l'article 2 de la convention du 09 décembre 1948, que reprend l'article 6 de la convention de Rome,

« *Aux fins du présent Statut, on entend par* ***crime de génocide*** *l'un quelconque des actes ci-après* ***commis dans l'intention de détruire****, en tout ou en partie, un groupe national, ethnique, racial ou religieux, comme tel...* »

Cela renvoie à la notion du dol, du dol général. C'est-à-dire l'intention de commettre une infraction en connaissance de cause, avec la conscience que l'acte est interdit et pénalement sanctionné par la loi[636]. Concernant le génocide, il s'agit plutôt de prouver l'existence d'un dol spécial ou spécifique. C'est-à-dire, comme l'écrit Doucet, *« Il y a dol spécial, ou intention criminelle, lorsque l'auteur d'un acte menaçant un intérêt protégé par la loi pénale l'accomplit dans le but de porter atteinte à cet intérêt. Ainsi, le meurtre suppose l'intention de porter atteinte à la vie de la victime (animus necandi)... ».*

Pour un exemple de l'application du principe, on peut se référer, aux décisions rendues dans le cadre du TPI Rwanda. Ainsi, dans l'affaire Procureur c. Akayesu,

Il a été considéré que, *« ... Le génocide se distingue d'autres crimes en ce qu'il comporte un dol spécial, ou dolus specialis. Le dol spécial d'un crime est l'intention précise, requise comme élément constitutif du crime, qui exige que le criminel ait nettement cherché à provoquer le résultat incriminé. Dès lors, le dol spécial du crime de génocide réside dans l'intention de détruire, en tout ou en partie, un groupe national, ethnique, racial ou religieux, comme tel... »*[637]. Dès lors, « *...le crime de génocide est caractérisé par son dolus specialis, ou dol spécial, qui réside dans le fait que les actes incriminés, énumérés au paragraphe (2) de l'article 2 du Statut doivent avoir été «commis dans l'intention de détruire, en tout ou en partie, un groupe national, ethnique, racial ou religieux, comme tel» [...] L'agent est répréhensible parce qu'il savait ou aurait dû savoir que ledit acte qu'il a commis était susceptible de produire la destruction totale ou partielle d'un groupe. »*[638]

---

[636] Selon J.P. Doucet, *« Le dol général consiste en ce fait que l'auteur de l'acte reproché par l'accusation l'a commis délibérément, en connaissance de son contexte, et en sachant qu'il était prohibé par la loi sous la menace d'une sanction pénale », Dictionnaire de droit criminel, https://ledroitcriminel.fr/dictionnaire/.*

[637] Cf. *Procureur c. Akayesu*, Affaire no. ICTR-96-4-T, (Chambre de première instance), 2 septembre 1998, par. 498, 517-522.

[638] (Chambre de première instance), 27 janvier 2000, par. 164. Dans l'affaire *Rutaganda*, la Chambre de première instance a considéré le 6 décembre 1999, par. 59 : *«Une personne ne peut être trouvée coupable du crime de génocide que s'il est établi qu'elle a commis l'un des actes incriminés au paragraphe (2) de l'article 2 du Statut dans l'intention spécifique d'obtenir comme résultat la destruction totale ou partielle d'un groupe.».* Il convient de préciser que, L'article 2 du Statut du TPIR stipule que,

«1. Le Tribunal international pour le Rwanda est compétent pour poursuivre les personnes ayant commis un génocide, tel que ce crime est défini au paragraphe 2 du présent article, ou l'un quelconque des actes énumérés au paragraphe 3 du

présent article. 2. Le génocide s'entend de l'un quelconque des actes ci-après, commis dans l'intention de détruire, en tout ou en partie, un groupe national, ethnique, racial ou religieux, comme tel : a) Meurtre

Le caractère préalable de l'intention est retenu dans l'affaire *Kayishema et Ruzindana*, « *...cette intention spécifique qui distingue le crime de génocide d'un crime de droit commun comme le meurtre. La Chambre estime que pour que le crime de génocide soit constitué, il faut que la mens rea requise existe avant la commission des actes, encore que la préméditation ne constitue pas un critère au regard des divers actes perpétrés, la seule condition exigée étant que l'acte soit commis pour donner effet à l'intention génocide.* »[639]

Définissant l'élément psychologique des crimes dont la CPI a compétence, l'article 30 du statut de Rome stipule,

> « *1. Sauf disposition contraire, nul n'est pénalement responsable et ne peut être puni à raison d'un crime relevant de la compétence de la Cour que si l'élément matériel du crime est commis avec intention et connaissance.*
>
> *2. Il y a intention au sens du présent article lorsque :*
>
> > *a) Relativement à un comportement, une personne entend adopter ce comportement ; b) Relativement à une conséquence, une personne entend causer cette conséquence ou est consciente que celle-ci adviendra dans le cours normal des événements.*
>
> *3. Il y a connaissance, au sens du présent article, lorsqu'une personne est consciente qu'une circonstance existe ou qu'une conséquence adviendra dans le cours normal des événements. « Connaître » et « en connaissance de cause » s'interprètent en conséquence* ».

La spécificité de l'élément psychologique du génocide réside donc, dans l'intention de détruire, en tout ou en partie, un groupe national, ethnique, racial ou religieux, comme tel.

Il ne suffit pas d'alléguer le *« mens rea »* préalable, encore faut-il le prouver. Cette preuve n'est pas facile à rapporter. Au-delà du doute raisonnable, l'intention spécifique caractéristique du génocide peut être rapportée au cas par cas. Elle peut être déduite des aveux de l'accusé, de son comportement, des éléments de preuve matérielle, du contexte de perpétration des actes allégués. Le cas du TPI Rwanda enseigne que le juge peut recourir à un faisceau d'indices pour déduire l'intention spécifique du génocide.

Il peut s'agir, de « *la perpétration d'autres actes répréhensibles systématiquement dirigés contre le même groupe, que ces autres actes soient commis par le même agent ou même par d'autres agents ; l'échelle des*

---

de membres du groupe ; b) Atteinte grave à l'intégrité physique ou mentale de membres du groupe ; c) Soumission intentionnelle du groupe à des conditions d'existence devant entraîner sa destruction physique totale ou partielle ; d) Mesures visant à entraver les naissances au sein du groupe ; e) Transfert forcé d'enfants du groupe à un autre groupe. 3. Seront punis les actes suivants : a) Le génocide ; b) L'entente en vue de commettre le génocide ; c) L'incitation directe et publique à commettre le génocide ; d) La tentative de génocide ; e) La complicité dans le génocide.»

[639] Cf. Le procureur c. *Kayishema et Ruzindana*, (Chambre de première instance), 21 mai 1999, par. 91.

atrocités commises ; [le] caractère général des atrocités commises dans une région ou un pays ; le fait de délibérément et systématiquement choisir les victimes en raison de leur appartenance à un groupe particulier, tout en excluant les membres des autres groupes ; la doctrine générale du projet politique inspirant les actes susceptibles de relever de la définition (du génocide) ; la répétition d'actes de destruction discriminatoires ; la perpétration d'actes portant atteinte au fondement du groupe, ou à ce que les auteurs des actes considèrent comme tel (...) » (C. TPIR, Le Procureur c. *Akayesu,* (Chambre de première instance), 2 septembre 1998, par. 523-524 ; *Musema,* (Chambre de première instance), 27 janvier 2000, par. 166).

Il peut s'agir aussi, *« du nombre des membres du groupe victime de l'acte incriminé ; le fait de s'attaquer physiquement au groupe ou à ses biens ; l'usage de termes insultants à l'égard des membres du groupe visé ; les armes utilisées et la gravité des blessures subies par les victimes ; le caractère méthodique de la planification ; le caractère systématique du crime ; et l'étendue relative de la destruction, ou de la tentative de destruction, d'un groupe. » (Cf. TPR, affaire, Le Procureur c. Kayishema et Ruzindana*, (Chambre de première instance), 21 mai 1999, par. 93, 527).

Sur le plan formel, certes la convention du 09 décembre 1948 sur la prévention et la répression du génocide (article 2) et l'article 6 du statut de Rome, ne font pas référence à la planification du génocide. Ce, à la différence du statut de Nuremberg. Mais, l'existence d'un plan peut être considérée comme un élément de preuve caractéristique de l'élément moral ou psychologique du crime de génocide. Ainsi dans l'affaire Kayishema et Ruzindana, le Tribunal a considéré que, *« ...quand bien même l'existence d'un plan précis visant à détruire le groupe ne constituerait pas en soi un élément du génocide, il semble, cependant, qu'il soit virtuellement impossible de perpétrer le crime de génocide en l'absence d'un tel plan ou d'une telle organisation (...) Il est pratiquement impossible qu'un crime de génocide soit commis sans une participation de l'État, fût-elle indirecte, compte tenu de l'ampleur de ce crime. (...) Il n'est pas indispensable qu'une personne soit informée de tous les détails du plan ou de la politique génocide (...) L'existence d'un tel plan serait de nature à établir de manière concluante la présence de l'intention spécifique requise pour le crime de génocide. »*[640]

Or, au niveau national, l'élément psychologique du génocide dans la loi du 31 octobre 1998 (article 1er) réside dans l'existence et l'exécution « *...**d'un plan concerté** tendant à détruire en tout ou en partie, un groupe national, ethnique, racial, religieux ou un groupe déterminé à partir de tout autre critère arbitraire, l'un des actes suivants...* »

En l'espèce, s'il n'est pas exclu que des meurtres et de graves atrocités aient été commis dans le département du Pool au cours des différents conflits

640 *Affaire Kayishema et Ruzindana*, (Chambre de première instance), 21 mai 1999, par. 94, 276.

armés qu'il connut ces dernières décennies. Mais, il ne ressort pas clairement des allégations de Nsaku Kimbembé ni de Dominique Kounkou la preuve irréfutable de l'existence de l'intention spécifique de détruire totalement ou partiellement les lari ; non pas seulement comme une composante du groupe éthique Kongo, mais aussi de la communauté nationale en vue de sa disparition, de son extermination. Que ce soit au sens de l'article 6 du statut de Rome ou de l'article 1er de loi congolaise du 31 octobre 1998.

Cet élément ne se déduit nullement de ce que D. Kounkou qualifie de l'idéologie de la haine des laris qu'il attribue aux ressortissants du nord du pays ; qui, selon lui l'ont programmé et exécuté, même s'il affirme tout aussi paradoxalement que les Kongo auraient, sous le Président Massamba-Débat, perpétré à faible dose des actes de génocide visant les laris[641]. Les éléments de planification qu'il produit suscitent le doute non seulement sur leur authenticité, donc du point de leur crédibilité étant donné que le doute profite à l'accusé. Mais aussi sur la réalité d'un plan concerté en vue de détruire *« l'ethnie »* laris en tout ou en partie. Certains meurtres, exécutions ou assassinats dénoncés par D. Kounkou, soit dans le cadre des violences, soit dans le cadre des procès organisés sous le régime du parti unique, l'ont été pour des mobiles politiques.

Or, comme l'écrit Joe Verhoeven, *« ... Il suffit que la volonté de détruire un groupe soit établie ; les raisons précises, par exemple idéologiques ou économiques, qui chercheraient à l'expliquer sont sans importance dans la détermination du crime de génocide... »*[642]

S'agissant de la prétendue opération Mouebara, on ne peut qu'être interpellé par le profil psychologique de la personne à qui on attribue une telle ineptie et de la crédulité de ceux qui l'entendent. Il est difficilement croyable qu'une personne affiche son intention génocidaire en estampillant un projet funeste et mortifère du patronyme de sa génitrice. Ceci n'est ni crédible ni raisonnable. Nous renvoyant de nouveau à Joe Verhoeven, qui souligne que, *« ...on voit mal en effet un tyran, si fou soit-il, consigner devant notaire ses monstrueuses intentions, quoi que puisse laisser croire le précédent hitlérien... »*[643]

Ce sur quoi s'interroge également Anatole Collinet Makosso, *« ... Et aussi sadique soit-elle, quelle personne baptiserait une opération de guerre au nom de sa mère biologique » ?*[644]

De tout ce qui précède, peu importe les auteurs auxquels on attribuerait les horreurs les plus infâmes commises dans le département du pool, la caractérisation du génocide allégué des laris est difficilement tenable, en

---

[641] Cf. D. Kounkou, *« Le génocide des Laris au Congo »*, op. cit. pp. 24 et suivantes, 61 et suivantes.

[642] J. Verhoeven, *« Le crime de génocide, originalité et ambigüité »*, Revue Belge de droit international (RBDI), 1991/1, p.5.

[643] Idem. p.20.

[644] Cf. A.C. Makosso, *« Le génocide en droit à l'épreuve du génocide de l'émotion, cas de la République du Congo »*, op. cit. pp.84-85. Mouebara étant le patronyme de la mère du Président Sassou-Nguesso.

raison notamment du défaut du *« mens rea »*, de l'élément moral, voire psychologique, du crime.

On peut comprendre que les horreurs commises suscitent l'effroi, l'abjection et le traumatisme. L'émotion ainsi générée conduit à parler, dans ces circonstances, du crime extrême, du génocide qui cristallise et charrie toutes les frustrations et les colères. Le mot génocide est en proie à l'instrumentalisation pour des mobiles purement politiciens et s'expose ainsi au risque d'une banalisation.

C'est là une double peine pour ceux qui en ont souffert au siècle dernier ou en souffrent encore (cas du génocide arménien, du génocide des juifs et tziganes ou du génocide tutsi) et un affront dans la prévention et la répression de cette *« dynamique mortifère »*[645].

IV). D'autres crimes odieux que le génocide.

S'ils étaient avérés, les faits allégués par Dominique Kounkou et, surtout par Nsaku Kimbembe, dans leurs livres respectifs pourraient relever d'autres catégories de crimes odieux. Il pourrait s'agir, soit des crimes contre l'humanité soit des crimes de guerre.

a). D'éventuels crimes contre l'humanité.

Il est possible qu'à défaut du crime de génocide, des crimes contre l'humanité aient été perpétrés dans le Pool. Mais il ne suffit pas de l'affirmer, il faut cerner les faits à travers les éléments légaux, matériels, contextuels et moraux pour s'en convaincre s'ils sont caractérisés ou non.

1). L'élément légal du crime contre l'humanité : « nullum crimen sine lege » !

Les crimes contre l'humanité étaient consacrés pour la première fois dans le statut de Londres, relativement au tribunal militaire international de Nuremberg du 08 août 1945 (article 6 c), comme l'une des trois graves infractions (après les crimes contre la paix et les crimes de guerre) reprochées aux nazis. Cette incrimination, reprise ensuite par d'autres juridictions pénales internationales (article 5 du statut du tribunal pénal international pour l'ex-Yougoslavie du 25 mai 1993 ; article 3 du statut du tribunal pénal international pour le Rwanda du 08 novembre 1994 et l'article 7 du statut de Rome de la Cour pénale internationale du 17 juillet

[645] Jacques Sémelin préfère parler de *« grand massacre », de « crime de masse », de « meurtre de masse »*, au lieu génocide parce que ce mot devient ambigu. Cf. J. Sémelin, « *Purifier et Détruire. Usages politiques des massacres et génocides* », Paris, Seuil, 2005. On peut également se référer à son interview par Arnaud Vaulerin, *« le mot de génocide est ambigu, je préfère la notion de crime de masse », https://www.liberation.fr/auteur/1878-arnaud-vaulerin-4février 2006.*

1998), souffre d'un défaut de définition unanimement admise. Au plan national, il y a l'article 6 de la loi n° 8-98 du 31 octobre 1998 précitée (portant définition et répression du génocide, des crimes de guerre et des crimes contre l'humanité) consacré aux crimes contre l'humanité.

2). L'élément matériel du crime contre l'humanité.

Il réside dans la perpétration de l'un quelconque des actes inhumains visés dans les instruments juridiques précités, dont la liste a évolué. Ainsi donc, au titre de l'article 6 (c) du statut de Londres, il s'agissait de, *« ...l'assassinat, l'extermination, la réduction en esclavage, la déportation, et tout autre acte inhumain commis contre toutes populations civiles, avant ou pendant la guerre, ou bien les persécutions pour des motifs politiques, raciaux ou religieux lorsque ces actes ou persécutions, qu'ils aient constitué ou non une violation du droit interne du pays où ils ont été perpétrés, ont été commis à la suite de tout crime rentrant dans la compétence du Tribunal, ou en liaison avec ce crime ».*

Au titre de l'article 5 du statut du tribunal pénal international pour l'ex-Yougoslavie (TPIY), il s'agissait des actes *« ... commis au cours d'un conflit armé, de caractère international ou interne, et dirigés contre une population civile quelle qu'elle soit : a) assassinat ; b) extermination ; c) réduction en esclavage ; d) expulsion ; e) emprisonnement ; f) torture ; g) viol ; h) persécutions pour des raisons politiques, raciales et religieuses ; i) autres actes inhumains ».*

Le statut du tribunal pénal international pour le Rwanda (TPIR) énumérait en son article 3 les actes suivants, *« ...a) Assassinat ; b) Extermination ; c) Réduction en esclavage ; d) Expulsion ; e) Emprisonnement ; f) Torture ; g) Viol ; h) Persécutions pour des raisons politiques, raciales et religieuses ; i) Autres actes inhumains ».*

En l'état actuel du droit du droit international, l'article 7 du statut de Rome sur la Cour pénale internationale (CPI), se veut plus extensif, en tant qu'il vise au titre des crimes contre l'humanité, les actes ci-après,

« Aux fins du présent Statut, on entend par crime contre l'humanité l'un quelconque des actes ci-après, lorsqu'il est commis dans le cadre d'une attaque généralisée ou systématique lancée contre toute population civile et en connaissance de cette attaque : a) Meurtre ; b) Extermination ; c) Réduction en esclavage ; d) Déportation ou transfert forcé de population ; e) Emprisonnement ou autre forme de privation grave de liberté physique en violation des dispositions fondamentales du droit international ; f) Torture ; g) Viol, esclavage sexuel, prostitution forcée, grossesse forcée, stérilisation forcée ou toute autre forme de violence sexuelle de gravité comparable ; h) Persécution de tout groupe ou de toute collectivité identifiable pour des motifs d'ordre politique, racial, national, ethnique, culturel, religieux ou sexiste au sens du paragraphe 3, ou en fonction d'autres critères

universellement reconnus comme inadmissibles en droit international, en corrélation avec tout acte visé dans le présent paragraphe ou tout crime relevant de la compétence de la Cour ; i) Disparitions forcées de personnes ; j) Crime d'apartheid ; k) Autres actes inhumains de caractère analogue causant intentionnellement de grandes souffrances ou des atteintes graves à l'intégrité physique ou à la santé physique ou mentale… ».

Le paragraphe 2 de l'article 7 précise chacun des actes constitutifs du crime contre l'humanité[646].

Enfin, sur le plan national, l'article 6 de la loi congolaise n° 8-98 du 31 octobre 1998 (précité) vise les actes ci-après, « … *a° le meurtre ; b° l'extermination ; c° la réduction en esclavage ; d° la déportation ou le transfert forcé de la population ; e° l'emprisonnement ou autre forme de privation grave de liberté physique en violation des dispositions fondamentales du droit international ; f° la torture ; g° le viol, l'esclavage sexuel, la prostitution forcée, la grossesse forcée, la stérilisation forcée et les autres formes de violence sexuelle de gravité comparable ; h° la persécution de tout groupe ou toute collectivité identifiable inspirée par des motifs d'ordre politique, racial, national, ethnique, culturel, religieux ou sexiste ou d'autres critères universellement reconnus comme inadmissibles en droit international ; i° les disparités (sic) forcées ; j° les crimes de*

---

[646] *« … 2. Aux fins du paragraphe 1 :*
a) Par « attaque lancée contre une population civile », on entend le comportement qui consiste en la commission multiple d'actes visés au paragraphe 1 à l'encontre d'une population civile quelconque, en application ou dans la poursuite de la politique d'un État ou d'une organisation ayant pour but une telle attaque ; b) Par « extermination », on entend notamment le fait d'imposer intentionnellement des conditions de vie, telles que la privation d'accès à la nourriture et aux médicaments, calculées pour entraîner la destruction d'une partie de la population ; c) Par « réduction en esclavage », on entend le fait d'exercer sur une personne l'un quelconque ou l'ensemble des pouvoirs liés au droit de propriété, y compris dans le cadre de la traite des être humains, en particulier des femmes et des enfants ; d) Par « déportation ou transfert forcé de population », on entend le fait de déplacer de force des personnes, en les expulsant ou par d'autres moyens coercitifs, de la région où elles se trouvent légalement, sans motifs admis en droit international ; e) Par « torture », on entend le fait d'infliger intentionnellement une douleur ou des souffrances aiguës, physiques ou mentales, à une personne se trouvant sous sa garde ou sous son contrôle ; l'acception de ce terme ne s'étend pas à la douleur ou aux souffrances résultant uniquement de sanctions légales, inhérentes à ces sanctions ou occasionnées par elles ; f) Par « grossesse forcée », on entend la détention illégale d'une femme mise enceinte de force, dans l'intention de modifier la composition ethnique d'une population ou de commettre d'autres violations graves du droit international. Cette définition ne peut en aucune manière s'interpréter comme ayant une incidence sur les lois nationales relatives à la grossesse ; g) Par « persécution », on entend le déni intentionnel et grave de droits fondamentaux en violation du droit international, pour des motifs liés à l'identité du groupe ou de la collectivité qui en fait l'objet ; h) Par « crime d'apartheid », on entend des actes inhumains analogues à ceux que vise le paragraphe 1, commis dans le cadre d'un régime institutionnalisé d'oppression systématique et de domination d'un groupe racial sur tout autre groupe racial ou tous autres groupes raciaux et dans l'intention de maintenir ce régime ; i) Par « disparitions forcées de personnes », on entend les cas où des personnes sont arrêtées, détenues ou enlevées par un État ou une organisation politique ou avec l'autorisation, l'appui ou l'assentiment de cet État ou de cette organisation, qui refuse ensuite d'admettre que ces personnes sont privées de liberté ou de révéler le sort qui leur est réservé ou l'endroit où elles se trouvent, dans l'intention de les soustraire à la protection de la loi pendant une période prolongée.
3. Aux fins du présent Statut, le terme « sexe » s'entend de l'un et l'autre sexe, masculin et féminin, suivant le contexte de la société. Il n'implique aucun autre sens ».

discrimination : tribale, ethnique ou religieuse ; k° d'autres actes inhumains de caractère analogue causant intentionnellement de grandes souffrances ou des atteintes graves à l'intégrité physique ou à la santé physique ou mentale telle que : la contrainte à la prostitution, le pillage, la pratique massive et systématique d'exécutions sommaires, les enlèvements des personnes suivis de leur disparition ».

Les crimes contre l'humanité se caractérisent aussi pas leur nature, leur ampleur, leur contexte et leur cible.

L'acte ou les faits incriminés doivent présenter un degré de gravité extrême qui heurte la conscience collective[647]. L'acte inhumain doit être perpétré dans le cadre d'une attaque généralisée (à grande échelle) ou systématique (de façon constante ou répétitive)[648]. L'attaque doit essentiellement viser les populations civiles, sans considération de leur appartenance éthique, sociale, raciale ou nationale.

3). Du point de vue des auteurs.

Pour s'en tenir au statut de Rome, comme tous autres crimes relevant de la compétence de la CPI, les crimes contre l'humanité reposent sur le principe de la responsabilité individuelle, qui n'affecte pas la responsabilité de l'Etat en droit international, stipulé dans l'article 25[649]. La législation

---

[647] Cf. TPY, Le Procureur c/Drazen Erdemovic, n°IT-96-22-T, 29 novembre 1996.

[648] S'agissant du caractère systématique, il tient au comportement de l'auteur de l'attaque, d'une répétition délibérée et régulière du comportement criminel par des faits similaires, la similarité des agissements ou des actes inhumains (Cf. TPIY, aff. IT-95-14/2-A, *Kordic et Cerkez*, 17 déc. 2004, § 94).

[649] *« Responsabilité pénale individuelle,*

1. La Cour est compétente à l'égard des personnes physiques en vertu du présent Statut.

2. Quiconque commet un crime relevant de la compétence de la Cour est individuellement responsable et peut être puni conformément au présent Statut.

3. Aux termes du présent Statut, une personne est pénalement responsable et peut être punie pour un crime relevant de la compétence de la Cour si:

a) Elle commet un tel crime, que ce soit individuellement, conjointement avec une autre personne ou par l'intermédiaire d'une autre personne, que cette autre personne soit ou non pénalement responsable;

b) Elle ordonne, sollicite ou encourage la commission d'un tel crime, dès lors qu'il y a commission ou tentative de commission de ce crime;

c) En vue de faciliter la commission d'un tel crime, elle apporte son aide, son concours ou toute autre forme d'assistance à la commission ou à la tentative de commission de ce crime, y compris en fournissant les moyens de cette commission;

d) Elle contribue de toute autre manière à la commission ou à la tentative de commission d'un tel crime par un groupe de personnes agissant de concert. Cette contribution doit être intentionnelle et selon le cas:

i) Viser à faciliter l'activité criminelle ou le dessein criminel du groupe, si cette activité ou ce dessein comporte l'exécution d'un crime relevant de la compétence de la Cour; ou

ii) Être faite en pleine connaissance de l'intention du groupe de commettre ce crime;

e) S'agissant du crime de génocide, elle incite directement et publiquement autrui à le commettre;

f) Elle tente de commettre un tel crime par des actes qui, par leur caractère substantiel, constituent un commencement d'exécution mais sans que le crime soit accompli en raison de circonstances indépendantes de sa volonté. Toutefois, la personne qui abandonne l'effort tendant à commettre le crime ou en empêche de quelque autre façon l'achèvement ne peut être punie en vertu du présent Statut pour sa tentative si elle a complètement et volontairement renoncé au dessein criminel.

congolaise ne comporte pas une telle précision. L'article 10 de la loi précitée du 31 octobre 1998, considère comme auteur, tous ceux qui ont, à quelque titre que ce soit, inspiré ou donné des ordres ayant conduit à la commission de l'un des crimes prévus aux articles 1, 4 et 7 (curieusement sans viser l'article 6 qui définit les crimes contre l'humanité). Elle ne comporte pas non plus de dispositions spécifiques aux chefs militaires et autres supérieurs hiérarchiques, comme stipulé dans le statut de Rome[650]. Ni aucune disposition concernant les mineurs (personnes âgées de moins de 18 ans, exclues de la compétence de la CPI)[651].

4). L'élément moral.

L'article 7 du statut de Rome, repris par la loi congolaise du 31 octobre 1998, stipule que le crime contre l'humanité est perpétré dans le cadre d'une attaque généralisée ou systématique dirigée contre une population civile et en connaissance de cette attaque. L'élément moral est caractérisé par le fait que l'auteur du crime a agi en connaissance de cause. C'est-à-dire qu'il ne pouvait pas ignorer le caractère généralisé ou systématique de l'attaque lancée contre une population civile. Il en a bien conscience ainsi que des conséquences qui en découlent.

D'ailleurs, le paragraphe 2 de l'article 7 du statut de Rome déduit l'élément moral à travers certains actes. Ainsi qu'il stipule,

---

4. Aucune disposition du présent Statut relative à la responsabilité pénale des individus n'affecte la responsabilité des États en droit international ».

[650] Article 28 : *« Responsabilité des chefs militaires et autres supérieurs hiérarchiques.*
Outre les autres motifs de responsabilité pénale au regard du présent Statut pour des crimes relevant de la compétence de la Cour:
a) Un chef militaire ou une personne faisant effectivement fonction de chef militaire est pénalement responsable des crimes relevant de la compétence de la Cour commis par des forces placées sous son commandement et son contrôle effectifs, ou sous son autorité et son contrôle effectifs, selon le cas, lorsqu'il ou elle n'a pas exercé le contrôle qui convenait sur ces forces dans les cas où:
i) Ce chef militaire ou cette personne savait, ou, en raison des circonstances, aurait dû savoir, que ces forces commettaient ou allaient commettre ces crimes; et
ii) Ce chef militaire ou cette personne n'a pas pris toutes les mesures nécessaires et raisonnables qui étaient en son pouvoir pour en empêcher ou en réprimer l'exécution ou pour en référer aux autorités compétentes aux fins d'enquête et de poursuites;
b) En ce qui concerne les relations entre supérieur hiérarchique et subordonnés non décrites au paragraphe a), le supérieur hiérarchique est pénalement responsable des crimes relevant de la compétence de la Cour commis par des subordonnés placés sous son autorité et son contrôle effectifs, lorsqu'il ou elle n'a pas exercé le contrôle qui convenait sur ces subordonnés dans les cas où:
i) Le supérieur hiérarchique savait que ces subordonnés commettaient ou allaient commettre ces crimes ou a délibérément négligé de tenir compte d'informations qui l'indiquaient clairement;
ii) Ces crimes étaient liés à des activités relevant de sa responsabilité et de son contrôle effectifs; et
iii) Le supérieur hiérarchique n'a pas pris toutes les mesures nécessaires et raisonnables qui étaient en son pouvoir pour en empêcher ou en réprimer l'exécution ou pour en référer aux autorités compétentes aux fins d'enquête et de poursuites ».

[651] Cf. article 26 dernier alinéa.

« Aux fins du paragraphe 1 :

a) Par «attaque lancée contre une population civile», *on entend le comportement qui consiste en la commission multiple d'actes visés au paragraphe 1 à l'encontre d'une population civile quelconque, en application ou dans la poursuite de la politique d'un État ou d'une organisation ayant pour but une telle attaque ;*

b) Par «extermination», *on entend notamment le fait d'imposer intentionnellement des conditions de vie, telles que la privation d'accès à la nourriture et aux médicaments, calculées pour entraîner la destruction d'une partie de la population (...) ;*

e) Par «torture», *on entend le fait d'infliger intentionnellement une douleur ou des souffrances aiguës, physiques ou mentales, à une personne se trouvant sous sa garde ou sous son contrôle ; l'acception de ce terme ne s'étend pas à la douleur ou aux souffrances résultant uniquement de sanctions légales, inhérentes à ces sanctions ou occasionnées par elles ;*

f) Par «grossesse forcée», *on entend la détention illégale d'une femme mise enceinte de force, dans l'intention de modifier la composition ethnique d'une population ou de commettre d'autres violations graves du droit international. Cette définition ne peut en aucune manière s'interpréter comme ayant une incidence sur les lois nationales relatives à la grossesse... ».*

Comme nous l'avons déjà souligné, si les faits allégués par Nsaku Bimbembé sont avérés et établis (bombardement aveugles ou délibérés dans des zones densément peuplées, meurtres, exécutions, viols, tortures, etc.), nous serions en présence des crimes contre l'humanité dès l'instant où ils s'identifieraient à la liste de l'article 7§1 du statut de Rome ou l'article 6 de la loi congolaise du 31 octobre 1998. Cela d'autant plus que les crimes contre l'humanité peuvent également être commis en temps de paix, hors conflit armé.

b). Des crimes de guerre.

Les faits allégués par D. Kounkou et Nsaku Kimbembe peuvent, s'ils sont également établis, relever des crimes de guerre. Comme toutes les infractions, les crimes de guerre obéissent également aux éléments légaux, matériels, contextuels et moraux de caractérisation et d'identification.

1). L'élément légal des crimes de guerre : « nullum crimen sine lege » !

Historiquement en effet, au plan international, les crimes de guerre ont été définis dans le statut de Londres du 8 août 1945 (article 6 alinéa b), relatif au tribunal militaire international de Nuremberg, pour juger les criminels nazis,

« Les Crimes de Guerre : c'est-à-dire les violations des lois et coutumes de la guerre. Ces violations comprennent, sans y être limitées, l'assassinat, les mauvais traitements et la déportation pour des travaux forcés ou pour tout autre but, des populations civiles dans les territoires occupés, l'assassinat ou les mauvais traitements des prisonniers de guerre ou des personnes en mer, l'exécution des otages, le pillage des biens publics ou privés, la destruction sans motif des villes et des villages ou la dévastation que ne justifient pas les exigences militaires ».

Ces crimes concernent la violation des lois et des coutumes de la guerre. Ces lois et coutumes de la guerre sont essentiellement définies par les conventions de Genève du 12 août 1949 et les protocoles additionnels du 08 juin 1977[652].

La définition des crimes de guerre dans le statut de Londres sera reprise par les juridictions internationales spécialement créées à la fin du siècle dernier, pour connaître des crimes perpétrés dans des conflits non internationaux. Il en était ainsi des articles 2 et 3 du statut du TPI pour l'ex-Yougoslavie et l'article 4 du TPI pour le Rwanda.

Dans l'état actuel du droit pénal international, les crimes de guerre sont définis de façon plus énumérative et détaillée par l'article 8 du traité de Rome sur la Cour pénale internationale,

« ... 1. La Cour a compétence à l'égard des crimes de guerre, en particulier lorsque ces crimes s'inscrivent dans le cadre d'un plan ou d'une politique ou lorsqu'ils font partie d'une série de crimes analogues commis sur une grande échelle.

2. Aux fins du Statut, on entend par « crimes de guerre » :

a) Les infractions graves aux Conventions de Genève du 12 août 1949, à savoir l'un quelconque des actes ci-après, lorsqu'ils visent des personnes ou des biens protégés par les dispositions des Conventions de Genève :

i) L'homicide intentionnel ;

ii) La torture ou les traitements inhumains, y compris les expériences biologiques ;

iii) Le fait de causer intentionnellement de grandes souffrances ou de porter gravement atteinte à l'intégrité physique ou à la santé ;

iv) La destruction et l'appropriation de biens, non justifiées par des nécessités militaires et exécutées sur une grande échelle de façon illicite et arbitraire ;

---

[652] Le droit de Genève comprend les 4 conventions du 12 août 1949 (la 1re pour l'amélioration du sort des blessés et des malades dans les forces armées en compagne en temps de guerre. Elle reprend celle du 22 août 1864. La 2ème pour l'amélioration du sort des blessés, des malades et des naufragés des forces armées sur mer en temps de guerre ; la 3ème porte sur le traitement des prisonniers de guerre, la 4ème porte sur la protection des civils en territoire occupé) et les deux protocoles additionnels du 08 juin 1977 (le 1er sur la protection des victimes d'un conflit armé international ; le 2ème sur la protection des victimes d'un conflit armé non international) et celui du 05 décembre 2005 sur l'adoption d'un signe distinctif additionnel (le cristal rouge).

v) Le fait de contraindre un prisonnier de guerre ou une personne protégée à servir dans les forces d'une puissance ennemie ;

vi) Le fait de priver intentionnellement un prisonnier de guerre ou toute autre personne protégée de son droit d'être jugé régulièrement et impartialement ;

vii) La déportation ou le transfert illégal ou la détention illégale ;

viii) La prise d'otages ;

[……]

c) En cas de conflit armé ne présentant pas un caractère international, les violations graves de l'article 3 commun aux quatre Conventions de Genève du 12 août 1949, à savoir l'un quelconque des actes ci-après commis à l'encontre de personnes qui ne participent pas directement aux hostilités, y compris les membres de forces armées qui ont déposé les armes et les personnes qui ont été mises hors de combat par maladie, blessure, détention ou par toute autre cause :

i) Les atteintes à la vie et à l'intégrité corporelle, notamment le meurtre sous toutes ses formes, les mutilations, les traitements cruels et la torture ;

ii) Les atteintes à la dignité de la personne, notamment les traitements humiliants et dégradants ;

iii) Les prises d'otages ;

iv) Les condamnations prononcées et les exécutions effectuées sans un jugement préalable, rendu par un tribunal régulièrement constitué, assorti des garanties judiciaires généralement reconnues comme indispensables ;

d) L'alinéa c) du paragraphe 2 s'applique aux conflits armés ne présentant pas un caractère international et ne s'applique donc pas aux situations de troubles et tensions internes telles que les émeutes, les actes isolés et sporadiques de violence ou les actes de nature similaire ;

e) Les autres violations graves des lois et coutumes applicables aux conflits armés ne présentant pas un caractère international, dans le cadre établi du droit international, à savoir l'un quelconque des actes ci-après :

i) Le fait de diriger intentionnellement des attaques contre la population civile en tant que telle ou contre des personnes civiles qui ne participent pas directement aux hostilités ;

ii) Le fait de diriger intentionnellement des attaques contre les bâtiments, le matériel, les unités et les moyens de transport sanitaires, et le personnel utilisant, conformément au droit international, les signes distinctifs des Conventions de Genève ;

iii) Le fait de diriger intentionnellement des attaques contre le personnel, les installations, le matériel, les unités ou les véhicules employés dans le cadre d'une mission d'aide humanitaire ou de maintien de la paix conformément à la Charte des Nations Unies, pour autant qu'ils aient droit à la protection que le droit international des conflits armés garantit aux civils et aux biens de caractère civil ;

iv) Le fait de diriger intentionnellement des attaques contre des bâtiments consacrés à la religion, à l'enseignement, à l'art, à la science ou à l'action caritative, des monuments historiques, des hôpitaux et des lieux où des malades et des blessés sont rassemblés, pour autant que ces bâtiments ne soient pas des objectifs militaires ;

v) Le pillage d'une ville ou d'une localité, même prise d'assaut ;

vi) Le viol, l'esclavage sexuel, la prostitution forcée, la grossesse forcée, telle que définie à l'article 7, paragraphe 2, alinéa f), la stérilisation forcée, ou toute autre forme de violence sexuelle constituant une violation grave de l'article 3 commun aux quatre Conventions de Genève ;

vii) Le fait de procéder à la conscription ou à l'enrôlement d'enfants de moins de 15 ans dans les forces armées ou dans des groupes armés ou de les faire participer activement à des hostilités ;

viii) Le fait d'ordonner le déplacement de la population civile pour des raisons ayant trait au conflit, sauf dans les cas où la sécurité des civils ou des impératifs militaires l'exigent ;

ix) Le fait de tuer ou de blesser par traîtrise un adversaire combattant ;

x) Le fait de déclarer qu'il ne sera pas fait de quartier ;

xi) Le fait de soumettre des personnes d'une autre partie au conflit tombées en son pouvoir à des mutilations ou à des expériences médicales ou scientifiques quelles qu'elles soient qui ne sont ni motivées par un traitement médical, dentaire ou hospitalier, ni effectuées dans l'intérêt de ces personnes, et qui entraînent la mort de celles-ci ou mettent sérieusement en danger leur santé ;

xii) Le fait de détruire ou de saisir les biens d'un adversaire, sauf si ces destructions ou saisies sont impérieusement commandées par les nécessités du conflit ;

***f)** L'alinéa e) du paragraphe 2 s'applique aux conflits armés ne présentant pas un caractère international et ne s'applique donc pas aux situations de troubles et tensions internes telles que les émeutes, les actes isolés et*

sporadiques de violence ou les actes de nature similaire. Il s'applique aux conflits armés qui opposent de manière prolongée sur le territoire d'un État les autorités du gouvernement de cet État et des groupes armés organisés ou des groupes armés organisés entre eux.

***3.** Rien dans le paragraphe 2, alinéas c) et e), n'affecte la responsabilité d'un gouvernement de maintenir ou rétablir l'ordre public dans l'État ou de défendre l'unité et l'intégrité territoriale de l'État par tous les moyens légitimes ».*

Au plan national, l'article 4 de la loi n° 8-98 du 31 octobre 1998 entend par crimes de guerre,

« a° les infractions graves aux Conventions de Genève du 12 août 1949 ;

b° les autres violations graves des lois et coutumes applicables aux conflits armés internationaux dans le cadre établi du droit international ;

c° les violations graves de l'article 3 commun aux quatre Conventions de Genève du 12 août 1949 ;

d° et d'autres violations graves reconnues comme applicables aux conflits armés ne présentant pas un caractère international, dans le cadre établi du droit international ».

2). Les éléments matériels et contextuels des crimes de guerre.

L'élément matériel des crimes de guerre consiste dans la violation des lois et coutumes de la guerre. Notamment par la commission de l'un des actes énumérés par les instruments juridiques précités. Ces violations peuvent s'inscrire dans le cadre d'un plan, d'une politique ou faire partie d'une série de crimes analogues perpétrés à grande échelle. Les crimes de guerre se distinguent des autres crimes odieux en ce qu'ils ne sont pas commis en période de paix, mais dans un contexte de conflit armé international ou de conflit armé non international (c'est-à-dire un conflit interne, une guerre civile).

Ce qui exclut de la qualification des crimes de guerre, les situations de troubles et tensions internes telles que les émeutes, les actes isolés et sporadiques de violences ou les actes de nature similaire[653].

Est également exclue de l'incrimination de crimes guerre, la situation résultant de ce que l'Etat fasse usage de ses prérogatives en matière de maintien ou de rétablissement de l'ordre public interne ou de défendre l'unité et l'intégrité territoriale, ce par des moyens légitimes. C'est ce que stipule le dernier alinéa de l'article 8 du statut de Rome précité,

« … ***3.*** *Rien dans le paragraphe 2, alinéas c) et e), n'affecte la responsabilité d'un gouvernement de maintenir ou rétablir l'ordre public dans l'État ou de défendre l'unité et l'intégrité territoriale de l'État par tous les moyens légitimes ».*

Si l'Etat a le monopole de la contrainte légitime[654], il ne doit pas en abuser. C'est de l'abus que naît l'illégalité, le comportement illicite ou la tyrannie. Mais, il peut donc arriver, en application de dispositions ci-devant rappelées, que des actes commis n'en soient pas qualifiés de crimes de guerre. Il n'en demeure moins qu'ils peuvent tomber sous le coup de crimes contre l'humanité.

---

[653] Cf. article 8 § 2 (d) et (f) du statut de Rome. Sauf, s'agissant du §2 (f), en cas de conflits armés qui opposent de manière prolongée sur le territoire d'un État les autorités du gouvernement de cet État et des groupes armés organisés ou des groupes armés organisés entre eux.

[654] La formule est empruntée à Max Weber, pour qui la violence un moyen spécifique de l'Etat. Ce dernier entretien avec elle une relation intime. L'Etat contemporain est une communauté humaine qui, « …revendique avec succès pour son compte le monopole de la violence physique légitime ». Cf. Max Weber, « Le savant et le politique », Paris, Plon, 2018, p.125. Pour Hans Kelsen, l'Etat détient le monopole de la contrainte. Cf. H. Kelsen, « Théorie pure du droit », Paris, Dalloz, 1962, p.50 ; *M. Troper, « Le monopole de la contrainte légitime » (légitimité et légalité dans l'Etat moderne), Editions Hazan, « Lignes » , 1995/2 n° 25, pages 34 à 47.*

3). L'élément moral des crimes de guerre.

L'élément moral ou psychologique est requis. Il en est ainsi lorsque les crimes de guerre sont perpétrés dans le cadre d'un plan concerté ou d'une politique prédéfinie ou dans le but de commettre des exactions à grande échelle. Il est spécialement spécifié concernant certaines exactions, telles que visées au paragraphe 2 (a), (c) et (e) de l'article 8 du statut de Rome. Du point de vue de l'auteur des crimes de guerre, les développements articulés au sujet des crimes contre l'humanité sont ici applicables mutatis mutandis.

4). Qu'en est-il en l'occurrence ?

Comme nous l'avons souligné plus haut, s'agissant des crimes contre l'humanité, les situations décrites par Nsaku Kimbembe dans sa chronologie, et dans une certaine mesure, par Dominique Nkounkou (bombardements des villages, meurtres, viols, pillages, destructions des biens, violation des lieux de culte, affamer les populations civiles, etc.) pourraient, si les faits sont établis et que les éléments constitutifs de l'infraction sont réunis, caractériser des crimes de guerre au sens des dispositions de l'article 8 du traité de Rome sur la Cour pénale internationale et de la loi congolaise du 31 octobre 1998 (article 4).

D'ailleurs, nous partageons sur ce point l'opinion d'Obami Odilon, lorsqu'il dit que *« ...Dominique kounkou a confondu génocide et crimes de guerre... »*[655].

V). De la juridiction compétente pour juger les crimes allégués.

Qu'il s'agisse du crime de génocide, des crimes contre l'humanité ou des crimes de guerre, se pose la question de la juridiction compétente (nationale ou internationale) pour y attraire les personnes présumées ou soupçonnées de les avoir commis. De la même manière, la juridiction compétente se prononcera, entre autres, sur l'épreuve du temps au regard des faits dont elle est saisie, nonobstant le caractère imprescriptible des crimes allégués.

a). La compétence ratione temporis : la non-rétroactivité.

La loi n'a pas d'effet rétroactif, sauf pour les lois pénales plus douces.

Au plan international, s'agissant des crimes internationaux les plus graves, qui relèvent de la compétence de la Cour pénale internationale, l'article 11 alinéa 1er du statut de Rome stipule, *« 1. La Cour n'a compétence*

---

[655] *Cf. « L'antithèse du Club France Libres Propos sur le génocide des Laris de Dominique Nkounkou », op. cit.*

qu'à l'égard des crimes relevant de sa compétence commis après l'entrée en vigueur du présent Statut... ». L'article 22 dispose, *« ...1. Une personne n'est responsable pénalement en vertu du présent Statut que si son comportement constitue, au moment où il se produit, un crime relevant de la compétence de la Cour... »*

L'article 24 du même statut stipule aussi que, *« 1. Nul n'est pénalement responsable, en vertu du présent Statut, pour un comportement antérieur à l'entrée en vigueur du Statut... ».*

Le statut de Rome étant entré en vigueur le 1er juillet 2002, la Cour pénale internationale n'est compétente que pour les crimes commis après cette date.

Concernant les Etats ayant adhéré au statut de Rome après le 1er juillet 2002, la Cour est compétente pour les actes commis après l'entrée en vigueur du statut pour chacun d'eux. Sauf si, d'une part, l'Etat concerné fait une déclaration explicite d'acceptation rétroactive de la compétence de la Cour pour les faits survenus à compter du 1er juillet 2002 en application de l'article 11 alinéa 2 du statut de Rome[656], ou d'autre part, s'il use de *l'« opting out »,* c'est-à-dire de la faculté d'exclure, pendant sept (7) ans, la compétence de la Cour pénale internationale pour les crimes que ses ressortissants auraient commis ; ce en application des dispositions de l'article 124 du statut de Rome qui stipule[657],

« Nonobstant les dispositions de l'article 12, paragraphes 1 et 2, un État qui devient partie au présent Statut peut déclarer que, pour une période de sept ans à partir de l'entrée en vigueur du Statut à son égard, il n'accepte pas la compétence de la Cour en ce qui concerne la catégorie de crimes visée à l'article 8 lorsqu'il est allégué qu'un crime a été commis sur son territoire ou par ses ressortissants. Il peut à tout moment retirer cette déclaration. Les dispositions du présent article seront réexaminées à la conférence de révision convoquée conformément à l'article 123, paragraphe 1 ».

La loi congolaise précitée du 31 octobre 1998 consacre, au mépris du principe de non-rétroactivité admis en droit international, la compétence rétroactive des juridictions congolaises pour connaître et sanctionner les crimes de génocide, les crimes contre l'humanité et les crimes de guerre commis antérieurement à son entrée en vigueur[658].

---

[656] *« ...2. Si un État devient Partie au présent Statut après l'entrée en vigueur de celui-ci, la Cour ne peut exercer sa compétence qu'à l'égard des crimes commis après l'entrée en vigueur du Statut pour cet État, sauf si ledit État fait la déclaration prévue à l'article 12, paragraphe 3 ».*

[657] *Certains auteurs critiquent ce régime qui induit une incohérence au regard du caractère imprescriptible des crimes relevant de la compétence de la CPI. Cf. J.P. Bazelaire et T. Cretin, « La Justice pénale internationale », PUF, Paris, 2000, 261 (pp.89 et 90) ; G. Della Marte, « Les frontières de la compétence de la Cour pénale internationale, observations critiques », Revue internationale de droit pénal, 2002/1, vol.73, pp.23-57 ; Ph. Currat, « L'interprétation du statut de Rome », Revue québécoise de droit international, 2007, vol.20-1, pp. 137-163.*

[658] *L'article 15 de la loi du 31 octobre 1998 dispose, « Les dispositions de la présente loi sont applicables aux crimes commis avant sa proclamation.*

Dans l'esprit de cette loi, adoptée une année après la fin de la guerre civile du 5 juin au 15 octobre 1997, il était avant tout question de juger les auteurs des crimes dont étaient soupçonnés les responsables du régime renversé du Président Pascal Lissouba, de 1992 à 1997. Cette option est rigoureusement critiquable et critiquée dans la doctrine[659].

1). La compétence de principe et obligatoire des juridictions nationales.

Il incombe avant tout à l'Etat, dans le cadre de la loi et des juridictions nationales, de poursuivre et de juger les auteurs des actes constitutifs des crimes de génocide, de crimes contre l'humanité ou de crime de guerre, dès l'instance où ils sont commis sur son territoire ou encore si les auteurs s'y trouvent.

Dans le cas d'espèce, les faits allégués, s'ils sont avérés, relèvent en principe de la compétence des juridictions congolaises qui ont l'obligation d'en poursuivre les auteurs afin de les juger. Ils peuvent relever de la compétence des juridictions d'un Etat tiers dès l'instant où les auteurs se trouvent sur le territoire de cet Etat, dans le cadre de la compétence universelle des juridictions nationales[660].

---

[659] Cf. A.C. Makosso, *« Le génocide en droit à l'épreuve du génocide de l'émotion, cas de la République du Congo »*, op. cit. pp.175-176 ; *« L'affaire des disparus du Beach de Brazzaville, mise au point pour l'histoire »*, Paris, l'Harmattan, 2007 ; G.F. Mouneyi, *« La loi congolaise n°08/98 du 31 octobre 1998 portant définition et répression des crimes de guerre, crimes contre l'humanité et crime de génocide »*, op. cit. p.3.

[660] Les conventions de Genève reconnaissent à chaque Etat une compétence universelle pour les violations de leurs prescriptions (article 49, convention n°1 ; art. 50, convention n°2, art. 129, convention n°3 et art. 146, convention n° 4, « *Chaque Partie contractante aura l'obligation de rechercher les personnes prévenues d'avoir commis, ou d'avoir ordonné de commettre, l'une ou l'autre de ces infractions graves, et elle devra les déférer à ses propres tribunaux, quelle que soit leur nationalité. Elle pourra aussi, si elle le préfère, et selon les conditions prévues par sa propre législation, les remettre pour jugement à une autre Partie contractante intéressée à la poursuite, pour autant que cette Partie contractante ait retenu contre lesdites personnes des charges suffisantes* ». L'exemple emblématique de l'application du principe de la compétence universelle en Afrique est celui du procès de Hissène Habré, ancien Président tchadien, par la Chambre africaine extraordinaire de Dakar (Sénégal) le 27 avril 2017, confirmant sa condamnation pour crimes contre l'humanité, viols, exécutions, esclavages et enlèvement, le 30 mai 2016 par le Tribunal africain spécial de Dakar, M. M. Bouaré, « *L'affaire H. Habré et l'affaire du Joola : une justice pénale controversée ?* », L'Harmattan, Paris, 2011; A. Sall, « *L'affaire Hissène Habré : aspects judiciaires nationaux et internationaux* », L'Harmattan, Paris, 2013. Cf. aussi, F. Lafontainne, *« La compétence universelle et l'Afrique, ingérence ou complémentarité ? »*, Revue Etudes internationales, vol. 45, n°1, mars 2014, pp.129-151, https://id.erudit.org/iderudit/1025120ar; I. Blanco Cordero, *« Compétence universelle »*, Revue internationale de droit pénal, 2008/1, vol. 79, pp. 13-57 ; « La justice pénale internationale, le rôle des juridictions nationales »,
https://www.ladocumentationfrancaise.fr/dossiers/justice-penale-internationale/juridictions-nationales.shtml.

Dans certains Etats, comme la France, l'article 689-11 du code de procédure pénale enferme la mise en œuvre de la compétence universelle de ses juridictions à des conditions strictes, notamment la résidence habituelle de l'auteur des faits sur le territoire français et que les poursuites ne peuvent être engagées que par le ministère public.

2). La compétence complémentaire de la Cour pénale internationale.

Malgré son statut de juridiction internationale permanente en matière pénale, la CPI n'a qu'une compétence complémentaire, voire subsidiaire, par rapport aux juridictions nationales, pour juger les crimes internationaux les plus graves. Ce principe de complémentarité de la compétence institutionnelle de la Cour pénale internationale est affirmé dans l'avant-dernier paragraphe du préambule du statut de Rome[661] et l'article 1er[662].

C'est d'ailleurs l'une des conditions de recevabilité d'une affaire devant la Cour pénale internationale. En effet, la CPI doit s'assurer, en application de l'article 17 §1, que : *« ... a) l'affaire fait l'objet d'une enquête ou de poursuites de la part d'un Etat ayant compétence en l'espèce, à moins que cet Etat n'ait pas la volonté ou soit dans l'incapacité de mener véritablement à bien l'enquête ou les poursuites ; b) l'affaire a fait l'objet d'une enquête de la part d'un Etat ayant compétence en l'espèce et que cet Etat a décidé de ne pas poursuivre la personne concernée, à moins que cette décision ne soit l'effet du manque de volonté ou de l'incapacité de l'Etat de mener véritablement à bien des poursuites ; c)la personne concernée a déjà été jugée pour le comportement faisant l'objet de la plainte, et qu'elle ne peut être jugée par la Cour en vertu de l'art. 20, par. 3 ; d) l'affaire n'est pas suffisamment grave pour que la Cour y donne suite... »*

Dès lors, la CPI ne peut connaître des faits allégués par Nsaku Kimbembe et Dominique Nkounkou, s'ils sont avérés, qu'en cas de défaillance délibérée, caractéristique d'un manque de volonté de la justice congolaise, d'engager des poursuites nécessaires et en sanctionner les auteurs. Cela suppose, comme le précise l'article 17§ 2 du statut de Rome, que la procédure ait été ou soit engagée ou la décision ait été prise dans le dessein de soustraire les personnes concernées à sa responsabilité pénale pour les crimes relevant de la compétence de la CPI visés à l'article 5 du statut de Rome (crime génocide, crimes de guerre, crimes contre l'humanité, crime d'agression) ; que la procédure ait connu un retard injustifié qui, dans les circonstances, est incompatible avec l'intention de traduire en justice les personnes concernées ; ou que la procédure n'ait pas été ou ne soit pas menée de manière indépendante ou impartiale, mais d'une manière qui, dans

---

[661] *« Soulignant que la cour pénale internationale, dont le présent Statut porte création, est complémentaire des juridictions pénales nationales ».*

[662] Article 1er statut de Rome, *« Il est créé une Cour pénale internationale («la Cour») en tant qu'institution permanente, qui peut exercer sa compétence à l'égard des personnes pour les crimes les plus graves ayant une portée internationale, au sens du présent Statut. Elle est complémentaire des juridictions pénales nationales. Sa compétence et son fonctionnement sont régis par les dispositions du présent Statut ».*

les circonstances, est incompatible avec l'intention de traduire en justice les personnes concernées[663].

Enfin, on ne peut pas parler, dans le cas du Congo, d'un effondrement total ou partiel de son appareil judiciaire pour caractériser son incapacité de juger au sens du dernier paragraphe de l'article 17 (§3) du statut de Rome. Ce, même si la Cour pénale internationale rendait des décisions critiquables sur le principe de la complémentarité, comme ce fut le cas de la Libye dans les affaires Saïf Al-Islam Kadhafi et Abdallah Al-Senoussi[664].

---

[663] Article 17 statut de Rome, *« 1. Eu égard au dixième alinéa du préambule et à l'article premier, une affaire est jugée irrecevable par la Cour lorsque :*
a) L'affaire fait l'objet d'une enquête ou de poursuites de la part d'un État ayant compétence en l'espèce, à moins que cet État n'ait pas la volonté ou soit dans l'incapacité de mener véritablement à bien l'enquête ou les poursuites ;
b) L'affaire a fait l'objet d'une enquête de la part d'un État ayant compétence en l'espèce et que cet État a décidé de ne pas poursuivre la personne concernée, à moins que cette décision ne soit l'effet du manque de volonté ou de l'incapacité de l'État de mener véritablement à bien des poursuites ;
c) La personne concernée a déjà été jugée pour le comportement faisant l'objet de la plainte, et qu'elle ne peut être jugée par la Cour en vertu de l'article 20, paragraphe 3 ;
d) L'affaire n'est pas suffisamment grave pour que la Cour y donne suite.
2. Pour déterminer s'il y a manque de volonté de l'État dans un cas d'espèce, la Cour considère l'existence, eu égard aux garanties d'un procès équitable reconnues par le droit international, de l'une ou de plusieurs des circonstances suivantes :
a) La procédure a été ou est engagée ou la décision de l'État a été prise dans le dessein de soustraire la personne concernée à sa responsabilité pénale pour les crimes relevant de la compétence de la Cour visés à l'article 5 ;
b) La procédure a subi un retard injustifié qui, dans les circonstances, est incompatible avec l'intention de traduire en justice la personne concernée ;
c) La procédure n'a pas été ou n'est pas menée de manière indépendante ou impartiale, mais d'une manière qui, dans les circonstances, est incompatible avec l'intention de traduire en justice la personne concernée.
3. Pour déterminer s'il y a incapacité de l'État dans un cas d'espèce, la Cour considère si l'État est incapable, en raison de l'effondrement de la totalité ou d'une partie substantielle de son propre appareil judiciaire ou de l'indisponibilité de celui-ci, de se saisir de l'accusé, de réunir les éléments de preuve et les témoignages nécessaires ou de mener autrement à bien la procédure.

[664] *Dans son arrêt du 21 mai 2014, la chambre d'appel de la CPI confirmait la décision rendue le 31 mai 2013 par la chambre préliminaire I de la même Cour, ayant rejeté l'exception d'irrecevabilité soulevée par les défenseurs de Saïf Al-Islam Kadhafi qui soutenaient que ce dernier fait l'objet d'enquête et de poursuite pour être jugé pour des crimes contre l'humanité commis depuis le 15 février 2011 et la chute du régime de Mouammar Kadhafi. La Cour a considéré que l'Etat libyen n'est pas en capacité de mener à bien des poursuites contre Kadhafi, en ce que, ce dernier étant détenu par les rebelles, il n'est pas acquis qu'il soit assuré de le transférer dans une prison d'Etat ; elle met également en avant la difficulté d'obtenir les témoignages nécessaires et de protéger les témoins éventuels. La Cour s'appuie aussi sur les risques auxquels les représentants de Saïf Al-Islam Kadhafi sont exposés, https://www.icc-cpi.int/libya/gaddafi?ln=fr. Dans une autre décision en date du 05 avril 2019, la Chambre préliminaire I de la CPI rejette une nouvelle exception d'irrecevabilité présentée par les Conseils de Saïf Al-Islam Kadhafi en ce qu'il avait fait l'objet d'une condamnation par le Tribunal pénal de Tripoli le 28 juillet 2015 pour les mêmes faits et que le 12 avril 2016, il a été libéré en vertu d'une loi d'amnistie générale n°6 de 2015. La Chambre préliminaire I a considéré que le jugement du Tribunal pénal de Tripoli du 28 juillet 2015 n'était pas devenu définitif, donc dépourvu de l'autorité de la chose jugée et que, Monsieur Saïf Al-Islam Kadhafi jugé en son absence, pouvait encore faire appel. La chambre préliminaire a considéré aussi l'octroi de l'amnistie et de la grâce pour des actes aussi graves que le meurtre constitutif de crimes contre l'humanité est incompatible avec les droits de l'homme internationalement reconnus.*
Dans une autre décision du 24 juillet 2014, soit plus d'un mois après la décision de chambre d'appel de la CPI dans l'affaire Saïf Al-Islam Kadhafi, la même chambre confirmait la décision de la chambre préliminaire I de la CPI que concluant à l'irrecevabilité de la CPI de connaître de l'affaire Abdallah Al-Senoussi (Chef des services de renseignement sous le régime de Mouammar Kadhafi), en considérant

Section 2 : Le renouvellement des assemblées parlementaires et locales.

La mise en place des nouvelles institutions prévues par la constitution du 25 octobre 2015 impliquait également l'élection des membres des deux assemblées parlementaires (l'Assemblée nationale et le Sénat) ainsi que des assemblées locales (au niveau des départements et des communes).

Le ton était donné par le Président de la République qui, outre son message à la nation de fin d'année 2016 et début d'année 2017, tenait à rassurer le corps diplomatique accrédité à Brazzaville lors de la traditionnelle cérémonie des vœux du 05 janvier 2017 sur la nécessité d'organiser ces élections dans le courant de cette même année pour être en phase avec la nouvelle donne institutionnelle. Pour ce faire, il aura fallu un passage obligé auquel les congolais sont déjà habitués, celui d'un dialogue ou d'une concertation préalable pour s'accorder sur les modalités d'organisation de ces consultations du peuple.

§ 1 : La concertation politique de Ouesso du 05 au 07 mars 2017.

C'est dans un contexte de crise à la fois sociale, sécuritaire (situation du Pool) et surtout économique que les autorités de l'Etat avaient entrepris de convoquer les partis politiques et les membres de la société civile à Ouesso, dans le Département de la Sangha, du 05 au 07 mars 2017, à une concertation préalablement à la l'organisation des élections des assemblées, notamment nationale et locales. Cela à l'instar des assises de Brazzaville, d'Ewo, de Dolisie ou de Sibiti. Elle devait donc porter sur la gouvernance électorale.

A). Un forum qui divisait encore l'opposition radicale.

Les assises de Ouesso n'avaient pas fait l'unanimité au sein de l'opposition congolaise. Contrairement à la posture adoptée en 2015 lors du

---

« qu'il n'y avait pas d'erreur dans les conclusions de la Chambre préliminaire que la Libye a la volonté et est capable de poursuivre M. Al-Senussi, ou dans l'exercice de son pouvoir discrétionnaire dans la conduite de la procédure et de son évaluation des éléments de preuve. Conformément au Statut de Rome, la CPI ne se substitue pas aux systèmes nationaux de justice pénale ; elle en est le complément. Elle ne peut enquêter et, lorsque cela se justifie, poursuivre et juger des personnes, que si l'État concerné n'a pas ouvert d'enquêtes, n'a pas la volonté de le faire, ou se trouve réellement dans l'incapacité de le faire », in https://www.icc-cpi.int/Pages/item.aspx?name=pr1034&ln=fr. Elle prenait également soin de préciser que cette décision n'avait aucune incidence sur l'affaire Saïf Al-Islam Kadhafi. Cette analyse au cas par cas de la recevabilité d'une affaire devant la Cour pénale internationale soulève la question de l'instrumentalisation du principe de la complémentarité de cette juridiction (Cf. M.C. Tousignant, *« L'instrumentalisation du principe de complémentarité de la CPI : une question d'actualité »*, Revue québécoise de droit international, 2012/25-2, pp. 73-99.

dialogue de Sibiti, dans le département de la Lékoumou, l'union sacrée de l'opposition dite radicale n'était pas au rendez-vous. Elle avait presque volé en éclat. Il n'y avait pas eu un dialogue parallèle comme ce fut le cas à Diata en réplique à celui de Sibiti.

I). Les causes de la désunion de l'opposition radicale.

Les causes de cette division sont multiples. On ne saurait les inventorier avec précision ni les systématiser. Le moins que l'on puisse dire est que cette opposition n'avançait plus en rangs serrés depuis l'échec de l'empêchement du référendum constitutionnel du 25 octobre 2015 et de l'élection présidentielle du 20 mars 2016. Son éclatement était inévitable, tant les égos des uns et des autres sont surdimensionnés. C'était une opposition en manque de leader charismatique et fédérateur. A cela s'ajoutait le fait que, s'agissant de la plateforme FROCAD-IDC et J3M, bien que mue en Fédération de l'opposition congolaise (FOC) que dirigeait Mme Claudine Munari, elle était très affaiblie avec l'arrestation et la détention de certains de ses dirigeants et membres. A cela s'ajoutait l'opportunisme ou le clientélisme supposé d'autres leaders.

II). L'expression de l'opposition à la concertation de Ouesso.

C'est la posture adoptée par les deux plateformes rivales de l'opposition radicale, à savoir le Collectif des partis de l'opposition congolaise (CPOC) et la fédération de l'opposition congolaise (FOC), pour des raisons qui ne sont pas forcément les mêmes.

a). La position du Collectif des partis de l'opposition congolaise.

Il convient de rappeler que cette plateforme s'était abstenue de participer à l'élection présidentielle du 20 mars 2016. Les déclarations de ce conglomérat de partis politiques de ne pas participer à la concertation de Ouesso peuvent, en apparence, donner l'impression d'un sentiment de frustration pour n'avoir pas été associé ni à la préparation ni à la convocation de ces assises.

C'est ce qui ressortait de la conférence de presse tenue par ses dirigeants le 03 mars 2017, au cours de laquelle ils dénonçaient et déploraient la marginalisation des autres formations politiques par le gouvernement. Les dirigeants du CPOC déclaraient avoir seulement appris, comme tous les congolais, par la chaine de télévision nationale que la convocation à cette concertation était décidée lors d'une réunion au ministère de l'intérieur avec un certain nombre de partis politiques de la majorité présidentielle, du centre et de l'opposition un certain 24 février 2017, sans avoir été ni conviés ni associés.

Sur le fond, ils dénonçaient le fait que ces assises n'avaient pas jusqu'à présent débouché sur des avancées démocratiques significatives ni amélioré la gouvernance électorale. Elles visaient selon eux trois objectifs :

« .... Donner une apparence de consensus politique sur l'organisation des élections dans le pays (...) Abuser le peuple congolais sur soi-disant accord entre le pouvoir et l'opposition sur les élections organisées au Congo depuis 2002 (...) Donner la chance à la Communauté internationale qui ne cesse d'appeler la classe politique congolaise, sans exclusive à s'asseoir autour d'une même table et à trouver de façon consensuelle les solutions appropriées à la crise qui bloque le pays depuis une vingtaine d'années, crise véritablement multidimensionnelle, car elle est à la fois politique, sécuritaire, économique, sociale, culturelle et morale. La communauté internationale, qui vient ainsi au secours du Congo pour l'aider à sortir d'une situation totalement bloquée et lui épargner de nouvelles guerres, appelle les acteurs politiques et la société civile à un vrai dialogue inclusif. Malheureusement le pouvoir, fidèle à sa logique, propose une concertation totalement exclusive pour contourner le dialogue inclusif qu'au-delà de la communauté internationale, tout le peuple congolais, qui aspire à vivre en paix sur la terre de ses ancêtres, appelle de tous ses vœux... »[665].

Il est rappelé que la plupart des conflits tant sur le plan national (1958-1959, 1993 et 1997) qu'à l'échelle du continent africain trouvent leurs causes, soit dans l'absence, la mauvaise gouvernance ou la fraude électorale, soit dans des coups d'Etat.

Le collectif des partis de l'opposition congolaise appelait à la suspension des élections législatives et locales prévues en 2017 pour procéder avant tout à une refonte en profondeur de la gouvernance électorale qu'il juge inadaptée, inefficace et inefficiente. Car, sans élections libres, transparentes, justes et équitables il n'y a point de pouvoir légitime, il n'y a point de paix réelle dans le pays[666].

Pour le Collectif des partis de l'opposition congolaise, l'organisation d'un véritable dialogue national inclusif, supervisé par la Communauté internationale, était la seule voie pour sortir le Congo de la crise multiforme qu'il traverse.

Ce véritable dialogue politique national inclusif que cette frange de l'opposition appelait de ses vœux, devrait avoir pour objectifs :

« .... - apaiser le climat d'extrême tension qui prévaut dans le pays ;

- apporter une solution politique à la crise du Pool ;

---

[665] Cf. *« Congo : Mathias Dzon et le collectif des partis de l'opposition dénoncent une énième concertation à Ouesso »,* in http://www.entrecongolais.com 04 mars 2017.

[666] Cf. op. cit. p.5.

- revoir fondamentalement la gouvernance électorale à l'œuvre depuis 2002 avant d'organiser une quelconque autre élection au Congo ;

- restaurer la démocratie profondément mise à mal au cours des dernières années ;

- rétablir la République compromise par une gestion clanique de l'Etat, le favoritisme, le clientélisme, la corruption généralisée, etc. ;

- réparer les injustices et les frustrations ;

- réconcilier les Congolais entre eux ;

- construire un compromis politique entre le pouvoir et l'opposition, compromis visant à promouvoir l'ouverture d'une période de transition, la formation d'un gouvernement et d'un parlement de transition, la construction des conditions permissives d'élections libres, transparentes et équitables au Congo, le rétablissement de la paix civile sur toute l'étendue du territoire national en général, sur toute l'étendue du territoire du Pool en particulier, la libération de tous les prisonniers politiques... »[667].

Il est constant que cette déclaration de bonnes intentions, aussi bien sur la paix, la cohésion sociale que sur l'avenir du pays, n'était pas entendue par les pouvoirs publics et n'avait pas empêché ni la tenue de la concertation de Ouesso, ni les échéances électorales pour les assemblées parlementaires et locales.

b). La position de la Fédération de l'opposition congolaise (FOC).

La Fédération de l'opposition congolaise exprimait son refus de participer à la concertation de Ouesso à travers une déclaration de sa présidente du 4 mars 2017, pour 4 raisons.

La première tenait, selon elle, au fait que le Congo serait dans une situation de fait depuis le 25 octobre 2015, le pouvoir légitime serait vacant depuis le 15 août 2016. Le contexte politique est aggravé par la dégradation de la conjoncture économique et le délabrement du tissu social ; de sorte que le retour de la légalité républicaine primait sur toutes autres considérations.

La deuxième raison tenait au fait qu'elle considérait que, pour être effectif et efficace, le dialogue seule voie raisonnable pour aller vers le mieux être ensemble, devait être inclusif et participatif tout au long du processus. La fédération de l'opposition congolaise excluait sa participation aux travaux des assises dont elle ignorait les tenants et les aboutissants. Sa détermination était confortée par la mauvaise gestion des précédents dialogues.

La troisième motivation résidait dans la guerre du Pool et le climat général de confiscation des droits et libertés fondamentaux, de terrorisassions des populations, d'emprisonnement systématique des

[667] Cf. op. cit. pp.5 à 6.

dirigeants et militants de l'opposition (etc.), qui ne concourent pas à l'apaisement nécessaire pour un dialogue serein[668].

c). La défection de l'UPADS.

L'UPADS, un des partis politiques, membre de la plateforme FOCAD-IDC, avait pris ses distances avec ses alliés depuis la reconnaissance de son échec et des résultats de l'élection présidentielle du 20 mars 2016. Il allait de soi que sa position ne pouvait qu'être interprétée comme une manière de se désolidariser davantage de l'opposition radicale, de s'en éloigner.

En effet, l'UPADS exprimait sa position par la voix de son premier secrétaire, Pascal Tsaty Mabiala, lors d'une conférence de presse tenue le 15 mars 2017. Elle déclarait avoir participé aux assises de Ouesso conformément aux orientations de sa direction politique et à ses options stratégiques. Cela n'avait été pour l'UPADS ni une perte de temps ni une compromission en répondant favorablement à l'invitation du gouvernement, pour conforter sa position sur ce que devait être le processus électoral en République du Congo[669].

Monsieur Tsaty-Mabiala se disait satisfait du fait que trois des quatre exigences de l'UPADS avaient été prises en compte. A savoir, la recomposition de la CNEI, la réalisation d'un découpage électoral transitoire et minimal concernant la situation des communes de plein exercice comme Ouesso, Nkayi, Mossendjo de telle sorte que chacun de leurs arrondissements deviennent des circonscriptions électorales, le plafonnement des dépenses des campagnes électorales.

Sur le plan stratégique, le premier secrétaire de l'UPADS déclarait que son parti ne pouvait pas ne pas participer à ces assises au risque de perdre la position qu'il occupe en termes d'élus. Les militants ne le leur auraient pas pardonné. Il convient de rappeler que l'UPADS était le deuxième parti, après le PCT, en nombre d'élus.

Il se montrait ensuite très critique envers ses anciens partenaires de l'opposition, auxquels il reprochait d'avoir des options radicales et incompréhensibles. Pour lui, une opposition doit avoir un ancrage, un projet, un programme et des valeurs communes. S'il affirme qu'au-delà de tout, il y a deux fondements, *« le pays et la paix »*, il considérait tout de même que l'UPADS avait vocation à gouverner. De ce fait, ses dirigeants ne devraient pas se comporter comme des *« voyous ou des bandits »,* mais comme des

---

[668] Déclaration n°004 du 04 mars 2017.

[669] Cf. « Pascal Tsatsy-Mabiala, premier secrétaire de l'UPADS, *''Notre participation à la concertation de Ouesso n'a été ni un temps perdu, ni une compromission'' »,* in « ttp://www.lasemaineafricaine.net. 17 mars 2017.

gens responsables. Il n'excluait pas la participation de son parti aux élections législatives et locales[670].

S'il n'est pas élégant, ni responsable, de la part d'un dirigeant politique de traiter ses anciens alliés de *« voyous »* ou de *« bandits »*, ces propos faisaient manifestement sonner le glas d'une alliance qui, cyniquement ou non, s'ignorait de n'être que purement circonstancielle. C'est-à-dire, d'une alliance dont le destin allait vite avoir raison sur les motivations affichées des uns et des autres, tenant le peuple en haleine tels des moutons de panurge. Ce discours aux relents démagogiques frise l'incompréhension et le ridicule. Il ignore tout de ce que nous verrons plus loin qu'une opposition extra-parlementaire peut avoir une influence sur le fonctionnement des institutions et peut revitaliser la démocratie.

B). Un forum plébiscité par la majorité présidentielle et la société civile.

Comme il fallait s'y attente, la concertation politique de Ouesso était plébiscitée par les partis de la majorité présidentielle, du centre, de l'opposition dite républicaine, du rassemblement pour l'opposition congolaise et les membres de la société civile qui y étaient conviés et y avaient participé avec enthousiasme.

Un consensus avait pu se faire sur quelques points concernant la gouvernance électorale. Ainsi donc, un redécoupage des circonscriptions faisait passer le nombre des députés à l'Assemblée nationale de 139 à 151, avec la création de 12 nouvelles circonscriptions électorales. Le nombre des conseillers départementaux et municipaux passait de 800 à 1000. Ces derniers, grands électeurs, devraient ensuite élire les sénateurs.

La mise en œuvre de la carte biométrique était différée et ne pouvait voir le jour qu'après un recensement général de la population. En attendant, les congolais devaient voter avec les cartes d'électeurs ordinaires. Il était également convenu de plafonner les dépenses des campagnes électorales.

§ 2 : Les élections législatives et locales de juillet 2017.

Il était devenu nécessaire, voire indispensable, suivant en cela les recommandations de la concertation de Ouesso, de revoir les listes électorales (révision extraordinaire) avant la convocation du scrutin.

[670] Cf. op. cit. page 2. ; Concertation politique de Ouesso, *« L'UPADS relève des avancées dans la gouvernance électorale »*, Les dépêches de Brazzaville, n°2864, du 16 mars 2017, pp.1 et 3.

A). La révision extraordinaire des listes électorales.

L'ouverture de la campagne de révision extraordinaire des listes électorales était précédée d'une communication du Président de la Commission nationale électorale indépendante (C.N.E.I.).

I). La Communication du Président de la CNEI du 04 mai 2017.

Dans un communiqué du 04 mai 2017, le Président de la CNEI, avait cru devoir rappeler aux électeurs et les informer sur la nécessité d'une révision extraordinaire des listes électorales avant l'ouverture de la campagne de mise à jour de ces fichiers par le ministre de l'intérieur[671]. La révision des listes électorales est obligatoire avant toute élection au suffrage universel direct.

Cette opération concernait les 12 départements et 123 circonscriptions administratives du Congo. Il en rappelait d'abord le cadre juridique, à savoir les dispositions de l'article 7 de la loi électorale[672] qui prévoit la révision annuelle des listes électorales et la possibilité d'une révision extraordinaire par arrêté du ministre en charge des élections ; tout en précisant que ces listes sont établies par chaque communauté urbaine, communauté rurale, district et arrondissement ou chaque mission diplomatique à l'étranger. Le corps électoral est constitué par l'ensemble de ces listes.

a). Les personnes concernées.

Devraient s'inscrire sur les listes électorales, en vue des élections législatives et locales, les catégories de personnes suivantes :

- tous les jeunes gens (filles et garçons), de nationalité congolaise, ayant atteint 18 ans révolus après l'élection présidentielle du 20 mars 2016 ;

- tous les jeunes gens de nationalité congolaise nés au plus tard le 15 juillet 1999 ;

- toutes les personnes de nationalité congolaise, âgées de plus de 18 ans, qui savent n'avoir jamais sollicité leur inscription sur les listes électorales et qui, de ce fait, n'y figurent pas ;

---

[671] Cf. http://lasemaineafricaine.net, *« (CNEI) Commission nationale électorale indépendante : lettre du Président aux congolaises et aux congolais : à l'occasion des opérations de révision extraordinaires des listes électorales »*, 06 mai 2017.

[672] L'article 7 de la loi électorale dispose, *«les listes électorales sont établies par les autorités de chaque communauté urbaine, communauté rurale, district et arrondissement ou de chaque mission diplomatique à l'étranger. Elles sont permanentes, publiques et font l'objet d'une révision annuelle. Toutefois, par arrêté du ministre chargé des élections, il peut être procédé à des révisions extraordinaires»*.

- toutes les personnes qui, bien que figurant sur les listes électorales, ont changé de domicile, soit au sein du même district ou arrondissement, soit encore au sein d'une même communauté urbaine ou rurale ;

- toutes les personnes qui, étant inscrites sur les listes électorales d'un district ou d'un arrondissement, ont quitté ce district ou cet arrondissement pour un autre ;

- les opérations de révision concernent également les personnes figurant déjà sur les listes électorales, mais dont les renseignements d'identité, de filiation ou de domicile, comportent des erreurs ou ont été mal orthographiés ;

- les personnes dont les parents sont décédés peuvent également en informer, acte de décès à l'appui, la Commission de révision en vue de la radiation de ceux-ci (personnes décédées) des listes électorales[673].

Comme on peut le constater, les raisons de la mise à jour des listes électorales sont essentiellement d'ordre démographique. Elles tiennent à l'accession à la majorité civile qui est de 18 ans, aux majeurs jamais inscrits sur les listes électorales, à la mobilité des populations (changements de domicile au sein d'une même circonscription administrative ou d'une circonscription à une autre), aux caractères erronés des renseignements des personnes qui figuraient déjà sur les listes électorales (identité, filiation, domicile ou orthographe du nom ou prénom…) ou à la radiation des personnes décédées.

b). Les modalités pratiques.

Le Président de la CNEI rappelait également que la révision extraordinaire des listes électorales a lieu dans chaque circonscription administrative. Elle est opérée par une Commission locale de révision composée d'un président (le Sous-préfet ou l'Administrateur-Maire) ; d'un Premier vice-président (le représentant des partis ou groupements politiques de la majorité) ; d'un deuxième vice-président (le représentant des partis ou groupements politiques de l'opposition) ; d'un troisième vice-président (le représentant des partis ou groupements politiques du centre) ; d'un quatrième Vice-président (le représentant de la société civile appartenant à une organisation de promotion et de défense de la démocratie ou à celle dont la mission a un rapport avec les élections) ; d'un rapporteur (le secrétaire général du district, de la communauté urbaine ou de l'arrondissement) ; d'un

[673] Cf. http://lasemaineafricaine.net, *« (CNEI) Commission nationale électorale indépendante : lettre du Président aux congolaises et aux congolais : à l'occasion des opérations de révision extraordinaires des listes électorales », op. cit. page 2.*

secrétaire (le représentant de l'administration) ; et d'un trésorier (le percepteur du district ou le receveur de l'arrondissement)[674]. Il était également rappelé que l'inscription se faisait sur présentation soit de la carte nationale d'identité ; soit du passeport ; soit d'une carte de militaire ; soit du permis de conduire ; soit de la carte d'étudiant ; soit de l'acte de naissance, en ce cas, le témoignage de deux (2) personnes majeures est nécessaire. Le caractère probant de certaines pièces laisse un peu dubitatif pour une opération d'inscription sur une liste électorale, même dans le cadre d'une révision extraordinaire, qui ne doit concerner que des citoyens de nationalité congolaise. Sauf à ce que la commission de révision puisse procéder à des vérifications de la conformité des déclarations avant toute validation définitive des listes d'une circonscription électorale.

c). L'intérêt de la révision des listes électorales.

Outre le caractère obligatoire, la révision des listes électorales avant la tenue des élections nationales ou locales permet non seulement d'avoir un corps électoral sûr et un fichier fiable, mais il est aussi le gage des élections crédibles, sincères, transparentes et fondamentalement démocratiques. Cela dépend de la conscience et de la volonté de tout un chacun, des acteurs politiques, des citoyens. Chacun devrait y mettre du sien. Cela semblait être le sens de l'exhortation que le Président de la CNEI lançait aux électeurs pour qu'ils se mobilisent massivement lors des opérations d'enrôlement.

II). La campagne de la révision extraordinaire des listes électorales.

La campagne de révision extraordinaire des listes électorales en vue des élections législatives et locales de juillet 2017 était lancée par un arrêté du ministre de l'intérieur et de la décentralisation (en charge des élections) du 5 mai 2017 (arrêté n° 2017-3420). Ce processus préélectoral devrait se dérouler sur toute l'étendue du territoire national pendant plus d'un mois, du 10 mai au 20 juin 2017. Les membres des bureaux des Commissions administratives destinées à assurer ces opérations étaient nommées par un autre arrêté ministériel du même jour (arrêté 2017-3422 du 5 mai 2017).

---

[674] Op. cit. page 4. ; *« Opération révisions des listes électorales, Henri Bouka invite les congolais à s'inscrire »,* in www.lepatriote-congobrazza.com, n°428 du 9 mai 2017, pp.1 et 2

B). La convocation aux élections législatives et locales de juillet 2017.

Le corps électoral avait été convoqué, par un décret présidentiel du 11 mai 2017, le 16 et le 30 juillet 2017 pour l'élection des députés (1er et 2ème tour) à l'Assemblée nationale et les conseillers départementaux et communaux (tour unique). Ces élections avaient eu lieu quasiment un mois après la campagne de révision des listes électorales du 10 mai au 20 juin 2017. Ces premières élections législatives et locales, organisées sous l'empire de la constitution du 25 octobre 2015, étaient largement remportées par le Parti congolais du travail qui obtenait la majorité absolue avec 92 sièges, suivi de L'Union des démocrates humanistes (UDH-YUKI) et l'Union panafricaine pour la démocratie sociale (UPADS), pour ne citer que ceux-là, qui obtenaient respectivement 8 sièges sur les 151 que compte l'Assemblée nationale. Au plan local, le PCT arrivait également en tête avec 450 des 1400 sièges des conseils des départements, districts et communes.

Il convient de préciser que, par décision n° 001/DCC/EL/ du 9 août 2017, la Cour constitutionnelle avait dû prolonger le mandat des députés (et sénateurs) dans certaines circonscriptions du Pool en raison de la guerre civile qui sévissait dans ce département[675], jusqu'à l'organisation des élections partielles, comme le prévoit l'article 109 de la constitution.

§ 3 : Les élections sénatoriales du 31 août 2017.

Les élections sénatoriales bouclaient le processus de désignation des principales institutions électives prévues par la constitution du 25 octobre 2015. Les 72 Sénateurs étaient élus par les grands électeurs (conseillers départementaux et communaux) dans les départements, à raison de six (6) par département. La situation sécuritaire dans le département du Pool avait entraîné, comme pour les législatives, la prolongation du mandat des six sénateurs en exercice par la décision précitée de la Cour constitutionnelle du 09 août 2017, jusqu'à l'organisation des élections partielles.

A). La convocation à l'élection des sénateurs.

Dès le lendemain du 2ème tour des législatives, le décret présidentiel n° 2017-270 du 31 juillet 2017 convoquait le corps électoral pour l'élection des sénateurs le 31 août 2017. L'arrêté du ministre de l'intérieur n° 5381 du 2 août 2017 fixait la période de dépôt des candidatures des élections

[675] Il s'agit des circonscriptions de Kinkala 2, Kindamba, Mindouli, Vinza, Kimba, Mbandza Ndounga, Goma Tsétsé, Mayama. La Cour fut saisie par le Président de la République le 27 juillet 2017.

sénatoriales au 04 au 14 août 2017. Un autre arrêté n° 5382 du 02 août 2017 fixait la période de la campagne électorale du 16 au 29 août 2017.

B). Les résultats des élections sénatoriales.

Le vainqueur des élections sénatoriales du 31 août 2017 était, sans surprise, le Parti congolais de Travail (PCT), parti au pouvoir qui avait remporté 44 des 66 sièges à pourvoir dans les 11 départements. Il était suivi par les indépendants qui obtenaient 11 sièges, ensuite le MAR et le RDPS qui obtenaient respectivement deux sièges, du PRL, du PULP, du Front patriotique, du Club 2002 et du MLC, qui obtiennent chacun un (1) siège.

Le Parti Congolais du Travail réalisait donc un *« grand chelem »* et occupait à lui seul une position très hégémonique au sein du Parlement. Avec ses alliés, ils concentraient tous les leviers du pouvoir exécutif et du pouvoir législatif, leur donnant l'assurance de gouverner sans ambages. Tant et si bien que l'opposition laminée n'était réduite qu'à une portion congrue.

Cette situation peut susciter des interrogations, du point de vue de la légitimité démocratique. Notamment sur le risque de voir le Parlement se transformer en une chambre d'enregistrement ou une caisse de résonnance de l'exécutif. Bref, pour ne pas dire un *« Parlement Godillot »*. C'est bien pour éviter ce risque que les parlementaires doivent faire preuve de lucidité et de clairvoyance dans l'exercice de leurs mandats.

Titre 4 : Le contenu de la constitution du 25 octobre 2015.

La constitution du 25 octobre se caractérise par la réaffirmation voire l'aménagement et la consécration des principes fondamentaux de la République, ainsi qu'une définition des droits, des libertés et des devoirs également fondamentaux des citoyens, la définition des partis politiques, de leur rôle et du statut de l'opposition. Sans oublier une dévolution un peu particulière des grands pouvoirs publics.

Sous-titre 1er : Les principes garantis par la constitution de 2015.

Ne faisant pas table rase que passé, la nouvelle constitution réaffirme, aménage et consacre les principes fondamentaux de la République.

Chapitre 1er : La réaffirmation des principes existants à travers le préambule de la constitution.

Cette réaffirmation est perceptible à travers le préambule de la constitution et la définition des attributs de l'Etat et sa souveraineté. Une précision liminaire de la notion et l'intérêt du préambule s'impose avant d'examiner le contenu proprement dit de la constitution du 25 octobre 2015.

Section 1 : La notion et l'intérêt du préambule d'une constitution.

Le préambule d'une constitution peut être défini comme le propos introductif, l'avant-propos ou le texte préliminaire destiné à faire connaître ou à exposer les intentions, les mobiles ou les circonstances qui ont conduit à l'élaboration de la norme la plus élevée dans l'ordonnancement juridique d'un Etat. Elle peut revêtir tantôt un aspect purement déclaratif ou proclamatoire, tantôt recognitif, et dans tous les cas contraignant. Donc normatif.

Détaché de la constitution elle-même, le préambule ne fait pas moins partie du bloc de la constitutionnalité. La question de l'autorité du préambule d'une constitution a suscité beaucoup de débats sur l'applicabilité, directe ou non, des principes qu'il contient, qu'il énonce. Mais, elle a été résolue si on se réfère au droit français aussi bien dans la jurisprudence du Conseil d'Etat que dans celle du Conseil constitutionnel, en reconnaissant une valeur juridique, donc normative, aux principes énoncés dans le préambule de la constitution *(CE, sect., 12/02/1960, Soc. Eky ; CE, ass., 3/10/2008, Com.d'Annecy ; CE, 27/09/1985, France Terre d'asile ; CC, 16/07/1971, Liberté d'association ; CC, 19/06/2008, Loi relative aux OGM)*[676].

Section 2 : Le contenu du préambule de la constitution de 2015.

Le préambule de la constitution commence par une formule consacrée, *« Le peuple congolais »* à la troisième personne du singulier, plutôt qu'à la

---

[676] *« ...49. Considérant que ces dispositions, comme l'ensemble des droits et devoirs définis dans la Charte de l'environnement, ont valeur constitutionnelle... »* (Décision n° 2008-564 DC du 19 juin 2008 ; Cf. V. Champeil-Desplats. « *Valeur constitutionnelle de l'ensemble des droits et devoirs inscrits dans la Charte. / Rééquilibrage des compétences entre le pouvoir réglementaire et le pouvoir législatif au profit de celui-ci. / Précision par les juges des effets dans le temps de leur propre décision.* Conseil constitutionnel, décision n° 2008-564 DC du 19 juin 2008, loi n° 2008-595 du 25 juin 2008 relative aux organismes génétiquement modifiés, *Revue Juridique de l'Environnement*, n°2, 2009. pp. 219-244. Il faut dire que la charte de l'environnement avait été intégrée dans le préambule de la constitution française par la loi constitutionnelle n° 2005-205 du 1er mars 2005 relative à la Charte de l'environnement, JORF n°0051 du 2 mars 2005 page 3697).

première personne du pluriel comme dans d'autres constitutions[677]. Cette syllepse ne signifie ni plus ni moins que le locuteur en l'occurrence est le peuple souverain lui-même, qui exprime sa volonté, peu importe que celle-ci soit singulière ou plurielle, unanime, majoritaire, minoritaire ou consensuelle. Enfin, peu importe le contexte ou les circonstances de l'instant.

Il y a l'expression des préoccupations, des principes et des valeurs qu'il convient de préserver. L'incorporation des certaines normes dans le bloc de la constitutionnalité tient à cela.

§1 : L'expression des préoccupations, des principes et valeurs à préserver.

Elle est circonscrite autour des thématiques de la paix, de la stabilité, d'une part et de l'ambition ou du rêve d'une *« République heureuse »*, de l'autre.

---

[677] Le préambule de la constitution du 25 octobre 2015 est ainsi rédigé,
« Le Peuple congolais,
Conscient de la nécessité de préserver la paix et la stabilité, la forme unitaire et le caractère laïc et indivisible
de l'Etat, l'unité nationale et la cohésion sociale ;
Soucieux de bâtir une République fondée sur les principes d'égalité, de fraternité, de partage et de solidarité
d'une part, et d'assurer l'épanouissement de chacun et de tous dans le cadre d'une République respectueuse
des droits intangibles de la personne humaine d'autre part ;
Interpellé par l'impérieuse nécessité de concilier les valeurs universelles de la démocratie et les réalités politiques, sociales et culturelles nationales ;
Affirme son attachement aux vertus du dialogue comme moyen de règlement pacifique des différends dans le
cadre d'une République apaisée ;
Réaffirme solennellement son droit permanent de souveraineté inaliénable sur toutes les richesses nationales
et les ressources naturelles comme éléments fondamentaux de son développement ;
Déclare partie intégrante de la présente Constitution, les principes fondamentaux proclamés et garantis par :
- la Charte des Nations Unies du 24 octobre 1945 ;
- la Déclaration universelle des droits de l'Homme du 10 décembre 1948 ;
- la Charte africaine des droits de l'Homme et des Peuples du 26 juin 1981 ;
- la Charte de l'Unité nationale et la Charte des droits et des libertés du 29 mai 1991 ;
- tous les textes nationaux et internationaux pertinents dûment ratifiés, relatifs aux droits humains ;
Condamne le coup d'Etat, l'exercice tyrannique du pouvoir et l'usage de la violence politique, sous toutes ses formes, comme moyens d'accession au pouvoir ou de sa conservation.
Ordonne et établit pour le Congo la présente Constitution qui énonce les principes fondamentaux de la République, définit les droits et les devoirs des citoyens et fixe les formes d'organisation et les règles de fonctionnement de l'Etat ».

A). La paix et la stabilité comme valeurs cardinales.

Le locuteur, *« le peuple congolais »* ici considéré, exprime d'abord sa préoccupation de préserver la paix et la stabilité, la forme unitaire et le caractère laïc et indivisible de l'Etat, l'unité nationale et la cohésion sociale dont il se dit être conscient.

La paix et la stabilité sont des facteurs cardinaux dont dépendent l'existence et la survie d'un peuple, d'un Etat ou d'une nation. Il en va de même de sa cohésion et de son développement économique et social, de son épanouissement. Lorsque la paix et la stabilité ne sont pas assurées ni préservées, une telle situation peut présenter un danger pour toutes les valeurs auxquelles un peuple peut être attaché. Dès lors, les conflits, les divisions, les haines entretenus ou subis, qui menacent les paix et la stabilité d'un peuple peuvent avoir des conséquences néfastes. Sans la paix et la stabilité, la forme de l'Etat (unitaire ou fédéral) son caractère laïc ou confessionnel, son indivisibilité, l'unité nationale et la cohésion sociale deviennent de vains mots ou des vœux pieux.

Il est constant que l'évocation de la paix et de la stabilité renvoie à un contexte historique national ou international. Ces éléments sont devenus le leitmotiv des constitutions et actes fondamentaux que le Congo connaît ces deux dernières décennies. C'est-à-dire depuis la fin du monopartisme, avec la conférence nationale souveraine de 1991 et l'avènement de la démocratie pluraliste[678].

Cela ne signifie pas pour autant que la paix et la stabilité n'étaient pas au centre des préoccupations des pouvoirs publics et du peuple depuis l'accession du Congo à la souveraineté nationale et internationale, et pendant les années du monopartisme (où les ennemis proclamés de la paix et de la stabilité, partant de la révolution socialiste, étaient l'impérialisme et ses valets locaux). Surtout lorsque l'on se rappelle les crises, les soubresauts et les convulsions de tout genre que le pays a traversés avec leurs cortèges de malheurs.

B). L'ambition ou le rêve d'une « République heureuse ».

L'aspiration à une République heureuse et épanouissante peut s'expliquer à travers les principes d'égalité et de fraternité. Elle implique aussi la conciliation des valeurs universelles de la démocratie avec les réalités nationales, le plein exercice de la souveraineté, la jouissance et une meilleure redistribution des ressources et richesses nationales. Sans oublier la stigmatisation des procédés non démocratiques de conquérir et de conserver le pouvoir.

---

[678] L'acte fondamental du 04 juin 1991, la constitution du 15 mars 1992 ; l'acte fondamental du 24 octobre 1997 ; la constitution du 20 janvier 2002.

I). A travers les principes d'égalité, de fraternité et autres.

Le *« Peuple congolais »,* locuteur dans le préambule de la constitution, exprime le vœu, l'ambition ou le rêve de bâtir une République fondée sur les principes d'égalité, de fraternité, du partage et de solidarité d'une part, et d'assurer l'épanouissement de chacun et de tous dans le cadre d'une République respectueuse des droits intangibles de la personne humaine, d'autre part.

Nous qualifions ce vœu, cette ambition ou ce rêve d'une *« République heureuse »,* en ce sens que le locuteur propose de la construire sur des fondations qui seraient d'emblée débarrassées de toute utopie, de toute vision simplement platonique. Une République heureuse est à notre sens, une République égalitaire, fraternelle, généreuse et solidaire ; caractéristique d'une société dans laquelle tout le monde aimerait vivre, en ce qu'elle repose sur les valeurs partagées par tous, par le pus grand nombre.

Encore faudrait-il, pour que cette ambition soit atteinte, que l'Etat garantisse les conditions d'une parfaite égalité dans toutes ses composantes (égalité des chances ; égalité de traitement ; égalité d'accès à l'éducation, aux emplois et aux responsabilités publiques, aux développements et dans l'aménagement du territoire, aux services et denrées de base, à l'eau courante, à l'électricité, etc..) ; d'une fraternité juste et sincère dans le ressenti des filles et fils d'une même société, des uns envers les autres ; d'annihiler les haines et les divisions, le mépris, la xénophobie, l'ethnocentrisme, les frustrations ; du partage des uns envers les autres, une meilleure redistribution des ressources et des richesses nationales ; et d'une solidarité à toute épreuve surtout envers les plus faibles, les plus vulnérables et les plus démunis soit par la nature, soit par leurs conditions d'existence, soit par des catastrophes naturelles, sanitaires, technologiques ou humaines (guerres ou conflits), soit simplement par le poids de l'âge….

L'autre ambition d'une *« République heureuse »* reposerait sur la nécessité qu'affirme le locuteur dans le préambule de la constitution du 25 décembre 2015, d'assurer l'épanouissement de chacun et de tous dans le cadre d'une République respectueuse des droits intangibles de la personne humaine.

L'épanouissement de chacun et de tous est vu sous l'angle du respect, par la République à bâtir, des droits intangibles et imprescriptibles de la personne humaine. Le chantier est ici à la fois vaste et très ambitieux. L'épanouissement préconisé est avant tout individuel (d'où le pronom indéfini *« chacun »*), il est ensuite collectif (d'où l'adjectif indéfini *« tous »*) et dans un environnement, c'est-à-dire une République qui respecte les droits inhérents à l'être humain.

Il en résulte une double responsabilité que le locuteur assigne à l'Etat. D'une part, celle d'atteindre un objectif en l'occurrence l'épanouissement individuel ou collectif (dont le contenu n'est pas défini ni précisé). D'autre part, cet épanouissement sous quelque forme que ce soit doit s'opérer dans un cadre institutionnel, qui est celui de la République, sur qui pèse l'obligation de respecter les droits de l'homme ou les droits inhérents à la personne humaine, qui ne doivent souffrir d'aucune atteinte, d'aucune violation. La République heureuse ne doit rien faire qui puisse entraver l'épanouissement tant individuel que collectif des citoyens. Elle doit tout mettre en œuvre pour faciliter et atteindre cet objectif.

L'épanouissement est un concept polysémique. Il peut s'entendre comme une forme d'émancipation, d'ouverture, de libération, de développement ou le fait d'être éclairé. Il peut être appréhendé d'un point de vue psychologique, intellectuel, culturel, artistique, affectif, professionnel, économique ou social, etc.

La République heureuse permettrait aux individus ou à la collectivité des individus de libérer les énergies, de faire appel à leur créativité, à leur inventivité, au génie de tout un chacun pour le rayonnement de la *« nation »* ou du peuple congolais[679].

II). La conciliation des valeurs universelles de la démocratie libérale avec les réalités nationales.

La République heureuse qu'ambitionne le locuteur se veut également une République moderne. Cela en ce qu'elle doit s'arrimer aux valeurs universelles de la démocratie libérale, telles qu'elles ont été réaffirmées par la Conférence nationale souveraine en 1991, sans se renier. De sorte qu'une nécessaire conciliation doit s'opérer entre ces valeurs universelles de la démocratie pluraliste, et les valeurs intrinsèques du Peuple congolais. Ces valeurs intrinsèques du peuple congolais s'enracinent dans les *us et coutumes* forgés depuis la nuit des temps, à travers son histoire ancienne ou proche ; en tenant compte de ses réalités politiques, sociologiques et culturelles. Dès lors, le dialogue est, par ses vertus, réaffirmé et privilégié comme mode de règlement pacifique des différends dans cadre d'une République dite apaisée ; pourvu qu'il soit inclusif.

III). La souveraineté sur les ressources et richesses nationales.

Pour atteindre les ambitions d'une République heureuse, le locuteur, en l'occurrence le peuple congolais entend exercer l'effectivité de sa souveraineté sur les richesses et les ressources nationales, qui constituent des

---

[679] Ces préoccupations étaient déjà exprimées dans le préambule de la constitution du 15 mars 1992, *« Nous peuple congolais, soucieux de préserver le caractère sacré de la personne humaine. D'assurer à l'individu et à la famille les conditions nécessaires à leur développement harmonieux... »*

facteurs fondamentaux de son développement. Il réaffirme solennellement son droit permanent de souveraineté inaliénable sur toutes les richesses nationales et les ressources naturelles comme éléments fondamentaux de son développement. Encore faudra-t-il que les ressources et les richesses profitent à tous, participent du bien être de tous. Cela pose un problème d'éthique dans la redistribution et de la bonne gouvernance. Il convient de rappeler que cette préoccupation est présente dans les préambules des constitutions et actes fondamentaux adoptés depuis la conférence nationale souveraine de 1991.

IV). La stigmatisation des procédés non démocratiques de conquérir le pouvoir.

Comme dans l'acte fondamental du 04 juin 1991, la constitution du 15 mars 1992, l'acte fondamental du 24 octobre 1997, la constitution du 20 janvier 2002, le préambule de la constitution du 25 octobre 2015 stigmatise le coup d'Etat, la tyrannie, la violence politique sous toutes ses formes comme procédés non démocratiques pour la conquête et la conservation du pouvoir. Il s'avère que ces déclarations d'intentions sont des vœux pieux au regard des événements qui ont émaillé l'histoire politique et constitutionnelle du Congo depuis l'avènement de la démocratie pluraliste en 1991. Il n'en demeure pas moins qu'une République heureuse, comme espérée par le locuteur devrait annihiler ces travers. Cela devrait se traduire dans les faits. Car, il ne suffit pas de les proclamer.

§2. La constitutionnalisation de certaines normes internationales.

Il est un principe qu'en droit interne, la constitution se situe au sommet de la hiérarchie des normes, suivie des normes internationales (traités, conventions ou accords), des lois, ordonnances, règlements, jurisprudences, etc.

Depuis la constitution de 1992, le constituant a entendu conférer à certains traités et conventions internationaux, signés et ratifiés par le Congo, la même valeur que la constitution en se les appropriant, en les intégrant dans le bloc de la constitutionnalité. La conséquence en est que toute loi qui les méconnaîtrait encoure la censure du juge constitutionnel dans le cadre du contrôle de la constitutionnalité.

Ce privilège est réservé aux normes internationales expressément visées dans le préambule, comme faisant partie intégrante de la constitution. Il s'agit en l'occurrence, de *la Charte des Nations Unies du 24 octobre 1945 ; de la Déclaration universelle des droits de l'Homme du 10 décembre 1948 ; de la Charte africaine des droits de l'Homme et des Peuples du 26 juin*

1981 ; la Charte de l'Unité nationale et la Charte des droits et des libertés du 29 mai 1991 ; de tous les textes nationaux et internationaux pertinents dûment ratifiés, relatifs aux droits humains.

Etant précisé qu'il s'agit en principe des normes internationales, relatives aux droits humains, dûment ratifiées. Cependant, il semble y avoir une apparente contradiction entre l'alinéa introductif de cette énumération déclarative qui fait état des principes fondamentaux proclamés et garantis par ces textes (ce qui conduirait à en exclure les dispositions ne comportant pas l'énonciation de tels principes) et la dernière énumération qui évoque tous textes nationaux ou internationaux pertinents dûment ratifiés aux droits humains.

Chapitre II : Les caractéristiques, les attributs de l'Etat et de sa souveraineté.

Le titre 1er est consacré, comme toutes les autres lois fondamentales qui se sont succédées depuis la Conférence nationale de 1991, à l'Etat et à la souveraineté.

Section 1 : Les caractéristiques réaffirmées de l'Etat.

Sont donc réaffirmés, la forme républicaine de l'Etat ; sa souveraineté ; ses caractères unitaire, laïc, indivisible, décentralisé et démocratique ; sa soumission à l'autorité de la loi ou du droit (un Etat de droit). Brazzaville est aussi constitutionnellement confirmé comme la capitale de la République du Congo (article 1er).

Cet article 1er de la constitution doit être rapproché de l'article 240, en ce qu'il interdit toute révision constitutionnelle qui remettrait en cause la forme républicaine de l'Etat (le Congo n'est pas et ne peut pas devenir une monarchie), tout comme une révision constitutionnelle ne peut pas être engagée ni poursuivie en période d'intérim dans les fonctions de Chef de l'Etat, ou d'atteinte à l'intégrité du territoire national. Il s'agit, dans cette dernière situation de veiller au respect de la souveraineté de l'Etat, de son caractère unitaire et surtout le caractère indivisible du territoire national. On peut regretter que le constituant de 2015 ait fait sauter l'un des verrous marquants de l'intangibilité constitutionnelle, que renfermait l'article 185 de la constitution du 20 janvier 2002 en ce qu'il interdisait également toute révision de la constitution se rapportant au nombre de mandats du président de la République ainsi qu'aux droits énoncés aux titres I et II.

La République est fondée sur le principe d'Abraham Lincoln, définissant la démocratie comme le *« gouvernement du peuple par le peuple et pour le peuple »*[680]. C'est une reprise *in extenso* de l'article 2 de la constitution du 20 janvier 2002. Cela renvoie au caractère démocratique de l'Etat, avec la réaffirmation de la souveraineté nationale dont le peuple congolais est le seul détenteur (qu'il exerce soit au moyen du suffrage universel par ses représentants dans le cadre de la démocratie représentative *(« gouvernement du peuple pour le peuple »),* soit directement par voie de référendum (c'est le peuple souverain lui-même qui décide, *(« gouvernement du peuple par le peuple »).* Il est interdit à un individu, une fraction du peuple ou à un corps d'Etat de s'approprier la souveraineté (article 5).

Le suffrage universel est l'expression de la démocratie, il est direct ou indirect, libre et secret. Cela implique par exemple que le peuple choisisse lui-même ses représentants (suffrage universel direct) ou délègue à une catégorie de personnes le soin de choisir les représentants (suffrage universel indirect, exemple les sénateurs sont élus non pas par le peuple lui-même, mais par les grands électeurs que sont les conseillers départementaux et communaux élus eux-mêmes par le peuple au suffrage universel direct).

Le suffrage universel est libre en tant que chaque citoyen a le droit d'exercer librement et en conscience son droit de vote sans être contraint de quelque manière que ce soit, il est égal en ce sens qu'à chaque électeur correspond une voix, il y a autant de voix que des suffrages exprimés. Il est secret en ce sens que le choix de chaque électeur doit s'effectuer dans un isoloir, à l'abri des regards indiscrets, en principe sous pli fermé (c'est le secret des urnes). Enfin, le droit de vote est reconnu à tout citoyen âgé de 18 ans révolus, et non frappé d'incapacité, c'est-à-dire jouissant de ses droits civils et politiques (article 6).

Section 2 : Les attributs, les langues de la République et le multipartisme.

La constitution du 25 octobre 2015 réaffirme aussi bien les attributs et les langues de la République que le pluralisme politique rétabli depuis la conférence nationale souveraine de 1991.

§ 1 : Les attributs et les langues de la République.

La constitution du 25 octobre 2015 distingue les attributs des langues de la République du Congo.

---

[680] Célèbre formule d'Abraham Lincoln, 16ème Président des USA, extrait de son discours de Gettysburg le 19 novembre 1863.

A). Les attributs de la République.

Il s'agit ici d'une réaffirmation des attributs crées ou institués pendant la République naissante et remis au goût du jour par la Conférence nationale souveraine de 1991, après leur abolition par le régime d'inspiration marxiste-léniniste qu'incarnait le Parti Congolais du travail (PCT) l'ancien parti unique le 30 décembre 1969. Il s'agit de l'emblème national constitué par le drapeau tricolore de forme rectangulaire *« vert, jaune et rouge » ;* de l'hymne national *« La Congolaise »* et de la devise de la République, *« Unité, Travail, Progrès »,* ainsi que des sceaux de l'Etat et des armoiries de la République déterminés par la loi (article 3 et 4).

B). Les langues de la République.

Il s'agit de la langue officielle, *« le français »* et des deux langues dites *« véhiculaires »* que sont *« le lingala et le kituba » (article 4).*

B.1). La langue officielle : le français.

Le français, comme langue officielle, est un héritage colonial qui se perpétue. Nous l'avons vu plus haut. L'accord bilatéral de coopération dans le domaine culturel signé avec la France le 15 août 1960, comme ce fut le cas dans les autres colonies françaises d'Afrique, mentionne dans son préambule que *« la langue française, langue officielle de la République du Congo et l'enseignement de caractère français sont devenus pour le peuple congolais l'instrument de son développement culturel, politique, économique et social ».*

De là, on peut considérer que le français est imposé comme la seule langue officielle en République du Congo. Elle ne peut pas être supplantée, ni substituée, ni se voire adjoindre une autre langue officielle, sans remettre en cause cet accord et sans porter atteinte à la constitution. A moins qu'il s'agisse d'une révision constitutionnelle. Le français demeure la seule langue officielle utilisée dans le système scolaire jusque dans les études supérieures, dans les administrations, dans le secteur public ou privé. Le français est aussi parlé par la population dans la vie courante, sans qu'il ne soit imposé.

B.2). Les langues nationales : le lingala et le kituba.

L'expression *« langues nationales véhiculaires »* consacrée pour désigner le *« kituba »* et le *« lingala »* nous paraît inappropriée. Sans entrer dans un débat de linguistes, qui nous est étranger, toute langue vivante (même morte) a une vocation véhiculaire ou vernaculaire. Cela en ce sens qu'elle permet non seulement de communiquer ou d'échanger, mais aussi de diffuser les connaissances, le savoir entre les individus. Nonobstant le caractère transnational du *« lingala »* et du *« kituba »* (parlées dans les deux Congo), nous préférons les qualifier de *« langues nationales »* s'agissant de la République du Congo. Cela, même si elles sont, comme les autres langues parlées au Congo, fortement influencées et de plus en plus altérées, par le français.

§ 2 : La réaffirmation du pluralisme politique.

Il s'agit en l'occurrence d'une réaffirmation, au lieu d'une consécration (article 7). Car, après un début difficile avant et pendant les premières années de l'indépendance, le multipartisme était purement et simplement supprimé avec l'instauration du monopartisme qui gouverna le pays jusqu'au début des années 1990. La Conférence nationale souveraine de 1991 y avait mis fin en faveur de la démocratie pluraliste. L'adhésion à ce système s'est accompagnée d'une floraison des partis politiques aux contenus idéologiques souvent insaisissables.

De surcroit, la prolifération des associations, des fondations ou des groupements politiques ajoutait à la confusion, de telle sorte qu'il était nécessaire d'y mettre de l'ordre, comme il sera vu plus loin.

Sous-Titre II : Les droits, libertés et devoirs des citoyens.

Sur la forme, le titre 2 de la constitution n'est plus désigné *« Des droits et des libertés fondamentaux »*, comme ce fut le cas dans la constitution du 15 mars 1992 et celle du 20 janvier 2002. Il s'intitule désormais, *« Les droits, libertés et devoirs des citoyens ».* La suppression de l'adjectif *« fondamentaux »* accolé aux droits et libertés du titre qui leur est consacré est regrettable sur le plan formel. Ce qualificatif permet pourtant de marquer solennellement l'importance qu'on y attache. Même si, sur le fond, ils y sont réaffirmés et consacrés. Un traitement particulier est consacré aux partis politiques, aux nouveaux droits et libertés à caractères politiques ou non. On peut être satisfait par l'insertion de la notion des *« devoirs »* dans la constitution. Car, les citoyens n'ont pas que des droits et libertés à faire valoir. Ils ont corrélativement des devoirs ou des obligations vis-à-vis de la société, de la collectivité, de la nation.

Chapitre 1er : La réaffirmation des droits et Libertés existants.

La constitution du 25 octobre 2015 n'innove pas sur ce point. Elle réaffirme, d'une part, les droits civils, sociaux et économiques fondamentaux et d'autre part, les libertés toutes aussi fondamentales.

Section 1 : Des droits fondamentaux d'ordre civil, social, culturel et économique.

Les droits fondamentaux réaffirmés et garantis dans la constitution de 2015 sont multiples. Ils sont d'ordre civil, familial, social, culturel, économique ou écologique.

§ 1 : Les droits civils.

Ils se rapportent à la personne humaine et au droit à la vie, à l'égalité devant la loi et en droit, à la citoyenneté congolaise et à la double nationalité, ainsi qu'à l'inviolabilité du domicile.

A). Sur la personne humaine et le droit à la vie.

Sont ici considérés le caractère sacré de la personne humaine, son intégrité et la protection due à ceux qui fuient les persécutions dans leurs pays d'origine.

I). Le caractère sacré de la personne humaine et le droit à la vie.

La nouvelle constitution réaffirme le caractère sacré de la personne humaine et le droit à la vie. Elle oblige l'Etat à la respecter et à la protéger de toutes sortes d'atteintes ou des violations d'où qu'elles émanent. Chaque citoyen a droit au développement et à l'épanouissement de sa personne. Ce droit ne connaît de limites que celles qui sont liées au respect des droits d'autrui, de l'ordre public, de la morale et des bonnes mœurs.

L'article 8 de la constitution modifie légèrement la rédaction de l'article 7 de la constitution du 20 janvier 2002. Cette disposition reprend l'article 10 de la constitution du 15 mars 1992 qui reconnaissait, de façon plus détaillée, le droit de chaque citoyen au libre développement et au plein épanouissement de sa personne dans ses dimensions psychologiques, intellectuelles, spirituelles, matérielles et sociales. D'ailleurs, la préservation du caractère sacré de la personne humaine était affirmée dès le préambule de la constitution.

Le respect des droits de la personne humaine implique également la reconnaissance de sa personnalité juridique (article 18), ce dans les conditions définies par la loi.

Comme toutes les constitutions adoptées au Congo depuis l'indépendance, ce texte est inspiré des conventions internationales, notamment l'article 3 de la déclaration universelle des droits de l'homme du 10 décembre 1948[681]. Ainsi qu'il sera vu plus loin, la principale nouveauté de la constitution du 25 octobre 2015 réside dans le respect du caractère sacré de la personne humaine et le droit à la vie par l'abolition de la peine de mort[682]. D'ailleurs, le 18 juin 2020, le sénat congolais adoptait le projet de loi autorisant la ratification du deuxième protocole facultatif du pacte international relatif aux droits civils et politiques abolissant la peine de mort[683]. Cette avancée s'est concrétisée par la ratification effective de ce deuxième protocole facultatif, telle qu'autorisée par la loi du 13 octobre 2020 (n° 53-2020) et formalisée par le décret du 13 octobre 2020 (2020-477)[684].

II). La sanction des atteintes à l'intégrité de la personne humaine et à la vie.

Comme en disposait le dernier alinéa de l'article 10 de la constitution du 20 janvier 2002, ainsi que l'article 16 de la constitution du 15 mars 1992, l'article 14 de la constitution de 2015 punit, conformément à la loi, tout individu, tout agent de l'Etat, des collectivités locales ou toute autorité publique qui se rendrait coupable des actes de torture ou de traitements cruels, inhumains ou dégradants ; qu'il ait agi de sa propre initiative ou sur instruction.

Il convient de rappeler que l'article 17 de la constitution du 15 mars 1992 avait ceci d'innovant et de pertinent, en ce sens qu'il reconnaissait à tout citoyen le droit de désobéir à tout ordre attentatoire aux droits et libertés fondamentaux.

---

681 « Tout individu a droit à la vie, à la liberté et à la sûreté de sa personne ».

682 Le dernier alinéa de l'article 8 dispose, *« la peine de mort est abolie ».*

683 Cf. *http://www.adiac-congo.com/content/parlement-le-senat-adopte-la-loi-visant-abolir-la-peine-de-mort-117010.*

684 Loi n°53-2020 du 13 octobre 2020 autorisant la ratification du deuxième protocole facultatif se rapportant au pacte international relatif aux droits civils et politiques, visant à abolir la peine de mort, avec la loi du 13 octobre 2020, JORC, n°42-2020 du 22 octobre 2020, p.987 ; décret n°2020-477 du 13 octobre 2020 portant du deuxième protocole facultatif se rapportant au pacte international relatif aux droits civils et politiques, visant à abolir la peine de mort, JORC, n°42-2020 du 22 octobre 2020, p.989.

III). Le droit d'asile.

L'article 21 reconnait le droit d'asile aux ressortissants étrangers dans les mêmes termes que l'article 15 de la constitution du 20 janvier 2002, tout en laissant à la loi le soin d'en définir les conditions. Cependant, sa rédaction est moins explicite que celle de l'article 51 de la constitution du 15 mars 1992 qui disposait, *« L'Etat accorde de droit d'asile, sur son territoire aux ressortissants étrangers poursuivis en raison de leur action en faveur de la démocratie, de la lutte de libération nationale ou de la lutte contre le racisme et l'apartheid, de la liberté du travail scientifique et culturel et pour la défense des droits de l'homme et des peuples conformément aux lois et règlements en vigueur ».*

B). L'égalité devant la loi et en droit.

L'article 15 de la constitution réaffirme l'égalité de tous les congolais devant la loi et leur droit à la protection de l'Etat. Sont interdites toutes sortes de discriminations fondées sur l'origine familiale, ethnique, sur les conditions sociales, les convictions politiques, religieuses, philosophiques ou autres.

Le respect du principe d'égalité implique que les femmes aient les mêmes droits que les hommes. Ainsi donc, il est prescrit que la loi garantisse la parité entre les hommes et les femmes et assure leur promotion ainsi que leur représentativité dans toutes les fonctions politiques, électives et administratives (article 17).

Ainsi qu'il sera vu plus loin, le principe d'égalité ou de la parité homme/femme devrait en principe s'opérer sur la base du mérite, des compétences pour l'efficacité de l'action publique, du développement économique et social de la nation. Il ne saurait s'accommoder du favoritisme, de l'entre gens ou de l'entre soi, du clientélisme, du népotisme, du clanisme et de tous autres travers qui gangrènent la société.

Enfin, le principe d'égalité ne s'oppose pas à ce que des personnes placées dans des situations différentes ne soient pas traitées de la même façon.

C). Le droit à citoyenneté congolaise et à la double nationalité.

L'article 19 de la nouvelle constitution réaffirme, comme l'article 13 de la constitution du 20 janvier 2002, que la citoyenneté congolaise est garantie par la loi, tout en reconnaissant également le droit de changer de nationalité ou d'en acquérir une autre. Cependant, l'article 21 de la constitution du 15 mars 1992 précisait qu'aucun congolais ne pouvait pas en être arbitrairement privé.

D). Sur l'inviolabilité du domicile.

Tout citoyen, toute personne a droit à un domicile, l'article 20 de la constitution de 2015, qui reprend à son compte les articles 14 de la constitution du 20 janvier 2002 et 24 de la constitution du 15 mars 1992, réaffirme son caractère inviolable et le fait que des perquisitions ne peuvent être ordonnées que dans les formes et conditions prévues par la loi.

§ 2 : Les droits familiaux et l'éducation.

Ces droits sont autant d'obligations et des devoirs qui incombent aussi bien aux individus qu'à la collectivité.

A). Les droits familiaux.

Les dispositions des articles 37 à 40 de la constitution du 25 octobre 2015 sont consacrées aux droits familiaux dans les mêmes termes que celles des articles 31 à 34 de la constitution du 20 janvier 2002. Elles se distinguent sur certains points des articles 38 à 45 de la constitution du 15 mars 1992.

I). Les obligations de l'Etat.

L'Etat a une obligation de protection envers la famille, l'institution du mariage et les enfants. Il s'agit d'une double obligation de protection et d'assistance de la famille dans le cadre de sa formation, de son maintien et dans l'entretien et l'éducation des enfants.

a). Vis-à-vis de la famille.

La famille est le fondement même de la société ou de l'Etat. L'article 37 alinéa 1er de la constitution de 2015, rédigé dans les mêmes termes que l'article 31 de la constitution du 20 janvier 2002, et, dans une certaine mesure, l'article 38 de la constitution du 15 mars 1992, souligne que l'Etat a l'obligation d'assister la famille dans sa mission de gardien de la morale et des valeurs compatibles avec l'ordre républicain.

Ce texte reprend les préoccupations exprimées dans les instruments juridiques internationaux ratifiés par le Congo sur la famille :

D'abord, la déclaration universelle des droits de l'homme du 10 décembre 1948, dans son article 16§3 aux termes duquel, la famille est définie comme un élément naturel et fondamental de la société, elle doit être protégée par la société et l'Etat[685].

Ensuite le pacte international relatif aux droits civils et politiques du 16 décembre 1966 qui reprend dans son article 23§ 1, la même définition de la famille que celle de la déclaration universelle des droits de l'homme. Ainsi que le pacte international relatif aux droits économiques, sociaux et culturels de la même date, qui, dans son article 10 §1, stipule que, *« Les Etats parties au présent Pacte reconnaissent que :*

1. Une protection et une assistance aussi larges que possible doivent être accordées à la famille, qui est l'élément naturel et fondamental de la société, en particulier pour sa formation et aussi longtemps qu'elle a la responsabilité de l'entretien et de l'éducation d'enfants à charge.... »

Enfin, la charte africaine des droits de l'homme des peuples du 27 juin 1981 qui stipule dans son article 18 § 1 et 2 que, *« 1. La famille est l'élément naturel et la base de la société. Elle doit être protégée par l'Etat qui doit veiller à sa santé physique et morale. 2. L'Etat a l'obligation d'assister la famille dans sa mission de gardienne de la morale et des valeurs traditionnelles reconnues par la Communauté ».*

b). Concernant le mariage.

Comme la famille, le mariage est sous la protection de la loi, ainsi qu'en dispose l'article 38 alinéa 1er de la constitution du 25 octobre 2015, dans les mêmes termes que l'article 32 alinéa 1er de la constitution du 20 janvier 2002.

Cependant, la rédaction de l'article 39 de la constitution du 15 mars 1992 s'en distinguait un peu dans ses termes. Ainsi qu'il précisait en outre que la loi fixe les conditions juridiques du mariage (et de la famille). Le mariage légal ne peut être contracté que devant les organes de l'Etat. Il ne peut être conclu qu'avec le libre et plein consentement des futurs époux[686].

On ne peut pas manquer de mentionner l'importante décision rendue le 22 juillet 2020 par la Cour constitutionnelle, à la requête de M. Poaty Stevy Juvadel sur la constitutionnalité des dispositions des articles 121, 128, 135, 136 et 141 de la loi n° 073/84 du 17 octobre 1984 portant code de la famille[687]. Le requérant fait grief aux dispositions des articles 121, 135 et 136 du code de la famille en ce qu'ils seraient discriminatoires en vers la femme en reconnaissant la polygamie uniquement à l'égard de l'homme ;

---

685 *« ... La famille est l'élément naturel et fondamental de la société et a droit à la protection de la société et de l'Etat »*

686 Reprenant ainsi les dispositions de l'article 16§2 de la déclaration universelle des droits de l'homme ; l'article 23 § 3 du pacte international des droits civils et politiques,

687 Décision n° 004/DCC/SVA/20 du 22 juillet 2020 sur le recours en inconstitutionnalité des articles 121,128, 135, 136 et 141 de la loi n° 073/84 du 17 octobre 1984 portant code de la famille, JORC, n° 31-2020, p. 698.

violant ainsi les dispositions des articles 1er et 16 de la déclaration universelle des droits de l'homme du 10 décembre 1948, incorporée dans la constitution du 15 octobre 2015, qui proclament l'égalité en dignité et en droits de tous les êtres humains dès la naissance et l'égalité de traitement entre l'homme et la femme en matière de mariage[688]. Il soutient ensuite que l'article 128 du même code viole le principe d'égalité entre homme et femme en prescrivant un âge nubile différent selon qu'il s'agisse de l'homme ou de la femme, en contradiction avec les dispositions précitées de l'article 16 de la déclaration universelle des droits de l'homme et de l'article 17 de la constitution sur l'âge qu'ils doivent avoir pour contracter mariage. Enfin, il fait grief à l'article 141 du code de la famille en tant qu'il met le versement de la dot uniquement à la charge de l'homme, en violation du principe d'égalité entre homme et femme proclamé, par l'article 16 précité de la déclaration universelle des droits de l'homme.

Sur la polygamie, rappelant les dispositions des articles 121, 135 et 136 du code de la famille, ainsi que les articles 1er et 16 de la déclaration universelle des droits de l'homme et l'article 38 de la constitution, la Cour constitutionnelle a considéré, d'une part, que le législateur reconnait aux futurs époux, à travers l'article 121 alinéa 2 du code de la famille, une liberté d'appréciation et surtout d'option entre deux régimes, avant de contracter mariage : le choix entre la polygamie et la monogamie ; et d'autre part, en se fondant sur les dispositions de l'article 6 (c et e) du protocole additionnel à la charte africaine des droits de l'homme et des peuples, relatif aux droits de la femme en Afrique du 11 juillet 2003, ratifié par le Congo le 14 décembre 2011, qui reconnait les deux formes de mariage, polygamique et monogamique dans des termes non équivoques, dès l'instant où les futurs mariés consentent librement à l'une ou l'autre option[689], que les dispositions contestées ne sont pas contraires à la constitution.

Le juge constitutionnel a ainsi saisi l'occasion de clarifier sa position sur une question cruciale et clivante sur la stigmatisation de la polygamie, qui est perçue dans d'autres sociétés, notamment occidentales, comme contraire à leurs valeurs en tant qu'elle serait un facteur de soumission, portant atteinte à la dignité de la femme. Si le débat peut être considéré comme étant

---

[688] L'article 1er de la déclaration universelle des droits de l'homme stipule, « Tous les êtres humains naissent libres et égaux en dignité et en droits. Ils sont doués de raison et de conscience et doivent agir les uns envers les autres dans un esprit de fraternité ». Tandis qu'aux termes de l'article 16, consacré au mariage, « 1. A partir de l'âge nubile, l'homme et la femme, sans aucune restriction quant à la race, la nationalité ou la religion, ont le droit de se marier et de fonder une famille. Ils ont des droits égaux au regard du mariage, durant le mariage et lors de sa dissolution. 2. Le mariage ne peut être conclu qu'avec le libre et plein consentement des futurs époux. 3. La famille est l'élément naturel et fondamental de la société et a droit à la protection de la société et de l'Etat.

[689] *L'article 6 c/ et e/ du Protocole à la Charte africaine des droits de l'homme et des peuples relatif aux droits de la femme en Afrique du 11 juillet 2003, ratifié le 14 décembre 2011 par le Congo, stipule, « La monogamie est encouragée comme forme préférée du mariage. Les droits de la femme dans le mariage et au sein de la famille y compris dans les relations conjugales polygames sont défendus et préservés » ; « Les deux époux choisissent, d'un commun accord, leur régime matrimonial et leur lieu de résidence »*

juridiquement clos, en droit congolais, il est loin d'être épuisé dans l'opinion tel qu'il est défendu par les féministes.

Sur l'âge nubile, rappelant les dispositions de l'article 128 alinéa 1er du code de la famille, l'article 16-1 de la déclaration universelle des droits de l'homme et l'article 17 alinéa 1er de la constitution qui dispose que la femme a les mêmes droits que l'homme, ainsi que la convention du 18 décembre 1979 sur l'élimination de toutes les formes de discrimination à l'égard des femmes, ratifiée par le Congo le 26 juillet 1982, qui prévoit un âge minimal pour le mariage ; et l'article 6 (b) du protocole additionnel à la charte africaine des droits de l'homme et des peuples, relatif aux droits de la femme en Afrique du 11 juillet 2003, ratifié par le Congo le 14 décembre 2011 qui stipule que, *« l'âge minimum de mariage pour la faille est de 18 ans »*, la Cour constitutionnelle considère, d'une part que la déclaration universelle des droits de l'homme ne fixe pas dans son article 16-1 un âge nubile identique pour l'homme et pour la femme dont le législateur congolais se serait mépris dans l'article 128 alinéa 1er du code de la famille, d'autre part que, s'agissant des personnes ayant atteint la majorité et capables d'accomplir tous les actes de la vie civile, la différenciation de l'âge entre l'homme et la femme procèdent des considérations qui relèvent du pouvoir général d'appréciation du législateur. Pour autant, la Cour constitutionnelle précise judicieusement que ces considérations, d'ordre sociologique et psychologue, n'interdisent pas au législateur de déroger au principe d'égalité entre l'homme et la femme dans l'intérêt général. Enfin, elle considère qu'en fixant, à travers l'article 128 du code de la famille, l'âge nubile à 18 ans pour la femme et 21 ans pour l'homme, le législateur n'a pas violé les dispositions constitutionnelles.

Nous pouvons, raison garder, apporter un petit bémol sur la fixation de l'âge nubile pour l'homme à 21 ans, alors que la majorité civile, requise pour accomplir les actes de la vie civile est fixée à 18 ans. Il en est de même du droit de vote (le droit d'être électeur et éligible) est fixé à 18 ans. L'âge minimal requis pour se porter candidat aux élections législatives (pour ne citer que l'exemple des députés) est fixé par l'article 132 de la constitution à 18 ans.

Dès lors, en quoi les considérations sociologiques ou psychologiques feraient-elles obstacle à ce qu'un congolais élu député à l'âge de 18, 19 ou 20 ans soit considéré comme étant apte à contracter mariage ? Cette restriction ne se justifie pas. La Cour constitutionnelle aurait pu dans le cadre de son office, censurer les dispositions de l'article 128 du code de la famille sur ce point. Il est constant que le législateur sera bien inspiré, dans le cadre de la refonte du code de la famille de revoir l'âge nubile pour l'homme afin de le ramener à la majorité civile.

Sur le versement de la dot, rappelant les dispositions de l'article 141 du code de la famille, de l'article 16-1 de la déclaration universelle des droits de l'homme et de l'article 138 alinéa 1er de la constitution de 2015, la Cour constitutionnelle considère qu'en la mettant à la charge de l'homme, le législateur n'a fait que légitimer, si ce n'est légaliser une coutume bien ancrée dans les mœurs de la société congolaise depuis les temps immémoriaux, la nuit des temps. Elle participe de l'incorporation de la coutume dans le corpus constitutionnel congolais, sans que cela ne caractérise une violation du principe d'égalité entre l'homme et la femme.

On peut cependant s'interroger sur le laïus de la Cour constitutionnelle, en parlant de la *« ...conciliation des valeurs universelles de la démocratie et les réalités politiques, sociales et culturelles nationales... »,* voulue par le constituant dans le préambule de la constitution du 25 octobre 2015, pour justifier la légalisation de la coutume sur la dot.

A moins que l'on s'y méprenne. Ce qui est en jeu ce n'est pas tant les valeurs universelles de la démocratie, mais l'acceptation d'une norme coutumière. Donc, une norme non écrite dans le corpus législatif. C'est la légalisation d'une coutume ou sa légifération dans le droit positif. Il n'échappera à personne que la loi n° 073/84 du 17 octobre 1984, portant code de la famille fut votée sous le régime du monopartisme.

Enfin, bien que s'étant déclarée compétente et ayant accueilli la requête de Monsieur Poaty Stevy Juvadel, la Cour constitutionnelle a décidé que les dispositions critiquées de la loi précitée n'étaient en rien contraires à la constitution.

c). Vis-à-vis des enfants.

La constitution du 25 octobre 2015 reconnait à tous les enfants nés dans le mariage ou hors du mariage, les mêmes droits et devoirs. Ils jouissent de la même protection de la loi. L'Etat à l'obligation de protéger les enfants et les adolescents contre l'exploitation économique et sociale (articles 38, 39, 40). Le Congo ayant ratifié la convention internationale des droits de l'enfant du 20 novembre 1989, les dispositions de celle-ci sont applicables en tant qu'il fait partie intégrante du bloc de la constitutionnalité comme le rappelle le préambule de la constitution.

II). Les devoirs des parents et les droits des enfants.

Comme toutes les constitutions qui se sont succédées, le droit congolais ne traite pas différemment les enfants selon qu'ils soient nés d'un mariage officiel ou non. Ils bénéficient des mêmes droits et ont les mêmes devoirs à l'égard de leurs parents. Ce, quelles que soient leurs conditions de naissance. C'est ce que la constitution de 2015 réaffirme dans son article 38 alinéas 2 et 3. Ils bénéficient sans discrimination de la même protection de la part de la famille, la société et de l'Etat. La constitution interdit le travail des enfants de moins de 16 ans[690].

La constitution du 15 mars 1992 était beaucoup plus explicite, sans doute inspirée par les instruments juridiques pertinents du droit international en matière de protection des droits de l'enfant. Ainsi donc, son article 41 interdisait de séparer les enfants de leur famille, notamment contre le gré de ceux qui ont la charge de leur éducation qu'en vertu de la loi. Son article 44 prescrivait que la loi sanctionne le fait d'employer des enfants de moins de 18 ans à des travaux de nature à compromettre leur moralité ou leur santé, à mettre en danger ou à nuire à leur développement normal. De même qu'aux termes de l'article 45, le manquement des parents en matière d'éducation et de protection de leur enfant est sanctionné par la loi.

Il est constant que, outre la prise en compte en général de la protection de l'enfant et la référence aux instruments juridiques pertinents du droit international ratifiés par le Congo, il ne ressort pas de la nouvelle constitution, ni de celles qui l'ont précédée, la prise en compte de la problématique de la protection spécifique de l'enfant en temps de conflits armés ; alors qu'ils en sont victimes à plus d'un titre. Ils subissent les affres de la guerre ou d'un conflit en tant qu'acteurs en y participant de gré ou de force[691]. L'autre problématique est également celle de l'enfance délinquante, de la réponse qu'il faille y apporter lorsqu'ils viennent à commettre des délits ou des crimes crapuleux. Comme c'est le cas du phénomène des bébés noirs qui sèment la terreur dans les quartiers des centres urbains.

B). Le droit à l'éducation, à l'enseignement et à la formation.

Les dispositions que la constitution du 25 octobre 2015 consacre à l'éducation sont très cursives. En effet, l'article 29 dispose que l'Etat assure l'épanouissement de la jeunesse. A ce titre il garantit, notamment le droit à l'éducation et l'égal accès à l'enseignement et à la formation et, le caractère obligatoire de la scolarité jusqu'à l'âge de 16 ans. Cette rédaction paraît limiter l'éducation dans une vision très restrictive, limitée à la jeunesse.

---

[690] Cf. article 38 à 40 de la constitution du 25 octobre 2015, 32 à 34 de la constitution du 20 janvier 2002.

[691] Il convient de souligner que sur le plan international, la prise en compte d'une protection spécifique des enfants dans les conflits armés a été concrétisée, outre la 4ème convention de Genève de 1949, avec les 2 protocoles additionnels de 1977 (phénomène de l'enfant soldat), par la convention internationale des droits de l'enfant de 1983 (article 38 et 39), et sur le plan continental avec la charte africaine des droits de l'homme et des peuples de 1981 et la charte africaine des droits et du bien être de l'enfant de 1990. Cf. JM Sorel & CL Popescu (Sous la Dir.), *« La protection de personnes vulnérables en temps de conflit armé »*, éd. Bruyllant, Bruxelles, 2010 ; *« Droits de l'homme en droit international, textes de base »*, Conseil de l'Europe, 2ème édition, édition du Conseil de l'Europe, Strasbourg, 2002. ; A. D. Olinga, « L'Afrique face à la *« globalisation »* des techniques de protection des droits fondamentaux , Présence Africaine ,1999/1 (N° 159) ;

La constitution du 20 janvier 2002 consacrait une approche plus large dans son article 23 garantissant, outre le droit à l'éducation, l'égal accès à l'enseignement et à la formation professionnelle, la gratuité de l'enseignement dispensé dans les établissements publics, le droit de créer des établissements privés d'enseignement dans les conditions fixées par la loi. Cette approche extensive de l'éducation était également comprise dans la constitution du 15 mars 1992 qui, dans son article 37, prescrivait le droit de toute personne à l'éducation, le rôle de l'Etat qui doit assurer la surveillance et le contrôle pédagogique de tout l'enseignement, veiller à l'égal accès à l'enseignement et à la formation professionnelle ; la gratuité de l'enseignement public, le caractère obligatoire de l'enseignement fondamental jusqu'à l'âge de 16 ans.

Le droit à l'éducation et ses composantes (instruction, enseignement ou formation) n'est pas spécifiquement réservé à l'enfant, il concerne tout le monde[692].

§ 3 : Les droits sociaux et le droit de la santé.

Sont ici concernés les droits liés à l'accès et aux conditions de travail ainsi que ceux afférents à l'état de santé des personnes, tels qu'ils sont réaffirmés dans la constitution du 25 octobre 2015.

A). Les droits liés à l'accès et aux conditions de travail.

Le droit à un emploi et les conditions de travail sont séparément régis par les dispositions de la constitution de 2015.

I). L'accès au travail.

L'article 30 de la constitution réaffirme le droit au travail que l'Etat reconnait à tous les citoyens, dans des termes identiques à l'article 24 de la constitution du 20 janvier 2002, ainsi que l'obligation qui pèse sur lui de créer les conditions qui en rendre la jouissance effective.

La rédaction de l'article 31 de la constitution du 15 mars 1992 était plus contraignante en consacrant le travail à la fois comme *« un droit et un devoir sacré »*.

---

[692] D'après l'UNESCO, « Le droit à l'éducation est un droit fondamental de l'homme, indispensable à l'exercice de tous les autres droits de l'homme. Il promeut la liberté individuelle et l'autonomisation et apporte des bénéfices importants en matière de développement… »,
Cf. http://www.unesco.org/new/fr/education/themes/leading-the-international-agenda/right-to-education/.
Le droit à l'éducation est pris en compte dans d'autres instruments juridiques internationaux, comme c'est le cas au plan continental avec l'article 17 de la Charte africaine des droits de l'homme et des peuples, ainsi que l'article 11 de la Charte africaine des droits et du bien être de l'enfant.

L'Etat devait garantir la liberté du travail, le droit pour tout citoyen d'être rémunéré suivant son travail et ses capacités, ainsi que l'égalité de rémunération entre homme et femme pour un travail égal. Il interdisait toute forme de discrimination fondée sur la race, le sexe, l'était physique, l'origine régionale et ethnique, idéologique, religieuse et philosophique, dans l'accès au travail, les conditions de travail et de rémunération. La prise en compte du droit au travail s'inscrit dans le droit fil des instruments normatifs internationaux tels que le pacte international des droits économiques, sociaux et culturels, dont l'article 6 stipule que,

« 1. Les Etats parties au présent Pacte reconnaissent le droit au travail, qui comprend le droit qu'a toute personne d'obtenir la possibilité de gagner sa vie par un travail librement choisi ou accepté, et prendront des mesures appropriées pour sauvegarder ce droit.

2. Les mesures que chacun des Etats parties au présent Pacte prendra en vue d'assurer le plein exercice de ce droit doivent inclure l'orientation et la formation techniques et professionnelles, l'élaboration de programmes, de politiques et de techniques propres à assurer un développement économique, social et culturel constant et un plein emploi productif dans des conditions qui sauvegardent aux individus la jouissance des libertés politiques et économiques fondamentales ».

Il en est de même de la charte africaine des droits de l'homme et des peuples qui stipule en son article 15 que, *« Toute personne a le droit de travailler dans des conditions équitables et satisfaisantes et de percevoir un salaire égal pour un travail égal ».*

Il fait aussi partie des préoccupations de l'organisation internationale du travail (OIT) qui a pour vocation « de promouvoir la justice sociale, les droits de l'homme et les droits au travail reconnus internationalement, poursuivant sa mission fondatrice : œuvrer pour la justice sociale qui est indispensable à une paix durable et universelle ».

Elle définit quatre (4) objectifs, promouvoir et mettre en œuvre les principes et les droits fondamentaux au travail ; accroître les possibilités pour les hommes et les femmes d'obtenir un emploi décent ; étendre le bénéfice et l'efficacité de la protection sociale pour tous et renforcer le tripartisme et le dialogue social[693].

[693] Cf. http://www.ilo.org/global/about-the-ilo/mission-and-objectives/lang--fr/index.htm

II). Les conditions de travail.

La prise en compte des conditions de travail dans la constitution de 2015 se traduit aussi par la reconnaissance (outre la liberté syndicale) du droit de grève, des conditions humaines de travail, du repos et des congés.

a). La liberté et les droits syndicaux.

Il s'agit à la fois d'un droit et d'une liberté, même si l'article 32 de la constitution (reprenant l'article 21 de la constitution du 20 janvier 2002) prévoit que les libertés syndicales sont garanties dans les conditions fixées par la loi. Si les syndicats peuvent être librement créés dans le cadre de la loi, l'Etat garantit à toute personne le droit d'adhérer librement au syndicat de son choix. En sont seulement exclus les magistrats et les agents de la force publique c'est-à-dire les militaires, les gendarmes et les policiers en raison de leurs statuts particuliers et surtout du caractère très régalien de leurs fonctions.

b). Le droit de grève.

Le droit de grève est réaffirmé par l'article 32 de la constitution, dans les mêmes termes que les articles 25 et 31 alinéa 3 de la constitution du 20 janvier 2002 et celle du 15 mars 1992. Comme pour les droits syndicaux, les agents de la force publique en sont exclus.

c). Les conditions humaines de travail.

Le travail doit s'effectuer dans des conditions humaines et acceptables pour la santé physique et psychologique de la personne. Les relations de travail doivent résulter d'un libre accord de volonté des parties, dans le cadre d'un contrat de travail ou d'un engagement qui en tient lieu. Ainsi donc, l'article 33 de la constitution interdit, comme les articles 26 et 31 alinéa 4 des constitutions du 20 janvier 2002 et du 15 mars 1992, d'astreindre une personne au travail forcé.

Cependant, le travail forcé n'est reconnu que dans le cadre d'une condamnation par une juridiction répressive à une peine d'emprisonnement pour délit ou crime. Il s'agit notamment de la peine surannée de travaux forcés, définie par les articles 7 et 40 du code pénal.

Enfin, l'article 33 dernier alinéa interdit l'esclavage dans les mêmes termes que les constitutions du 20 janvier 2002 (article 26 alinéa 2) et du 15 mars 1992 (article 31 dernier alinéa).

L'interdiction des travaux forcés est conforme aux engagements internationaux souscrits par le Congo, comme l'article 8 pacte international des droits civils et politiques[694], l'article 7 du pacte international des droits économiques, sociaux et culturels[695], ou l'article 5 de la charte africaine des droits de l'homme et des peuples[696].

d). Le droit au repos, aux loisirs et aux congés.

Le droit aux repos, aux loisirs, à la limitation de la durée du travail, aux congés périodiques ainsi qu'à la rémunération des jours fériés dans les conditions fixées par la loi, est réaffirmé par l'article 34 de la constitution, comme par les articles 28 et 33 de la constitution du 20 janvier 2002 et celle du 15 mars 1992. Il s'est inspiré de l'article 8§d du pacte international des droits économiques, sociaux et culturels[697].

---

[694] *L'article 8 du PIDCP dispose, « 1. Nul ne sera tenu en esclavage; l'esclavage et la traite des esclaves, sous toutes leurs formes, sont interdits.*
2. Nul ne sera tenu en servitude.
3. a) Nul ne sera astreint à accomplir un travail forcé ou obligatoire ;
b) L'alinéa a du présent paragraphe ne saurait être interprété comme interdisant, dans les pays où certains crimes peuvent être punis de détention accompagnée de travaux forcés, l'accomplissement d'une peine de travaux forcés, infligée par un tribunal compétent; c / N'est pas considéré comme "travail forcé ou obligatoire" au sens du présent paragraphe: I) Tout travail ou service, non visé à l'alinéa b, normalement requis d'un individu qui est détenu en vertu d'une décision de justice régulière ou qui, ayant fait l'objet d'une telle décision, est libéré conditionnellement; II) Tout service de caractère militaire et, dans les pays où l'objection de conscience est admise, tout service national exigé des objecteurs de conscience en vertu de la loi; III) Tout service exigé dans les cas de force majeure ou de sinistres qui menacent la vie ou le bien-être de la communauté; IV) Tout travail ou tout service formant partie des obligations civiques normales ».

[695] *L'article 8 du PIDESC dispose, « Les Etats partie au présent Pacte reconnaissent le droit qu'a toute personne de jouir de conditions de travail justes et favorables, qui assurent notamment:*
a) La rémunération qui procure, au minimum, à tous les travailleurs:
i) Un salaire équitable et une rémunération égale pour un travail de valeur égale sans distinction aucune; en particulier, les femmes doivent avoir la garantie que les conditions de travail qui leur sont accordées ne sont pas inférieures à celles dont bénéficient les hommes et recevoir la même rémunération qu'eux pour un même travail;
ii) Une existence décente pour eux et leur famille conformément aux dispositions du présent Pacte;
b) La sécurité et l'hygiène du travail;
c) La même possibilité pour tous d'être promus, dans leur travail, à la catégorie supérieure appropriée, sans autre considération que la durée des services accomplis et les aptitudes;
d) Le repos, les loisirs, la limitation raisonnable de la durée du travail et les congés payés périodiques, ainsi que la rémunération des jours fériés ».

[696] L'article 5 de la CADHP dispose, « Tout individu a droit au respect de la dignité inhérente à la personne humaine et à la reconnaissance de sa personnalité juridique. Toutes formes d'exploitation et d'avilissement de l'homme notamment l'esclavage, la traite des personnes, la torture physique ou morale, et les peines ou les traitements cruels inhumains ou dégradants sont interdites ».

[697] *« ... d) Le repos, les loisirs, la limitation raisonnable de la durée du travail et les congés payés périodiques, ainsi que la rémunération des jours fériés ... »*

B). Les droits liés à l'état de santé des personnes âgées et des handicapés.

La constitution du 25 octobre 2015 garantit également les droits liés à l'état de santé, à l'âge et aux personnes en situation de handicap.

I). Concernant la santé publique.

Le droit à la santé est consacré par les instruments juridiques internationaux auxquels le Congo a souscrit. Ainsi donc, l'article 12 du Pacte international des droits économiques, sociaux et culturels stipule que,

« 1. Les Etats parties au présent Pacte reconnaissent le droit qu'a toute personne de jouir du meilleur état de santé physique et mentale qu'elle soit capable d'atteindre.

2. Les mesures que les Etats parties au présent Pacte prendront en vue d'assurer le plein exercice de ce droit devront comprendre les mesures nécessaires pour assurer :

a) La diminution de la mortinatalité et de la mortalité infantile, ainsi que le développement sain de l'enfant ;

b) L'amélioration de tous les aspects de l'hygiène du milieu et de l'hygiène industrielle ;

c) La prophylaxie et le traitement des maladies épidémiques, endémiques, professionnelles et autres, ainsi que la lutte contre ces maladies ;

d) La création de conditions propres à assurer à tous des services médicaux et une aide médicale en cas de maladie ».

C'est aussi ce qui ressort de l'article 16 de la charte africaine des droits de l'homme et des peuples,

« 1. Toute personne a le droit de jouir du meilleur état de santé physique et mentale qu'elle soit capable d'atteindre.

2. Les Etats parties à la présente Charte s'engagent à prendre les mesures nécessaires en vue de protéger la santé de leurs populations et de leur assurer l'assistance médicale en cas de maladie ».

Ces dispositions ont inspiré le constituant congolais, dans la mesure où l'article 36 alinéa 1er de la constitution du 25 octobre 2015 reconnait, comme les constitutions du 20 janvier 2002 (article 30 alinéa 1er) et celle du 15 mars 1992 (article 34 alinéa 1er), l'Etat comme garant de la santé publique.

Le dispositif législatif et réglementaire adopté depuis mars 2020 pour endiguer la propagation de la pandémie mondiale du coronavirus (COVID 19), dans le cadre de l'état d'urgence sanitaire, est un exemple patent[698].

---

[698] Cf. Décret n°2020-93 du 30 mars 2020, portant déclaration de l'état d'urgence sanitaire en République du Congo, JORC du 09 avril 2020, n°15, p.362 ; décret n°2020-99 du 1er avril 2020 fixant la liste des biens et services indispensables et des déplacements essentiels dans le cadre de l'application des mesures

Cependant, la constitution du 15 mars 1992 était plus précise que celles de 2002 et 2015, en ce qu'elle disposait en outre que tout citoyen a droit à un niveau de vie suffisant pour assurer sa santé, son bien être et ceux de sa famille, notamment par l'alimentation, l'habillement, le logement, les soins médicaux ainsi que les services sociaux nécessaires (article 34 alinéa1er).

Pour diversifier l'offre de soins, l'article 36 alinéa 2 de la constitution réaffirme le devoir de l'Etat de garantir le droit de créer des établissements sociosanitaires privés dans les conditions fixées par la loi[699].

II). La prise en charge et la protection des personnes âgées et/ou handicapées.

La prise en compte et la protection des personnes âgées ainsi que des personnes vivant avec handicap est un devoir qui incombe à la collectivité, à l'Etat au premier chef. Cette préoccupation participe non seulement de la solidarité intergénérationnelle, mais aussi, et surtout de la solidarité envers les personnes diminuées quelles qu'en soient les causes.

Dès lors, à la différence des constitutions du 20 janvier 2002 (article 30 alinéa 2) et celle du 15 mars 1992 (article 34 dernier alinéa), la constitution

---

de lutte contre la pandémie de coronavirus COVID'19, JORC du 09 avril 2020, n°15, p.362 ; décret n°2020-100 du 1er avril 2020 portant organisation du service public pendant la période du confinement, JORC du 09 avril 2020, n°15, p.364 ; arrêté n°5472 du 1er avril 2020 fixant les modalités de mise en œuvre du couvre-feu sur l'ensemble du territoire national, JORC du 09 avril 2020, n°15, p.365 ; arrêté n°5472 du 1er avril 2020 portant organisation des marchés domaniaux, JORC du 09 avril 2020, n°15, p.366 ; décret n°2020-66 du 27 mars 2020, portant création, attribution et organisation de la coordination nationale de gestion de la pandémie du coronavirus COVID'19 ; décret n°2020-60 du 18 mars 2020 portant création, attribution d'une task-force sur l'impact économique et social du coronavirus COVID'19, JORC du 26 mars 2020, p.319 ; décret n°2020-63 du 23 mars 2020 portant réglementation de la gestion financière et comptable des opérations liées au COVID'19, JORC du 02 avril 2020, n°14, p.340 ; arrêté n°5417 du 23 mars 2020, portant réquisition du complexe sportif La concorde de Kintele, JORC du 02 avril 2020, n°14, p.340 ; décret n°2020-91 du 30 mars 2020 portant création du comité technique de riposte à la pandémie à coronavirus COVID'19 ; décret n°2020-92 du 30 mars 2020 portant création du comité d'experts près le comité national de la riposte à la pandémie à coronavirus COVID'19 ; décret n° 2020-112 du 16 avril 2020, portant création, attributions et composition du comité de pilotage du projet de riposte d'urgence au « COVID-19 », JORC, 16 avril 2020, n°16, p. 383 ; décret n° 2020-101 du 3 avril 2020, portant réquisition du personnel de santé exerçant sur le territoire national JORC, 16 avril 2020, n°16, 385 ; Arrêté n° 5486 du 14 avril 2020, fixant les conditions d'inhumation des victimes du coronavirus COVID-19, JORC, 16 avril 2020, n°16, p.386 ; loi n°15-2020 du 20 avril2020, autorisant la prolongation de l'état d'urgence sanitaire en République du Congo ; décret n°2020-118 du 20 avril 2020, autorisant la prolongation de l'état d'urgence sanitaire en République du Congo ; loi n° 34-2020 du 8 juillet 2020 autorisant la prorogation de l'état d'urgence sanitaire en République du Congo ; décret n° 2020-196 du 8 juillet 2020 portant prorogation de l'état d'urgence sanitaire en République du Congo, JORC, n°28, du jeudi 16 juillet 2020, p. 615 ; Arrêté n° 7408 du 15 juillet 2020 portant organisation et fonctionnement de l'unité de gestion des produits et matériels de lutte contre la pandémie COVID-19, JORC, n°29, du jeudi 23 juillet 2020 p. 643, etc. Il serait loisible au constituant de revoir la durée de l'état d'urgence afin de l'adapter à des situations pandémiques qui persistent sans discontinuer. Cela éviterait des autorisations législatives de prorogation (tous les vingt (20) jours) à n'en point finir. La COVID'19 a été déclarée pandémique par l'OMS le 11 mars 2020. Elle continue de se propager, sans être endiguée en 2021.

[699] Cf. également la constitution du 20 janvier 2002 (article 30 alinéa 2) et celle du 15 mars 1992 (article 34 alinéa 2).

du 25 octobre 2015 consacre son article 31 uniquement aux personnes âgées et à celles qui vivent avec un handicap. Ils ont droit à des mesures spécifiques de protection en rapport avec leurs besoins physiques, moraux ou autres en vue de leur plein épanouissement dans les conditions fixées par la loi. Dès lors, l'Etat est tenu de promouvoir la présence des personnes vivant avec handicap au sein des institutions et des administrations nationales et locales.

Il convient de souligner que cet effort de promotion des personnes handicapées devrait également concerner les acteurs et institutions privés. Cela passe également par l'amélioration des conditions de leur mobilité et surtout de l'accessibilité des locaux ou des espaces aussi bien publics que privés, afin qu'elles soient pleinement impliquées dans la société. Il y a aussi la nécessité, pour celles qui sont démunies, de leur apporter, au même titre que les personnes âgées, une assistance matérielle et financière afin d'améliorer leurs conditions de vie.

Comme il sera vu plus loi, la création d'un conseil consultatif des personnes vivant avec handicap traduit la prise en compte de toutes ces problématiques par le constituant de 2015.

§ 4 : L'accès au droit et à la justice.

L'accès au droit et à la justice fait partie des principes fondamentaux d'un Etat de droit. On peut parler de l'inexistence à une consécration marginale du droit d'accès au droit et à la justice dans le dispositif constitutionnel congolais. Cela, mis à part le fait que ces droits sont indirectement pris en compte à travers l'incorporation des conventions internationales relatives aux droits humains dans le bloc de la constitutionnalité, telle qu'exprimée dans le préambule de la constitution.

A). Le silence de la constitution sur le droit d'accès au droit.

La constitution du 25 octobre 2015 brille, comme les précédentes, par une carence sidérante sur la problématique de l'accès au droit. C'est-à-dire le droit des citoyens d'accéder aux informations sur leurs droits et leurs devoirs, ainsi que la manière de les faire valoir ou de les exercer ; le droit d'être informé et orienté vers les institutions auprès desquelles les citoyens peuvent avoir des réponses idoines à leurs préoccupations d'ordre juridique, soit dans l'accomplissement de leurs démarches, soit pour bénéficier d'une assistance juridique. Certes, nul n'est censé ignorer la loi (dit l'adage). Mais, la loi n'est pas toujours à la portée de toutes les connaissances. Le savoir juridique est avant tout une affaire des spécialistes, des professionnels du droit.

Même les professionnels du droit s'y perdent en raison soit de la complexité des matières ou des disciplines qui le composent, soit de l'inintelligibilité de certaines normes ; qu'il s'agisse des textes de loi (au sens large) ou du contenu des décisions de justice (la jurisprudence). Surtout lorsque l'on assiste à une production juridique très hémorragique. La légistique trouverait ici pleinement toute sa raison d'être pour une meilleure clarté, lisibilité, compréhension, connaissance et applicabilité des normes juridiques. Il y va pour chaque citoyen, de la connaissance de ses droits et de ses devoirs.

Le droit d'accès au droit implique naturellement une obligation, de la part de l'Etat et des collectivités publiques, de mettre en place des structures adéquates et adaptées pour en faciliter l'exercice par les citoyens qui en ont besoin.

Pourtant, cette préoccupation est prise en compte par la convention africaine des droits de l'homme et des peuples dans son article 8. Même si elle est essentiellement axée sur la condition féminine, ainsi qu'elle stipule,

« Les Etats prennent toutes les mesures appropriées pour assurer :

a) l'accès effectif des femmes à l'assistance et aux services juridiques et judiciaires ;

b) l'appui aux initiatives locales, nationales, régionales et continentales visant à donner aux femmes l'accès à l'assistance et aux services judiciaires ;

c) la création de structures éducatives adéquates et d'autres structures appropriées en accordant une attention particulière aux femmes et en sensibilisant toutes les couches de la société aux droits de la femme ;

d) la formation des organes chargés de l'application de la loi à tous les niveaux pour qu'ils puissent interpréter et appliquer effectivement l'égalité des droits entre l'homme et la femme ;

e) une représentation équitable des femmes dans les institutions judiciaires et celles chargées de l'application de la loi, etc. »

B). La place marginale de l'accès à la justice.

L'accès à la justice est l'un des critères ou principes essentiels, si non fondamentaux, d'un Etat de droit. Cette question est régie de manière quelque peu marginale dans la constitution du 25 octobre 2015 à travers ses articles 11, 46 et 47.

I). La notification des droits en cas d'arrestation.

L'article 11 alinéa 1er réaffirme le droit pour toute personne d'être informée du motif de son arrestation et de ses droits dans une langue qu'elle comprend. Le droit d'une personne d'être informée des raisons de son arrestation est essentiel, s'agissant d'une mesure restrictive de liberté. Il en est de même s'agissant des garanties reconnues à toute personne se trouvant en état d'arrestation d'être aussitôt informée de ses droits : *le droit d'être assistée d'un avocat de son choix ou commis d'office, le droit d'informer et de contacter ses proches, le droit d'être consultée par un médecin si son état de santé l'exige, le droit de garder silence c'est-à-dire de rependre ou de ne pas rependre aux questions qui lui seraient posées, le droit d'être informée de la durée de sa détention notamment de la garde à vue ; le droit de bénéficier de l'assistance d'une interprète ou d'un traducteur si la personne interpellée ne s'exprime pas en français ou dans une des langues nationales, etc.*

II). Le droit d'ester en justice.

C'est la matière de l'article 46 de la constitution du 25 octobre 2015 qui dispose que, tout citoyen a le droit de présenter une requête aux organes appropriés de l'Etat[700]. Le droit de faire valoir ses droits par une requête auprès des organes appropriés de l'Etat est largement consacré, même si le mode d'action est d'apparence spécifique. D'une part, la requête est au plan juridique un acte de saisine d'une juridiction, qui comporte un exposé des faits, des motifs et les prétentions de son auteur.

D'autre part, si l'on se réfère à la connotation sémantique de l'article 46 de la constitution, le destinataire d'une requête n'est pas forcément une juridiction. Car, la notion *« d'organes appropriés »* de l'Etat peut concerner aussi bien un organe juridictionnel strictement parlant comme des tribunaux et cours, que les organes ne relevant pas forcément de l'organisation judiciaire ou de l'administration de la justice, telles que certaines commissions ou autorités à caractère disciplinaire, etc.

En somme, il peut s'agir des recours juridictionnels ou des recours non juridictionnels (recours administratif gracieux ou hiérarchique, par exemple).

Il convient de souligner que la limitation des recours non juridictionnels auprès des seuls organes de l'État est regrettable, car dans le cadre de la décentralisation, les autorités locales peuvent être destinataires des réclamations des particuliers dans leurs domaines de compétences respectives. Ce recours ne doit pas être limité à une action en annulation des actes administratifs, notamment des autorités de l'Etat.

---

[700] Cf. article 40 de la constitution du 20 janvier 2002 et article 18 de la constitution du 15 mars 1995.

III). L'action en responsabilité de la puissance publique devant la justice.

L'article 47 de la constitution réaffirme le droit pour tout citoyen, qui subit un préjudice du fait de l'administration, d'ester en justice dans les conditions déterminées par la loi[701].

Il s'agit ici de ce qui est convenu d'appeler par contentieux de la responsabilité de la puissance publique ou de l'administration englobant non seulement les personnes morales de droit public (l'Etat, les collectivités locales et leurs démembrements), mais aussi les personnes privées investies d'une mission de service public, etc.

IV). Les limites dans la prise en compte de l'accès à la justice.

Le constituant congolais du 25 octobre 2015, tout comme celui qui l'a précédé, manque un peu d'audace dans la prise en compte des préoccupations de l'accès à la justice dans un titre consacré aux droits et libertés des citoyens.

Le bon fonctionnement de la justice (comme l'accès au droit) constitue le ciment d'un Etat de droit. Il devrait être proclamé avec force (même si les bonnes intentions ne suffisent pas et que c'est la réalité qui compte et, comme il sera vu plus loin, le dernier alinéa de l'article 11 de la constitution fait du pouvoir judiciaire le gardien des libertés individuelles).

L'accès à la justice ne recouvre pleinement son vrai sens que si les principes fondamentaux et universellement admis sont clairement affirmés dans la constitution et effectivement appliqués dans les faits. C'est le cas, par exemple de la présomption d'innocence[702], du droit à un procès juste et équitable, du droit d'être entendu en sa cause par un juge impartial et l'indépendant, du droit à un recours effectif, etc.

Pourtant, ces préoccupations sont présentes dans les instruments juridiques internationaux auxquels la constitution se réfère[703]. Il n'est pas non plus inutile de

---

[701] Cf. article 41 de la constitution du 20 janvier 2002 et 19 de la constitution du 19 mars 1992.

[702] Les articles 9 alinéa 2 de la constitution du 20 janvier 2002 et l'article 12 de la constitution du 15 mars 1992, affirmaient le principe de la présomption d'innocence selon lequel, toute personne est présumée innocente jusqu'à ce que sa culpabilité ait été établie à la suite d'une procédure lui garantissant les droits de la défense.

703 La déclaration universelle des droits de l'homme stipule *« Toute personne a droit à un recours effectif devant les juridictions nationales compétentes contre les actes violant les droits fondamentaux qui lui sont reconnus par la constitution ou par la loi » (article 8), « Toute personne a droit, en pleine égalité, à ce que sa cause soit entendue équitablement et publiquement par un tribunal indépendant et impartial, qui décidera, soit de ses droits et obligations, soit du bien-fondé de toute accusation en matière pénale dirigée contre elle » (article 9).* Le Pacte international des droits civils et politiques stipule, *« ... 1. Tous sont égaux devant les tribunaux et les cours de justice. Toute personne a droit à ce que sa cause soit entendue équitablement et publiquement par un tribunal compétent, indépendant et impartial, établi par la loi, qui décidera soit du bien-fondé de toute accusation en matière pénale dirigée contre elle, soit des contestations sur ses droits et obligations de caractère civil. Le huis clos peut être prononcé pendant la totalité ou une partie du procès soit dans l'intérêt des bonnes mœurs, de l'ordre public ou de la sécurité nationale dans une société démocratique, soit lorsque l'intérêt de la vie privée des parties en cause*

rappeler la déclaration de la première réunion de haut niveau sur l'Etat de droit du 24 septembre 2012, lors de la 67ème session de l'Assemblée générale des Nations-Unies, les Etats membres adoptaient une résolution sur la nécessité de garantir l'accès à la justice comme un principe fondamental de l'Etat de droit, de la démocratie et indispensable au développement[704].

§ 5 : Les autres droits réaffirmés dans la constitution.

La constitution du 25 octobre 2015 réaffirme également les droits à caractère écologique, économique ou patrimonial.

A). Des droits à caractère patrimonial.

Plusieurs catégories de droits sont ici concernées.

I). Le droit de propriété et de la succession.

L'article 23 de la constitution garantit les droits de propriété et de la succession dans les mêmes termes que l'article 17 de la constitution du 20 janvier 2002, en ce qu'il dispose que,

« Les droits de propriété et de succession sont garantis.

---

l'exige, soit encore dans la mesure où le tribunal l'estimera absolument nécessaire lorsqu'en raison des circonstances particulières de l'affaire la publicité nuirait aux intérêts de la justice; cependant, tout jugement rendu en matière pénale ou civile sera public, sauf si l'intérêt de mineurs exige qu'il en soit autrement ou si le procès porte sur des différends matrimoniaux ou sur la tutelle des enfants... » (article 14). La Charte africaine des droits de l'homme et des peuples *stipule dans son article 8, concernant l'accès à la justice et à la protection devant la loi, « Les femmes et les hommes jouissent de droits égaux devant la loi et jouissent du droit à la protection et au bénéfice égaux de la loi. Les Etats prennent toutes les mesures appropriées pour assurer : a) l'accès effectif des femmes à l'assistance et aux services juridiques et judiciaires ; b) l'appui aux initiatives locales, nationales, régionales et continentales visant à donner aux femmes l'accès à l'assistance et aux services judiciaires ; c) la création de structures éducatives adéquates et d'autres structures appropriées en accordant une attention particulière aux femmes et en sensibilisant toutes les couches de la société aux droits de la femme ; d) la formation des organes chargés de l'application de la loi à tous les niveaux pour qu'ils puissent interpréter et appliquer effectivement l'égalité des droits entre l'homme et la femme ; e) une représentation équitable femmes dans les institutions judiciaires et celles chargées de l'application de la loi ; f) la réforme des lois et pratiques discriminatoires en vue de promouvoir et de protéger les droits de la femme ».*.

[704] La Déclaration de la réunion de haut niveau de l'Assemblée générale des Nation Unies sur l'état de droit aux niveaux national et international, stipule, *« ... 13. Nous réaffirmons le principe de la bonne gouvernance et sommes décidés à pourvoir à la prestation efficace, juste, non discriminatoire et équitable des services publics liés à l'état de droit, y compris la justice pénale, civile et administrative, le règlement des litiges commerciaux et l'aide juridictionnelle.*

13. Nous sommes convaincus que l'indépendance, l'impartialité et l'intégrité de la justice constituent le soubassement de l'état de droit et d'une administration de la justice exempte de toute discrimination.

14. Nous insistons sur le droit à l'égal accès de tous à la justice, y compris les membres de groupes vulnérables, et sur l'importance qu'il y a à sensibiliser chacun aux droits qu'il tire de la loi et, à cet égard, nous nous engageons à prendre toutes les mesures nécessaires pour assurer en toute équité, transparence, efficacité et sans discrimination des services qui facilitent l'accès de tous à la justice, notamment à l'aide juridictionnelle, et à répondre de cet engagement... ».

Nul ne peut être privé de sa propriété que pour cause d'utilité publique, moyennant une juste et préalable indemnité, dans les conditions prévues par la loi ».

Ces deux textes sont plus précis que l'article 30 de la constitution du 15 mars 1992 qui, bien que garantissant la propriété et le droit de succession, se contentait ensuite d'affirmer que le transfert et l'expropriation ne sont admis que sous condition d'une juste et préalable indemnisation, même si elle reconnaissait au propriétaire le droit de se pourvoir en justice en cas de contestation. Ce texte était, cependant, silencieux sur la cause de l'expropriation. Or, l'utilité publique est l'une des conditions préalables à l'expropriation d'une propriété privée.

En tout état de cause, si le droit de propriété concerne *stricto sensu* les biens meubles ou immeubles (voire immatériels) créés ou acquis, le droit de succession concerne le transfert d'un patrimoine (matériels ou immatériels) entre personnes suite à un décès ou, dans une certaine mesure, entre vifs. La succession a pour vocation de pérenniser un patrimoine familial à travers des générations.

II). Les droits à caractère culturel, scientifique, intellectuel et artistique.

Cette catégorie recouvre au sens des articles 26 et 35 de la constitution, d'une part, le droit à la culture et au respect de l'identité culturelle de chaque citoyen[705]. Il s'agit d'un droit fondamental dans l'épanouissement d'une personne en tant qu'il permet non seulement d'acquérir des connaissances, mais aussi, dans une société multiculturelle, de préserver la culture des uns et des autres, qui font partie de l'ensemble ou du patrimoine culturel national ; d'autre part, la protection du droit d'auteur à travers la création des œuvres scientifiques, littéraires ou artistiques (article 35)[706].

La garantie de ces droits est assurée dans les faits qu'aucune personne ne peut en être lésée, sauf si une décision de justice le justifie[707].

B). Des droits à caractère économique.

Il s'agit essentiellement des dispositions de l'article 48 de la constitution du 25 octobre 2015 qui, reprenant l'article 27 de la constitution du 20 janvier 2002, dispose que *« Toute personne a le droit, dans le respect de la loi, d'entreprendre dans les secteurs de son choix ».*

---

[705] Reprend l'article 22 de la constitution du 20 janvier 2002

[706] Cf. également les articles 29 et 36 des constitutions du 20 janvier 2002 et du 15 mars 1992

[707] comme en dispose l'article 35 deuxième alinéa,

« ... La mise sous séquestre, la saisie, la confiscation, l'interdiction de tout ou partie de toute publication, de tout enregistrement ou d'autres moyens d'information ou de communication ne peut se faire qu'en vertu d'une décision de justice ».

La rédaction de l'article 32 de la constitution du 15 mars 1992 était plus précise en tant qu'il disposait que *« toute personne a le droit d'entreprendre dans tous les secteurs économiques de son choix, dans le respect des lois et règlements »*. La précision réside dans la mention, *« secteurs économiques »*. Le droit d'entreprendre ici réaffirmé traduit aussi une liberté, celle d'entreprendre et de choisir le secteur économique dans lequel chacun peut déployer son activité.

Il est constant que le droit d'entreprendre ne doit pas avoir pour effet ni pour objet de priver la nation de ses richesses ni de ses ressources (Cf. article 44 et 45 de la constitution)[708].

C). Des droits à caractère écologique.

Le constituant réaffirme le droit à l'environnement, la répression et la réparation de la pollution des espèces par des déchets dangereux.

I). La réaffirmation du droit à l'environnement.

La prise en compte, dans la constitution, des préoccupations écologiques et de protection de l'environnement au titre des droits de l'homme est une des grandes avancées de ces dernières décennies. Le Congo a ratifié la plupart des accords internationaux en matière de l'environnement, dont la COP 21[709]. Comme les constitutions du 15 mars 1992 (articles 46 à 48) et du 20 janvier 2002 (articles 36 à 38), celle du 25 octobre 2015 réaffirme le droit de tout citoyen à un environnement sain, satisfaisant et durable, et son devoir de le défendre. L'Etat doit veiller à la protection et à la conservation de l'environnement (article 41).

---

[708] Cf. également le pacte international des droits économiques, sociaux et culturels (article 6) ; Charte africaine des droits de l'homme et des peuples (articles 21 et 22).

[709] Le droit à un environnement sain a été reconnu, dans un premier temps par la déclaration de Stockholm de 1972, Cf. Déclaration de Stockholm sur l'environnement humain, adoptée en juin 1972, "L'homme a un droit fondamental à la liberté, à l'égalité et à des conditions de vie satisfaisantes, dans un environnement dont la qualité lui permette de vivre dans la dignité et le bien-être. Il a le devoir solennel de protéger et d'améliorer l'environnement pour les générations présentes et futures." ; E. Robert, « l'articulation de l'environnement et du développement, la résolution de l'institut de droit international sur l'environnement », revue belge de droit international, 1997/2, pp. 523 et suiv ; Alexandre KISS « Environnement, droit international, droits fondamentaux », Cahiers du Conseil constitutionnel n° 15 (Dossier : Constitution et environnement) - janvier 2004 ; Conseil de l'Europe, « Manuel sur les droits de l'homme et l'environnement » (2e édition) (2012) ; Maguelonne Déjeant-Pons et Marc Pallemaerts, « Droits de l'homme et environnement : Recueil d'instruments et autres textes internationaux concernant les droits individuels et collectifs en matière d'environnement dans le cadre international et européen », Edition du Conseil de l'Europe, Strasbourg, 2002. COP 21, accord sur le réchauffement climatique, adopté lors de la conférence de Paris (Bourget) du 30 novembre au 12 décembre 2015.

II). La réaffirmation du droit à réparation.

La prise en compte des préoccupations écologiques ou environnementales dans le cadre des activités industrielles ou artisanales qui se déploient au niveau national exige que le législateur fixe les conditions de traitement (stockage, manipulation, évacuation) des déchets (radioactifs, polluants, toxiques) national (article 42).

La constitution reconnait le principe de pollueur-payeur à travers un droit à réparation, sous la forme d'une compensation en cas de préjudice écologique ou environnemental du fait d'une activité économique, dans les conditions fixées par la loi.

III). La criminalisation de la pollution des espaces avec des déchets dangereux.

La constitution sanctionne au titre des crimes, le transit, l'importation, le stockage, l'enfouissement, le déversement dans les eaux continentales et les espaces maritimes sous juridiction nationale, l'épandage dans l'espace aérien des déchets toxiques, polluants, radioactifs ou de tout autre produit dangereux en provenance ou non de l'étranger (art.43).

§ 6 : Les droits des étrangers.

L'article 49 de la constitution du 25 octobre 2015 reconnait, comme la constitution du 20 janvier 2002 (article 42) et celle du 13 mars 1992 (article 52), à tout étranger régulièrement établi sur le territoire national, les mêmes droits et libertés que les nationaux, dans les conditions déterminées par les traités et les lois, sous réserve de réciprocité.

Cependant, il convient de souligner que la condition de régularité de séjour et le principe de réciprocité ne sauraient faire échec aux respects de certains droits, notamment les droits fondamentaux inhérents à la personne humaine, consacrés par les conventions et accords internationaux auxquels le Congo fait partie, et intégrés dans le bloc de la constitutionnalité.

Nous pouvons, pour un approfondissement de cette problématique, et dans une approche du droit comparé, renvoyer à l'ouvrage de notre collègue et confrère Justin Kissangoula, sur la constitution française et les étrangers[710].

---

[710] J. Kissangoula, *« La constitution française et les étrangers, recherche sur les titulaires des droits et libertés de la constitution sociale »*, Paris, LGDJ, 2001.

§ 7 : Le droit à la paix.

Ce droit n'est pas expressément consacré comme tel dans la constitution de 2015, à la différence de la constitution de 1992 qui lui réservait son article 53 qui disposait, *« Le peuple congolais a droit à la paix ».*

La prise en compte du droit à la paix, dans la constitution du 25 octobre 2015 se situe à deux niveaux. D'une part, en-tête du préambule, en ce que, comme nous l'avons vu plus haut, il s'agit d'une des préoccupations du locuteur, le peuple congolais (ici considéré) de préserver la paix et la stabilité, la forme unitaire et le caractère indivisible de l'Etat, l'unité nationale et la cohésion sociale. Il en va de même de la dénonciation dans le même préambule des coups d'Etat et l'exercice tyrannique du pouvoir ainsi que des violences politiques. D'autre part, avec la stigmatisation, dans les articles 12 et 13 de cette constitution (qui reprennent l'article 11 de la constitution du 20 janvier 2002) des crimes de masse et toute propagande ou incitation à la haine ethnique, à la violence ou à la guère civile.

Ces préoccupations sont dans une certaine mesure inspirées des instruments juridiques internationaux, dont la charte africaine des droits de l'homme et des peuples qui dispose en son articles 23,

« 1. Les peuples ont droit à la paix et à la sécurité tant sur le plan national que sur le plan international. Le principe de solidarité et de relations amicales affirmé implicitement par la Charte de l'Organisation des Nations Unies et réaffirmé par celle de l'Organisation de l'Unité africaine est applicable aux rapports entre les Etats.

2. Dans le but de renforcer la paix, la solidarité et les relations amicales, les Etats, parties à la présente Charte, s'engagent à interdire :

i. qu'une personne jouissant du droit d'asile aux termes de l'article 12 de la présente Charte entreprenne une activité subversive dirigée contre son pays d'origine ou contre tout autre pays, parties à la présente Charte ;

ii. que leurs territoires soient utilisés comme base de départ d'activités subversives ou terroristes dirigées contre le peuple de tout autre Etat, partie à la présente Charte ».

Section 2 : La garantie des libertés fondamentales.

Le respect des libertés individuelles est garanti par le pouvoir judiciaire. Il en est le gardien, dans les conditions qui appartient au législateur organique de définir[711]. La constitution du 25 octobre 2015 réaffirme un certain nombre de libertés publiques dans des termes plus ou moins identiques aux précédentes constitutions. Il en est ainsi de la liberté d'aller et de venir, des libertés de croyance et d'expression, des libertés de la correspondance et des réunions.

§ 1 : La liberté d'aller et de venir.

La liberté d'aller et de venir comporte deux variantes, qu'il convient d'examiner au regard de la constitution du 25 octobre 2015 qui s'est inspirée des précédentes lois fondamentales.

A). La libre circulation sur le territoire national.

C'est la faculté reconnue par l'article 22 alinéa 1er de la constitution à tout citoyen de circuler librement et sans restriction sur l'ensemble du territoire national. L'article 16 de la constitution du 20 mars 2002 l'affirmait dans les mêmes termes. L'article 21 de cette constitution mentionnait la liberté d'aller et de venir au titre des libertés d'expression collective que nous verrons plus loin. La constitution du 15 mars 1992 précisait, en outre dans son article 22 que la liberté de circuler pouvait, dans les conditions prévues par la loi, connaître quelques limitations par l'érection des barrages routiers. Cette liberté ne peut pas être entravée par des barrières non autorisées, qui constituent un trouble à l'ordre public. Aux termes de l'article 22 alinéa 2 de la constitution du 15 mars 1992, la liberté de circuler sur l'ensemble du territoire national implique également celle de choisir librement son lieu de résidence.

B). La liberté de sortir du territoire et d'y retourner.

La liberté d'aller et de venir implique également le droit de sortir librement du territoire national et d'y revenir. Aux termes des dispositions de l'article 22 alinéa 2 de la constitution du 25 octobre 2015, cette liberté peut être restreinte par voie judiciaire ou administrative. Or, sous l'empire des constitutions du 15 mars 1992 (article 22 alinéa 2) et du 20 janvier 2002 (article 16 alinéa 2), la liberté de sortir du territoire national ne connaissait d'autres restrictions que celles liées à des poursuites judiciaires (pénales). La

---

[711] Nous reviendrons plus loin sur l'existence et l'exercice du pouvoir judiciaire.

limitation par l'autorité administrative de la liberté ou du droit d'une personne de sortir librement du territoire national est une restriction dangereuse, compte tenu du risque éventuel d'abus, si elle n'est pas assortie de garanties suffisantes sous le contrôle de l'autorité judiciaire qui est le garant des libertés individuelles. En l'état, les restrictions administratives susceptibles d'être opposées au droit ou à la liberté d'une personne de sortir de son pays et d'y revenir est en conflit avec les conventions internationales, qui ne les admettent que si celles-ci sont prévues par la loi et sont nécessaires pour protéger la sécurité nationale, l'ordre public, la santé ou la moralité publique [712]. Or, ces précautions ne figurent pas dans l'article 22 alinéa 2 de la constitution[713].

§2 : Les libertés de croyance, d'expression et collectives.

La liberté de croyance implique celle de croire ou de ne pas croire en Dieu, de choisir et de pratiquer ou de ne pas pratiquer une religion. On la désigne parfois comme la liberté de culte ou de religion. Elle fait partie d'un ensemble plus vaste qui est la liberté de conscience, c'est-à-dire un ensemble de valeurs ou de principes auxquels une personne adhère et respecte comme devant encadrer son existence. Ces valeurs et principes peuvent être moraux, éthiques, philosophiques, spirituels ou religieux. Ces libertés sont régies par les articles 24 et 25 de la constitution.

Le rapprochement de ces deux thématiques, au-delà de l'aspect méthodologique, s'explique aussi par le fait que la liberté d'expression et la liberté de croyance ou de religion entrent souvent en conflit dans leur coexistence en tant que libertés fondamentales[714], de telle sort qu'il est intéressant de connaître la position du droit en la matière.

---

[712] L'article 12 du pacte international des droits civils et politiques stipule à ce sujet que, « 1. Quiconque se trouve légalement sur le territoire d'un Etat a le droit d'y circuler librement et d'y choisir librement sa résidence. 2. Toute personne est libre de quitter n'importe quel pays, y compris le sien. 3. Les droits mentionnés ci-dessus ne peuvent être l'objet de restrictions que si celles-ci sont prévues par la loi, nécessaires pour protéger la sécurité nationale, l'ordre public, la santé ou la moralité publiques, ou les droits et libertés d'autrui, et compatibles avec les autres droits reconnus par le présent Pacte… » ; la déclaration universelle des droits de l'homme stipule en son article 13, « 1. Toute personne a le droit de circuler librement et de choisir sa résidence à l'intérieur d'un Etat. 2. Toute personne a le droit de quitter tout pays, y compris le sien, et de revenir dans son pays » ; l'article 12 de la charte africaine des droits de l'homme et des peuples stipule pour sa part, « 1. Toute personne a le droit de circuler librement et de choisir sa résidence à l'intérieur d'un Etat, sous réserve de se conformer aux règles édictées par la loi. 2. Toute personne a le droit de quitter tout pays, y compris le sien, et de revenir dans son pays. Ce droit ne peut faire l'objet de restrictions que si celles-ci sont prévues par la loi, nécessaires pour protéger la sécurité nationale, l'ordre public, la santé ou la moralité publiques ».

[713] *« Tout citoyen a le droit de circuler librement sur l'ensemble du territoire national. Il a le droit de sortir librement du territoire national et d'y revenir, sauf si cette liberté fait l'objet de restriction par voie judiciaire ou administrative », article 22 de la constitution du 25 octobre 2015 ».*

[714] Cf. Mgr. R. Gyhra, *« ONU : liberté de religion et liberté d'expression »,* https://fr.zenit.org; F. Jacquot, *« Blasphème, liberté d'expression et atteinte aux sentiments religieux »*, www.eifrf-articles.org, 22 janvier 2015 ; R. Dijon, *« La liberté d'expression face aux sentiments religieux : approche européenne »,* https://www.erudi.org, Les cahiers de droit, vol53, n°4, déc. 2012, pp683-909 ; M. Granger, *« Liberté d'expression et religion »,* https://blogs.mediapart.fr, 10 février 2015 ; G. Gonzalez,

Elles ont également pour corolaires, ce que l'on peut qualifier de liberté collective ou liberté d'expressions collectives, dans les modes d'expression : les libertés de réunion, d'association, de manifester présentant toutes aussi un caractère de libertés fondamentales.

A). Les libertés de croyance et de conscience : garantie et neutralité.

L'article 24 alinéa 1er. de la constitution est consacré aux libertés de croyance et de conscience. Le second alinéa interdit d'utiliser la religion à des fins politiques. Le dernier alinéa dispose que la loi interdit et punit toute manipulation, tout embrigadement des consciences, des sujétions de toutes natures imposées par tout fanatisme religieux, philosophique, politique ou sectaire.

La rédaction de cet article diffère un peu de celle de l'article 18 de la constitution du 20 janvier 2002 qui réaffirmait l'inviolabilité des libertés de croyance et de conscience et la prohibition d'utiliser la religion à des fins politiques. Celle de l'article 26 de la constitution du 15 mars 1992 était plus contraignante, en ce qu'elle affirmait le caractère inviolable de la liberté croyance et de conscience et la liberté de profession de foi religieuse et philosophique. Le libre exercice du culte n'étant garanti que dans la mesure où il est compatible à l'ordre public et aux bonnes mœurs. Enfin, il était interdit à tout citoyen de se retrancher derrière sa foi ou ses opinions religieuses pour ne pas accomplir un devoir civique.

Ces textes proscrivent le prosélytisme religieux à des fins politiques. Toujours est-il que le devoir de neutralité doit existe entre le politique et le religieux. La religion ne doit pas s'occuper du politique et le politique doit se garder de s'immiscer dans la sphère religieuse. Cela tient au caractère laïc de l'Etat, tel qu'il est affirmé dans l'article 1er de la constitution. Cependant, les libertés de croyance et de conscience doivent s'exercer, comme nous venons de le voir, dans le cadre et le respect de la loi et de l'ordre public.

Ils sont conformes aux engagements internationaux souscrits par l'Etat congolais, notamment l'article 8 de la charte africaine des droits de l'homme et des peuples[715], l'article 18 du pacte international des droits civils et politiques[716] et l'article 18 de la déclaration universelle des droits de l'homme[717].

« Les excès de la liberté d'expression et le respect des convictions religieuses selon la cour européenne des droits de l'homme », http://www.revuedlf.com (RDLF 2015, chron. N°10) ; A. DIA, *« Pour une liberté d'expression garantie, dans le respect de la religion d'autrui »,* http://www.latribune.fr, 26/01/2015.

[715] « La liberté de conscience, la profession et la pratique libre de la religion, sont garanties. Sous réserve de l'ordre public, nul ne peut être l'objet de mesures de contrainte visant à restreindre la manifestation de ces libertés ».

[716] *« 1. Toute personne a droit à la liberté de pensée, de conscience et de religion; ce droit implique la liberté d'avoir ou d'adopter une religion ou une conviction de son choix, ainsi que la liberté de manifester*

B). La liberté d'expression.

Elle consiste à exprimer librement sa pensée, ses idées ou ses opinions soit oralement, soit sur un support écrit, audiovisuel ou tout autre moyen permettant de diffuser les informations ou de communication. Elle concerne aussi bien le public que les professionnels des médias ou des éditions.

Elle est régie par l'article 25 de la constitution du 25 octobre 2015 qui dispose,

« Tout citoyen a le droit d'exprimer et de diffuser librement son opinion par la parole, l'écrit, l'image ou par tout autre moyen de communication.

La liberté de l'information et de la communication est garantie. Elle s'exerce dans le respect de la loi.

La censure est prohibée.

L'accès aux sources d'information est libre et protégé dans les conditions déterminées par la loi ».

Cette rédaction est quasiment identique à celle de l'article 19 de la constitution du 20 janvier 2002. Sauf que l'article 25 de la constitution de 2015 supprime la référence au droit pour tout citoyen à l'information et à la communication contenue dans l'article 19 de la constitution de 2002. Cette liberté était également garantie dans des termes presque identiques par l'article 27 de la constitution de 1992.

Ce principe s'inscrit dans le droit fil des normes internationales, à savoir,

Les articles 19 de la déclaration universelle des droits de l'homme, « Tout individu a droit à la liberté d'opinion et d'expression, ce qui implique le droit de ne pas être inquiété pour ses opinions et celui de chercher, de recevoir et de répandre, sans considération de frontières, les informations et les idées par quelque moyen d'expression que ce soit » ;

L'article 19 du Pacte international des droits civils et politiques, « 1. Nul ne peut être inquiété pour ses opinions. 2. Toute personne a droit à la liberté d'expression ; ce droit comprend la liberté de rechercher, de recevoir et de répandre des informations et des idées de toute espèce, sans considération de frontières, sous une forme orale, écrite, imprimée ou artistique, ou par tout autre moyen de son choix. 3. L'exercice des libertés prévues au paragraphe 2 du présent article comporte des devoirs spéciaux et des responsabilités spéciales. Il

---

sa religion ou sa conviction, individuellement ou en commun, tant en public qu'en privé, par le culte et l'accomplissement des rites, les pratiques et l'enseignement. 2. Nul ne subira de contrainte pouvant porter atteinte à sa liberté d'avoir ou d'adopter une religion ou une conviction de son choix. 3. La liberté de manifester sa religion ou ses convictions ne peut faire l'objet que des seules restrictions prévues par la loi et qui sont nécessaires à la protection de la sécurité, de l'ordre et de la santé publique, ou de la morale ou des libertés et droits fondamentaux d'autrui. 4. Les Etats parties au présent Pacte s'engagent à respecter la liberté des parents et, le cas échéant, des tuteurs légaux de faire assurer l'éducation religieuse et morale de leurs enfants conformément à leurs propres convictions ».

[717] « Toute personne a droit à la liberté de pensée, de conscience et de religion ; ce droit implique la liberté de changer de religion ou de conviction ainsi que la liberté de manifester sa religion ou sa conviction seule ou en commun, tant en public qu'en privé, par l'enseignement, les pratiques, le culte et l'accomplissement des rites ».

peut en conséquence être soumis à certaines restrictions qui doivent toutefois être expressément fixées par la loi et qui sont nécessaires : a) Au respect des droits ou de la réputation d'autrui ; b) A la sauvegarde de la sécurité nationale, de l'ordre public, de la santé ou de la moralité publiques » ;

L'article 9 de la charte africaine des droits de l'homme et des peuples qui traite du droit à l'information et de la liberté d'expression, « 1. Toute personne a droit à l'information. 2. Toute personne a le droit d'exprimer et de diffuser ses opinions dans le cadre des lois et règlements ».

C). Les libertés d'expression collective : réunion, association, cortèges et manifestation.

Comme nous venons de l'indiquer plus haut, ces libertés ne sont pas collectives au sens de l'addition des libertés individuelles, mais au regard de leur mode d'expression ou de manifestation des masses ou d'un groupe. Il s'agit des libertés d'association, de réunion, de cortège et de manifestation que garantit l'article 27 de la constitution de 2015, qui reprend à son compte l'article 21 de la constitution de 2002.

Cependant, la rédaction de l'article 29 de la constitution de 1992 était un peu différente en ce qu'elle disposait que,

« Tous les citoyens ont le droit de se réunir paisiblement, sans déclaration ni autorisation préalable.

Le rassemblement et les manifestations pacifiques sur la place publique sont réglementés. La liberté de cortège est garantie.

La loi détermine les conditions de sa jouissance ».

La spécificité de l'article 29 de la constitution de 1992 par rapport aux articles 21 et 29 des constitutions de 2002 et 2015, réside dans le fait que la liberté de réunion n'est pas soumise à autorisation ni déclaration préalable. A la seule condition qu'il s'agisse d'une réunion paisible, sans trouble à l'ordre public. Elle s'exerce dans le cadre de la loi, donc réglementée, dans les deux dernières constitutions. Il est constant que ces textes s'inspirent des engagements internationaux souscrits par le Congo, tels qu'ils sont exprimés dans la déclaration universelle des droits de l'homme, *« 1. Toute personne a droit à la liberté de réunion et d'association pacifiques. 2. Nul ne peut être obligé de faire partie d'une association »* (article 20) ; aux articles 21 et 22 du pacte international des droits civils et politiques [718]; ainsi qu'aux

[718] *Article 21, « Le droit de réunion pacifique est reconnu. L'exercice de ce droit ne peut faire l'objet que des seules restrictions imposées conformément à la loi et qui sont nécessaires dans une société démocratique, dans l'intérêt de la sécurité nationale, de la sûreté publique, de l'ordre public ou pour protéger la santé ou la moralité publiques, ou les droits et les libertés d'autrui ». Article 22, « 1. Toute personne a le droit de s'associer librement avec d'autres, y compris le droit de constituer des syndicats et d'y adhérer pour la protection de ses intérêts. 2. L'exercice de ce droit ne peut faire l'objet que des seules restrictions prévues par la loi et qui sont nécessaires dans une société démocratique, dans l'intérêt de la*

articles 10 et 11 de la charte africaine des droits de l'homme et des peuples, consacrés respectivement à la liberté d'association et à la liberté de réunion[719].

S'agissant du respect de la liberté d'association, la Cour africaine des droits de l'homme et des peuples, rendait sa toute première décision sur le fond, dans un arrêt du 14 juin 2013, quoique critiqué par notre ancien et excellent collègue Alain Didier OLINGA, mais qui fera jurisprudence, en considérant le fait d'exiger des citoyens,

« .... d'adhérer à un parti politique et d'être investi par celui-ci comme préalable pour se porter candidat aux élections locales, législatives ou présidentielles, constitue une entrave à la liberté d'association, puisque les individus sont contraints d'adhérer à une association ou d'en créer une, avant de pouvoir se porter candidat à des postes électifs »[720].

Cette catégorie de libertés peut également comprendre le droit de grève et la liberté syndicale, comme l'article 22 du pacte international sur les droits civils et politiques l'énumère parmi les libertés collectives ou d'expression collective. Mais nous la réservons à la garantie des droits sociaux comme nous venons de l'exposer plus haut.

§ 3 : Le secret de la correspondance et des télécommunications.

Cette catégorie des libertés concerne les échanges de courriers, de courriels, ainsi que les communications téléphoniques, par toute autre voie électronique ou informatique. La protection de ces libertés devient de plus en plus préoccupante avec le développement des moyens modernes de communication, notamment les nouvelles technologies de l'information et de la communication, qu'il convient de concilier avec les menaces de plus en plus potentielles et grandissantes à l'ordre public et à la sécurité des citoyens eux-mêmes, ainsi que des Etats.

---

sécurité nationale, de la sûreté publique, de l'ordre public, ou pour protéger la santé ou la moralité publiques ou les droits et les libertés d'autrui. Le présent article n'empêche pas de soumettre à des restrictions légales l'exercice de ce droit par les membres des forces armées et de la police. 3. Aucune disposition du présent article ne permet aux Etats parties à la Convention de 1948 de l'Organisation internationale du Travail concernant la liberté syndicale et la protection du droit syndical de prendre des mesures législatives portant atteinte -- ou d'appliquer la loi de façon à porter atteinte -- aux garanties prévues dans ladite convention ».

[719] « 1. Toute personne a le droit de constituer librement des associations avec d'autres, sous réserve de se conformer aux règles édictées par la loi. 2. Nul ne peut être obligé de faire partie d'une association sous réserve de l'obligation de solidarité prévue à l'article 29 » (article 10) ; « Toute personne a le droit de se réunir librement avec d'autres. Ce droit s'exerce sous la seule réserve des restrictions nécessaires édictées par les lois et règlements, notamment dans l'intérêt de la sécurité nationale, de la sûreté d'autrui, de la santé, de la morale ou des droits et libertés des personnes » (article 11).

[720] Cf. § 114 de l'arrêt du 14 juin 2013 sur les affaires jointes Tangayika Law Society & The Legal and Human Rights Centre c. Tanzanie et Révérend Christopher R. Mtikila c. Tanzanie, Revue des Droits de l'Homme (RDH), 6/2014, https://revdh.revues.org/953, note de A.D. Olinga.

A). Le caractère inviolable.

L'inviolabilité de ces libertés est réaffirmée dans l'article 26 aux termes duquel, *« Le secret des correspondances, des télécommunications ou de toute autre forme de communication ne peut être violé, sauf dans les cas et les conditions prévus par la loi »*. Il reprend mot pour mot, l'article 20 de la constitution du 20 janvier 2002 et, dans une certaine mesure, l'article 28 de la constitution du 15 mars 1992 qui incluaient *« le secret des lettres »*.

Au plan international, l'article 12 de la déclaration universelle des droits de l'homme dispose, *« Nul ne sera l'objet d'immixtions arbitraires dans sa vie privée, sa famille, son domicile ou sa correspondance ni d'atteintes à son honneur et à sa réputation. Toute personne a droit à la protection de la loi contre de telles immixtions ou de telles atteintes »*, repris par l'article 17 du pacte international des droits civils et politiques.

L'inviolabilité de ces libertés implique l'interdiction soit d'ouvrir les lettres ou courriers d'autrui sans son consentement, soit d'intercepter des communications ou de pratiquer des écoutes téléphoniques y compris des échanges sur internet ou dans les réseaux sociaux. Cette interdiction s'impose aussi bien aux particuliers, aux agents publics ou privés ainsi qu'aux autorités publiques à quelque niveau que ce soit.

B). Des limites à l'inviolabilité.

L'inviolabilité du secret des correspondances et des communications électroniques ou informatiques, ainsi que leur confidentialité n'est pas absolue. Elle ne connaît des limites que dans le cadre de la loi au regard des exigences de l'ordre public ou professionnelles. Ainsi donc, les textes régissant le fonctionnement des services postaux (rebus) peuvent autoriser l'ouverture de certains plis dont les destinataires ou les expéditeurs ne sont pas identifiés, tout comme ceux contenant des objets ou matières dangereux.

C'est aussi le cas, dans des circonstances particulières ou pour des raisons évidentes de sécurité et de sûreté, par exemple en matière de lutte contre le terrorisme, certains services de l'Etat, légalement crées peuvent être autorisés dans des conditions strictement définies et encadrées par le législateur (dans le cadre du renseignement) à intercepter des communications susceptibles de présenter une menace réelle pour la sécurité et l'ordre publics.

Etant précisé que la préservation de la sécurité publique et de l'ordre public constitue un objectif à valeur constitutionnelle[721]. Les atteintes à la sécurité ou à l'ordre public sont susceptibles de compromettre la paix qui figure en-tête des préoccupations de l'Etat énoncées dans le préambule de la

---

[721] Cf. en droit français, la décision du Conseil constitutionnel du Décision n° 82-141 DC du 27 juillet 1982, relative à la loi sur la communication audiovisuelle.

constitution. Le droit à la paix étant lui-même une liberté fondamentale reconnue par les instruments juridiques internationaux[722].

Chapitre 2 : La réaffirmation du multipartisme et les droits et Libertés à caractère politique.

La constitution du 25 octobre 2015 réaffirme le multipartisme, tout en consacrant le pluralisme politique. Elle consacre également de nouveaux droits et libertés par rapport à ceux qui figuraient dans les constitutions du 20 janvier 2002 et du 15 mars 1992.

Section 1 : Réaffirmation du multipartisme et le pluralisme politique.

Il est intéressant d'effectuer quelques précisions terminologiques, avant d'examiner le cadre juridique défini par la constitution du 25 octobre 2015 et le financement des partis politiques.

§ 1 : Précisions sur le multipartisme et le pluralisme politique.

Les notions de multipartisme et de pluralisme politique se rejoignent. Mais ils ne vont pas forcément de pair. Dès lors, des précisions terminologiques s'imposent.

A). Concernant le multipartisme.

Le multipartisme est la caractéristique d'un système ou d'un régime politique qui connaît l'existence d'au moins deux partis qui participent au débat et au jeu démocratique en vue de la conquête et de l'exercice du pouvoir, selon leurs programmes respectifs. Il est considéré comme un des fondements de la démocratie représentative libérale. Il se distingue du monopartisme qui est aussi un système ou un régime politique où seule l'idéologie ou la pensée du parti unique encadre l'organisation et le

---

[722] Cf. article 6 de la charte africaine des droits de l'homme et des peuples, et surtout l'article 23 qui dispose, « 1. Les peuples ont droit à la paix et à la sécurité tant sur le plan national que sur le plan international. Le principe de solidarité et de relations amicales affirmé implicitement par la Charte de l'Organisation des Nations Unies et réaffirmé par celle de l'Organisation de l'Unité Africaine est applicable aux rapports entre les Etats. 2. Dans le but de renforcer la paix, la solidarité et les relations amicales, les Etats, parties à la présente Charte, s'engagent à interdire: I. qu'une personne jouissant du droit d'asile aux termes de l'article 12 de la présente Charte entreprenne une activité subversive dirigée contre son pays d'origine ou contre tout autre pays, parties à la présente Charte; II.que leurs territoires soient utilisés comme base de départ d'activités subversives ou terroristes dirigées contre le peuple de tout autre Etat, partie à la présente Charte ».

fonctionnement des institutions de l'Etat. Cela, avec toutes les dérives totalitaires, dictatoriales ou despotiques qui peuvent en résulter.

Mais, un régime multipartiste peut dans une certaine mesure se distinguer du bipartisme, dans lequel la constitution ou les usages et coutumes bien ancrés ne tolèrent guère que l'existence de deux partis politiques, qui occupent la quasi totalité de l'espèce politique et structurent l'organisation et le fonctionnement des institutions politiques d'un Etat. C'est le cas dans la plupart des Etats anglo-saxons (notamment les USA et la Grande-Bretagne).

L'enracinement séculaire de deux partis de l'échiquier politique au sein de la population marginalise ou amenuise l'émergence d'autres forces politiques, parfois actifs au plan local, mais inaccessibles à la représentation nationale du fait du système électoral.

B). Concernant le pluralisme politique.

Le pluralisme politique va au-delà du multipartisme ou bipartisme et, à plus forte raison, du monopartisme. Il ignore la césure entre les deux premiers régimes politiques en ce qu'il est la caractéristique d'une organisation institutionnelle de l'Etat ou de la société qui admet la libre expression d'une diversité de courants de pensées, d'opinions, de représentants ou des partis politiques. C'est aussi un des fondements de la démocratie représentative libérale. Le pluralisme politique peut également trouver cours dans une formation politique par l'acceptation en son sein d'une diversité de courants de pensées ou d'idées. Dans le jeu démocratique, il s'impose à la fois comme un objectif et une exigence aussi bien aux autorités publiques qu'aux médias, afin qu'ils garantissent la liberté d'expression des partis et des formations politiques surtout en période de compétitions électorales. C'est aussi un des facteurs de vitalisation de la démocratie représentative en ce qu'il permet d'offrir aux citoyens, quelque soit le positionnement politique des uns et des autres et, à travers leurs programmes respectifs, un éventail de choix pour les éclairer dans l'expression de leur suffrage[723].

---

[723] On peut citer à titre informatif et indicatif, le pluralisme politique comme un des principes et lignes directrices sur la réglementation des partis politiques adoptées par la Commission européenne pour la démocratie par le droit, Commission de Venise du Conseil de l'Europe, selon lequel, *« La législation relative aux partis politiques devrait viser à faciliter un environnement politique pluraliste. La capacité des citoyens d'être exposés à tout un éventail d'opinions politiques, par exemple par le biais des programmes des partis, est communément reconnue comme un élément essentiel de toute société démocratique solide (...), le pluralisme est indispensable pour garantir aux individus un choix réel au niveau de leurs affiliations politiques et de leur vote le jour du scrutin. Tout texte visant à réglementer le fonctionnement d'un parti devrait être soigneusement examiné afin de vérifié qu'il n'empiète pas sur le principe du pluralisme politique »*. Il est également souligner qu'en période électorale, *« Le pluralisme politique est indispensable pour garantir l'efficacité de la gouvernance démocratique et permettre aux citoyens d'avoir réellement leur mot à dire. La législation relative aux partis politiques doit promouvoir le pluralisme en tant que garantie de la capacité d'exprimer les points de vue de l'opposition et de préparer une transition démocratique »*. Enfin, elle stigmatise les restrictions excessives du nombre de

§ 2 : Multipartisme et pluralisme politique dans la constitution de 2015.

La constitution du 25 octobre 2015 consacre expressément, à la différence des celles de 1992 et 2002, le pluralisme politique dans une disposition spéciale du Tire 1er, article 7, et réaffirme le multipartisme à travers le statut constitutionnel des partis politiques dans le titre III qui leur est dédié en grande partie (articles 57 à 62).

A). Le pluralisme politique.

La constitution de 2015 consacre le pluralisme politique dans l'article 7 du Titre 1er qui traite de l'Etat et de la souveraineté dans les termes suivants,

« La République du Congo consacre le pluralisme politique ».

Sans qu'il ne s'agisse véritablement d'une innovation, même si ce principe n'a pas été jusque-là expressément consacré, le Congo s'est normalement inspiré, voire, a intégré dans sa loi fondamentale, les dispositions de la Charte africaine de la démocratie, des élections et de la gouvernance (CADEG) adoptée le 30 janvier 2007, à Addis-Abeba (Ethiopie) notamment ses articles 2§6 et 3 § 11.

En effet, le pluralisme politique est régi par la CADEG comme étant un de ses objectifs à travers son article 2§6, qui stipule,

« La présente Charte a pour objectifs de :

6. Instaurer, renforcer, et consolider la bonne gouvernance par la promotion de la pratique et de la culture démocratiques, l'édification et le renforcement des institutions de gouvernance et l'inculcation du pluralisme et de la tolérance politiques… ».

Le pluralisme est ainsi, un des facteurs qui permettent d'asseoir la bonne gouvernance des Etats membres de l'Union africaine.

Ensuite, le pluralisme politique est aussi un des principes auxquels la CADEG engage les Etats membres de l'Union africaine à mettre en œuvre à travers son article 3§11 qui stipule,

« Les Etats parties s'engagent à mettre en œuvre la présente Charte conformément aux

---

partis politiques en ce que ces restrictions, *« …. portent non seulement atteinte aux principes du fonctionnement libre du pluralisme politique dans la société, mais peuvent également se prêter facilement à des manipulations visant à réduire au silence des partis ou des candidats exprimant des opinions déplaisant souverainement au pouvoir… »*, Cf. COMMISSION EUROPÉENNE POUR LA DÉMOCRATIE PAR LE DROIT (COMMISSION DE VENISE) : « LIGNES DIRECTRICES SUR LA REGLEMENTATION DES PARTIS POLITIQUES PAR L'OSCE/BIDDH ET LA COMMISSION DE VENISE, Adoptées par la Commission de Venise lors de sa 84e session plénière (Venise, 15-16 octobre 2010) », Strasbourg, 25 octobre 2010 Etude n°595 / 2010 ; CDL-AD(2010)024 Or. Angl, pp. 11 et 34.

principes énoncés ci-après (...)

11. *Le renforcement du pluralisme politique, notamment par la reconnaissance du rôle, des droits et des obligations des partis politiques légalement constitués, y compris les partis politiques d'opposition qui doivent bénéficier d'un statut sous la loi nationale... ».*

Il est constant que la constitution, comme la charte dont elle s'inspire, ne définit pas la notion de pluralisme politique qu'elle consacre[724].

B). Le multipartisme à travers le statut des partis politiques.

La constitution du 25 octobre 2015 traite, d'une certaine manière, du multipartisme à travers le statut des partis politiques. Ce qui implique que l'on puisse insister sur l'identification du multipartisme, la définition et le rôle d'un parti politique, les obligations voire les contraintes qui pèsent sur un parti politique, ses mutations, etc.

I). L'identification formelle du multipartisme.

La réaffirmation du multipartisme apparaît d'emblée à travers l'énonciation au pluriel de la première proposition indépendante, *« Des Partis politiques »* avant la conjonction de coordination *(et)* avec la deuxième proposition indépendante, *« du statut de l'opposition »,* formant l'intitulé du titre III *(« Des Partis politiques et du statut de l'opposition »)* de la constitution de 2015. Cela, comparativement avec le titre IV, de la constitution du 20 janvier 2002, qui est exclusivement consacré aux *« Partis politiques ».*

Elle l'est encore plus formellement à travers l'article 58 alinéa 1er qui traite de la liberté de création des *« partis politiques »,* avec l'emploi du pluriel, *« **Les** parti**s** politique**s** se créent librement autour d'un idéal de paix, d'unité nationale et de développement socio-économique. **Ils** jouiss**ent** de la personnalité morale ».*

Ce texte rejoint dans une certaine mesure les articles 7 et 8 de la constitution du 15 mars 1992, ainsi que l'article 52 de la constitution du 20 janvier 2002. Enfin, la constitution de 2015, tout comme celle de 2002 ou de 1992, ne limite pas le nombre de partis politiques pour participer au jeu démocratique.

---

[724] B. Tchikaya , *« La charte africaine de la démocratie, des élections et de la gouvernance »,* Annuaire français de droit international, 2008, Volume 54, n°1, pp. 515-528 *;* B. Tchikaya, *« Droit de l'Union africaine, Principes, institutions et jurisprudence », Paris, Berger-Levrault, 2014.*

II). La définition et le rôle d'un parti politique.

Les partis politiques jouissent d'une définition constitutionnelle qui permet d'en identifier le rôle dans le jeu politique et le fonctionnement de la démocratie pluraliste.

a). La définition d'un parti politique.

L'article 57 de la constitution du 25 octobre 2015, reproduisant, mot à mot, l'article 51 de celle du 20 janvier 2002, définit un parti politique comme suit,

« Le parti politique est une association dotée de la personnalité morale qui rassemble des citoyens pour la conquête et la gestion pacifiques du pouvoir autour d'un projet de société dicté par le souci de réaliser l'intérêt général ».

De cette définition constitutionnelle, il en résulte que,

Sur le plan formel et organique, un parti politique est un groupement d'individus (citoyens) structuré sous la forme d'une association (pour le distinguer des autres formes de structures privées comme des syndicats, fondations, sociétés, coopératives, etc.).

Le législateur organique précise cette définition en disposant que *« le parti politique est une association à but non lucratif dotée de la personnalité morale »*[725]. Mais, il va de soi que toute association à but non lucratif n'est pas un parti politique.

Il s'agit d'une personne morale (par opposition à une personne physique), une personne morale de droit privée (par opposition à une personne morale de droit public, comme l'Etat, les collectivités locales et leurs démembrements). Personne morale, un parti politique est doté, comme une personne physique, de la personnalité juridique. C'est-à-dire de la capacité d'être titulaire, non seulement, des droits, mais aussi, des devoirs ou des obligations indépendamment de ceux des individus qui la composent et qui l'administrent.

Sur le plan matériel, un parti politique se caractérise par l'existence d'un objet. Cet élément le distingue des autres associations. Car, un parti a un objet politique, qui se traduit dans son programme ou projet de société, qui fédère ses membres et qu'il va proposer aux citoyens. Ce projet de société peut renfermer une idéologie qui permet de distinguer ou de situer le parti dans l'échiquier politique.

Sur le plan téléologique, un parti politique est une organisation qui a traditionnellement un double objectif, une double finalité, un double but

[725] Cf. article 1er alinéa 1er de la loi n°20-2017 du 12 mai 2017, portant loi organique relative aux conditions de création, d'existence et aux modalités de financement des partis politiques.

atteindre. Celui d'accéder au pouvoir, notamment au pouvoir politique, et de l'exercer en mettant en œuvre son programme ou son projet de société.

L'accession au pouvoir et l'exercice du pouvoir doivent se faire par des moyens pacifiques, démocratiques, par voie d'élection ou au moyen d'un consensus, excluant toute sorte de violences ou facteurs de troubles (de coup d'Etat, manipulation, de fraude électorale, etc.).

La notion de conquête induit l'idée d'une compétition, d'une concurrence dans le jeu démocratique. Elle évoque le pluralisme politique, la compétition entre deux ou plusieurs partis ou les représentants des partis qualifiés pour participer à la compétition politique par des élections, réputées libres et transparentes.

Enfin, les partis ou leurs membres ne doivent pas être animés par des ambitions personnelles dans la conquête et l'exercice du pouvoir. L'intérêt général, au niveau local ou national, doit demeurer leur seule motivation. La constitution de 2015 se distingue ainsi de celle de 1992 qui souffrait d'une absence de définition de la notion de parti politique, dans ses articles 7, 8 et 35.

Elle se distingue également de la constitution de la première République du 02 mars 1961 qui, dans son article 5, s'inspirant de l'article 4 de la constitution française du 04 octobre 1958, définissait les partis et les groupements politiques sous la seule forme de leur participation au processus électoral[726]. Cette approche est très réductrice.

b). Le rôle d'un parti politique.

Un parti politique n'a pas seulement pour vocation de réaliser son objet ni d'atteindre son objectif, tel que le prescrivent les articles 57 de la constitution de 2015 et le 2ème alinéa de l'article 1er de la loi organique du 12 mai 2017, portant conditions de création, d'existence et de financement des partis politiques[727]. Il peut, comme le préconise la Charte africaine de la démocratie, l'élection et la gouvernance, participer à la promotion de la gouvernance politique, économique et sociale du pays[728].

---

[726] L'article 5 de la constitution du 02 mars 1961 dispose *« Les partis et groupements politiques concourent à l'expression du suffrage. Ils se forment et exercent librement leur activité. Ils doivent respecter les principes de la souveraineté nationale et de la démocratie »*. L'article 4 de la constitution française du 4 octobre 1958 dispose, *« Les partis et groupements politiques concourent à l'expression du suffrage. Ils se forment et exercent leur activité librement. Ils doivent respecter les principes de la souveraineté nationale et de la démocratie.*
Ils contribuent à la mise en œuvre du principe énoncé au second alinéa de l'article 1er dans les conditions déterminées par la loi.
La loi garantit les expressions pluralistes des opinions et la participation équitable des partis et groupements politiques à la vie démocratique de la Nation. »

[727] Cette loi organique est prise en application de l'article 62 de la constitution du 25 octobre 2015, qui dispose, *« Les autres conditions d'existence des partis politiques ainsi que les modalités de leur financement sont déterminées par une loi organique »*.

[728] Cf. CADEG, article 27§1.

A ce titre, il peut contribuer à la promotion des valeurs de la démocratie, du pluralisme politique et de la culture de paix par la sensibilisation, la formation et l'éducation des citoyens. Il n'a pas forcément vocation à devenir hégémonique, au sens de Gramsci[729].

Il peut jouer le même rôle dans la sensibilisation des citoyens sur la gestion des affaires publiques, dans la connaissance de leurs droits et obligations, dans la prise de conscience sur les problématiques du moment, qui se rapportent au quotidien des citoyens, liées soit à leurs conditions de vie (accès à la santé, à l'éducation, à l'eau potable, à l'électricité, aux transports, etc.) au développement économique et social du pays, soit à la question du genre, à la promotion, la protection et la représentation des minorités, à l'écologie, la protection de la nature et au développement durable, etc.

Cela va bien au-delà des fonctions traditionnelles de la mobilisation électorale, de la représentation politique, des fonctions tribunitiennes et programmatiques d'un parti ou du choix du personnel politique ou des dirigeants,[730] etc.

III). Les caractéristiques, les interdictions et les mutations des partis politiques.

Elles sont déterminées par la loi organique précitée du 12 mai 2017 sur les partis politiques.

---

[729] Antonio Gramsci, « Observations sur quelques aspects de la structure des partis politiques dans les périodes de crise organique » (cahier de prison XXX. Tatiana Schucht, 13, Valentino Gerratana) ; « Gramsci dans le texte », Recueil de textes sous la direction de François Ricci en collaboration avec Jean Bramant, Paris : Éditions sociales, 1975 ; « Gramsci et les partis sclérosés », (« Guerre de mouvement et guerre de position », Textes choisis et présentés par Razmig Keucheyan, La Fabrique Éditions, 2012).

[730] *Cf. « Partis politiques d'Afrique. Retours sur un objet délaissé », Politique africaine, 2006/4 (N° 104), Paris, éd. Karthala ; notamment l'article de G. M. Carbone, « comprendre les partis et les systèmes de partis africains », pp.18-37. Observatoire Panafricain de la Démocratie, « Le rôle des partis politiques dans l'éducation civique du citoyen », rapport de synthèse du séminaire-atelier de Lomé, du 23 au 26 janvier 1996. On peut également consulter, G.-E. Lavau, «Partis politiques et réalités sociales. Contribution à une étude réaliste des partis politiques », in Cahier de la Fondation nationale des Sciences politiques, n°38 , Paris, Colin, 1953 ; Maurice Duverger, « Les partis politiques », Paris, Colin, 1951 ; M. Duverger, « L'influence des systèmes électoraux sur la vie politique », Paris, Cahiers de la FNSP, 1950. Selon Gamsci, dans un contexte différent, « ...Les partis naissent et se constituent en organisation pour diriger la situation à des moments vitaux pour leurs classes ; mais ce n'est pas toujours qu'ils savent s'adapter aux nouvelles tâches et aux époques nouvelles, pas toujours qu'ils savent se développer au rythme où se développent l'ensemble des rapports de forces (et par suite position correspondante de leurs classes) dans un pays déterminé ou sur le plan international... », « Observations sur quelques aspects de la structure des partis politiques dans les périodes de crise organique » op. cit. ; Cf. Hendrik David, « Contre une conception mécanique de l'histoire: Rôle des intellectuels et du parti selon Antonio Gramsci », http://www.academia.edu/2138977/R%C3%B4le_des_intellectuels_et_du_parti_selon_Antonio_Gramsci.*

a). Le caractère national et la neutralité d'un parti politique.

L'article 58 alinéa 4, de la constitution de 2015 et l'article 4 de la loi organique précitée exigent que les partis politiques doivent avoir un caractère national. Ils interdisent à ce qu'un parti politique s'identifie, dans sa forme, dans son action, d'une manière ou d'une autre, à une ethnie, à un département, à une commune, à un district, à une communauté urbaine ou rurale, à une religion, à une secte ou à un clan.

Pour satisfaire à cette exigence, tout pari politique doit avoir un ancrage géographique national en ce sens qu'aux termes des dispositions de l'article 11 de la loi organique du 12 mai 2017, outre le siège social national, tout parti politique, doit avoir des membres et des sièges permanents dans tous les départements.

Ces restrictions visent incontestablement à préserver aussi bien la souveraineté, l'unité nationale, que le caractère laïc de l'Etat réaffirmés dans l'article 1er du le titre 1er de la constitution, ainsi qu'à empêcher la prolifération des partis fictifs, éphémères ou circonstanciels ; sans oublier le clientélisme politique.

Pour préserver l'idéal de paix, les partis politiques doivent proscrire, dans leurs programmes et dans leurs activités, l'intolérance, l'ethnocentrisme, le racisme, la xénophobie, l'incitation et le recours à la violence sous toutes les formes ; y compris dans les réseaux sociaux. Ils ne doivent pas porter atteinte à la sûreté de l'Etat, à la sécurité et à l'ordre public, ainsi qu'aux droits et libertés individuels et collectifs. Le non-respect de toutes ces obligations est sanctionné par la dissolution du parti politique incriminé sur arrêté du ministre de l'intérieur, en charge de l'administration du territoire ; comme en dispose l'article 6 de la loi.

b). Les mutations des partis politiques.

Les mutations concernent la possibilité qu'ont les partis politiques de s'unir, de fusionner, constituer des alliances ou des regroupements politiques dans les mêmes conditions et sous les mêmes contraintes que celles qui s'appliquent à la création d'un parti. La matière est régie par l'article 3 de la loi organique aux termes duquel,

« *En cas d'union ou de fusion, les partis ou groupements politiques concernés sont assujettis aux formalités prévues aux articles 8 et 14 de la présente loi organique.*

En cas d'alliance, la structure de coordination dépose, outre la déclaration de création adressée à l'autorité administrative compétente, le règlement intérieur, la liste complète des partis politiques ou groupements politiques alliés, les copies des récépissés de reconnaissance des partis politiques concernés ainsi que la liste complète des membres coordonnateurs, leurs adresses exactes et coordonnées téléphoniques ou électroniques. »

IV). L'existence des partis politiques.

Sont ici concernées, les règles relatives à la création, à la reconnaissance et au fonctionnement des partis politiques telles qu'elles sont définies par l'article 61 de la constitution et précisées par la loi organique du 12 mai 2017 précitée.

a). La création des partis et groupements politiques.

La création des partis et groupements politiques est fondée sur le principe de liberté. Mais, il n'en demeure pas moins que cette liberté n'est pas sans limites. Elle s'exerce dans le cadre de la loi.

1). Le principe de liberté de création des partis politiques.

L'article 58 de la constitution de 2015 consacre le principe de liberté de création des partis politiques autour d'un idéal de paix, d'unité nationale et de développement socio-économique. Elle se distingue sur ce point de la constitution du 20 janvier 2002 qui n'évoque pas le principe de la liberté de création des partis politiques, mais se rapproche de l'article 7 de la constitution du 15 mars 1992, bien que consacré également aux associations, disposaient qu'ils se forment librement et exercent leurs activités dans le respect de la loi et des principes de la souveraineté nationale, de l'intégrité du territoire, de l'unité nationale et de la démocratie pluraliste.

Cependant, il ne s'agit pas d'une liberté absolue dans la mesure où, outre l'idéal qui leur est assigné par la constitution, la création et l'exercice des activités des partis politiques ou de leurs regroupements sont soumis à un certain nombre de conditions précisées par la loi organique précitée dans son article 7, à savoir :

- Le strict respect de la Constitution et des lois en vigueur.

C'est le respect de la constitution et des lois de la République. Il en est ainsi du respect de l'Etat de droit.

- L'interdiction de créer des organisations militaires ou paramilitaires.

Cette interdiction de créer et d'entretenir des factions militaires, paramilitaires ou des milices privées est justifiée en ce qu'ils constituent des facteurs de déstabilisation du pays et de ses institutions, d'atteinte à la sûreté de l'Etat, à la sécurité et à l'ordre public. Il ne peut exister dans la République d'autres forces que la force publique et républicaine constituée par l'armée, la gendarmerie nationale et la police nationale.

- L'obligation d'assurer la représentativité de la femme, la promotion des jeunes et des personnes vulnérables à toutes les fonctions politiques électives.

Cette exigence est destinée à lutter contre la marginalisation de certaines catégories de personnes dans l'accès aux fonctions ou aux responsabilités politiques. Ainsi donc, dans le cadre des élections, les partis et les groupements politiques doivent avoir des candidats représentatifs de la diversité et à l'image de la société congolaise. La lutte contre cette forme de discrimination ne va pas jusqu'à instituer ni imposer une parité ou des quotas dans l'accès aux fonctions politiques électives.

2). La liberté conditionnelle d'adhérer à un parti politique.

La constitution consacre également le principe de la liberté d'adhésion à un parti politique. On peut aussi en sortir librement, en démissionnant. Cette situation ne peut pas être source de discrimination à quelque titre que ce soit[731]. Cependant, le législateur organique a assorti cette liberté, dans son article 9, d'un certain nombre de conditions à la fois restrictives et prohibitives :

- La jouissance des droits civils et politiques.

Cela suppose que le postulant ne soit pas déchu de ses droits civils et politiques par une décision de justice passée en force de chose jugée ou ayant acquis force de chose jugée, c'est-à-dire devenue définitive[732]. Cela suppose également qu'un membre ou dirigeant d'un parti politique frappé de déchéance de ses droits civils et politiques par une décision de justice définitive devrait cesser de l'être. Cela implique que l'intéressé puisse présenter un casier judiciaire vierge, exempte de toute condamnation, lors de son adhésion à un parti politique.

Il est constant que la déchéance ne s'applique que pendant la durée prescrite par le juge. Passé ce délai, l'intéressé recouvre ses droits et peut adhérer ou réintégrer son parti politique. Il peut en être ainsi en cas de loi

[731] Cf. article 58 alinéa 2 et 3 de la constitution du 25 octobre 2015.

[732] Ne pas confondre avec le principe de l'autorité de la chose jugé qui interdit au juge de juger à nouveau ce qui a déjà été jugé entre les mêmes parties et pour la même cause ou le même objet du litige.

d'amnistie ou au titre de la grâce présidentielle. Il peut arriver qu'un parti politique ou le législateur, dans le cadre de la moralisation de la vie publique, puisse interdire au sein du parti des membres ou des candidats ayant fait l'objet d'une condamnation pénale à quelque titre que ce soit.

- *Les incompatibilités : Cas des magistrats et des agents de la force publique.*

Le caractère très régalien des fonctions des magistrats et des éléments de la force publique (militaires, gendarmes et policiers) les interdit, en vertu de leurs statuts et de leur devoir de réserve, d'exercer toute activité politique. Ce régime d'incompatibilité est consacré par l'article 58 dernier alinéa de la constitution du 25 octobre 2015 qui dispose, *« Les magistrats et les agents de la force publique ne peuvent adhérer aux partis politiques. »* Il est précisé par l'article 9 précité de la loi organique du 12 mai 2017 qui leur reconnait, cependant, le droit de se mettre en position de disponibilité, conformément à leurs statuts respectifs, s'ils veulent adhérer à un parti pour faire de la politique. Cette durée de disponibilité ne peut excéder 5 ans[733]. Ce régime d'incompatibilité les concernant semble ne pas s'appliquer en cas d'admission à la retraite. Cela sans que ne soit précisée une éventuelle période de carence. Rien n'est pas non plus précisé, en termes de délai, en cas de révocation des fonctions pour un motif disciplinaire.

- *L'interdiction d'appartenir à plusieurs partis politiques.*

« On ne peut servir deux maîtres à la fois » ni *« suivre deux lièvres à la fois ».*

Il faut donc faire un choix. Dès lors, l'article 9 dernier alinéas de la loi organique interdit à toute personne d'appartenir à plus d'un parti politique, *« Nul ne peut appartenir à plus d'un parti politique ! »*

Cette interdiction participe d'une logique de fidélisation des membres d'un parti politique, elle participe également d'une certaine idée de cohérence dans l'engagement politique des citoyens. Cette disposition est aussi en phase avec la spécificité d'un parti politique, qui se distingue d'autres formes d'associations. Car, une personne peut adhérer à plusieurs associations. Ce qui n'est pas le cas d'une association à caractère politique. Cependant, cette restriction perd son sens s'agissant des membres d'un groupement politique qui peut fédérer plusieurs associations à caractère politique, c'est-à-dire des partis politiques.

---

[733] L'article 9 dernier alinéa de la loi organique du 12 mai 2017 dispose, *« Les magistrats et les agents de la force publique désirant adhérer à un parti politique doivent se mettre en position de disponibilité. Dans ce cas, la période de disponibilité ne saurait être inférieure à cinq ans ».*

- Les interdictions de l'article 10 de la loi organique : les qualités de fondateurs ou de dirigeants.

L'article 10 de la loi organique du 12 mai 2017 interdit la qualité de fondateur ou de dirigeant d'un parti ou d'une formation politique à une catégorie déterminée des personnes, ce relativement à (ou au) :

**Défaut de nationalité congolaise d'origine ;*

D'une part, la notion de congolais d'origine n'est pas définie, on ignore ce qu'elle recouvre. D'autre part, si tous les congolais sont égaux en droits et en obligations, on ne voit pas en quoi une catégorie de congolais serait frappée d'une incapacité de créer ou de diriger un parti politique, au seul motif qu'ils ne seraient pas congolais d'origine. Il est manifeste que cette interdiction trouve sa mesure dans la limitation de la possibilité d'être candidat à l'élection présidentielle aux seuls citoyens congolais d'origine, comme le prévoit l'article 66 de la constitution du 25 octobre 2015. Toutefois, la qualité de fondateur ou de dirigeant d'un parti politique ou d'un groupement politique n'implique pas nécessairement le droit de briguer la magistrature suprême ou la plus haute dignité de l'Etat. Même si le but d'un parti politique est de conquérir et d'exercer le pouvoir politique.

On ne voit pas en quoi un citoyen non congolais d'origine, ne pourrait pas être élu, dans le cadre du parti dont il serait fondateur ou cofondateur, voire dirigeant, à la tête d'un exécutif local, d'une assemblée locale, d'une assemblée parlementaire ou de Chef d'un groupe parlementaire [734], s'il a un sens élevé de la nation, de l'intérêt général, de la gestion des affaires publiques, une bonne moralité et surtout des compétences bien éprouvées[735].

---

[734] Cette restriction semble être inspirée par l'article II, section 1er alinéa 5 de la constitution américaine du 17 septembre 1787, qui dispose, *« Nul ne pourra être éligible à la fonction présidentielle s'il n'est par la naissance citoyen des États-Unis ou s'il ne l'est au moment de l'adoption de cette Constitution. Personne ne pourra être éligible à cette fonction s'il n'a trente-cinq ans révolus et résider quatorze ans aux États-Unis »*. Pour autant, rien n'interdit à un citoyen américain, né en dehors du territoire américain, d'être désigné gouverneur d'un Etat fédéré. Le cas le plus emblématique fut celui l'acteur de cinéma Arnold Schwarzenegger, né le 30 juillet 1947 à Thal (en Autriche), il a été élu sous la bannière du Parti Républicain, comme Gouverneur de l'Etat de Californie de 2003 à 2006 et de 2006 à 2011.

[735] L'écrivain J. ATTALI, du haut de ses 10 années d'expérience de Conseiller spécial du Président français, F. Mitterrand, écrit dans son blog, *« Choisir un candidat, à l'intérieur d'un camp, c'est choisir un programme et un profil* psychologique. *Parlons ici d'abord du profil psychologique (...). D'abord, un président n'est ni un ministre ni un premier ministre. Il incarne la nation. Il doit d'abord penser à cette incarnation, à chaque instant, qui détermine tout. Il doit la vivre profondément. Il doit sans cesse penser à la trace de son action dans l'histoire de France, passée et future. Il doit avoir un caractère solide, une grande capacité de travail. Il doit s'habiller de façon élégante, s'exprimer dans un français sans faute ; parler au moins parfaitement l'anglais ; et si possible au moins une autre langue étrangère. Il doit lire tous les jours la presse étrangère et connaître parfaitement les nouvelles technologies : un président qui ne saurait répondre lui-même à ses emails, envoyer un tweet ou naviguer sur Google serait aujourd'hui incapable de comprendre le monde. Il doit aussi avoir une capacité à ne pas mentir à lui-même, à garder un secret, à travailler en équipe, mais à décider seul, sans le faire en fonction de ses intérêts propres ou de rancunes personnelles. Il doit être capable de ne pas se mêler des détails, s'en tenir à de grandes directives, et seulement corriger les ministres quand ils s'écartent de la ligne qu'il a tracée pour le pays.*

Par ailleurs, il n'est pas forcément acquis qu'une personne assurant les fonctions de dirigeant ou de chef d'un parti politique soit ipso facto qualifiée pour être candidat à l'élection présidentielle, si les statuts de ce parti prévoient un mode de présélection interne ou inclusif sous la forme de primaires.

**L'âge minimal de 25 ans.*

L'interdiction de créer ou de diriger un parti ou un groupement politique concerne également les citoyens congolais de moins de 25 ans. Cette restriction est très absurde. D'une part, la majorité civile et politique est fixée à 18 ans révolus. D'autre part, en dehors de la fonction de Président de la République et du mandat de Sénateur, pour lesquels l'âge minimal de candidature est respectivement fixé à 30 et 45 ans[736], tout citoyen congolais peut se porter candidat à l'élection des Députés si elle a atteint ou dépassé l'âge de 18 ans, comme l'exige l'article 132 de la constitution. Dès lors, la limitation du droit de créer ou de diriger un parti politique, à l'âge de 25 ans minimum, est excessive dans la mesure où elle ne repose sur aucun élément objectif d'appréciation ; donc, ni sur le manque de discernement ni sur le défaut d'aptitudes ou de compétences des jeunes à assurer ce genre de responsabilités.

** La déchéance des droits civils et politiques et la résidence à l'étranger.*

Sont ici concernées, des personnes déchues de leurs droits civils et politiques, ainsi que celles qui sont condamnées à une peine infamante comme nous l'avons démontré plus haut. Il s'agit ensuite des personnes qui ne résident pas sur le territoire national. Cette dernière restriction est trop vague dans la mesure où elle ne précise ni la durée du séjour ou de résidence à l'étranger, ni les motifs ou les raisons pour lesquels la personne réside à l'étranger, ni la circonstance que le séjour ou la résidence à l'étranger pourrait intervenir après la création du partir ou pendant la durée du mandat de la personne concernée. Cette restriction est aussi radicale, en ce qu'elle semble exclure toute possibilité de suppléance.

Il doit avoir aussi une grande connaissance des sujets les plus essentiels pour l'incarnation de la nation : les problèmes militaires, financiers, éducatifs, et sociaux. Il doit avoir une grille de lecture des événements qui nous attendent. Et en particulier des conséquences de la crise financière, qui ne peut manquer de revenir, et qui exigera des décisions nécessairement impopulaire. Il devra être capable de créer un consensus avec l'opposition sur les grands sujets de défense et de finances publiques... », Cf. J. Attali, *« Quelles qualités pour un président? », blog « Conversation avec Jacques Attali », Jacques Attali, publié le 26/06/2011 à 23:25 , mis à jour à 11:41:57, http://blogs.lexpress.fr/attali/2011/06/26/quelles-qualites-pour-un-president/. Celui que remplit ce profil sera assurément un Président moderne ou « High tech ».*

[736] Cf. articles 66 et 137 de la constitution du 25 octobre 2015.

3). Les formalités requises pour créer un parti politique.

Aux termes des dispositions de l'article 8 de la loi organique, la création d'un parti politique ou d'un groupement de partis politiques, qu'il s'agisse d'une initiative individuelle ou d'une initiative collective, exige l'accomplissement d'un certain nombre de formalités : *la convocation d'une assemblée constitutive ; l'adoption par cette assemblée des statuts (indiquant l'objet et le siège social du parti politique, la dénomination, le sigle, l'emblème, la ou les couleurs et la devise), du règlement intérieur ainsi que le projet de société du futur parti ; la désignation des dirigeants du parti politique ; l'établissement du un procès-verbal des travaux de l'assemblée générale constitutive (mentionnant : a)les identités, les adresses précises des membres fondateurs, leurs dates et lieux de naissance, leur profession et leurs signatures ; b)la composition des membres du bureau de séance, leurs dates et lieux de naissance, leur profession et leurs signatures ; c) la composition des organes dirigeants, l'identité, la fonction, la profession, les dates et lieux de naissance ainsi que les adresses exactes des membres élus, leurs signatures et coordonnées téléphoniques ou électroniques) ; l'établissement de la liste des membres ayant pris part à l'assemblée générale constitutive et signée chacun d'eux.*

b). La reconnaissance d'un parti ou d'un groupement politique.

Si l'assemblée constitutive confère la légitimité à un parti ou à un groupement politique, celui-ci ne peut légalement voire officiellement exercer ses activités que s'il est reconnu par l'autorité compétente de l'Etat, en l'occurrence le ministre de l'intérieur, en charge de l'administration du territoire. L'acte de reconnaissance, un arrêté du ministre en charge de l'administration du territoire, confère au parti ou au groupement politique son existence légale[737]. Cette forme d'agrément est soumise à un certain nombre de conditions ainsi que des formalités préalables. En 2017, le Congo ne comptait pas moins de 153 partis politiques. Le ministre de l'intérieur publiait, le 12 juin 2018, une liste de 49 partis politiques auxquels s'ajoutaient 6 autres, constituant 55 partis dont il reconnaissait l'existence. Cette liste, bien que contestée par une partie de l'opposition, avait vocation à évoluer d'autant plus qu'un certain nombre de partis existant depuis le rétablissement du multipartisme n'y figurent pas[738]. Cependant, le nombre

---

[737] Cf. article 13 de la loi organique du 12 mai 2017.

[738] Liste des partis politiques reconnus au Congo-Brazzaville », http://zenga-mambu.com/2018/06/13/liste-des-partis-politiques-reconnus-au-congo-brazzaville/; « Coup de force politique au Congo-Brazzaville : Le pouvoir décide de ne plus reconnaître les principaux partis de l'opposition réelle », https://blogs.mediapart.fr/jecmaus/blog/150618/coup-de-force-politique-au-congo-brazzaville;https://www.voaafrique.com/a/une-loi-interdit-les-partis-non-repr%C3%A9sentatifs-

des partis politiques est passé de 55 à 45 dans la liste publiée par arrêté du 21 octobre 2020[739]. Cette publication devrait avoir lieu chaque année.

1). Les conditions préalables à la reconnaissance d'un parti politique.

Aux termes des dispositions de l'article 61 de la constitution[740], repris par l'article 12 de la loi organique, pour être reconnus, les partis politiques doivent se conformer à un certain nombre de principes bien déterminés : *-le respect, la sauvegarde et la consolidation de l'unité nationale ; -la protection et la promotion des droits fondamentaux de la personne humaine ; -la poursuite de la satisfaction de l'intérêt général du peuple congolais ; -la promotion d'un Etat de droit fondé sur le respect et la défense de la démocratie, des libertés individuelles et collectives ; -la défense de l'intégrité du territoire et de la souveraineté nationale ; -la proscription de l'intolérance, de l'ethnicisme, du sectarisme et du recours à la violence sous toutes ses formes ; -le respect du caractère républicain, laïc et indivisible de l'Etat.*

Ces principes procèdent aussi des énonciations du préambule, que du titre I sur l'Etat et la souveraineté que du sous-titre 1 (du titre 2), de la constitution sur les droits et libertés.

2). La procédure de reconnaissance d'un parti politique.

La reconnaissance d'un parti politique obéit à une procédure bien définie. Elle commence par le dépôt et la transmission de la demande, elle se poursuit par les enquêtes administratives diligentées par les autorités compétentes, une enquête de moralité, la vérification des locaux du parti et des domiciles des dirigeants, etc.

- *Le dépôt et la transmission de la demande.*

Il résulte de l'article 14 de la loi organique que la demande de reconnaissance doit émaner des dirigeants du parti politique et comporter une série de pièces bien énumérées : *-une demande signée des cinq membres*

---

au-congo-brazzaville/4438877.html;http://icibrazza.com/congo-apres-la-publication-de-la-liste-des-partis-et-associations-politiques-ca-grogne-dans-les-rangs-de-lautre-opposition/; https://lesechos-congobrazza.com/politique/4757-congo-partis-politiques-raymond-zephirin-mboulou-impose-l-ecremage-au-nom-de-la-loi.

[739] Arrêté n°13205/MID-CAB du 21 octobre 2020, portant publication de la liste des partis politiques, JORC, n°44 du 05 novembre 2020, pp.1143-1146 ; les dépêches de Brazzaville, n°3857 du 27 octobre 2020, pp.1 et 3.

[740] Elle reprend la constitution du 20 janvier 2002, à la seule différence que l'article 53 de celle-ci disposait dans son 1er alinéa que les partis politiques sont reconnus conformément à la constitution et à la loi. Il énonçait les mêmes principes dans sont second alinéa qu'ile qualifiait de *« fondamentaux »*. La constitution de 2015 ajoute un nouveau principe, la satisfaction de l'intérêt général du peuple congolais.

fondateurs originaires de cinq départements différents, adressée au ministre chargé de l'administration du territoire ; -quatre exemplaires, dont deux en original du procès-verbal de l'assemblée générale constitutive du parti politique ; -deux exemplaires, dont un en original du projet de société ; -quatre exemplaires, dont deux en original des statuts. Sur chaque page de l'original est apposé un timbre fiscal ; -quatre exemplaires, dont deux en original du règlement intérieur ; -les extraits d'actes de naissance des membres fondateurs et des dirigeants ; -les extraits de casiers judiciaires des membres fondateurs et des dirigeants ; -les attestations de résidence des membres fondateurs délivrées par l'officier d'état civil du lieu où réside chacun d'eux ; -le certificat de moralité fiscale établi et délivré à chaque membre fondateur ; -les certificats de nationalité des membres fondateurs et des dirigeants ; -la photocopie en couleur de la carte nationale d'identité de chaque membre fondateur ; -la dénomination, le sigle, l'emblème, la ou les couleur (s), la devise et l'adresse complète de son siège ; -l'attestation indiquant l'adresse du siège, ainsi que le mode d'acquisition du local, délivré par l'officier de l'état civil de la localité[741].

La demande doit être déposée, accompagnée de toutes les pièces requises, soit à la direction générale de l'administration du territoire, soit à la préfecture du département de création du parti ou groupement politique, contre remise (après vérification) d'une attestation d'enregistrement. Cette attestation n'a pas valeur de récépissé. Elle permet aux déclarants, dans le délai de six mois, à compter de la date de dépôt du dossier, de procéder à l'installation des sièges du parti ou de la formation politique dans tous les départements. Elle permet aussi, comme il sera vu plus loin, de s'assurer, le cas échéant, d'une reconnaissance tacite à l'expiration du délai d'instruction de six mois.

Il convient de préciser qu'aux termes des dispositions de l'article 17 de la loi organique, tout dossier incomplet est retourné aux déclarants. Ce fait suspend le délai de six mois pendant lequel le ministre en charge de

---

[741] L'article 15 de l'ordonnance prescrit les éléments d'identification ainsi que les attributs d'un parti, politique : *une dénomination, un sigle, un emblème et des couleurs différents de ceux de tout autre parti politique.* Il interdit aux partis politiques d'adopter ni les couleurs nationales, ni la devise et les armoiries, ni l'hymne présent ou passé de la République. L'utilisation du drapeau national dans l'emblème est également interdite. L'article 16 détermine le contenu des statuts d'un parti politique : *-les fondements et objectifs du parti politique ; -la dénomination, l'emblème du parti politique, sa devise et l'adresse complète de son siège national ;*
-la composition, les modalités d'élection et de renouvellement ainsi que la durée du mandat de l'organe exécutif ;
-l'organisation de l'organe exécutif ; -l'organisation et le fonctionnement interne du parti politique ; -les dispositions financières ; -les prescriptions des articles 4 et 5 de la présente loi organique ; -la procédure de dévolution des biens en cas de dissolution volontaire ou de fusion avec un autre parti. Tout changement survenu dans la direction ou dans l'administration d'un parti politique, toute modification apportée aux statuts ou au projet de société doivent, dans le mois qui suit la décision de l'organe concerné, faire l'objet d'une déclaration dans les mêmes formes et conditions que celles prévues à l'article 14 de la présente loi. Toute nouvelle installation de représentations locales doit faire l'objet d'une simple déclaration écrite à l'autorité de la circonscription administrative concernée.

l'administration du territoire peut délivrer le récépissé de reconnaissance du parti politique.

Aux termes des dispositions de l'article 18 de la loi organique, il est prescrit que *« Lorsque la demande de reconnaissance est déposée, la direction générale de l'administration du territoire délivre une attestation d'enregistrement remise aux déclarants, et adresse immédiatement une lettre à tous les représentants de l'Etat dans le département et à la direction générale de la police. Cette lettre est accompagnée des copies des pièces nécessaires du dossier pour des enquêtes administratives et de moralité à mener avant l'expiration du délai de six mois. Les résultats des enquêtes sont retournés à la direction générale de l'administration du territoire quinze jours avant l'expiration du délai de six mois. Les résultats des enquêtes sont transmis au ministre chargé de l'administration du territoire, accompagnés du projet de récépissé de reconnaissance au cas où les enquêtes sont concluantes. Si les enquêtes ne sont pas concluantes, les résultats visés à l'alinéa ci-dessus sont transmis au ministre chargé de l'administration du territoire, accompagné d'un projet de lettre notifiant aux déclarants le motif du refus de reconnaissance ».*

Une procédure similaire est prévue par l'article 19 qui dispose, *« Lorsque la demande de reconnaissance est déposée auprès du représentant de l'Etat dans le département, celui-ci, après vérification des pièces composant le dossier, la transmet dans les cinq jours à la direction générale de l'administration du territoire, accompagnée d'une copie de l'attestation d'enregistrement du dossier. Une copie de la demande de reconnaissance est gardée pour ses propres enquêtes. La direction générale transmet, dès réception, le dossier aux autres représentants de l'Etat dans les départements et à la police pour des enquêtes. Les résultats des enquêtes sont retournés à la direction générale de l'administration du territoire quinze jours avant l'expiration du délai de six mois ».*

- Des enquêtes administratives.

La loi prévoit des enquêtes administratives, à la diligence du représentant de l'Etat dans le département (le Préfet). Elles doivent porter sur le local abritant les sièges départementaux ; les membres dont la preuve s'établit par la mise à disposition, après installation du parti politique, des originaux et photocopies des fiches d'adhésion au parti politique au niveau local ainsi que la liste nominative des membres du bureau des organes départementaux du parti politique, indiquant leurs noms et prénoms, professions, fonctions, dates et lieux de naissance, adresses exactes et coordonnées téléphoniques ou électroniques[742]. Ces enquêtes sont destinées à s'assurer que les conditions de création et d'adhésion à un parti politique sont satisfaites.

---

[742] Cf. article 19 de la loi organique.

- L'enquête de moralité.

Comme le prévoit l'article 24 de la loi organique, cette enquête de moralité est menée par la police. Elle porte sur l'identité des dirigeants nationaux ou des organes élus au niveau local, leurs noms et prénoms, professions, fonctions, dates et lieux de naissance, adresses exactes et coordonnées téléphoniques ou électroniques ; le casier judiciaire ; la réputation dont jouissent les dirigeants du parti.

- Concernant les locaux du parti et les domiciles de leurs dirigeants.

D'une part, il est interdit de confondre les locaux du parti avec les domiciles privés de leurs dirigeants. Ils doivent être distincts. Dès lors, l'article 22 de la loi organique dispose que, *« Le local abritant le siège national ou les sièges départementaux doit être distinct des domiciles privés des fondateurs, des dirigeants nationaux ou des animateurs du parti politique élus au niveau local ».*

Cette prescription vise non seulement à vérifier le respect de l'obligation de l'implantation du parti sur l'ensemble du territoire national, donc son ancrage territorial, mais aussi à garantir le principe constitutionnel de l'inviolabilité du domicile.

Cependant, l'article 23 de la loi organique prescrit que lorsque les domiciles privés des personnes physiques abritent les sièges des partis politiques, ils sont considérés comme des lieux publics. Ils ne sont donc pas de ce fait couvert par le principe de l'inviolabilité du domicile et les réunions ou rassemblements qui s'y déroulent, revêtent un caractère public. Ils peuvent de ce fait justifier l'intervention des forces de l'ordre lorsqu'aucune autorisation n'aura pas été préalablement sollicitée ni accordée par les autorités compétentes.

c). La décision de reconnaissance ou non du parti politique.

La décision de reconnaitre ou non un parti politique doit intervenir dans un délai qui ne peut pas excéder six mois à compter du dépôt de la demande. Elle doit être fondée sur les résultats des enquêtes administratives et de moralité. Elle relève de la seule compétence du ministre en charge de l'administration du territoire. Cet agrément peut être explicite ou tacite.

- Les décisions explicites favorables ou défavorables.

Les décisions explicites de reconnaissance peuvent être favorables ou défavorables. Dans la première hypothèse, elle se traduit par la délivrance au pétitionnaire, dans le délai précité de six (6) mois, d'un récépissé de reconnaissance du parti politique par le ministre chargé de l'administration du territoire, qui en assure ensuite la publication au Journal officiel par voie d'arrêté.

La décision défavorable, c'est-à-dire le refus de délivrer le récépissé, doit être motivée et notifiée aux déclarants dans un délai de huit jours au moins avant l'expiration du délai d'instruction de six mois. Cette décision est susceptible de faire l'objet d'un recours en annulation pour excès de pouvoir devant la chambre administrative de la Cour suprême dans les quinze (15) jours suivant la notification. La Cour doit statuer dans un délai de quatre-vingt-dix jours (90 jours).

Le législateur organique a institué une procédure contentieuse très accélérée, notamment au regard du délai imparti au demandeur d'ester en justice contre le refus de la reconnaissance d'un parti politique. Il s'agit manifestement d'une procédure d'urgence (référé ou en la forme de référé, voire accélérée), qui risque de se révéler très périlleuse pour des formations politiques ne disposant pas de juristes ou de conseils spécialisés dans le contentieux administratif.

- *La décision implicite ou tacite de reconnaissance d'un parti politique.*

Elle procède du silence gardé par l'administration pendant le délai précité de six mois à compter de la réception de la demande de reconnaissance du parti politique par l'administration. Ainsi qu'en dispose le dernier alinéa de l'article 20 de la loi organique, *« ... Si à l'expiration du délai de six mois, aucune notification n'est intervenue, le dossier de déclaration est réputé conforme à la loi. Dans ces conditions, le parti politique acquiert la personnalité morale »*. D'où l'importance de garder soigneusement l'attestation d'enregistrement délivrée lors du dépôt de la demande de reconnaissance du parti ou du groupement de partis politiques.

d). Le régime de régularisation.

La régularisation est un régime spécifique. Elle concerne ici les partis et groupements politiques existants à la date de l'entrée en vigueur de la loi organique. En effet, un délai de 6 mois était imparti aux partis et groupements politiques existants pour régulariser leur situation, afin de se conformer à la loi. A défaut de régularisation dans ce délai, ils sont réputés se trouver en situation irrégulière. Cette question avait suscité un vif tollé de la part des partis de l'opposition dite radicale, qui y voyaient une manœuvre visant à les écarter de l'échiquier politique.

V). Les droits et devoirs des partis politiques.

Les partis et groupements politiques régulièrement constitués et reconnus ont des droits et des obligations dans leur existence et leur mode de fonctionnement.

a). Concernant les droits des partis politiques.

On retrouve ici la réaffirmation du principe constitutionnel de liberté. S'ils sont librement créés, l'article 25 dispose que les partis politiques s'administrent librement suivant leurs statuts et conformément à la Constitution, aux lois et règlements en vigueur. Donc, la liberté d'administration des partis politiques s'apprécie au regard de leurs statuts. Mais, dans le respect de la constitution, des lois et règlements de la République. Cette liberté d'administration connaît des limites, lorsque le parti politique ou les personnes qui les gèrent ne se conforment pas aux normes établies.

Les partis politiques ont le droit d'accéder aux médias d'Etat dans le cadre des lois et règlements en vigueur ; d'être consultés par le gouvernement sur les grandes questions de la vie de la Nation. Ils ont également la capacité juridique d'ester en justice, d'acquérir, d'administrer et de disposer des biens meubles et immeubles nécessaires à l'accomplissement de leurs activités.

Sous réserve de la question des ressources qui sera évoquée plus loin, les partis politiques ont le droit, comme toute personne morale ou physique dotée de la personnalité et de la capacité juridiques, d'avoir un patrimoine. Ils peuvent se prévaloir du droit de propriété garantie et protégé par la constitution. A ce titre, l'article 28 de la loi organique permet aux partis politiques d'acquérir, à titre gratuit ou onéreux et administrer, des locaux et matériels destinés à leurs administrations et aux réunions de leurs membres, des biens nécessaires à leurs activités.

Ils peuvent éditer tous documents ou périodiques dans le strict respect des lois et règlements en vigueur. Leur patrimoine est utilisé exclusivement pour réaliser les tâches et les objectifs prévus dans leurs statuts et leurs programmes. Il convient également de préciser que les partis politiques ne peuvent pas devenir un moyen détourné d'enrichissement personnel de leurs membres à quelque titre que ce soit.

b). Concernant les devoirs des partis politiques et les sanctions.

Les partis et groupements politiques sont astreints à des devoirs et des obligations dont les manquements peuvent être sanctionnés.

1). Sur les devoirs et obligations.

Outre les obligations auxquelles ils sont astreints dans le cadre du processus de leur création et de leur reconnaissance, l'article 26 leur prescrit un certain nombre de devoirs qui participent également de leurs obligations. Ainsi donc, les partis politiques doivent se conformer à la Constitution, aux lois et règlements en vigueur, afférent aux libertés publiques, notamment en ce qui concerne la liberté de réunions et de manifestations sur la voie publique.

Ils sont également tenus de respecter scrupuleusement les dispositions de la loi organique du 12 mai 2017 portant création existence et financement des partis politiques. Ils ont aussi l'obligation de respecter les stipulations de leurs statuts ainsi que celles des règles qu'ils édictent, notamment leur propre règlement intérieur.

Enfin, ils ont l'obligation de former et d'informer leurs militants sur les valeurs républicaines et de paix. Nous incluons également les principes et valeurs de la démocratie pluraliste dans le cadre de leurs actions ; la nécessité de s'imprégner des préoccupations du développement économique, social et durable.

2). Des sanctions applicables aux partis politiques.

Le législateur organique a prévu une échelle de sanctions dans l'article 29, en cas de violation par un parti politique de ses obligations. A savoir dans l'ordre de gravité :

- *L'avertissement.*

L'avertissement est infligé par le ministre chargé de l'administration du territoire, lorsqu'un parti politique ne respecte plus les prescriptions de ses propres statuts relatifs à son fonctionnement régulier. Il doit l'enjoindre de s'y conformer[743].

- *La suspension.*

La suspension est prononcée en cas de violation des lois en vigueur par tout parti ou groupement politique, ou de trouble à l'ordre public. A cet effet, le ministre chargé de l'administration du territoire peut prendre un arrêté de suspension des activités du parti politique concerné et ordonner la fermeture provisoire de ses locaux. Cette décision doit être motivée et notifiée au plus tard dans les cinq jours suivant son édiction, au représentant légal du parti

---

[743] Cf. article 30 de la loi organique du 12 mai 2017.

politique ainsi qu'au Procureur de la République du siège du parti politique. La durée de la suspension ne peut excéder six mois[744].

Le parti politique sanctionné peut contester la suspension de ses activités et la fermeture provisoire de ses locaux, dans un délai de quinze jours suivant la notification, devant la chambre administrative de la Cour suprême. La chambre administrative de la Cour suprême se prononce dans le délai de quatre-vingt-dix jours à compter sa saisine[745].

- *La dissolution.*

Aux termes de l'article 6 de la loi organique, la dissolution est prononcée par arrêté du ministre chargé de l'administration du territoire en cas de non-conformité, par un parti ou groupement politique, à ses obligations et principes énoncés aux articles 4 et 5 de la même loi[746]. L'article 33 de la loi organique dispose que cette décision est susceptible de recours en annulation pour excès de pouvoir devant la chambre administrative de la Cour suprême. L'article 46 de la loi organique précise qu'en cas de dissolution judiciaire d'un parti politique, ses biens sont dévolus par un liquidateur désigné par la chambre administrative de la Cour suprême.

De ce qui précède, il convient toutefois de préciser que, ces sanctions disciplinaires sont prescrites sans préjudice des procédures judiciaires en cas d'infractions pénales ou en matière civile. Ainsi donc, aux termes des dispositions de l'article 42 de la loi organique,

« Sans préjudice des autres dispositions en vigueur, tout contrevenant aux dispositions des articles 10, 11, 12, 14, 15 et 16 de la présente loi sera puni d'un emprisonnement de trois à douze mois et d'une amende de 500.000 à 1.000.000 de francs CFA ou l'une de ces deux peines seulement.

Quiconque sciemment, administre ou fait partie d'un parti politique qui se serait maintenu pendant sa suspension ou reconstitué après sa dissolution, encourt les mêmes peines prévues à l'alinéa précédent ».

---

[744] Cf. article 31 de la loi organique.

[745] Cf. article 32 de la loi organique.

[746] L'article 4 de la loi organique dispose: *« Les partis politiques ont un caractère national. Ils ne doivent pas s'identifier dans la forme, dans l'action ou, d'une manière quelconque à une ethnie, à un département, à une commune, à un district, à une communauté urbaine ou rurale, à une religion, à une secte ou à un clan ».*

L'article 5 de la loi organique dispose: *« Les partis politiques doivent, dans leurs programmes et dans leurs activités, proscrire l'intolérance, l'ethnocentrisme, le racisme, la xénophobie, l'incitation et le recours à la violence sous toutes les formes, y compris par voie de réseaux sociaux. Ils ne doivent pas porter atteinte à la sûreté de l'Etat, à la sécurité et à l'ordre public, ainsi qu'aux droits et libertés individuels et collectifs ».*

- Des sanctions pénales en cas de trouble à l'ordre public et autre.

L'article 43 de la loi organique punit de deux à cinq ans de prison et une amende de 2000.000 à 5 000.000 de francs CFA, sans préjudice de dissolution du parti concerné, tout dirigeant ou membre d'un parti politique qui, par ses écrits, déclarations publiques, démarches, inciterait au trouble à l'ordre public ou chercherait à s'emparer du pouvoir d'Etat de manière illégale.

Ce dispositif coercitif peut donner lieu à diverses interprétations au regard du caractère très grave des agissements incriminés. Il risque indubitablement d'entrer en conflit avec les libertés fondamentales garanties par la constitution telles que la liberté de réunion, la liberté de manifester, la liberté d'expression, dans le jeu démocratique. Si ces libertés trouvent leurs limites dans le respect de la construction, les lois de la République et l'ordre public, il faut craindre un glissement liberticide dans la mise en œuvre de cette restriction.

- L'interdiction des milices et la sécurité des dirigeants politiques.

L'article 44 de la loi organique punit de cinq ans de prison et d'une amende de 2.000.000 à 10.000.000 de francs CFA, tout dirigeant d'un parti politique, qui crée une milice ou l'entretiendrait, sans préjudice de la dissolution du parti ou du groupement politique concerné. Sont également passibles des mêmes sanctions, en application des dispositions de l'article 45 de la loi organique, tout dirigeant d'un parti politique qui se serait entouré d'une garde de sécurité sans y être autorisé par les autorités compétentes. C'est dire que l'adjonction d'une escorte pour la sécurité d'un dirigeant politique doit se faire dans le cadre de la loi.

§ 4 : Le financement des partis politiques.

Pour financer leurs activités, les partis politiques disposent de deux catégories de ressources : le financement public et le financement privé. L'article 27 de la loi organique du 12 mai 2017 dispose que les activités des partis politiques sont financées au moyen des cotisations de leurs membres, des dons, legs et des subventions de l'Etat.

A). Le financement public des partis politiques.

La charte africaine de la démocratie, des élections et de la gouvernance stipule dans son article 27 que, pour promouvoir la gouvernance politique, économique et sociale, les Etats s'engagent entre autres à *« renforcer les capacités des parlements et des partis politiques légalement reconnus pour leur permettre d'assumer leurs fonctions principales ».*

Le financement public de la vie politique, notamment des partis politiques participe amplement des exigences qui s'imposent aux Etats pour la promotion de la gouvernance politique. Cette problématique n'est pas spécifique à l'Afrique[747].

Au Congo, le principe du financement public des partis politiques est prévu par l'article 59 de la constitution, sous la forme d'une subvention de l'Etat : *« Les partis politiques bénéficient du concours financier de l'Etat ».* Le financement public des partis politiques repose ainsi sur un fondement constitutionnel, repris et précisé dans la loi organique précitée, dans ses articles 27, 34 à 38.

I). Les conditions et les modalités du concours financier de l'Etat.

La redistribution du concours financier de l'Etat obéit à des conditions et aux modalités qui tiennent d'abord à l'inscription et au vote des subventions au budget, ensuite aux critères qui varient selon que les partis ou les groupements politiques sont ou non représentés au parlement et à leurs scores électoraux.

[747] En France, plusieurs textes sont intervenus pour régir la matière sur fond de scandales politico-financiers et à la faveur d'une moralisation toujours inachevée de la vie publique ou politique, Cf. Loi no 88-227 du 11 mars 1988 relative à la transparence financière de la vie politique ; Décret no 96-763 du 1 septembre 1996 relatif à la commission pour la transparence financière de la vie politique ; Loi no 90-55 du 15 janvier 1990 relative à la limitation des dépenses électorales et à la clarification du financement des activités politiques ; Loi no 93-122 du 29 janvier 1993 relative à la prévention de la corruption et à la transparence de la vie économique et des procédures publiques ; Loi no 95-65 du 19 janvier 1995 relative au financement de la vie politique ; Loi no 2000-493 du 6 juin 2000 tendant à favoriser l'égal accès des femmes et des hommes aux mandats électoraux et fonctions électives ; Loi no 2003-327 du 11 avril 2003 relative à l'élection des conseillers régionaux et des représentants au Parlement européen ainsi qu'à l'aide publique aux partis politiques ; Loi organique no 2013-906 du 11 octobre 2013 relative à la transparence de la vie publique ; loi no 2013-907 du 11 octobre 2013 relative à la transparence de la vie publique ; Loi no 2016-1691 du 9 décembre 2016 relative à la transparence, à la lutte contre la corruption et à la modernisation de la vie économique ; Décret no 2009-1730 du 30 décembre 2009 portant majoration du plafond des dépenses électorales ; Décret no 2016-111 du 4 février 2016 portant application des articles 9 et 9-1 de la loi no 88-227 du 11 mars 1988 modifiée relative à la transparence financière de la vie politique. Ce mode de financement existe dans la plupart des démocraties occidentales (USA, Italie, Allemagne, Espagne, etc) ; E. H. Mbodj, *« Le financement des campagnes électorales et des partis politiques dans les Etats africains francophones »*; in Les Actes du Symposium international sur les pratiques de la démocratie, des droits et libertés dans l'espace francophone (Bamako, octobre 2000), 3ème réunion préparatoire « Les élections »-Paris 25-27 avril 2000, 9 p. www.francophonie.org/bamako ; La problématique du financement de la vie politique dans les nouvelles démocraties africaines ; texte présenté au panel sur le financement des partis politiques ; 18ème congrès mondial de l'Association internationale des sciences politiques, Québec, août 2000, 10 p. J.C. Masclet, *« Le financement de la vie politique »; A. Diarra, « Le financement des partis et le financement national des élections »*, in « Démocratie et élection dans l'espace francophone » (Sous Dr. JP. Vettovaglia et al.), op.cit. pp.398 et suivantes

a). L'inscription budgétaire des subventions.

Le montant global des subventions destinées au financement des partis politiques doit être inscrit chaque année au budget de l'Etat. En 2017, près d'un milliard de francs CFA de subvention de l'Etat devaient bénéficier à 19 partis politiques sur les 153 que comptait le Congo[748]. Il en résulte que les collectivités locales et leurs démembrements ne participent pas au financement de la vie politique ; peu importe que les partis politiques participent également à la gouvernance des collectivités locales dans le cadre de la décentralisation. Donc, le financement de la vie publique reste une affaire de l'Etat. Il relève de sa seule responsabilité.

b). Les modalités de distribution du concours financier de l'Etat.

Les modalités d'attribution des subventions ou du concours financier de l'Etat varient selon que les partis ou les groupements politiques sont ou non représentés au parlement. Le nombre d'élus au parlement et/ou dans les assemblées locales, notamment les conseils départementaux, est le critère d'éligibilité d'une formation politique au concours financier de l'Etat.

1). Les partis ou groupements de partis représentés au parlement.

La subvention de l'Etat est donc allouée proportionnellement aux partis politiques représentés au parlement. Elle est calculée en fonction du nombre de députés ou de sénateurs qui appartiennent ou déclarent se rattacher à un groupement politique bénéficiaire. Etant précisé qu'un député ou un sénateur ne peut être inscrit que pour un seul parti.

2). Les partis ou groupements de partis non représentés au Parlement (+5 %).

Peuvent également bénéficier du concours financier de l'Etat, les partis politiques non représentés au parlement, mais ayant présenté des candidats dans plus de la moitié des circonscriptions électorales et obtenu au moins 5 % de suffrages exprimés sur l'ensemble de ces circonscriptions électorales.

---

[748] Cf. Les Dépêches de Brazzaville, N°2834, jeudi 9 février 2017, pp. 1 et 3, *« Financement des partis politiques, une inscription budgétaire d'un milliard de FCFA en 2017 »* ; *« Congo-Brazzaville : près d'un milliard de FCFA à 19 partis politiques »*, in, http://.bbc.com/afrique/région-38927805, du 10 février 2017. La subvention est accordée sur la base du nombre d'élus.

3). Les partis ou groupements de partis non représentés au Parlement (-5 %).

Peuvent aussi bénéficier de la subvention de l'Etat, les partis ou groupements politiques non représentés au parlement, ou ayant obtenu moins 5 % de suffrages exprimés sur l'ensemble des circonscriptions électorales. Ils doivent en outre avoir obtenu des élus dans plus de la moitié des conseils départementaux. Il en résulte que, les formations politiques n'ayant pas atteint le seuil de 5 % des suffrages exprimés au parlement et dépourvus d'élus dans la majorité des conseils départementaux ne peuvent guère prétendre au financement de l'Etat.

II). Les obligations et le contrôle.

D'une part, les partis politiques sont astreints aux obligations comptables, qui se traduisent par la tenue d'une comptabilité et d'un inventaire de leurs biens meubles et immeubles. Ils sont également tenus d'avoir un compte ouvert auprès d'une banque ou d'une institution financière au Congo.

D'autre part, ceux qui bénéficient du concours financier de l'Etat sont soumis au contrôle de la Cour des comptes et de discipline budgétaire.

Il s'agit, dans ce dernier cas de s'assurer de la bonne utilisation des deniers publics, de s'assurer qu'ils ont réellement servi au but en vue duquel ils ont été alloués. Donc, cette restriction permet de s'assurer que la création d'un parti politique ne devienne un moyen détourné d'enrichissement frauduleux et illicite au détriment des deniers publics.

B). Le financement privé des partis politiques.

Le financement privé des partis politiques peut revêtir deux formes. Il peut s'agir d'un financement privé interne ou d'un financement privé externe.

I). Le financement privé interne.

C'est normalement la principale source de financement des formations politiques. Comme toute association, les ressources des partis ou groupements politiques proviennent essentiellement des cotisations de leurs membres. Le montant des cotisations est en principe librement fixé par les organes du parti ou du groupement de partis politiques.

II). *Le financement privé externe.*

Ce mode de financement est strictement encadré, contrôlé. En effet, aux termes des dispositions de l'article 40 de la loi organique, les partis politiques peuvent recevoir des dons et des legs, qui doivent faire l'objet d'une déclaration au ministère en charge de l'administration du territoire. Cette déclaration mentionne les auteurs, la nature et la valeur des dons et des legs[749]. Il leur est, cependant, interdit de recevoir toute forme de concours qui serait de nature à porter atteinte à l'indépendance et à la souveraineté nationale ou de financer leurs activités au moyen de fonds acquis par des pratiques illicites. L'intérêt d'une réglementation stricte du financement privé, notamment extérieur, des partis ou groupements politiques est d'éviter des interférences et les influences des puissances ou structures étrangères, dans la vie politique interne. Le risque redouté étant de porter atteinte à la souveraineté nationale ou à la stabilité du pays.

La question peut se poser, s'agissant des formes modernes et plus innovantes du financement privé, de l'appel ou de levée des fonds à travers les réseaux sociaux. Cela conduit à recourir aux plateformes de financement participatif de type *« crowdfunding »* ou *« crowdlending »* qui trouvent leur source dans l'économie numérique et qui peuvent échapper à tout contrôle quant à l'identification des généreux donateurs ou pourvoyeurs de fonds. Mais, cela implique une évolution de la législation pour encadrer ce procédé afin d'éviter d'inéluctables abus[750].

Il y a lieu de souligner une incongruité, l'interdiction faite aux partis et groupements politiques, quel qu'en soit le motif, d'importer, de stocker ou de détenir des armes, des munitions, du matériel ou autre engin de guerre. L'incrustation de cette interdiction dans le dispositif du financement privé des partis ou groupements politiques est quelque peu déroutante. Sauf si on l'appréhende sous l'angle d'un soutien matériel illicite.

---

[749] Ce mode de financement n'est pas forcément externe, les membres d'un parti politique peuvent également lui consentir des dons et legs.

[750] En France, le recours aux plateformes de financement participatif a été jugé, après avis du Conseil constitutionnel dans son avis du 20 avril 2016, non conforme à la législation sur la perception de dons pour le financement des campagnes électorales, en raison de l'obligation faite aux candidats aux élections de ne pas percevoir directement des dons, se ce n'est que par le truchement du mandataire financier commis à cet effet, *« En cas de perception de dons en ligne, une description précise du système et des procédures mises en œuvre, notamment pour s'assurer de l'origine des fonds et du respect du plafond, devra être jointe au compte ainsi que les justificatifs afférents. En l'état des textes, si une plateforme électronique est mise en place afin de recueillir des dons destinés au financement de la campagne, cette plateforme ne doit pas être gérée par une personne autre que le mandataire financier ou l'association de financement et le processus de recueil des dons ne doit ni prévoir l'intervention d'un tiers (pour le paiement par exemple) ni permettre l'attribution d'une contrepartie au donateur » ; Cf. « Election présidentielle, Financement de la campagne électorale, Mémento à l'usage du candidat et de son mandataire », Commission nationale des comptes de compagnes et des financements politiques (CNCCFP), 29 avril 2016.*

Section 2 : De nouveaux droits à caractère politique.

De nouveaux droits à caractère politique sont consacrés par la constitution du 25 octobre 2015. Ils se rapportent, d'une part, au statut de l'opposition politique et, d'autre part, à celui des anciens dirigeants.

§ 1 : Le statut constitutionnel de l'opposition politique congolaise.

L'opposition politique congolaise jouit désormais d'un statut constitutionnel. D'ailleurs, le titre III de la constitution du 25 octobre 2015 est intitulé, *« Des partis politiques et du statut de l'opposition politique ».* Aucune constitution ni acte fondamental ne s'y était explicitement consacré depuis la fin du monopartisme et la restauration de la démocratie pluraliste avec la Conférence nationale souveraine de 1991.

Le Congo a pris sur ce point le train en marché, avec plus d'une décennie de retard, par rapport à certains Etats africains[751]. Mais en se hissant au niveau le plus élevé de l'ordonnancement juridique. Si une telle démarche participe de la nécessité de l'institutionnalisation et de la structuration de l'opposition, pour une meilleure vitalité de la vie démocratique au Congo et la prévention des conflits, on ne peut pas manquer de s'interroger sur son efficacité réelle ; au risque de voir ce statut se transformer en une perversion de la démocratie, si l'on n'y prend pas garde.

A). La reconnaissance formelle du statut de l'opposition politique.

L'opposition politique congolaise est désormais formellement reconnue par la loi fondamentale, ainsi qu'en dispose l'article 63 de la constitution,

« L'opposition politique est reconnue en République du Congo.

Elle ne peut subir de limites, quant à son existence et à ses activités démocratiques, que celles imposées à tous les partis politiques par la présente constitution et la loi.

La loi détermine le statut de l'opposition politique.

Jusqu'à présent, cette reconnaissance n'était qu'indirectement consacrée à travers l'affirmation du multipartisme et le pluralisme politique, comme

---

[751] Cf. J.P. Vettovaglia, J. Dubois de Gaudusson et autres, « Démocratie et élections dans l'espace francophone : Prévention des crises et promotion de la paix, Volume 2 », Ed. Bruylant, Bruxelles, 2010 (sur la problématique du statut de l'opposition, pp. 334-397). Comme le souligne El Hadj Mbodj, certains Etats avaient choisi une consécration constitutionnelle : le Sénégal (article 58 de la constitution du 22 janvier 2001), la RD Congo (article 8 de la constitution du 18 février 2006), d'autres la voie législative : Bénin (loi du 24 octobre 2002), Mali (loi du 13 juillet 2000) ou la voie d'ordonnance : Niger (ordonnance du 20 décembre 1999), op. cit. p. 335, notes 3, 4 et 5 ; B. Guèye, « La démocratie en Afrique : Succès et résistance », Revue Pouvoirs, 2009/2, n°129, pp 5 à 26.

nous venons de le voir plus haut. L'opposition politique bénéficie d'une liberté dans l'exercice de ses activités et doit se conformer à la constitution ainsi qu'aux lois et règlements de la République. Le statut de l'opposition étant expressément consacré par le dernier alinéa de l'article 63 de la constitution, qui laisse au législateur le soin de le préciser. C'est ainsi qu'il découle de la loi n° 28-2017 du 07 juillet 2017 déterminant le statut de l'opposition politique[752]. Il s'agit donc d'un statut codifié.

B). L'identification de l'opposition politique.

L'identification soulève les questions de la définition et des caractéristiques de l'opposition politique au Congo. L'opposition politique est définie classiquement par le législateur. Mais, cette définition ne rend pas entièrement compte de tous les aspects que cette notion recouvre.

I). La définition légale de l'opposition politique.

Le législateur congolais définit l'opposition dans ses rapports au gouvernement et la situe dans un espace opérationnel qui lui sied en fonction de son niveau de représentativité démocratique ou non. C'est-à-dire selon qu'elle s'exprime au sein ou en dehors du parlement.

a). Une définition de la l'opposition politique dans ses rapports au gouvernement.

L'article 1er alinéa 2 de la loi du 07 juillet 2017 définit l'opposition politique, comme constituée par *« l'ensemble des partis et/ou groupements des partis politiques ne soutenant pas l'action du Gouvernement ».*

Le soutien au gouvernement est ainsi un marqueur institutionnel de l'opposition politique au Congo. L'opposition est donc définie par référence au positionnement des forces politiques partisanes vis-à-vis du gouvernement. Selon qu'elles le soutiennent ou ne le soutiennent pas. Ce schéma conduit à une démarche syllogistique qui postule que toutes les forces partisanes portant la contradiction à la politique du gouvernement s'inscrivent ou se situent, *de facto*, dans l'opposition. A contrario, toutes celles qui concourent au succès de l'action gouvernementale seraient d'emblée rangées dans le camp de la majorité.

Cette définition légale, qui privilégie une approche antagoniste des rapports des forces politiques partisanes, est largement inspirée de la

---

[752] JO. 20 juillet 2017, pp.923 ; Cf. *« Désormais la loi reconnaît le chef de l'opposition politique »*, Le Patriote, n°416 du 14 février 2017, p.1 et 4 ; *« Le Sénat adopte le statut de l'opposition »*http://icibrazza.com. Cf. Conjoncturis, *« Dossier spécial : Opposition démocratique au Congo-Brazzaville »*, n°005, juillet 2016.

littérature politiste classique ; dont les principaux auteurs sont incontestablement Robert Dahl, Giovanni Sartori, G. Ionescu, I. de Madriaga ou Léonard Schapiro[753].

D'ailleurs, on peut ranger parmi eux François Guizot, pour qui le *« rôle de l'opposition ne se borne point dans le gouvernement représentatif bien réglé à épier la conduite du pouvoir et à proclamer ses fautes, elle a aussi pour mission principale d'indiquer, de solliciter les améliorations, les réformes... »*[754].

De l'avis des politistes contemporains[755], cette problématique est délaissée par les juristes, notamment les constitutionnalistes, qui ne lui consacrent que très peu d'espace dans leurs travaux et ouvrages ; ce malgré quelques rares auteurs, dont Georges Burdeau[756], qui l'abordent essentiellement sous l'angle de l'opposition parlementaire[757].

b). Le cadre d'expression de l'opposition politique.

Le législateur identifie l'opposition politique congolaise selon qu'elle s'exprime ou déploie son action dans un cadre institutionnalisé, en l'occurrence le parlement ou en-dehors de celui-ci. Aussi distingue-t-il deux variantes de l'opposition : une opposition parlementaire et une opposition extra-parlementaire. Il en précise les contours dans l'article 1er alinéa 3 et 4 de la loi du 7 juillet 2017 qui dispose,

« L'opposition politique est parlementaire et extra-parlementaire.

L'opposition est parlementaire quand elle est représentée à l'Assemblée nationale et/ou au Sénat et extra-parlementaire lorsqu'elle n'y est représentée ».

---

753 R. Dahl, *« Political opposition in western democraties »*, New Haven, Yale University Press, 1966; G. Sartori, *"Parties and party system. A framework for analysts"*, London Cambridge Universities press, 1976; G. Ionescu & I. de Madriaga, *"Opposition Past and Present of a political institution"*, London, the New Thinker Library, 1968; L. Schapiro, *"Putting the lid on Leninism: Opposition and dissent in the communist one-party states"*, (Government and Opposition), Vol. 2, No. 2, The dead end of the monolithic parties, February 1967, pp. 181-203; *M. Diverge, « Les partis politiques »* (1951), A. Colin.

754 Cf. F. Guizot, *« Des moyens de gouverner et l'opposition dans l'état actuel de la France »*, 1821, p.320, (éd. Belin, coll. Littérature et politique, 1988).

755 Cf. Y. Surel, *« Le Chef de l'opposition »*, Revue Pouvoir, 2004/1 (n°108), pp.63-80 ; P. Jan, *« Les oppositions »*, Revue Pouvoirs, 2004/1 (n°108), p.23-43 ; N. Brack, S. Weinblum, *« Pour une approche nouvelle de l'opposition politique »*, Revue internationale de politique comparée, 2011/2, vol.18, pp.13-27.

756 G. Burdeau, *"L'évolution de la notion d'opposition"*, Revue internationale d'histoire politique et constitutionnelle, 1954, p.123 ; O. Duhamel & Y. Meny, *« Dictionnaire de droit constitutionnel »*, Presses Universitaires de France - PUF (1 mars 1992) ; Ch. Debbasch, et al. *« Droit constitutionnel et institutions politiques »*, Economica, 4ème édition, 2001 ; *J.E. Gicquel, J. Gicquel , « Droit constitutionnel et institutions politiques », L.G.D.J, Précis, Domat, 31e édition, 2017 ; Ph. Ardant,* B. Mathieu, *«Droit constitutionnel et institutions politiques », LGDJ, Édition : édition 2017-2018.*

757 Cf. M. Duverger, *"Le rôle de l'opposition dans un parlement actif»*, Le Monde, 3 avril 1973; P. Avril, *« La majorité parlementaire »*, Revue Pouvoirs, 1994, n° 68, (Qui gouverne la France ?), p 945 ; *« L'improbable statut de l'opposition »*, Les Petites Affiches (LPA), n°138, 12 juillet 2006, p.7 ; W. Gilles, *« L'opposition parlementaire :étude de droit comparé »*, RDP, 2006, n°6, p.1348.

Il en résulte que l'opposition congolaise s'identifie tantôt par rapport à la majorité parlementaire, sans forcement qu'il y ait, dans le cadre du bicamérisme, une concordance de majorité entre les deux chambres parlementaires (l'Assemblée nationale et le Sénat) ; tantôt par rapport aux partis où formations politiques qui ne disposent pas d'élus (députés ou sénateurs) siégeant dans l'une ou l'autre des deux chambres du parlement.

1). L'opposition parlementaire.

C'est la première variante de l'opposition politique. Elle s'inscrit dans la continuité de l'approche classique, qui appréhende l'opposition sous le prisme de la représentation parlementaire. Le parlement est l'arène, sinon le cadre institutionnel par excellence de confrontation des idées et des opinions des forces politiques antagoniques. Selon qu'elles appartiennent à la majorité parlementaire, donc soutenant l'action du gouvernement, ou selon qu'elles occupent une position minoritaire en raison des faibles suffrages engrangés lors des élections législatives ou sénatoriales, donc s'opposant à la majorité et proposant une politique alternative.

La définition qu'en propose R. Dahl est assez illustrative de la première variante de l'opposition politique[758], c'est aussi ce qu'en propose M. Hastings, *« une opposition parlementaire peut s'entendre comme l'ensemble des formations politiques présentes au parlement qui n'accordent pas leur soutien aux politiques menées par le titulaire du pouvoir. L'opposition est donc moins un état "être dans l'opposition'') qu'une relation (''s'opposer à'') »*[759].

Mais, un auteur comme Yves Surel, partant d'une analyse critique des différentes déclinaisons du concept par les auteurs *« classiques »* ou *« néoclassiques »* qui, selon lui, reposent sur trois dimensions (une perspective institutionnelle, une perspective fonctionnelle, un ensemble d'activités de mobilisations politiques), définit quant à lui l'opposition parlementaire ou plus précisément l'opposition au sein du parlement comme, *« .... l'ensemble des acteurs et/ou des formations politiques présents au sein d'une assemblée, qui tendent, par des moyens institutionnels et par des échanges extra-parlementaires, à exercer une influence et un contrôle sur l'action gouvernementale et se posent en alternative crédible en vue des prochaines échéances électorales »*[760].

---

[758] *« Suppose that (A) determine the conduct of some aspect of the government of a particular political system during some interval (...) suppose that during this interval (B) cannot determine the conduct of the government; and (B) is opposed to the conduct of government by (A). Then (B) is what we mean by 'an opposition'',* op. cit.

[759] Cf. M. Hastings, *« Oppositions parlementaires, gouvernements minoritaires et démocratie inclusive. L'exemple des pays scandinaves »,* Revue internationale de politique comparée, 2011/2, vol. 18, pp.45-58.

[760] Cf. Y. Surel, *'' L'opposition au parlement, quelques éléments de comparaison »,* op. cit. pp.118-119.

Même si l'auteur encourage que la dynamique de l'opposition parlementaire, ou de ce phénomène, doive être cernée à l'aune de chaque régime politique ou des modes de scrutin applicables, il n'en demeure pas moins que l'opposition ne peut pas forcement être confinée dans un rôle obsessionnel d'antagonisme. Son apport peut déboucher sur des solutions de consensus. Cela peut être un aspect de son influence en présence du fait majoritaire.

2). L'opposition politique extra-parlementaire.

C'est la deuxième variante de l'opposition politique. Ici, s'illustrent non seulement les formations politiques qui n'ont pas pu accéder au parlement en raison de leurs faibles scores électoraux, mais aussi toutes les forces qui n'y aspirent pas pour de multiples raisons ou qui occupent le terrain et battent le pavé dans la contestation sociale. Ces forces vives politiques jouent le rôle de contre-pouvoir. Elles s'inscrivent dans une démarche de défiance. Elles sont l'expression de la contre-démocratie selon Pierre Rosanvallon[761].

On conviendra que l'opposition politique est consubstantielle à la démocratie pluraliste comme cela résulte fondamentalement de l'article 1er alinéa 1er de la loi du 07 juillet 2017 aux termes duquel, cette loi a pour objet de codifier le statut de l'opposition politique dans un cadre démocratique et pluraliste.

Cette considération rejoint ce que Pascal Jan indique, dans son analyse de l'approche classique de la notion de l'opposition, qu'elle est *« l'alpha et l'oméga d'un même concept, celui d'un régime démocratique pluraliste à la base duquel se trouve une constitution adoptée directement par le peuple souverain ou par ses représentants dûment mandatés. Elle jouit alors de moyens, garantis ou non formellement par les textes constitutionnels ou législatifs, pour apporter la contradiction à la majorité parlementaire et au gouvernement et espérer par les voies légales (élection) le remplacer… »*[762] Tandis que pour Ionescu & de Madariaga, l'opposition parlementaire est *« la forme la plus avancée et la plus institutionnalisée de conflit politique »*[763]. Le parlement étant le lieu privilégié de l'expression de la démocratie, lieu dans lequel l'opposition politique se sublime et se bonifie par son action, en vue de préparer efficacement l'alternance démocratique au pouvoir[764]. Enfin,

[761] Cf. P. Rosanvallon, *"La contre-démocratie, la politique à l'âge de la défiance"*, Paris, Seuil, 2006 ; F. Dupin, *« La contre-démocratie. La politique à l'âge de la défiance de Pierre Rosanvallon »*, Le Pholisophoire, 2006/2 (n°27), pp.257-263) ; B. Nabli, *« L'opposition parlementaire, un contre-pouvoir politique saisi par le droit »*, Pouvoirs, 2010/2 (n°133), pp.125-141).

[762] Cf. P. Jan, op. cit. pp.26-27

[763] Cf. Ionescu & de Madariaga, op. cit. p.9.

[764] Dans une approche du confort de l'opposition, Cf. G. Carcassonne, « Le bonheur de l'opposition », Revue Pouvoirs, 2004/1, n°108, pp. 145-155, «*Le député de la majorité est voué à un rôle suffisamment exigeant et ingrat pour que la satisfaction de la victoire collective s'évanouisse rapidement au profit de la servitude et de la frustration individuelles. Elles sont d'autant plus pénibles que le député de l'opposition lui inflige le spectacle de son propre bonheur, détaché de toute contrainte, de tout souci de*

cette approche rejoint celle de Giovanni Sartori pour qui, *« l'opposition est l'ensemble des forces partisanes qui ont pour vocation à prendre le pouvoir, d'alimenter une critique des gouvernants actuels et de définir une alternative programmatique »*[765].

La question de l'unicité de la nature de l'opposition ne fait pas l'unanimité dans la doctrine. Certains auteurs se sont essayés à une énumération ou à une typologie des différentes formes d'oppositions. Pascal Jan les décline en plusieurs versions : *opposition politique, opposition parlementaire, opposition institutionnelle, opposition révolutionnaire, opposition constitutionnelle, opposition dissidente, opposition clandestine*[766]. Il définit l'opposition comme, *« une position reconnue d'un groupe au sein d'un régime politique en compétition pour l'accession légale au pouvoir et son exercice pacifique »*[767]. Du point de vue des objectifs, Pascal Jan distingue trois types d'oppositions : *une opposition non structurelle* en ce qu'elle concerne les partis qui cherchent uniquement des postes, les groupes de pression et les partis orientés vers une politique ; *une opposition structurelle limitée.* Elle propose une réforme politique ; *une opposition essentiellement structurelle.* Elle se veut radicale en ce qu'elle vise de profondes réformes politico-structurelles, socio-structurelles ou même révolutionnaires[768].

Partant d'une approche binaire, distinguant selon les régimes politiques, N. Brack & S. Weinblum distinguent entre, d'une part, la *« forme normale, classique ou « institutionnelle »*, et d'autre part, *« une forme déviante, déloyale, antisystème ou perturbante »* de l'opposition[769]. Kircheimer opère pour sa part une typologie de trois formes d'oppositions. *Une opposition dite classique* dont la vocation est de gouverner en proposant pour cela une alternative au pouvoir en place sans en contester la légitimité ; *une opposition dite de principe* qui rejette, outre la politique du gouvernement, l'ordre constitutionnel établi ; *la disparition de l'opposition,* c'est la forme déviante qui nonobstant l'hostilité affichée au pouvoir en place, n'offre aucune perspective[770].

Malgré la conciliation opérée par le législateur congolais sur les deux variantes de l'opposition, parlementaire et extra-parlementaire, il n'en demeure pas moins que cette approche souffre quelques critiques.

---

responsabilité, qui gagne à la défaite de son camp plus qu'une consolation, un véritable épanouissement ».

765 Cf. G. Sartori, op. cit. ; S. Surel, *« Le Chef de l'opposition »*, op. cit. p.63 ; Y. Surel, *« L'opposition au Parlement. Quelques éléments de comparaison »*, Revue internationale de politique comparée, 2011/2, vol. 18, pp.115-129.

766 Cf. P. Jan, op. cit, p. 24.

767 Cf. P. Jan, op. cit. pp. 38-41

768 Idem, p.42.

769 Cf.N. Brack & S. Weinblum, *« Pour une approche renouvelée de l'opposition politique »*, op. cit. p. 15-16.

770 Cf. O. Kircheimer, *« Politik und Verfassun »* (politique et constitution), Frandfurt am, Main, Suhrkamp, 1964.

II). Les limites de la définition de l'opposition politique par le législateur.

Comme nous venons de le voir, la définition légale de l'opposition est influencée par l'approche classique qui ne rend pas entièrement compte des différentes manifestations de ce phénomène. Parlant de l'opposition, il convient sans doute de la distinguer des situations conflictuelles qui peuvent prendre des formes de violence plus ou moins extrêmes. L'opposition politique démocratique est par essence pacifique, donc non violente. Elle se distingue d'une opposition armée, même si selon Carl Von Clausewitz, *« la guerre est la continuation de la politique par d'autres moyens »*[771].

On peut aussi citer, dans la même fibre, des situations insurrectionnelles qui débouchent sur une rébellion ou une révolution. Les régimes totalitaires, autoritaires ou despotiques peuvent tolérer une forme d'opposition de façade, étroitement surveillée. Les régimes communistes ou socialistes connaissaient ou connaissent, pour ce qui en reste encore de par le monde, à leurs yeux des formes d'oppositions, tantôt internes (en termes de diversité des courants idéologiques au sein du parti unique), tantôt externes (dont les activistes sont souvent jetés en prison ou contraints à l'exil. Ils sont taxés de contre-révolutionnaires, d'ennemis du peuple à la solde de l'étranger ou de l'impérialisme ; tandis qu'ils sont considérés comme des dissidents par le monde extérieur, notamment l'occident).

Enfin, si l'opposition est consubstantielle à la démocratie, l'universalisation de la démocratie pluraliste depuis les années 90 s'est traduite par une prolifération des partis politiques dans de nombreux Etats qui, jadis, étaient sous le joug d'un parti unique, fait apparaître des *« oppositions de façade »,* des *« oppositions de connivence »,* des *« oppositions de convenance »,* des *« oppositions faire-valoir »,* servant de caution ou d'alibi démocratique pour légitimer et pérenniser des régimes qui sont en réalité des régimes autoritaires ou despotiques dans l'exercice du pouvoir. Ces oppositions sont souvent encouragées et/ou indirectement financées par le régime, voire soutenues par le clientélisme ou des compromissions électorales, moyennant quelques sièges dans les assemblées parlementaires.

Il s'agit là d'un dévoiement de l'opposition politique. Elle s'illustre dans la pratique soit par un discours souvent complaisant, convenu ou accommodant avec le régime en place ou encore par la participation au gouvernement sous le prétexte de l'intérêt supérieur de la nation, d'un pseudo pragmatisme ou réalisme politique. Ce genre d'oppositions sans véritable ambition, ni vision programmatique, qui s'autoproclame *« opposition républicaine »,* tranche avec une opposition véritablement

---

[771] Cf. C. V. Clausewitz *« De la Guerre »* (1832), (trad. Laurent Murawiec), éd. Librairie Académique Perrin, 1999, p. 46

politique, démocratique, pugnace, porteuse d'un projet alternatif crédible et ambitionne de conquérir pacifiquement le pouvoir, bien qu'étant dans la plupart des cas malmenée dans l'exercice de ses activités par des pesanteurs de toute sorte ou lorsque ses dirigeants et ses membres ne sont pas purement et simplement embastillés, jetés en prison pour des motifs fallacieux. Qu'à cela ne tienne, les critères classiques d'identification ne sont pas forcément suffisants. Car, des formations politiques non représentées à l'Assemblée nationale ou au Sénat peuvent, tout en se réclamant de la majorité, soutenir l'action du gouvernement.

III). L'opposition politique congolaise n'est-elle pas aussi une opposition présidentielle ?

L'opposition politique congolaise est d'emblée une opposition au gouvernement. Elle n'est pas une opposition au Président de la République[772]. C'est en cela que son périmètre d'action est bien circonscrit par la loi du 07 juillet 2017, qui définit l'opposition politique au regard de son soutien ou non à l'action du gouvernement, tout en lui conférant un caractère parlementaire ou extra-parlementaire. Le Parlement et/ou l'extérieur du Parlement jouent la fonction de caisse de résonnance de l'opposition politique. Il en résulte que, constitutionnellement, le Président de la République ne peut se voir dresser aucune opposition dans son action. S'agissant d'un régime présidentialiste, la fonction présidentielle telle que définie dans la constitution y est pour beaucoup. Il y a deux obstacles à la conception d'une opposition présidentielle dans la constitution du 25 octobre 2015.

a). La neutralité constitutionnelle du Président de la République.

Au-delà de ses prérogatives de base, définies dans l'article 64 de la constitution[773], le Président de la République se situe en principe au-dessus des partis politiques. Une fois élu, il devrait faire preuve de neutralité vis-à-vis des partis et formations politiques, y compris le sien et ceux qui ont concouru à son élection. Car, aux termes des dispositions de l'article 80 alinéa 2 de la constitution, le mandat du Président de la République est

---

[772] Pour une approche de l'approche de l'opposition présidentielle, Cf. M.C. Ponthoreau, *« Les droits de l'opposition en France, penser une opposition présidentielle »,* Revue Pouvoirs, 2004/1 (n°108), « L'opposition », pp.101-114.

[773] L'article Article 64 de la constitution de 2015 dispose, « Le Président de la République est le Chef de l'État. Il est garant de l'indépendance nationale, de l'intégrité du territoire et de l'unité nationale, du respect de la Constitution, des traités et accords internationaux.
Il détermine la politique étrangère et de défense de la Nation.
Le Président de la République est garant du fonctionnement régulier des pouvoirs publics et de la continuité de l'État. »

incompatible avec toute responsabilité au sein d'un parti politique. Mais cette neutralité peut s'avérer apparente lorsque l'on sait que le gouvernement ne fait qu'appliquer le projet de société ou le programme politique pour lequel le Président de la République a été élu.

Nous pouvons évoquer la décision de la Cour constitutionnelle du 31 juillet 2020[774], rendue à la requête de Monsieur Clément Mierassa tendant à ce que la Cour déclare inconstitutionnelle l'élection à l'issue de laquelle Monsieur Denis Sassou Nguesso avait été reconduit comme Président du Comité central du Parti Congolais du Travail, lors du 5ème congrès ordinaire de ce parti, qui s'était tenu du 27 au 31 décembre 2019. M. Mierassa s'était fondé sur les dispositions de l'article 80 de la Constitution, aux termes desquelles, *« Les fonctions de Président de la République sont incompatibles avec l'exercice de tout autre mandat électif, de tout emploi public, civil ou militaire et de toute autre activité professionnelle.*

« Le mandat du Président de la République est également incompatible avec toute responsabilité au sein d'un parti politique », ainsi que l'article 26 de la loi n° 20-2017 du 12 mai 2017 portant loi organique relative aux conditions de création, d'existence et aux modalités de financement des partis politiques. Il constate, par ailleurs, que Monsieur Denis Sassou Nguesso est, à l'issue du 5ème ordinaire du Parti Congolais du Travail (PCT), membre du comité central et du bureau politique de ce parti, en violation de l'article 50 de la Constitution et des autres dispositions constitutionnelles qu'il vise dans sa requête. Monsieur Mierassa souligne aussi, au regard des articles 37 et 61 des statuts du PCT adoptés lors de son 6ème congrès extraordinaire du 21 au 25 juillet 2011 et l'article 3 de son règlement intérieur, que la fonction de Président du Comité central du PCT est effectivement exercée, en violation de l'article 80 de la Constitution, par Monsieur Denis Sassou Nguesso, cumulativement avec ses fonctions de Président de la République en exercice.

La Cour s'est déclarée incompétente pour connaître de cette requête au motif qu'il ne lui appartient pas, en vertu de ses compétences tant en matière du contrôle de la constitutionnalité des lois, des traités et des accords internationaux, qu'en matière du contentieux électoral (élection présidentielle, parlementaire et référendaire), définies par les articles 175 alinéa 2, 176 et 177 de la constitution, de statuer sur l'inconstitutionnalité d'un acte politique, en l'occurrence, l'élection de Monsieur Denis Sassou Nguesso en qualité de Président du Comité central du Parti Congolais du Travail (PCT) ; quand bien même qu'il est le Président de la République en exercice.

---

[774] Cf. Décision n° 005/DCC/SVA/20 du 31 juillet 2020 sur le recours en inconstitutionnalité de l'élection à l'issue de laquelle Monsieur Denis Sassou-Nguesso a été reconduit président du comité central du Parti Congolais du Travail, lors du 5ème congrès ordinaire dudit parti, JORC, n°31-2020, du 06 août 2020, p.702.

La Cour considère avec pertinence qu'elle n'est *« garante des normes qui relèvent du texte le plus élevé de l'ordre juridique interne de notre pays (...), que dans le cadre de sa compétence d'attribution telle que fixée par la Constitution (...) qu'en l'espèce (...) la compétence d'attribution de la Cour constitutionnelle est indifférente à la constitutionnalité d'une élection organisée au sein d'un parti politique... »*.

La Cour constitutionnelle précise, en l'espèce, que cet acte politique n'est ni une loi ni un traité ou un accord international susceptible de faire l'objet d'un recours en inconstitutionnalité devant elle. Car le contrôle de constitutionnalité d'un tel acte ne lui incombe pas au regard de sa compétence d'attribution telle que déterminée à l'article 175 alinéa 2 précité de la Constitution ; et que l'élection à l'issue de laquelle Monsieur Denis Sassou Nguesso avait été reconduit en qualité de Président du Comité central du Parti Congolais du Travail n'est ni une élection du Président de la République ni une élection référendaire, encore moins une élection législative ou sénatoriale dont le contentieux relève, en application des articles 176 et 177 de la Constitution, de sa compétence.

Par ailleurs, la circonstance invoquée par le requérant, selon laquelle, la Cour constitutionnelle de la République de Slovénie peut statuer sur l'inconstitutionnalité des actes ou activités des partis politiques, ne saurait s'appliquer au Congo qui a un cadre juridique différent.

En dehors de l'incompétence matérielle de la Cour constitutionnelle qui est indiscutable en l'espèce, la requête de M. Mierassa soulève une question pertinente parce qu'elle a trait à l'incompatibilité des fonctions de Président de la République en exercice avec celles de Président ou de dirigeant d'un parti ou d'une formation politique, fut-il celui sous la bannière de laquelle il a été élu ; même si cette désignation intervient au cours de son mandat de Président de la République.

Certes, Monsieur Clément Mierassa aurait pu saisir un autre juge que la Cour constitutionnelle, notamment le juge civil, pour contester la régularité juridique de la réélection de Monsieur Denis Sassou Nguesso à la présidence du Parti congolais du travail et en qualité de membre d'honneur des plus hautes instances de son parti, en ce que cette désignation méconnaîtrait les dispositions précitées de l'article 80 de la constitution. Factuellement, cette désignation aurait-elle pu s'accompagner de la démission expresse par l'intéressé de toute responsabilité au sein de son parti pour se consacrer exclusivement à ses fonctions de Président de la République ? Une telle démarche aurait l'avantage de faire taire toutes les spéculations sur cette apparente confusion ; même si dans les faits, il ne joue aucun rôle actif au sein du parti, tout en demeurant une autorité morale ou tutélaire dont l'influence n'est pas inexistante.

Il va de soi que la Cour constitutionnelle aurait pu être saisie, par qui de droit, dans le cadre de ses fonctions consultatives, en sa qualité de gardien de la constitution et surtout de régulateur du fonctionnement des institutions et des activités des pouvoirs publics, comme le dit l'article 175 dernier alinéa du de la constitution du 25 octobre 2015, pour donner son avis sur cette question. Car, l'élection ou la réélection du Président de la République en fonction à la tête d'un parti politique, fut-il le sien, pose nécessairement problème sur le plan du fonctionnement des institutions.

Enfin, toutes ces considérations donnent l'impression d'une transformation du régime politique en une monarchie présidentielle ou une monarchie républicaine, qui ferait du président un monarque républicain[775].

b). Le privilège de juridiction et l'irresponsabilité politique du chef de l'Etat.

En dehors de son statut pénal qui le rend justiciable de la Haute Cour de justice en cas de manquements à ses devoirs manifestement incompatibles avec l'exercice de son mandat (article 192 de la constitution), le Président de la République n'a de comptes à rendre qu'au peuple souverain dont il sollicite le suffrage, source de sa légitimité. L'irresponsabilité politique du Président de la République est ainsi renforcée par le fait que le Parlement n'a directement aucune prise sur lui. De surcroit, l'institution d'un exécutif bicéphale, avec un Premier ministre, Chef du Gouvernement, rend ce dernier seul responsable devant l'Assemblée nationale de la politique économique et sociale de la nation ; bien que cette politique ait été préalablement déterminée en concertation avec le Président de la République[776]. La constitution du 25 octobre 2015, le hisse en apparence à l'abri des critiques et contestations.

Mais, cette conception jupitérienne de la fonction présidentielle conduit à annihiler toute velléité d'alternance démocratique. Or, la raison d'être d'une opposition politique en démocratie est la conquête et l'exercice du pouvoir.

L'opposition a vocation à gouverner, comme l'écrit F.Ch. Bousquet[777]. Si dans un régime parlementaire, cette ambition de gouverner correspond le plus à celle d'une opposition parlementaire dans la mesure où le vrai détenteur du pouvoir est le chef du Gouvernement et non le Chef de l'Etat, le statut de l'opposition parlementaire y trouve amplement sa signification.

La situation est différente dans un régime présidentiel, surtout présidentialiste, voire semi-présidentiel, dans lequel l'ambition de l'opposition qui est de gouverner, pour assurer l'alternance, ne saurait se cantonner à l'accession au pouvoir pour constituer un gouvernement qui

---

[775] Cf. Maurice Duverger. *« La monarchie républicaine - ou comment les démocraties se donnent des rois », Paris, Robert Laffont, 1974 ; « Sur la monarchie présidentielle »,* Le Débat, vol. 55, no. 3, 1989, pp. 27-30 ; *« Les monarchies républicaines », Revue Pouvoirs, n°78 (Les monarchies), sept. 1996, pp.107-120. ;* Jacques Julliard, *« Sur la monarchie présidentielle », Le Débat,* vol. 55, no. 3, 1989, pp. 31-34.

[776] Cf. Articles 99 et 100 de la constitution du 25 octobre 2015.

[777] Cf. F.Ch. Bousquet, *« Oppositions et vocation à gouverner : vers une autre classification »,* Revue Pouvoirs, 2004/1 (108), L'opposition, pp.115-124.

succéderait au précédent. Sauf en cas de cohabitation suite à un changement de majorité parlementaire.

c). L'opposition à l'exécutif.

Nous concevons mieux une opposition politique à l'exécutif, car la vocation première d'une opposition politique dans un régime présidentiel, présidentialiste ou semi-parlementaire est d'accéder au pouvoir dans le cadre d'une alternative démocratique. L'élection présidentielle permet amplement d'atteindre cet objectif. Le Premier ministre et le gouvernement qui en découlent n'ont d'autres missions que de mettre en œuvre, comme nous l'avons dit plus haut, le projet de société ou le programme politique pour lequel le Président de la République a été élu. Pour ce faire, il doit s'appuyer sur une majorité au parlement qui soutiendra son action, tout en étant à l'écoute de la minorité qui s'y exprime ou toutes les forces vives ou politiques qui n'y siègent pas.

Dès lors, factuellement, l'opposition politique est une opposition non pas forcément parlementaire ou extra-parlement au sens strict et classique, mais une opposition à l'exécutif. En présence d'un exécutif bicéphale, une opposition à son chef. Car, tout ne peut pas reposer sur le gouvernement d'autant plus qu'il y a des matières dont l'initiative relève exclusivement du Président de la République. Comme, par exemple, l'article 64 alinéa 2 de la constitution qui dispose que ce dernier détermine la politique étrangère et de défense de la Nation. On ne voit pas comment dans cette situation l'opposition politique peut y porter efficacement la contradiction, si ce n'est qu'au véritable détenteur de ces prérogatives.

IV). Le risque d'une bipolarisation.

Le critère d'identification ou de détermination de l'opposition politique congolaise est ici le soutien ou non de l'action du gouvernement. *De facto*, sont réputés faire partie de l'opposition, tous les partis politiques ou les groupements de partis politiques qui ne seraient pas en phase avec le gouvernement ou le programme de celui-ci. En fait, l'appartenance à l'opposition se définit par rapport à la majorité parlementaire.

La structuration ainsi définie de l'opposition politique présente l'inconvénient d'une bipolarisation du parlement (ne serait-ce qu'à ce niveau), en une majorité soutenant l'action du gouvernement, et en une opposition réfractaire ne soutenant pas le gouvernement. Cette cristallisation bipolaire laisse peu de place à une 3ème voie, une voie médiane notamment pour des centristes ou les indépendants, qui sans porter la contradiction, ne s'inscrivent ni dans un soutien constant et irréfragable ni dans une opposition systématique ou obsessionnelle. Ils agissent en leur âme et conscience pour ou contre la politique ou les projets du gouvernement.

Ensuite, cette bipolarité donne également l'impression d'un *« embrigadement politique »*, dans la mesure où il est dit que l'opposition politique peut être parlementaire et extra-parlementaire. Ce qui reviendrait à dire que même les partis non représentés au Parlement *(Assemblée nationale ou Sénat)*, doivent faire le choix, d'appartenir à l'opposition ou à la majorité, de soutenir ou ne pas soutenir l'action du gouvernement. Cette configuration qui confine à la résurrection du centralisme démocratique ne nous paraît pas compatible avec le principe du pluralisme politique.

V). La perspective d'un gouvernement minoritaire.

Le choix de l'opposition politique opéré dans la loi dépend largement du fait majoritaire. Il ferme la porte aux expériences qui peuvent venir de loin, comme c'est le cas du *« Gouvernement minoritaire »* qui rythme la vie politique dans certains pays scandinaves comme la Suède, le Danemark et la Norvège, bien qu'étant des monarchies parlementaires monocaméristes. Ils offrent l'exemple d'une démocratie consensuelle et inclusive où une formation politique minoritaire peut gouverner par le jeu des alliances avec un ou des partis représentés au parlement où une majorité plus ou moins éclectique n'ambitionne pas de renverser le gouvernement et que le parlement ne craint pas d'être dissout. Ces alliances peuvent s'étendre aux forces politiques non représentées au parlement ou à la société civile. Cette collaboration peut prendre la forme d'une contractualisation des relations avec le gouvernement minoritaire sur des aspects et des questions bien définis de la vie publique ou de la société[778].

Ce modèle peut encourager une certaine conception qui, en Afrique, se revendique de la tradition du partage du pouvoir. Mais, à la seule condition que la dynamique d'association ne favorise pas une pérennisation néfaste au pouvoir ; lorsqu'on sait que les partis sociaux-démocrates scandinaves ont connu un déclin après des décennies de règne, avant la reconfiguration des oppositions parlementaires et la modernisation qui s'en est suivie sans remettre fondamentalement en cause le système du gouvernement minoritaire[779].

---

[778] Pour un approfondissement de ce paradigme, Cf. M. Hastings, *« Oppositions parlementaires, gouvernement minoritaires et démocraties inclusives. L'exemple des pays scandinaves »*, Revue internationale de Politique comparée, 2011/2 (vol. 18), pp.45-58.
[779] Idem.

VI). Une opposition étatique et non locale.

En cantonnant l'opposition politique par rapport à l'action du gouvernement, le législateur congolais a d'emblée écarté et a perdu de vue les enjeux politiques locaux. Or, les partis politiques participent du jeu démocratique aussi bien au sein des institutions nationales que dans les institutions locales. L'alternance démocratique a également cours dans le cadre de la décentralisation[780]. Comme il sera vu plus loin, le constituant a bien consacré dans son article 209 le principe de la libre administration des collectivités locales par des conseils élus. Ces conseils comprennent une opposition qui concourt à l'expression de la démocratie au niveau local, dont on sait que les partis politiques y jouent un rôle déterminant. L'opposition locale a vocation à gouverner dans le cadre d'une alternance locale. D'ailleurs, c'est à partir des assemblées locales que les sénateurs sont élus. Dès lors, c'est une aberration du législateur organique de n'avoir défini l'opposition politique qu'à travers le prisme étatique ; sans considération des enjeux qui n'intéressent pas moins les acteurs politiques, dont il est établi que la plupart sont investis ou commencent leur carrière politique par un mandat local.

C). Le chef de file de l'opposition politique.

L'institutionnalisation de l'opposition politique a conduit le législateur à fixer le statut de son chef. Le chef de l'opposition n'a donc pas formellement un statut constitutionnel. Le législateur ne définit pas la notion du chef de l'opposition. Il s'est employé à en définir les modalités de désignation, le rôle, les fonctions et les avantages. En l'absence d'une définition officielle, nous pouvons convenir avec Yves Surel que, *« le chef de l'opposition est l'acteur politique qui remplit l'une des missions suivantes : (1) c'est un acteur qui dirige la principale force d'opposition et porte l'essentielle des critiques et propositions alternatives au pouvoir en place ; (2) c'est l'adversaire principal du titulaire de la fonction exécutive, soit l'un des candidats (déclaré ou non) à l'élection présidentielle, soit l'un des titulaires possibles du poste de chef de gouvernement suite à une élection législative »*[781].

Pour lui, l'identification du chef de l'opposition dépend de plusieurs critères non cumulatifs : le critère institutionnel qui tient à la nature du régime politique, les critères systémiques dont le mode du scrutin, les éléments de la personnalité, qui tiennent compte du charisme, du cadre d'une compétition politique plus ou moins médiatisé[782].

---

[780] L'auteur peut aisément l'affirmer en sa double qualité d'élu local et de grand électeur.
[781] Cf. Y. Surel, « Le Chef de l'opposition », op. cit. pp.64
[782] Idem.

I). Le mode de désignation du chef de l'opposition.

Le Congo a choisi un modèle qui se rapproche du modèle britannique, celui du chef de l'opposition à Sa Majesté (*« Leader of Her Majesty's Most Loyal Opposition », chef de l'opposition loyale à Sa Majesté*), le Chef du Parti qui ne dirige pas le gouvernement, celui dont le parti est arrivé en seconde position à l'élection législative, dans la Chambre des Communes. Ce système est différent du système français où l'opposition n'est pas institutionnalisée ni structurée.

Dans le cas du Congo, la structuration de l'opposition est très centralisée en ce que la loi prévoit qu'elle est dirigée par un Chef unique. Il est choisi selon le critère de la représentativité à l'Assemblée nationale. C'est le représentant du parti ou du groupement de partis politiques arrivé en seconde position à l'issue des élections législatives.

Il y a cependant un risque. Le parti qui arrive en seconde position, en nombre de voix (suffrages) et de sièges à l'Assemblée nationale peut-être, avec le jeu des alliances ou des groupes parlementaires, supplanté par d'autres formations politiques dès l'instant où ni la constitution ni le règlement intérieur de l'Assemblée nationale n'interdisent la formation de groupes au sein d'une assemblée parlementaire. Mais, ce risque n'est qu'apparent puisqu'au Congo le législateur interdit toute transhumance en cours de législature, pour éviter le vacillement d'une majorité parlementaire. Cela, par la déchéance du député qui quitte le parti au nom duquel il a été élu.

Donc, le chef de l'opposition ne doit pas être choisi par une quelconque autorité. Il découle *de facto* de la constatation des résultats définitifs des élections législatives après le deuxième tour et épuisement des délais de recours pour éviter tout risque de contestation. Il est certain que l'invalidation de l'élection des députés par la Cour constitutionnelle, suite aux contestations et à la saisine des candidats évincés, peut avoir des incidences sur la désignation du chef de file de l'opposition, si celui-ci avait déjà été identifié, authentifié et confirmé.

Cette institution a été mise en place pour la première fois au Congo à l'issue des élections législatives du 16 et 30 juillet 2017 où il était apparu que les indépendants avec l'Union des démocrates et humaniste (UDH-Yuki) ayant obtenu le même nombre de sièges que l'UPADS (8), cette entité n'avait pas été reconnue par le gouvernement comme parti politique légalement constituée. Le leadership de l'opposition fut dévolu au Secrétaire général l'UPADS, Tsaty Mabila. Cette désignation lui a valu des critiques acerbes d'une partie de l'opposition, notamment de l'opposition radicale, ayant boudé les élections législatives, qui contestent sa légitimité arguant d'une nomination par le pouvoir en place.

II). Le rôle et les attributions du chef de l'opposition politique.

La structuration de l'opposition congolaise ne va pas jusqu'à la constitution d'un cabinet fantôme, comme le *« shadow cabinet »* en Grande-Bretagne. Mais, le Chef de l'opposition apparaît à la fois comme l'interlocuteur unique des plus hautes autorités de l'Etat. Il est censé exercer ses prérogatives pendant toute la durée de la législature. Il n'a même pas de suppléant, du moins la loi ne le prévoit pas. La question peut se poser de ce qu'il adviendrait en cas d'empêchement ou d'indisponibilité définitive ou temporaire, pour quelle que cause que ce soit. Il est certain que la désignation de son successeur pourra s'impose. Il est manifeste que cette fonction devrait incomber à celui qui le succéderait à la tête du même parti, s'il garde le même nombre de députés par rapport aux autres partis de l'opposition.

Le chef de l'opposition peut librement exprimer ses opinions, sans être inquiété et dans le respect de la constitution et de la loi. Il peut être consulté sur les questions d'intérêt général. Il peut aussi être reçu par les plus hautes autorités de l'Etat strictement limitées, à savoir : le Président de la République, les Présidents de l'Assemblée nationale ou du Sénat, le Premier ministre et le ministre de l'intérieur. Les autres membres du gouvernement et des autres institutions en sont exclus.

Sur le plan protocolaire, le Chef de l'opposition politique peut accompagner le Président de la République dans un voyage officiel. Aucune précision n'est indiquée s'il s'agit d'un voyage officiel à l'intérieur du pays ou à l'étranger.

Dans le cadre de son programme d'action, un mémorandum de l'opposition fut signé le 23 juin 2018 par une douzaine de partis politiques qui portent sur six points : *la mise en place d'une bonne gouvernance électorale ; la restauration de l'Etat de droit à travers la décrispation de la situation politique et le respect des libertés publiques ; la mise en place effective de la gouvernance administrative et territoriale ; la résolution définitive de la crise du Pool ; la mise en place d'une gouvernance socio-économique et financière ainsi que la conclusion d'un Pacte républicain* [783].

La question peut se poser de savoir si Chef de l'opposition est le candidat putatif en vue des échéances électorales, notamment pour l'alternance à la présidence de la Réplique. En tout cas, la loi ne l'impose pas. Il est constant que, la réponse à la cette question est donnée par la décision de l'UPADS de ne pas présenter de candidat, en l'occurrence son premier secrétaire, leader de l'opposition, à l'élection présidentielle du 21 mars 2021[784].

[783] Les Dépêches de Brazzaville, n°3251 du lundi 25 juin 2018, pp.1 et 2.

[784] https://www.jeuneafrique.com/1115285/politique/congo-pascal-tsaty-mabiala-lenjeu-du-scrutin-ne-sera-pas-lalternance-mais-le-taux-de-participation/;

En toute hypothèse, la question de faire du chef de file de l'opposition, son candidat putatif à l'élection présidentielle se heurte aux ambitions et aux égos des uns et des autres. Car, l'opposition politique congolaise est très hétéroclite nonobstant son institutionnalisation. Ce caractère hétéroclite est renforcé par la non-reconnaissance des partis, dont ceux de l'opposition radicale, notamment la Fédération de l'opposition congolaise et le Collectif des partis de l'opposition (issus des plateformes FROCAD-IDC), dans la liste publiée par le ministère de l'intérieur le 12 juin 2018. Même si cette liste est susceptible d'évoluer[785]. La régularisation de la situation de ces formations politiques est une exigence au regard du principe du pluralisme de l'expression politique. On ne peut pas s'accorder avec un leader politique congolais qui, pour fustiger cette frange radicale de l'opposition, considère que la politique ne se fait pas dans les rues, mais à l'intérieur des institutions. Cette assertion est manifestement erronée en tant qu'elle est d'abord à contre-courant de l'esprit de la loi n° 28-2017 du 7 juillet 2017, déterminant le statut de l'opposition politique, qui reconnait que l'opposition politique est parlementaire ou extra-parlementaire. Ensuite, l'absence d'une partie des forces partisanes du parlement peut être révélatrice des faiblesses ou des dysfonctionnements d'une démocratie, lorsqu'il apert que ces partis politiques, qui en sont exclus ou se considèrent comme tels, représentent une forte dynamique dans l'opinion et revendiquent un électorat qui leur est encore resté fidèle et mobilisable.

III). Le cas particulier de la participation du Chef de l'opposition au gouvernement.

Il est également spécifié dans la loi précitée que le Chef de l'opposition politique peut accepter de faire partie du gouvernement[786]. Ce point est d'emblée en contradiction avec la définition même de l'opposition politique comme composée de l'ensemble des partis ou des groupements politiques qui ne soutiennent pas l'action du gouvernement. La participation au gouvernement est donc antinomique avec le statut de l'opposition et de surcroit avec la fonction du leader de l'opposition.

Sauf s'il s'agit d'un gouvernement d'union nationale ou de consensus, dans des circonstances particulières où l'unité et/ou la cohésion nationale imposent un dépassement des clivages politiques. Sauf s'il s'agit également

---

https://blogs.mediapart.fr/jecmaus/blog/300121/congo-tsaty-mabiala-et-lupads-niront-pas-aux-presidentielles;https://www.voaafrique.com/a/la-principale-formation-politique-de-l-opposition-ne-présentera-pas-de-candidat-à l'élection-présidentielle-de-mars-2021/5759323.html.

[785] Cette liste comporte 55 partis politiques. http://www.adiac-congo.com/content/application-de-la-nouvelle-loi-electorale-le-nombre-de-partis-politiques-reduit-quarante;

[786] Cette situation tranche avec celle des autres Etats africains, comme le Bénin où la loi n°2001-36 du 14 octobre 2002 interdit dans son article 6 alinéa 4 à un membre de l'opposition d'accepter un poste à un niveau quelconque du pouvoir exécutif.

d'une situation de cohabitation où la majorité parlementaire, notamment à l'Assemblée nationale, n'est pas en phase avec la majorité présidentielle et que le Chef de l'Etat est tenu de désigner un Premier ministre au sein de l'opposition majoritaire à l'Assemblée nationale. Ce schéma n'est pas concevable en présence d'une situation de cohérence de la majorité présidentielle avec la majorité à l'assemblée nationale.

Enfin, il n'est pas non plus précisé, en cas de participation du Chef de l'opposition politique au gouvernement, s'il doit démissionner de ses fonctions et en désigner un successeur, compte tenu de l'incompatibilité évidente des fonctions de membre de l'exécutif et du mandat parlementaire qui est le sien avant tout. Car, le Chef de l'opposition est en principe issu de la 2ème force politique au sein de l'Assemblée nationale comme nous l'avons vu plus haut. Sauf si le choix porte sur une personnalité non élue de la première formation minoritaire à l'Assemblée nationale.

IV). Des avantages et privilèges du chef de l'opposition.

Le législateur reconnait certains avantages d'ordre matériel et sécuritaire, fixés dans le cadre d'un décret en Conseil de ministres.

Parallèlement à ces avantages, le Chef de l'opposition jouit d'un privilège de juridiction en ce qu'il n'est justiciable que de la Cour suprême et de la Haute Cour de justice pour des crimes ou délit commis dans l'exercice de ses fonctions.

En toute hypothèse, le chef de l'opposition doit avoir un certain charisme pour jouer pleinement son rôle tant vis-à-vis de la majorité parlementaire que de la majorité présidentielle, voire du chef de l'exécutif, même s'il n'est pas véritablement son alter ego. Il ne doit pas se complaire dans le confort des avantages matériels et protocolaires que lui confère son statut. Il doit également affirmer son indépendance vis-à-vis du pouvoir en place, sans oublier que le but ultime de l'opposition qu'il incarne est de présenter un projet crédible pour accéder au pouvoir dans le cadre d'une alternance pacifique et démocratique. Il doit s'élever contre toute velléité ou tentative de vassalisation de l'opposition. Faute de quoi, cette institution risque fort bien de n'être qu'une perversion de la démocratie.

Donc, le Chef de l'opposition doit avoir de l'écoute, une certaine éthique et une probité morale, être capable de fédérer toutes les forces politiques qui, à l'intérieur ou à l'extérieur du parlement, peuvent porter la critique et la contradiction au gouvernement et/ou au chef de l'exécutif. S'il peut être leur référent, son statut de Chef de l'opposition ne saurait lui permettre de se hisser dans une situation de rapports hiérarchiques et de subordination. Une telle attitude serait avilissante et porterait sérieusement atteinte au principe constitutionnel du pluralisme politique.

D). Les devoirs de l'opposition politique congolaise.

L'opposition politique a des devoirs qui sont essentiellement assignés à son représentant, son dirigeant. Ils s'apparentent dans une certaine mesure à une *« délégation des pouvoirs de police »*.

I). La prévention des troubles à l'ordre public.

Il est prescrit que l'opposition politique doit, sous la direction de son Chef, prendre toutes les mesures nécessaires pour prévenir les troubles à l'ordre public. En effet, la prévention des troubles à l'ordre public est une mission régalienne. Elle relève des pouvoirs de police, qui incombent normalement aux autorités de l'Etat. Cette mission n'étant pas clairement définie en l'espèce.

Cependant, on peut souligner que les partis et les groupements politiques doivent veiller, dans le cadre de leurs activités, avec l'assistance des autorités de police, à ce qu'il ne soit pas porté atteinte à l'ordre public. Cela implique, par exemple la mise en place des mesures internes de sécurité qui ne sauraient se substituer à celles de la force publique. Pour autant, ils peuvent être tenus, conformément à la loi, responsables des débordements qui résulteraient de leurs manifestations.

II). La préservation de la paix.

Par préservation de la paix, le législateur vise à responsabiliser l'opposition politique contre toutes formes d'incitations, d'appels à la violence, à la haine, à la guerre civile susceptibles de menacer la paix et la stabilité du pays. La paix et la stabilité sont des objectifs à valeur constitutionnelle.

III). La promotion des valeurs de la démocratie.

Le rôle des partis politiques n'est pas seulement la conquête et la conservation du pouvoir. La loi leur assigne également un rôle éducatif, pédagogique, un rôle de sensibilisation et de conscientisation de la population, de leurs militants ou sympathisants aux valeurs de la démocratie ; au nombre desquelles figurent la liberté, l'égalité, le respect de l'autre et de la contradiction, la participation directe ou par la représentation à la prise des décisions, la responsabilité, la tolérance, etc[787].

---

[787] *Cf. E. Dockès, « Valeurs de la démocratie (huit notions fondamentales) », Dalloz, Paris, 2000; « Droit et Société, Ed. Juridiques associées/L.G.D.J., 2005, pp.211-216 ; E. Millard. Sur " Les valeurs de la démocratie ; essai sur huit notions fondamentales ", https://halshs.archives-ouvertes.fr/halshs-00125724, Submitted, 22 Jan 2007. Les huit notions abondées par E. Dockes sont : Huit notions*

Pour autant que l'on puisse dire, la promotion des valeurs de la démocratie n'incombe pas qu'à l'opposition politique, elle doit être le leitmotiv de tous les acteurs politiques, qu'ils soient dans l'opposition ou au pouvoir. Ces derniers doivent absolument montrer l'exemple à travers leurs actes et leurs comportements.

E). Le Chef de la majorité : un « alter ego » !

La loi prévoit aussi la possibilité de désigner un chef de la majorité dans les rangs du parti dominant à l'Assemblée nationale. Il s'agit en quelque sorte d'un *alter ego* du chef de l'opposition. La circonstance que le Chef de la majorité ne soit pas forcément un député ne risque guère de poser des difficultés s'il s'agit du Premier ministre issu de la majorité à l'Assemblée nationale. En revanche, cela poserait quelques difficultés en termes de cohésion s'il venait du Sénat où le gouvernement ne serait pas majoritaire ou encore s'il s'agit d'une personnalité choisie en dehors du parlement.

§ 2 : Le statut constitutionnel des anciens dirigeants.

La constitution de 2015 crée un statut d'anciens dirigeants du pays. L'examen de celui-ci nécessite avant tout une analyse de la problématique générale au plan africain, notamment en Afrique subsaharienne.

A). La problématique générale du statut d'anciens dirigeants en Afrique.

La création d'un statut en faveur des anciens dirigeants, notamment les anciens Chefs d'Etat, est perçue comme un facteur de stabilité politique, institutionnelle et de l'alternance démocratique, dès l'instant où l'on prend bien soin d'en définir le cadre et le contenu.

---

fondamentales : liberté, égalité, pouvoir, droit, contrat, propriété, intérêt, représentation ; B. Manin, « Principes du gouvernement représentatif », Flammarion, Paris, 1996 ; Aron Raymond, « Essai sur les libertés », Pluriel, 1976 ; Aristote, « Les politiques », Traduction et présentation par Pierre Pellegrin, GF-Flammarion,
1993 (livre III) ; J.J.Rousseau, « Du Contrat social ou Principes du droit politique » (1762), coll. Folio-Essais ; P. Savidan, « Repenser l'égalité des chances », Grasset et Fasquelle, 2007 (réédition coll. Hachette-Littératures, 2010) ; J. Rawls, « Justice et démocratie », Edition du Seuil, 1993 (coll. Points-Essai) ; Hans Kelsen, « La Démocratie. Sa nature, sa valeur » (trad. de Charles Eisenmann), Paris, Economica, 1988.

I). Un facteur de stabilité politique et de l'alternance démocratique.

Comme le souligne si bien S. BOLLE, cette problématique s'est posée au début des années 1990 lors des conférences nationales, organisées dans divers pays d'Afrique subsaharienne, qui avaient débouché sur des transitions du monopartisme à la démocratie pluraliste[788]. Elle s'était souvent posée à ce niveau au regard du sort des anciens Chefs d'Etat sur le risque supposé ou avéré de se maintenir au pouvoir par tous les moyens ; au point d'entraver ou de compromettre une alternance véritablement démocratique.

Cette préoccupation était au centre de la Conférence internationale de Cotonou (Bénin) du 23 au 25 février 2009[789]. L'une des causes de la tentation de se maintenir au pouvoir et d'entraver le jeu d'une alternance démocratique et pacifique réside dans la projection que les anciens présidents se feraient sur leurs lendemains empreints soit de la nostalgie d'un train de vie fastueux, des dorures et des honneurs d'un pouvoir perdu, soit d'une singulière appréhension de rendre des comptes, de répondre de leurs excès en tout genre devant la justice de leurs pays ou la justice internationale, lorsqu'ils n'auraient pas choisi un *« bon succédané »* pour les en préserver et ne seraient pas traités comme des citoyens ordinaires. Seraient-ils devenus des pleutres face à ce qui les attendrait après le pouvoir ? La réponse n'est sans doute pas aisée. Elle serait tributaire du profil de chacun pendant son règne.

Dès lors, le statut d'anciens dirigeants ou d'anciens présidents peut tout à la fois avoir les vertus d'un consensus ou d'un pacte social qui interpellerait le peuple, et présenter un danger pour la démocratie si l'on ne prenait pas soin de bien en circonscrire les termes et les contours[790].

II). Le choix du cadre juridique.

Le choix du cadre juridique pour poser les bases ou les fondements du statut particulier des anciens dirigeants n'est pas négligeable. La constitution serait le cadre tout indiqué pour ceux des anciens dirigeants qui ont été élevés aux plus hautes fonctions ou à la plus haute dignité de l'Etat, comme les anciens Présidents de la République, des Assemblées parlementaires, ou Premiers ministres. La constitution poserait les jalons du statut d'anciens

---

[788] Cf. S. Bolle, *« Aux anciens présidents, la nation reconnaissante... »*, in http://www.la-constitution-en-afrique.org/.

[789] Cf. Les actes de la conférence internationale, « *Les défis de l'alternance démocratique en Afrique »*, Cotonou, du 23 au 25 février 2009, IDH, 2010 ; S. Bollé, op. cit. p.1

[790] Nous pouvons aussi conseiller la lecture de la contribution de S. PERROT, « Y a-t-il une vie après le pouvoir ? Le devenir d'ancien chef d'Etat africains », CEAN (Travaux et documents), Talence, n°51-52, 1996.

dirigeants, en laissant au législateur organique, ou à l'exécutif par voie d'ordonnance, le soin d'en préciser le contenu[791].

III). Le contenu du statut d'anciens dirigeants.

D'une part, il y a une exigence de précision quant aux bénéficiaires de ce statut. Il concerne les anciens présidents de la République, dans sa consécration constitutionnelle. Il peut aussi concerner d'autres dirigeants comme les Présidents des assemblées parlementaires, les anciens premiers ministres, etc. On peut y inclure des personnalités ayant exercé des fonctions stratégiques comme au ministère de la défense, au niveau des états-majors des armées ou des services de sécurité dont les capacités de nuisance ne sont pas négligeables. Cependant, une extension inconsidérée des bénéficiaires du statut protecteur ou privilégié d'anciens dirigeants serait contre-productive compte tenu du coût que cela peut représenter pour les finances publiques[792].

D'autre part, la définition des mesures de reconnaissance, des avantages, des privilèges et du rôle que devraient jouer les anciens dirigeants est très importante. Certains peuvent avoir des privilèges protocolaires, honorifiques ou siéger dans des institutions consultatives pour faire profiter de leurs expériences[793]. Les avantages matériels ne doivent pas friser l'indécence aux yeux du peuple.

IV). Les limites d'un statut protecteur ou privilégié d'anciens dirigeants.

Si comme l'écrit S. Bolle, *« la démocratie n'aurait la chance de s'enraciner en Afrique qu'au prix de l'octroi d'un généreux statut à ceux qui ont servi la nation »* [794], même s'il nuance ensuite son propos[795], la reconnaissance du bénéfice d'un tel statut ne saurait se faire sans condition. Ce sont des conditions qui tiennent aussi bien à l'éthique, à la moralité, à la bonne gouvernance. Il ne s'agit donc pas d'une *« assurance multirisque politique »* au bénéfice des anciens dirigeants.

Pour être crédible aux yeux des citoyens, le statut protecteur d'anciens dirigeants ne saurait prendre la forme d'une immunité ni d'une impunité dont les futurs bénéficiaires se seraient fabriqués sur mesure pour échapper à

---

[791] C'est le cas de l'article 75 de la constitution togolaise du 27 septembre 1992 (révision 31/12/2002), de l'article 115 de la constitution rwandaise du 04 juin 2003.

[792] Cf. S. Bolle, op. cit. p.3.

[793] Cf. S. Bolle, op. cit. p. 2 et 3.

[794] Cf. op.cit. p.2

[795] *« Aux anciens présidents, la nation reconnaissante ? Oui, mais pas à n'importe quelle condition et à n'importe quel prix »*, *op. cit. p.5.*

la justice et ne pas rependre des actes délictueux ou criminels commis dans l'exercice de leurs fonctions[796].

B). La prise en compte de la situation d'anciens dirigeants au Congo.

Le statut constitutionnel des anciens dirigeants politiques est défini par les dispositions des articles 224, 225 et 226 du titre XVIII de la constitution du 25 octobre 2015. Cette nouveauté constitutionnelle concerne, d'une part, les anciens Présidents de la République ; d'autre part, les anciens Présidents des assemblées parlementaires et Premiers ministres, et enfin d'autres dirigeants non désignés.

I). Le sort des anciens Présidents de la République.

Les anciens Présidents de la République bénéficient d'un régime de protection et d'assistance défini par l'article 224 de la constitution, aux termes duquel,

« Les anciens Présidents de la République ont droit, à la fin de leur mandat, à la protection de l'Etat tant en leur personne qu'en leurs biens.

Il leur est versé mensuellement, à titre de pension, une allocation viagère dont le montant est fixé par décret en Conseil de ministres.

Les autres avantages et les modalités de protection des anciens Chefs d'Etat sont déterminés par la loi ».

a). La protection due aux anciens Présidents de la République.

Les anciens chefs de l'Etat bénéficient d'une protection qui comprend deux aspects. D'une part, ils sont protégés dans leur personne. Ce qui implique, outre les mesures particulières de sécurité, une protection due par l'Etat à tout citoyen congolais aux termes de la constitution en ce qui concerne les droits et libertés fondamentaux.

D'autre part, cette protection concerne également leurs biens meubles ou immeubles, comme tout citoyen, dans le cadre du respect du droit de

---

[796] La constitution rwandaise est sur ce point l'une des plus catégoriques, en ce que l'article 115 alinéa 2 dispose *« toutefois, le Président de la République qui a été condamné pour haute trahison ou pour violation sérieuse et délibérée de la constitution, n'aura droit à aucun avantage lié à la cessation de ses fonctions ». L'article 75 de la constitution togolaise semble réserver le statut d'anciens présidents à leur rémunération et leur sécurité ; si l'on en croit l'emploi de l'adverbe « notamment ». A l'opposé, on peut citer la constitution camerounaise révisée en 2008, dont le dernier alinéa de l'article 53 confère une immunité au Président de la république, 'Les actes accomplis par le Président de la République en application des articles 5, 8,9 et 10 ci-dessus, sont couverts par l'immunité et ne sauraient engager sa responsabilité à l'issue de son mandat…. »*

propriété garanti par l'article 23 de la constitution. Elle peut concerner aussi le droit de propriété immatérielle telle qu'il découle de l'article 35 de la même constitution.

La protection des biens d'anciens Présidents de la République devrait se faire au vu de la déclaration de patrimoine souscrite lors de la prise et la cessation des fonctions, conformation aux dispositions de l'article 55 de la constitution qui dispose, *« Tout citoyen, élu ou nommé à une haute fonction publique, est tenu de déclarer son patrimoine lors de sa prise de fonction et à la cessation de celle-ci, conformément à la loi. La loi détermine les fonctions soumises à l'obligation ci-dessus indiquée ainsi que les modalités de déclaration du patrimoine »*. Cette disposition étant précisée par la loi n° 4-2019 du 7 février 2019 relative à l'obligation de déclaration de patrimoine par les citoyens élus ou nommés à une haute fonction publique (article 5) et dont les modalités sont fixées par le décret n° 2019-320 du 12 novembre 2019[797].

b). La pension et les autres avantages alloués aux anciens Présidents de la République.

Outre le versement mensuel d'une pension sous la forme d'une allocation viagère, c'est-à-dire à vie, dont le montant reste à déterminer par un décret en Conseil d'Etat, les anciens Présidents de la République bénéficient d'autres avantages dont la constitution laisse au législateur le soin d'en préciser les contours.

c). Les limites du régime de protection institué par la constitution de 2015.

Toutes les mesures préconisées permettent aux anciens Présidents de la République de mener une vie sereine et d'être à l'abri du besoin. Cependant, la constitution ne dit rien si les anciens Présidents de la République peuvent se rendre utiles pour faire profiter la nation de leur expérience. Cela, soit dans le cadre d'une participation à titre honorifique au sein des institutions consultatives, soit dans le cadre d'une institution d'utilité publique comme une fondation.

Il convient de souligner que la qualité d'anciens Présidents de la République semblait être réservée à ceux dont les mandats devraient prendre fin à compter de l'entrée en vigueur de la constitution du 25 octobre 2015. Devrait-on considérer que ce statut aurait pu s'appliquer rétroactivement aux

---

[797] loi n° 4-2019 du 7 février 2019 relative à l'obligation de déclaration de patrimoine par les citoyens élus ou nommés à une haute fonction publique, JO, n°9-2019 du 28 février 2019, p 245 ; décret n° 2019-320 du 12 novembre 2019, fixant les modalités d'application de la loi relative à l'obligation de déclaration de patrimoine par les citoyens élus ou nommés à une haute fonction publique, JO, n° 46-2019 du 14 novembre 2019, p. 1432.

anciens Présidents de la République en vie à la date de l'adoption et de la promulgation de la Constitution du 25 octobre 2015[798] ?

Car, l'expression « ... *à la fin de leur mandat...* » est susceptible de renvoyer à une alternance démocratique. Or, le mandat du Président de la République s'achève normalement à l'échéance du terme ; soit lorsqu'il n'a pas été réélu dans le cadre de l'alternance démocratique, soit lorsqu'il a accompli le nombre de mandats (2) autorisés par la constitution, et de la confiance que le peuple souverain peut lui témoigner pour sa réélection. Il peut être interrompu par la force des choses. Cela d'autant plus que la constitution ne pose aucune condition de quelque nature que ce soit pour bénéficier du statut protecteur d'anciens Présidents de la République et ne prévoit pas non plus un régime de déchéance pour la jouissance de ce statut. Sauf à considérer qu'il revient au législateur d'apporter des précisions qui s'imposent.

d). La possibilité d'instituer le statut de Président de la République honoraire.

Il serait loisible au constituant de créer le statut de Président de la République honoraire. Ce statut s'acquérait par décision du parlement réuni en congrès, à la demande soit du Président de la République en exercice, soit du Président de l'Assemblée nationale, soit du Président du Sénat, après avis de la Cour constitutionnelle. Ce statut devrait être assorti des critères d'attribution très stricts et d'un certain nombre de droits et d'obligations sans aller jusqu'à une immunité absolue. Le titulaire peut être déchu en cas de manquement à ses obligations ou de condamnation pour crimes ou délits.

II). Le régime statutaire des autres anciens dirigeants.

Sont ici concernés les anciens dirigeants autres que les anciens Présidents de la République, à savoir les anciens Présidents des assemblées parlementaires et les anciens Premiers ministres d'une part, et les anciens dirigeants non désignés dans les dispositions constitutionnelles consacrées à ce statut, d'autre part. Ces deux catégories ont des points communs. A la différence des anciens Présidents de la République, ils ne bénéficient que des mesures d'assistance ou de reconnaissance. Ils ne bénéficient pas d'un régime spécifique de protection. L'accès au statut est soumis, notamment pour la 2ème catégorie d'anciens dirigeants, à une condition, l'absence de condamnation pour forfaiture, c'est-à-dire pour crime ou délit commis par un

---

[798] En l'occurrence Joachim YHOMBI-OPANGO, ancien Président de la République et du Comité Militaire du Parti (CMP) de 1977 à 1979 (décédé le 30 mars 2020 à Neuilly-sur-Seine en France) et Pascal LISSOUBA, ancien Président de la République de 1992 à 1997, décédé à Perpignan (France) le 24 août 2020.

agent ou une autorité publique dans l'exercice de ses fonctions. Ce qui n'est pas le cas pour les anciens Présidents de la République.

Il s'agit :

D'une part, des anciens Présidents des assemblées parlementaires (l'Assemblée nationale et le Sénat) ainsi que les anciens Premiers ministres. Leur régime statutaire est consacré par l'article 225 de la constitution aux termes duquel,

« Les anciens Présidents des Assemblées parlementaires et les anciens Premiers ministres, à l'exception de ceux qui ont été condamnés pour forfaiture, bénéficient de la reconnaissance de la Nation.

La loi détermine la nature et les formes de cette reconnaissance ».

Les anciens ministres en sont exclus.

D'autre part, il y a d'autres anciens dirigeants non désignés, pour lesquels l'article 226 de la constitution renvoie au législateur le soin de les déterminer ainsi que les avantages auxquels ils peuvent prétendre au titre de la reconnaissance de la nation pour services rendus.

La problématique soulevée plus haut en ce qui concerne l'applicabilité de ce régime statutaire aux situations existantes à la date de l'entrée en vigueur de la constitution du 25 octobre 2015 se pose mutatis mutandis à ces deux dernières catégories d'anciens dirigeants.

Chapitre 3 : De nouveaux droits et libertés spécifiques.

Ces droits sont multiples. Ils touchent à la protection et à l'assistance de l'Etat, à la peine de mort, aux victimes, ainsi qu'aux peuples autochtones.

Section 1 : Le droit à la protection et à l'assistance de l'Etat.

Le droit à la protection et à l'assistance est à la fois une prérogative et un devoir de l'Etat envers ces citoyens, tant sur le plan interne que sur le plan international. Il incombe à l'Etat de protéger ses ressortissants et de leur porter assistance. Ce droit est abordé dans la constitution de 2015 au regard des juridictions étrangères ou internationales. Il est apprécié dans sa mise en œuvre à l'aune des conventions bilatérales et/ou internationales. Il s'agit ici de l'interdiction d'extrader et du devoir d'assistance juridictionnelle.

§ 1 : L'interdiction d'extrader ou de livrer les ressortissants congolais.

La constitution de 2015 pose le principe de l'interdiction d'extrader ou de livrer les ressortissants congolais par l'Etat. Mais ce principe connaît quelques exceptions.

A). Le principe de l'interdiction d'extrader ou de livrer.

Le principe de l'interdiction d'extrader impose à l'Etat congolais une obligation de ne pas faire. C'est-à-dire de ne pas extrader ou de ne pas livrer ses ressortissants à une puissance étrangère. Il est consacré par l'article 10 alinéa 1er de la constitution du 25 octobre 2015, qui dispose,

« Sauf en cas de perte ou de déchéance de la nationalité, aucun citoyen congolais ne peut être ni extradé, ni livré à une puissance ou organisation étrangère, pour quelque motif que ce soit ».

I). Les deux aspects de la protection.

L'interdiction consacrée par l'article 10 alinéa 1er de la constitution de 2015 comporte deux aspects.

Il y a d'une part, l'interdiction d'extrader ou la non-extradition. Elle consiste à s'opposer ou refuser de remettre le ressortissant d'un Etat, recherché ou poursuivi par un autre Etat pour une infraction commis dans le territoire de ce dernier, aux fins d'y être jugé ou d'y purger sa peine ; lorsque, dans cette dernière hypothèse, il aurait été condamné en son absence (par contumace) ou n'a pas purgé la totalité de sa peine. L'extradition obéit à une procédure qui doit être mise en œuvre à la demande d'un Etat étranger, généralement dans le cadre des conventions bilatérales ou multilatérales[799].

D'autre part, la livraison devrait normalement concerner l'aboutissement de la procédure judiciaire d'extradition, dans sa phase d'exécution sous la forme d'une décision de l'autorité administrative. Cependant, elle vise spécifiquement une forme dévoyée ou déguisée de l'extradition, fortement attentatoire à la liberté de l'individu. C'est le fait de remettre un individu contre sa volonté à un Etat étranger[800].

II). Les demandeurs potentiels.

L'interdiction d'extrader ou de livrer un ressortissant congolais est opposable à deux types de demandeurs. D'une part, Il s'agit des puissances étrangères. Sont ici concernés les Etats étrangers. D'autre part, il s'agit des

[799] Elle se définit comme, *« une opération par laquelle un Etat remet, sur sa demande, à un autre Etat, un individu qui se trouve sur le territoire du premier, mais qui, pénalement poursuivi ou condamné par le second, est réclamé par celui-ci pour y être jugé ou y subir sa peine »,* Cf. G. Cornu, Vocabulaire juridique, Paris, PUF, 2011, p.439.

[800] Cf. A. Decoq, *« La livraison des délinquants en dehors du droit commun de l'extradition », Revue critique de droit international privé, 1964, p.412 ; D. Rouget, « Le respect du droit extraditionnel et les extraditions déguisées »,* Revue trimestrielle de droit de l'homme, 1999, pp.169 et suiv ; M. Massé, « L'extradition des nationaux », *RSC* 1994, p. 798 ; V. L. Desessard, « L'extradition des nationaux », *Rev. Pénitentiaire et de droit pénal* 1999, p. 317 et s ; J.M. Thouvenin, *« Le principe de non-extradition des nationaux »,* in Droit international et nationalité, coll. SFDI Poitiers, édition Pedone, 2012, pp. 127-144.

organisations étrangères. La notion d'organisations étrangères telle qu'elle s'intègre dans cette interdiction englobe aussi bien des organisations internationales sujets du droit international public stricto sensu, en ce compris les juridictions internationales, que des organisations non gouvernementales.

III). La portée et la problématique de l'interdiction d'extrader.

La protection qui implique l'interdiction faite à l'Etat congolais d'extrader ou de livrer ses ressortissants à une puissance ou une organisation étrangère semble avoir une portée générale dès l'instant où il est spécifié qu'elle s'applique, quel qu'en soit le motif. Elle n'est pas limitée dès l'instant où la constitution ne prévoit pas l'intervention du législateur pour en circonscrire les contours.

D'aucuns y voient une forme d'immunité destinée à couvrir certaines personnalités ou autorités des poursuites judiciaires dont elles peuvent être l'objet de la part des juridictions étrangères ou internationales. On est au point de s'interroger, en raison du caractère trop général de la protection ainsi instituée, si au-delà des infractions pénales commises ou non sur le sol congolais, elle concerne également des personnes mises en cause dans des litiges à caractère administratif, civil ou commercial. C'est-à-dire dans les affaires de droit commun[801].

Il est constant qu'un certain nombre d'Etats dans le monde, dont la France[802], disposent d'une législation interdisant l'extradition de leurs ressortissants, pour des raisons, entre autres, de souveraineté. Mais il y a des limites qui touchent au respect de leurs engagements internationaux.

Il est manifeste qu'en l'espèce, l'interdiction générale d'extradition ou de livraison consacrée par la constitution du 25 octobre 2015, peut entrer sérieusement en conflit avec les accords bilatéraux ou multilatéraux en matière d'entraide ou de coopération judiciaire, ainsi qu'avec les conventions sous régionales ou internationales. Enfin, il va de soi qu'un citoyen congolais ne peut demander à l'Etat l'autorisation son extradition.

---

[801] Cela relève en principe du droit d'assistance judiciaire consacré à l'alinéa 2 de l'article 10.

[802] Cf. loi du 10 mars 1927 ; loi n°2004-204 du 9 mars 2004 portant adaptation de la justice aux évolutions de la criminalité ; Cass. crim. 19 juin 2003, n°03-81864, bull. crim. N°123 ; CC. Décision n°2014-427, QPC du 14 novembre 2014 ; A. Decoq, *« La livraison des délinquants en dehors du droit commun de l'extradition », Revue critique de droit international privé, 1964, p.412 ; D. Rouget, « Le respect du droit extraditionnel et les extraditions déguisées »,* Revue trimestrielle de droit de l'homme, 1999, pp.169 et suiv ; M. Massé, « L'extradition des nationaux », *RSC* 1994, p. 798 ; V. L. Desessard, « L'extradition des nationaux », *Rev. Pénitentiaire et de droit pénal* 1999, p. 317 et s ; JM Thouvenin, *« Le principe de non-extradition des nationaux »,* in Droit international et nationalité, coll. SFDI Poitiers, édition Pedone, 2012, pp. 127-144.

B). Les exceptions à l'interdiction d'extrader.

La protection contre les extraditions ou les livraisons consacrées par la constituions du 25 octobre 2015 est strictement liée à la possession de la nationalité congolais. L'Etat congolais est délié de cette obligation envers tous ceux qui ont perdu la nationalité congolaise, soit par la renonciation, soit d'autorité, par voie de retrait ou de déchéance.

Là encore la constitution ne précise pas la protection due à une catégorie de personnes dépourvue de nationalité (apatride), des réfugiés ou bénéficiaires du droit d'asile, dans le respect des engagements internationaux souscrits par l'Etat congolais.

§ 2 : Le droit à l'assistance et à la protection de l'Etat à l'étranger.

Le constituant congolais constitutionnalise, comme il sera vu ci-après, le devoir de l'Etat d'apporter assistance et protection à ses ressortissants dont les droits et les intérêts seraient violés dans les Etats où ils se trouvent. Cela, à travers les mécanismes de l'assistance consulaire et de l'endossement ou de la protection diplomatique consacrés en droit international public. La constitution du 25 octobre 2015 régit la matière sous la forme d'un droit à l'assistance judiciaire ou juridictionnelle dans son article 10 alinéa 2 qui dispose, *« L'Etat a le devoir de porter assistance à tout citoyen congolais poursuivi devant une juridiction étrangère ou internationale ».* Ce devoir de l'Etat congolais, envers ses citoyens résidant ou séjournant à l'étranger, est précisé par la loi n° 25-2018 du 18 juillet 2018 fixant les conditions et les modalités de l'assistance de l'Etat aux ressortissants congolais poursuivis devant les juridictions étrangères ou internationales.

A). Les conditions générales du droit à l'assistance juridictionnelle de l'Etat.

Elles se rapportent à la nationalité congolaise, au périmètre géographique d'intervention, aux faits justifiant l'intervention, au caractère non cumulatif des situations considérées, aux aspects personnel et patrimonial de l'assistance de l'Etat.

I). La nationalité congolaise.

Il est constant que, comme l'interdiction d'extradition ou de délivrance, la condition de base pour bénéficier de l'assistance judiciaire ou juridictionnelle de l'Etat demeure la possession de la nationalité congolaise.

Ce qui exclut les personnes qui en sont privées du fait soit de la renonciation, soit du retrait, soit de la déchéance.

La possession de la double nationalité ne constitue pas un obstacle au bénéfice de l'assistance juridictionnelle ou judiciaire de l'Etat congolais. Car, l'article 19 de la constitution du 25 octobre 2015 reconnait expressément aux ressortissants congolais le droit d'acquérir une seconde nationalité. Il n'est donc pas nécessaire de rechercher la nationalité prépondérante.

II). Le périmètre géographique d'intervention.

En principe l'intervention de l'Etat concerne la mise en cause de ses ressortissants par les autorités ou les juridictions d'un Etat étranger dans le territoire duquel ils résident. Il peut s'agir d'une résidence permanente, d'un séjour temporaire ou concernant des personnes se trouvant en transit. Peu importe qu'ils soient en situation régulière ou irrégulière de séjour. Le devoir d'assistance et de protection s'applique également devant les juridictions internationales (comme la Cour pénale internationale du statut de Rome du 17 juillet 1998) ou sous-régionales.

III). Les faits justifiant l'intervention de l'Etat.

Le législateur énumère les faits justificatifs de l'intervention de l'Etat pour exercer son devoir d'assistance juridictionnelle envers ses ressortissants. Pour ce faire, le ressortissant concerné doit justifier qu'il fait l'objet d'une interpellation, des poursuites, d'une détention ou d'une condamnation.

a). L'interpellation.

L'interpellation consiste généralement à approcher une personne en vue de l'interroger dans le cadre d'un contrôle parfois aléatoire pour en connaître l'identité ou dans le cadre d'une recherche d'individus suspectés d'avoir commis une infraction. Cette démarche s'exerce au titre des pouvoirs de police administrative ou de police judiciaire sur réquisition du procureur de la République. L'interpellation se distingue d'une arrestation. Car, cette dernière nécessite un mandat ou une décision de justice. On ne saurait, donc, dans le cadre de l'assistance que l'Etat doit à ses ressortissants à l'étranger, réduire l'interpellation à sa plus simple expression. Il s'agit ici de toute forme d'action interpellative susceptible de conduire à la privation, même temporaire, des libertés.

b). Des poursuites.

Il s'agit ici de la situation dans laquelle, un ressortissant congolais serait poursuivi devant une juridiction étrangère ou internationale en raison du fait qu'il serait soupçonné d'avoir commis une infraction, sur le territoire de l'Etat où il réside ou serait en transit ; soit dans le cadre d'un mandat d'arrêt ou d'un mandat d'amener.

c). La détention.

Il s'agit ici de la situation dans laquelle un ressortissant congolais se trouverait dans tous lieux de privation des libertés, tels que : *des établissements pénitentiaires (maison d'arrêt, centre pénitentiaire, centre de détention, maison centrale, établissement pour mineurs, centre de semi-liberté...) ; des locaux de garde à vue des services de police et de gendarmerie ; des locaux de rétention douanière ; des centres et locaux de rétention administrative des étrangers ; des zones d'attente des ports et aéroports, des dépôts ou geôles situés dans les tribunaux, etc.*

d). La condamnation.

Le cas de condamnation concerne la situation dans laquelle un ressortissant congolais serait l'objet d'une décision de justice, définitive ou non, prononcée par une juridiction étrangère ou internationale. Il s'agit en principe, et dans l'esprit de la loi, d'une juridiction répressive. Mais, cela n'exclut pas d'autres juridictions dès l'instant où la décision le concernant affecte les droits et libertés fondamentaux attachés à la personne humaine.

Car, la nature des juridictions, notamment étrangère, n'est pas précisée du point de vue de leurs compétences matérielles. La notion de *« poursuites »* renvoie à des poursuites devant les juridictions répressives en matière d'infractions pénales (crimes, délits voire contraventions). Ainsi donc, il peut s'agir de l'hypothèse ou de la situation dans laquelle un ressortissant congolais serait interpellé ou arrêté en dehors du territoire national, dans un pays où l'infraction aurait été commise ou dans un pays tiers auquel le principe de la non-extradition ne s'applique pas.

Il peut aussi s'agir, par extension, de la mise en cause d'un ressortissant congolais devant toute juridiction étrangère ou internationale compétente en matière civile, administrative, fiscale, sociale ou commerciale, voire arbitrale. Cela d'autant plus que le champ d'application matérielle du devoir d'assistance juridictionnelle ou judiciaire n'est pas clairement circonscrit. Cela, même si les termes de la loi du 18 juillet 2018 laissent penser qu'il s'agit des juridictions pénales.

IV). Le caractère non cumulatif des situations considérées.

La mise en œuvre de l'assistance ou de la protection de l'Etat n'est pas subordonnée à la réunion de toutes les situations énumérées par le législateur. La caractérisation d'une seule situation justifie l'intervention de l'Etat en faveur de son ressortissant.

V). Les aspects personnel et patrimonial motivant l'assistance de l'Etat.

Le devoir d'assistance de l'Etat congolais envers ses ressortissants se trouvant à l'étranger, concerne aussi bien les personnes que leurs patrimoines.

a). Concernant les individus.

Le devoir d'assistance de l'Etat concernant avant tout les personnes physiques. C'est-à-dire les individus et leurs familles. D'où le terme de *« ressortissants »* employé par le législateur. A ce titre, l'article 2 alinéa 1er de la loi du 18 juillet 2018 dispose que l'assistance de l'Etat doit s'entendre en ce sens. Ce dernier se doit, quel que soit l'Etat en cause, mettre en œuvre tout ce qui est en son pouvoir afin que soit assuré à ses ressortissants un traitement conforme aux coutumes et conventions internationales. Il en résulte que l'Etat congolais a une obligation de moyen pour apporter assistance et protection à ses ressortissants se trouvant à l'étranger.

b). Concernant les biens des ressortissants congolais à l'étranger.

Le devoir d'assistance et de protection incombant à l'Etat, envers ses ressortissants, s'étend également à leurs biens se trouvant à l'étranger. Il s'évince des dispositions de l'article 2 alinéa 2 de la loi du 18 juillet 2018 que l'Etat congolais doit également prendre toutes les mesures utiles pour assurer la sécurité des ressortissants congolais et celle de leurs biens en territoire étranger, en particulier lorsque ceux-ci font l'objet de poursuites dans les pays de résidence ou dans celui où se trouvent leurs biens. En principe, la protection des biens n'exige pas forcément que le ressortissant congolais réside dans le pays où ils se situent.

Il s'agit là également d'une obligation de moyen. Mais, elle est à la fois prétentieuse et audacieuse. Car, les mesures de sécurisation des personnes et de leurs biens relèvent des pouvoirs de police de l'Etat de résidence ou sur le territoire duquel se trouve les biens. L'Etat congolais ne pourra pas se substituer à un Etat étranger pour exercer à ses lieu et place ses prérogatives régaliennes en matière de police, pour assurer la sécurité de ses ressortissants et de leurs biens. Il ne peut que coopérer avec l'Etat étranger. Sauf à considérer que si les auteurs des atteintes aux personnes et biens des particuliers se trouvant à l'étranger étaient des ressortissants congolais, l'Etat congolais se réserverait le droit d'y apporter une réponse judiciaire en les poursuivant devant ses propres juridictions. Il se poserait inévitablement des contestations relativement au lieu de la commission de l'infraction ou de la situation des biens, lorsqu'il s'agit d'immeubles.

On peut utilement s'interroger sur l'efficacité d'un tel dispositif, vu le nombre de congolais qui résident à l'étranger, dont on sait qu'ils disposent chacun d'un patrimoine.

Enfin, d'aucuns pourraient penser que l'intérêt de ce dispositif trouverait sa justification dans une démarche de dissuasion pour contrecarrer l'activisme de certaines organisations non gouvernementales (ONG) et des associations qui diligentent des procédures ou font des coups d'éclat médiatiques pour débusquer ce qui est désormais communément qualifié de *« biens mal acquis »*.

B). Les modalités de l'assistance ou de la protection de l'Etat.

Comme nous venons de le souligner plus haut, il s'évince de la loi numéro 25-2018 du 18 juillet 2018 précitée que l'intervention de l'Etat peut prendre la forme d'une assistance juridictionnelle d'essence consulaire ou d'une protection ou endossement diplomatique.

I). Le droit à l'assistance juridictionnelle d'essence consulaire.

Il s'agit ici de la protection consulaire qui prend la forme d'une assistance qu'un Etat doit apporter à ses ressortissants pour assurer la défense de leurs droits, lorsqu'ils sont en cause dans un Etat étranger où ils résident à titre permanent ou temporaire, voire dans le cadre d'un bref séjour ou en transit. Ce droit s'exerce dans les conditions de l'article 36 (c) de la convention de Vienne sur les relations consulaires, du 24 avril 1963 (entrée en vigueur le 19 mars 1967)[803].

---

[803] *« …c) Les fonctionnaires consulaires ont le droit de se rendre auprès d'un ressortissant de l'Etat d'envoi qui est incarcéré, en état de détention préventive ou toute autre forme de détention, de s'entretenir et de correspondre avec lui et de pourvoir à sa représentation en justice. Ils ont également le droit de se rendre auprès d'un ressortissant de l'Etat d'envoi qui, dans leur circonscription, est incarcéré ou détenu en exécution d'un jugement. Néanmoins, les fonctionnaires consulaires doivent s'abstenir d'intervenir en faveur d'un ressortissant incarcéré ou mis en état de détention préventive ou toute autre forme de détention lorsque l'intéressé s'y oppose expressément… »*

Ces prérogatives doivent s'exercer dans le cadre des lois et règlements de l'Etat de résidence. Etant entendu, toutefois, que ces lois et règlements doivent permettre la pleine réalisation des fins pour lesquelles les droits sont accordés en vertu de l'article 36 de la convention de Vienne.

a). Les autorités compétentes en matière de l'assistance consulaire.

L'assistance consulaire due aux ressortissants congolais à l'étranger fait intervenir les autorités désignées par les articles 5 et 6 (chapitre III) de la loi précitée du 18 juillet 2018.

➢ *Les autorités consulaires.*

Les autorités consulaires jouent un rôle de premier plan en matière d'assistance des ressortissants de l'Etat qui se trouvent en difficulté dans un Etat étranger. En effet, dès l'instant où ils sont saisis par l'intéressé, ses proches, les autorités de l'Etat de résidence ou par un tiers, les services consulaires se doivent d'informer sans délai le ministère des affaires étrangères de ce qu'un ressortissant congolais fait l'objet d'une interpellation, des poursuites, de détention ou de condamnation.
Parallèlement à l'information du ministère des affaires étrangères, les services consulaires doivent se rapprocher des autorités de l'Etat de résidence pour s'enquérir de la situation afin de s'assurer que les faits reprochés au ressortissant congolais constituent bien une infraction au regard des lois du pays.

➢ *Les autorités étatiques.*

Il s'agit ici de l'intervention du ministère de la justice. Il est saisi par le ministère des affaires étrangères dès que ce dernier est informé par les services consulaires de la situation dans laquelle se trouve un ressortissant congolais dans l'Etat de résidence (interpellation, poursuite, détention ou condamnation).

b). L'action de l'Etat dans le cadre de l'assistance consulaire.

L'action de l'Etat consiste d'abord dans la constatation du traitement réservé à son ressortissant, ensuite à entreprendre tout ce qui est en son pouvoir pour l'en sortir. C'est à dire, le règlement du litige.

➢ *La constatation du respect des droits de la défense.*

Après s'être rassuré, ainsi qu'il vient d'être dit, que les faits reprochés à son ressortissant constituent bien une infraction prévue et punie par les lois du pays de résidence, l'Etat congolais doit prendre toutes les mesures nécessaires pour que les droits fondamentaux de la personne mise en cause soient respectés. Il s'agit notamment du respect des droits de la défense tels que : le droit à la présomption d'innocence, le droit à un traitement équitable (incluant le droit à un procès équitable), humain et non dégradant, etc.

L'Etat congolais peut, pour assurer la défense de son ressortissant, ne pas se contenter d'un avocat commis d'office. Il peut solliciter le ministère d'un avocat de son choix dont il supporterait les honoraires, outre les frais de justice.

➢ *Les négociations avec l'Etat de résidence.*

L'Etat doit ensuite engager des négociations avec les autorités de l'Etat de résidence ou de la juridiction internationale concernée. Ces négociations visent soit à suspendre ou à éteindre les poursuites engagées contre le ressortissant congolais, soit, en cas de condamnation définitive, à obtenir le rapatriement du ressortissant congolais dans le cadre des accords bilatéraux existants entre les deux Etats en matière de coopération et d'entraide judiciaire ou dans le cadre des conventions bilatérales ou multilatérales sur le transfèrement des personnes condamnées. Le but de ces conventions de transfèrement est de permettre la réinsertion sociale des personnes condamnées et de purger leur peine dans le pays dont elles ont la nationalité. L'Etat congolais peut aussi solliciter un Etat tiers, une organisation internationale ou une personnalité jouissant d'une notoriété internationale pour le dénouement du sort de son ressortissant.

II). Le droit à la protection ou à l'endossement diplomatique.

Le législateur a également prévu, dans l'article 7 de la loi du 18 juillet 2018, d'assurer la protection ou l'endossement diplomatique d'un ressortissant congolais faisant l'objet de poursuites devant une juridiction étrangère ou internationale. Par ce mécanisme, l'Etat prend fait et cause pour son ressortissant victime des agissements d'un autre Etat à qui il réclame vainement réparation. Il en fait sienne, pour agir en ses lieu et place. D'un droit subjectif individuel, l'endossement diplomatique devient un droit subjectif étatique.

L'article 7 alinéa 1er de la loi précitée du 18 juillet 2018 dispose, *« L'Etat congolais peut, le cas échéant, procéder à la protection sous la forme d'un endossement diplomatique du ressortissant congolais poursuivi devant une juridiction étrangère ou internationale ».*

a). Le caractère discrétionnaire de l'endossement ou de la protection diplomatique.

Sans entrer dans le débat doctrinal qui agite les juristes internationalistes depuis des lustres[804], la protection diplomatique est à la fois une prérogative de l'Etat et un droit subjectif dérivé de celui-ci vis-à-vis de son ressortissant à qui il vole au secours. L'Etat y exerce un pouvoir discrétionnaire en ce sens qu'il n'est pas tenu de la mettre en œuvre. Ainsi donc, le refus de l'Etat d'accorder sa protection diplomatique ou d'endosser la réclamation de son ressortissant, contre l'Etat dans lequel ce dernier a sa résidence ou y séjourne, est un acte administratif insusceptible de recours devant le juge administratif pour illégalité. Car, il fait partie, du point de vue du droit français, de la catégorie des actes de gouvernement en ce qu'il touche aux relations extérieures de l'Etat (CE, 2 mars 1966, *Dame Cramencel*; 9 juin 1952, *Gény*; 10 avril 2003, *Comité contre la guerre en Irak ;* 28 mars 2014, *Groupe français de la Cour permanente d'arbitrage*). Le droit congolais s'en inspire, même si nous ignorons l'état de la jurisprudence congolaise en la matière.

D'ailleurs, le caractère discrétionnaire de cette prérogative étatique s'évince des termes employés par le législateur congolais, *« L'Etat congolais **peut, le cas échéant**, procéder à la protection sous la forme d'un endossement diplomatique... ».*

A défaut de rendre la protection ou l'endossement diplomatique obligatoire, le sort des congolais dont la protection s'impose dépend des desideratas des autorités de l'Etat congolais.

On se demande si tout citoyen congolais se trouvant dans l'une des situations prévues par l'article 10 de la constitution peut s'en prévaloir et espérer bénéficier de la protection de l'Etat. On peut utilement s'inquiéter qu'à défaut de créer *« une usine à gaz »*, une telle disposition soit une source

[804] G. Berlia, *« Contribution à l'étude de la nature de la protection diplomatique »,* Annuaire français de droit international, Vol. 3, 1957, p 63 ; S. Garibian, *« Vers l'émergence d'un droit individuel à la protection diplomatique ? »*, Annuaire français de droit international, vol. 54, 2008, p. 119 ; P. de Visscher, *« Cours général de droit international public »*, Recueil des cours de l'académie de droit international (RCADI), 1972, tome 136, pp.1-202 ; A. M. Smolinska, M. Boutros, F. Lozanorios, M. Lunca, *« Droit international des relations diplomatiques et consulaires »,* Cahiers de droit international, Bruxelles, Bruylant, 2015 ; B. Bauchot, *« La protection diplomatique des individus en droit international »*, Mémoire DEA, Université Lille II (sciences juridiques, politiques et sociales), 2001-2002 ; M. Diez de Valasco, *« Protection diplomatique des sociétés et des actionnaires »*, RCADI, 1974, vol.141, p.91 ; J. Basdevant, *« Dictionnaire du droit international »* ; Sirey, 1960, p.848 ; J. Chappez, *« Protection diplomatique »,* JCL droit international, 1999, fasc,250 ; C. Rousseau, Droit international public, T5, Paris Sirey, 1983, p.97 ; J. Salmon, *« Dictionnaire de droit international public »,* Bruxelles Bruylant, 2001, 904 ; M. Verwilghen, *« Conflits de nationalité, plurinationalité et apatride »,* RCADI, 1999, vol. 277, p.91.

de frustrations pour ceux qui auraient de bonnes raisons de s'en prévaloir, mais en seraient privés ou déboutés sans raison valable.

Il est manifeste que l'ambition d'un tel principe ne manque pas de soulever la question de l'égalité de traitement des congolais ; un principe à valeur constitutionnelle, consacré par l'article 15 de la constitution qui dispose,

« Tous les citoyens congolais sont égaux devant la loi et ont droit à la protection de l'Etat.

Nul ne peut être favorisé ou désavantagé en raison de son origine familiale, ethnique, de sa condition sociale, de ses convictions politiques, religieuses, philosophiques ou autres. »

b). La mise en œuvre de l'endossement ou de la protection diplomatique.

La décision d'endosser ou d'accorder la protection diplomatique incombe, d'après l'article 7 deuxième alinéa de la loi précitée du 18 juillet 2018, au Président de la République. Ce dernier engage le gouvernement à prendre fait et cause pour tout ressortissant congolais dont les droits sont lésés par l'Etat où il réside. Etant précisé que la notion de ressortissants congolais recouvre aussi bien les personnes physiques que les personnes morales.

En principe les réfugiés et apatrides peuvent bénéficier de la protection diplomatique de l'Etat de leur résidence habituelle. Mais, le législateur congolais ne consacre pas l'extension de sa protection à cette catégorie de personnes, dont le sort est traité dans le cadre des mécanismes conventionnels internationaux. Même si le législateur ne le précise pas, s'agissant des binationaux, les deux Etats peuvent agir à l'encontre d'un Etat tiers responsable des agissements dont est victime leur ressortissant commun. La question se pose, au cas où les faits reprochés sont imputables à l'un des deux Etats de nationalité, ou s'il s'agit simplement des binationaux. Il n'est pas exclu que l'un puisse agir à l'encontre de l'autre, nonobstant la nationalité prépondérante.

Enfin, et en principe, l'intervention de l'Etat au titre de l'endossement ou de la protection diplomatique exige que la personne victime ait épuisé les voies de recours internes. L'Etat se doit de mettre en œuvre toutes les mesures nécessaires pour parvenir à la résolution du litige.

Section 2 : L'abolition de la peine de mort et les droits des victimes.

Au titre des nouveautés de la constitution du 25 octobre 2015, figurent incontestablement l'abolition de la peine de mort et la consécration des droits des victimes.

§ 1 : L'abolition de la peine de mort.

L'abolition de la peine de mort constitue à la fois une avancée notoire et une prise de conscience limitée dans le dispositif pénal congolais.

A). Une avancée notoire dans le registre des droits humains.

L'article 8 de la constitution de 2015 consacre dans son dernier alinéa, l'abolition de la peine de mort qui figurait jusqu'à présent au titre des peines afflictives et infamantes, sanctionnant des infractions pénales[805]. Il s'agit, sur le principe, d'une avancée significative dans le respect du droit de toute personne humaine à la vie. Cette avancée s'est concrétisée par la ratification du deuxième protocole facultatif au pacte international relatif aux droits civils et politiques, concernant l'abolition de la peine de mort, avec la loi du 13 octobre 2020 (n° 53-2020) et de décret du 13 octobre 2020 (2020-477)[806]. Cette position s'inscrit dans le cadre d'une prise de conscience, au niveau mondial, et à travers les conventions et accords internationaux en faveur de l'abolition de la peine capitale dans la législation des Etats.

I). Les sources d'inspiration internationale.

Le Congo s'est inspiré, sur le plan international, de l'article 3 de la déclaration universelle des droits de l'homme qui dispose que, *« Tout individu a droit à la vie, à la liberté et à la sûreté de sa personne »*, même si elle ne mentionne pas expressément l'interdiction d'arracher la vie à un individu en répression de certains types d'infractions qu'il aurait commises.

Le deuxième protocole facultatif se rapportant au Pacte international relatif aux droits civils et politiques, que le Congo a ratifié

---

805 Cf. article 6, 7, 12, 13 et 14 du code pénal ; ministère de la Justice (République du Congo), *« Code de l'audience, recueil de codes et textes usuels »*, édition Giraf, Agence internationale de la francophonie, pp.175-176 ; H.D.Amboulou, Traité congolais de droit pénal et procédure pénale, op. cit. pp. 43-46.

806 Loi n°53-2020 du 13 octobre 2020 autorisant la ratification du deuxième protocole facultatif se rapportant au pacte international relatif aux droits civils et politiques, visant à abolir la peine de mort, avec la loi du 13 octobre 2020, JORC, n°42-2020 du 22 octobre 2020, p.987 ; décret n°2020-477 du 13 octobre 2020 portant du deuxième protocole facultatif se rapportant au pacte international relatif aux droits civils et politiques, visant à abolir la peine de mort, JORC, n°42-2020 du 22 octobre 2020, p.989.

comme nous l'avons dit plus haut, visant à abolir la peine de mort[807], est beaucoup plus précis en ce qu'il interdit dans son article 1er l'exécution de toute personne relevant de la juridiction d'un Etat partie audit protocole et exige expressément l'abolition de la peine de mort.[808] Il en est de même de la convention internationale des droits de l'enfant qui, dans son article 37 (a) interdit entre autres d'infliger la peine de mort à un enfant[809].

II). Les sources d'inspiration africaine.

L'abolition de la peine de mort par la constitution du 25 octobre 2015 s'inscrit également dans le cadre des engagements souscrits par le Congo sur le plan continental. C'est-à-dire, dans le droit fil et l'esprit de l'article 3(h) de l'Acte constitutif de l'Union africaine du 11 juillet 2000, dont l'un des objectifs est de promouvoir et de protéger les droits de l'homme et des peuples, conformément à la Charte africaine des droits de l'homme et des peuples et aux autres instruments juridiques pertinents relatifs aux droits de l'homme.

Il en est ainsi de l'article 4 de la Charte africaine des droits de l'homme et des peuples qui consacre l'interdiction absolue de la privation arbitraire de la vie dans des termes non équivoques, « La personne humaine est inviolable. Tout être humain a droit au respect de sa vie et à l'intégrité physique et morale de sa personne : nul ne peut être privé arbitrairement de ce droit ».

On ne peut pas manquer de souligner une autre source déclarative. En l'occurrence, la déclaration de la conférence continentale sur l'abolition de la peine de mort en Afrique (dite Déclaration de Cotonou, au Bénin), du 4 juillet 2014 qui appelle, entre autres, les États membres de l'Union africaine à adopter le Protocole additionnel à la Charte africaine des droits de l'homme et des peuples sur l'abolition de la peine de mort en Afrique, exhorte les États africains qui ont aboli la peine de mort, à ne pas la réintroduire dans leurs législations, et les encourage à partager leur expérience à cet égard , exhorte les États africains qui ne l'ont pas encore fait à envisager d'abolir la peine de mort dans la loi ou la constitution, et à

---

807 Adopté et proclamé par l'Assemblée générale des Nations-Unies dans sa résolution 44/128 du 15 décembre 1989.

808 Cf. Article 1er « 1. Aucune personne relevant de la juridiction d'un Etat partie au présent Protocole ne sera exécutée.
2. Chaque Etat partie prendra toutes les mesures voulues pour abolir la peine de mort dans le ressort de sa juridiction ».

809 « Les Etats parties veillent à ce que : a) Nul enfant ne soit soumis à la torture ni à des peines ou traitements cruels, inhumains ou dégradants. Ni la peine capitale ni l'emprisonnement à vie sans possibilité de libération ne doivent être prononcés pour les infractions commises par des personnes âgées de moins de dix-huit ans… ». On peut également citer le protocole à la convention américaine relative aux droits de l'homme qui traite de l'abolition de la peine de mort sur le continent américain de juin 1990 ; du protocole n°6 à la convention européenne de sauvegarde des droits de l'homme et des libertés fondamentales d'avril 1983.

envisager d'adhérer ou de ratifier le deuxième Protocole facultatif se rapportant au Pacte international relatif aux Droits civils et politiques, visant à abolir la peine de mort[810].

B). Une prise de conscience limitée.

On peut regretter qu'au Congo, cette prise de science sur l'abolition de la peine de mort ne se soit pas pour autant accompagnée d'une prise de conscience générale du respect des droits humains. Une prise de conscience générale qui devrait également conduire à l'abolition d'autres peines afflictives et infamantes également énumérées dans l'article 7 du code pénal. Cet article vise, *les travaux forcés à perpétuité ou à temps, les déportations.* Il en est ainsi des peines criminelles simplement infamantes prévues dans l'article 8 du même code, comme *le bannissement.* Ces peines sont la survivance ou des vestiges du système répressif colonial et suranné[811].

§ 2 : La consécration constitutionnelle des droits des victimes.

L'article 9 de la constitution du 25 octobre 2015 dispose dans son dernier alinéa que, *« Les droits de la victime sont également garantis »*. Il s'agit bien d'une nouveauté. Cependant, cette proclamation ne suffit pas. Cela d'autant plus que la constitution ne renvoie pas à une loi le soin de préciser ou de définir la notion de victime ni les modalités pratiques d'une garantie effective des droits de la victime.

S'agit-il des victimes de toutes les infractions pénales, quels qu'en soient les auteurs (personnes physiques ou morales), connus ou non connus, identifiables ou non identifiables, quelles qu'en soient les circonstances y compris les victimes des catastrophes naturelles, industrielles ou technologiques, des victimes d'une crise sanitaire telle qu'une épidémie ou une pandémie?

La prise en compte des droits des victimes doit-elle se cantonner au droit à une réparation pécuniaire et intégrale du préjudice ou comporter d'autres formes de réparations en termes d'assistance morale, psychologique ou matérielle ? En fait, elle devrait aussi comprendre des mesures qui faciliteraient l'accès de la victime à la justice, à une justice indépendante, impartiale en tout état de la procédure.

Les droits de la victime ne doivent pas non plus s'arrêter à la sentence du juge ou au recouvrement de l'indemnité qui lui serait allouée. Ils

---

[810] Cf. Déclaration de la Conférence continentale sur l'abolition de la peine de mort en Afrique (Déclaration de Cotonou), du 4 juillet 2014, §1 à 12. ;
http://www.achpr.org/fr/news/2014/07/d150/

[811] Idem.

comprendraient incontestablement le droit de se faire entendre ou d'être entendu, s'agissant de certaines infractions jugées infamantes, sur la perspective ou la possibilité des aménagements des peines. Sans être exhaustive, la prise en compte des droits de la victime implique aussi, dans certaines circonstances, un effort de solidarité nationale sous la forme d'une socialisation des risques en vue d'une réparation ou d'une indemnisation adéquate[812].

Section 3 : Le statut constitutionnel des peuples autochtones.

La constitution du 25 octobre 2015 innove en ce qu'elle confère un statut constitutionnel aux peuples autochtones, comme une catégorie spécifique de personnes vulnérables, qui nécessitent une reconnaissance juridique de leur existence, de leur culture, de leurs traditions, de leur mode de vie et de leur environnement ; impliquant une promotion et une protection toutes aussi spécifiques de leurs droits par rapport aux autres membres de la communauté nationale. Aucune constitution congolaise n'avait jusque-là intégré dans son corpus la nécessité de prendre en compte les préoccupations des populations autochtones pour une meilleure reconnaissance et une meilleure protection de leurs droits. Bref, aucune disposition spécifique de la loi fondamentale ne leur était consacrée.

Leurs droits et libertés se fondaient dans la masse de ceux qui étaient reconnus à tous les congolais, au nom du fameux sacro-saint principe d'égalité des citoyens, d'une République ou d'un Etat *« égalitaire »,* qui se couvrait d'un voile pudique sur la spécificité de cette catégorie d'individus qui n'avaient pas forcement voix au chapitre ; perdant de vue que le principe d'égalité n'implique pas forcément une obligation de traiter identiquement des situations dont les disparités sont si évidentes et crèvent les yeux. Notre ostracisme vis-à-vis de ces êtres humains comme nous était si fort et empreint d'un atavisme séculaire que, nous les enfermions dans la servilité, dans un statut de *« sous-hommes »* voués aux sales besognes, taillables et corvéables à merci !!!

Même la désormais tristement célèbre et mémorable incantation, *« Ba mbenga oyé !!!! » « Vives les pygmées !!! »*, comme on les appelait jadis, de l'illustre immortel Président Marien NGOUABI à l'endroit de ces populations dans la région de la Likouala ne s'était guère traduite par une prise en compte concrète et pérenne de leurs préoccupations, de leurs conditions sociales et sociologiques par les autorités.

Sur le plan intellectuel, sauf erreur de notre part, les recherches juridiques, ethnologiques, anthropologiques ou sociologiques sur cette

[812] Nous pouvons consulter à juste titre le rapport public du Conseil d'Etat français pour l'année 2005 qui est assez instructif sur cette problématique, *« Responsabilité et socialisation du risque - Rapport public 2005 »*, Conseil d'Etat, Etude et documents n°56, La documentation française.

catégorie de populations ne semblent susciter guère d'enthousiasme. La célèbre *« Lettre d'un pygmée à un bantu »*, du Professeur Dominique Ngoï-Ngalla[813] figure au nombre des exceptions qui confirment la règle dans cet univers d'indifférence.

Désormais, les populations autochtones bénéficient d'un cadre juridique que l'on peut qualifier d'approprié, un cadre juridique inespéré il y a peu.

§ 1 : Un cadre juridique approprié au statut des peuples autochtones.

Les peuples autochtones bénéficient désormais d'un cadre juridique approprié. Cela, même s'il faut encore une réelle volonté des pouvoirs publics pour qu'ils jouissent pleinement et concrètement de l'effectivité des droits qui leur sont reconnus pour une meilleure intégration économique, sociale, politique et institutionnelle. Ce, dans le strict respect de leur identité, de leur culture, de leur environnement et de leurs traditions.

A). L'aboutissement d'un combat de longue haleine.

Le mérite de la constitution du 25 octobre 2015 est d'avoir hissé les peuples autochtones à ce niveau de consécration le plus élevé de l'ordonnancement juridique. Elle se distingue ainsi des précédents constitutions et textes fondamentaux en consacrant dans son article 16 la promotion et la protection des peuples autochtones,

« La loi garantit et assure la promotion et la protection des droits des peuples autochtones ».

Cette consécration constitutionnelle est le couronnement, au plan national, d'une évolution du cadre juridique spécifique à cette catégorie de personnes vulnérables, déjà amorcée par le législateur à travers la loi n° 5-2011 du 25 février 2011, portant promotion et protection des droits des populations autochtones[814].

Ce cadre juridique national s'est largement inspiré, au plan international, d'une longue évolution qui aura abouti à la déclaration des Nations Unies sur

---

813 Dominique Ngoïe-Ngalla, « Lettre d'un pygmée à un bantou, tous frères en humanité » (préf. Du Prof. Nzudji Mukala Kadima), Pierrefitte-sur-Seine, édicitions "Bajag-Meri", 2003 ; CRP, 1988

814 Cf. Journal officiel de la République du Congo, du 03 mars 2011, pp315-318. ; R. Bouka Owoko & R. E. N'zobo, *« Les peuples autochtones de la République du Congo: Discrimination et esclavage», L'Observatoire congolais des droits de l'homme (OCDH), Par* Observatoire Congolais Droits Hommes (OCDH), samedi 12 novembre 2011, http://blog.ocdh.org/post/2011/11/12.

les droits des peuples autochtones, adoptée par l'Assemblée générale dans sa résolution du 13 septembre 2007[815].

Cependant, il convient de souligner l'organisation depuis avril 2007 du Forum international sur les peuples autochtones d'Afrique centrale, dont le succès avait donné lieu aux éditions 2011 et 2014 à Impfondo, dans le département de la Likouala (FIPAC). Il permet d'échanger sur les problématiques inhérentes aux peuples autochtones, pour renforcer le Réseau des peuples autochtones d'Afrique centrale. [816]

Au plan continental, la problématique de la reconnaissance et de la protection des droits des peuples autochtones n'avait pas manqué de préoccuper la Commission africaine des droits de l'homme et des peuples (CADHP) dès 1999. Elle constituait un groupe de travail à cet effet en 2001. Ce groupe de travail avait pu établir un rapport édifiant sur la situation des peuples et communautés autochtones, adopté en novembre 2003[817].

B). « Peuples ou populations autochtones »?

La notion de *« peuples autochtones »* souffre d'une absence définition unanimement admise, en tant qu'elle recouvre des groupes humains aux réalités et situations sociologiques, voire ethniques, très variées d'un continent à un autre (voire à l'intérieur d'un même continent). Les *« peuples autochtones »* constituent une catégorie juridique mal définie en droit international et en droit interne.

---

[815] La Sous-commission de la Commission des droits de l'homme des Nations Unies créait en 1982 un Groupe de travail que devant plancher sur la situation des populations autonomes et élaborer un projet de déclaration sur leurs droits. Après avoir déclaré 1993, comme année internationale des populations autonomes, l'Assemblée générale décrétait successivement deux décennies internationales des droits des populations autochtones, la première fut de 1995 à 2004 et la seconde de 2005 à 2015. Création en 2000 d'une instance permanente sur les questions autochtones comme instance subsidiaire du Conseil économique et social composée de 16 membres, dont les experts autochtones. Le 29 juin 2006, le Conseil des droits de l'Homme adoptait le projet de la déclaration des nations unies sur les droits des peuples autochtones, avant son adoption le 13 septembre 2007 par l'Assemblée générale. *« Déclaration des Nations-Unies sur les droits des peuples autochtones »,* Publiés par les Nations-Unies, Mars 2008 ; Haut Commissariat des droits de l'homme des Nations-Unies, *« Les peuples autochtones et le système de protection des droits de l'homme des Nations unies »,* Fiche d'information n°9/Rev 2, Nations Unies, New York et Genève, 2013 ; A. Geslin, *« La protection internationale des peuples autochtones : de la reconnaissance d'une identité transnationale autochtone à l'interculturalité normative »,* Annuaires français de droit international, LVI-2010-CNRS Edition, Paris.

[816]http://www.gaboneco.com/congo-la-deuxieme-edition-du-forum-international-sur-les-peuples-autochtones-d.html; « Troisième édition du Forum international sur les peuples autochtones d'Afrique centrale :
CommuniquéFinal,« http://www.comifac.org/fr/content/troisieme-edition-du-forum-international-sur-les-peuples-autochtones- afrique-centrale;http://www.lasemaineafricaine.net/index.php/societe/8247-fipac-forum-international-sur-les-peuples-autochtones-d-afrique-centrale-le-fipac.

[817] Cf. http://www.iwgia.org.sw163.asp ; Commission africaine des droits de l'homme et des peuples (CADHP), *« Peuples autochtones d'Afrique : les peuples oubliés ? (Travail de la Commission africaine sur les peuples autochtones d'Afrique) »,* IWGIA, Copenhague, Danemark, www.iwgia.org; « Avis juridique de la Commission africaine des droits de l'homme et des peuples sur les droits des peuples autochtones », CADHP, IWGIA, Copenhague, 2010.

I). Une définition par l'identification « critérielle » en droit international.

La communauté internationale se résigne à ne pas trouver une définition unique de la notion ou du terme *« peuples autochtones »*, pour ne s'accorder que sur les critères d'identifications, leurs caractéristiques historiques, sociologiques, culturelles et institutionnelles.

Tout d'abord, le terme *« autochtone »* étymologiquement vient du grec. Il signifie *« issu du sol même »*, c'est-à-dire issu du terroir par rapport aux migrants. Il renvoie à l'antériorité séculaire et ancestrale d'occupation ou de présence dans un espace géographique[818]. Le choix de ce terme pour désigner cette catégorie de populations, mieux de peuples, s'était imposé dans les années 70 et au début des années 80, dans le cadre d'une prise de conscience et d'un mouvement de revendication pour la reconnaissance, la promotion, la protection et le respect de cette catégorie de personnes.

L'autochtonie est d'essence revendicative, conférant peu à peu l'adjectif *« autochtone »* accolé au mot *« peuples ou populations »,* l'appellation officielle et conventionnelle de ce mouvement, et partant de ceux qui s'en réclament, sans forcement en êtes eux-mêmes issus. Le terme *« peuples autochtones »* aura la préférence des activistes par rapport à celui de *« populations autochtones »,* au sein du groupe de travail créé par les Nations-Unies pour réfléchir sur cette problématique[819].

La déclaration des Nations unies sur les droits des peuples autochtones ne définit pas cette notion. Elle en dégage des critères d'identification, à savoir,

- *Le critère de continuité historique entre les autochtones et les premiers habitants d'un pays ou d'une région avant l'arrivée des colons,*
- *Le critère de différence culturelle qui découle du sentiment de ne pas appartenir à la culture de la société dominante du pays dans lequel ils habitent. Ils doivent préserver leurs caractéristiques culturelles, leurs traditions et leurs organisations sociopolitiques.*
- *Le critère de non-dominance qui les met en marge de la société.*

---

[818] Isabelle Schulte-Tenckhoff, « La question des peuples autochtones », Bruxelles, Bruylant et Paris, LGDJ, 1997, p. 179-184 ; Philippe Karpe, « Les collectivités autochtones », Thèse de droit public, Paris X, Nanterre, 2002 ; Charles de Lespinay, « Les concepts d'autochtone (*indigenous*) et de minorité (minority) », Droit et cultures, 72 | 2016, 19-42., URL : http://droitcultures.revues.org/3870, mis en ligne le 06 juin 2016.

[819] World Council of Indigenous Peoples (Conseil mondial pour les peuples autochtones), Groupe de travail des Nations Unies sur les populations autochtones, crée en 1982 ; http://www.humanrights.ch/fr/dossiers-droits-humains/droits-des-minorites/definitions/signifie-autochtone; Economic and Social Council Commission on Human Rights, Preliminary Report of the Problem of Discrimination Against Indigenous Populations. U.N. Document E/CN.4/Sub.2/L.566, Chapter 11 ;

- *Le critère de l'auto-identification qui consiste dans la conscience d'un individu d'appartenir à un peuple autochtone et de son acceptation en tant que membre de ce peuple par le peuple autochtone lui-même*[820].

A cela s'ajoutent,

- *Un fort lien avec les territoires et les ressources naturelles qui les entourent ;*
- *Des systèmes sociaux, économiques et politiques propres ;*
- *Une langue, une culture et des croyances propres*[821].

Ce mode d'identification critérielle n'offre pas une définition homogène des peuples autochtones, compte tenu des disparités des situations qui peuvent exister au sein de cette catégorie de populations d'un continent à un autre, d'un pays à un autre, même à l'intérieur d'un même pays selon l'histoire, la culture, les traditions, les mœurs, l'environnement et le mode de vie de chacun d'eux.

II). La définition congolaise des populations autochtones.

La définition congolaise de la notion de peuples autochtones se trouve, non pas dans l'article 16 de la constitution du 25 octobre 2015, mais dans l'article 1er de la loi n°5-2011 du 25 février 2011, portant promotion et protection des droits des populations autochtones, qui dispose,

« Au sens de la présente loi, sans préjudice d'une quelconque antériorité d'occupation du territoire national, on entend par populations autochtones, les populations qui se distinguent des autres groupes de la population nationale par leur identité culturelle, leur mode de vie et leur extrême vulnérabilité.

L'utilisation du terme pygmée est interdite. Elle est assimilée à l'infraction d'injure prévue et sanctionnée par le Code pénal ».

a). Un évident conflit des lois.

Cette définition, aussi multicritérielle, est en conflit avec la constitution sur un point. Celui de la désignation de la catégorie de personnes concernées. En effet, la loi du 25 février 2011 emploie l'expression *« populations autochtones »*, tandis que l'article 16 de la constitution du 25 octobre 2015 utilise la dénomination, *« peuples autochtones ».*

---

[820]Cf.http://www.humanrights.ch/fr/dossiers-droits-humains/droits-des-minorites/definitions/signifie-autochtone.

[821] Haut Commissariat des droits de l'homme des Nations-Unies, *« Les peuples autochtones et le système de protection des droits de l'homme des Nations unies »*, op. cit. p. 3. D'aucuns préconisent trois approches, structurelle, culturelle et historique, Cf. *« Les peuples autochtones, qui sont-ils » ?*, http://www.icrainternational.org/autochtones/index.php?ressource=1..

Le choix de la constitution peut s'expliquer par la nécessité de se conformer à la légalité internationale ou l'ordre conventionnel international tel qu'il résulte des instruments juridiques pertinents édictés en la matière, notamment la déclaration du 13 septembre 2007 qui fait état des droits *« des peuples autochtones »,* et non *« des populations autochtones »*[822]. Il en est ainsi au plan continental de la charte africaine des droits de l'homme et des peuples. Il est constant que, dans l'ordre interne, la loi du 25 février 2O11 devrait se conformer à la loi fondamentale du pays, la constitution, pour être modifiée sur ce point terminologique.

Au-delà d'une apparente défiance, on peut aussi considérer que l'utilisation du terme *« populations autochtones »* par le législateur participe de l'idée qu'il n'existe qu'un seul peuple congolais, pris dans sa globalité à travers la diversité ethnique, culturelle, sociologique, traditionnelle des individus qui le composent.

L'unité du peuple congolais n'exclut pas la reconnaissance de la diversité et la spécificité de chacune de ses composantes, parmi lesquelles les populations autochtones qui méritent une attention et un traitement particulier compte tenu de la marginalisation dont ils sont l'objet et de leur vulnérabilité. L'unité du peuple congolais rejaillit sur le caractère unitaire (non fédéral) de l'Etat et de l'invisibilité du territoire.

Cela semble expliquer les réticences du législateur à adopter l'appellation conventionnellement admise au plan international, qui ne serait pas transposable *ipso facto* au plan interne. Sauf à considérer que cette appellation conventionnelle de *« peuples autochtones »* revêt un caractère extensif, pour penser que la notion du *« peuple congolais »* est fédératrice de la mosaïque des peuples qui le composent.

b). Le contenu de la définition congolaise de « peuples ou populations autochtones ».

La définition congolaise se particularise par le caractère non déterminant de l'antériorité de l'occupation d'un espace géographique, le choix d'une approche multicritérielle par rapport aux autres populations et par l'interdiction du mot *« pygmée ».*

1) Le caractère non déterminant de l'antériorité d'occupation territoriale.

L'emploi de la locution *« ... sans préjudice d'une quelconque antériorité d'occupation du territoire national... »*, dans l'article 1er de la loi du 25 février 2011, signifie que la primauté de l'occupation ou de la présence dans

[822] Il n'est pas inutile de souligner que le ministère de tutelle en la matière est dénommé, Ministre de la justice, des droits humains et de la promotion des peuples autochtones.

l'espace géographique n'est pas forcément un critère déterminant dans la définition ou l'identification de cette catégorie de populations. Il est présumé, mais non décisif ni exclusif. Si ces peuples sont les premiers habitants avant les migrations bantoues, comment expliquer en raison de leur dispersion, de leur mobilité constante, l'antériorité de telle ou telle tribu, avant ou après le partage territorial de l'Afrique issue de la conférence de Berlin du 15 novembre 1884 au 26 février 1885? Il n'est pas question de la leur renier, mais ce critère n'est pas décisif à l'échelle d'un seul pays dans les frontières héritées de la colonisation.

2). Une définition critérielle par comparaison aux autres populations.

A l'instar de l'approche conventionnelle internationale, le législateur congolais adopte à son tour une définition des populations autochtones par des critères d'identification, par comparaison, pour les distinguer des autres groupes humains du Congo : « *...on entend par populations autochtones, les populations qui se distinguent d'autres groupes de la population nationale...* ». Il s'agit d'une définition par la différenciation ou la distinction au regard de leur identité culturelle, de leur mode de vie, leur extrême vulnérabilité qui les vouent dans une situation très défavorable par rapport aux autres catégories de populations ; disons-le, essentiellement d'origine bantu. L'énumération des critères de définition par le législateur est moins exhaustive qu'au plan international.

3) L'interdiction et la sanction du terme « pygmée ».

C'est parce qu'il est péjoratif, stigmatisant, méprisant que le législateur interdit l'utilisation du terme *« pygmée »*. Il devient une injure, une insulte, par conséquent une infraction (un délit) pénalement sanctionnable. Ce terme véhicule tous les préjugés, les clichés et les stéréotypes qui contribuent à la marginalisation, à l'exclusion, au dénigrement et aux mauvais traitements dont les populations autochtones sont si souvent victimes et qui constituent aussi un frein à leur insertion sociale et professionnelle.

§ 2 : La prise en compte institutionnelle de la problématique autochtone.

La prise en compte institutionnelle de la problématique des populations autochtones se situe d'abord au niveau du ministère de la justice, par l'adjonction des termes *« promotion des peuples autochtones »,* qui devient le *« Ministère de la Justice, des droits humains et de la promotion des peuples autochtones ».* Elle l'est ensuite par la création, au sein de ce ministère, d'une direction générale dédiée aux peuples autochtones, ainsi que d'un du Comité interministériel de suivi et d'évaluation de la promotion et de la protection de leurs droits, sans oublier certaines initiatives prises en leur faveur.

A). La Direction générale de la promotion des peuples autochtones.

C'est une direction générale dédiée aux populations autochtones. Elle est créée par le décret n° 2017-260 du 25 juillet 2017 portant organisation du ministère de la justice, des droits humains et de la promotion des peuples autochtones[823], et régie par un texte spécifique : le décret n° 2017-261 du 25 juillet 2017[824].

Elle comprend (outre le secrétariat de direction, le service des archives et de la documentation, le service de l'information et de la communication sur leurs droits et les libertés), la direction de la prévention des facteurs de vulnérabilité des autochtones ; la direction de la promotion des normes de vie, de dignité et du bien-être ; la direction des mécanismes de consultation et de la coopération ; la direction des affaires administratives, financières et de l'équipement ; les directions départementales.

Aux termes des dispositions de l'article 1er du décret n° 2017-261 du 25 juillet 2017, la direction générale de la promotion des peuples autochtones est un organe technique, qui assiste le ministre dans l'exercice de ses attributions en matière de promotion des populations autochtones.

Elle est, à ce titre, chargée de prévenir et de gérer les facteurs de vulnérabilité des peuples autochtones ; d'engager des initiatives de coopération internationale et contribuer à la mise en œuvre des conventions internationales, en faveur des peuples autochtones ; de développer des programmes éducatifs, alimentaires et sanitaires adaptés aux besoins et au mode de vie des peuples autochtones ; de favoriser l'emploi des peuples autochtones et soutenir leur accès aux financements, aux crédits et à l'établissement de petites et moyennes entreprises ; de participer à la cartographie et à la sécurisation des propriétés foncières des peuples autochtones ; de contribuer à la mise en œuvre des stratégies durables et évolutives de gestion des écosystèmes en faveur des peuples autochtones ; de veiller à l'accès des peuples autochtones aux bénéfices issus de l'exploitation des ressources forestières, minières ou hydriques affectant leurs terres ; d'aider au renforcement de la citoyenneté des peuples autochtones ; de proposer le cadre juridique, législatif et réglementaire en

[823] Décret n° 2017-260 du 25 juillet 2017, portant organisation du ministère de la justice, des droits humains et de la promotion des peuples autochtones, JO, n°31-2017 du 3 août 2017, p.1015.
[824] Décret n° 2017-261 du 25 juillet 2017, portant attributions et organisation de la direction générale de la promotion des peuples autochtones, JO, n°31-2017 du 3 août 2017, p.1017.

rapport avec la promotion des peuples autochtones ; de suivre l'application de la législation et de la réglementation relative à la promotion des peuples autochtones ; de mettre en place un système d'information et une banque de données relative aux peuples autochtones, pour une adéquation des programmes aux attentes des bénéficiaires ; de promouvoir les normes de vie, de dignité et du bien-être des peuples autochtones ; de veiller à la protection des droits et libertés des peuples autochtones ; de mener des campagnes de sensibilisation et de formation sur les droits des peuples autochtones ; d'œuvrer pour la sauvegarde et la promotion du patrimoine linguistique, historique pharmacologique et culturel des peuples autochtones.

On peut également souligner la nécessité de faire participer les populations autochtones dans le processus décisionnel sur les questions les concernant directement ou indirection, à travers les organismes représentatifs qui leur sont spécifiquement dédiés, comme le prévoit l'article 3 de la loi du 25 février 2011[825]. Il en est ainsi de l'administration de leurs affaires intérieures, de la création ou la transformation de leurs villages en entités administratives locales (articles 11 et 12 de la loi). Ainsi que, dans le même élan, des actions de communication telles que l'élection d'une *« Miss Autochtone »* qui valorisent l'image de la femme en général et de la femme autochtone en particulier[826]. L'évolution pourrait conduire, dans une démarche inclusive, à la participation des femmes autochtone à l'élection de la *« Miss Congo »*.

B). Le Comité interministériel de suivi et d'évaluation.

Créé par l'article 45 de la loi du 25 février 2011 (n° 5-2011), C'est un organe consultatif. La composition et les modalités de fonctionnement du comité interministériel de suivi et d'évaluation de la promotion et de la protection des droits des populations autochtones sont fixées par le décret n° 2019-203 du 12 juillet 2019[827].

I). L'organisation et le fonctionnement du CISEPDPA.

L'organisation et le fonctionnement du Comité interministériel de suivi et d'évaluation de la promotion et de la protection des droits des populations autochtones sont définis par les dispositions de l'article 3 du décret précité du 12 juillet 2019 (n° 2019-203).

---

[825] Il reprend les exigences de la déclaration des nations-unies du 13 septembre 2007, dans ses articles 17 à 19.

[826] La première élection de la Miss autochtone eut lieu le 15 décembre 2012 à Sibiti dans le Département de la Lékoumou. Mlle. Nuptia Ngamouyi, fut ainsi distinguée.

[827] Décret n° 2019-203 du 12 juillet 2019, fixant la composition et les modalités de fonctionnement du comité interministériel de suivi et d'évaluation de la promotion et de la protection des droits des populations autochtones, JO, n°31-2019 du 1er août 2019, p.787.

a). L'organisation du CISEPPDPA.

Le comité interministériel de suivi et d'évaluation de la promotion et de la protection des droits des populations autochtones est composé d'un bureau, des membres et d'un secrétariat permanent.

1). Le bureau et les membres du CISEPDPA.

Le Comité comprend un bureau présidé par le ministre chargé des droits humains, qui est assisté d'un premier vice-président, le ministre chargé des affaires sociales ; d'un deuxième vice-président, le ministre chargé de la population ; d'un secrétaire, le représentant des populations autochtones désigné par ses pairs ; d'un rapporteur, le représentant des organisations non gouvernementales œuvrant dans la défense des droits des populations autochtones.

Outre le bureau, le Comité comprend une trentaine de membres : six représentants des communautés des populations autochtones ; trois représentants des organisations non gouvernementales œuvrant pour les droits des populations autochtones ; un représentant du ministère en charge du travail et de la sécurité sociale ; un représentant du ministère en charge de l'agriculture et de l'élevage ; un représentant du ministère en charge de la construction et de l'urbanisme ; un représentant du ministère en charge de l'intérieur et de la décentralisation , un représentant du ministère en charge des finances ; un représentant du ministère en charge des mines ; un représentant du ministère en charge de l'enseignement supérieur ; un représentant du ministère en charge de la justice et des droits humains ; un représentant du ministère en charge des affaires foncières et du domaine public ; un représentant du ministère en charge du plan ; un représentant du ministère en charge de l'enseignement de base et de l'alphabétisation ; un représentant du ministère en charge de l'enseignement technique ; un représentant du ministère en charge de la recherche scientifique ; un représentant du ministère en charge de l'énergie et de l'hydraulique ; un représentant du ministère en charge de l'économie forestière ; un représentant du ministère en charge du développement durable ; un représentant du ministère en charge de l'environnement ; un représentant du ministère en charge de la santé et de la population ; un représentant du ministère en charge des affaires sociales ; un représentant du ministère en charge de la culture et des arts ; un représentant du ministère en charge de la promotion de la femme.

En dépit du caractère pléthorique de cette institution, il est prévu que le CISEPDPA peut faire appel à toute personne-ressource pour l'édifier dans le cadre de ses missions. Les membres sont nommés par arrêté du ministre chargé de la promotion des populations autochtones sur proposition des administrations dont ils relèvent.

La qualité de membre du comité interministériel de suivi et d'évaluation de la promotion et de la protection des droits des populations autochtones se perd en cas de cessation de leurs fonctions au sein de l'institution ou du ministère qu'il représente ou lorsqu'il venait à commettre des actes nuisibles aux intérêts des populations des populations autochtones. Les fonctions de membre du comité interministériel de suivi et d'évaluation de la promotion et de la protection des droits des populations autochtones sont gratuites.

2). Le secrétariat permanent du CISEPDPA.

Pour son fonctionnement, le comité interministériel de suivi et d'évaluation de la promotion et de la protection des droits des populations autochtones dispose d'un secrétariat permanent. Celui-ci est assuré par la direction générale de la promotion des peuples autochtones.

Il est chargé de préparer les réunions du comité interministériel ; d'assurer la bonne tenue des réunions du comité interministériel ; d'établir les rapports et les comptes rendus à soumettre à l'appréciation du comité interministériel.

b). Le fonctionnement du CISEPPDPA.

Le comité interministériel de suivi et d'évaluation de la promotion et de la protection des droits des populations autochtones tient deux réunions par an. Soit une fois par semestre, sur convocation de son président. Il peut se réunir en session extraordinaire, lorsque les circonstances l'exigent. L'ordre du jour accompagné des dossiers sont portés à la connaissance de tous les membres dans un délai de sept jours avant la date de la réunion. Ce délai est réduit à trois jours en cas de réunion extraordinaire.

Le comité interministériel de suivi et d'évaluation de la promotion et de la protection des droits des populations autochtones peut créer des commissions ad hoc chargées d'instruire des questions précises ; et qui cessent d'exister dès la remise de leurs rapports.

Le comité interministériel de suivi et d'évaluation de la promotion et de la protection des populations autochtones émet des recommandations et propositions qui sont transmises au Premier ministre, chef du gouvernement.

Enfin, les frais de fonctionnement du comité interministériel de suivi et d'évaluation de la promotion et de la protection des droits des populations autochtones sont imputables au budget de l'Etat.

II). Les missions du CISEPDPA.

Les attributions du comité interministériel de suivi et d'évaluation de la promotion et de la protection des droits des populations autochtones sont définies dans l'article 2 du décret du 12 juillet 2019 (n° 2019-203).

En effet, le comité interministériel de suivi et d'évaluation de la promotion et de la protection des droits des populations autochtones a pour missions de proposer au gouvernement toutes les mesures destinées à assurer la promotion et la protection des droits des populations autochtones ; d'assurer la coordination des mesures de promotion et de protection des droits des populations autochtones prises par les différents acteurs ; de donner des avis sur les questions relevant de sa compétence qui peuvent lui être soumises par le ministre chargé de la promotion et de la protection des droits des populations autochtones ; de produire des rapports de suivi et évaluation relatifs à la promotion et à la protection des droits des populations autochtones ; de servir de plateforme relais pour le partage d'informations relatives à la promotion et à la protection des droits des populations autochtones entre les différents acteurs qui y sont impliqués.

§ 3 : Les droits et libertés des « Peuples autochtones ».

Les peuples autochtones jouissent pleinement, collectivement ou individuellement de tous les droits et libertés fondamentaux que la constitution reconnait et garantit à tous les citoyens. Certains droits sont spécifiquement adaptés à leur situation et nécessitent un traitement particulier sur le plan civil, politique, éducatif, sanitaire, patrimonial, économique, culturel et environnemental ; le tout en conformité avec la déclaration des Nations-Unies du 13 septembre 2007 sur les peuples autochtones et tous les instruments juridiques internationaux relatifs aux droits de l'homme que le Congo a ratifiés.

A). Concernant les droits civils et politiques.

Comme tous citoyens congolais, les populations autochtones bénéficient également des droits civils et politiques tels qu'ils sont garantis par la constitution.

I). S'agissant des droits civils et des libertés.

Il convient de souligner, à ce sujet, les aspects suivants :

a). L'état civil et la citoyenneté.

Le droit à la citoyenneté[828] leur est garanti ainsi que l'accès aux pièces d'état civil par la mise en place des mécanismes efficaces, voire appropriés. L'Etat leur garantit également les droits matrimoniaux et successoraux en tenant compte de leur identité culturelle et de leurs caractéristiques distinctes (articles 4 à 6 de la loi de 2011).

Aux termes des dispositions de l'article 5 de la loi précitée du 25 février 2011 (n° 5-2011), l'Etat met en place des mécanismes efficaces de délivrance des pièces d'état civil aux populations autochtones. Le décret n° 2019-199 du 12 juillet 2019, pris en application de cette loi, est consacré aux mesures spéciales de délivrance des pièces d'état civil aux populations autochtones[829].

Le décret définit les actes d'état civil, dans son article 2, comme *« tout acte instrumentaire dressé par l'officier d'état civil ou sous sa responsabilité, destiné à prouver l'état d'une personne, ou tout document délivré par l'autorité publique à tout Congolais qui en fait la demande, et dont les mentions permettent d'établir l'identité de son titulaire ou de prouver sa nationalité »*.

Il énumère six types d'actes d'état civil qui peuvent être délivrés à tout congolais, à savoir, l'acte de naissance ; l'acte de mariage ; l'acte de décès ; le livret de famille ; la carte nationale d'identité ; le passeport. La gratuité de délivrance des actes d'état civil aux populations autochtones est précisée.

Les formalités de délivrance sont facilitées pour les populations autochtones par la possibilité de se faire assister par une tierce personne faisant office d'interprète lorsque le comparant ne peut pas s'exprimer en français (l'officier d'état civil ou l'autorité publique peut le faire), il peut être dispensé de la formalité de signature si lui et la tierce personne qui l'assiste ne savent pas signer. L'article 5 du décret (n° 2019-199) du 12 juillet 2019 dispose que si le jour de la naissance de l'enfant n'est pas connu par le comparant ou le témoin, l'officier d'état civil lui fixe d'office la date de naissance au 1er janvier de l'année, sans être précédé de la mention *« né vers »*.

D'autres mesures sont prévues pour faciliter l'accès des populations autochtones à l'état civil. S'il s'agit de l'ouverture ou de la création des centres secondaires d'enregistrement des naissances dans les villages et campements autochtones ; des campagnes de sensibilisation organisées à travers les institutions représentatives des populations autochtones, avec l'appui des pouvoirs publics. Dans cette démarche, des campagnes foraines d'enregistrement des naissances d'enfants autochtones sont organisées dans

[828] L'article 6 de la déclaration des Nations Unies du 13 septembre 2007 dispose que, *« tout autochtone a droit à une nationalité »*.
[829] Décret n° 2019-199 du 12 juillet 2019, portant mesures spéciales d'octroi des pièces de l'état civil aux populations autochtones, JO, n°31-2019, du 1er août 2019, p.780.

les villages et campements autochtones pour éviter le défaut de déclarations ; des déclarations tardives de naissances des enfants autochtones peuvent être reçues par l'officier d'état civil sur réquisition du procureur de la République ; la dépénalisation du défaut de déclaration de naissance et de décès ; la mise en place, par l'Etat, des mesures spéciales destinées à faciliter la délivrance des cartes nationales d'identité et des passeports aux populations autochtones dans les services de l'administration relevant du ministère de l'intérieur et de la décentralisation. Aux termes des dispositions de l'article 7 du décret, la surveillance des registres d'état civil dans les localités abritant les populations autochtones est assurée par l'autorité judiciaire compétente, aux fins de vérification des déclarations de naissance. Enfin, l'article 12 du décret précité dispose que, dans tous les cas où le décès d'un autochtone ne peut être établi conformément aux dispositions du code de la famille relatives aux actes de décès, il est constaté suivant les rites culturels autochtones.

b). Le droit à la vie et l'intégrité physique et morale.

Les peuples autochtones ont, collectivement ou individuellement, droit à la vie et au respect de leur intégrité physique et morale. Ainsi donc l'article 7 de la loi interdit que les actes de torture, de traitements cruels, inhumains et dégradants leur soient infligés. Ces actes sont pénalement sanctionnés conformément aux dispositions du code pénal relatives aux crimes et délits contre les personnes, à l'exclusion de la peine de mort[830]. La loi interdit et sanctionne dans son article 9 la traite et l'exploitation sexuelle des enfants et femmes autochtones, conformément aux articles 334 et 335 du code pénal.

c). L'accès à la justice et au droit.

L'accès à la justice et au droit est également garanti aux autochtones, ils ont également le droit de régler les litiges internes selon leurs propres coutumes et dans le respect de la loi (article 10 et 11 de la loi de 2011).

d). Les coutumes, les institutions traditionnelles et le patrimoine culturel.

La reconnaissance, la promotion et la protection des droits des autochtones exigent également que soient garanties leurs coutumes et institutions traditionnelles, en ce qu'elles sont conformes aux droits fondamentaux définis dans la constitution et dans les instruments juridiques internationaux pertinents.

---

[830] Cf. articles 295 et suivants du code pénal.

Cette réserve de conformité à la constitution et aux textes internationaux relatifs aux droits humains signifie que certaines coutumes et traditions des peuples autochtones sont à proscrire en ce qu'elles ne sont pas compatibles avec les standards ou les schémas qui ne sont pas les leurs. Le législateur se garde ici de dire quelles pratiques des populations autochtones ne sont pas compatibles avec les valeurs des autres populations. Cette imprécision traduit incontestablement la persistance d'un relent de stigmatisation (article 13 loi de 2011).

Pour autant, l'Etat se doit de protéger le savoir-faire traditionnel des autochtones, leurs patrimoines culturels, intellectuels, religieux et spirituels. Il doit veiller à la protection et préservation de leurs sites sacrés ou spirituels (articles 15 et 16 loi de 2011).

Ils ont le droit de tirer profit, économiquement, de l'exploitation et de l'utilisation de leur savoir-faire traditionnel ainsi que de leur patrimoine culturel, intellectuel, spirituel ou religieux.

Dès lors, le décret du 12 juillet 2019 (n° 2019-200) détermine les modalités de protection des biens culturels, intellectuels, religieux et spirituels des populations autochtones, ainsi que l'intégrité des sites sacrés ou spirituels leur appartenant[831].

1). L'identification des biens et sites autochtones à protéger.

L'article 2 de ce décret définit ce qu'il faut entendre par biens culturels, intellectuels, religieux et spirituels, et les sites sacrés et les sites spirituels.

D'une part, les biens culturels, intellectuels, religieux et spirituels sont constitués par toute expression, tout objet matériel et immatériel relatif à la culture des peuples autochtones ; tout support, toute manifestation de leurs sciences, techniques et cultures, jeux traditionnels, arts visuels et du spectacle, système d'écriture, tradition orale, forme de littérature et méthode, ainsi que tout objet de culte et d'invocation de la divinité des populations autochtones.

D'autre part, les sites sacrés et sites spirituels désignent, tous lieux tels que les forêts, terres, eaux, arbres ou villages abandonnés, destinés au dépôt ou à la conservation des biens mentionnés au paragraphe précédent du décret, ou d'incantation, d'invocation, de vénération, d'initiation, de culte de manifestation traditionnelle des populations autochtones. En font également partie, tous endroits de souvenir collectif ou individuel tels que les cimetières et tombes, les temples et les sanctuaires.

[831] Décret n° 2019-200 du 12 juillet 2019, déterminant les modalités de protection des biens culturels, des sites sacrés et des sites spirituels des populations autochtones. JO, n°31-2019, p.782.

2). Le droit à la protection des sites sacrés et sites culturels.

Elles sont définies par les dispositions des articles 3 à 9 du décret du 12 juillet 2019 (n° 2019-200), qui reconnaissent aux populations autochtones le droit à la préservation et à la protection de leurs sites sacrés et de leurs sites spirituels afin d'y exercer librement leurs rites sans subir des contraintes extérieures. Ce droit s'exerce dans le respect des lois et règlements en vigueur.

Ce droit impose des obligations à l'Etat, aux entreprises et toutes autres personnes dans le cadre de leurs activités et opérations qui sont susceptibles d'affecter ou de nuire aux sites sacrés et sites spirituels des populations autochtones.

- Concernant l'Etat.

Il incombe à l'Etat de reconnaitre et de protéger les sites sacrés et les sites spirituels des populations autochtones lors de la réalisation des travaux d'aménagement, d'exploitation des ressources ou de construction d'ouvrages tels que forages, routes, barrages, ponts, activités agricoles, pose de câbles électriques, de fibres optiques ou de pipelines.

Il doit tenir compte de la valeur intrinsèque des biens, des sites sacrés et des sites spirituels des populations autochtones lors de la création de parcs nationaux, des aires protégées, de zones économiques et de sites touristiques. Il en est de même des activités de protection de l'environnement, d'exploitation ou de valorisation des écosystèmes forestiers, qui doivent être réalisées dans le respect du droit des populations autochtones d'exercer leurs rites, leurs coutumes et d'entrer dans leurs sites sacrés et leurs sites spirituels.

- Concernant les entreprises.

Aux termes des dispositions de l'article 7 du décret n° 2019-200 du 12 juillet 2019, précité, les entreprises publiques ou privées doivent, lorsqu'elles ont obtenu le consentement, en informer au préalable les peuples autochtones, de réaliser avec la participation de ceux-ci, une cartographie des sites sacrés et des sites spirituels qui fait partie intégrante de tout accord de mise en œuvre des mesures législatives ou administratives, programmes et/ou projets de développement pouvant affecter leur vie.

Les sites sacrés et les sites spirituels des populations autochtones spoliés font l'objet des mesures de restitution ou de réparation par les autorités compétentes.

- Les sanctions et réparations du préjudice subi.

D'une part, aux termes de l'article 8 du décret, les sites sacrés et les sites spirituels des populations autochtones ne doivent subir aucune pollution ni constituer des lieux de dépôt, de stockage ou de décharge des déchets de toute nature. D'autre part, toute personne qui occasionne aux populations autochtones un préjudice, par l'assimilation ou l'intégration forcée, la dégradation du milieu naturel abritant leurs biens culturels, religieux et spirituels ou leurs sites sacrés, est passible des sanctions conformément à la loi n° 5-2011 du 25 février 2011, dont l'article 14 punit d'une peine d'un an à vingt ans d'emprisonnement et d'une amende t de cinq cent mille à cinq millions de francs CFA.

e). L'interdiction de l'assimilation forcée.

Les peuples ou populations autochtones ont le droit de s'insérer dans une communauté autre que la leur, dans le respect de leur identique. Aussi, la loi interdit et punit, comme nous venons de le voir dans son article 14, toute forme d'assimilation ou d'intégration forcée des populations autochtones[832]. Car, une telle assimilation ou intégration présente l'inconvénient d'effacer ou de détruire leur identité.

f). Les libertés garanties et reconnues aux peuples autochtones.

Les populations autochtones, prises collectivement ou individuellement, ne doivent subir aucune restriction quant à leurs libertés de circulation, d'expression, d'association, de conscience, de culture et de religion[833].

II). S'agissant des droits politiques.

Dans la mesure où la loi leur reconnait les mêmes droits que tous les citoyens, les populations autochtones peuvent jouir des droits politiques ; du droit d'administrer elles-mêmes leurs affaires intérieures ; d'administrer, dans le cadre de loi, leurs villages ; de participer activement à la désignation de leurs représentants dans les institutions les concernant ; de donner leur avis directement ou à travers leurs institutions représentatives sur toutes les questions qui les concernent. Ils ont au même titre que tous citoyens congolais, le droit de participer au processus démocratique entant qu'électeurs ou candidats, dès lorsqu'ils sont inscrits sur les listes

---

[832] Cette interdiction est conforme à l'article 8 de la déclaration des Nations-Unies du 13 septembre 2007.
[833] Cf. article 8 de la loi du 25 février 2011.

électorales. Ils peuvent adhérer à un parti ou groupement de partis politiques, en créer dans les conditions prévues par la loi.

B). Concernant le droit à l'éducation, à la santé et au travail.

L'éducation et la santé sont des problèmes cruciaux de ces populations extrêmement vulnérables et marginalisées.

I). Le droit à l'éducation.

L'éducation est la base de tout, c'est un facteur de l'épanouissement et de l'émancipation d'un individu. Le droit à l'éducation des peuples autochtones est régi par les articles 17 à 21 de la loi du 25 février 2011. La loi prévoit l'accès, sans discrimination des enfants autochtones à tous les niveaux et à toutes les formes de l'enseignement du système éducatif. Elle interdit et sanctionne les enseignements, informations stigmatisant ou portant atteinte à l'identité culturelle, aux traditions, à l'histoire et aux aspirations des populations autochtones.

L'Etat se doit de mettre en œuvre des programmes d'éducation et des structures appropriées, correspondant à leurs besoins et à leur mode de vie. Sur ce point, il est significatif de saluer l'expérimentation du système des écoles ORA (observer, réfléchir, agir) mis en place dans leur environnement avec des intervenants déjà formés et issus de leurs milieux, où après quelques années d'apprentissage, ils ont vocation à intégrer le système scolaire de droit commun[834].

L'Etat se doit aussi de mettre en place un système d'alphabétisation des adultes autochtones adaptés à leur culture et à leurs langues. La prise en charge financière des enfants autochtones à tous les niveaux du système éducatif participe également de la préoccupation de favoriser leur insertion et leur épanouissement[835]. Le décret du 12 juillet 2019 (n° 2019-204) fixe les mesures spéciales destinées à faciliter l'accès des enfants autochtones à l'éducation et des adultes à l'alphabétisation[836].

---

[834] On se reportera à Monsieur A.C. MAKOSSO qui en parle à juste titre et en qualité de ministre de l'enseignement primaire, secondaire et de l'alphabétisation, dans son ouvrage, *« le régime consensualiste dans la constitution congolaise du 25 octobre 2015 »*, op.cit. pp 145-146.

[835] Tout ce dispositif est conforme aux dispositions de l'article 14 de la déclaration des nations-unies du 13 septembre 2007.

[836] Décret n° 2019-204 portant mesures spéciales facilitant l'accès des enfants autochtones à l'éducation et des adultes à l'alphabétisation, JO, n°31-2019 du 1er août 2019, p. 789.

a). Sur le droit à l'éducation des enfants autochtones.

L'Etat prescrit une obligation de scolariser les enfants autochtones. Il prescrit également des mesures et définit les conditions favorisant la scolarisation de ces enfants.

- *Le droit à la scolarisation et les sanctions.*

Comme prévoit l'article 2 du décret du 12 juillet 2019 (n° 2019-204), les enfants autochtones bénéficient d'un droit à la scolarisation et d'accès à tous les niveaux de l'éducation et à toutes les formes d'enseignement relevant du système éducatif national, y compris l'éducation non formelle.

Ce droit d'accès à la scolarité et l'éducation ne peut pas être restreint ni conditionné par l'exigence d'un acte de naissance pour l'inscription d'un enfant autochtone dans un établissement scolaire. Les enfants et les parents autochtones ne peuvent, dans l'exercice de ce doit, souffrir d'aucune discrimination fondée sur l'appartenance ethnique ni sur des considérations de l'âge, ni sur l'état d'un handicap physique ou psychomoteur, ni sur les conditions de vie.

La violation du droit d'accès sans condition ni restrictions des enfants autochtones à la scolarité est sanctionnée. Le décret du 12 juillet 2019 (n° 2019-204) reconnait aux parents de ces enfants dont l'accès à l'éducation a été refusé, la possibilité de saisir l'inspection de l'enseignement compétent, qui est tenu d'adresser un rapport à la hiérarchie dans les plus brefs délais. Le procureur de la République du lieu de l'établissement où l'accès de l'enfant autochtone à l'éducation a été refusé peut être saisi d'un tel fait et faire citer le chef d'établissement concerné à l'effet de recueillir des motivations de son refus discriminatoire. L'article 6 du décret prescrit dans son dernier alinéa qu'il sera, en tout état de cause, fait une interprétation des motifs allégués favorablement à l'enfant autochtone victime de refus discriminatoire.

En toute hypothèse, même si le décret ne le prescrit pas, la dénonciation du refus d'admettre les enfants autochtones dans les établissements d'enseignement scolaire ne devrait pas concerner que leurs parents et le parquet. Pour être efficace, il est de la responsabilité du tout citoyen, des associations des parents d'élèves, des organismes qui œuvrent en leur faveur, de toutes autorités (chefs de villages ou de quartiers) de s'en prévaloir.

Etant précisé que, tout refus d'accès d'un enfant autochtone à l'éducation de base fondé sur des motifs discriminatoires et fantaisistes est passible d'une peine d'emprisonnement allant de six mois à cinq ans d'emprisonnement ferme et d'une amende allant de cinquante mille à un million de francs CFA, conformément à l'article 18 alinéa 2 de la loi n° 5-

2011 du 25 février 2011 portant promotion et protection des droits des populations autochtones.

b). Les actions en faveur de la scolarisation des enfants autochtones.

D'une part, l'article 8 du décret prévoit que, les acteurs du secteur éducatif peuvent régulièrement organiser des campagnes d'information, d'éducation et de communication en milieu autochtone afin d'encourager les parents des enfants autochtones à les inscrire à l'école.

L'Etat et les partenaires impliqués dans la problématique de l'éducation des enfants autochtones devraient s'engager à leur offrir un enseignement primaire complet et de qualité.

L'Etat a une responsabilité de premier plan. Il doit s'engager, en tant que de besoin, à améliorer la législation scolaire par l'adoption des textes de portée spécifique aux populations autochtones visant le relèvement des limites d'âge pour l'accès à l'éducation de base, à la bourse et aux œuvres universitaires telles que fixées par la loi n° 25-95 du 17 novembre 1995 modifiant la loi scolaire n° 008-90 du 6 novembre 1990 portant réorganisation du système éducatif en République du Congo[837].

Il se doit d'adopter les mesures d'incitation scolaire, telles que le recrutement des élèves au-delà de l'âge de six ans ; l'ouverture des cantines scolaires ; l'octroi de la bourse aux élèves et aux étudiants autochtones.

Pour améliorer l'offre éducative en faveur des enfants autochtones, l'article 12 du décret prévoit que l'Etat devra développer avec la participation des organisations de la société civile et l'implication des confessions religieuses et des services de radios locales, au cours de l'année scolaire et à la veille de la rentrée des classes, des campagnes d'inscription de nouveaux élèves au sein des communautés autochtones. L'organisation des cérémonies d'émulation destinées à distinguer les meilleurs élèves autochtones et la mise en place d'un système de pensionnat fonctionnant selon le modèle des cantines scolaires ou de l'internat pour réduire les entraves à la scolarité des enfants autochtones, vont également dans le bon sens.

Vont aussi dans le bon sens, l'action de l'Etat visant à renforcer la scolarisation des enfants autochtones à travers l'information et la sensibilisation axées sur l'amélioration des conditions de vie, les droits de l'homme, la paix, la démocratie, le droit de l'enfant à l'éducation, l'environnement et le développement de la localité ; la célébration, dans la localité, des événements axés sur les droits de l'homme en général et les droits des populations autochtones en particulier ; la mise en place des systèmes d'information collective à travers les radios clubs et les centres de

---

[837] Cf. article 10 du décret du 12 juillet 2019 (n°2019-204).

lecture publics, comme le prévoit l'article 15 du décret précité du 12 juillet 2019 (n° 2019-204).

Il en est de même d'une politique publique de soutien à la scolarisation des enfants autochtones que l'Etat doit, en vertu des dispositions de l'article 16 du décret, mener à travers la gratuité des outils d'écoliers distribués en kits au début de l'année scolaire et renforcés en cours d'année au fur et à mesure de leur épuisement, de leur dépréciation ou de leur perte. Cette gratuité devrait aussi concerner les uniformes scolaires et le matériel didactique collectif et individuel ; le financement de la conception et de la mise en œuvre dans les communautés, des programmes d'information et d'éducation pour le changement des normes sociales ; l'appui aux organisations de la société civile nationale, autochtone et locale engagées dans les activités d'éducation au profit des enfants autochtones ; l'intégration, dans la carte scolaire, des structures d'éducation communautaire non formelle recevant les enfants autochtones.

c). La construction des écoles de proximité dans les villages autochtones.

Il s'agit ici, comme le prévoit l'article 14 du précité du 12 juillet 2019 (n° 2019-204), d'une priorité que l'Etat doit accorder à la construction des écoles d'enseignement de proximité dans les villages à forte concentration humaine, dépourvus de structures scolaires. Mais, la création de ces écoles de proximité doit tenir compte du taux d'inclusion des enfants non autochtones présents dans les villages, les campements et ses environs de manière à encourager le vivre ensemble.

d). L'alphabétisation des adultes autochtones.

L'autre aspect du volet éducatif des mesures en faveur des populations autochtones concerne l'alphabétisation des adultes. Aux termes des dispositions des articles 17 et suivants du décret, l'Etat et les partenaires actifs œuvrant dans le secteur de l'éducation doivent mettre en place des stratégies et des programmes adaptés à l'alphabétisation des adultes autochtones. Cela, de telle sorte que tout adulte autochtone, quels que soient son âge, son ethnie, sa philosophie et ses croyances, soit autorisé à s'inscrire gratuitement dans les centres d'alphabétisation existants ou en création dans l'ensemble du pays. Cependant, des centres spécifiques d'alphabétisation pourront être créés pour satisfaire et couvrir l'offre de l'éducation non formelle en faveur des adultes autochtones. Cela, en raison de la spécificité géographique et des exigences culturelles des peuples autochtones. Les inscriptions aux centres d'alphabétisation pour les adultes autochtones obéissent aux prescriptions des articles 2, 3, 4 et 5 du décret précité. Il revient à la direction générale de l'alphabétisation et de l'éducation non formelle d'accompagner, pour le compte du ministère en charge de l'alphabétisation, les adultes autochtones dans toutes les démarches relatives à leur alphabétisation. Un fichier national et un répertoire des centres, des personnels et des apprenants qui ont accès à ces centres devraient être tenus.

e). La formation et l'encadrement des formateurs.

Le décret du 12 juillet 2019 (n° 204) prévoit dans son article 22 que l'Etat doit assurer la formation permanente des enseignants exerçant dans les écoles et les centres d'alphabétisation ouverts en milieu autochtone. A ce titre, il est demandé aux inspecteurs de l'enseignement et aux conseillers techniques d'alphabétisation d'élaborer les plans de formation et de conduire les animations pédagogiques et les séminaires nécessaires. La formation des formateurs doit principalement porter sur les domaines psychologique, sociologique et pédagogique avant la prise de fonctions dans les écoles et pendant l'exécution de leur mission.

- *L'intérêt de la formation des formateurs.*

Le but recherché est de permettre aux enseignants d'être en capacité de s'adapter et d'adapter leur savoir-faire au public et aux attentes des populations autochtones. D'ailleurs, l'article 24 du décret précise que la formation des formateurs devrait, au regard de leurs contenus pédagogiques, permettre aux enseignants d'améliorer leurs capacités d'identifier et d'analyser les situations et les problèmes ; de détecter les besoins éducatifs des enfants ; de développer la création centrée sur les apprenants et leur environnement ; d'adapter les contenus des apprentissages aux besoins des apprenants et à leur environnement. Les supports de formation doivent être conçus et mis à la disposition des apprenants.

Pour ce faire, L'Etat devrait, aux termes des dispositions de l'article 23 du décret, favoriser la formation et le recrutement des enseignants autochtones dans la fonction publique et la mise à disposition des écoles ouvertes en milieu autochtone d'un personnel enseignant en nombre suffisant.

- *Les plans et les modules de formation.*

Il est prévu que les plans de formation doivent inclure les questions de droits de l'homme, les méthodes pédagogiques, le travail en équipe, le procédé de suivi par évaluation des acquis, l'action en milieu communautaire et les approches de partenariat.

La conception et l'élaboration des modules de la formation initiale ou de la formation continue devraient nécessiter l'implication des enseignants exerçant dans les écoles et centres d'alphabétisation qui accueillent les élèves et adultes autochtones, ainsi que des conseillers pédagogiques et techniques, des spécialistes tels que les psychologues, les sociologues, les psychopédagogues et les assistants sociaux.

Par ailleurs, aux termes des dispositions de l'article 27 du décret précité, l'Etat assure la prise en compte des populations autochtones dans les programmes scolaires. A cet effet, il conçoit, à l'endroit des inspecteurs, de nouvelles normes de gestion. L'avant-dernier alinéa de cet article prescrit aux inspecteurs de produire des informations relatives à la scolarité des enfants autochtones et d'assurer un encadrement approprié aux enseignants. Concernant les visites de classes par les inspecteurs, il est exigé qu'elles doivent être organisées le plus régulièrement possible afin de permettre la collecte d'informations fiables sur la scolarité des enfants autochtones.

Pour ce faire, comme le prévoit l'article 31 du décret, l'Etat s'emploie à améliorer les programmes scolaires prévus à l'article 27 dudit décret par l'inclusion des modes d'apprentissage, des technologies et des connaissances des populations autochtones, notamment dans les domaines de la médecine traditionnelle et de la protection de l'écosystème.

Les textes de lecture à étudier dans les écoles doivent encourager l'enseignement de la connaissance des populations autochtones, notamment en tant qu'êtres humains jouissant de mêmes droits et la lutte contre la discrimination et la stigmatisation.

f). Les programmes et le rythme scolaire.

La matière est régie par les dispositions des articles 28 et suivants du décret précité du 12 juillet 2019 (n° 2019-204).

- *Concernant l'élaboration des programmes et le rythme scolaire.*

Il est prescrit d'impliquer, autant que possible, d'associer les adultes autochtones à l'élaboration des programmes d'enseignement, du calendrier scolaire et des vacances applicables aux écoles accueillant les enfants autochtones. Cette participation permet de tenir compte du mode de vie, des activités de subsistance et surtout des périodes des migrations des familles autochtones.

En dehors des activités visées à l'article 22 alinéa 3 décret précité, les inspecteurs doivent organiser des espaces de réflexion, avec les enseignants et spécialistes concernés, sur les questions liées à la scolarité des enfants autochtones pour enrichir la banque des données utiles à l'organisation des campagnes d'inscription des élèves.

- *Les stratégies à mettre en place en faveur des adultes autochtones.*

L'article 29 du décret dispose que l'Etat et les partenaires actifs œuvrant dans le secteur de l'éducation doivent mettre en place des stratégies et des programmes adaptés à l'alphabétisation des adultes autochtones, par l'intégration de la dimension environnementale et sociale.

Ces programmes doivent prendre en compte des actions d'alphabétisation fonctionnelle. Les activités de suivi-évaluation doivent être régulièrement réalisées pour aboutir aux actions de remédiation.

Dès lors, la conception et l'écriture des programmes scolaires doivent intégrer les réalités locales en mettant l'accent sur l'histoire et la géographie locales. L'organisation des activités éducatives non formelles doit viser l'amélioration de la perception des cultures autochtones et bantoues par tous les élèves dans le cadre du partage d'expérience.

- *Des nouvelles normes de fonctionnement.*

L'article 30 du décret prévoit l'élaboration de nouvelles normes de fonctionnement des écoles accueillant les enfants autochtones, qui doit tenir compte de la vocation de l'école à être une communauté vivante de développement des activités sociales, intellectuelles, culturelles, physiques et sportives des apprenants ; à devenir aussi un espace d'éducation au civisme et de la compréhension mutuelle ; à être un centre de développement de la solidarité ; tout comme un foyer de développement des mouvements de jeunesse.

Autres obligations de l'Etat, il doit, aux termes des dispositions de l'article 33 du décret précité, garantir la disponibilité du matériel didactique. Les enseignants sont chargés d'en contrôler l'utilisation. Il doit, aux termes des dispositions de l'article 34 du même décret, assurer aux enfants autochtones, une éducation non formelle complémentaire aux activités scolaires, dans la mesure de leur adéquation avec le programme d'enseignement. Ces activités peuvent, selon le cas, consister en la projection des films éducatifs à l'école ou au village ; à l'organisation des festivals scolaires ; à la conception et la rédaction des affiches axées sur les droits de l'homme et le travail scolaire ; à l'organisation des colonies de vacances, des classes promenades ou du travail productif.

II). Le droit à la santé.

Il est régi par les articles 22 à 25 de la loi. L'accès, sans discrimination, des populations autochtones à tous les services de santé et institutions médico-sociales est garanti. Cependant, l'Etat promeut la création des centres de santé communautaire adaptés à leurs besoins et à leur environnement, avec la participation du personnel issu de leurs rangs. L'Etat a l'obligation de protéger la pharmacopée des populations autochtones.

Il est aussi significatif de souligner sur ce point le cadre de la planification en faveur des populations autochtones (CPPA), initié par le ministère de la santé et de la population au titre du programme des services de santé (PDSS-II), en octobre 2013[838].

Le décret du 12 juillet 2019 (n° 2019-202) fixe les mesures spéciales visant à faciliter l'accès des populations autochtones aux services sociaux et de santé et à protéger leur pharmacopée. [839]

De façon générale, il est demandé aux personnels de santé et des affaires sociales de garantir aux populations autochtones, le respect de la vie dû à la personne humaine ; le droit à un meilleur état possible de santé physique et mentale ; l'assistance et les soins nécessaires en vue d'assurer la pleine jouissance de ce droit ; le secours en cas de danger, d'accident ou d'abandon de toute personne en détresse.

- *Sur les mesures spéciales d'accès aux services sociaux et de santé.*

L'Etat doit renforce la sensibilisation, l'éducation, l'information et le conseil aux populations autochtones sur les questions de santé, de risque de malnutrition, d'éducation à l'hygiène et à l'assainissement, ainsi que la nécessité de l'utilisation des services de santé de la reproduction. Cela, sans préjudice de la garantie d'accès aux soins de santé primaires assurée à tous les citoyens. Dans cette optique, l'article 4 du décret dispose que la sensibilisation envisagée en vue d'améliorer le niveau de prévention des populations autochtones en matière de santé et d'hygiène devrait porter sur les questions relatives à la santé de la reproduction, aux infections au VIH/SIDA et autres infections sexuellement transmissibles ; à la couverture vaccinale et aux épidémies récurrentes telles que la tuberculose, la lèpre, le pian, la rougeole, la rubéole et les maladies à contamination par gêne ; au danger inhérent aux substances addictives.

Il est demandé aux centres de santé primaire et d'éducation prénatale et néo-natale, du secteur public et du secteur privé, présents sur toute l'étendue du territoire, d'offrir leurs services aux populations autochtones. Cela, sans discrimination fondée sur l'appartenance au groupe autochtone.

L'article 6 du décret prescrit la gratuité et l'anonymat des tests volontaires de dépistage du VIH ou de toute autre maladie infectieuse. Ces tests devraient avoir lieu dans un laboratoire public qui remplit les conditions d'exercice fixées par la réglementation en vigueur. Ils peuvent aussi être effectués dans le cadre des campagnes ambulatoires de dépistage organisées

---

[838] *« Cadre de planification en faveur des populations autochtones », hivhealthclearinghouse.unesco.org/.*

[839] Décret n° 2019-202 fixant les mesures spéciales visant à faciliter l'accès des populations autochtones aux services sociaux et de santé et à protéger leur pharmacopée. JO, n°31-2019 du 1er août 2019, p.785.

par les services compétents de santé publique dans les communautés autochtones.

- *Concernant la pharmacopée des populations autochtones.*

Dans le cadre des mesures préconisées, l'Etat autorise le recours de tout malade à la médecine traditionnelle des populations autochtones et à la consommation des produits relevant de leur pharmacopée. Ainsi donc, pour faciliter l'accès à la médecine traditionnelle et à la pharmacopée des populations autochtones visées à l'article précédent, l'Etat se doit de créer des centres de santé et des services sociaux communautaires dans les localités dépourvues d'infrastructures sanitaires appropriées en tenant compte de la forte concentration démographique des populations autochtones ; de créer un centre d'analyse et d'expérimentation des médicaments relevant de la pharmacopée ; de délivrer à la demande de toute personne autochtone compétente et assermentée par les services du ministère de la santé compétents, l'autorisation d'ouvrir et de tenir un centre de consultation et de traitement des maladies sur la base des pratiques médicinales adaptées à la culture des populations autochtones ; ainsi que d'ouvrir et d'exploiter à titre lucratif une officine de la pharmacopée des populations autochtones en milieu urbain.

Cependant, aux termes des dispositions de l'article 9 du décret du 12 juillet 2019 (n° 2019-202), l'ouverture d'un centre de consultation et de traitement ainsi que d'une officine de la pharmacopée des populations autochtones est autorisée par les autorités compétentes du ministère en charge de la santé. Il est prévu que ces officines peuvent avoir lieu dans l'enceinte du domaine public affecté au secteur de la santé ou des affaires sociales. L'installation du centre ou d'une officine de la pharmacopée des populations autochtones peut se faire dans le cadre de la mise à disposition soit d'un local approprié et équipé de matériels techniques, soit d'une portion du domaine public en vue de la construction d'une telle structure.

Il est significatif de souligner qu'aux termes des dispositions de l'article 10 du décret précité, l'autorisation d'ouverture d'un centre de consultation et de traitement ou d'une officine de la pharmacopée des populations autochtones, tout comme l'occupation du domaine public aux mêmes fins sont gratuites. Par ailleurs, l'Etat prend en charge sur son budget, les coûts d'acquisition des matériels et d'équipements techniques utiles à la bonne tenue des lieux de travail, au respect de l'hygiène sanitaire et à la pratique de la médecine traditionnelle des populations autochtones.

- *Sur la gratuité des soins de santé.*

L'Etat organise une sorte de discrimination positive en faveur des populations autochtones en matière d'accès aux soins dans les centres ou les officines susvisés. En effet, aux termes des dispositions de l'article 11 du décret, tout soin de santé ou prestation sociale administrée aux populations autochtones démunies est gratuit. La gratuité de soins offerts aux populations autochtones concerne aussi, les actes de médecine, médicaments et temps effectif d'hospitalisation normalement facturable dans le cadre de l'offre de soins de santé. Cependant, la gratuité ne s'applique pas aux malades non autochtones.

Dans le cadre du contrôle financier des centres et officines dédiés à la médicine traditionnelle des populations autochtones, le responsable d'un centre de santé ou de service social accueillant une personne autochtone malade démunie, dresse un état chiffré des actes de son intervention, qu'il transmet sans délai à l'autorité sanitaire compétente qui procédera ainsi qu'il est prescrit par la loi organique n° 36-2017 du 3 octobre 2017 relative aux lois de finances. L'article 12 dernier alinéa du décret précise qu'il est tenu compte, pour le contrôle financier de la dépense, de la description des maux déclarés, des actes de médecine exercés et de l'indication précise des quantités, des coûts unitaires des médicaments et ingrédients effectivement utilisés.

Enfin, l'article 14 du décret dispose que l'Etat devrait accorder la priorité au recrutement des agents de santé et des affaires sociales issus des populations autochtones, en raison de leurs compétences techniques en matière d'offre de santé.

C). Concernant le droit à la propriété.

Le droit des populations autochtones à la propriété est consacré par les dispositions des articles 31 à 42 de la loi du 25 février 2011. Ce droit est largement entendu, dans la mesure où, aux termes des dispositions de l'article 31 de la loi, il s'agit d'un droit collectif et individuel qui comprend non seulement la propriété, mais aussi la possession, l'accès et l'utilisation des terres et les ressources naturelles qu'ils occupent ou utilisent traditionnellement pour leur subsistance, la pharmacopée et leur travail (article 31 de la loi).

Pour protéger leur droit de propriété foncière, l'Etat se doit de procéder à la délimitation de leurs terres en se fondant sur leur droit foncier coutumier. En l'absence de titre foncier, ils bénéficient d'une présomption de propriété sur la base de leurs droits fonciers coutumiers préexistants.

L'Etat reconnait le caractère imprescriptible et inaliénable de leurs terres, sauf en cas d'expropriation pour cause d'utilité publique nécessitant une juste et préalable indemnisation. Il est interdit de les déplacer des terres qu'ils occupent ou qu'ils utilisent traditionnellement. Sauf en cas d'utilité publique. Une étude d'impact préalable est nécessaire en cas d'exploitation, d'exploration et de conservations de terres qu'ils occupent ou utilisent. Ils doivent en tirer bénéfice…

D). Concernant le droit au travail.

Les populations autochtones ont, comme tout citoyen congolais, droit au travail.

Comme tout citoyen, les autochtones jouissent des mêmes droits relatifs au travail et à la sécurité sociale. Leur situation d'extrême vulnérabilité exige de la part de l'Etat de prendre des mesures spécifiques pour qu'ils puissent en jouir effectivement et pour sanctionner et lutter contre toute forme de discriminations dont ils seraient l'objet aussi bien dans l'accès à l'emploi, les conditions de travail, la formation professionnelle, la rémunération et la sécurité sociale. La loi interdit et sanctionne toute forme de servitude, de contrainte, de travaux forcés, d'esclavage à l'encontre des peuples autochtones (article 26 à 30 de la loi de 2011).

E). La démocratie participative et le développement économique et social.

Elle prend la forme d'une obligation de consulter ou d'associer les populations autochtones préalablement à la mise en œuvre de toute initiative, toute mesure, tout projet ou programme les concernant.

1). L'obligation de consultation préalable des populations autochtones.

Aux termes des dispositions de l'article 3 de la loi précitée du 25 février 2011 (n° 5-2011), l'Etat congolais doit s'assurer que les populations autochtones sont consultées d'une manière convenable. Il doit mettre en place des mécanismes culturellement appropriés pour ces consultations avant toute considération, formulation ou mise en œuvre des mesures législatives ou administratives, ou des programmes et/ou projets de développement susceptibles de les affecter directement ou indirectement.

Le décret du 12 juillet 2019 (n° 2019-201) fixe, en application des dispositions de l'article 3 de la loi n° 5-2011 du 25 février 2011, les procédures de consultation et de participation des populations autochtones à la formulation, à la mise en œuvre, au suivi et à l'évaluation des mesures législatives et administratives, ainsi qu'à l'élaboration des programmes et projets de développement pouvant les affecter directement ou indirectement.[840]

L'article 2 du décret dispose que, les populations autochtones doivent être consultées chaque fois que l'Etat ou toute personne de droit privé envisage de mettre en place ou d'exécuter des mesures ou des programmes et/ou des projets de développement économique ou industriel sur une partie du territoire national habitée par eux.

Cette obligation a lieu dans deux situations.

D'une part, comme le prévoit l'article 2 alinéa 2 du décret du 12 juillet 2019 (n° 2019-201), lorsque la mesure, le programme ou le projet planifié est de nature à restreindre la jouissance par les populations autochtones de leurs droits, soit du fait d'un déplacement forcé, soit par des restrictions d'accès à leurs terres et à leurs ressources, soit pour cause de menace éventuelle sur leur environnement ou sur leur bien-être social.

D'autre part, ainsi que le prévoit l'article 3 dudit décret, dans tous les projets de développement, notamment les projets d'aménagement du territoire et d'exploitation des ressources naturelles ayant un impact sur les communautés autochtones et locales ainsi que sur leurs savoir-faire traditionnels. Il en est ainsi, des politiques d'attribution des terres d'usage communautaire, à l'échelle nationale, régionale et locale ; de l'extraction des ressources forestières, minières, pétrolières et pharmaceutiques ; de la construction d'ouvrages, notamment les barrages, les routes, les systèmes d'irrigation et de toute infrastructure linéaire ; des plantations à grande échelle ; de la conservation et la création de réserves naturelles et de parcs ; du développement de l'écotourisme ; de la constitution des réserves foncières de l'Etat.

Du point de vue de sa portée, l'article 4 du décret prévoit que la consultation et l'implication des populations autochtones dans l'élaboration, la mise en œuvre, le suivi et l'évaluation des mesures, des programmes et/ou des projets susceptibles de les affecter sont de rigueur dans toutes les localités, y compris les moins peuplées.

2). Les modalités de consultation préalable des populations autochtones.

La consultation préalable des populations autochtones sur les décisions ou projets les concernant ou qui impactent leurs intérêts s'impose. Elle est très structurée et bien encadrée.

[840] Décret n° 2019-201 du 12 juillet 2019, fixant les procédures de consultation et de participation des populations autochtones aux projets et programmes de développement socio-économique. JO, n°31-2019, du 1er août 2019, p.783.

- L'initiative et ouverture de la consultation des populations autochtones.

Aux termes des dispositions combinées des articles 5 et 11 du décret, la décision d'ouverture de la consultation des populations autochtones est prise par le ministre chargé des droits de l'homme à la demande des entreprises, des administrations, des organismes ou toutes entités dont les activités peuvent avoir un impact sur les droits des populations autochtones. La décision d'ouverture de la consultation est notifiée aux populations autochtones concernées et au promoteur du programme ou du projet susceptible d'affecter la qualité de vie des populations autochtones. La durée de la consultation ne peut excéder trois (3) mois.

- La Commission de consultation des populations autochtones.

Comme le prévoit l'article 6 du décret précité, la consultation en vue d'un consentement libre et préalable des populations autochtones est menée par une commission de consultation mise en place par le ministre chargé des droits humains. Cette Commission comprenant, un représentant du ministère en charge des droits humains ; un représentant du ministère en charge de l'environnement ; un représentant du ministère en charge des affaires foncières ; un représentant du ministère en charge de la question objet de la consultation ; un représentant du promoteur du projet, objet de la consultation ; un représentant de l'administration locale ; un élu local ; un représentant de la société civile œuvrant dans le domaine des droits des populations autochtones.

- Le cadre de la consultation et les conditions de validité.

Il est prescrit que ces consultations avec les populations autochtones doivent être menées à travers les institutions représentatives des populations concernées ou par l'intermédiaire des représentants qu'elles ont elles-mêmes choisis. Il peut s'agir des communautés, des organisations ou des associations.

Ces structures constituent naturellement une interface entre les populations autochtones et la Commission de consultations. Elles doivent être menées selon les procédures appropriées, en tenant compte de leurs modes de prise de décisions ; en assurant la participation des femmes et des hommes autochtones ; dans une langue qui est comprise par les populations concernées ; en s'assurant que toutes les informations pertinentes sur les mesures proposées sont fournies aux populations concernées, dans les termes qu'elles comprennent ; de bonne foi, sans pression ni menace en vue d'obtenir le consentement préalable, libre et éclairé. Toujours du point de vue de la validité, la consultation doit prendre en compte les modes de prise de décision des populations autochtones concernées ; la représentation en considérant les aspects du genre et de classes d'âge ; la nature de l'information fournie aux populations autochtones ; la nécessité d'élaborer des procédés de communication susceptibles de garantir la même compréhension du message par tous ; la nécessité de faire usage du théâtre ou d'autres traditions locales en lieu et place des documents écrits pour s'assurer de la compréhension des informations relatives à l'impact des mesures, des programmes ou projets visés à l'article premier du présent décret ; la vérification de la bonne compréhension des informations fournies avant toute demande de consentement ; la disponibilité des documents écrits, consultables par tout membre de la communauté qui souhaiterait en prendre connaissance.

- *Les objectifs de la consultation des populations autochtones.*

Le but recherché à travers la consultation préalable obligation des populations autochtones est, d'une part, de trouver des solutions adéquates dans un contexte de respect mutuel et de pleine implication des parties prenantes. Ici, le dialogue s'inscrit dans le respect du principe du consentement libre, informé et préalable des populations autochtones et de la garantie de leur droit de décider sur leurs priorités ; d'autre part, de s'assurer que le consentement préalable favorise la participation de tous les membres de la communauté de la zone de couverture du programme et/ou du projet envisagé ; de prévenir d'éventuels conflits, d'éviter des changements coûteux et de créer des opportunités de partenariat participatif.

- *Le périmètre et le rapport de la consultation préalable des autochtones.*

D'une part, il incombe à l'Etat, à travers ses services techniques, de réaliser la cartographie des terres et des ressources d'usage des populations autochtones, afin de circonscrire le périmètre impacté par les mesures législatives et administratives ou par un projet. D'autre part, comme le précise l'article 13 du décret précité, les données de l'inventaire cartographique doivent être prises en compte dans les mesures de compensation relatives aux dommages prévus ou imprévus, engendrés sur les terres, le patrimoine et les ressources des peuples autochtones. Enfin, aux termes des dispositions de l'article 14 du même décret, la consultation, en vue d'un consentement libre, informé et préalable, donne lieu à un rapport signé par toutes les parties, y compris les représentants des populations autochtones.

3). Le droit à l'environnement.

Les populations autochtones ont droit à un environnement sain, satisfaisant et durable. La loi interdit et punit d'une peine de prison de deux à trente ans et d'une amende de cinq mille à dix millions de francs CFA, outre l'obligation de réparer le préjudice causé, toute sorte de pollution des terres occupées ou utilisées par les populations autochtones (articles 43 de la loi de 2011).

§ 4 : Les obligations des peuples autochtones.

La situation particulière des peuples ou populations autochtones ne les exonère pas de toute responsabilité ni de toutes obligations ou devoirs. Comme tous citoyens, ils sont tenus de respecter la loi et doivent répondre de leurs actes lorsqu'ils sont répréhensibles.

Ainsi donc, la loi du 25 février 2011 fixe, à travers son article 46, les limites aux droits reconnus aux peuples autochtones.

A). Le respect de la constitution en général.

L'article 46 alinéa 1er de la loi du 25 février 2011 dispose qu'aucune disposition de cette loi ne saurait être interprétée comme impliquant pour une communauté ou un individu un droit quelconque de se livrer à une activité ou d'accomplir un acte contraire à la constitution.

Donc, le respect de la constitution s'impose aux populations autochtones, comme c'est le cas à tous les citoyens congolais, nonobstant toutes les garanties qui sont proclamées pour reconnaitre, promouvoir et protéger leurs droits. Au-delà de la loi fondamentale, il s'agit du respect des lois et règlements de la République, comme le prescrit l'article 50 de la constitution, *« Tout citoyen a le devoir de se conformer à la Constitution, aux lois et règlements de la République et de s'acquitter de ses obligations envers l'Etat et la société »*[841].

B). La préservation de l'intégrité territoriale et de l'unité nationale.

Le second alinéa de l'article 46 de la loi de 2011 dispose qu'elle ne *« peut être considérée comme autorisant ou encourageant tout acte ayant pour effet de détruire ou d'amoindrir totalement ou partiellement l'intégrité territoriale ou l'unité nationale ».*

---

[841] Dispositions de la constitution du 20 janvier 2002, reprises par celle du 25 octobre 2015.

Il s'agit là également du respect de la constitution. Mais, il porte spécifiquement sur deux points qui font partie des principes fondamentaux de la République, en tant qu'ils touchent à la souveraineté de l'Etat, tels qu'ils sont énoncés dans l'article 1er de la constitution. C'est une façon d'annihiler toute velléité d'émancipation pouvant conduire à la remise en cause de l'intégrité du territoire ou de l'unité du peuple congolais. C'est en cela que le choix de terme *« populations autochtones »* nous paraît avoir été préféré par le législateur à celui de *« peuples autochtones »*.

Enfin, cette position est conforme à l'article 46 de la Déclaration des Nations unies du 13 septembre 2007, sur l'interprétation du 13ème paragraphe de son préambule et les articles 3 et 4, ainsi qu'à l'avis de la Commission africaine des droits de l'homme et des peuples, concernant les droits des peuples autochtones à l'autodétermination[842].

Chapitre 4 : Les devoirs des citoyens.

Les citoyens congolais et toutes personnes qui résident sur le territoire national n'ont pas que des droits à faire valoir ou à faire respecter. Ils ont également des devoirs ou des obligations envers la collectivité et autrui. Le respect des lois de la République et de l'ordre public s'impose à tous. Il en est ainsi de la préservation et la protection des biens et deniers publics qui garantissent une bonne gouvernance économique. La constitution du 25 octobre 2015 consacre, à l'instar de celles du 20 janvier 2002 et du 15 mars 1992, un chapitre entier aux *« devoirs des citoyens »*. L'éducation civique doit aussi avoir pour objectif d'apprendre et d'enseigner, au-delà des droits et libertés, les valeurs de la République ainsi que les devoirs de chacun envers l'Etat et la collectivité.

---

[842] *Article 3 : « Les peuples autochtones ont le droit à l'autodétermination. En vertu de ce droit, ils déterminent librement leur statut politique et assurent librement leur développement économique, social et culturel ». Article 4 « Les peuples autochtones, dans l'exercice de leur droit à l'autodétermination, ont le droit d'être autonomes et de s'administrer eux-mêmes pour tout ce qui touche à leurs affaires intérieures et locales, ainsi que de disposer des moyens de financer leurs activités autonomes ». Article 46, «* 1. *Aucune disposition de la présente Déclaration ne peut être interprétée comme impliquant pour un État, un peuple, un groupement ou un individu un droit quelconque de se livrer à une activité ou d'accomplir un acte contraire à la Charte des Nations Unies, ni considérée comme autorisant ou encourageant aucun acte ayant pour effet de détruire ou d'amoindrir, totalement ou partiellement, l'intégrité territoriale ou l'unité politique d'un État souverain et indépendant.*
2. Dans l'exercice des droits énoncés dans la présente Déclaration, les droits de l'homme et les libertés fondamentales de tous sont respectés. L'exercice des droits énoncés dans la présente Déclaration est soumis uniquement aux restrictions prévues par la loi et conformes aux obligations internationales relatives aux droits de l'homme. Toute restriction de cette nature sera non discriminatoire et strictement nécessaire à seule fin d'assurer la reconnaissance et le respect des droits et libertés d'autrui et de satisfaire aux justes exigences qui
s'imposent dans une société démocratique.3. Les dispositions énoncées dans la présente Déclaration seront interprétées conformément aux principes de justice, de démocratie, de respect des droits de l'homme, d'égalité, de non-discrimination, de bonne gouvernance et de bonne foi » ; Cf. *« Avis juridique de la Commission africaine des droits de l'homme et des peuples sur les droits des peuples autochtones », (la question de l'autodétermination et de l'intégrité territoriale) op. cit. pp.31-34.*

Section 1er : Du respect des lois de la République et des droits d'autrui.

Le respect des lois de la République implique nécessairement celui de l'ordre public et l'exécution des obligations qu'elles imposent à tout citoyen, ensuite l'exercice des droits et libertés de chacun ne saurait avoir pour effet d'empiéter sur ceux des autres.

§ 1 : Les lois de la République et la sauvegarde de l'ordre public.

Le respect des lois de la République est un devoir essentiel de tout citoyen et tous ceux qui résident sur le territoire national. Il préserve dans une certaine mesure l'ordre et la sécurité publics.

A). Les lois de la République au respect desquelles tout le monde est tenu.

Il conviendra de préciser la notion des lois de la République et le contenu des obligations qui en découlent. L'article 50 de la constitution du 25 octobre 2015, qui reprend *in extenso* l'article 50 de la constitution du 20 janvier 2002, ainsi que l'article 66 de celle du 15 mars 1992, dispose, *« Tout citoyen a le devoir de se conformer à la Constitution, aux Lois et Règlements de la République et de s'acquitter de ses obligations envers l'Etat et la société »*.

La notion des lois de la République est ici entendue dans son acception la plus large, au sens des normes édictées dans un Etat. Elle concerne dans la hiérarchie des normes la constitution, les lois et les règlements. Cependant, l'énumération de l'article 50 de la constitution du 25 octobre 2015, prise dans sa première branche, est incomplète. Parce qu'elle n'inclut pas les traités et accords internationaux dûment ratifiés ; les ordonnances prises, comme il sera vu plus loin, par le pouvoir exécutif, qui revêtent un caractère législatif ou réglementaire selon qu'elles auront été ou non ratifiées par le parlement ; les principes généraux du droit[843], la jurisprudence, etc.

Les règlements de la République ne se limitent pas qu'à ceux qui sont édictés par les autorités de l'Etat. Ils comprennent également ceux qui émanent des autorités déconcentrées ou des autorités locales en vertu des pouvoirs qui leur sont régulièrement dévolus, notamment dans le cadre de la décentralisation.

---

[843]Ce sont des normes générales qui se caractérisent par le fait qu'elles sont applicables même en l'absence d'un texte, elles sont souvent dégagées par les juges (jurisprudence) ou découvertes par lui.

B). La sauvegarde de l'ordre et de la sécurité publics.

Les droits et libertés des citoyens garantis par la constitution trouvent leurs premières limites dans le respect de la loi et la préservation de l'ordre et la sécurité publics. L'article 51 de la constitution du 25 octobre 2015, met à la charge de tout citoyen le devoir de respecter l'ordre et la sécurité publics, dans la seconde branche de son alinéa 1er, et lui impose, de façon explicite l'obligation de préserver l'intérêt national, l'ordre social, la paix et la cohésion nationale. Elle rejoint sur ce point l'article 56 de la constitution du 15 mars 1992 qui mentionne la morale, l'ordre public et le bien-être général au nombre des exigences que les citoyens doivent satisfaire, dans l'exercice de leurs droits et libertés, dans une société démocratique[844].

La sécurité publique est une composante de l'ordre public, l'association des deux notions forme un syntagme[845] dont les pouvoirs publics peuvent se servir dans des circonstances normales et exceptionnelles afin d'apporter quelques restrictions aux droits et libertés fondamentaux. Les droits et libertés fondamentaux ne sont mieux garantis que si l'ordre, la sécurité et la paix sont préservés. Dans cette optique, il convient de souligner que la charte africaine des droits de l'homme et des peuples ne se contente pas que d'énoncer des droits, en termes d'obligations de l'Etat ou de la collectivité. Elle consacre également des devoirs qui incombent à chaque individu dans ses articles 27 à 29. C'est ainsi que l'article 27§ 2 stipule, *« Les droits et les libertés de chaque personne s'exercent dans le respect du droit d'autrui, de la sécurité collective, de la morale et de l'intérêt commun »*. Tout comme l'article 29§3 qui stipule, *« De ne pas compromettre la sécurité de l'Etat dont il est le national ou résident »*.

§2. Le devoir de s'acquitter des obligations envers l'Etat et la société.

L'article 50 de la constitution prescrit, dans sa deuxième branche, le devoir de chaque citoyen de s'acquitter de ses obligations envers l'Etat et la société, « *Tout citoyen a le devoir de se conformer à la Constitution, aux Lois et Règlement de la République et de s'acquitter de ses obligations envers l'Etat et la société* ».

Il rejoint l'article 43 de la constitution du 20 janvier 2002 qui disposait « Tout citoyen a des devoirs envers la famille, la société, l'Etat et les autres

---

[844] En droit français, l'ordre public est un objectif à valeur constitutionnelle, Cf. Décision n° 82-141 DC du 27 juillet 1982 ; P. de MONTALIVET, *« Les objectifs de valeur constitutionnelle »*, Cahiers du Conseil constitutionnel n° 20 - Juin 2006.

[845] Cf. F. Natoli, *« Sécurité et ordre public : deux notions à relation variable. Comparaison franco-italienne »,* La Revue des droits de l'homme, La Revue des droits de l'homme [En ligne], 11 | 2017, mis en ligne le 13 janvier 2017: http://revdh.revues.org/2905.

collectivités légalement reconnues », ainsi que les dispositions de l'article 56 alinéa 1er de la constitution du 15 mars 1992, aux termes desquelles, « Tout citoyen a des devoirs envers la famille et la société, envers l'Etat et les autres collectivités légalement reconnus et envers la communauté internationale ».

Ces dispositions s'inspirent de la charte africaine des droits de l'homme et des peuples qui, en son article 27 alinéa 1er dispose, « Chaque individu a des devoirs envers la famille et la société, envers l'Etat et les autres collectivités légalement reconnues et envers la Communauté internationale ».

A). Les devoirs des citoyens envers l'Etat.

Les devoirs des citoyens envers l'Etat sont nombreux. On ne saurait ici en dresser une liste exhaustive. Le premier de ces devoirs est celui que nous venons d'évoquer, le respect des lois et règlements de la République. On ne peut que s'y reporter utilement.

I). Les obligations fiscales.

C'est le devoir de s'acquitter de ses obligations contributives, notamment en matière fiscale. Il s'agit de déclarer ses revenus et de payer les impôts et toutes autres contributions créées par la loi dans la mesure des facultés contributives de chacun, pour le fonctionnement de l'Etat et des collectivités locales. Donc, l'obligation de contribuer aux charges publiques.

D'ailleurs, l'article 29§6 de la charte africaine des droits de l'homme et des peuples, qui fait partie intégrante du bloc de la constitutionnalité, stipule sur ce point que, *« L'individu a en outre le devoir (...) de travailler, dans la mesure de ses capacités et de ses possibilités, et de s'acquitter des contributions fixées par la loi pour la sauvegarde des intérêts fondamentaux de la société... »*[846].

II). La défense de la patrie.

Faire preuve de patriotisme c'est aussi défendre non seulement les intérêts de la nation et ses valeurs, c'est aussi apprendre à la défendre en temps de paix contre les menaces internes ou externes, et de participer à la défendre en temps de guerre ou de conflit armé, surtout lors que la paix, l'unité nationale, la souveraineté nationale, l'intégrité du territoire sont menacées.

---

[846] *En droit français, l'article 13 de la déclaration des droits de l'homme et du citoyen dispose, « Pour l'entretien de la force publique, et pour les dépenses d'administration, une contribution commune est indispensable : elle doit être également répartie entre tous les citoyens, en raison de leurs facultés ».*

On ne peut pas s'empêcher d'invoquer l'article 29§5 de la charte africaine précitée qui stipule que l'individu a aussi le devoir,

« De préserver et de renforcer l'indépendance nationale et l'intégrité territoriale de la patrie et, d'une façon générale, de contribuer à la défense de son pays, dans les conditions fixées par la loi ».

Les articles 45 de la constitution du 20 janvier 2002 et 59 de celle du 15 mars 1992 en font état en termes de droit de tout citoyen, à la différence de l'article 51 alinéa 3 de la constitution du 25 octobre 2015. Il est également significatif de souligner que cette constitution ne consacre pas, au titre des devoirs des citoyens, les agissements de trahison, d'espionnage au profit d'une puissance étrangère, le passage à l'ennemi en temps de guerre, ainsi que les atteintes à la sûreté de l'Etat, comme cela fut le cas et sanctionnée dans les constitutions du 20 janvier 2002 et du 15 mars 1992.

III). Le devoir de service envers la nation.

Tout citoyen a également un devoir de service, de dévouement envers la nation ou la collectivité, en participant ainsi à l'intérêt général. Cela fait naturellement partie des obligations générales des citoyens envers l'Etat et la nation. Cette obligation est spécifiée dans l'article 29§2 de la charte africaine précitée, qui stipule que tout individu a aussi le devoir, *« De servir sa communauté nationale en mettant ses capacités physiques et intellectuelles à son service ».*

IV). La participation à la vie politique et publique.

Le vote est à la fois un droit et un devoir. Le droit de vote a déjà été évoqué plus haut. Mais, nous l'abordons ici au sens du devoir civique, dans le cadre d'une démocratie représentative ou par référendum (consultation directe du peuple). Car, par son vote, le citoyen participe au fonctionnement de la démocratie. Son choix confère une légitimité à l'action publique. Il est moralement responsable de la manière dont la cité va être gouvernée. Ce devoir est beaucoup plus pressant dans les pays où le vote est obligatoire. Ainsi donc, l'abstention peut, au-delà de la défiance qu'elle exprime envers les pouvoirs publics, paraître comme une forme de déni de démocratie ou une crise de la démocratie, un dysfonctionnement de la démocratie. D'où la nécessité de prendre en compte le vote blanc comme une sorte d'alternative.

B). Les devoirs des citoyens envers la société.

Les devoirs des citoyens envers la société sont également nombreux. Ce n'est pas le lieu de les inventorier tous. Certains ont trait aux droits d'autrui et, nous les évoquerons ci-après dans le paragraphe qui leur est consacré.

Tout citoyen a un devoir de responsabilité, en assumant les conséquences des actes qu'il pose à l'encontre de la société, soit dans la vie privée soit dans la vie professionnelle. Par exemple, le droit de vivre dans un environnement sain implique le devoir de chaque citoyen de protéger et de préserver la nature.

D'ailleurs, à la différence de la constitution de 2015 et celle de 2002, l'article 65 de la constitution du 15 mars 1992 consacrait le devoir de tout citoyen de contribuer à l'amélioration de la qualité de la vie et à la préservation de son milieu naturel ainsi qu'à la protection de son environnement. Il a également le devoir de ne pas nuire à son environnement. L'obligation de préserver l'intérêt national et l'ordre social, telle qu'énoncée dans l'article 51 alinéa 3 de la constitution du 25 octobre 2015.

Enfin, l'article 29§7 de la charte africaine des droits de l'homme et des peuples stipule à juste titre que chaque individu a aussi le devoir, *« De veiller, dans ses relations avec la société, à la préservation et au renforcement des valeurs culturelles africaines positives, dans un esprit de tolérance, de dialogue et de concertation et d'une façon générale de contribuer à la promotion de la santé morale de la société ».* Cette disposition était dans une certaine mesure reprise par l'article 64 de la constitution du 15 mars 1992.

§3. Le respect des droits et libertés d'autrui.

Les droits et libertés de chaque individu trouvent leurs limites dans le respect de ceux qui s'attachent à autrui. Au-delà de cet aspect prohibitif, chaque citoyen a également un devoir de solidarité envers autrui.

A). Les droits et libertés des uns limités par ceux des autres.

L'article 51 de la constitution de 2015 dispose que *« Tout citoyen a le devoir de respecter les droits et libertés des autres citoyens et de sauvegarder la sécurité et de l'ordre public ».* Cette rédaction est beaucoup plus explicite, quant à la fixation des limitations aux droits et libertés de chacun, que ne l'était celle de l'article 44 de la constitution de 2002 qui se contentait d'évoquer le respect de ses semblables, sans discrimination, d'entretenir des relations qui permettent de promouvoir et de renforcer la tolérance réciproque, etc[847].

---

[847] C'était une reproduction de l'article 28 de la Charte africaine des droits de l'homme et des peuples, « Chaque individu a le devoir de respecter et de considérer ses semblables sans discrimination aucune, et d'entretenir avec eux des relations qui permettent de promouvoir, de sauvegarder et de renforcer le respect et la tolérance réciproques.

Elle se rapproche de celle de l'article 56 alinéa 2 de la constitution du 15 mars 1992, aux termes duquel, *« Dans l'exercice de ses droits et la jouissance de ses libertés, tout individu n'est soumis qu'aux limitations établies par la loi en vue d'assurer la reconnaissance et le respect des droits et libertés d'autrui afin de satisfaire aux justes exigences de la morale, de l'ordre public et du bien-être général dans une société démocratique ».* Ce texte reprend le paragraphe 2 de l'article 29 de la déclaration universelle des droits de l'homme du 10 décembre 1948 ; et dans une certaine mesure, l'article 27 de la charte africaine des droits de l'homme et des peuples.

Dès lors, outre l'ordre et la sécurité publics, la morale et le bien être général, nos droits et nos libertés trouvent des limites devant ceux de nos semblables. Cette limitation est aussi inspirée de l'article 4 de la déclaration française des droits de l'homme et du citoyen de 1789, aux termes duquel, « La liberté consiste à pouvoir faire tout ce qui ne nuit pas à autrui : ainsi, l'exercice des droits naturels de chaque homme n'a de bornes que celles qui assurent aux autres membres de la société la jouissance de ces mêmes droits. Ces bornes ne peuvent être déterminées que par la Loi ».

B). Le devoir d'assistance et de solidarité envers les siens et autrui.

Il n'est pas bien explicité dans la constitution de 2015, même s'il peut être compris au nombre des obligations auxquelles tout citoyen doit s'acquitter envers la société, que dans l'article 43 de la constitution de 2002 et les articles 56 et 58 de celle de 1992. Il concerne les devoirs de chaque citoyen envers la famille, dont il se doit de préserver le développement harmonieux, le respect des parents, leur apporter des soins et subsides en cas de nécessité ; ainsi que le devoir de préserver, en tout temps la solidarité sociale et nationale, de la renforcer en cas de menace ; comme en dispose l'article 29§1 de la charte africaine des droits de l'homme et des peuples. Le respect envers autrui implique également de développer un état d'esprit de tolérance, de promouvoir le dialogue avec autrui en cas de différends sans considération d'origine familiale, ethnique, de sa condition sociale, de ses convictions politiques, religieuses, philosophiques ou autres, raciste ou xénophobe, sous peine de sanction dans le cadre de la loi. Car ces agissements sont susceptibles de porter atteinte à l'ordre et à la sécurité publics (Cf. article 51 de la constitution de 2015). En somme, le devoir des uns envers les autres implique la nécessité d'entretenir des relations apaisées.

C). L'obligation de non-discrimination.

Le devoir de non-discrimination est consacré par l'article 56 de la constitution du 25 octobre 2015, au même titre que les articles 49 et 63 des constitutions de 2002 et 1992, qui dispose,

« Tout citoyen élu ou nommé à une fonction publique a le devoir de l'exercer sans discrimination ».

Le devoir ou l'obligation de non-discrimination puise sa source dans un autre principe constitutionnel, celui de l'égalité consacrée par l'article 15 de la constitution. L'obligation de non-discrimination induit un devoir de neutralité, qui s'impose aussi bien aux personnes investies d'un mandat électif (parlementaire ou élus locaux) qu'aux autorités ainsi qu'aux agents publics, notamment les fonctionnaires. Le devoir de non-discrimination ou la neutralité dans l'exerce du mandat ou d'une mission de service public ou d'intérêt général s'accommode donc du principe de l'égalité de traitement des usagers du service public, de l'égalité des administrés ou des agents dans l'accès aux fonctions publiques et à l'évolution de leurs carrières. Il proscrit toute sorte de traitement différencié fondé sur l'origine familiale, ethnique, les conditions sociales, les convictions politiques, religieuses ou philosophiques, le sexe, les considérations raciales ou autres.

Toutefois, dans l'intérêt du service et des exigences professionnelles ou sociales, la loi peut autoriser, sans être discriminatoire, la prise en compte de certains critères fondés sur les aptitudes physiques, l'âge, le diplôme ou l'expérience ou la qualification professionnelle. C'est aussi le cas s'agissant des populations autochtones.

Section 2 : La bonne gouvernance des affaires publiques.

La promotion, la consolidation et la garantie d'une bonne gouvernance[848], notamment dans la gestion des affaires publiques, passe également par la protection et la préservation des biens et derniers publics.

---

[848] La gouvernance étant entendue ici, comme l'ensemble des mécanismes ou de moyens d'ordre normatif, organisationnel ou techniques qui permettent d'assurer ou de parvenir à un fonctionnement optimal, efficace et efficient d'une structure ou d'une institution dans l'intérêt de chacun ou de la collectivité, voire dans l'intérêt général. Le fonds monétaire international (FMI) fait de la bonne gouvernance, *« la clé de la réussite économique »*, en adoptant une politique sur les méthodes de gouvernance économique contenues dans une note d'orientation sous le titre *« Le rôle du FMI dans les questions de gouvernance » le 25 juillet 1997* (*Good Governance, IMF 's Role/The role of the IMF in Governance Issues : Guidance note, approved by the IMF exécutive Board, July, 25, 1997*, http://www.imf.org/external/np/exr/facts/fre/govf.htm. Pour le FMI, promouvoir la bonne gouvernance permet entre autres de lutter contre la corruption. Pour la banque mondiale, la bonne gouvernance est un facteur de développement. Elle s'emploie à aider les pays membres, notamment les plus pauvres, à se doter d'institutions capables, efficaces, ouvertes, inclusives et responsables. Elle consacre son rapport 2017 sur développement dans le monde au rôle de la gouvernance et de la loi du marché dans le progrès économique des nations. Cela permet dans une certaine mesure d'enrayer le déficit de gouvernance qui explique la défiance des populations envers leurs gouvernants

§ 1 : La protection des biens publics.

La constitution du 25 octobre 2015 consacre une obligation limitée de protection des biens de l'Etat, tout en ignorant le patrimoine des collectivités locales[849] et des autres entités.

A). Une sacralisation constitutionnelle limitée aux biens de l'Etat !

L'article 53 alinéa 1er de la constitution du 25 octobre 2015 consacre le caractère sacré des biens de l'Etat ; qu'il s'agisse des biens meubles ou immeubles, en ce qu'il dispose que, *« Les biens de l'Etat sont sacrés ».*

Le caractère sacré, semble être réservé aux seuls biens de l'Etat. Seraient d'emblée désacralisés, donc exclus, les biens des démembrements de l'Etat (notamment les établissements publics de l'Etat), ceux des collectivités locales et leurs démembrements (établissements publics locaux), ainsi que les biens des entreprises publiques qu'elles soient étatiques ou locales.

Cette rédaction diffère sensiblement de celles de l'article 47 de la constitution du 20 janvier 2002 et de l'article 62 de la constitution du 15 mars 1992 qui dispose respectivement,

« Les biens publics sont sacrés et inaliénables. Tout citoyen congolais doit les respecter scrupuleusement et les protéger. La loi fixe les conditions d'aliénation des biens publics dans l'intérêt général .....» (Art. *47 alinéa 1er constitution du 20 janvier 2002).*

« Les biens publics sont sacrés et inviolables. Tous les citoyens ont le devoir d'en assurer l'entretien et la préservation... » (Art. 62 alinéa 1er constitution du 20 janvier 2002).

(Cf. http://www.bnaquemondiale.org/fr/topic/governance/overview).
La charte africaine de la démocratie, des élections, de la gouvernance insiste aussi bien dans son préambule, dans ses objectifs que, plus spécifiquement, dans son article 33, sur la nécessité d'institutionnaliser la bonne gouvernance économique et des entreprises grâce, entre autres, à : 1. La gestion efficace et efficiente du secteur public. 2. La promotion de la transparence dans la gestion des finances publiques. 3. La prévention et la lutte contre la corruption et les infractions connexes. 4. La gestion efficace de la dette publique. 5. L'utilisation judicieuse et durable des ressources publiques. 6. La répartition équitable de la richesse nationale et des ressources naturelles. 7. La réduction de la pauvreté. 8. La mise au point d'un cadre législatif et réglementaire efficace en appui au développement du secteur privé. 9. La création d'un environnement propice à l'afflux de capitaux étrangers. 10. L'élaboration de politiques fiscales qui encouragent les investissements. 11. La prévention et la lutte contre la criminalité. 12. L'élaboration, l'exécution et la promotion de stratégies de développement économique, y compris les partenariats entre les secteurs privé et public. 13. La mise en place de systèmes fiscaux efficaces basés sur la transparence et l'obligation de rendre compte.

[849] Pour un aperçu général sur le régime des biens publics, Cf. J.M. Breton et al. Droit public congolais, op. cit. pp. 444 et suivantes, loi n°52/83, du 21 avril 1983, 9-2004 du 26 mars 2004 portant code du domaine de l'Etat ; 10-2004 du 26 mars 2004 fixant les principes généraux applicables aux régimes domanial et foncier ; 11-2004 du 26 mars 2004 portant procédure d'expropriation pour cause d'utilité publique.

La différence réside dans le fait que les constitutions de 2002 et 1992 protégeaient les biens publics dès l'instant où ils appartiennent à une personne morale de droit public, l'Etat, les collectivités locales, ainsi que leurs établissements publics. La notion de biens publics, étant extensive, elle englobe également les biens des entreprises publiques.

La constitution du 15 mars 1992 consacrait une distinction pertinente entre la propriété privée et la propriété publique que tout citoyen devait respecter (pour la propriété privée) et protéger en ce qui concerne la propriété publique. Il eut été un peu plus élégant de parler en termes de propriété des personnes publiques, concernant les biens publics.

Le caractère sacré des biens de l'Etat, ou des biens publics, comme ce fut le cas sous l'empire des constitutions de 2002 et 1992, ne fait pas de différence selon le régime juridique applicable. C'est-à-dire il couvre tant les biens du domaine public (domanialité publique) que ceux du domaine privé (domanialité privée) des personnes publiques, ainsi qu'il sera vu ci-après.

B. La protection constitutionnelle de la domanialité publique.

Les dépendances du domaine public jouissent d'une protection constitutionnelle qui n'est pas reconnue à celles du domaine privé des personnes publiques. Ce principe étant acquis, il conviendra de l'examiner.

I). Distinction entre domanialité publique et domanialité privée.

Outre la sacralisation des biens de l'Etat, la constitution du 25 octobre 2015 confère une valeur constitutionnelle aux dépendances de la domanialité publique, c'est-à-dire des biens du domaine public. Cette fois-ci sans limitation à la seule personnalité juridique de l'Etat.

En effet, les biens d'une personne morale de droit public (la propriété publique) sont soumis à deux régimes juridiques distincts. Le domaine public comprend tous les biens, meubles ou immeubles, qui sont affectés soit à l'usage direct du public, soit à un service public dès l'instant où ils ont fait l'objet d'un aménagement indispensable à l'exécution des missions de ce service public. A contrario, relèvent du domaine privé, les biens qui ne remplissent pas les critères de la domanialité publique.

II). Les principes constitutionnels de protection des biens du domaine public.

La constitution de 2015 impose à tout citoyen l'obligation de respecter et de protéger les biens du domaine public des personnes publiques. Ce régime de protection constitutionnelle repose sur les principes énumérés par l'article 53 alinéa 2, aux termes duquel,

« ...les biens du domaine public sont inaliénables, incessibles, imprescriptibles et insaisissables. Tout citoyen doit les respecter et les protéger ».

C'est parce que les dépendances du domaine public sont destinées à satisfaire l'intérêt général dont l'administration a la charge, qu'elles méritent une protection spécifique. Ainsi donc, les biens du domaine public, qu'ils soient mobiliers ou immobiliers sont :

- *Inaliénables, en ce qu'ils ne peuvent pas faire l'objet d'une aliénation volontaire, dans le cadre d'une vente, ou d'une aliénation forcée dans le cadre d'une expropriation. La valeur constitutionnelle du principe de l'inaliénabilité des dépendances du domaine public s'oppose à la constitution des droits réels sur les biens qui y sont incorporés*[850].
- *Incessibles, les biens du domaine public ne peuvent pas faire l'objet d'aucune cession, qu'elle soit à titre onéreux ou gratuit, ni d'un échange. Par conséquent, les autorisations unilatérales ou conventionnelles d'occupation du domaine public ne conférèrent à leur titulaire, en vertu du caractère précaire et révocable de l'occupation, le droit de les céder à un tiers.*
- *Imprescriptibles, les dépendances du domaine public sont protégées contre les velléités de possession de la part de leurs occupants du fait de l'écoulement du temps. Ils ne peuvent guère se prévaloir de prescription acquisitive ou l'usucapion pour devenir propriétaire d'un bien du domaine public au bout d'un certain nombre d'années d'occupation*[851]. *L'imprescriptibilité s'oppose également à l'exercice d'une action possessoire contre l'administration*[852].
- *Insaisissables, les biens publics, notamment ceux relevant du domaine public ne peuvent faire l'objet d'une procédure de saisie à quelque titre que*

---

850 Cf. en droit français, Y. Gaudemet, *« Constitution et biens publics »,* Nouveaux cahiers du Conseil constitutionnel, n°37, 2012, http://www.conseil-constitutionnel.fr/conseil-constitutionnel/francais/nouveaux-cahiers-du-conseil/cahier-n-37/constitution-et-biens-publics.115644.html.

851 Cf. en droit français, CE. 13 octobre 1967, Cazeaux, N° de pourvoi: 58332. Cf. article 2258 du code civil, *« La prescription acquisitive est un moyen d'acquérir un bien ou un droit par l'effet de la possession sans que celui qui l'allègue soit obligé d'en rapporter un titre ou qu'on puisse lui opposer l'exception déduite de la mauvaise foi ».* En matière immobilière, le délai de la prescription acquisitive est de 10 à 30 ans (article 2272 du code civil). Il est 3 à 5 ans en matière mobilière (art. 2276 code civil). L'action possessoire était destinée à remettre en possession celui qui était privé de son bien immobilier par la violence. Elle permettait de mettre fin au trouble dans la possession d'un immeuble (2278 et 2279 du Code civil). Elle est remplacée, dans une certaine mesure depuis n°2015-177 du 16 février 2015 par le référé possessoire.

852 Cf. TC, 24 février 1992, Couach, *« du fait de l'imprescriptibilité et de l'inaliénabilité du domaine public, aucune possession utile ne peut être opposée à la libre disposition par l'autorité domaniale d'un élément de ce domaine. »*

ce soit, ni même en cas de cession dans les conditions prévues par la loi, ils ne peuvent pas l'être à vil prix ou en dessous de leur valeur[853].

Il convient de souligner que la constitution du 25 octobre 2015 est plus précise et complète sur les principes protecteurs des biens du domaine public que ne l'étaient celles des 20 janvier 2002 et 15 mars 1992, qui ne se contentaient que d'évoquer les caractères *« sacré et inaliénable » ou « sacré et inviolable »*.

C). La possibilité d'aliéner dans l'intérêt général.

Le principe de l'inaliénabilité des biens du domaine public n'est pas absolu. La constitution reconnait la possibilité de les aliéner dans les conditions fixées par la loi et surtout dans un but d'intérêt général[854]. L'intérêt général étant le motif constitutionnel de l'aliénation d'une dépendance du domaine public. Il est souverainement apprécié par l'autorité administrative. Cela suppose l'intervention préalable de l'organe délibérant de la personne publique propriétaire du bien (le parlement, assemblée locale ou conseil d'administration) et la décision de l'exécutif pour son application. Pour la légalité de l'aliénation, l'assemblée délibérante doit sortir le bien du domaine public, dans le cadre de la procédure de désaffection et de déclassement, afin qu'il soit intégré dans le domaine privé. Car, l'appartenance au domaine privé rend possible l'aliénation du bien[855].

§ 2 : La préservation des deniers publics.

Les deniers publics, produits des impôts, l'argent des contribuables, et des autres ressources publiques doivent être préservés par tout citoyen. Ainsi donc, la constitution comporte deux dispositifs destinés à lutter contre toute sorte de prévarications. A cela, il convient d'ajouter le dispositif législatif de lutte contre la corruption. Cela également dans un souci de transparence et de moralisation de la vie publique.

---

[853] On peut se référé, à titre comparatif, au droit français d'où est inspiré le régime de protection des biens des personnes publiques du fait de la colonisation, article 2 et 17 de la DDHC, CE. TC. 09 déc. 1899, Association syndicale du canal de Gignac, et plus récemment, Cass.soc. Cass. civ. 1re ch, 21 décembre 1987, Bureau de recherches géologiques et minières ; Const. Const. Décision n° 86-207 DC du 26 juin 1986, « Loi autorisant le Gouvernement à prendre diverses mesures d'ordre économique et social » (privatisations),http://www.conseil-constitutionnel.fr/conseil-con..dc/decision-n-86-207-dc-du-26-juin-1986.8271.html.: Décision n°86-217 DC du 18 septembre 1986, sur la loi relative à la liberté de communication, http://www.conseil-constitutionnel.fr/conseil-constitutionnel/francais/les-decisions/acces-par-date/decisions-depuis-1959/1986/86-217-dc/decision-n-86-217-dc-du-18-septembre-1986.8289.html.

[854] Cf. articles 53 alinéa 3 (constitution de 2015) ; 47 alinéa 1er (constitution de 2002)

[855] Cf. en droit français, CE, 17 mars 1967, Ranchon ; Rec. CE, p. 131 ; AJDA 1967, p. 415, note J. Dufau ; CE. 22 avril 1977, Michaud, n°95539 ; CE, avis du 31 janvier 1995, n°356960.

A). La prévention de la prévarication par la déclaration du patrimoine.

L'article 55 de la constitution du 25 octobre 2015 consacre, à travers la déclaration du patrimoine, une obligation destinée à prévenir la prévarication des deniers publics dans les termes suivants,

« Tout citoyen, élu ou nommé à une haute fonction publique, est tenu de déclarer son patrimoine lors de sa prise de fonction et à la cessation de celle-ci, conformément à la loi.

La loi détermine les fonctions soumises à l'obligation ci-dessus indiquée ainsi que les modalités de déclaration du patrimoine ».

Comme nous l'avons indiqué plus haut, ces dispositions sont précisées par loi n° 4-2019 du 7 février 2019 relative à l'obligation de déclaration de patrimoine par les citoyens élus ou nommés à une haute fonction publique (JO, n° 9-2019 du 28 février 2019, p 245), dont les modalités sont fixées par le décret n° 2019-320 du 12 novembre 2019, fixant les modalités d'application de la loi relative à l'obligation de déclaration de patrimoine par les citoyens élus ou nommés à une haute fonction publique[856].

I). Les personnes soumises à l'obligation déclarative du patrimoine.

A l'instar de l'article 48 de la constitution du 20 janvier 2002, le champ d'application organique de l'obligation de déclaration de patrimoine est délimité par l'article 55 de la constitution de 2015. Sont donc concernés, les élus et les personnes nommées à une haute fonction.

a). Concernant les autorités élues.

L'article 5§1er de la loi du 7 février 2019 énumère les citoyens investis d'un mandat électif et astreints à l'obligation déclarative de leurs patrimoines. Il s'agit des autorités suivantes :

- *le Président de la République ;*
- *le Président du Sénat ;*
- *le Président de l'Assemblée nationale ;*
- *les membres du bureau du Sénat ;*
- *les membres du bureau de l'Assemblée nationale ;*

[856] Loi n° 4-2019 du 7 février 2019 relative à l'obligation de déclaration de patrimoine par les citoyens élus ou nommés à une haute fonction publique, JO, n°9-2019 du 28 février 2019, p 245 ; décret n° 2019-320 du 12 novembre 2019, fixant les modalités d'application de la loi relative à l'obligation de déclaration de patrimoine par les citoyens élus ou nommés à une haute fonction publique, JO, n° 46-2019 du 14 novembre 2019, p. 1432.

- les présidents des commissions permanentes des deux chambres du Parlement ;

- les présidents des groupes parlementaires ;

- le chef de l'opposition politique ;

- les présidents des conseils départementaux et municipaux ;

- les membres des bureaux des conseils départementaux et municipaux.

On peut regretter le fait que la loi n'inclut pas, au niveau de l'Etat, les sénateurs et les députés, et au niveau local, les conseillers départementaux et les conseillers municipaux, bien que n'exerçant aucune fonction au sein de leurs assemblées respectives en dehors du mandat dont ils sont investis.

b). Concernant les autorités non-élues et les hautes fonctionnaires.

La catégorie des autorités non-élues et des hauts fonctionnaires, donc nommés, est la plus nombreuse. Sont ici concernés, au titre des dispositions de l'article 5§ 2 de la loi du 7 février 2019, les autorités suivantes : *le Premier ministre ; les membres du Gouvernement ; les ambassadeurs, chefs de missions diplomatiques ; le directeur de cabinet du Président de la République ; le secrétaire général de la Présidence de la République ; le secrétaire général du Gouvernement ; le directeur de cabinet du Premier ministre ; le secrétaire général de la primature ; le secrétaire général du Conseil national de sécurité ; les commissaires généraux et hauts commissaires ; les conseillers du Président de la République ; les directeurs de cabinet des membres du Gouvernement ; le premier Président, le procureur général et les autres membres de la Cour suprême ; le président et les autres membres de la Cour constitutionnelle ; le président et les autres membres du bureau du Conseil économique, social et environnemental ; le président et les autres membres du bureau du Conseil supérieur de la liberté de la communication ; le président et les autres membres du bureau de la Commission nationale des droits de l'homme ; le Médiateur de la République ; le président et les autres membres de la Haute autorité de lutte contre la corruption ; le président, le procureur général et les autres membres de la Cour des comptes et de discipline budgétaire* ; *les présidents, les procureurs généraux et les autres membres des Cours d'appel ; les présidents, les procureurs et les autres membres des tribunaux de grande instance ; les présidents des tribunaux de commerce ; les présidents des tribunaux de travail ; les présidents des tribunaux d'instance ; les préfets ; les secrétaires généraux des préfectures et des Conseils départementaux et communaux ; les sous-préfets ; les administrateurs-maires d'arrondissement ; les administrateurs-maires des communautés urbaines ; les officiers généraux ; les officiers supérieurs de la force publique nommée à de hautes fonctions ; les présidents des conseils d'administration, des comités de direction, les directeurs généraux, les directeurs généraux adjoints, les directeurs des établissements publics ; les directeurs généraux, les secrétaires généraux, les inspecteurs généraux, les inspecteurs généraux adjoints et les directeurs centraux de l'administration publique ; les consuls généraux ; le secrétaire général du Sénat ; le secrétaire général de l'Assemblée nationale ; les secrétaires exécutifs des Conseils consultatifs ; les comptables publics et tous les autres gestionnaires des deniers publics.*

Bien que la notion de *« haute fonction publique »* ne soit pas définie ni par la constitution ni par le législateur, encore moins par l'autorité réglementaire. On peut légitimement s'interroger pourquoi les agents publics locaux ne sont pas visés. L'obligation déclarative du patrimoine devrait également être étendue aux dirigeants des grandes entreprises publiques, semi-publiques ou à participation publique majoritaire. Dès lors, la notion de *« haute fonction publique »* devrait être revue.

II). La procédure de déclaration du patrimoine.

La procédure de déclaration du patrimoine est définie par les dispositions des articles 6 à 11 de la loi du 7 février 2019.

a). L'autorité de déclaration du patrimoine : La Cour suprême.

On aurait pu penser que la gestion des déclarations du patrimoine serait confiée à une autorité administrative indépendante[857], comprenant des magistrats issus de la Cour suprême et de la Cour des comptes, de hautes fonctionnaires de l'inspection générale des finances ou du contrôle d'Etat, les politiques, les membres de la société civile et autres personnalités qualifiées. Or, cette tâche est confiée à la Cour suprême. Le choix porté sur la plus haute juridiction nationale lui permet, d'une part, outre ses fonctions administratives, de vérifier et de constater la régularité des déclarations de patrimoines. D'autre part, en cas de dysfonctionnement ou de violation de la loi, le parquet peut déclencher d'office des enquêtes qui peuvent aboutir à l'engagement de l'action publique.

b). Les modalités de déclaration du patrimoine.

Les modalités de déclaration du patrimoine sont définies par la loi du 7 janvier 2019 et précisées par le décret du 12 novembre 2019.

[857] Comme c'est le cas en France, avec la Haute autorité pour la transparence dans la vie publique.

1). La notification de l'obligation déclarative et l'accusé de réception.

Par souci de prévention, de moralisation de la vie publique et d'annihiler les risques de confusion, de conflits et de prise illégale d'intérêts, la déclaration du patrimoine doit être sincère et faite de bonne foi. Elle est souscrite avant la prise effective des fonctions et après leur cessation, dans le délai de trois mois de chaque événement déclencheur de l'obligation. Le déclarant peut au cours de l'exercice de ses fonctions, formuler, dans les mêmes conditions, des observations sur l'évolution de son patrimoine.[858]

Elle est déposée auprès de la Cour suprême. Concrètement, aux termes des dispositions de l'article 2 du décret du 12 novembre 2019, la déclaration de patrimoine de tout citoyen élu ou nommé assujetti à cette obligation intervient à la suite d'une notification faite, à la diligence du Premier Président de la Cour suprême, à personne ou à domicile, ou encore dans les lieux du service, par tout moyen pouvant laisser une trace écrite.

Cette notification comprend un formulaire de déclaration, l'indication du délai obligatoire de trois mois pour faire la déclaration et des sanctions encourues en cas de défaut de déclaration. L'accusé de réception prend la forme du double de la notification retourné au Premier Président de la Cour suprême par la personne concernée, attestant d'en être entrée en possession.

2). Le contenu du dossier de déclaration du patrimoine.

Les renseignements requis pour la déclaration du patrimoine sont définis par les articles 3 et 4 du décret précité du 12 novembre 2019. Ainsi donc, la déclaration est faite sur un modèle élaboré par la Cour suprême et doit obligatoirement mentionner : *les renseignements personnels du déclarant ; l'indication de la fonction à l'origine de la déclaration ; le patrimoine propre du déclarant ; le patrimoine commun aux deux époux en cas de mariage célébré selon les régimes de la communauté des biens ou de la communauté des biens réduite aux acquêts ; le patrimoine indivis du déclarant ; la valeur estimative de l'ensemble du patrimoine à la date de la déclaration.*

3). Le dépôt de la déclaration de patrimoine.

Si le contenu du dossier est le même pour toutes les personnes assujetties à l'obligation déclarative du patrimoine. La déclaration doit être, aux termes de l'article 5 du décret, établie et déposée par le déclarant lui-même, en personne, entre les mains du Premier Président de la Cour suprême.

Cependant, lorsqu'il s'agit du Premier Président de la Cour suprême,

---

[858] Cf. Articles 6,7 et 8 de la loi du 7 février 2019.

l'article 7 du décret du 12 novembre 2019 précise qu'il doit faire sa déclaration de patrimoine devant le vice-président de cette juridiction.

Cette exception est justifiée en raison de sa double qualité du président de l'autorité de déclaration et du déclarant, en tant qu'il préside la plus haute juridiction du pays, qui est une haute fonction au sens de la constitution et des dispositions législatives et réglementaires qui régissent l'obligation de déclaration de patrimoine.

4). Le cas particulier du Président de la République.

Le décret du 12 novembre 2019 prévoit, dans son article 6, une autre exception à la formalité de dépôt de la déclaration du patrimoine concernant le Président de la République. S'il doit établir lui-même (ou à tout le moins) la déclaration de son patrimoine. Cependant, il est dispensé de l'obligation de la déposer lui-même devant le Premier Président de la Cour suprême.

Il doit désigner un mandataire avec pour mission de déposer sa déclaration entre les mains du Premier Président de la Cour Suprême :

« Le Président de la République, Chef de l'Etat, désigne, pour sa déclaration, un mandataire avec mission de la déposer entre les mains du premier président de la Cour suprême ».

Loin d'éviter le rabaissement du Président de la République devant le Premier Président de la Cour suprême, cette exception nous paraît être justifiée, outre les raisons protocolaires, par les fonctions et prérogatives constitutionnelles du Chef de l'Etat. Mais, rien n'interdit au Président de la République de se déplacer en personne pour aller déposer sa déclaration patrimoniale auprès du Premier Président de la Cour suprême. Une telle démarche présente l'avantage d'apparaître comme un exercice de communication à travers sa portée symbolique et le message très fort qu'il ferait passer dans l'opinion sur l'importance de cette obligation déclarative. Il est évident que le Premier Président de la Cour suprême ne devrait pas se contenter d'un mandat verbal. Il devrait s'assurer, même si les textes ne le précisent pas, que le mandataire justifie bien d'un mandat écrit, mentionnant expressément la mission dont il est investi, en l'occurrence *« le dépôt de la déclaration du patrimoine »* du Président de la République élu ou sortant. Cette vérification du mandat nous paraît s'imposer en raison du risque d'imposture. Pourtant, même si les textes ne le précisent pas, le Président de la République est libre de désigner tout mandataire de son choix. On peut utilement s'interroger s'il n'est pas possible d'étendre cette exception aux autres autorités telles que les Présidents du Sénat et de l'Assemblée nationale ou encore le Premier ministre, Chef du gouvernement et les ministres.

5). La conservation et la publication du récépissé de déclaration du patrimoine.

Les formalités de déclaration de patrimoines sont gratuites. La déclaration est certifiée sur l'honneur, exacte et sincère, par le déclarant. Elle est scellée en présence de l'intéressé ou du mandataire du Président de la République, et conservée dans un coffre au greffe de la Cour suprême qui en assure la conservation jusqu'à la cessation des fonctions de l'intéressé. Une copie du récépissé de déclaration de patrimoine est transmise au déclarant par la Cour suprême. Une autre est transmise concomitamment au secrétariat général du gouvernement pour être publiée au Journal officiel.

III). Le contrôle et la sanction de l'obligation déclarative du patrimoine.

L'obligation de déclarer le patrimoine ne peut être efficace et efficiente que si elle est assortie d'un mécanisme fiable de contrôle et de vérification en amont et en aval, et s'il comporte des sanctions en cas de constatation des irrégularités, des anomalies ou des manquements.

a). La vérification de la régularité de la déclaration et la confrontation.

La Cour suprême, dépositaire des déclarations de patrimoines faites par les personnes assujetties à cette obligation, en assure la vérification du point de vue de la régularité par rapport au délai, de la sincérité et de la complétude des renseignements fournis par le déclarant. Elle peut formuler une demande d'observations auprès du déclarant sur les aspects qui lui paraissent justifier des précisions.

Le législateur a prévu un mécanisme de confrontation, qui ne s'opère qu'après la cessation définitive des fonctions, entre la déclaration faite à la prise des fonctions et celle qui est faite à la fin définitive des fonctions. L'article 8 alinéa 2 de la loi du 7 février dispose que cette confrontation a lieu en présence de l'intéressé. Comme le précise l'article 9 de la même loi, cette confrontation porte sur l'évolution du patrimoine depuis la déclaration faite lors de la prise des fonctions jusqu'à la cessation définitive de celles-ci. Cette confrontation est organisée par le procureur général près la Cour suprême dans le délai de trois mois qui suivent la cessation définitive des fonctions. Le but de la confrontation est de s'assurer s'il n'y a pas eu un décalage entre les deux déclarations, susceptible de révéler des soupçons d'un éventuel enrichissement illicite.

b). Les poursuites pénales découlant de la déclaration de patrimoine.

Les manquements constatés dans le cadre de la déclaration du patrimoine, notamment en cas de défaut de déclaration de patrimoine, de fausse déclaration de patrimoine ou de dissimulation de tout ou partie du patrimoine au moment de la déclaration initiale ou de la cessation des fonctions, peuvent donner lieu à des poursuites pénales. En cas d'irrégularités ou de défaillance dans la déclaration de patrimoine, l'article 12, dernier alinéa, de la loi du 7 février 2019 prévoit que, le procureur général près la Cour suprême est tenu d'ouvrir une enquête pour évaluer le patrimoine réel de l'intéressé.

L'assujetti défaillant peut être mis en accusation, à la diligence du procureur général près la Cour suprême, par le procureur de la République du ressort territorial d'exercice de ses fonctions. Lorsque l'assujetti défaillant est justiciable de la Haute Cour de justice, il sera mis en accusation, à la diligence du procureur général près la Cour suprême, par le Parlement réuni en Congrès statuant par un vote au scrutin secret à la majorité des deux tiers de ses membres. La mise en accusation ou la saisine du Parlement en vue d'une mise en accusation est précédée de la mise en demeure du citoyen concerné, mentionnant la sanction encourue par celui-ci. Cette mise en demeure ne peut, aux termes des dispositions de l'avant-dernier alinéa de l'article 12 de la loi précitée, excéder deux (2) mois. En dehors de la défaillance pour manquement à l'obligation de déclarative de patrimoine, des poursuites pénales peuvent également être engagées à la diligence du procureur général près la Cour suprême lorsque l'enquête faisant suite à la confrontation entre les déclarations initiales et celle de la cessation définitive des fonctions révèle des indices graves et concordants d'un enrichissement illicite. Dans ce cas, aux termes des dispositions de l'article 11 de la loi précitée du 7 février 2019, le procureur général près la Cour suprême transmet le dossier au Parlement pour les personnes justiciables de la Haute Cour de justice, ou au procureur de la République pour celles qui répondent devant les juridictions de droit commun.

c). La sanction des manquements à l'obligation déclarative du patrimoine.

A la différence de la constitution du 20 janvier 2002 (article 48)[859], la constitution du 25 octobre 2015 ne prévoit pas la déchéance des fonctions pour sanctionner les manquements dont se seraient rendues coupables toutes personnes assujetties à l'obligation déclarative de son patrimoine.

---

[859] *« Tout citoyen, élu ou nommé à une haute fonction publique, est tenu de déclarer son patrimoine lors de sa prise de fonctions et à la cessation de celles-ci, conformément à la loi.*
L'inobservation de cette obligation entraîne la déchéance des fonctions dans les conditions fixées par la loi » (article 48, constitution du 20 janvier 2002).

C'est le législateur qui, à travers l'article 12 de la loi précitée du 7 février 2019, punit d'une amende pouvant atteindre le quart de la valeur du patrimoine dissimulé, toute personne, élue ou nommée à une haute fonction publique, visée à l'article 5 de la présente loi, qui n'aura pas fait de déclaration de patrimoine ou aura fait une fausse déclaration de patrimoine ou dissimulé tout ou partie de son patrimoine au moment de la déclaration initiale ou de la cessation de fonctions.

Dès lors, la sanction est uniquement pécuniaire, aucune peine d'emprisonnement n'est encourue. Cela est assez déplorable pour un dispositif qui se veut dissuasif.

IV). Le caractère confidentiel, le défaut de transparence et l'opacité.

Le système de déclaration de patrimoine ainsi institué comporte deux caractéristiques qu'il convient de souligner en termes de confidentialité et d'inaccessibilité.

a). Sur la confidentialité de la déclaration de patrimoine.

D'une part, la déclaration de patrimoine est strictement confidentielle. Ce caractère confidentiel est, au titre de l'article 14 de la loi du 7 février 2019, garanti par la Cour suprême. Il porte aussi bien sur les déclarations déposées que sur les observations formulées, le cas échéant, par le déclarant, sur l'évolution de son patrimoine.

D'autre part, seul le récépissé de déclaration de patrimoine est publié au journal officiel, comme nous venons de le voir. Dès lors, comme le prescrit l'article 13 de la même loi, la publication ou la divulgation de tout ou partie des déclarations déposées ou des observations formulées par les déclarants sur l'évolution de leur patrimoine sont punies des peines de cinq (5) ans à dix (10) ans de prison et d'une amende de 1 000 000 à 50 000 000 de francs CFA. Si la divulgation est le fait du dépositaire de la déclaration ou d'un membre de la Cour suprême, la peine encourue est de dix (10) ans de réclusion.

Cependant, il y a deux exceptions au caractère confidentiel de la déclaration de patrimoine, que prévoit l'article 16 de la loi du 7 février 2019. La confidentialité des déclarations déposées et des observations formulées, ne peut être opposée au déclarant qui en fait une demande expresse de communication, ni à une requête des autorités judiciaires lorsque leur communication est nécessaire à la résolution d'un litige ou utile à la manifestation de la vérité.

b). Sur le défaut de transparence et l'opacité de la déclaration patrimoniale.

Ce système de déclaration des patrimoines par les personnes investies d'une fonction élective ou nommées à de hautes fonctions publiques se caractérise par son défaut de transparence, son opacité. En somme, son inaccessibilité aux citoyens.

Bien qu'il s'agisse du respect du droit de propriété, qui est un droit fondamental reconnu par la constitution, l'obligation déclarative de patrimoine faite aux personnes élues ou nommées à de hautes fonctions publiques est prescrite dans l'intérêt général, surtout dans l'intérêt supérieur de la nation et de la préservation des deniers publics.

Cette réticence du législateur pourrait s'expliquer par la crainte de donner libre cours aux spéculations, au voyeurisme et de voir des personnalités jetées en pâture dans une société où le rapport à l'argent est tabou ; une société où l'immense pauvreté côtoie une minorité affichant une opulence insolente ; une minorité, spectaculairement enrichie et embourgeoisée en si peu de temps, dont le train de vie et l'ascension fulgurante ne peuvent qu'intriguer.

Mais, la transparence participe à la fois de la bonne gouvernance, qui est aussi une exigence démocratique. Il conviendrait de s'en accommoder, au-delà des considérations parfois culturelles, en instituant des mécanismes institutionnels permettant l'accès des citoyens, sans trop de restrictions, aux déclarations patrimoniales des gouvernants et dirigeants dès l'instant où ils ont un intérêt légitime de savoir comment sont gérées les affaires publiques.

Ces mécanismes d'accès aux déclarations de patrimoine peuvent par exemple s'opérer à travers les institutions représentatives de la société civile ou à travers les partis ou groupements politiques de la majorité ou de l'opposition parlementaire et extra-parlementaire. Ces mécanismes auraient pour effet d'annihiler des soupçons ou des procès d'intention, parfois injustifiés, en prévarication ou en dilapidation des deniers publics. Ils participeraient, autant faire se peut, à endiguer ce qui est convenu désormais d'appeler par *« des antivaleurs »* et éveilleraient les consciences sur le sens profond de l'éthique et de l'intégrité morale dans la gestion des affaires publiques.

B). Les agissements prohibés.

Il y a des comportements prohibés en ce qu'ils nuisent à une bonne gestion des biens et deniers publics. Ainsi donc, l'article 54 de la constitution du 25 octobre 2015 stigmatise, énumère et sanctionne, comme ce fut le cas des articles 62 alinéa 2 et 47 alinéa 2 des constitutions du 15 mars 1992 celle du 20 janvier 2002, des agissements qui font partie de ce que l'on qualifie couramment au Congo, *d'« antivaleurs »*,

« Tout acte de sabotage, de vandalisme ou de dilapidation des deniers publics est interdit et réprimé dans les conditions prévues par la loi ».

Ces agissements tombent sous le coup des dispositions des articles 95 et suivants du code pénal[860], en ce qui concerne la destruction des biens publics et 169 et suivants du même code pour ce qui concerne le détournement des deniers publics.

C). La lutte contre la corruption.

La préservation des deniers publics, dont le constituant s'est préoccupé à travers l'obligation de déclaration du patrimoine, implique aussi la prise en compte de l'impératif de lutter contre la corruption qui gangrène le pays, une « antivaleur ». Dès lors, le législateur entreprit de revoir le dispositif ayant abouti à l'institution de la Commission nationale de lutte contre la corruption, par le décret du 08 juillet 2004 et la loi n° 016/2007 du 19 septembre 2007, portant création de l'observatoire anticorruption. Comme il sera examiné plus loin, une nouvelle autorité administrative indépendante voit le jour. Il s'agit de la Haute autorité de lutte contre la corruption (HALCC), en lieu et place de la Commission nationale de lutte contre la corruption et l'observatoire anticorruption.

---

[860] La peine de mort n'est plus applicable pour ces infractions en raison de son abolition par la constitution du 25 octobre 2015.

Index alphabétique.

Les numéros correspondent aux pages.

D

E

F

G

H

I

J

L

P

Q

R

S

Table des matières.

Livre II :
La 4ème République et le retour de la démocratie pluraliste

Deuxième Partie :
Le 2ème cycle de la Vème République :
le régime de la constitution du 25 octobre 2015.

Structures éditoriales du groupe L'Harmattan

L'Harmattan Italie
Via degli Artisti, 15
10124 Torino
harmattan.italia@gmail.com

L'Harmattan Hongrie
Kossuth l. u. 14-16.
1053 Budapest
harmattan@harmattan.hu

L'Harmattan Sénégal
10 VDN en face Mermoz
BP 45034 Dakar-Fann
senharmattan@gmail.com

L'Harmattan Cameroun
TSINGA/FECAFOOT
BP 11486 Yaoundé
inkoukam@gmail.com

L'Harmattan Burkina Faso
Achille Somé – tengnule@hotmail.fr

L'Harmattan Guinée
Almamya, rue KA 028 OKB Agency
BP 3470 Conakry
harmattanguinee@yahoo.fr

L'Harmattan RDC
185, avenue Nyangwe
Commune de Lingwala – Kinshasa
matangilamusadila@yahoo.fr

L'Harmattan Congo
67, boulevard Denis-Sassou-N'Guesso
BP 2874 Brazzaville
harmattan.congo@yahoo.fr

L'Harmattan Mali
Sirakoro-Meguetana V31
Bamako
syllaka@yahoo.fr

L'Harmattan Togo
Djidjole – Lomé
Maison Amela
face EPP BATOME
ddamela@aol.com

L'Harmattan Côte d'Ivoire
Résidence Karl – Cité des Arts
Abidjan-Cocody
03 BP 1588 Abidjan
espace_harmattan.ci@hotmail.fr

L'Harmattan Algérie
22, rue Moulay-Mohamed
31000 Oran
info2@harmattan-algerie.com

L'Harmattan Maroc
5, rue Ferrane-Kouicha, Talaâ-Elkbira
Chrableyine, Fès-Médine
30000 Fès
harmattan.maroc@gmail.com

Nos librairies en France

Librairie internationale
16, rue des Écoles – 75005 Paris
librairie.internationale@harmattan.fr
01 40 46 79 11
www.librairieharmattan.com

Librairie l'Espace Harmattan
21 bis, rue des Écoles – 75005 Paris
librairie.espace@harmattan.fr
01 43 29 49 42

Lib. sciences humaines & histoire
21, rue des Écoles – 75005 Paris
librairie.sh@harmattan.fr
01 46 34 13 71
www.librairieharmattansh.com

Lib. Méditerranée & Moyen-Orient
7, rue des Carmes – 75005 Paris
librairie.mediterranee@harmattan.fr
01 43 29 71 15

Librairie Le Lucernaire
53, rue Notre-Dame-des-Champs – 75006 Paris
librairie@lucernaire.fr
01 42 22 67 13

www.ingramcontent.com/pod-product-compliance
Lightning Source LLC
LaVergne TN
LVHW011215061026
849535LV00001BA/38
* 9 7 8 2 3 4 3 2 2 2 2 5 7 *